U0564472

理想国 · 种双鹭

西方人文经典讲演录
WESTERN CLASSICS LECTURES

III

徐贲 著

自由的黎明

The Dawn
of Freedom

上海三联书店

目　录

从中世纪到文艺复兴

　　我们可以把从 1 至 16 世纪这个漫长的时期分为三个部分：一、古代信仰与哲理思考；二、中世纪人文思想；三、文艺复兴时期人文思想。这样的划分是为了方便讨论，而不是因为历史在某个时刻的剧烈变化中发生了突然的断裂。本书将从中世纪讲到文艺复兴。从历史时间上说，中世纪是夹在"古代信仰"（希伯来和早期基督教信仰）与"文艺复兴"之间的一个时期，但从 500 至 1500 年，这个"夹在中间"的 1000 年时间比这两个时期加起来还要长许多。

　　德国历史学家约翰内斯·弗里德（Johannes Fried）在《中世纪历史与文化》（*Das Mittelalter: Geschichte und Kultur*）中说，中世纪末期，就开始有人将人类历史划分为古代、中世纪和近代，当时的"近代"在我们今天看来，尚处于走出和未完全走出"中世纪"的模糊时期。这种模糊性也反映在本书把但丁和薄伽丘放在文艺复兴而不是中世纪时期来讲。

　　荷兰的语言学家和历史学家约翰·赫伊津哈（Johan Huizinga，1872—1945）在《中世纪的秋天》（*The Autumn of the Middle Ages*）一书里认为，晚期中世纪呈现出一种悲观、疲惫和怀旧的文化形态，与文艺复兴的那种重生和乐观形成鲜明的对比，也许可以在这个意义上，将晚期中世纪和早期文艺复兴之间做一个划分。

古代、中世纪和近代的三段划分模型可能是建立在 15 世纪在宫廷宣谕官中普遍流传的三分法基础之上。这种三分法把极富传奇色彩的远古时期与他们自己的时代区分开来，并在其间插入一个"中间时期"（temps moyen）。

我在这里并不仅仅把中世纪当作一个"中间时期"，而是把它与早期基督教放在一起；另外再把文艺复兴当作一个有自身文化形态特征的历史时期。因此，本书分成两个部分，并对每一个部分分别做了导读。这两部分的导读稍有不同，一个是把早期基督教和中世纪作为一个"基督教的时代"；另一个则是把文艺复兴与后来的 17 和 18 世纪一起视为一个与我们今天关系更为密切的"回归人的自由意识觉醒的时代"。

在这三部分的经典阅读里，起历史文化联系作用的有两点，一是信仰的演化和延续，二是人文思想的变化与传承。在科学发达的今天，许多人以为这两点可以分割，用美国哲学家乔治·桑塔亚纳（George Santayana，1863—1952）的话来说，就是认为探究人的问题，可以"对由信仰产生的思维习惯、信仰的本义、信仰的真正功能置之不理"。然而，宗教这一现象着实引人注目，世界各地的人们都有自己的宗教，如果我们不懂宗教，我们何以认识人类？"人终有一死，但通过研究宗教，无神论者便能直面人类存在的神秘性与悲剧性；无神论者便能知晓，宗教为何如此深刻动人，以及从某种意义上说，宗教又是如此公正。"信仰的目标不是别的，而是把人生当永生来度过。[1]

信仰与人文的结合在三个不同的部分中有不同的表现。第一个部分是古代的信仰与哲思。人的生活可以划分为三个层次：一是物

1　George Santayana, *Reason in Religion*, New York: Charles Scribner's Sons, 1913, 4.

质生活，二是精神生活，三是灵魂生活。物质生活是衣食住行等物质享受；精神生活是学术、艺术等精神享受；灵魂生活就是宗教与信仰。信仰是灵性的最高层面，而思考生活从本质上说是哲学性质的，思考的哲理与宗教的感悟自然而然地联系在一起，这在古代信仰中有最鲜活的表现，古希伯来人的宗教信仰就是其中之一。第二部分的中世纪人文思想及其包含的宗教人文主义正是从这个古代信仰传统发展而来的。第三部分是一种中世纪以后的，与我们今天的人文政治有所不同的世俗人文主义。这种被称为文艺复兴的新人文主义反对禁欲主义，追求两性快乐，追求人性和人生幸福，但无意触碰基督教的传统和权威。基督教文化是文艺复兴艺术的灵感源泉，文艺复兴时期的人文主义者都是虔诚的基督徒，他们并不像稍晚的宗教改革家那样要从根本上改变基督教的思想体系和组织结构，使基督教的信仰与道德更加纯净，他们中间没有一个人敢像马丁·路德（Martin Luther，1483—1546）那样公然把罗马教皇称为"敌基督"。因此，我们也可以把早期基督教直到文艺复兴的整个过程视为一个虽有演变，但基本上维持了基督教完整传统形态的漫长时期。

文艺复兴可以说是18世纪启蒙运动的一个思想酝酿和准备时期。但启蒙运动对基督教的态度与对文艺复兴是不同的，早期基督教和中世纪的"愚昧"是启蒙运动要清除的主要思想障碍。正如彼得·盖伊（Peter Gay，1923—2015）在《启蒙时代（上）》里指出的，"基督教在诞生之初就有些令人讨厌之处。值得注意的是，它是在罗马帝国的堕落时期，在下层社会里，在陷入愚昧、罪恶和绝望的男女中间兴旺发展起来的。还值得注意的是，它是在非常不体面的争吵、冗长集会上的空洞争辩、无聊琐事上的激烈冲突以及相互诽谤和迫害中形成自己的教义、戒律和组织的。基督教声称给人们带来光明、希望和真理，但它的核心神话是令人不可置信的，它的教义是粗鄙迷信的变体，它的圣经是原始传说的拼凑，它的教会聚集着一群狂热者，他们若没有权力便奴颜婢膝，若获得权力则专横霸道。基督教在 4 世纪大行其道，确立了幼稚盲信的胜利。由此，知识的明灯一盏接着一盏熄灭，黑暗笼罩了大地，长达千百年之久"。[1]

对于被教会主宰的中世纪，卢梭曾说："为了使人类恢复常识，就必须来一场革命。"[2] 但是我们今天知道，中世纪并不是始终一片黑暗。基督教的早期教父深受希腊哲学，尤其是柏拉图主义的影响，他们中的一些在著作里引证和吸收古典作品的思想来为自己所用。从 13 世纪开始，哲学重新现身，虽然此时的哲学基本上是一种似是而非的思考，是用所谓的逻辑和可笑的形而上学装扮起来的一系列神学，却也改善了基督教文明的气氛。中世纪的人文思想有了新的孕育环境："城市开始复兴了，从王公贵族手中获得了特许状。这些特许状成为现代权利宣言的先声。贸易的发展提高了人们的生活水准，把文化带到了偏僻落后的地区。法学、政治学和经济学尚在襁褓之中，但至少开始获取经验知识。尽管基督徒已经把整个世界推回到狂信的境地，但是这一千年，至少在凄凉阶段之后，总体上还是大大优于第一个信仰时代。中世纪毕竟出现了少量值得一读的著作，也解决了一部分当时的政治问题。"[3] 我们的中世纪人文选读在数量上远远少于文艺复兴时期和启蒙运动时期，便是受到读品可选择性的限制。

启蒙运动时期的许多人对中世纪怀有偏见，这种倾向随着对中世纪研究的逐渐深入，已经得到很大的纠正。本书不把中世纪当作一个"黑暗时期"来处理，而是把它当作一个人文思想史中的特殊

1 彼得·盖伊著，刘北成译，《启蒙时代（上）》，上海人民出版社，2015 年，第 193—194 页。
2 卢梭著，何兆武译，《论科学与艺术》，商务印书馆，2012 年，第 7 页。
3 彼得·盖伊著，刘北成译，《启蒙时代（上）》，第 194 页。

阶段，是从古代宗教思想到早期文艺复兴思想的重要环节。从文艺复兴早期的但丁、薄伽丘，到文艺复兴晚期的蒙田、莎士比亚，再到 17 世纪科学理性时代的笛卡尔、霍布斯和洛克，一路下来，直到启蒙运动的孟德斯鸠、卢梭、伏尔泰等，少了哪一环都是对历史的割裂，也是一种无视人类真实过去的历史虚无主义。

从文艺复兴到启蒙运动的三个多世纪里形成的许多问题，仍然非常贴近我们今天的思考需要。在这个历史时段里，人类的精神和物质文明都有了空前的发展，15 世纪上半叶印刷术的发明和推广使得文字成为强大的思想传播工具，推动了各种观念的产生，一直到今天还在影响当代人类的世界观和价值观：有关于人性和自然的，也有关于政治、社会和文化的。表现的形式也是丰富多彩，有诗歌、小说、随笔、戏剧、宗教著作、科学论述、政治哲学、社会论著等。

我们今天在人文经典阅读中回归人类自由意识觉醒的时代，与历史上一些人类思想巨人进行有益的对话，是为了能更有历史感、更有创意地思考我们今天的问题。在这个时期的早期阶段，也就是文艺复兴时期，从 14 世纪中期到 16 世纪末，文艺复兴最初出现在意大利的城市—国家中，后来向欧洲其他地区扩散，持续时间在两个半世纪左右。新文化建立在重新大量发掘希腊文和拉丁文著作、传播重大科学成果和优秀艺术作品的基础之上。文艺复兴一开始，文化的觉醒就首先表现在重新返回古代，对古典的希腊–罗马价值观进行深入研究，重新肯定人的价值，表现出前所未有的对人的注意：描写人，歌颂人，把人放在宇宙的中心。

文艺复兴时期涌现出一批具有特殊天赋和才能的典型人物，有像达·芬奇、拉斐尔那样的艺术家，有像伽利略那样的科学家，有像马丁·路德那样的宗教改革家，还有本书中选读的思想家和文学作者，如但丁、薄伽丘、拉伯雷、塞万提斯、伊拉斯谟、托马斯·莫尔、蒙田、马基雅维里、莎士比亚，等等。

这些作家及其作品为我们提供了足够宽广的阅读范围，让我们可以接触到的问题涉及几乎所有的人文学科，包括历史、政治、社会、心理、认知、伦理。它们广泛涉及人对自身的认识，包括思维、记忆、理解力、想象、好奇心、价值判断，当然，最核心的还是人的自由意识和自主性。

人文阅读不仅需要知道为了什么目的，包括哪些内容，还要知道，可以用什么方法有效地进行。开始起点不高没有关系，美国建国之父之一的富兰克林小学都没有毕业，在当排字员学徒的时候，他挤出任何可能的时间来阅读书籍，并通过练习写作来提升阅读的质量。他在自传里说："我的这些练习和阅读的时间是在晚上、下班后或在早晨开始时，还有就是星期天。"比勤奋更重要的是，他懂得学习的方法。方法的重要性在于，它把学习的关注点从作为对象的文本转移到作为学习主体的人：学习者要如何才能获得对自己有价值的知识？如何检验这个知识的可靠性？如何确定知识的目标？如何运用知识？等等。富兰克林还说过一句很有启发性的话："你告诉我的，我会忘记；你教给我的，我会记住；你让我做的，我会掌握。"这也就是我们中国人所说的"授人以鱼，不如授人以渔"。学习的能力不是天生的，而是后天培养的，人文阅读思考就是为了帮助你培养这样的能力。这是每个普通人都能做到的，与学历高低并没有太大的关系，只要有意愿、有方法就行。

我在本书中提供的不是抽象的阅读理论，而是我自己的阅读思考技艺和经验。中国有句古话，叫"师傅引进门，修行在个人"。师傅的言传身教不在于传授现成的知识，而在于提示求知的方法。阅读中的问题意识和思考兴趣必须来自你自己，老师不能代替你。在这些人文经典的阅读中，你可以获得一些关于西方人文经典作家和作品的知识，但更重要的是，你可以从具体的文本例子中体会到许多值得反复思考和讨论的问题是怎么提出来的。古时候没有学校，技艺的传承是靠师傅带徒弟。古罗马有不少著名演说家，他们的演说技艺都是通过这种教学手段学到手的：老师走到哪里，学生跟到哪里，随时观摩和仿效老师的所作所为，天长日久，耳濡目染，也就会体会到其中的道理和窍门。书中的每一次阅读都是一次示范，我反复示范，你反复学习，天长日久，就成了你自己的方法。

一　从希腊——罗马到中世纪人文哲理

古希腊和罗马都同时存在着城邦宗教和秘密宗教，尤瓦尔·赫拉利（Yuval Noah Harari）在《人类简史》中说，"除了帝国和金钱之外，宗教是第三种让人类统一的力量"。[1] 所有的人类群体都只是想象的群体，"所以它们也十分脆弱，而且社会规模越大，就越脆弱。而在历史上，宗教的重要性就在于让这些脆弱的架构有了超人类的合法性。有了宗教之后，就能说法律并不只是人类自己的设计和想象，而是一种绝对的神圣最高权柄。这样一来，至少某些基本的法则便不容动摇，从而确保社会稳定"。[2] 罗马帝国的规模越来越大，原来的多神教与种种神秘宗教的竞争也变得越来越激烈。

宗教是一种人类规范及价值观的系统，建立在超人类的秩序之上，赫拉利这样总结宗教作用的两个基本要素：第一，宗教认为世界有一种超人类的秩序，而并非出于人类的想象或协议。第二，以这种超人类的秩序为基础，宗教会发展出它认为具有约束力的规范和价值观。在这两点上，基督教比罗马的多神教更占优势。

宗教想要族群各异的人群都感受到它的这种力量，就必须同时

1　尤瓦尔·赫拉利著，林俊宏译，《人类简史》，中信出版社，2014 年，第 204 页。
2　同上。

具备"普世特质"和"推广特质"。普世特质指的是，宗教信奉的超人类秩序必须普世皆同、不论时空、永恒为真。推广特质指的是，它还必须坚定地将这种信念传播给大众。像伊斯兰教和佛教这样最广为人知的宗教，就同时具备普世特质和推广特质。早期基督教是借助罗马帝国的广大疆域进行推广的，虽然开始的时候只是罗马帝国内许多神秘性宗教中的一种，但渐渐成为一种具有普世魅力的宗教。

从古代人文主义的传统来说，在希腊-罗马之后讨论犹太—基督教文学和思想确实会给人一种强烈的反差，而这种反差主要体现在这二者不同的宗教形态上。因此，宗教也就自然而然地成为我们讨论早期基督教和中世纪文学与思想的核心。事实上，这一部分的文学和思想都与基督教及体现其教义或历史的《圣经》有密切的关联。

在第一册中，我们阅读了公元前 5 世纪后期欧里庇得斯（Euripides，前 480—前 406）的《酒神的伴侣》（*The Bacchae*），并讨论了剧中的膜拜性秘密宗教。早在欧里庇得斯之前，希腊就已经存在着不止一种被称为俄耳甫斯主义（Orphism）的秘密宗教。俄耳甫斯（希腊文：Ὀρφεύς）是希腊神话中的一位音乐家，据说他死后去了下界，而后又起死回生，具有神秘的力量。这些秘密宗教又叫神秘宗教（mystery religions），也称秘仪、奥秘、秘密（mysteries），其共同特点是，加入教派必须经过秘密入教的程序（initiations）。

在《酒神的伴侣》里，我们还看到"公民宗教"与"教友宗教"、"城邦宗教"与"神秘宗教"的主要区别：一个是公共的，另一个是私密的；一个是生于其中，另一个是秘密加入。例如，一个雅典人从一出生就已经是城邦宗教和公民群体的一员，不用他自己选择，也不用任何人引荐。但是，他需要自己选择去加入某个秘密的膜拜团体，先是申请，然后经过团体的组织考验、批准和接纳，这才能够加入。这是一个"申请—考验—批准—接纳"的仪式性组织机制,后来也被一些政党所学习采纳。

城邦的公民宗教群体都是以城邦的范围为限的,与他们相区别的是非公民的"外邦人"。但是,膜拜性的宗教团体则是以教众的"信仰"为界线来划分教徒与非教徒的。在城邦里,教众只是公民群体中的一部分,但是,这些教众却可以与城邦之外的其他教众结成超越城邦界限的广大信众群体。

希腊—罗马的城邦或公共宗教不涉及人死后会发生什么,但是,神秘宗教会迎合并满足信众对来世的个人期待。这种宗教会有一些与死后复活有关的神圣故事(Hieroi Logoi),应许信众更好的来世,而在现世则成为教友们之间的社会纽带,称为"Mystai"。早期基督教就是这样一种秘密宗教。

美国研究《新约》的学者巴特·厄尔曼(Bart D. Ehrman)在《〈新约〉:早期基督教著作历史介绍》(*The New Testament: A Historical Introduction to the Early Christian Writings*)一书里指出,20 世纪的研究者普遍认为,古希腊人对神秘宗教的描述与现代人对早期基督教的认识颇为吻合。早期基督教一开始也是一个秘密团体,其信众膜拜的神能起死回生,并能为人类带来永世和平,谁想要加入这个信仰团体,就必须自己愿意,并经过"考验",考验是一个净化(受洗)和受教(被传教)的过程。他加入这个团体后,需要与其他教众一起定期参加团体活动,主要是赞美信仰。早期基督教就是这样一种秘密宗教。圣体的神圣起始(领圣餐),[1] 这是信徒们经常性的重要"组织活动"。

进入 21 世纪以后,不少基督教研究者开始更多地关注基督教非神秘宗教的一面。当然,这不是否认它神秘宗教的一面,而是在

1　Bart D. Ehrman: *The New Testament: A Historical Introduction to the Early Christian Writings*, 2nd edition, Oxford: Oxford University Press, 1999, 5-6.

这之外，更多地关注基督教与希腊-罗马哲学的关联。研究神秘宗教缺乏真实可靠的历史材料，而希腊-罗马哲学与基督教的关联则有丰富的史料，而且也更能从思想上揭示古代人文主义传承和变化的脉络。

古代的哲学与宗教之间一直相互关联，有的哲学家就是神庙里的神职人员。当然，哲学与宗教还是有区别的。哲学不需要像宗教那样为群体祈求神明保佑、救赎灵魂或者应许来世。哲学只是为人们指出如何在今生现世好好生活，得到这个世界上的"幸福"。有人认为，这个世界是个很糟糕的地方，往好里说，这是一个平庸、乏味、肤浅的处所；往坏里说，这是一个充满痛苦、灾难和邪恶的地方。对基督教来说，上帝能把人类从这样的世界解救出来，这是多么大的"好消息"（福音）！而且，神应许的来世将会是一个美好的天堂世界，这更是得救者的至福。但是，对哲学来说，有没有这种得救的可能是不可知的，要紧的是在这个不完美的世界上好好安顿你的一生。当然，对于如何才算好好安顿此生，不同的哲学各有各的说法。

在基督教开始有自己纪元的前后，有各种不同的哲学活跃在罗马帝国和其他地方，其中最有影响力的有三种：斯多葛主义、新柏拉图主义和伊壁鸠鲁主义。它们都可以往前追溯 300 来年，虽然各不相同，但就我们现在关注的基督教而言，有一些值得在这里说一下的共同特点。

这三种哲学都告诉人们，在一个多灾多难、命运难测、人生困顿的世界里，人该如何安身立命，好好活下去，寻求属于自己的"幸福"（well-being）。它们对幸福的理解和界定都不相同，但都把幸福描绘成一种内心的宁静与平和。这种平和来自"与自然保持一致"。斯多葛主义主要把世界视为一个自然力量安排的秩序，人在这个自然秩序里找到自己的位置，没有过分的欲求，就能获得内心的平静。伊壁鸠鲁主义则认为，神的世界与人的世界无关，人只要过好每一天的生活，就能在日常的沉思中获得心灵的平和与宁静。

与基督教关系最密切的是新柏拉图主义。新柏拉图主义主要基于柏拉图的学说。再加上斯多葛学说，柏拉图在宗教上是正统的。学界有许多对柏拉图主义与基督教的比较研究。简而言之，柏拉图主义强调自律、节制、精神高于物质，也强调道德行为的永恒真理和宇宙的有序组织。它还强调，人的感官之外存在一个超感官的领域（The Realm of Forms），而那才是真实的最高层次。在柏拉图的故事里，苏格拉底在公元前 399 年死于雅典之手，这无疑是一个烈士为信仰而献出自己生命的故事，自然而然地引起了早期基督教知识分子的共鸣，他们在耶稣的故事里重写了这个伟大的献身故事，整个中世纪，柏拉图的著作都在修道院的抄书室里被不断抄写，这是很特殊的待遇。柏拉图主义及其思想后继者新柏拉图主义与基督教的密切关系维持了 2000 多年，直到今天。

早期的基督教传播者不是那些除了宗教激情之外一无所知的无知教民，而是受过良好教育的基督教知识分子。他们在希腊化的文化氛围中接受他们最初的教育，对希腊-罗马的文化是熟悉的。耶稣没有留下任何著作，四福音的作者都是匿名的，只有早期基督教最重要的传播者保罗留下生平事迹的详细记录。

今天我们知道《新约·使徒行传》里的保罗，他对希腊-罗马的文化很熟悉。保罗首创性地向非犹太人传播基督的福音，所以被奉为外邦人的使徒。在诸多参与基督教信仰传播活动的使徒与传教士之中，保罗通常被认为是在整个基督教历史上最重要的两个人之一，另一位是彼得。《新约》诸书约有一半是由保罗所写，他是史上最伟大的宗教领导者和教义奠定人之一。

保罗的讲道引用了希腊诗人和天文学家阿拉图斯（Aratus，前315/310—前 240）（《新约·使徒行传》，17：28），这位博学的希腊人曾影响过忒奥克里托斯（Theocritus，约前300—约前260）、卡利马科斯（Callimachus，约前305—约前240）和维吉尔（Virgil，前70—前19）。在给哥林多人的信里，保罗提到希腊新喜剧作家米南德（Menander，约前342—约前292）（《哥林多前书》，15：33）。在给提多（Titus，39—81）的信中，他又提到公元前7至前6世纪的希腊诗人伊皮麦尼德（Epimenides）。《提多书》里说："有克里特人中的一个本地先知说：'克里特人常说谎话，乃是恶兽，又馋又懒。'"（1：12）这位"先知"就是指伊皮麦尼德。基督教早期的使徒们对希腊-罗马文化应该也不陌生。

1947年，一位当地的牧羊人偶然在死海附近库姆兰的洞穴里发现了"死海古卷"，这是20世纪最重要的《圣经》考古发现。死海古卷与《新约》之间存在许多相符之处。这一点非常重要，因为《新约》的许多观点曾被认为源于希腊文化，而从死海古卷可以很显然地看出它们原本是犹太教的观点。例如，《约翰福音》里的一个重点——光明与黑暗的对立——在死海古卷中就找到了相应的说法。

由于《新约》未必源自希腊文化，在本书中，希腊-罗马与基督教文化的关系不是源流，而只是参照；既不是说《新约》里面有希腊-罗马的文化因素，也不是暗示《圣经》有任何部分是从希腊-罗马直接继承而来，它们之间存在的只是"似曾相识"的关系而已。

一开始提到的欧里庇得斯的《酒神的伴侣》就是一个例子。前面谈到的新柏拉图主义和斯多葛主义也可以用来帮助认识基督教文化。新柏拉图主义的光明与黑暗观念就可以与《约翰福音》里的光明与黑暗联系起来。斯多葛伦理与基督教伦理之间也同样可以形成互相参照的关系：它们都把宇宙视为一个受制于理性和仁慈的秩序，都把德行看得比财富和名声更加重要，都倡导道德自省或祈祷，都主张逆境中的个人坚持，都强调个人行为的重要性，并认为个人必须为自己的行为负责。塞内加所说的"斯多葛贤者"（stoic sage）与保罗所说的"信仰坚定的基督徒"（faithful Christian）其实不过是对类似人格的不同表述而已。

对阅读人文经典来说，基督教与希腊–罗马文化的关系，重要的不是"影响"，而是"结合"；不是"起源"，而是"联系"，我们结合希腊–罗马的知识（当然还有其他知识）来理解《圣经》和与当今有关的基督教文化，是一种被称为"互文"（intertextuality）的阐述和理解策略。

当今的基督教文化和环境与 1 至 4 世纪是完全不同的。四福音写成于 1 世纪 60 年代至 90 年代或 135 年之间，而《圣经》的正典则确定于 397 年。《圣经》中的内容开始主要由口头传播，今天我们把它当书面作品来阅读。在这样的阅读里，我们需要更多地借助"互文"的理解方式。

"互文"是指在阅读一个文本时联想另一个文本，它可以通过比较异同，也可以通过发现"一致性"（concordance）、运用"交叉引用"（cross-references）或者了解文学种类及其来源或传统等不同方式来形成，而我们自己的生活经验也可以说是一个独特而重要的参照文本。互文性创造文本之间的相互关系，并在单独的作品中产生相关的理解，是在阅读中用"问题意识"来"开脑洞"的思维方式。阅读中世纪的哲学、传奇故事、骑士故事、游记等，不是对单一文本就事论事，而是需要时时运用不同的互文解读。

二 奥古斯丁的"天城"

1. 罗马为什么衰败

对于奥古斯丁（Aurelius Augustinus，354—430）的《上帝之城》，我手上有四个不同的中文版本，分别是人民出版社（2006）、上海三联书店（2007）、吉林出版集团（2010）、复旦大学出版社（2011）版本，可见中国学界对这部著作的重视。这是一部在世界历史和思想史，以及人类文明发展史上都占有重要位置的著作，一个关键的原因是，它不仅创作于西方历史的一个转折关头，而且也是对这一剧变时刻的直接应对。

4世纪下半叶，在安布罗斯主教（Ambrose，约339—397）和其他教会领袖的努力下，基督教在罗马已经确定了它的精神权威，他们的继承者把罗马地中海地区的教会变成一个基督教的群体，称为"天主教会"。在耶稣死后的最初四个世纪里，基督教经历了大量的变化，最早的"使徒时代"（Apostolic Age）于大约96年结束，约翰于95年写下《启示录》后就去世了，标志着第一代使徒的逝去。

使徒时代之后，基督教便进入2至5世纪（或6世纪）的"教父时代"（Patristic Era）。教父又被称为"天主教早期教父"（Early Church Fathers），是基督教早期宗教作家及宣教士的统称。他们的著作被当作具有神学权威的作品，可以作为教会的教义指引与先例。他们包括许多著名的教会神学家、主教和护教士，但不一定是教会认定的圣人。有些教父甚至被教会判定为"异端"。所谓"异端"，不是不信或反对基督教，而是有与教会正统观念不合的基督教观念。

后人把他们划分为"希腊教父"和"拉丁教父"，亦将其称为"东方教父"和"西方教父"。从总体上来说，以查士丁、奥利金等人为代表的希腊教父比较注重理性与信仰的关系、上帝的"三位一体"、上帝与世界的关系等形而上学层面的问题，而以德尔图良、奥古斯丁等人为代表的拉丁教父则更多地注重信仰和伦理、人的罪以及救赎等问题。

早期教父们是老一辈基督徒里的高级知识分子，他们原来接受的是古典学术的教育，后来皈依基督教，对教会的系统思想构建和发展做出了历史性的重要贡献，奥古斯丁是其中最突出者之一。早期基督教在政治上采取一种彼岸世界（Otherworldliness）的态度，坚持"信仰优先于制度"的观念，其价值观与罗马公民政治参与的价值观是对立的。在奥古斯丁时期，基督教会开始处理制度化的问题，试图将基督教的教义与政治权威协调起来。

教父们的工作性质与使徒们不同。使徒们向普通民众宣传基督教，使他们皈依基督教，成为基督教的信徒。他们的主要工作就是对普通民众讲述耶稣的事迹，告诉他们救世主即将来临的好消息（福音）。以使徒之名写下来的四部福音书也都是故事性的，这些故事都很浅显生动（至少当时是这样的），谈不上什么理论。而理论则是教父们的所长。

教父们的工作是为基督教打下坚实的理论基础，"最老一辈"的使徒也有做这种工作的，保罗的《罗马书》就是代表，不过那些都是零零碎碎的书信，还没有成为教父时代的那种专门著作。奥古斯丁的《上帝之城》就是这样一部专门著作，4 至 5 世纪的基督教会特别需要这样的理论著作。

在耶稣死后的四五个世纪里，基督教已经从一个居于少数地位的反对派宗教发展壮大起来。311 年，罗马帝国宣布对基督教保持中立，君士坦丁皇帝（Flavius Valerius Constantius，250—306）宣布自己是一名基督教徒。此后，392 年，狄奥多西皇帝（Flavius Theodosius，347—395）将基督教确立为罗马帝国的官方宗教。在此之前，罗马人一直迫害基督徒，部分原因就是后者显得不支持国家，其信仰经常与罗马的政治和神学原则相冲突。

早期基督徒经常对罗马的政治权威表示冷漠。相比于罗马的公民身份，基督徒更在意的是在彼岸天国世界里的成员资格。他们关心的是救赎，为此不惧反抗罗马的压迫。但是，在获得罗马官方的承认和批准之后，基督教开始发生变化。如果说它先前只是一个基督徒寻求解放的反对派信仰，那么现在它已经转变为一种为中世纪教会的政治权威辩护的神学。在这一转变中，奥古斯丁的《上帝之城》起到了关键的作用。

这似乎是一个必然的转变，但它的机遇却是偶然的。410 年，罗马城被西哥特人攻占，对罗马人来说，这不仅是在军事上，而且更是在国民心理上的晴天霹雳。罗马被称为"永恒之城"，自从汉尼拔时期以来，罗马已经有 620 年没有见到来自城墙之外的外敌入侵了。然而，410 年，西哥特人首领阿拉里克（Alaricus，约370—约410）率领他的游牧部落突然对罗马发动围攻。开始，罗马人还没有想到他们的城池会被攻破，他们派出使臣去和西哥特人谈判，希望以此能让敌人退兵。使臣得到的回答是：将你们所有的黄金、白银都拿来吧，把你们的日耳曼奴隶也都交给我们！

罗马人还从来没有碰到过这么不把他们放在眼里的敌人，他们决定抵抗，可是，结果是灾难性的。西哥特人攻占了罗马，一座庙堂接着一座庙堂、一座宫殿接着一座宫殿地洗劫罗马城，荒凉和废墟四处可见——只有教堂例外。为什么？

早期基督教的时代，基督教的扩充已经不再是耶稣自己和他的使徒们那样的传教方式——只是一个一个或一群一群地发展基督徒的队伍。传教士们的方式和对象发生了巨大的变化，他们有针对性地对异族部落的首领宣教，如果首领皈依，那么全部落都会皈依。那些皈依的异族教众根本就不了解基督教的教义，只是名义上信了基督教，但还是照样崇拜他们以前心目中的异教神明。

西哥特人首领阿拉里克皈依基督教，所以西哥特人也都自称是基督徒。他们在攻破罗马之后，凭着朴素的"基督徒不抢基督徒"的想法，在检查战利品的时候，将教会的财宝和其余部分区分开，把基督教的圣器留在教堂里。后来，476 年，罗马灭亡的时候，罗马的基督教教会也是因为灭罗马的异族自称是基督徒，所以才幸存下来。

罗马被破城后不久，西哥特人的军队从罗马撤走，但罗马已经再也不可能是以前的罗马了。正如基督教一位著名的教父哲罗姆（Jerome，342—420）所说，"万城女王"的荣耀不复存在，永恒的罗马不再永恒，"我哑然无语，这座让整个世界臣服的城市自己俯首称臣了"。哲罗姆看似说出了所有罗马人的心情，但是，在罗马城里以基督教信仰来分隔的不同人群中间，心情却是不同的。

罗马城里并非人人都是基督徒。狄奥多西皇帝于 392 年将基督教确立为罗马帝国的国教，他也被册封为天主教的圣人。名义上罗马人都成了基督教国家的国民，但就像那些因为部落首领皈依基督教而成为"教众"的前异教徒一样，许多罗马人并没有真的放弃对自己心目中异教神明的崇拜，他们仍然是异教徒。

罗马的异教徒认为，罗马人之所以败在西哥特人手里，全是因为背弃了他们的祖先所崇拜的罗马神明，而被带上了基督教的歧途。正是为了应对这种反对基督教的声浪，驳斥他们的基督教误国论，奥古斯丁写下了他的《上帝之城》。

奥古斯丁的人生经历和精神在他的《忏悔录》里有详细的描述。他是北非人，354年出生在努米底亚山区的一座小镇塔加斯特——现在是阿尔及利亚的一部分。他的父亲是一位异教徒，母亲则是一位热心的基督徒。尽管生活拮据，但这对夫妇还是让奥古斯丁接受尽可能好的教育。他在北非的首府迦太基读书，在此期间他与一位姑娘相爱，并生有一子，名叫阿德奥达图斯（Adeodatus），他们同居了13年。但是，奥古斯丁对性总是有一种罪恶感，认为性是人类肮脏但难以抵抗的激情，这一观念形成他后来的"原罪"说：性成为人堕落的标志，需要依靠神的恩典才能从中被拯救出来。

奥古斯丁一度信奉在罗马帝国遭受压制和迫害的摩尼教，该教创始人摩尼在波斯传播教义，于276或277年在那里被处以死刑。摩尼教相信，宇宙中有两种力量，善神和恶神。善神和恶神互相冲突，争夺对世界的控制，而人类则夹在这两种力量之间，人之有罪是因为受到恶神的控制。

奥古斯丁33岁皈依基督教（386）之后，放弃了摩尼教的善恶二元论，不再认为恶神应该为人类的罪恶负责。奥古斯丁所改信的基督教是一元论的，因此，他相信上帝创造全善的世界，是宇宙的唯一主宰，根本不存在与上帝势均力敌、可以跟上帝对抗的恶神。上帝创造的人有自由选择的机会，也有自由选择的能力。人类祖先在伊甸园里违背上帝的律令，这是人的原罪，传给人类的子子孙孙。人必须为自己的罪及其恶的后果负责，不能把罪的始因推到根本不存在的恶神头上，这种推诿是不愿悔改的表现，是罪上加罪。

奥古斯丁信仰摩尼教达九年之久（374—383），一直困扰于内心的挣扎。其间，他在故乡塔加斯特教授语法，在迦太基教授修辞学，虽然有所成，但内心的煎熬让他得不到平静。

383 年，他来到罗马。后来在米兰获得修辞学教授的职位（384），此时他 30 岁，正当事业的高峰期。但是，他比以往任何时候对生活都更感到不满。他冷酷无情地离开自己的情人（阿德奥达图斯的母亲），和一位有钱有地位的年轻妇人订婚。他无法主宰自己的情欲，他发现自己"陷于淫荡的做爱旋涡之中"，在他身上，"女人的爱抚是使男人的灵魂沉沦的最大力量"。虽然他明白这个道理，但又难以自拔，他的内心承受着无法忍受的矛盾。

奥古斯丁在米兰生活期间，听到了米兰大主教安布罗斯的布道，受到了极大的影响。在安布罗斯身上，他感受到基督教既富有雄辩，又具有高度智慧的精神力量，而且，他还发现，可以用寓意释经的方法来解释《旧约》中令人困惑的故事。

最终促使奥古斯丁改宗的因素可能是修士们的个人榜样。当一位朋友告诉他安东尼和埃及隐士们的故事时——他们如何压制尘世的种种诱惑——奥古斯丁内心感受到了难以忍受的羞耻感。他这个满腹经纶的学士过的是失败的人生，而那些没有学识的人却在灵性上有如此巨大的成就，奥古斯丁的原罪感和软弱感被强烈地激发出来。

有一天，奥古斯丁在米兰寓所的花园中散步，圣灵催促他回头。他的心灵呼喊着："要等到何时呢？何不就在此刻，结束我污秽的过去？"这时他恰巧听到邻家儿童的读书声："拿起来读，拿起来读。"于是他拿起身边的《新约》，读到《罗马书》中的话："不可荒宴醉酒，不可好色邪荡，不可争竞嫉妒。总要披戴主耶稣基督。"自此以后他便归向天主，并于次年受洗。

奥古斯丁因听到邻家儿童的读书声而归向天主，显然是把这当作圣灵的声音。这有点像保罗在去大马士革的路上听到耶稣召唤他的声音，此后改信基督教，成为热心的传道者。这种"奇迹"在我们今天看来也许不会比"托梦"这样的传说更值得相信。但是，这样的故事流传千百年，他们的事迹也被当作得道者悟性超群、富有灵性的证明。今天我们也许可以问，上帝对他们的召唤是必然的，还是偶然的？对于今天渴望建立信仰的人们来说，信仰的发生是一种基于长期积累的认知转变，还是偶然的灵光一闪？

美国道德和社会哲学家埃里克·霍弗（Eric Hoffer，1902—1983）在《真正的信仰者》一书里认为，信念或信仰的发生时刻是关键的，但却是偶然的；然而，一个人一旦有了某种信念，他就会倾向于信守它。宣传的信仰"并不能强行进入不情愿的头脑；它也不能灌输全新的东西；一旦人们不再相信，它也不能让人们被说服。它只渗透到已经开放的头脑中，它不是灌输意见，而是阐明和证明已经存在于接受者头脑中的意见"。[1]

所以，对我们今天来说，重要的也许不是奥古斯丁或保罗是如何获得基督教信仰的，而是他们在获得此信仰之后一以贯之、始终不懈地做了什么。

奥古斯丁34岁回到北非过修道生活，42岁任北非希波（Hippo）主教，75岁离世。他是一位好主教，虽然他偏爱修道士的沉思生活，但他对教区的民众非常爱护和体贴，并不要求他们在性的问题上跟他一样严苛，他能够接受他们把性当作婚姻必要部分的看法。这与他对自己的要求是不同的。

2. 历史语境中的先知政治学

410年，西哥特人洗劫罗马，促使罗马原来隐蔽的内部分裂爆

1　Eric Hoffer, *The True Believer,* New York: Harper Perennial, 1966, 84.

发出来。罗马的异教世界并没有随着基督教成为罗马国教而消失，罗马被破城的耻辱增强了异教人群对基督教的仇恨，他们威胁要铲除基督教。代表罗马永恒的罗马光荣如今成了野蛮人的战利品，这对民众的思想产生了广泛而强烈的冲击。罗马的异教徒把帝国的基督教化当作灾难的原因，而基督徒也因为这个事实而深感困惑。在这种情况下，奥古斯丁开始撰写他的论著《上帝之城》，到 426 年完成，其写作目的就是反驳当时有关基督教的一个流行观念：在面对国家危机之时，基督教不仅无用，而且还带来了灾祸。

《上帝之城》原来的题目是《驳异教徒论上帝之城》(On the City of God against the Pagans)，清楚地表明了这部著作当时的时论目的。有论者认为，由于《上帝之城》与历史情况联系得过于紧密，所以它的历史哲学和政治学意义只是次要的。但也有其他的论者认为，这是一部具有奠基意义的基督教政治学论著。无论是基于《圣经》的立场，还是历代基督教神学家的观点，政治制度和政府都是人犯罪之后对原罪的一种补救措施，而非一种积极促进善的工具。

基督教的这一政治洞见在人类历史上有着重要的作用，也是它与古典共和政治观不同的地方。在希腊城邦政治中，政治生活扮演着世俗上帝的角色，个体只有在城邦中才能实现人的价值。亚里士多德说，只有野兽和神灵才能离开城邦生活。罗马早期的政治观念也对这一整体主义政治观有相当的继承。

但是，基督教的出现开始改变这一将个体依附城邦政治，并以此获得生命意义的看法。在基督教观念里，世俗政治虽然不可缺少，但是天国的永恒意义压倒了当下的世俗政治。换言之，政治只有工具性意义。奥古斯丁是这一理念的开创者，在奥古斯丁之后的历史中，基督教的这一理念深刻塑造了西方文明的历史进程，甚至在一定程度上塑造了现代西方自由民主的政府理念：政府只是一种必要的恶，人类需要政府，全因为人类不是天使。我们在阅读与奥古斯丁不同的托马斯·阿奎那的中世纪政治理论时，还会再次回到这个问题。

先介绍一下《上帝之城》这部著作。

《上帝之城》全书分为两个部分，共 22 卷。前 10 卷是第一部分，驳斥异教徒对基督徒带来罗马沦陷的指控；后 12 卷是奥古斯丁的政治理论。

第一部分前 5 卷说的是，异教不能为世间的快乐提供任何帮助，后 5 卷说的是，异教神明不能为人死后带来救赎或永生。

在前 5 卷中，奥古斯丁以攻为守地驳斥罗马异教徒对基督教的指责。异教徒声称，罗马之所以沦陷，是因为基督教削弱了罗马的实力。奥古斯丁对此反驳说，不幸的事件在每个国家都会发生。罗马的沦陷并不是人类历史上独有的不幸事件（第 1 卷）。他接着指出，罗马人以前曾遭受过灾难，即使是在罗马人积极崇拜古老神灵的时代，罗马的神灵也没有采取任何措施来阻止灾难的发生。他说，罗马人敬拜的神明软弱无能，罗马人自己也放弃了道德信仰，听任精神上的腐败（第 2 卷）。奥古斯丁问道：罗马还没有基督教的时候就发生过灾难，罗马人为什么不问问自己——为什么异教神明以前没有帮助他们捍卫罗马（第 3 卷）？

奥古斯丁对罗马的异教徒说，罗马能维持好几个世纪，全是因为基督教上帝有此旨意。罗马所敬拜的异教神灵朱庇特（Jove/Jupiter）自己就是一个品格低下的家伙，不能指望他来保佑罗马（第 4 卷）。接着，奥古斯丁驳斥了异教的"命运"（fate）之说。罗马人以为是"命运"让罗马帝国团结在一起，但奥古斯丁说，没有"命运"这回事，让罗马帝国得以昌盛的正是基督教的上帝。上帝看到，古代罗马人是善良的，所以，早在他们尚未崇拜上帝之时，上帝就已经在奖励他们了（第 5 卷）。

奥古斯丁的论辩是巧妙的，因为谁都无法对它进行证伪。奥古斯丁是一位宗教信仰特别虔诚、特别坚定的思想者，他不是在进行诡辩，而是从他深信不疑的信仰立场进行推理，作出他认为最好的、最有力的论辩。但放到今天来看，未必对所有人都有说服力。

他在第一部分的后 5 卷中进行了类似的论辩，但改变了话题。他驳斥了异教徒的一个主要说法：人必须崇拜古老的神灵才能获得永生。奥古斯丁用异教作者的著作来颠覆这个说法，他说，罗马人从来就没拿神明太当一回事，并举例道，德高望重的神学家瓦罗就很轻视神明（第 6 卷）。[1] 人的永生根本不是雅努斯（Janus）、朱庇特、萨图努斯（Saturn，农神）这些神明所能决定的（第 7、8 卷）。只有基督才能给人带来永恒的幸福（第 9 卷）。只有上帝才值得崇拜，只有基督才能为人类洗涤罪过（第 10 卷）。

奥古斯丁在《上帝之城》的第二部分（11—22 卷）里，对基督教的政治学体系进行了建构性的讨论。第二部分可以按每 4 卷一组进行划分，每一组都有它自己的论述主题。第一组（11—14 卷）讨论“上帝之城”（civitas Dei）和“地上之城”（civitas terrena）；第二组（15—18 卷）讨论这二者在现世中的进程；第三组（19—22 卷）讨论历史的终结。下面就综述一下这三组讨论的内容。

奥古斯丁对“上帝之城”和“地上之城”的区分是以《创世记》里的伊甸园故事为依据的，这个区别也来自好天使与坏天使的分别。奥古斯丁说，人的死亡是对亚当之罪的惩罚，人类始祖的罪成为人类的原罪。由于情欲和羞耻，人的先祖被上帝从“好天使之城”（上帝之城）贬到“坏天使之城”（地上之城）。

在今天的基督教认知里，“原罪”教义是与奥古斯丁的名字紧密联系在一起的。在奥古斯丁之前，并不存在“原罪”（peccatum originale）的说法，“原罪”是奥古斯丁创造的神学观念，对神学和

1　瓦罗（Marcus Terentius Varro），前 116—前 27 年，古罗马学者和作家，先后写有 74 部著作，以渊博的学识受到当时和中世纪学者的崇敬。

教会教义学产生过重大影响。

基督教历史学家伯纳德·洛兹（Bernhard Lohse，1928—1997）在《基督教教义简史》中这样描述奥古斯丁的原罪论在神学史和教义史上的贡献："是奥古斯丁首次从神学上澄清了罪、恩典和恕罪等重要问题。也正是奥古斯丁看到，基督徒一再堕入罪中，因而在尘世根本不可能过一种无罪的生活。然而，最重要的是，他一反此前广泛流行的暧昧倾向，确立教会在赦罪问题上的权威。在奥古斯丁看来，不可饶恕的罪并不在于某种已经发生的行为，而是在于对恕罪的可能性缺乏信仰。"[1]

奥古斯丁不是将罪归结为外力或肉体的自然倾向，而是归结为人没有能用好自己的自由意志。奥古斯丁强调罪的根源不在别处，而就在人的意志之中。人类始祖犯罪的根源不是外物的诱惑（如蛇的诱惑），而在于人的意志。意志自由乃上帝所赐，它既包括服从上帝的自由，也包括违反上帝的自由，否则就不是真正的自由。

奥古斯丁的原罪论并不只是他个人体验和冥想的结果，而是他对《圣经》和教父神学及教会教义中关于"沦落"与"罪"的问题的发展，因此，奥古斯丁的原罪论其实有着深厚的神学理论和教会教义学背景。在奥古斯丁之前，尽管没有"原罪"的概念，但不乏关于人的沦落与犯罪的神学观念。但"原罪"是一个富有争议的观念，并不代表基督教神学的共识，在中世纪后期，就像我们在讨论托马斯·阿奎那时看到的那样，"原罪"的观念就已经开始被"人性"所代替。

奥古斯丁对"上帝之城"和"地上之城"在现世中的历史和进程也是用《创世记》里的故事来阐述的。这是对犹太人历史故事的一种寓意叙述，从该隐和亚伯到大洪水（第 15 卷），从挪亚到亚伯拉罕，

---

1 Bernhard Lohse, *A Short History of Christian Doctrine*, Minneapolis: Fortress Press, 1986, 117.

再从亚伯拉罕到以色列的诸王（第 16 卷），再从撒母耳到大卫，再到耶稣（第 17 卷），这两个城始终都在平行发展（第 18 卷）。

奥古斯丁用《圣经》里犹太人历史故事的寓言释义，提出一种政治理论，将人世间的政治制度置于基督教神学的语境之中。这消除了世俗政治制度的独立正当性，使它们成为上帝的创造物，并要求它们服从于基督教会的命令。这是神权高于政权最权威的论证之一。

奥古斯丁的历史理论也在若干方面具有重要性。首先，他的历史理论把人性解释为邪恶、堕落的，从而使照料灵魂的宗教制度和处理个人反社会行为的政治制度成为必要。其次，这一理论使得获取救赎和最终成为上帝之城的一员成为人的生存目标。最后，通过界定什么是真正的"共和国"（上帝之城），奥古斯丁提出一种高于国家政权的正义标准，可以用来衡量人世间的法律和制度，与这种更高标准的正义不一致的国家或政府法律不是真正的法律。

如何理解奥古斯丁的"上帝之城"一直是有争议的。虽然奥古斯丁从未说过上帝之城就是基督教会，但在中世纪，他被明确地解读成有这个意思。结果是，奥古斯丁关于两座城邦的观念被用来证明个人对国家和教会必须服从，证明世俗权威必须服从宗教权威，从而使教会也成为一个实际的政治制度。正是在这样的理论基础上，随着西罗马帝国逐渐消亡和欧洲世俗政治制度衰微，教会在此后一千年里成为主导性的政治制度。

今天，我们对这种宗教政治制度应该有比中世纪更现代的认识。奥古斯丁的基督教政治学的历史作用并不都是正面的。不说别的，用基督教神学重新阐释历史，这使得政治语言衰退为宗教修辞。这在奥古斯丁那里表现得最为突出，这样的宗教修辞，就像 20 世纪的一些意识形态修辞一样，严重地阻碍了政治学和政治哲学的发展，使得政治学科下降为宗教或意识形态的宣传话语。它看上去具有超然的理论性，但那是一种假象，它其实是政治实用主义。

基督教教父用基督教神学来描述政治。这为后来基督教教会扩充政治权力铺平了道路，而且也为他们在整个中世纪思考如何运用政治权力来实现基督教的目的做好了准备。同样，意识形态的理论家用诸如各种人类发展史的世俗神话来描述政治，也是为夺取和巩固某种特定的政治权力服务的。基督教神学、政治学把一切其他的政治见解排斥为"异端"，同样，意识形态的政治神话也将一切其他政治学说定性为歪理邪说，唯有它自己才是颠扑不破的唯一真理。这是宗教化政治的共同特征。

奥古斯丁对"上帝之城"和"地上之城"的命运的预言是这样的：魔鬼之城将会被彻底毁灭，而上帝之城则会给人类带来永远的幸福。而这就像乌托邦预言一样，对今天的读者已经不再有吸引力。

当然，我们需要把基督教的预言和先知政治神话放到中世纪的历史时期中去理解，这样的预言和两分对立的政治神话对中世纪的人们起到长期的思想蒙蔽作用。而在这方面，现代人类未必就比中世纪的人们高明到哪里。从 19 世纪后期到 21 世纪，一些意识形态起到了类似于先知政治的蒙蔽作用——对立的主义、对立的阵营、导向光明或黑暗未来的斗争等，成为"两城神话"的现代版本。而盲信者对之深信不疑的程度绝对不亚于中世纪的愚昧之人。

任何时代的先知政治学为人们提供的都是一种救赎性的未来幸福愿景，但实现"幸福"和"天上愿景"的方式与途径却可能截然不同。奥古斯丁的基督教先知政治学的幸福愿景是"爱""正义""自由""公正"，而现代先知政治学提供的答案却经常是"仇恨""斗争""暴力""专政"。这是我们通过了解奥古斯丁的基督教政治学可以进一步深思的问题。

3. 罪犯帮伙的国家能有正义法律吗

在奥古斯丁对"上帝之城"和"地上之城"的描述中，历史按照双重的计划发展着，它是由善和灵魂构成的历史，从天使之国里神的统治开始，历经天使们的堕落，善良人类的灵魂和邪恶人类的灵魂两相分裂，由迷失的灵魂组成地上之城。最后，在迷失而邪恶的灵魂受到永远的惩罚之后，在世界的尽头，地上之城会被正义的基督统治所终止。

在奥古斯丁的时代还没有"国"的概念，"城"实际上就是"国"的意思。奥古斯丁所说的"上帝之城"和"地上之城"不能简单地理解为"好人国"和"坏人国"，或者其他意义上的"好社会"或"坏社会"。也不能从"两座城"推导出教会代表"上帝之城"，而国家或帝国则代表"地上之城"的结论。教会虽然保留神圣的整体，但教会包括上帝的选民，也包括邪恶者，并不是上帝之城。

奥古斯丁所说的"上帝之城"是一个超越性的蒙恩群体，它不同于历史上的任何制度；它的成员是由神单独挑选出来的，而不是人自己可以决定的。对于"地上之城"或"上帝之城"中的成员资格，他是这样阐述的："两类爱构成两座城：对自己的爱（amor Sui）以至于轻视神，它是地上的。对神的爱（amor Dei）以至于轻视自己，它是天上的。所以，一种是因自己而荣耀，另一种是因主而荣耀。因为一种寻求的是众人面前的荣耀，另一种寻求的是神前的荣耀，神知道良知是最高的荣耀。在对自己的爱里，统治者和臣民被狂热的情绪（libido）所摆布；在对神的爱里，则是充满爱的内在机制。"（第 14 卷，章 28）

这样的描写是用人在精神上的差别来表达，一个是只爱自己，奉行"人不为己，天诛地灭"的做人原则；另一个是爱上帝，并爱你的邻人。精神上的差别造成这两座城中成员的不同。有的人是这样，有的人是那样，这出于神的永恒计划。神在堕落的人们中选一些来接受他的恩赐，并给予他们力量，从爱自己上升到爱上帝（和爱他人）。

在"地上之城"，人是照着人的标准（人定的正义和法律）生活的；在"上帝之城"，人是照着上帝的意志（上帝的正义）生活的。由于原罪，我们每个人都一样配不上与上帝共存于"上帝之城"，不过，由于上帝是仁慈的，他选择我们之中的一些人上天堂，生活在"上帝之城"。而"地上之城"不会长久，因为当它被定为最终受的惩罚时，它就不再是座城了。

因此，奥古斯丁的"两座城"实际上是一种宿命论的"蒙恩"，奥古斯丁的上帝是有选择性的，只有少数人才能得救。这就留下一个难以解答的问题：人是否可能过善的生活，但仍然被剥夺上帝的恩典？那些得不到上帝恩典的，或者没有受到洗礼的人又会如何？奥古斯丁曾被问到：婴儿如果在受洗之前就死了，他们的灵魂将会如何？他不得不这样回答：婴儿因为有原罪，而这原罪又没有被洗礼所清除，所以他们不可能进天堂。在今天的基督徒听来，这是很残忍的。

虽然奥古斯丁的"两座城"有不少难以自圆其说的地方，但也有值得我们今天重视和借鉴的观念，其中包括他对两种"正义"的区分：一种是"地上之城"中人的正义，另一种是"上帝之城"中上帝的正义，前者是所谓的正义，而只有后者才是真正的正义。那么，什么是正义？

正义的基本意思是，不管是好是坏，每个人得到他"应得"的那一份，因此正义经常又被称为"公正""公平"。正义分为两类，第一类是分配正义，它着重在人群间适当分配好的东西，如财富、权力、报酬、尊敬等；第二类是惩罚正义，指的是让恶行受到该有的报应。常见的是，怎么损人，就受到怎样的惩罚，如"以命还命、以眼还眼、以毒攻毒、以牙还牙"。

正义的规则是法律规定的，所以法律便成为正义的体现。不同的文化以及同一文化的不同时代或制度，在什么是"应得"的问题上有不同的认识和理解，因此会出现不同的法律。这就是国家的实在法（positive law），也就是人们常说的"王法"。但就像我们在索福克勒斯（Sophocles，前 496/497—前 405/406）的《安提戈涅》（*Antigone*）一剧里看到的那样，"王法"与"神法"会有冲突。在人类不同的历史时代，人们对"神法"有不同的理解，"神法"也会被理解为上帝的律法、自然法、普世人权等。在奥古斯丁那里，"神法"就是"上帝之城"的秩序律令，被称为"上帝的正义"和"真正的正义"。

他在《上帝之城》里强调，任何一个城邦或共和国都不能缺乏真正的正义。他说："若不是具有正义，王国与大规模的罪犯帮伙（gangs of criminals）有何区别？罪犯帮伙又与微小的王国有何区别？罪犯帮伙是一个头目指挥下的一群人，他们受制于一种集合体契约，根据约定来分配赃物。"但是，"真正的正义只在以基督为立国者和统治者的国家中才能出现，如果我们承认它是'共同体的福利'，因而都同意将其称为国家的话。"他接着又说："如果这个邪恶的帮派从不道德的人群中招募到许多追随者，占据一个地方，建立根据地，攻城掠民，那它就会公然冒充一个王国。在全世界的眼里，这个王国不是在摒弃侵略，而是在腐败堕落的基础上建立起来的。"这个王国的首领与海盗头目无异，"由于海盗干的是小活，所以被叫作海盗，而（罪犯帮伙）因为有强大的舰队，干的是大活，所以被叫作皇帝"（第 4 卷，章 4）。

我们可以从三个方面来理解奥古斯丁对正义与国家关系的基本观点：国家与社会的关系、国家存在的目的、国家与人性的关系。

　　第一个是国家与社会的关系。奥古斯丁严格区分了社会和国家这两个概念，认为人有天生的社会性，但没有天生的国家性。天生的社会性是人伦社会性，亚当和夏娃的关系就是典型：他们出自同一类（肉中的肉，骨中的骨），只有性别和分工的差别，但关系是平等、互爱、互助、互补的。但国家不同于社会，国家是一个政治社会，它起源于堕落之后的罪人对自己的爱（私人利益），尤其是人的控制欲（操纵欲）。《圣经》里的该隐杀死自己的兄弟，建立地上的第一座城，这正是政治社会罪性的集中体现。

　　基督教是对所有人开放的，无论种族、阶层、国籍或性别，这一开放性的核心是受造者的爱和平等。保罗说："并不分犹太人、希腊人、自主的、为奴的，或男或女，因为你们在基督耶稣里都成为一了。"（《加拉太书》，3：28）在另一处，当耶稣遇到彼拉多时，彼拉多问耶稣是不是犹太人的王，耶稣说："我的国不属这世界；我的国若属这世界，我的臣仆必要争战，使我不至于被交给犹太人；只是我的国不属这世界。"（《约翰福音》，18：36）保罗和耶稣所传达的讯息是，基督教是超越"国"度限制的信仰者共同体。基督教共同体是由对上帝的爱联结起来的，并且试图以共同信仰为基础，将所有人融入这个有共同价值的普世共同体之中。任何一种狭隘的民族主义、种族主义、部落主义都违背这样的普世价值。

　　奥古斯丁指出，国家强调的不是普世之爱，而是一伙人对自己的爱；国家是由爱私利、不爱上帝的自私个体组成的自私团伙，它违背上帝创造的正当的爱的秩序。国家是人堕落后的产物。从根源上来说，国家是"天然不正义"的。对此，奥古斯丁彻底颠覆了古典的尤其是亚里士多德的国家观。对于反普世价值、与普世价值格格不入的民族主义，奥古斯丁所说的"普世之爱"不啻是一剂必要的解毒剂。启蒙运动时期，托马斯·潘恩（Thomas Paine，1737—1809）在鼓舞美国革命的小册子《常识》中，强调的也是国家与社会的不同性质：社会是长久的，而国家是可以改变的。

第二，国家的存在是为了以恶制恶。奥古斯丁的国家观在今天的基督教自由民主国家中仍有影响，不过那里的人们已经不再重复人类始祖犯罪的神话，而是用"人性之恶"代替"原罪"，人类的劣根性与亚当、夏娃的过失无关，它深植于人性之中。

那里的人们抛弃奥古斯丁关于"国家起源于人的原罪"的神学推断，而代之以对人性的冷峻分析。在自由主义者那里，国家根植于人性之恶中，也从中找到了存在的理由。奥古斯丁所说的"原罪"，经过自由民主的"非神学处理"，成为人的罪恶本性或人性结构中的缺陷。基督教认为人在堕落之前不需要国家，国家不是人的本性的产物，而是人性堕落的结果。自由主义者不知道人是不是曾经有过纯洁无邪的状态，他们直接面对的，就是人的堕落状态。他们的政治设计也脱离上帝救世的计划，断绝与彼岸世界的联系，只关注此岸的政治现实。

虽然国家的存在不过是出于以恶制恶的需要，但是，好的国家仍然一定不能缺乏真正的正义。再好的国家也不能等同为正义，正义只能让国家不成为一个罪犯帮伙。奥古斯丁不相信有所谓的"完美政治"，在这样的政治中，明智的统治者为社会问题设计了最好的持久解决方案，使心满意足的人民在英明的领导下，和谐地生活在一起。奥古斯丁认为，政治是一个领域，在这个领域中，易犯错误的人为反复出现的困难和紧张局势制订了不完善、不稳定的强制性解决方案，而这种状态和强制性是人类犯罪的结果。像财产制度和奴隶制一样，所有强制性权力都是上帝认可的对罪的补救和惩罚。

因此也就有了奥古斯丁国家观的第三个方面：国家是对人类堕落或人性之恶的惩罚，也是救治。他认为，国家总是和"强制""压迫"联系在一起，给人带来痛苦，是上帝对人类堕落的一种惩罚。同时国家又是上帝对沉沦人类的救治。国家依靠"强制"的手段阻吓沉沦的人彼此间公开的抢劫和杀戮，给堕落后混乱无序、欲望鼎沸的社会带来外部的和平与秩序。由此，奥古斯丁提出，国家应当具备两个主要功能：一个是作为对人的罪的惩罚，一个是作为维持尘世秩序与和平的必要措施。其作用仅仅是维持外部的秩序，而从来就不能使人内心更新。也就是说国家不能使人变好，而只能使人不至于公开地坏，仅此而已。

奥古斯丁的正义观可以说是对罗马共和时代西塞罗法律观的一个纠正。西塞罗机械地将正义等同于罗马的秩序，奥古斯丁问道，如果没有正义，怎样才能有一个法（ius），一个正确的秩序？如果不是每个人都能得到他应得的，那怎么才能有正义？在一个属于魔鬼的共和国中，神不能得到他应得的，人也不能。

在西塞罗那里，无论一种法律秩序就其本质而言是多么不正义，都可以用来代表一种国内的"正义"。但是，在奥古斯丁那里，正义并不是这样的一个词，它是一个标准，通过这种标准，人们可以衡量一种秩序所具有的内容。一个国家可能有一种法律秩序，政府有强迫施行这一秩序的权力，甚至也遵循正确的程序，但是如果正义遗失了，这样的国家又怎么能不是一个"罪犯帮伙"？（第4卷，章4）

西塞罗将正义等同于罗马的秩序，也就是将正义等同于一个民族国家的任何一套法律。但是奥古斯丁坚持，一个民族或民族国家"是一个由理性的存在者组成的群体，通过和谐一致地共同拥有（concord comunione）他们所爱的事物而联系在一起"。（第19卷，章24）从根本上说，民族或民族国家不是一个法律单位，而是一个文明单位。这个单位的特质是通过"他们所爱的事物"来衡量的，也就是通过他们中间的文明的价值观来衡量的。"普世正义"有助于提升任何一个民族的文明。

奥古斯丁颠覆了西塞罗的国家法律观，重新对政治问题进行现实的讨论。西塞罗有关法律和政府的神话仍然在影响各种各样的价值相对论和虚伪主义，如黑格尔所说的"凡是存在的就是合理的"，来为恶法制度辩护。但是，奥古斯丁打破了这种"王法就是法律"的观念。他支持精神的反抗，反对用法律的语汇掩盖政府的邪恶；他清楚地表明，一个运行良好的法律秩序也可能是不公正的。同时他反对任何旨在从法律形式中构建一个国家的企图。从此，人们对民族、文明、国家的关系有了新的认知观念：只有当这三者是以"普世正义"统一起来的时候，才可以说引领一个国家的是真正的正义。

《上帝之城》是奥古斯丁诸多著作中的一部，用美国政治历史学家埃里克·沃格林（Eric Voegelin，1901—1985）的话来说，"著作的广博是由人的广博决定的"，直至今日，他的著作依然是基督教思想的基础。奥古斯丁那强烈的宗教灵魂历经了丰富的遭遇后却始终没有丧失。他的精神漫步从罗马的异教开始，经过摩尼教和新柏拉图主义，最后抵达天主教，他的人生虽然几经变化，但"从历史角度说，具有内在的一致性"。[1] 这使得他对整个中世纪产生了深远的影响。

1　沃格林著，谢华友译，《希腊化、罗马和早期基督教》，华东师范大学出版社，2007年，第 263—264 页。

三　赫罗斯维塔《亚伯拉罕》

1. 怎么阅读古代剧作

本章我们将要阅读中世纪女作家赫罗斯维塔的著名剧作《亚伯拉罕》（又称《玛丽和亚伯拉罕》）。赫罗斯维塔又被称为"甘德斯海姆的赫罗斯维塔"（Hrotsvitha Gandeshemensis，约 935—1001），她是一位出生于巴特·甘德斯海姆（Bad Gandersheim）的撒克逊贵族，被认为是德国历史上第一位女作家、第一位女诗人、第一位女性历史学家和第一位戏剧创作家。她的戏剧和诗歌等作品主要在奥托王朝（Ottonian Dynasty，919—1024）时期用拉丁文创作。她的作品一度失传，直到 1501 年才被人文学者康拉德·策尔蒂斯（Conrad Celtes，1459—1508）重新发现，他于 17 世纪将赫罗斯维塔的作品翻译成英语。

我们对赫罗斯维塔的生平、教育和戏剧创作意图的了解，几乎都来自慕尼黑巴伐利亚州图书馆的一份手稿（大约制作于 980 年），她在这份手稿中七次提到自己的名字。慕尼黑手稿包含赫罗斯维塔几乎所有现存的作品：十部诗体叙事诗、六部戏剧、一首描绘天启场景的诗和几首诗体祈祷文。赫罗斯维塔不仅在她现存的著作中说出了自己的名字，还将她的名字翻译成了拉丁文，在戏剧的序言中称自己为"Cramor Validus Gandeshemensis"（"甘德斯海姆的强大声音"）。有研究者认为赫罗斯维塔这样称呼自己，是"作者意图的纲领性声明，将自己与施洗者约翰，即甘德斯海姆修道院的守护者保持一致"。还有研究者认为，她名字的拉丁文形式可以与《希伯来书》中的一节相参照："谁（基督）在他肉身的日子里，带着强烈的哭声和眼泪，向那能救他脱离死亡的人献上祈祷和恳求，因他的敬畏而被听到。"因此，当代学者认为赫罗斯维塔把自己当作基督的追随者，其创作与基督的祈祷、苦难和崇敬相一致。[1]

《亚伯拉罕》是赫罗斯维塔六部剧里最出名、最有代表性的一部。这个短剧从内容上看似乎完全是一个宗教故事，但是，对罗马戏剧，尤其是对泰伦斯喜剧有所了解的读者会发现，这是中世纪对罗马戏剧一次脱胎换骨的主题和艺术处理。怎么来阅读这个短剧，如何从这次阅读中得出一些阅读剧本的一般方式，便成为一个有趣也有益的问题。让我们先来看看这个共有九场的短剧。

亚伯拉罕和埃夫雷姆（Effrem）是一个隐士团体的成员，亚伯拉罕找到埃夫雷姆，告诉他自己有一个需要照顾的孤儿侄女玛丽，她大约八岁。埃夫雷姆虽然最初不愿意看到他的朋友卷入世界的忧虑，但很快就衷心地赞同亚伯拉罕的计划，将玛丽嫁给基督，并将她的遗产捐给穷人。两人都觉得她的名字"玛丽"表明贞洁是她的命运，当这两个人咨询玛丽时，她起初觉得自己不配与圣母玛利亚相比，但很快就同意他们对她的计划。于是，亚伯拉罕为她建造了一个没有门的修行室，只有一扇窗户，他可以通过窗户教玛丽阅读和研习经文（第一、二场）。

四年后，亚伯拉罕告诉埃夫雷姆，玛丽被一个穿僧侣服的人勾

1　Phyllis R. Brown and Stephen L. Wailes, eds., *A Companion to Hrotsvitha of Gandersheim (fl. 960): Contextual and Interpretive Approaches*, Leiden: Brill, 2013, 3-4.

引了；玛丽失去了贞洁，觉得不可挽回，感到绝望，所以选择回到人世间去。埃夫雷姆想知道为什么亚伯拉罕没有意识到发生了什么，但事实证明亚伯拉罕被一个寓言式的梦迷住了，以致他实际上是个瞎子（第三场）。

亚伯拉罕现在计划让人寻找玛丽，一旦找到她，就伪装成情人接近她，试图劝说她回来。有一位陌生士兵来到亚伯拉罕修行的地方，说他见过玛丽，她已经成了一名妓女，有很多"爱人"，还说出了玛丽所在的那个 Assos 小镇（第四场）。

亚伯拉罕于是向士兵要来他的衣帽，装扮成一个士兵随后出发去寻找玛丽。他在 Assos 的一家客栈里打听到玛丽的下落，客栈老板说玛丽"比所有其他女人都更胜一筹"，亚伯拉罕要求见见玛丽（第五场）。

玛丽没有认出亚伯拉罕，但当亚伯拉罕向她行吻礼时，她不由自主地想起她以前的状态和贞洁。她开始哭泣、悲叹，"我堕落到什么地步，陷入多么罪恶的深渊！"吃过晚饭后，玛丽叫亚伯拉罕到房间里去等她（第六场）。

玛丽把这个所谓的客户带到她的私人房间，当她准备脱掉他的鞋子时，亚伯拉罕露出了自己的真面目。玛丽起初不相信她的罪会被赦免，亚伯拉罕责备她不该陷入绝望的罪中，并向她保证，他和埃夫雷姆会替她忏悔。玛丽还有顾虑，但亚伯拉罕解释说，人性就是犯罪，犯罪的人不应该受到谴责，该受谴责的只是未能从罪恶中站起来的人（第七场）。

他们出发回到隐居地。玛丽看到她犯罪的修行室，不禁颤抖起来；亚伯拉罕安排她住进另一个修行室（第八场）。

亚伯拉罕告诉埃夫雷姆，他已经把玛丽带回来了。玛丽开始极严厉的修行和忏悔，她穿上粗毛背心，严格禁食，好让自己的肉体完全服从灵魂的意志。两位老隐士为上帝宽恕玛丽而欢欣鼓舞，他们向上帝举手，赞美上帝的怜悯（第九场）。

这个故事初看非常简单，表现方式显得单调，其宗教主题完全符合中世纪的宗教情怀。那么，我们应该如何阅读这部剧呢？

艾德勒和范多伦在《如何阅读一本书》里介绍了一般性的剧作阅读要点。第一，阅读剧本需要比阅读小说更主动一点，"一个剧本是一篇小说、故事，同时也真的该像读一个故事一样阅读。因为剧本不像小说将背景描绘得那样清楚，或许读者阅读的时候要更主动一些，才能创造出角色生活与活动的世界的背景"。[1] 对于阅读古代戏剧来说，知道剧中故事是从哪里来的，是一种很重要的背景知识。

第二，阅读时要尽量在脑子里"看到"故事的场景和人物，"唯一方法是假装看到演出的实景。因此，一旦你发现这个剧本谈的是什么，不论是整体或部分，一旦你能回答有关阅读的所有问题，你就可以开始导演这个剧本。假设有六七个演员在你眼前，等待你的指令，告诉他们如何说这一句台词，如何演那一场；解释一下重要的句子，说明这个动作如何让整出戏达到高潮。你会玩得很开心，也会从这出戏中学到很多"。[2] 阅读《亚伯拉罕》，要做到这一点并不难，这个剧虽有九场，但每一场时间都不长，人物也很简单，除了第二和第六场有三个人物，其他各场都只有两个人物，可以比较容易地想象人物互动的场景。

第三，要决定手上的这个剧本是不是值得仔细阅读，因为，"大多数剧本是不值得阅读的。……这是因为剧本并不完整。剧本原来就不是用来阅读的，而是用来演出的。有许多伟大的论说性作品，

1　莫提默·J.艾德勒、查尔斯·范多伦著，郝明义、朱衣译，《如何阅读一本书》，商务印书馆，2004年，第194页。

2　同上。

也有伟大的小说、故事与抒情诗，却只有极少数的伟大剧本"。[1]

第四，在阅读古典剧作时，我们需要充分了解并懂得作者的意图，但同时又需要与之拉开距离，做出我们自己的判断。

与一般古代剧作不同，能流传至今的古代作品绝大多数都有很高的阅读价值，因为它们是人类古代历史文化的文物，读者关注的是其"特点"而非"优点"。这就像对待一件古物，关注的首先不是美不美，而是它能告诉我们什么。在阅读这样的古代剧作时，尤其需要把客观知识和主观审美区分开来，即使欣赏其美，也是欣赏其在客观历史中显现的美。因此，读者必须搁置自己的主观偏好或喜恶，理性地对待作品中的主题思想，就算是你不喜欢、不愿意看到的东西，也得去看，而且还得看仔细了。

阅读古代剧作需要有更多的知识储备，《亚伯拉罕》就是这样，我们需要知道剧中的故事是从哪里来的，因为古代剧作基本上都以现成的神话、传说为题材。亚伯拉罕是4世纪著名的隐士，他的传说在6世纪的希腊语和叙利亚语版本中流传，并在同一时代有拉丁语的译本，7世纪时，法国的一个修道院就有这个拉丁文译本的手稿。但玛丽皈依的故事是独立流传的。赫罗斯维塔在由萨克森王室支持的一处修道院里完成了她的学习，由此进入拉丁古典世界。她喜爱拉丁文阅读，这些故事的拉丁文版本为她提供了生动而迷人的事件叙述。她还熟悉宗教故事里的圣徒元素（如第一场里梦的预言），并用这样的元素来丰富剧作的内容。她的作品涉及基督教的宗教教义，在《亚伯拉罕》里最明显的就是，即使是最明目张胆的罪人也能得到上帝的怜悯和宽恕，前提是他有发自内心的忏悔。

尽管赫罗斯维塔的戏剧与之前的文学作品之间存在着密切的联系，但由于她对罗马戏剧的熟悉和模仿，《亚伯拉罕》实际上是一

---

1 莫提默·J.艾德勒、查尔斯·范多伦著，郝明义、朱衣译，《如何阅读一本书》，第196页。

部表达特殊观点的原创作品。古代剧作都是靠阅读而不是靠观剧流传下来的，希腊戏剧是为了庆典的表演活动而创作的，其中流传下来的只有很少一部分，恐怕也是因为大多数作品在舞台上好看，却不适合阅读。古代戏剧作品中，埃斯库罗斯、索福克勒斯、欧里庇得斯的悲剧，还有莎士比亚的戏剧、莫里哀的喜剧等，都是值得仔细阅读的作品，赫罗斯维塔的《亚伯拉罕》虽然在思想体量上不能跟这些伟大的剧作者的作品相比，但也值得仔细阅读和体会，不过要有适合这个剧作的阅读方法。

在《剧作序言》中，[1] 赫罗斯维塔明确说出她在剧作中模仿异教罗马剧作家泰伦提乌斯（Publius Terentius Afer，约前195—约前160，也译作"泰伦斯"）风格的目的：因为许多天主教徒喜欢异教戏剧，觉得非常雄辩，不在乎其内容淫荡无耻，因此，"在我小小的才华范围内，我用一种模仿淫乱妇女的无耻行为的创作形式，赞美神圣处女的可嘉贞操"。[2] 现代研究者同意这个说法，认为赫罗斯维塔作品中"最有趣的正是她模仿泰伦斯喜剧的六部道德剧。泰伦斯的作品炫耀淫荡女人的通奸伎俩，赫罗斯维塔的道德剧是对泰伦斯毒化观念的矫正剂，它们用同样的形式赞美神圣处女的美德。……她的素材再一次来自传奇，其中，基督徒的贞洁尽管要做出牺牲，但是会取得确定无疑的胜利。她虔诚地模仿并不虔诚的泰伦斯的情况，并没有为中世纪其他作家所仿效，对后来神秘剧的发展并没有产生什么影响。它们证明了作者的勇气，以及甘德斯海姆修道院某些僧侣的研究"。[3]

1　Preface to her six dramas, *The Dramas of Hrotsvit of Gandersheim*, Trans and intro by Katharina Wilson. Saskatchewan: Peregrina Publishing Co., 1985.

2　Robert Talbot, "Hrotsvit's Dramas: Is There a Roman in These Texts?" In Phyllis R. Brown, et al eds., *Hrotsvit of Gandersheim: Contexts, Identities, Affinities, and Performances,* Toronto: University of Toronto Press, 2004, 148.

3　亨利·奥斯本·泰勒著，赵立行、周光发译，《中世纪的思维：思想感情发展史》，上海三联书店，2012年，第292页。

赫罗斯维塔模仿并改变泰伦提乌斯的风格，这是她的独特之处。我们不妨就由此入手，看看她的剧作与罗马戏剧有什么相似或不同，以此一窥罗马戏剧与中世纪戏剧的微妙关系。

《亚伯拉罕》以罗马喜剧的一个典型主题开场：老人安排孩子的未来。典型的场景是一个老人和他的朋友讨论如何适当地照顾他所负责的后辈，以及他们随后的婚姻安排。泰伦提乌斯的《安德里亚》（Andria）就是以类似的方式开场的。这样的开场看似平淡，其实富有戏剧性的套路，因为有经验的观众知道，这样的安排最后一定是要落空的，所以他们就会等着看下面的好戏。《亚伯拉罕》里的玛丽是一个孤儿，依靠唯一的亲戚——叔叔亚伯拉罕来保护她。然而，亚伯拉罕和另一位隐士埃夫雷姆为玛丽安排了与耶稣的精神上的婚姻，让这个年轻女孩对基督献身一辈子。

在第二场里，亚伯拉罕和埃夫雷姆一起开导玛丽，埃夫雷姆对她说："玛丽是所有处女中的第一位，你和她同名，你愿意过她那种无瑕的贞洁生活吗？"年少无知的玛丽根本不知道自己的名字有什么特殊的地方。埃夫雷姆又对她说，玛丽是"Stella Maris"的意思，世界就是围绕着这颗星在转动。这颗星是不动的，为所有的航行指明方向。玛丽说，我不过是个平凡的可怜虫，那跟我又有什么关系呢？埃夫雷姆说，"只要你保持肉体的贞洁无瑕，只要你保持灵魂的纯洁和虔诚，你的名字也就能发出光芒"。[1] 玛丽被说服了，于是单独在一个修行室里修行。在泰伦提乌斯的世界里，年轻女子的最高愿望是婚姻。但在《亚伯拉罕》里，通过基督与献身处女神秘结合的观念，婚姻被提升到一个精神层面，这是中世纪的特色。

四年后，玛丽在一个坏人的引诱下失去贞洁，赫罗斯维塔改变了罗马喜剧的强奸主题，将玛丽的强奸戏剧化为一个悲剧性的逆转，

1　Abraham, *A Play by Roswitha, The Nun of Gandersheim,* Trans., Richard S. Lambert, illustrated by Agnes Lambert, Atlanta: The Stanton Press, 1922, 8-9.

强化强奸的精神悲剧，因为玛丽比被动的罗马受侵女性失去了更多，这里被侵犯的是处女与基督的婚姻契约。赫罗斯维塔对婚姻主题还做了另外一个修改。玛丽与罗马女性不同，她对长辈安排的婚姻有发言权。她在八岁的时候就仔细询问他们说话的含义，她的询问带有某种幽默感，那两个老头子晦涩、啰唆地对一个孩子讲她听不懂的话。

随着玛丽的失贞，赫罗斯维塔引入泰伦提乌斯喜剧的另一类主题戏路：诡计和伪装。真假难分是喜剧的标配手法，《亚伯拉罕》里诱惑玛丽的是一个伪装成好人修士的坏蛋；她叔叔亚伯拉罕哀叹有狼偷了他的小羊（第三场）；玛丽出走之后，亚伯拉罕没有玛丽的消息，是一位陌生的军官告诉他玛丽的下落；亚伯拉罕和陌生人交换衣帽，打扮成军人模样去寻找玛丽——戏里再次动用伪装的手法。亚伯拉罕找玛丽的时候，玛丽认不出他是谁，只是觉得他身上有一股熟悉的气味。剧作人物与观众之间形成认知落差，这是喜剧惯用的"戏剧性讽刺"（dramatic irony）手法。

《亚伯拉罕》的情节在结构上非常工整，这也是一些罗马戏剧的特点。《亚伯拉罕》里有两个成功欺骗玛丽的场景，一个是伪装成僧侣的情人将她从修行室中引诱出来，另一个是伪装成情人的亚伯拉罕又把她重新带回修行室去，这两个场景被安置在与戏的开头和结尾距离相等的地方（九场中的第三场和第七场）。隐士装扮成嫖客，这是一个喜剧性的救赎转化。

赫罗斯维塔在《亚伯拉罕》的结尾处将玛丽塑造成真正的女贞楷模，她不知道自己的忏悔是否有限度，所以她会永远地坚持下去，以赢得上帝更大的青睐。赫罗斯维塔用泰伦提乌斯喜剧中的一些主题和喜剧套路丰富了她从亚伯拉罕和玛丽传说里得来的宗教故事：无辜的处女、受挫的婚姻、伪装的情人、受侵犯的对比场景。她将这些罗马喜剧的因素和生活场景细节改造为一个基督教的世界。在这个基督教世界里，女性受害者没有道德上的妥协或损失。

2. 女性贞洁的灵与肉

从表面上看，《亚伯拉罕》表现的是肉体和精神的冲突，但如果只是这样理解这部剧，那就太肤浅了，因为这种冲突是中世纪基督教世界观的基本组成部分。它在中世纪的精神世界中如此深入人心，无处不在，以至于若把它当一个主题提出，就会显得相当肤浅，甚至微不足道。

其实，早期和古代基督教对灵（精神）与肉（身体）的理解与我们今天的理解是不同的，要复杂精细得多。例如，保罗理解的肉体和精神之间的紧张关系，远超今天人们对身体与戒律的理解。虽然他把私通、淫乱和奢侈放在肉体行为清单的开头（"肉体之戏"），但并没有把"肉体"（caro）理解为身体（corpus），因此他的肉体的行为中包括许多属灵的罪的形式，其中包括偶像崇拜、愤怒和嫉妒。"情欲的事都是显而易见的，就如奸淫、污秽、邪荡、拜偶像、邪术、仇恨、争竞、忌恨、恼怒、结党、纷争、异端、嫉妒（有古卷在此有凶杀二字）、醉酒、荒宴等类。我从前告诉你们，现在又告诉你们，行这样事的人必不能承受神的国"。（《加拉太书》，5：19—21）可以肯定的是，当人们通奸时，肉体占了上风，当他们愤怒或嫉妒时也是如此。

在《亚伯拉罕》里，玛丽的堕落看上去是因为性欲和失贞，其实不是。婚外性交是一种罪恶，但本身并不是赫罗斯维塔看到的最大危险。玛丽屈服于绝望，那才是最严重的心灵危险。这是此剧所关注的问题。另外，在这个戏剧里，肉体和精神的冲突不是表面上的婚外性交和禁欲的冲突。赫罗斯维塔在这个剧里对身体完整的重要性提出质疑，在她看来，那是一种违背基督教精神的迷思。

德国文学专家斯蒂芬·L. 韦利斯（Stephen L. Wailes）在为特别提醒读者所写的序言里表示，要用"圣洁少女值得称赞的贞洁"

代替泰伦提乌斯戏剧里那种"感性女人的不贞"。注意，赫罗斯维塔在这里说的是"laudabilis sacrarum castimonia virginum"，其中castimonia 的意思是"贞洁"（chastity），而不是"处女"（virginity）。Virgines 一词（与 virginum 同源）可以指年轻女性，也可以指处女。也就是说，一个不再是处女的女性也不一定就丧失了贞洁。[1] 韦利斯要驳斥的是那种用"处女情结"来理解赫罗斯维塔戏剧的错误观点。

正如美国中世纪学者卡罗琳·拜纳姆（Caroline Bynum）所表明的那样，对大多数早期基督徒来说，身体的概念是在受迫害期间形成的。那时候，由于宗教的迫害，有的殉道者被肢解或被野兽吃掉，肉体在死亡中消亡。赫罗斯维塔六部戏剧中有三部都以基督教时代的第一个世纪为背景，而这个时代是圣人和殉道者最多的时代，他们对待身体的方式在生前和死后都证明他们宗教信仰的真实性。[2] 罗马人迫害基督徒，残害他们的身体，但基督徒无视身体的痛苦或存在，宁愿赴死也不肯背叛信仰。他们的肉体忍耐和坚韧于是成为信徒不可侵犯的意志和决心的延伸。

信徒拒绝谴责基督，为此忍受性侵犯和酷刑，这些殉道者中有不少是女性。残害女性基督徒的方式从身体的死亡发展到缓慢"死亡"：强奸。迫害者以为，强奸会对基督徒处女造成比死亡更可怕的效果。但是，她们通过精神抵抗来藐视强奸，这也就形成了基督教传统特有的女性贞洁观念。

在《亚伯拉罕》里我们看到，即使玛丽被送入妓院，也不意味着她就此成为罪人。玛丽的身体无论有什么污点都比灵魂失去希望要好。赫罗斯维塔回应了基督教的信念：纯洁是一种心灵的品质，

1　Stephen L. Wailes，"Beyond Virginity: Flesh and Spirit in the Plays of Hrotsvith of Gandersheim." *Speculum*, Vol. 76, No. 1 (Jan., 2001), 1-27.

2　Caroline Walker Bynum, *The Resurrection of the Body in Western Christianity, 200-1330*, New York: Columbia University Press, 1995, 58.

即使身体被蹂躏，心灵的贞洁仍会持续下去。因此，当一个女人在自己不同意的情况下被强奸，是被他人的罪恶所强迫，她没有理由惩罚自己。

这种对贞洁的"精神定义"，正如从事中世纪研究的克拉丽莎·阿特金森（Clarissa Atkinson）所指出的，在整个中世纪时期与圣杰罗姆所强调的身体定义并存。[1] 将贞洁认定为一种精神品质并不否定身体的重要性，而只是将其置于意志之下，由意志对其行使权力，并通过其行使权力。因此，奥古斯丁在《上帝之城》里写道，"首先，必须坚定地确定，正确生活的条件——美德，从她在心灵的宝座上指挥着身体的各个部分，并且虔诚的身体是虔诚的意志的工具"（第1卷，章16）。

赫罗斯维塔将无罪定位在被强奸妇女对救赎的信心上。这在戏剧表现上是一个难题，由于无法戏剧化，观众看不到那个无罪（或有罪）的"地方"。赫罗斯维塔解决这个问题的方法是，她让亚伯拉罕来阐述精神贞洁的原则。

《亚伯拉罕》对玛丽的失贞并没有细节的描述，因为真正的问题是玛丽的绝望。赫罗斯维塔成功地将注意力集中在这个问题上。亚伯拉罕告诉埃夫雷姆，在玛丽被诱惑之后，她被悲伤所征服，陷入"绝望"之中，她逃到充满罪恶的世界里，因绝望透顶而"失去了所有获得宽恕的希望"（第三场）。亚伯拉罕在旅馆里与玛丽见面时，敦促她"从你无望的深渊中"走出来，告诉她上帝会怜悯罪人，罪在于不请求宽恕，不在于失贞，也不在于卖淫，"谁没有信心，罪孽就没有补救或希望"。玛丽渴望忏悔，她对亚伯拉罕说，"只要我有一丝希望得到宽恕"，就会坚持下去（第七场）。

玛丽堕落的原因不在于她性操守的失误，而在于对自己的失误

1　Clarissa Atkinson, "'Precious Balm in a Fragile Glass': The Ideology of Virginity in the Later Middle Ages." *Journal of Family History*, 8 (1983): 131-143.

不抱任何被宽恕的希望，这种无望感驱使她去了妓院，并留在了那里。人们不禁要问，从小被虔诚的隐士抚养长大的玛丽应该知道希望和宽恕是基督教的基本教义，她怎么会完全失去对性罪被宽恕的希望呢？

这也许正是本剧的关键所在。赫罗斯维塔的答案很简单：玛丽年幼无知，而她的两位男性导师是禁欲主义者，对性和女性的理解都很肤浅、空洞。他们只是把玛丽当作一个要保持完整的身体，而不是作为上帝的精神和肉体创造物。玛丽失去贞操后对自己的性失败感到恐惧和绝望，这说明，她的男性导师们没能给她充分的基督教"女德教育"，即使他们想要这么做，也没有这个能力。

读者无须质疑亚伯拉罕的个人虔诚和善意，但可以认为他起先严重滥用玛丽对他的信任，用一种错误的方式在教导一个女子。他把这个女子关起来，以保护她的贞操，却没有培养她对贞操的理解力。正因为如此，她一旦犯错，就非常容易屈服于绝望。

我们不必以为亚伯拉罕是在对玛丽进行宗教洗脑，因为他的信仰是真诚的，他是真心实意地在为玛丽铺垫她的正确人生。玛丽之所以这么容易被他说服，不仅是因为年幼无知，而且是因为他们生活在同一个文化世界里。人们用相同的基督教思维方式看待世界和人生，看待女性及其贞洁的灵与肉，在这种思维方式之外没有其他的方式。如果说中世纪是封闭的，应该就是在这个意义上如此。

中世纪的女性被分为三个等级：处女、寡妇和妻子。处女被认为是最高境界，寡妇次之，妻子最后。根据杰罗姆和其他教父的著作，处女在天堂得到 100 倍的奖赏；寡妇得到 60 倍的奖赏；妻子得到 30 倍的奖赏。有一些人不同意这一教义，例如约维尼安（Jovinian，约 4 世纪）认为这三个等级在洗礼中是平等的，而贞洁不应该被如此珍视。杰罗姆为此攻击他，但约维尼安的想法吸引了许多人。[1]

在保罗的教导下，女性贞洁被提倡，以便女性效仿基督和圣母玛利亚。处女和寡妇被认为与上帝有特殊联系，"处女的身体被描述为珠宝、珍宝、圣器，是上帝的殿堂，应受到珍视和尊重。作为基督的新娘，处女需要被仔细保护，以便为她永恒的新郎保持'无伤'或'无损'"。[2] 已婚妇女也可以保持贞洁，毕竟她是一个潜在的寡妇。当然，已婚妇女要保持贞洁，需要得到丈夫的同意。

在中世纪，婚姻被看作是一个潜在的问题，因为一个男人的妻子是介于他和上帝之间的。但是，牢固的婚姻是可取的，而且"为了培养虔诚而结婚是非常值得称赞的"。[3] 教父们对婚姻的说法不一，杰罗姆喜欢婚姻只是"因为它给我带来了处女"；[4] 否则他就有许多反对婚姻的理由。奥古斯丁认为，婚姻的存在是为了防止犯罪，有家室的男子比较安分，毕竟不可能让所有的女性都成为享有上帝恩典的处女。他还列举了婚姻的积极意义，如丈夫和妻子之间的陪伴和爱。[5] 奥古斯丁对夫妻不育表示赞同，因为这将加速地上世界的结束和天国的到来。[6] 一个有贞德的女性需要远离女性天生的弱点和缺陷，由于夏娃的罪，女性被认为是肉体的、欺骗的，容易受骄傲的影响，多嘴长舌，是人间纠纷和是非的根源。如果一个男人好色，

1　Gillian Cloke, *"This Female Man of God"*: *Women and Spiritual Power in the Patristic Age, AD 350-450*, London: Routledge, 1995, 45-46.

2　Jane Tibbetts Schulenburg, *Forgetful of Their Sex: Female Sanctity and Society ca. 500-1100*, Chicago: University of Chicago Press, 2001, 128.

3　Cloke, *"This Female Man of God"*: *Women and Spiritual Power in the Patristic Age, AD 350-450*, 43.

4　Cloke, *"This Female Man of God"*: *Women and Spiritual Power in the Patristic Age, AD 350-450*, 39.

5　Allison Gulley, "Not Tonight Dear, I Have a Vow of Chastity: Sexual Abstinence and Marital Vocation in the Book of Margary Kempe", ed., Karen Moranski with assistance from Jennifer Evans. Vol. 6. Springfield: University of Illinois at Springfield, 1999, 133-147.

6　Cloke, *"This Female Man of God"*: *Women and Spiritual Power in the Patristic Age, AD 350-450*, 41.

那总是女人的错。这与有的文化中把女性视为红颜祸水有相似之处，不过没有像基督教这种与"原罪"相关的含义。

女性被视为与"性"紧密相连（男人眼里的"骚性"），除去"性"，女性便不再是女性，而获得超越女性的品质与身份，代表着一种完全改变的、无性的状态，就像传说中的天使那样。《亚伯拉罕》里的玛丽被亚伯拉罕带回她以前修行的地方，回到隐居地的玛丽又开始她与亚伯拉罕和埃夫雷姆相似的修行生活。亚伯拉罕向埃夫雷姆报告玛丽令人满意的进展，当然，玛丽永远不会成为圣母玛利亚。但她为了仿效完美的圣母玛利亚，可以在某种程度上抑制自己的女人味，从而变得更像一个男人。她禁食的结果之一是消瘦，失去女性的第二性征（乳房、圆臀），而且她可能也会闭经。她开始在隐居地生活时还只是个孩子，她身上的女性特征还不明显；再次修行的她不能回到童年，但她可以通过压制她的性别特征而变得更像一个超越性别的存在。

中世纪的女性避免自己贞德受损的办法常常是试图使自己的身体不具有性吸引力。这与今天女人讲究"性感"有天渊之别。那时候，由于性感而招致男人的非分之想或实际侵犯，那是女人而不是男人的错。亚伯拉罕和埃夫雷姆也和其他男性一样，如果他们周围唯一的女人因为营养不良和穿上一件毛衣而变得丑陋，那么他们肯定会更放心。亚伯拉罕评论说：玛丽"用她所有的力量试图成为忏悔的榜样"，所以对一些男人来说不再像是一个"诅咒"（第九场）。读者是从亚伯拉罕和埃夫雷姆的眼里看到玛丽这个模范和榜样的，他们的台词读起来就像默认自己屈服于玛丽以前的美丽，现在要有计划地将之拆除。他们没有责备自己，而是通过消除玛丽与他们危险的性别差异——她的女性身体——从而增强安全感和对局势的控制。

在女性的诱惑面前，修行的男性选择独身是为了打破他们受制于原罪的束缚；那些无法做到这一点的人，或者那些试图这样做但却失败的人，则被视为对基督徒生活的实际危险；因此，任何女人都是潜在的危险。另外，一个处女可能会成为一个男人，正如安布罗斯主教认为的那样。处女这个词的两个部分，"vir"和"age"，表明一个女人像一个男人一样行事。[1] 杰罗姆说，一个处女"将不再是一个女人，而被称为一个男人"。[2]

处女被认为是最容易受到诱惑和犯罪的人，因为她们从未经历过性关系。她们被隔离起来，其活动受到严格限制，以保护她们不被诱惑或不被独身的男人诱惑。所有妇女都被怀疑，而处女也不能逃脱这种看法。许多处女与她们的父母住在一起，并由她们的父母监督，或由教士监督。在教士监管下，她们更容易花时间禁食、祈祷、学习和努力工作，使自己处于正确的心态中。[3]

在中世纪，童贞不只是一种生理现象，也是一种精神现象，一个不好的想法就可以永远毁掉一个处女。例如，杰罗姆写道："即使是一个念头也会失去童贞。"尼萨的格雷戈里（Gregory of Nyssa，355—395）说："身体的童贞是为了促进灵魂的贞洁。"[4] 杰罗姆还认为，"虽然上帝可以做所有的事情，但他不能在处女堕落后使她复活"。[5] 处女必须具有完整性，或者说完全的处女身份，这意味着身体和心灵都没有被腐蚀，是纯洁的。一个女人在婚姻中渴望成为处女或保有贞洁，虽无法实现，但这比一个处女堕落要好。

基督教教父们对因性侵犯而失去贞操的处女有不同的看法。杰

---

1 Cindy L. Carlson and Angela Jane Weisl, eds., *Constructions of Widowhood and Virginity in the Middle Ages*, New York: St. Martin's Press, 1999, 12.

2 Schulenburg, *Forgetful of Their Sex: Female Sanctity and Society ca. 500-1100*, 128.

3 Cloke, *"This Female Man of God": Women and Spiritual Power in the Patristic Age, AD 350-450*, 62-65.

4 Cloke, *"This Female Man of God": Women and Spiritual Power in the Patristic Age, AD 350-450*, 58.

5 Schulenburg, *Forgetful of Their Sex: Female Sanctity and Society ca. 500-1100*, 130.

罗姆和安布罗斯主教建议，自杀对于保持一个人的贞洁是合适的。奥古斯丁不同意，他向处女保证，"违反贞操，没有意志的同意，不能污染人格"；然而，如果被侵犯的处女自己不觉得痛苦，而是感到快乐或有情欲，那么她就已经在心里同意了侵犯。[1] 教皇利奥一世（Leo I，440—461）曾代表教会下令，虽然受侵犯的妇女不应受到指责或惩罚，但她们不能再把自己比作处女或寡妇，只有当她们能证明自己致力于保持贞洁时，才会被她们的社区重新接纳。[2]

尽管中世纪的贞操观本来是既针对女性，也针对男性的，但人们却总是把焦点集中在女性身上。杰罗姆说："贞操更多地倾注在妇女身上，因为它是从妇女开始的。"[3] 处女被认为是上帝赐予的恩典——因此处女为保持贞洁而邀功是有罪的，而矛盾的是，如果处女失身了，那就是她的错——而守寡是一种主动的选择，这种选择往往使寡妇在社区中享有领导地位，由于这种地位，她们被当作照顾和辅导处女最好的人选。今天许多人仍然不自觉地保持着类似的矛盾观念，那些终身是处女的被人瞧不起，被当成"老处女"来嘲笑，而那些守寡不嫁的则受到尊敬，被当作"从一而终"的模范。

3. 戏剧在中世纪和中世纪戏剧

戏剧在中世纪和中世纪戏剧是两个不同的概念，前者主要指戏剧在中世纪因宗教权威的排斥和敌视而被鄙视，后者指出现于中世纪的戏剧，是那个时候被改造并适应于中世纪宗教观念的一种大众

1　Schulenburg, *Forgetful of Their Sex: Female Sanctity and Society ca. 500-1100,* 131-133.

2　Ibid, 133.

3　Cloke, *"This Female Man of God": Women and Spiritual Power in the Patristic Age, AD 350-450,* 60.

文化形式，赫罗斯维塔的戏剧就是典型的代表。

中世纪戏剧（Medieval theatre）包括从5世纪西罗马帝国灭亡到大约15世纪文艺复兴开始这段时期的戏剧、表演。"中世纪戏剧"的范畴很广，涵盖欧洲一千年来的表演形式，包括多种流派，如神秘剧、道德剧、闹剧和假面剧，但主题几乎都是宗教性的。为了向大部分文盲人口解释新宗教的教义，中世纪早期的教堂开始在一年中的特定日子上演《圣经》中特定事件的戏剧版本。为了使年度庆祝活跃起来，教会活动运用一些戏剧化手段，如对话、动作和象征性的道具。这些只是在模仿意义上的"表演"，不被认为是戏剧，直到10世纪才出现赫罗斯维塔创作的那种中世纪最早可以被识别为戏剧（theatre）的作品。为了避免教会的批评，她宣称是试图模仿泰伦提乌斯戏剧中女性"值得称赞"的行为、摒弃"无耻"的行为。

当赫罗斯维塔在10世纪创作她的六部戏剧时，基督教领袖反戏剧的态度已经在教会观念中牢固确立。在戏剧批评者中，有的是赫罗斯维塔的思想和精神导师，特别是奥古斯丁，她从来没有对他们采取对抗的态度。她在《戏剧序言》中向读者保证，她是以基督教的目的来进行戏剧创作的。早期基督教教父们对戏剧的态度并非完全一致，虽然塔蒂安（Tatian）、特图良（Tertullian）和约翰一世（John Chrysostom）以一种近乎歇斯底里的姿态反对戏剧，但奥古斯丁展示了"一种更微妙、更复杂的感觉"。[1] 奥古斯丁的思想在赫罗斯维塔的教育和学习过程中有重要的影响，因此，将她的戏剧放在奥古斯丁思想的背景下做观察，会有助于理解她在创作中选择戏剧形式时的复杂、大胆的作为。

奥古斯丁在他的多种著作中有不少关于戏剧和公众表演的见解，但在《忏悔录》和《上帝之城》中对表演的批判与赫罗斯维塔

1　Jonas Barish, *The Antitheatrical Prejudice,* Berkley and Los Angeles, London: University of California Press, 1981, 52.

特别相关。在《忏悔录》第 3 卷中，他回顾了自己在迦太基的学生生活，"在他周围，有一个非法爱情的大锅"（Confessions，3.1.1）。他承认自己像一个饿汉一样"爱上了爱情"，"我的饥饿是内在的，被剥夺了内在的食物，那就是你自己，我的上帝。但这并不是我所感到的饥饿。我对不朽的营养品没有任何欲望，不是因为我有足够的营养品，而是我越是空虚，这种食物就越是不好吃。所以我的灵魂处于腐烂的健康状态。在溃烂的情况下，它把自己推向外在的事物，悲惨地渴望与感官世界的接触而被抓伤"。由于被淫乱和欲望所玷污，奥古斯丁所寻求和接受的"爱"在他身上形成一个情感和身体的监狱，在那里他"被嫉妒、猜疑、恐惧、愤怒和争吵等烧红的铁棒所鞭打"（Confessions，3.1.1）。

奥古斯丁解释说，他错误地把戏剧当成精神食粮和爱情的替代品：戏剧成了他痴迷的爱情食物，成了他不羁的激情饮料。事后他看到，戏剧观众（他自己也是其中一员）所体验到的快乐来自对悲伤的反常迷恋。他反对的不是悲伤，而是陷入悲伤不能自拔，以至于迷恋上悲伤。

真正的悲痛如果是为了缓解痛苦，或者是出于同情，那可能是良性的和有成效的。但是戏剧性的悲痛只不过是情感上的自我欺骗，一种病态的自我满足。戏剧在观众心里培养一种对情感的强迫性欲望，使他们对人类苦难的表现感到欢迎和高兴，却从未"激动地提供帮助"（Confessions，3.1.2）。尽管奥古斯丁也因为戏剧的内容不恰当而批评戏剧，但他在《忏悔录》中对戏剧的批评主要是针对戏剧的表现形式。戏剧表现形式创造了一种与观众煽情和滥情的联系方式：戏剧环境本身对观众的真实情感产生束缚和误导的作用，使他们丧失理性思考的能力，变得既乏味又平庸。这也许可以说是一种最早的对"娱乐至死"的批评。而且，演员的情感是假装的，演员的虚情假意与观众的无病呻吟都是在装腔作势，互相毒害，没有止境。这就是在抨击"戏子无德"和"戏误人生"。

奥古斯丁在《忏悔录》之后大约 15 年开始写《上帝之城》，探究罗马衰亡的原因，并在这个语境中对戏剧这种公共表演形式进行进一步的批判。他认为，罗马的公共剧院讲究排场，营造一种公共奇观的假象，表演的场景富丽堂皇，极尽奢华，这些都是因为罗马文化中的虚荣、贪婪、讲排场、要面子、野心无度，结果变得日益腐败、道德堕落。奥古斯丁在反思，他那个时代的帝国崩溃时，将罗马历史的进程描述为一系列道德上的失误，但其根源不仅在于被外国（希腊）的奢靡和颓废同化，更在于对恶性神灵的崇拜。他提醒他的读者，公共游戏——那些令人厌恶的轻浮、不道德的场面——在罗马不是由人的恶性行为，而是由罗马人崇拜的异教之神建立的。

奥古斯丁接着对李维（Titus Livius，前 59—17）在《罗马史》（History of Rome）中关于戏剧起源的描述进行解释。李维说，在（约前 364—363 年）瘟疫时期，罗马人为了"平息上天的愤怒"，将一种战士国家陌生的"新奇场景表现"引入罗马文化（History of Rome, 7.2）。奥古斯丁在《上帝之城》里说，"事实是，邪恶的力量以他们的聪明才智预见到瘟疫很快就会自然地结束，他们狡猾地利用这个机会给（罗马人）带来更严重的疾病，这让他们更加满意。因为这种疾病不是攻击身体，而是攻击性格。它已经用……黑暗蒙蔽了患者的心灵，并且……使他们变得畸形和堕落"（第 1 卷，章 32）。

奥古斯丁在《上帝之城》里把戏剧与崇拜异教诸神的万神殿联系在一起，这些异教诸神是戏剧活动的源头和巅峰：诸神——在奥古斯丁看来都是邪灵——为戏剧"表演"提供动力，诸神享受着戏剧作品为他们献上的荣耀祭品。戏剧是邪恶的，因为戏剧的根基沉没在邪恶之中。戏剧诉诸人类的感官享乐，让人沉迷于此。然而，戏剧最大的毒害还不在于人的肉体感官，而在于人的灵魂，使灵魂无法找到光明、目的和尊严。在中国，沉迷梨园、追星捧角，也都被视为一种颓废无为、不思进取的生活方式。

奥古斯丁反对戏剧，采用的是柏拉图、罗马道德家和罗马法律提供的思想武器。他还坚持认为，剧院及其从业人员为社会注入不稳定因素，动摇社会对真理和善的看法。他赞扬柏拉图将诗人从"理想国"中驱逐出去，赞同西塞罗抨击罗马人在剧院中表现出来的淫乱和放荡。他也赞同罗马法律对演员的制裁，告诫罗马人要抵制邪恶放纵行为对他们的影响。

然而有意思的是，奥古斯丁认为，与那些纯粹供娱乐的戏剧（如哑剧、闹剧、滑稽戏、即兴表演）相比，传统的喜剧和悲剧还不是最需要被反对的。他认为，尽管"它们的主题往往是不道德的……但与其他许多作品不同，它们至少没有口头上的污言秽语。老一辈人督促年轻人阅读和学习它们，本是作为所谓绅士的自由教育的一部分"（《上帝之城》，第 2 卷，章 8）。虽然戏剧表演明显是放荡的，但戏剧语言的"纯洁"似乎让戏剧能起到一些有益的教育作用。这种看似矛盾的看法在今天许多人对待戏剧的态度里似乎也颇为常见：一方面痴迷戏剧被视为一种虚度人生的行为，另一方面熟悉戏剧却又被视为高雅趣味和文化修养的证明。

奥古斯丁对戏剧看似矛盾的态度——谴责戏剧表演，但却肯定戏剧的语言教育作用——是基于一种对人性的基本估计，那就是学坏容易，学好难。上戏院看戏享乐，当戏迷，追星捧角（用今天的话来说就是当"粉丝"）是很容易的，当然我们今天并不像奥古斯丁那样把这些当作"坏事"，但是，研读戏剧作品（譬如昆曲），学习其中的语言，领略其美学精髓，却是一件需要下大力气的事情。所以，奥古斯丁认为，基于不均衡的人性特征，总的来说，戏剧吸引人类天生的弱点比唤醒人类的学习热情，要容易得多。在这一点上，许多家长也许会有跟奥古斯丁类似的想法，例如孩子们玩电子游戏，虽然可以开发智力，但毕竟上网成瘾而不能自拔的危险更大。

由于人的天性是学坏易、学好难，戏剧之弊主要在于，戏中情节让人们有借口、有样学样地做坏事，至于好事，有多少人情愿去做？奥古斯丁在《上帝之城》里说起过泰伦提乌斯的《太监》一剧中的一个场景。年轻的雅典人费德里亚（Athenian Phaedria）疯狂地爱上了歌妓泰伊丝（Thais）。他的哥哥柴瑞亚（Chaerea）把自己打扮成一个太监，以便进入泰伊丝的房子，追求泰伊丝的义妹——美丽的潘菲拉（Pamphila）。柴瑞亚的诡计成功了，他强奸了潘菲拉。随后，他把这件事告诉他的朋友安迪弗（Antipho），他说，潘菲拉坐在她的房间里，抬头看着墙上的一幅画，画上显示的是朱庇特把金雨倒在达纳（Danae）的膝上（暗喻临幸了她）。柴瑞亚夸耀地说，"我也开始看这幅画，想到朱庇特很久以前也玩过同样的游戏，我的心情就很激动；一个神把自己变成一个人，爬过另一家的屋顶，下来勾引一个女人——从天窗下来！多么好的一个神啊！'他的雷声震动天堂最顶端的塔。'难道像我这样的普通人不能做同样的事吗？当然可以，而且很乐意"（第2卷，章7）。奥古斯丁讲述这一情节，是为了说明"不道德的年轻人"如何利用堕落的神来为自己的"可耻行为"辩护。

在戏剧让人学坏而不学好这一点上，赫罗斯维塔的看法显然与奥古斯丁不同，她认为只要处理得当，戏剧完全能够起到让人学好的教育作用。她同意奥古斯丁的道德判断，泰伦提乌斯的戏剧尽管语言的质量很高，但教育效果很差。他的戏剧有一种能让观众着迷的假象，抑制他们的意志，损害他们的判断力。但是，她对戏剧在基督教文化中的地位有她自己的看法。奥古斯丁认为，对那些希望生活在上帝之城的人来说，戏剧简直是不可理喻的；而赫罗斯维塔则认为，虔诚的基督教戏剧可以为人们进入上帝之城做好准备，而她自己所创作的正是这样的戏剧。

赫罗斯维塔要将戏剧形式从早期基督教教父所认为的地狱中救赎出来。她不只是在写作戏剧，而且是用她的剧作现身说法，以身作则，以实际的作品来反驳那种认为戏剧在形式和内容上都与基督教情感相抵触的观点。

赫罗斯维塔的六个剧本都是为了表明，戏剧就像人类自己一样，是值得被拯救的。在《戏剧序言》中提到泰伦提乌斯时，她援引奥古斯丁所批判的罗马戏剧传统，并明确地用自己的作品与之对比。她也用自己的剧作反驳奥古斯丁的断言，即戏剧最终只能是一种"自我放纵的危险诱惑"，拒绝沉湎于"淫荡女人的无耻行为"或"令人厌恶"。她的戏剧不是为戏剧而戏剧，而是有目的的。她认为自己能够避免"戏剧形式"的"危险束缚"和"异教题材"的事情。她的目的是通过促进人类灵魂的持续转化来赞美上帝。

首先，赫罗斯维塔对"神圣处女值得称赞的贞洁"和战胜"女性弱点"表明立场，不是为了女性自己，而是为了突出天主的仁慈。她通过用上帝的标准去衡量人类的某些行为，使得世人更多地关注这些行为。其次，她认为，她的戏剧将改变那些曾迷恋异教戏剧体验的人。正因为她清楚地意识到她的戏剧将成为迷恋泰伦提乌斯者的解药，所以她能确信她的戏剧是有意义的。她要邀请甘德斯海姆的宗教团体、奥托尼的宫廷成员，还有教会界的"学识渊博的赞助人"来观看她的戏剧，还要鼓励他们在观看之后，联系他们自己的生活体验，以便像作品本身一样，通过真正的基督徒生活来赞美上帝。[1]

显然，赫罗斯维塔并不像奥古斯丁和其他许多基督教评论家那样，认为戏剧形式与异教神明的崇拜之间存在任何必然联系。这二

1　Phyllis R. Brown and Stephen L. Wailes, eds., *A Companion to Hrotsvita of Gandersheim (fl. 960): Contextual and Interpretive Approaches*, Leiden: Brill, 2013, 154.

者也许在起源和实践方面曾经有过某种亲密的关系，但她打破这个关系。她把异教的戏剧形式成功地转变成救赎主题的美好载体。

赫罗斯维塔的剧作在多个方面可以与早期教父的开创性工作媲美。第一，像圣人杰罗姆和奥古斯丁一样，她相信文学中的异教和基督教题材是根本不同的。她和早期教父一样断言，阅读异教作品有潜伏的危险，对不成熟的读者尤其如此。但她认为自己是一个成熟的读者，因为她有足够的神圣启示，所以能够勇敢地面对异教文学精神的诱惑，并且转害为益。第二，像杰罗姆和奥古斯丁一样，她利用异教文学传统来为基督教辩护，异教文学是她手中的一件武器，有了这个武器，就能更好地击败对手。第三，杰罗姆的《圣徒传》（*Vitae sanctorum*）是一个旨在取代异教徒的阅读材料，赫罗斯维塔的戏剧和杰罗姆的作品一样，也是替代性的，是为了取代泰伦提乌斯喜剧而创作的。第四，或许是最重要的，赫罗斯维塔与圣人杰罗姆和奥古斯丁一样，有一个宏大的抱负，那就是让流行的形式成为永恒真理的载体。

也正因为具有这些中世纪基督教特征，赫罗斯维塔的戏剧成为最有代表意义的中世纪戏剧，在普遍敌视戏剧的中世纪思想意识文化中，她的戏剧是必要的，独一无二地标志着西方戏剧史上的一个重要时刻。戏剧在中世纪不受待见，但她的戏剧可以说是一个例外。她展示了一种看待戏剧形式的新方式，强调戏剧不仅可以用来娱乐，而且也可以用来教谕，并且有可能改变观众的思想观念。这样一种寓教于乐的思想从古希腊、罗马开始，经过中世纪，再到文艺复兴和启蒙运动，乃至今天，一直都是许多人看待文学作用和进行文学创作的一种方式。且不论它的优劣得失，可以肯定的是，它以后还会一直存在下去。

四　希尔德加德《生命的奖赏之书》

1. 中世纪女性情感及神秘主义

今天我们要开始阅读 12 世纪女作家希尔德加德（Hildegard of Bingen，1098—1179）记录和描述幻象的作品——《生命的奖赏之书》（*Liber Vitae Meritorum*，英文译为 *Book of Life's Merits* 或 *Book of the Rewards of Life*）。她在这部作品里描绘她在幻觉中通过身体的感官，尤其是视觉和听觉，见证的富有基督教寓意的景象，这样的作品对于我们了解和认识中世纪女性情感特征具有特别的意义。

希尔德加德是一个受过良好教育的女性，在文字、音乐、诗歌，甚至科学等方面都有惊人的成就，而中世纪的绝大多数女性是没有受过这种教育的，也不可能在这些方面像她那样发展才能。而且，她是一个极为敏感并天赋异禀的女性，她从小就能见到异象（visions）——今天的评论员，包括神经学家奥利弗·萨克斯（Oliver Sacks），认为她可能是偏头痛患者。她的一生都是在女修道院度过的，直到 42 岁，她才有勇气向教会同事讲述这些异象。她写道："天开了，一道无比耀眼的火光降临，渗透我的整个大脑，点燃我的整个心脏和整个乳房。"[1]一个天上的声音告诉她要与世界分享她的见解，1141 年，修道院院长同意帮助她记录这些见解。希尔德加德预言的消息传到教皇尤金尼乌斯三世（Pope Eugene III，1080—1153）那里，他派代表从她那里获取她正在创作的作品《愿你知道》（Scivias，英文译为 Know the Ways），这让希尔德加德和修道院院长松了一口气，教皇读了之后，祝福女院长的工作，并命令她继续写作。

我们在这里把希尔德加德的幻象描述当作一种特殊的中世纪写作形式来读，不是当作一个偏头痛患者的病征记录。如果把它当作一种特殊的"写实作品"，那么对其内容信与不信就是每个读者自己的事情。对于非信仰者的读者来说，他们希望对她幻觉的发生有一个科学的解释；但是，对于信仰者来说，科学解释即使不是多余的，也是不相干的。这只是一个"信仰"（faith）的问题，信则有，不信则无；如果要求用信之外的理由来证明信的正当性，那就已经不是信了。证明是不相干的，也是不需要的。这就像你听巴赫的作品，他认为他的音乐是来自上主的启示，不管你信与不信，你好好聆听，用心体会，让你的灵魂受到震颤就可以了，其他多谈无益，也不相干。对审美欣赏的读者来说，像聆听巴赫、莫扎特那样阅读希尔德加德的《生命的奖赏之书》就已经足够。

然而，思考性的人文阅读毕竟与纯审美欣赏不同。我们还希望通过阅读希尔德加德的作品来对中世纪宗教文化有更细致、更具体的了解和认识，其中包括中世纪女性的情感方式。用希尔德加德的作品联系中世纪女性的情感方式，并不是要把她当作中世纪女性的典型代表，而只是把她作为一个个例，来对照当代许多研究者关于中世纪女性观念的一些普遍结论。

---

1 引文来自 https://www.christianitytoday.com/history/people/innertravelers/hildegard-of-bingen.html

在进入这个话题之前，不妨先大致了解希尔德加德其人。她于1098 年出生在莱茵河畔的贝默斯海姆（Bermersheim），是一个贵族家庭的第十个孩子。按照惯例，第十个孩子是许诺给教会的，所以她在 8 岁（或 14 岁，记述不同）时，被送到与世隔绝的山顶修道院，由一位年长的女子尤塔·冯·斯庞海姆（Jutta von Sponheim）照顾，尤塔是一位伯爵的妹妹，两人住在一座修道院教堂旁边的小茅屋里。希尔德加德是个体弱多病的孩子，但她还是在尤塔的带领下继续接受教育。15 岁时，她在尤塔的隐居所穿上修女服，这个隐居所也已经吸引很多信徒，成为一个遵循圣本笃修行规则的团体。尤塔于 1136 年去世，38 岁的希尔德加德便成为该团体的女修道院院长。

希尔德加德是一位非凡的女性，一位有远见的先知（她被称为"莱茵河的女法师"），撰写有关生物学、植物学、医学、神学和艺术的实用书籍，她还赢得当时教会和政治领袖的尊重。她是一个实干家：她监督在宾根（Bingen）附近的鲁珀茨贝格（Rupertsberg）建造一座新修道院，以容纳她的信徒团体，后来团体更大了，她又在艾宾根（Eibingen）建立另一座修道院，今天仍然存在（现在的建筑重建于 1904 年）。希尔德加德于 1179 年在她的鲁珀茨贝格修道院中去世。

她写过三本"幻觉之书"来记录她的幻觉。《生命的奖赏之书》（Liber Vitae Meritorum，1158—1163）是第二本，也是最著名的一本。其他两本是《愿你知道》和《一个简单人的神功之书》（Liber Divinorum Operum Simplicis Hominis）。

我们可以从两个方面来了解希尔德加德的作品与中世纪女性的情感方式：第一，作品的女性神秘主义；第二，这是一种"嫁给基督"的修女作品。

先说第一个方面，神秘主义。中世纪普遍以二元对立的方式来理解情感，将激情与理性、感觉与思考分开。今天任何研究情感的人，无论是在人类学、社会学、心理学、历史或文学理论领域，都会将此视为一种过度简单的二元对立，因为认知和情感是高度相互依赖的。然而，在亚里士多德和其他人的影响下，中世纪的哲学家和神学家根据二元论来看待男女性别的差异，将身体定义为女性，将思想定义为男性。希尔德加德也是这样看待男性与女性的区别的。

耶鲁大学文学评论教授 R. 霍华德·布洛赫（R. Howard Bloch）指出，奥古斯丁之后，西方文化关于性别的一个重要主题就是，男人是不分裂的、无性的、纯粹的精神，而女人则是一个分裂的存在，她的身体并不反映灵魂的真实。"其结果是：如果男人因为是上帝的形象而保持完全的人性，而女人只是部分的人性。……女人只有她灵魂那部分才是人。……耶和华的创世故事版本当然是早期基督教'家庭法典'的基础"。[1] 布洛赫进而指出，奥古斯丁的观念"在中世纪的西方根深蒂固——甚至妇女也将其内化。宾根的希尔德加德写道：'因为女人是软弱的，她期待着男人，以便从他那里获得力量'，'就像月亮从太阳那里获得力量一样；因此她要服从于男人，并且应该随时准备为他服务'"。[2]

由于女性相对于男性的欠缺，激情与理性、感觉与思考在女性那里是不均衡的。女性偏向于激情和感觉，虽然她们的激情和感觉中隐藏着"有待显示"（to be revealed）的理性和思考内容，她们只能依靠激情和感觉，用"隐喻"或"寓言"来暗示这样的内容。因此，神秘主义成为女性宗教经验的特殊领地，希尔德加德就是中世纪女性神秘主义的一个代表人物。中世纪神秘主义女性有一个共同点，那就是她们都有因狂喜或迷幻而出现的幻觉。幻觉是一种灵魂

1　R. Howard Bloch, *Medieval Misogyny and the Invention of Western Romantic Love*, Chicago: University of Chicago Press, 1991, 26-27.

2　Bloch, *Medieval Misogyny and the Invention of Western Romantic Love*, 26-27.

出窍的精神体验，以感官图像的形式出现。中世纪对《圣经》指示的解释——"妇女在会中要闭口不言，像在圣徒的众教会一样，因为不准他们说话。他们总要顺服，正如律法所说的"（《哥林多前书》，14：34）——使得女性对宗教理解没有发言权，女性被认为在智慧上无权解释或传授《圣经》。因此，用幻觉图像来表达宗教情感和理解便成为一种具有女性特征的参与行为，这种行为是得到当时的天主教会支持的。[1]

希尔德加德的神秘主义并不是她那个时代的孤例，而是当时宗教文化的一部分。12 至 13 世纪有许多以神秘经验著称的圣洁女性——福里尼奥的安吉拉（Angela of Foligno）、塞尔奇的乌米利亚娜（Umiliana of Cerchi）、比萨的吉拉德斯卡（Gherardesca of Pisa）、科尔托纳的玛格丽特（Margaret of Cortona）、佛罗伦萨的塞西莉亚（Cecilia of Florence）、蒙特法尔科的克莱尔（Clare of Montefalco）、卡斯泰洛城的玛格丽特（Margaret of Città di Castello）——她们造就中世纪特有的女性神秘主义。

中世纪的神秘主义源自古希腊文 μύω，意思是"我隐藏"，以及它的派生词 μυστικός（mystikos），意思是"一个启动者"。动词 μύω 在希腊语中后来有了不同的意思："诱导"和"启动"。神秘的"隐藏"是围绕着感受上帝的结合或存在来理解宗教和宗教经验的一套信念。在基督教最初的几个世纪里，神秘主义被认为是发现上帝对世界影响的真理途径。神秘主义者并不把获得单一的宗教体验作为神秘主义的顶点；相反，他们把感受到上帝存在的神秘体验当作是通向更大的灵性和宗教知识的准备。由于神秘主义者专注于与上帝联系的隐秘方法，研究如何消除个人的身份负担，并唤醒每个人体内的神圣精神，因此，他们被认为是一些最聪明和最神圣的人。这

1　Dyan Elliott, *Proving Woman: Female Spirituality and Inquisitional Culture in the Later Middle Ages*, Princeton: Princeton University Press, 2004, 297.

些探索有时（尽管很少）是由妇女进行的。严格来说，神秘主义并不是一套基督教独特的行为和经验，所有宗教都以某种神秘的方式纳入与神的联系，印度的宗教派别、佛教徒、基督教徒、犹太人和穆斯林都有这种做法。

再说第二个方面，"嫁给基督"。在中世纪，这本来同样适用于在修道院修行的僧侣和修女，但因为涉及"处女"观——赫罗斯维塔的《亚伯拉罕》一剧里的玛丽开始就是一位要嫁给基督的处身修女，后因破处而一度陷入绝望，放弃修行——所以尤其与修女有关。正如美国历史学家亨利·泰勒（Henry Osborn Taylor, 1856—1941）所说，僧侣们和修女们在修道院献身于他们的信念，"其中包含着他们所有的希望，也自然要求他们倾尽全力。僧侣们放弃肉体的婚姻就是独身吗？不是，他们嫁给了基督。如果说这是一种寓言，它也是平实的真理。'你应当用你全部的心、灵魂和头脑热爱上帝你的主。'难道爱不是婚姻最重要的部分吗？如果上帝你的主曾是人世间那么亲切可爱的人物，那么谁既像人又像神那样爱你，最后为你而死呢？难道戒律所要求的完全的爱，不会变得非常热烈、满溢于胸吗？……你应该像为新郎那样，为上帝保持处身"[1]。

然而，对于修女们而言，嫁给基督还有另一层意思，那就是以处女之身终生在修道院侍奉圣事，这样的女性才能成为基督的新娘，这当然只是在象征的意义上说的。在基督教的教义中女性既可以是基督的新娘（Bride of Christ），也可以是魔鬼的门户（devil's gateway）。布洛赫指出，基督教文化在对待女性问题上似乎是矛盾的。早期的教父们都关注女性与装饰的联系，女性对面纱、珠宝、化妆、发型、发色和其他一切与化妆有关的东西都十分着迷。教父们贬低物质世界，认为那只是一个面具、一个化妆品，爱慕虚荣的

1　亨利·奥斯本·泰勒著，赵立行、周光发译，《中世纪的思维：思想感情发展史》，
　　第 328—329 页。

女性因此便被视为给魔鬼的诱惑打开大门的人——"你是魔鬼的门户；你是那棵（禁）树的解开者；你是神圣法律的第一个逃兵；你是劝说魔鬼不敢进攻者投降魔鬼的人。你如此轻易地破坏上帝的形象。由于你的逃亡——也就是死亡，连上帝的儿子都不得不死。你还想着要装饰你的躯体吗？"[1]

由于反对女性修饰，虔诚的女性在祈祷时是披着覆盖物或面纱的，而男人则光着头祈祷。圣徒保罗说："但女人有长头发，乃是她的荣耀，因为这头发是给她做盖头的。"（《哥林多前书》，11：15）修道院是一个通过苦修来抑制和去除女性修饰本性的地方，修饰本身就是一个对物质欲望的邪念象征。在修道院里刻苦修行的女子不只是不同于其他女子的女性，并且她们已经成为一种超越男女的特殊性别之人，是耶稣的新娘。

中世纪是一个充满极端的时期——极端的谦卑、极端的爱、极端的残忍和极端的恨。这些极端可以追溯到基督教原则中某些无限度的特性，以这种特性为标准，任何人具备再深的谦卑和基督之爱，也还是不够，再怎么仇恨基督的敌人，再怎么残忍地对待敌人，也还是不够。因此，刻苦修行的生活再怎么折磨人也还是不够，修女们为了洗刷"魔鬼门户"的恶名，成为基督的新娘，往往会接受肉体极限的考验，最终体弱多病，陷入神志恍惚的精神状态之中。修道生活的开始以及其早期的动机，其中包括对地狱的恐惧、对基督的爱、坚信侍奉上帝必须牺牲人世间享乐。这样的感情在希尔德加德的幻象里显现得非常强烈，虽然她受过高等程度的拉丁文教育，也擅长写作思考，但修道院的女性宗教团体为她提供了一个自我理解和自我要求的模式，极端的情感领域被赋予特别的重要性，幻象也成为女性情感表述的一种特殊形式。

1　Bloch, *Medieval Misogyny and the Invention of Western Romantic Love*, 39-40.

2. 中世纪独特的女性幻象

奥古斯丁"以信求解"（faith seeking understanding）的知识观深刻地影响了中世纪的理性观念。他的名言"除非你相信，否则你不会理解"是从《圣经》里来的——"你们若是不信，定然不得立稳"（《以赛亚书》，7：9）。也就是说，信仰和意志先于对上帝的认识。奥古斯丁和他那个时代的新柏拉图主义者一样，认为通过对神圣事物的内心反思，可以知道很多关于世界和上帝的事情。他们相信，永恒的对象，如属性、数字和上帝，可以通过内在的、理性的反思来认识。[1] 但他由此得出与新柏拉图主义者不同的结论，他认为，由于罪玷污我们的理解力，堕落严重损害我们的理性能力，我们的能力必须得到修复，才能对上帝和世界有准确的认识。因此，信仰必须先于对上帝的认识（以及对世界的全面认识），因为灵魂需要得到净化，堕落的影响需要被部分扭转，这样才能真正认识上帝。

在奥古斯丁看来，信仰是一种寻求和忏悔的谦卑姿态，个人在上帝面前承认自己的罪和破碎，并通过上帝的恩典得到净化。个人把自己完全交付于已经存在于灵魂中的上帝。这样便能开始净化灵魂的过程，并且随着个人继续寻求上帝，灵魂不断地被清洗，看得越来越清楚。他这样描述这个过程："理性是灵魂的凝视。但是，既然不是每个人都能看到，那么正确和完美的凝视就被称为美德。因为美德就是正确或完美的理性。但是，即使眼睛是健康的，目光本身也不能转向光明，除非有三样东西：信仰，通过相信它所凝视的东西在看到后会带来快乐；希望，通过期望它能看到，如果它看得清楚的话；爱，通过它渴望看到和享受。然后从这种凝视中产生

1　John Peter Kenney, "Faith and Reason," in *The Cambridge Companion to Augustine*, 2nd edition, edited by David Vincent Meconi and Eleonore Stump, Cambridge: Cambridge University Press, 2014, 278-279.

对上帝的憧憬……从而获得有福的生活。"（ *Soliloquies*, I.6.13 ）

上文说到，10 世纪女作家赫罗斯维塔从基督教信仰出发，为戏剧辩护，相信戏剧的教育，也是秉承奥古斯丁"以信求解"的知识观。我们在后面谈到阿奎那的政治思想时还会回到基督教的理性观。但是，接下来，我们要通过中世纪女作家希尔德加德的《生命的奖赏之书》和她的"幻象"写作探讨与中世纪理性同样重要、同样影响深远的中世纪情感。这种情感方式在 19 世纪深刻地影响浪漫主义的创作灵感、情感作用和审美原则。

希尔德加德的《生命的奖赏之书》记录的是她的"幻象"，很容易被认为是一部"违背理性"的书，而 12 世纪又是一个欺骗无处不在的时代。但是，近距离观察她的人士承认，"我尽可能地仔细观察她：在她身上我发现不了任何谎言、不真实或伪善，也确实发现不了任何能冒犯我们或其他追随理性的人"。泰勒对此写道，"这位女预言家的幻象和沉思的灵魂（anima speculativa）源于她痴迷的信仰，这些幻象透露出她的知识范围和心灵的力量。她所有的幻象都是寓言性的；但是尽管某些幻象纯粹是自然产生的，还是有些幻象，是希尔德加德头脑中意识到所指的寓意，并对其进行构建，让它的细节适合精神含义。这位妇女，堪称同时代圣维克多的雨果和明谷的伯纳德的姊妹，而且也是后来某些人的开山鼻祖，这些人……以专注的心灵追逐启示和灵感"。[1]

幻象和沉思的灵魂之作有难以用理性来解释的神秘创作推力和过程，它依赖的是直觉，以及由启示和灵感激发的想象能量。这样的神秘主义通常被称为与上帝融为一体，但它也可以指任何一种被赋予宗教或精神意义的狂喜或由此改变的意识状态。神秘主义是浪漫主义诗歌的一个重要组成部分，例如华兹华斯（William

[1] 亨利·奥斯本·泰勒著，赵立行、周光发译，《中世纪的思维：思想感情发展史》，第 445 页。

Wordsworth，1770—1850）和柯勒律治（Samuel Taylor Coleridge，
1772—1834）等诗人被认为是英国浪漫主义运动的先驱者，[1] 他们通
过在文学和生活之间建立一种敏锐的、富有想象力的视野，走出枯
燥无味的理性主义，将诗歌带入一个新的时代。浪漫主义者认为，
激荡的想象力和丰沛的情感是理性主义者无法理解的创作源泉。华
兹华斯是浪漫主义时代的代表诗人，作为一个神秘主义者，他相信
有一种奇妙的能力在推动他的个人信仰和思想，但这种力量在他 30
多岁时就枯竭了。神秘主义是华兹华斯诗歌的核心，也是其灵感的
来源。这种对神秘主义的运用虽然看似独特，但其主要特征可以在
所有类型的神秘主义中找到，包括中世纪修女的神秘主义，在她们
那里，确证灵魂与上帝的交流（甚至结合）是神秘主义的主要内容。

在 12、13 世纪，通过幻象、幻觉和痴迷的沉思而体验到神的
修女们，并不像后来的神秘主义者那样是分析性或自传性的自我觉
醒（华兹华斯和柯勒律治都是这样）。她们的宗教幻觉是中世纪基
督教重新情感化的一种现象，"从 11 世纪起，积聚起来的宗教情感
以强烈的表现而喷发出来，而且中世纪主要的宗教职责，就是把拉
丁基督教重新感情化……远远超越教父时代信仰的阐释者。从德尔
图良到格里高利一世，拉丁教父们一直忙于教义和教会的组织，这
两项成就是拉丁西方世界（Latin West）具有创见性头脑的产物……
它主要展示的是，在思维能力名下积聚起来的那些人的才能"。[2] 与
之相比，中世纪后期的重新情感化则表现出基督教更人性的一面，
"使之成为心灵深处的内容，并浸润着爱、恐惧和怜悯"。[3]

12 至 13 世纪修女的心灵幻象便是这样一种宗教情感的产物，
而不是一种单纯的写作形式，因此是不可复制的。希尔德加德在

---

1 柯勒律治因寻求灵感而吸食鸦片。
2 亨利·奥斯本·泰勒著，赵立行、周光发译，《中世纪的思维：思想感情发展史》，
  第 334 页。
3 同上。

《生命的奖赏之书》的前言中解释了上帝如何给她命令，让她写下她所看到和听到的。她说，在《愿你知道》中的幻象发生后的第九年，她又看到一个强烈而奇妙的异象，她为之努力了五年。1158 年，当她 61 岁时，她听到来自天上的声音告诉她，她已经被教导，不是身体上的，而是精神上的，有了来自圣灵的真实异象，她应该说出并写下她所看到和听到的。

《生命的奖赏之书》共有六个部分，在第一部分里，希尔德加德记录她看到的"一个人"，这个看不清的"人"是如此高大，以至于他从云层的顶峰一直到深渊。他的头，在最高的以太中；从肩膀到大腿，他在云层之下；从大腿到膝盖，他在地球的空气中；从膝盖到小腿，他在地球上；从小腿到脚底，他在深渊的水中，站在深渊上。他看着东方和南方，他的脸非常明亮。他向面前的一朵白云吹气，这朵云又托起另外三朵云：一朵火烧云，一朵风暴云，一朵轻云。各种圣洁的人住在这些云里，魔鬼和各种邪恶的人住在这些云周围的黑暗和来自北方的乌云中。

魔鬼从嘴里喷出可怕的雾气，里面有七种罪的形象，每一种罪的形象都被描述出来，罪先发声，然后是相应的美德作出回应。第一部分的七种罪和对立的美德是：世俗的爱 / 天国的爱，粗鲁 / 纪律，轻佻 / 害羞，铁石心肠 / 怜悯，懒惰 / 神圣的胜利，愤怒 / 忍耐，愚昧的喜悦 / 为主叹息。希尔德加德在解释和诠释异象时，提出忏悔罪恶和获得相应美德的必要性。

在第二部分中的第二个异象里，上面提到的"人"转向西方，既看西方又看北方。他的每个肩膀上都有一个翅膀，还有一个在他的背上，一个在他的胸前。每个肩膀上的翅膀上都有一本打开的书，左肩上的书页讲述诺亚在水中重生的故事；右肩上的书页讲述"道"的到来（coming of the Word）。背上的翅膀是由上帝的手指所刻；胸前的翅膀包含哲学家和其他智者的著作。在这个"人"的前面有一片白云，里面有更多正义者的灵魂，在乌云及其周围的黑暗中又有八种罪。这八种罪和相反的美德是：贪食／禁欲，苦涩／富足，不虔诚／虔诚，虚假／真实，争斗／和平，不快乐／幸福，不节制／谨慎，破坏灵魂／拯救灵魂。

在第三部分的异象中，上面提到的那个"人"转向北方，既看北方又看东方。风、空气和大地的绿色将他从大腿到膝盖覆盖，就像一件衣服。风、空气和大地的能量在这个"人"的髋骨中流动，但它们向他抱怨说，由于受到人类阻挠，它们不能完成它们的旅程。这个他，也就是上帝，回答它们说，他将用他的树枝来净化，他将一次又一次地惩罚人类，直到他们回到他身边。这时，从魔鬼的嘴里喷出的可怕雾气中又出现七种罪孽，这些罪和它们的反面美德是：傲慢／谦卑，嫉妒／慈善，空虚的荣耀／对主的敬畏，不顺从／顺从，不忠诚／信仰，绝望／希望，奢侈／贞洁。

在第四个异象中，那个"人"转向南方，既看南方又看西方。他从膝盖到小腿站在土里，这片土地是湿润和绿色的，正在发芽，也就象征着他的美德蓬勃发展，非常美丽。此外，大地的材料是在上帝的工作中找到的，那就是上帝之子的"人性"。其他八种罪出现在周围的雾气和黑暗中，这些罪及其对立的美德是：不公正／公正，麻木／力量，忘记／圣洁，多变／稳定，关心地上的东西／天上的欲望，执拗／软心肠，欲望／蔑视尘世，不和谐／和谐。

在第五个异象中，这个"人"俯瞰整个地球。他从小腿到脚底都泡在深渊的水里。他站在深渊里，深渊的水是他的美德力量，恢复万物，净化万物，支持万物，使万物强大，就像灵魂使身体强大。深渊是他权威的力量，是支持他所有的机构。这个"人"在说话，告诉人们，如果他们不悔改，他将用他的棍子惩罚他们。然后出现其他五种罪，这些罪及其对立的美德是：卑鄙无耻／敬畏虔诚，缺乏目标／安静稳定，犯错／服从上帝，贪婪／单纯的满足，一时的悲伤／天堂的喜悦。

在第六部分的异象中，这个"人"在地球的四个区域移动。他的左大腿上有一只独角兽，舔着他的膝盖。这个"人"就是上帝，他在地球的四个区域移动，象征着他在世界末日的力量。独角兽是神的儿子，用神圣的人性抵抗魔鬼，用他的贞洁之剑击倒魔鬼。独角兽舔着那"人"的膝盖，从上帝那里得到审判的权力。独角兽宣称"已经做的要拆毁，没有做的要建立起来。事实上，人的罪将被审查，人的善将在公正的工作中达成。然后人将进入另一种生活"。

第六部分的其余部分解释世界末日和最后审判之后还会发生什么。魔鬼将不再能够制造邪恶，那些在地狱里的人将永远遭受折磨，没有任何希望。在积极生活中遵守上帝诫命的人，还有那些通过悔改而放弃罪恶的人都将得到奖赏，特别是那些以宗教生活为志业的人——应该就是修士和修女了。最后的异象是天堂的荣耀、辉煌和欢乐，如此宏伟和巨大，超越人类在世时的理解，一旦人类注视着上帝，他们就会忘记一切尘世的东西。

据希尔德加德说，她的思想和话语都是从幻象中得来的，幻象记录成为她的写作形式。她和她的朋友相信，由神所赋予的真正的幻象最终构成心灵著作的核心。她的幻象来自上帝，叙述这些幻象是上帝安排给她的工作。

从我们今天对中世纪的认识来看，女性幻象也许并不只是一种记录或写作的形式，而且还是中世纪的一种隐秘的女性话语方式，或者说是这种话语权的发明。

教会和教义对女性的偏见剥夺了她们的宗教释义和传播话语权，在这样的背景下，女性幻象的言说便成为一种退缩到极为私人领域中的女性话语发明："我的幻象我做主。"女性幻象成为男性话语最难压制和排斥的隐秘话语——你总不能证明我没有幻觉或没有做梦吧。本来是支离破碎的幻觉被组织构建并美化为一种符合叙事和隐喻逻辑的完整描述，有已然的成分（确实发生过的幻觉），也有应然的成分（按基督教逻辑组织和构建的部分），变成一种接近于文学的写作，而它的内容则完全是主流基督教的。

希尔德加德是日耳曼第一位主要的神秘主义者；她的《生命的奖赏之书》被认为是对基督教罪与德观念的重要贡献，很容易让人们联想到但丁的《神曲》。美国佛蒙特大学（University of Vermont）中世纪学者安妮·克拉克教授（Anne L. Clark）指出，没有已知的证据表明但丁认识希尔德加德，她的作品在意大利的传播非常有限，不过但丁通过其他方式知晓 12 至 13 世纪女性幻觉写作是相当可能的。但丁的《神曲》同样显示视觉图像在中世纪基督教中的重要作用，"与这些中世纪女性神秘主义者有关的许多文本都充斥着爱与欲望、狂喜、痛苦与失落的（视觉）语言，以及用这种语言来描述她们所声称的超然和不可言喻的东西的悖论。有些人讲述走向上帝的过程，讲述圣人提供的救助，讲述忏悔和净化，讲述对另一个世界的瞥见。所有这些主题都与但丁《神曲》中的内容产生了共鸣"。[1]

克拉克教授还特别提到人文阅读中如何处理这二者关系的问题，她认为可以用两种不同的方式来处理《生命的奖赏之书》和《神曲》。她把《神曲》理解为"一个'单纯的'文学或寓言文本，并使学生能够在'异象'的最广泛意义上将其作为一种真正的宗教异象描述"。[2]但是，《生命的奖赏之书》这样的中世纪女性幻象记录并不只是单纯的文学或寓言文本，而更重要的是一种应对中世纪男女等级的"深思实践"："从 12 世纪中叶希尔德加德生前到中世纪末，有证据表明，无数妇女从事这样的沉思实践（contemplative

---

1　Anne L. Clark, "Teaching Dante as a Visionary Prophet," *Pedagogy Critical Approaches To Teaching Literature Language Composition and Culture* 13(1): 105-113, https://www.researchgate.net/publication/265696296_Teaching_Dante_as_a_Visionary_Prophet.

2　Ibid, 105-113.

practices），并认为自己因此被吸引到上帝的面前。"[1]

3. 中世纪发明怎样的"爱"

今天，我们不只是把《生命的奖赏之书》当作一部文学或文字作品来阅读，而且还把它当作中世纪情感样式的范本。从这个视角，我们不仅可以了解这本书本身的内容和表达特征，而且更重要的是能认识一种特殊的"爱"的情感性质及其作用特征，这种特殊的"爱"就是"痴迷"（infatuation）。它形成于早期基督教时代，在中世纪成为一种具有标志性的特殊情感形式。在大约 12 世纪的时候，它开始从宗教性的情感转化为世俗的情感，成为后代人崇尚的"爱"的模式：浪漫之爱。所以，文化心理研究者告诉我们：今天人们所说的"爱"其实是在 12 世纪才被发明的。

今天人们所说的"爱"（或"爱情"）基本上都与寻求伴侣或婚姻有关。很少有人会愿意在没有对伴侣产生爱的感觉的情况下结婚。爱是使一对男女在一起生活的主要原因，而缺乏爱则会使他们分离，或使他们的结合显得"庸俗"。

然而，这只是现代人心目中的"爱"，在人类历史的大部分时段里并非如此，甚至可以说，"爱"根本就不是一个问题。

从古希腊开始，婚姻的同意权是由新娘的父亲给予的，新娘不允许有自己的意见。因此，她必须让父亲相信他的女儿与一个富有和有名望的或者至少是有价值的家庭结合，会带来利益。但实际情况会更复杂一些。汉斯·利奇德（Hans Licht）在《古希腊风化史》里说，"希腊人自古至今都很懂得怎样精打细算；他们的订婚仪式

1　Clark, "Teaching Dante as a Visionary Prophet," 105-113.

根本不像诗歌里所描绘的那么冗长；女方的家庭及嫁妆要比姑娘本身的人品显得更为重要。但是，如果你以为嫁妆不可能太丰厚，那就错了；恰恰相反，女方家里觉得，只要有可能在表面上做到，他们就很有必要拿出大致能配得上男方家境的嫁妆。因此，如果女方家里只能出得起微薄的陪嫁，而这家穷姑娘的漂亮脸蛋却已经打动一位有钱男子的心，那么，姑娘的父亲肯定不高兴"。[1]

按照今天人们的爱情观逻辑，一个穷家姑娘钓到富家金龟婿，那不是天上掉馅饼的事吗？她父亲还有什么不高兴的？但是，古代希腊和罗马人对婚姻的想法确实和我们今天不一样。公元前 2 世纪罗马第一位戏剧家普劳图斯（Plautus，约前 254—前 184）的喜剧《奥卢拉利亚》（Aulularia）里，欧克利俄（Euclio）的女儿（Phaedria）就碰到这样的机会，而这个老头子并不愿意让女儿嫁到有钱人家去。他对男方的父亲迈戈多勒斯（Megadorus）说："你是个有钱人，很有身份地位，而我是个穷人，穷得叮当响。我今天若是把女儿嫁给你，那么你就像是一头公牛，而我却像只驴子。要是把我跟你拴在一起，我的气力也比不过你。到时候我这只驴子就会累垮在地上，而你这头公牛将不会把我放在心上，好像我根本就没有来到这世上似的。我斗不过你，而我的穷朋友也会嘲笑我；若是你我发生争执我就得两头受气，无地自容：所有的驴子都要过来把我咬碎，而所有的公牛也都要用角把我刺透。所以，驴子若是钻进牛车套，那是一件非常危险的事！"[2]富人要讲究门当户对，连穷人也是一样，这样一来，所谓的"爱情"也就没有什么意义。

在中世纪，天主教会设立婚姻圣事，教会给予配偶祝福，这被认为能将肉体之爱转化为精神之爱。由于真爱被认为是宗教婚礼的结果，所以也就没有必要对即将结婚的人有所谓的"爱"的感情。

1 利奇德著，杜之、常鸣译，《古希腊风化史》，辽宁教育出版社，2000 年，第 40 页。
2 同上，第 41 页。

爱情应该在婚姻中产生，事实上也从婚姻中产生，婚前有没有感情因此也就并不重要。

到 11 世纪末，乃至整个 12 世纪，当法国南部的诗人发明"宫廷爱情"（l'amour courtois）时，爱情终于成为男女关系中的一个重要主题。"宫廷爱情"是一个全新的观念，虽然可以说是革命性的，但并不违背教堂婚姻及其圣礼。在这种观念下，真正的爱情只存在于贞洁的形式中，与婚姻无关，因为婚姻只是对身体和普通爱情的美化和神圣化。丹尼斯·德·鲁格蒙特（Denis de Rougemont，1906—1985）在其经典之作《西方世界的爱》（Love in the Western World）一书里表明，贵族夫人的骑士式爱情主要是象征性的，在思想上代表人类的精神和天使的部分，即真正的自我。这样一来，12 世纪的骑士浪漫故事，例如《特里斯坦和伊索尔特》（Tristan and Iseult）等早期小说中的故事和人物只是反映人在征服自己灵魂方面的冒险。这点我们下面讲《玫瑰传奇》时还会谈到。

这种精神内涵隐藏在英勇和浪漫爱情的外表之下。这些早期小说的深刻含义逐渐被淡化，爱情的神话被泛化，爱于是成为任何时候都应该被满足的要求。如今的离婚统计数字就是这个无处不在的神话的后果，它已经成为名副其实的感情暴政：爱是对每个人的亏欠，在任何时候都是正当要求。每个人都声称有权获得类似于电影和小说中的爱情，然而这只是爱情神话的苍白反映，其意义现在已经丧失。每个人都生活在对完美爱情的怀念中，但美好的、"幸福生活"式的爱情总是不断地与我们擦肩而过。

在贵族夫人的骑士式爱情出现之前，中世纪基督教情感中的"爱"是以上帝为对象的，一直要到 12 世纪之后，才逐渐把个人也当作爱的对象。基督教情感中对上帝的爱要求"彻底"和"绝对"，这与古希腊和罗马人对情感应该有节制的观点是完全不同的。在基督教的情感判断中，爱得不彻底就是彻底不爱，爱得不绝对就是绝对不爱。这样一种思维方式延绵千年，至今仍然左右着一些人对"爱""忠诚""崇敬""信仰"等等的观念。

12 世纪以后，当这种基督教的"爱"向世俗世界转变时，它的价值观并没有改变，而是延续下来。泰勒指出，"基督教的信徒被要求浪漫地和彻底地放弃，在这样的氛围中，世俗的爱也深受无限上帝之爱的感染，后者已经超越希腊'凡事勿过度'的规则，反而主张绝对的善没有限度。无限之爱的原则由此开启，而且并非总是指向上帝。热情的人感受到爱的力量，也许会将其视为至高的裁判者和生活的法则，以及力量和美德的赋予者"。[1] "无限热爱"顾名思义就是没有限度，越痴迷越纯粹，越完美越有价值。这种情感形式也渗透在中世纪的世俗文学作品里，塑造了中世纪的传奇和诗歌，"它们也具体出现在活生生的例子中：海洛伊斯对他世俗的老师充满感情，认为他是自己至高的法律。这是一种她几乎无法构想的感情，它的存在如同献身于基督教的上帝。并不是仅仅她的本性如此，而是基督教历经数代结成的果子，在这一过程中，人们的感情能力不断提高，因此，当她长大成人并感受到其中的感情时，她成为一名更加伟大的人。通过她爱的力量的不断提高，通过基督教上帝之爱的感染，她能够设想和感觉到向一个男人类似的绝对奉献"。[2]

以今天的眼光来看，这也许是爱向人性化部分转变的一个阶段，其中上帝之爱与世俗爱情紧密联系到一起。许多中世纪女性感受到对精神新郎的强烈爱情，她们所熟悉的语言表达和心理暗示都会把这种本是精神的感情，转变为对某个世俗男子的爱。而对男子来说，基督教里的圣处女崇拜和激情奉献也可以转换成男性对纯洁女性的爱慕。

---

1 亨利·奥斯本·泰勒著，赵立行、周光发译，《中世纪的思维：思想感情发展史》，第 340 页。
2 同上。

　　每个时代和文化中的人都会坠入爱河，但不是每一个时代或每一种文化都以同样的方式来认识、表达或重视爱情。"爱"在中世纪晚期的转变标志着基督教从对父神的专注转变为对基督徒人性的新关注。普通人的精神生活得到认可，人们被鼓励作为个人与上帝建立更多的情感关系。而浪漫的爱情——把自己交给另一个人——在中世纪的道德指南中，为个人追求自我实现提供一个几乎与每个人都有关的情感理由。即使是悲剧性的爱情故事也是基于自我实现的想法：活着的个体应该被赞美，毕竟活着可能会更好。此外，中世纪贵族崛起，又盛行炫耀性消费，为这种"浪漫之爱"的文学提供一个宫廷文化读者群，许多阅读者都是富有的女性。

　　希尔德加德的幻觉记录作品正出现于这样一个中世纪情感特性发生转变的时刻，表达的是一种绝对而彻底的基督教的"爱"。这是一种无条件的、不惜自我牺牲、不求回报的痴迷的爱。但对她来说，这样的爱只有一个对象，那就是上帝。然而，这种"爱"却有一种"溢出效应"（Spillover Effect），它虽以上帝为对象，但却不只是在宗教崇拜中才有预期的情感作用，它还会对宗教团体之外的社会产生影响。也就是说，即使是普通人也可以成为这种爱的对象。溢出效应指的是某项活动有了外部收益，而且是活动的主体得不到的收益，人们把溢出效应分为知识溢出、技术溢出和经济溢出，中世纪的极端之爱就有类似的效应。我们今天把这种因"溢出"而形成的痴迷（infatuation）称为"热恋""苦恋""迷恋"，一句话，是一种要死要活、不顾一切的爱，说得文雅一点，就是"浪漫爱情"。

　　痴迷之爱的表达方式也许比它本身更有意思，事实上，痴迷之爱比平平淡淡的爱或者对异性的简单欲望更需要强烈的语言表达，否则难以表现爱得死去活来。若不是用特别强烈的语言说出来，或示爱或效忠（情诗和颂圣的语言），谁又能知道那是"绝对""彻底""无限"或"最最"的爱呢？

　　表现"无限热爱"的语言必然是热烈得没有止境的，如果是假装或扮相的，那就更不得了，永远没有最过分，只有更过分，这是唯一能与"痴迷"相配的语言。我们虽然没有中世纪的生活经验，但在社会和政治生活中对此一点都不陌生。这也是希尔德加德在《生命的奖赏之书》和其他作品中的语言特色，感情澎湃，偏好感情色彩浓烈的用词和煽情的修辞手法。爱的语言是如此，恨的语言也是如此，对善的赞美是如此，对恶的诅咒也是如此。这种黑白对立、强烈对抗的语调，这种完全不用定义、只有断言、没有证明的语言我们在其他的语境中也常常遇到。有的人会将那种炙热、夸张的语言当作一种情感奔放的"浪漫"，但客观、理性地看待这样的语言，不如称之为"痴迷"更为恰当。

　　《生命的奖赏之书》用一种寓言式的语言描绘在幻觉中看到的景象。书中热烈地赞美道："受祝福的众灵（Spirits）都在一个统一的联盟中"；"在火热的云中，住着一个火热的人群，他们在一个意志和一个联合中拥有一个生命。……他们的荣耀是如此之大，无法描述；他们的数量是如此之多，除非上帝在他的大知识中知道，否则没有人知道是什么。他们所希望的和上帝所希望的一切，都已合而为一。然而，他们在一个联盟中是一致的，就像一个身体，有个别成员，是一个身体。因此，他们是一个统一的生命。"[1]

　　她声色俱厉地谴责"懒惰"："懒惰不以对上帝的敬畏而发光，也不以荣誉的不安之火而燃烧，因为它在活着的时候就用过失掩盖了它的知识。……但懒惰并不想通过做善事来寻求恩典。在它活着的时候，它就用知识掩盖了它，因为它以极大的不快乐忽视它应该有的信仰作为，这种信仰是支持，也存在着永生的希望。这是由于它没有用善行充满雷鸣般的号角，没有呼出对上帝的振奋人心的奉

1　Hildegard of Bingen, *The Book of the Rewards of Life (Uber Vitae Meritorum)*, Trans. Bruce W. Hozeski, Oxford: Oxford University Press, 1994, 28-29.

献。然而，这些事情都是对净化和拯救灵魂的赎罪所讲的，是有信仰的行为。一个有信仰的人注意这些事情，并好好记住它们。"这还不够，她以自己在幻象中的所见，继续发挥道，"然后我又看到前面提到的人群中的一些鬼魂。他们对神的军队大喊大叫。'你有什么能力胜过我们？没有。'他们带着满腔的怒火，看着年轻的女人说：'这些女人适合繁殖世界，就像大地适合发芽的种子一样。让我们赶快勾引她们，免得她们诱惑敌人来对付我们。'这些邪灵使人们产生愤怒、暴戾和其他邪恶的事情；他们鼓励人们去杀人"[1]。

这样亢奋的语言几乎总是与特定的精神状态联系在一起，而这样一种精神状态又是在特定社会的生存方式中产生和维持的。一个人不可能老是处于某种精神亢奋的状态，持续的精神亢奋必须要有稳定维持的外部环境来不断刺激。在中世纪，修道院便是最典型、最有效的环境，中世纪禁欲妇女的神秘幻觉基本上都与她们的修道院生活方式有关。当然，这种生活方式在今天的现代社会里已经绝迹，但是它可能以别的环境方式被创造出来，并有效地维持。乔治·奥威尔（George Orwell，1903—1950）的《1984》里就有一个现代中世纪社会的样本，那里的人们也使用一种与他们仇恨和暴力精神状态一致的亢奋语言，他们每天高呼口号，举行忠诚和崇拜的仪式。

即使在政治亢奋的《1984》里，也还是有男女之情的，但始终受到"老大哥"的监视。中世纪是不存在这种监视的，僧侣和修女专注于自己的修行，并没有监督他人的任务。在他们看来，两性之间的激情之爱主要是欲望，但在婚姻的纽带之内，欲望并不是致命的罪恶；当然，处女之身状态是最好的。修道院生活并不会灭绝人类，也不主张禁止男女相爱，相反，修道院的"基督新娘"之爱可

---

1 Hildegard of Bingen, *The Book of the Rewards of Life (Uber Vitae Meritorum)*, 55.

能让其他爱从中获得新的灵感，在欲望之外为爱和情感增加一些新的内容和意义。

4. 逼真幻觉和强制性迷恋

生活在中世纪修道院里的修女产生幻觉，并对幻觉有十分真实的感觉，这种情况并不少见，希尔德加德只是其中之一。由于她留下大量的著作，所以格外引人关注。在互联网时代的今天，她写词并作曲的音乐使她成为一位来自中世纪的"网红"，1983年一张由希尔德加德创作，由英国声乐乐团哥特之声合唱团（Gothic Voices）与英国女高音歌唱家艾玛·柯克比（Emma Kirkby）录制的《上帝之息的羽毛》（"A Feather On The Breath Of God"）意想不到地成为畅销音乐专辑。那种崇高的、肯定生命的音乐引起年轻专业人士的共鸣，他们在一个充满暴力、动荡不安的世界中寻求慰藉和灵感。专辑的成功激起人们对这些感性、生动的抒情歌曲作者的好奇心。她的其他作品，尤其是"幻象之书"三部曲也随之受到非专业读者的关注，我所用的《生命的奖赏之书》就是1994年由牛津大学出版的英译本。

这位生于900多年前的中世纪女性，她80多年的人生里的大部分时间都是在一座不起眼的山顶修道院里度过的。她留下一座宝库，里面有我们正在阅读的幻象作品，还有谈科学的著作和歌曲（原来是供她的修女们在灵修中歌唱的）。今天人们认为她是西方音乐史上最早可识别的作曲家之一（大多数中世纪作曲家都是"匿名者"）。对她的幻象记录作品的研究还不多，但已经有了许多她音乐作品的录音，这也许是因为，用来传达色彩缤纷的幻觉和真实而生动的情感悸动，音乐是比文字更直接、传情的方式。我们不妨就用听音乐的方式来阅读她的《生命的奖赏之书》，把它当作诗篇而不只是宗教教谕或寓言来体会和感受。

开始与小希尔德加德一起修行的是比她年长的女孩尤塔，尤塔后来担任修道院院长，于 1136 年去世。一位叫弗尔玛（Volmar）的僧侣曾为尤塔写过传记，从中我们可以看到修女们的生活是多么艰难：只有一扇窗户将她们与外界相联系，她们在冬天每天只能吃一顿微不足道的饭菜，在夏天可以吃两顿饭。她们在白天和晚上定时祈祷，身体的虚弱和多病就不足为奇了。希尔德加德一生都患有各种疾病，而虔诚的尤塔有好几次因为禁食差点把自己饿死。

泰勒在对中世纪思想和情感的研究中发现，中世纪修女们的幻觉恍惚与她们的苦修环境和身体状况有关。他具体提到莱茵河畔距宾根东北 15 英里*的一个叫舍璐的村子，那里有 12 世纪兴建的一座本尼迪克修道院（以修行严格而闻名），附近有一座修女院。1141 年，一位名叫伊丽莎白的 12 岁小女孩被送进修女院，她在那里当修女，最后成为女修道院院长，一直到 1165 年去世。泰勒写道，"她病弱缠身，并因苦行而加重，在让她看到幻象的恍惚出现之前，她的身体极度痛苦。弥撒和忏悔、祈祷和默想，为她提供这些直接揭示永恒之真相的方法，在其中，她信仰和深思的所有内容都被揭开。她通常在圣徒的节日之后见到它们；她更大的幻象是通过天启塑造的。这些体验通常是幸福的，但是有时也因邪恶的形象而遭受侮辱。谦卑的品质要求她隐藏这一切，但是崇拜者的要求又迫使她公开：所以她的幻象保留了下来，并可以在她的兄弟——舍璐的修道院院长埃克伯特（Eckbert）的传记中读到"[1]。

伊丽莎白也是一位像希尔德加德那样的圣徒和女预言家，她这

---

* 1 英里 =1.6093 公里，15 英里约为 24 公里。——编者注

1 亨利·奥斯本·泰勒著，赵立行、周光发译，《中世纪的思维：思想感情发展史》，第 436—437 页。

样描述自己见到的幻象："圣詹姆斯节后的星期天晚上（1153），从身体中脱离出来，我进入一种恍惚之中。一只巨大的火轮在天空闪耀，然后它消失了，我看到一道光，比司空见惯的光更加绚烂；成千上万的圣徒站立其中，组成一个巨大的圆圈；在前面是一些特别荣耀的人，拿着棕榈叶和耀眼的花冠，在他们的额头上都刻写着殉道的头衔，从他们的头衔以及他们的显赫，我知道他们是使徒。在他们右边有一大队人，同样也有耀眼的头衔；在他们后面的一些人，没有殉道的标志。在使徒的左边闪耀着神圣的贞女队伍，也装饰着殉道的标志，在她们后面是另外一队华丽的少女，一些人戴着花冠，但是没有这些标志。在这些人背后，是穿着白衣服的令人尊敬的妇女，她们使这个圆圈得以完成。在这个圆圈下面是另外一个光芒四射的圆圈，我知道那是圣天使组成的。"[1]还有更多详细的幻象描述，这里就不继续引述。

今天我们知道，这些都是幻觉，而不是真的"亲眼所见"。人们总是把眼睛所能见到的直接当成真实的东西或景象，相比起听觉和嗅觉来，人们更信任视觉，也就是所谓的"眼见为实"。但是，视觉经常会欺骗我们，让我们把幻觉当成现实。在中世纪的时候还没有相片，也没有伪造相片的技术，更没有我们今天高科技的影像编辑。无论是精神恍惚的幻觉还是梦中所见，都是在事后靠言语描绘和叙述，为了让别人相信，描绘和叙述一定会绘声绘色，自觉或不自觉地细节化、戏剧化和逻辑化。

苦修者的幻觉是隐秘和复杂的。老话说，"日有所思，夜有所梦"，这句话指的是，你老在头脑里想的事情会潜移默化地影响你下意识里梦的内容。修行者极为专注的宗教信仰体验也同样通过下意识进入他的幻觉，"他的趣味、他的担心、他获得的知识和推理

---

[1] 亨利·奥斯本·泰勒著，赵立行、周光发译，《中世纪的思维：思想感情发展史》，第436—437页。

方式，都加入这些对上帝真理和魔鬼攻击的生动体验中"。"在虔诚的中世纪圈子里，与上帝、童贞女、天使、圣徒以及和魔鬼交流的意识，经常呈现出感觉的外表。感官似乎正在经验：地狱的恶臭，天堂的芳香，似乎可以闻到，或者用嘴可以尝到；神或天使的触摸可以感觉到，或者感到击打的痛苦；更加普遍的是声音可以听到，在幻象中可以看到形体。在这些所见所闻的明显证据中，一个男人或女人的整个精神性质会固定在幻象中，用自己的渴望和厌恶使其戏剧化，并利用所掌握的知识宝库使其完整。"[1]

在苦行修士或修女的幻觉形成中——或者用心理分析大师卡尔·荣格（Carl Gustav Jung，1875—1961）的潜意识理论可以说，幻觉具有一种补偿作用，既不是伪装也不是欺骗，而是一部用特殊语言写成的书——一个重要的因素就是幻觉者对上帝的刻骨铭心和难以言表的"爱"，强烈到"痴迷"的程度。信仰的痴迷与男欢女爱的痴迷有所不同，男欢女爱的痴迷又叫"痴情"，通常以兴奋和性快感为标志，伴随着欲望和一时的新鲜感，突然发生并快速扩张，让人进入非理性的亢奋和激情状态，一般不能长期维持。有心理学家把痴情描述发展成为成熟的亲密关系（爱情）之前的第一个阶段。爱情是"对另一个人的热烈依恋、激情或奉献"，痴情是"对某人或某事的愚蠢或痴迷的强烈爱慕感觉"，是一段关系中较浅也难以长久维持的"蜜月期"。[2]

信仰的痴迷有所不同，它的对象不是一个情人，而是抽象的理念（或组织及其首领）。迷恋一个女人或男人，过一段时候就会因了解真相而醒悟，也就会变得更成熟。但对信仰的迷恋很难转变，醒悟的认识也困难得多，经常是一辈子都醒悟不了，成熟也就无从

---

1 亨利·奥斯本·泰勒著，赵立行、周光发译，《中世纪的思维：思想感情发展史》，第 436—437 页。

2 Andrew Goldstein and Marianne Brandon, *Reclaiming Desire,* Emmaus: Rodale Books, 2009, 232.

谈起，因此表现为顽固型的迷信或集体的狂热崇拜。

而且，迷恋情人，只是个人的迷恋，而迷恋一个信仰或个人崇拜，则是团体的迷恋。迷恋者有同伴压力，不得不在意团体中他人的目光，一个人的成熟会引起众多人的猜疑、不快和仇恨，于是把他当成危险的异类。若无特别强的意志力，谁也不会愿意为成熟付出被排斥的痛苦代价。团体和个人醒悟的难度不可相提并论。如果信仰不能为团体带来期待的结果，那么他们不但不会怀疑或承认是信仰错了，而且会认为是信仰得还不够，还需要变本加厉。这就是社会心理学所说的"认知失调"（cognitive dissonance）。他们不再是信仰的众多个体，而是聚合为一伙依靠信仰幻觉来抱团取暖的"群氓"。

在群体信仰的环境里，盛行的是不需要理由的无限崇拜和敬仰，是为崇拜对象去"牺牲""献身"的烈士自杀冲动。旁观者会因为难以理解而视之为"鬼迷心窍"或"五迷三道"（神志不清或精神恍惚），为表忠心，什么匪夷所思的事都能做得出来。中世纪有因为苦修而把自己活活饿死的，还有用自我鞭笞来效仿先知或殉道烈士的。自虐是因为相信疼痛会驱赶邪恶离开身体，虽然令旁观者毛骨悚然，但信徒们相信这是与救赎和纯洁联系在一起的"功德"。这样的自虐在 14 世纪被罗马天主教会谴责为邪教。

在希尔德加德或修女伊丽莎白那里，虽然没有这么极端，但仍然是一种痴迷的信仰和苦修状态。倘若她们能够过正常人的生活，营养良好、身体健康，就算她们的头脑变得更加敏捷，感觉变得更加敏锐，她们的幻觉也一定只会减少，不会增加。她们坚持苦修的一个目的就是把自己放置在一个容易产生幻觉的人为环境里。信仰的热忱无论多么高亢，都会像其他任何的情绪一样过一阵子就自然消减。维持亢奋的唯一办法就是营造一个不断对它有激励作用的常态环境。在中世纪，制造宗教幻觉最极端的环境就是生活条件严苛的修道院（并非所有的修道院都是如此），而最极端的自我折磨方式就是苦行。

这样的时代早就过去了，但制造幻觉的机制和逻辑并没有就此消逝。在现代世界里已经没有人愚蠢到继续制造中世纪幻觉的程度，但却并不缺少政治幻觉的制造。就像我们在奥威尔的《1984》或纳粹德国那里看到的，政治幻觉也是亢奋型的，也是一种痴迷和五迷三道，也必须依靠一种非常态的极端环境才能维持。这恐怕是我们今天阅读中世纪修女的神秘幻觉时不能不有所警觉的。

政治痴迷和宗教痴迷一样，也同样需要用一种无限夸张的语言来表现"无限热爱"和"无限敬仰"。但是与中世纪苦行僧不同的是，现代社会里那些夸张的表演者并不需要有真正的信仰或诚挚的自发情感，他们不过是戴着面具在按标准脚本表演，扮演指定给他们的"绝对热爱者"角色。渐渐地，他们弄假成真，外力强制性的迷恋变成自我强制性的迷恋。

"强制性迷恋"（limerence）是哲学家和心理学家多萝西·泰诺夫（Dorothy Tennov，1928—2007）在《爱与强制性迷恋》一书中提出的，其主要特征包括对迷恋对象的虚妄美化，对其有非理性积极评价、情感依赖以及渴望回报。强制性迷恋有不同的表现，如坠入情网、邪教的教主崇拜、忠仆对主人的死心塌地、强迫感恩图报等。泰诺夫把强制性迷恋描述为"一种无法控制的、由生物学决定的、本质上非理性的、类似本能的反应"，它啃噬着我们自由意志的基础，在人类经验中独一无二。无论一个人的智力程度、情感成熟度、自我意识、心理稳定性或意志力如何，强制迷恋都能完全控制他的思想过程，并使他完全无能为力。泰诺夫发现的一个最关键的要点是，强制性迷恋对我们意识的入侵（invasion）违背了我们的意愿。[1]

这种"入侵"让一个人越陷越深，最后终于难以自拔，也不想自拔。许多人在爱情问题上有过这个体验，起先是半真半假，有意无意，但一旦陷入，就像被侵入一样，彻底沦陷，"有记录以来，人们一直试图控制情欲，但没有取得很大的成功，它是非常顽强、不由自主的……情欲不受我们欲望强度的影响，不按照我们的意志召唤存在或消失……它超越了人自己的福祉，它对生命的力量似乎不会随着年龄而减少，对一个性别来说也不比另一个少"。[2]

初期和早期基督教发展的时候，传道者就是利用"入侵性"的方式来扩大信众人群，被发展的信众大多是下层人和妇女，这些愚众并不是因为先知晓基督教的教义，有了觉悟才入教的，他们大多数是名副其实被"拉"入教的。罗马帝国晚期，北方民族侵犯和骚扰罗马帝国，基督教成为罗马国教之后，一些北方部落都是首领先皈依基督教，带领全部落一起成为基督徒。这样的"信徒"都是先入教后信仰的，一些现代组织在发展阶段也都是这样。

然而，一旦入教，人就会被置于"强制性迷恋"的压力之下。被革除教籍就会像孤儿一样孤独和恐慌，痛不欲生。泰诺夫写道，"'强制性迷恋'的开始有一种自愿的感觉。我们欣然地、自愿地走向它对快乐的承诺。只是到了后来，（对象）的形象不由自主地进入我们的脑海，而我们的思想突然像一本不听话的书一样无法被放回书架。然后是漫长的、持续的、充满爱意的遐想，只能通过想象与（对象）的某个圆满时刻来解脱。当然，即使这些想法来自一个愚蠢的意志，但还是一个意志。只是后来有一天，你已经受够了，想要结束它。充满希望的理性基础已经用尽。未实现的欲望和生命中浪费的宝贵时刻所带来的不安和疼痛迫使人们认识到，控制可能

1　Dorothy Tennov, *Love and Limerence*, Durham: Scarborough House, 1999, 266.

2　Ibid, 224-225.

并不完全。……你想知道你是否拥有你认为的控制权，以及你是否还会再拥有"。[1] 这个时候你实际上已经失去了控制权，你的意志失去作用，你已经成了"强制性迷恋"捕获的猎物。

泰诺夫特别指出，尽管强制性迷恋与理性相抵触，尽管它对迷恋者来说可能是痛苦至极，但它不是一种精神病理学问题，也不与任何已知的精神疾病有关联，更不是精神疾病的伴随现象。也就是说，它不是因为一个人"脑残""白痴"或不可改变的"愚蠢"或"弱智"才会发生。相反，它是一种依恋方式，其起源尚不清楚，但其过程和现象却是不难观察和理解的。受控于强制性迷恋的人可能受过良好的教育，在其他方面智商不低，甚至颇为精明能干，就像阿伦特剖析的纳粹罪犯艾希曼那样。强制性迷恋不分年龄、性别、取向、职业、种族、国籍，但它似乎不成比例地折磨着某种制度环境中的人们。

如果一种制度将迷恋理想化或政治化为某种高尚的情操，那么人们就会对迷恋者给予宽容，不敢批评，甚至不自觉地有样学样，或者刻意模仿他们的行为。另一方面，如果一种制度环境的启蒙条件较好，大多数人有独立思考和判断的能力，能对迷恋保持警惕，那么就会有更多人倾向于否认它、抵制它。当然，在这一点上，我们对环境影响的大小只能是一种猜测，我自己的猜测是，环境会对人的强制性迷恋有不小的影响。至少我们知道，强制性迷恋不是人类自由意志选择的产物，它是发生在我们身上的东西。而且，我们今天对强制性迷恋应该已经有了比中世纪更明确的认识，这是人类在中世纪之后经过好几个世纪启蒙和自我启蒙的成果。今天，明白这个道理的人们也许还不能说服其他人去抵制基于迷信和外力强制性的迷恋，但至少他们自己已经有了警惕和避免它的准备。

1　Tennov, *Love and Limerence*, 243.

五 《一千零一夜》

1. 没有重述就没有叙述：人性的哈哈镜

《一千零一夜》是一部最早诞生于古波斯和之后阿拉伯时代的民间故事集，源于东方口头文学传统，于 9 世纪左右以阿拉伯文成书。之后一直在阿拉伯地区流传，但只是普通的民间文学，不太受到重视，18 世纪初传到西方，不久风靡欧洲，各种欧洲语言译本相继出现，在 20 世纪初经西方传到中国。

整个故事集有一个大框架，框架里故事套故事。这种框架结构后来被一些著名的作品所采用（如乔叟的《坎特伯雷故事集》和薄伽丘的《十日谈》）。《一千零一夜》版本繁多，有的包含几百个夜晚的故事，有的则超过 1001 这个数目。某些故事，如《阿拉丁神灯》《阿里巴巴和四十大盗》《辛巴达的故事》，的确是中东独特的民间故事，但并不在原本的《一千零一夜》当中。尽管如此，欧洲翻译还是将其一并加入故事集中，李唯中的中译本（花山文艺出版社，1998）也是这样处理，除了一千零一夜的故事，另外收了四个故事作为附录。

20 世纪 90 年代初，我在美国大学开始教人文经典阅读时，学校统一用的是侯赛因·哈达维（Husain Haddaway）的英译本 *Arabian Nights*（Norton，1990），1995 年有了罗伯特·L. 马克（Robert L. Mark）翻译并作序的 *Arabian Nights' Entertainments*（Oxford University Press，1995），这两个是现在美国中学和大学里使用最多的两个版本。但是专门研究时，一般会用 19 世纪末理查德·弗朗西斯·伯顿（Sir Richard Francis Burton）的 10 卷译本 *A Plain and Literal Translation of the Arabian Nights Entertainments*（London，1885—1888），后来的题目是 *The Book of the Thousand Nights*。

不同的版本包含的故事数目不同，同一故事的叙述也会不同。这并不奇怪，因为书里本来就是民间故事，而所有的民间故事都是重述的叙述。没有重述就没有叙述，这是民间故事的特点。民间故事不是某个作家的原创故事，而是民间集体创作的结果。在英语里，"民间故事"（folklore），又有"民俗"的意思。民俗是特定人群共享的文化样式，它包含该文化、亚文化或群体的共同传统。民俗包括口述传统，例如故事、谚语和笑话，也包括物质文化，从传统的建筑风格到常见的工艺绝活。民俗还包括习俗、传说、民间信仰、庆典、节日、仪式、婚丧大礼、民间舞蹈、行会仪式等，这些都会在民间传说和故事里有所体现。与形式一样重要的是，民俗还包括它从一个地区到另一个地区，从一代人到下一代的传播或传递形式，《一千零一夜》里讲述的一些民间故事从波斯传到阿拉伯地区，还有的或许从印度传来，有着特别复杂的传播过程。

我们这里在阅读《一千零一夜》，会把注意力放在古代的民俗，而不是故事传播或故事本身。[1] 许多故事都是今天读者耳熟能详的，然而，虽然熟悉，却未必知道这些故事开始的听众是谁、说故事的又是谁、他们生活在怎样的民俗世界里、如何在民俗的文化氛围里

---

[1] 这里的民俗资料主要来自 Robert Irwin, *The Arabian Nights: A Companion*, London: Tauris, 2004。若没有特别需要，则不再一一说明。

看待自己的行为，等等。

《一千零一夜》也被称为"天方夜谭"，以其虚诞、离奇和荒诞不经来说，书里有各种稀奇古怪的人物和事情。在中世纪的阿拉伯土地上，人们对奇异事物的兴趣非常明显，以至于产生一种独特的被称为阿贾伊布（aja'ib，意思是奇迹）的文学形式，讲述埃及、波斯、印度、阿拉伯世界，还有其他地方发生的怪异、奇迹和神迹故事。这种书汇集和讲述的是古人感知的神奇魔力：奇怪的巧合、罕见的动植物、古怪的建筑、魔法和特异表演，越是令人难以置信，也就越能引人入胜。最早出现的许多虚幻故事或轶事后来都被编进《一千零一夜》，如《辛巴达的故事》。辛巴达是一个虚构的水手和冒险英雄，传说于阿拔斯王朝早期（8—9世纪）来自巴格达。他在整个东非和南亚海域有七次航行，经历了许多奇妙的冒险，遇到怪物，目睹各种超自然现象。所谓的"辛巴达连续故事"（Sinbad cycle）原本是杜撰的航海家日志，描述在印度和中国海域见到的奇迹（其中包括有人头果实的瓦克树、海中老人和大如岛屿的鱼）。当然，对这类故事的人文阅读无须特别考证其渊源和真伪，重要的是，要有意识地从故事联想到我们自己的生活世界，这样才能形成一些与今天有关的人文主题。

中世纪基督教国家的读者和作家也有追求奇迹的爱好，也喜欢有关怪物、奇怪的异域城市、超自然事件的阅读。今天许多读者喜爱《一千零一夜》也是出于类似的爱好。而这样的爱好里包含着怎样的个人心理、集体信仰、思维取向、大众文化内涵，则可以成为人文阅读关心的主题。毕竟，我们不只是在读故事，而是在思考与故事和讲故事的人有关的人文问题。

中世纪的基督教和伊斯兰教并不共享同一个超自然的世界。这在鬼魂和女巫的案例中表现得相当突出。鬼魂和鬼故事在中世纪的欧洲文化中占有突出的地位，在基督教国家，鬼魂通常被认为是难以驱离的灵魂，他们向生者寻求报复、赦免，或基督教徒的埋葬。基督教的炼狱学说相信生者的祈祷和行为可以帮助死者赎罪，但炼狱在正统的穆斯林来世概念中是不存在的。然而，尽管伊斯兰教的世界观中没有鬼魂和炼狱的概念，但中东地区的基督徒相信和害怕鬼魂，这种恐惧也会感染到他们的穆斯林邻居。

例如，在中世纪的开罗，人们习惯于放弃发生过谋杀或自杀的"鬼宅"，宁愿让房子沦为废墟，也不愿意冒风险去与受折磨的灵魂分享住所。在《一千零一夜》的故事中，《凯尔人阿里和巴格达的鬼屋》这个故事给人的印象是一个鬼故事，但其本身却有离奇的变化。在这个故事中，一个年轻的埃及人阿里在巴格达运气不佳，一个商人为他提供了临时住所。商人拥有两所房子，他警告阿里说，其中一所房子闹鬼，没有人在那里待过。房子里的人夜里活动，天一亮就变成死人。没有人敢进入那房子去收尸，他们只好用绳索把尸体拖到另一个屋顶上，这样才算把尸体弄出来。这个故事巧妙地利用人们对鬼故事的好奇，然后奇峰突转，原来在房子里作祟的不是鬼魂，而是精灵，精灵不但没有伤害阿里，还给了他许多黄金。

中世纪的基督教国家多受女巫恐惧的困扰。女巫既多又危险，她们在夜里飞行，杀死牛和牲畜；女巫聚会闹事，向魔鬼发出淫秽的敬意。基督教的宗教裁判投入大量人力物力来追捕、审讯和烧死女巫。相比之下，中东地区没有这样的宗教惩罚机构，但偶尔会设立一种审判异教徒的特设法庭。尽管如此，但一直没有疯狂迫害"女巫"的习俗事件。中世纪的近东地区也有关于女巫的传说，但那里的女巫不是用扫帚，而是用罐子飞来飞去。

在《一千零一夜》的故事中，有两种类型的女巫，每种类型都对男人构成性威胁。第一类是花痴式的男人杀手，见《被诅咒的王子》中的女巫妻子；还有《加里布和他的兄弟阿吉布的故事》，故事里的女王詹沙500岁了，她强迫男人与她睡觉，然后杀死他们。

第二类女巫是女同性恋者,她们在《一千零一夜》中多次被当成是女巫。尽管如此,女巫在阿拉伯国家的恶魔学中所扮演的角色远远小于她们在西方基督教国家中的角色。

中世纪的人爱听《一千零一夜》里那些天方夜谭的故事,今天人们仍然爱听。虽然现代人已经与中世纪文化拉开足够的距离,虽然他们不再相信女巫、精灵或妖魔鬼怪,但许多中世纪的故事却仍然能打动他们的心弦和激发他们的想象力。更重要的是,仍然能在下意识中满足他们被压抑的欲望。这是因为在漫长的历史进程中,人性并没有改变。《一千零一夜》的许多故事主题都是黑暗和消极的,而正是这部分内容对许多现代读者具有不可抗拒的吸引力。这些故事于是成为一面哈哈镜,照出普遍人性中一些丑陋和不堪的本色。

中世纪人喜欢"寻宝"的故事。人有贪婪的天性,那种撞大运发横财的故事不管多么离奇古怪、匪夷所思,都有许多人乐意相信,而且越离奇,就越能打动他们贪婪的想象力,正如今天的中彩故事,虽然几率几近于零,但却总是能让人听得津津有味,百听不厌。

中世纪人的寻宝不只是幻想和虚构的故事,事实上,寻宝既是一门神秘的科学,也是一种专业性很强的营生,现代的盗墓也是如此。作为一门科学,中世纪的寻宝要求从业者具备古代传说和巫术的知识;作为一种职业,它需要勇气和丰富的经验。人们普遍认为,寻宝者从事的是一种高科技、高风险的职业。

出生于叙利亚的阿尔·贾巴里是一位13世纪的阿拉伯作家和学者,因其炼金术而闻名。他在《揭秘》(*Kashf al-Asrar*)一书中警告说,寻宝者可能会面临真正的危险。想象一下,你在一条长长的狭窄通道中,正向大地深处走去,通道两旁是带剑的雕像。小心!用棍子击打你面前的地面,使剑落在空处。贾巴里还解释了那些雕像挥舞手臂的机械原理,这就像今天许多人感兴趣的盗墓故事,里面有许多关于墓道机关和破解机关的秘密、经验传说和门道之谈。

为了寻找宝藏，可以求助于神谕和占卜。宝藏被挖出来，就像开井挖到水一样，寻宝者可以求助于相关的科学，如占星术和风水术。寻宝者需要耐心、勇气、神秘学知识和工匠技能。阿尔·贾巴里从个人经验出发，跟几个朋友在开罗附近的一个公墓里挖掘，发现了通往地下通道的大门。他们用棍子敲击楼梯，以此避开坍塌的楼梯，还用在上面扔一块铅块的妙计来避开旋转的石板。阿尔·贾巴里没有说他们是否发现了宝藏，但他要求尊重真正的寻宝技能。他警告说，那些冒充寻宝者的骗子是一些危险分子，他们使用虚假的地图和护身符，并将藏匿的宝藏和毒药一起撒在地上，毒死客户，自己独吞财物。在《一千零一夜》中，《磨坊主和驴子的故事》里有一队流氓，他们欺骗一个磨坊主，说他们有一头能引路并找到宝藏的驴子，磨坊主信了他们的话，花了一大笔钱买来这头驴子，然后这些骗子就带着钱逃之夭夭了。

骗子、强盗、匪帮的故事是中世纪人和现代人共同喜欢的故事，虽然人们总是在谴责不义之财，但那只是因为不义之财落入他人之手。如果能落入他们自己手里，他们不但不会拒绝，而且会沾沾自喜，说那是因为他们比别人聪明，会动脑子，所以才受到命运或老天爷眷顾。阿里巴巴就是这么一个幸运儿，40 个强盗好不容易抢来的财宝，被阿里巴巴"芝麻开门"一个暗语就弄进自己的口袋。他不是像罗宾汉那样劫富济贫，而是全部占为己有。从强盗那里弄来财富让他"从此过上幸福快乐的生活"。阿里巴巴在 21 世纪成为一个商业集团的名字，可见他是多么受到后人的崇敬。在美国有一个有名的低收费或不收费的"罗宾汉市场股份有限公司"（Robinhood Markets, Inc.），用的却是"罗宾汉"与他人分享财富的寓意。

阿拉伯文学中普遍存在着对狡猾和诡计的崇拜（现代人也差不

多），狡猾的小偷或流氓故事构成市井故事里的一个特别类别，他们代表一些读者心目中值得赞美的"聪明小人"。这些下等人（尤其是穷汉和妇女）的机智、诡计和狡黠引发许多读者的遐想和赞美。这种赞美经常涉及有争论的犯罪方式或法律观点，成为中世纪阿拉伯文化最显著的特征之一，今天仍然反映许多人对弱势群体的同情心理和仇富心态，阿凡提的故事就是一个例子。

在《一千零一夜》和其他故事中，强盗并不都是一路货色。乡下的强盗通常被描述为愚蠢和鲁莽，如《阿里·沙尔和祖姆鲁德》中的库尔德人贾万；而城市里的罪犯则通常显得更加机灵能干，他们机智勇敢，行事大胆、手段高明，作案"马到成功"，令人钦佩。罗宾汉和水浒里一些偷鸡摸狗的人物就是这种形象，成为人们心目中的"义匪"。一些或许是真实的传奇罪犯故事——包括水星阿里、狡猾的达利拉和病病歪歪的艾哈迈德的故事。这些故事在收进《一千零一夜》之前就已经在民间流传。[1]

普通人对小偷、盗匪有一种本能的兴趣和羡慕，他们是特殊的能人，普通人想做而不敢做的事情，他们敢想敢做，而且有精彩的表现。中世纪有几类盗匪：一类是钻地老鼠型的盗贼，他们只需挖开泥墙就能强行进入房屋盗窃。一类是"海底捞"，他们用带钩的杆子和有抓钩的棍子从窗户里捞东西。还有一类是工于心计、诡计多端的"巧贼"和"刁匪"，譬如用一只乌龟，在乌龟的背上放上一支点燃的蜡烛，让这只乌龟爬到他们打算行窃的房子前面。如果房子有人住，那么房主在看到乌龟时肯定会惊讶地大叫起来，小偷便知道要躲开。如果房子里没有人，小偷就能放手行窃。乌龟并

1　有关《一千零一夜》中的犯罪故事详见 Nikita Elisseef, *Thèmes et motifs des Mille et une nuits*, Beyrouth, 1949, 51; Mia Irene Gerhardt, *The Art of Story-Telling: A Literary Study of the Thousand and One Nights*, Leiden: E. J. Brill, 1963, 167-190; André Miquel, *Sept contes des Mille et une nuits, ou Il n'y a pas de contes innocents*, Paris, 1981, 51-78。

不是唯一对职业罪犯有用的动物，公鸡和狗也能派上用场。9 世纪的作家贾希兹（Al-Jahiz，775—868）在《动物的历史》（*Kitab al-Hayawan*）中讨论了利用公鸡和狗来进行敲诈勒索的各自优点。他说，勒索者总是成群结队地工作，他们利用狗，每当他们勒死一个受害者时，他们会同时殴打他们的狗，这样狗的叫声就会淹没受害者的尖叫声，也不会引起附近人们的怀疑了。[1]

在中世纪的巴格达，退休的小偷加入警察队伍，成为"忏悔者"，这似乎很常见。根据 10 世纪的历史学家马苏迪（Al-Mas'udi，896—956）的说法，"忏悔者是老贼，他们年纪大了，放弃了自己的职业"。当犯罪发生时，他们知道是谁干的，并能指出罪魁祸首。然而，他们经常与盗贼分享他们的盗窃成果。在巴格达，由流氓和流浪汉组成的团伙拿着棍子对商家收取保护费，并在附近地区维持治安，保护商家不受盗贼的侵扰。这样的团伙与偷鸡摸狗、打家劫舍的单干户盗匪不同，他们有组织，有领导，而且还打着造福一方的旗号，所以特别令人生畏。他们有足够的情报和武装，一旦发生情况，马上就能快速反应，提供相当规模的武装。他们的犯罪经验使他们总是能知己知彼，所以成为其他罪犯最害怕的克星。[2]

说过中世纪的骗子、小偷、诈骗犯、罪犯，接下来谈谈中世纪社会生活里另外两种不可或缺的角色：魔法师和说书人，尤其是说书人对我们理解民间故事的传播更是必不可少。

1 Charles Pellat, ed. and trans., *The Life and Works of Jahiz*, Berkeley: University of California Press, 1969, 145.

2 Claude Cahen, "Mouvements populaires et autonomisme urbain dans l'Asie musulmane du moyen âge," *Arabica*, 5 (1958), 225–250, and 6 (1959), 25-56, 223-265.

2. 魔法师和说书人

1 世纪与耶稣差不多同时代的希腊演说家提亚纳的阿波罗尼乌斯（Apollonius of Tyana，15—100）说过一句非常耐人寻味的话，"笔是最强大的魔法师"。在中世纪，讲故事和使魔法是两个井水不犯河水的行当，说书人是靠说故事的表演性文字游戏来谋生的人，而魔法师或巫师则同样也与文字有不解之缘。在《朱达和他的兄弟们》中，马格里布（Maghreb，即非洲西北地区）的巫师们拼命地争夺一本名为《古人寓言》（*Fables of the Ancients*）的书，世界上再没有像它那样的书了，它的价格也不可能由任何人支付，它的价值不能用黄金和珠宝来衡量，因为书里有地球上所有藏宝的细节和所有秘密的解决方案。这就像金庸的《笑傲江湖》里的"葵花宝典"一样，谁得到它谁就能成为武林霸主。在《瓦齐尔和圣人杜班的故事》里，圣人在愚蠢的国王的命令下被判处斩首死刑，他将一本书遗赠给国王，声称这本书能让他被砍下的头颅说话。然而，实际上，他留给国王的是一本有毒的书，国王在翻书页时舔手指头，手指头沾了书页上有毒的墨水，所以国王就死了。十来个世纪后，毒书装置在意大利作家翁贝托·埃科（Umberto Eco，1932—2016）的小说《玫瑰的名字》（*The Name of the Rose*）中再次被运用。

说书人和魔法师都是专业人士，他们知道文字、言语、修辞的力量。阿里巴巴因为记住了神奇的口令"芝麻开门"，所以从危险的山洞里逃了出来；而他的兄弟因为没有记住，因此丢掉性命。对文字的研究和操作可能赋予人们对未来的认识，如《开罗苏丹穆罕默德的历史》中，市场上的马格里布巫师面前有一些写有文字的树叶，他用这些树叶来预测旁人的情况。

测字魔法（Ilm al-Huruf）是伊斯兰神秘学中的一门显学。我们今天熟悉的卜卦、测字、算命也都可以说是类似的秘传学问。《一千零一夜》时代的人们对此更是深信不疑、崇敬有加。例如，在《圣人和学者的故事》中，圣人凭借他对字母神奇力量的了解，控制精灵并完成超自然的壮举。

说书人和魔法师都是靠本事吃饭的，普通老百姓是他们的衣食父母，他们是市场上的竞争对手，都是幻觉的交易者。掌握幻觉艺术（Ilm al-Simiyya）的魔法师能够为他的顾客提供幻象，成为一个虚构的创造者。这种虚构对于受众来说是真实的，当然，我们今天将之视为迷信。

19 世纪的红衣主教纽曼（John Henry Newman，1801—1890）是一位英国神学家，以勇敢探讨宗教信仰、信仰本质及教义发展而闻名。他在自传《为生活辩护》（Apologia pro Vita Sua）中说："我曾经希望阿拉伯故事是真的：我的想象力在未知的影响、神奇的力量和符咒作用下运行。这是一个童年时期的全能梦想。然而，从鲁尔曼（Luhrmann）对现代女巫的调查中也可以看出，关于魔法的小说——丹尼斯·惠特利（Dennis Wheatley）、迪昂·富勒（Dion Fortune）等人的作品——被神秘主义实践者们广泛阅读，并被他们当作小说来欣赏，没错，那些是关于真实事物的小说。对他们来说，一个关于魔法的故事本身并不是纯粹的幻想。"

以研究女巫而著名的美国人类心理学家谭雅·鲁尔曼（Tanya Luhrmann）对现代英国巫术有深刻而广泛的研究，在她的人类学描述中，"魔法书鼓励一种包容的、梦境般的全神贯注，一种……白日梦。这种全神贯注的想象力，与它所包含的任何主题完全不同，是魔法小说中最吸引人的元素之一"。[1]

同样，在古代中东地区和在当今世界的许多地方，关于魔法和超自然的故事可能具有双重性质；它可能是一个美妙的无稽之谈，

1 Tanya Luhrmann, *Persuasions of the Witch's Craft*, New Jersey: Blackwell, 1989, 87.

旨在吸引儿童观众；但与此同时，聆听同一故事的成年人可以认识到社会和日常现实的各个方面。毕竟，在中世纪的巴格达和开罗，巫师、炼金术士和寻宝者都在提供人们认为是必不可少的生活咨询和服务。就像今天的经济学家、股市分析员、军事评论家，不管他们有多少落空的预测、无稽的规划、荒唐的分析，人们还是把他们当作专家，中世纪人对魔法师的依赖和信任也是差不多的。魔法和精灵的力量是不容置疑的。

《阿拉丁》（或《神灯》）也许是《一千零一夜》里最有名的故事。在这个故事中，马格里布的"妖术师"也是一个魔法师，他通过占星术确定男孩阿拉丁是唯一能发现藏匿在某处的财宝并能带出来的人。巫师把男孩带到占星术确定的地方，用香火进行熏蒸仪式，在地上开出一个洞。然后巫师用风水板探路，一个连接在大理石板上的铜环露了出来。巫师让阿拉丁举起石板，然后进入下面的地窖里。金库里装满财宝，但巫师警告阿拉丁不要碰任何财宝，否则他将被变成黑色的石头。其实，巫师想得到的不只是金银财宝，而且是一盏具有精灵力量的神灯。有意思的是，这个故事居然还与中国扯上关系："妖术师兴奋不已，自信自己的愿望就要成为现实，自己的努力一定会得到成功。原来这位妖术师曾在一本妖书上读到这样一段文字，说在中国有一个举世无双的宝库。那座宝库里有一盏神灯，上面刻着鬼符，人用手一搓神灯，神灯的魔仆就会出现，有求必应。妖术师从书中得知，那神灯的魔仆是一个最强大的神王，也是领兵最多的神将。他还得知，除了中国某个地方一个名叫阿拉丁的青年，任何人都无法打开或进入那个宝库……妖术师就是为找阿拉丁而来中国的。"[1]

《朱达和他的弟兄们》的故事也很出名，非常有趣，营造了一

---

1 《一千零一夜》第八册，李唯中译，宁夏人民出版社，2006年，第3465页。

种不可思议的魔幻气氛。朱达是一个靠捕鱼养家的年轻人。有一天，他去开罗边缘的卡伦湖捕鱼，刚想往水里撒网，只见走过一个马格里布人。这个人向朱达致敬，并要求他帮个忙。他要求朱达背诵《古兰经》的第一章，并要朱达把他的膀子绑起来，然后活生生地丢进湖里。陌生人要求朱达，如果看到他的两只手举过水面，那么就用渔网去救他。如果看见的是陌生人的脚，那么朱达可以确定他已经死了。在这种情况下，朱达要把陌生人的骡子和珍贵的鞍袋带到一个住在开罗的犹太人那里，并向他报告，那个犹太人就会给他 100 第纳尔作为报答。这位陌生人被丢进水里，朱达看到这个倒霉蛋的双脚浮出水面。于是，一个漫长而复杂的故事开始了：朱达结识了来自马格里布的四个兄弟巫师，他们用一本名为《古人的寓言》的书开始寻找沙马达尔的神奇宝藏。最终发现朱达是那个命中注定会成功寻宝的人，只有他能下到地下，取回沙马达尔的宝藏。

巫师、妖人、魔法师的最大能耐或许在于助人发财（当然自己也发财），而说书人是没这个能耐的，他们顶多也就是用嘴上功夫逗人高兴，供人娱乐而已。他们的笔虽然号称是最强大的魔法师，但在中世纪的阿拉伯土地上，他们的地位很低，不过是走江湖的艺人，只配与耍蛇卖艺的、玩柔术的、皮影戏演员、杂耍者、摔跤手和"专业放屁者"为伍。他们必须与其他三教九流的卖艺人争夺听众和观众。

12 世纪开罗的许多说书人都在一个叫"两宫之间"（Bayn al-Qasrayn）的地方活动。这个地方是位于开罗市中心两座宏伟的法蒂玛大皇宫（Fatimid palaces）之间的一处阅兵场，人流量大，听故事的人也多。在 12 世纪末法蒂玛王朝灭亡后，这两座宫殿成为废墟。到马穆鲁克时代（Mamluk period，1250—1382），废墟上又有了新的建筑，一大片空地则被改造成市场大道和大众娱乐场所。据库尔提（Al-Qurti）说，在这里讲故事的说书人"讲述了贝都因女孩和伊本马真（Ibn Mayyah，834—887，波斯圣训的中世纪学者）的故事，以及关于哈基姆（Al-Hakim bi-Amr Allah，985—1021，一位历史人物，人们把许多奇妙的故事附在他身上）的故事。这些故事可与巴塔尔（Abdallah Al-Battal，727—740，伊斯兰教早期征服的半传奇英雄）、《一千零一夜》及类似的故事相媲美"。[1] 开罗北郊的胡赛尼耶（Al-Husayniyya）是库尔德人和土耳其人定居的地区，这是说书人青睐的另一个地方。在中世纪的非斯（Fez），说书人通常会在城门附近活动，说故事的时候往往伴随着音乐，说故事的收入有限，摩洛哥说书人有时通过出售护身符来补充收入。[2] 由于说书人地位低下，历史学家和传记词典的编纂者很少注意到他们。

职业说书人并不总是靠记忆讲故事，而是经常根据成文的故事脚本。中世纪学者邓肯·麦克唐纳（Duncan B. Macdonald，1863—1943）曾经买到几份属于大马士革职业说书人的残缺脚本手稿。他还在开罗的一家咖啡馆里听一位职业说书人讲故事，发现观众喜欢说书人的夸张动作和笑话，而不是他插入叙事中的诗歌。[3] 恐怕今天听评书的观众仍然是这样。

中世纪的《一千零一夜》是一种口语和书面文化的两栖作品。我们从民俗而非单纯文学角度来看待这本书，但并不意味着认为书里的故事只是口头的民间传说被写到纸上而已。诚然，其中的许多故事在被写下来之前，已经先作为口头传播的民间故事在流传，但关键是它们在被写下来的时候，写书人几乎无一例外地对它们进行文学再造。要发现故事散文中的口述节奏并非难事，这也是为什么不少故事显得情节拖沓，结构松散，描述里掺了太多的"水"，显

---

1 B.E. Perry, "The Origin of the Book of Sindbad," *Fabula* 3 (1960), 26-27.

2 Al-Maqrizi, *Kitab al-Khitat*, vol. 1, Cairo, 1854, 485. Roger Le Tourneau, *Fez in the Age of the Marinides.* Norman, Okla, 1961, 71.

3 Duncan B. Macdonald, "The Earlier History of the *Arabian Nights*," *Journal of the Royal Asiatic Society* (1924): 370.

得像是一种半口语半书面语的混杂叙述，并非很精致的故事。

但是不要忘记，这里的大多数故事是由说书人（社会地位低，文化程度可能也不高）讲给不识字的听众听的。今天，《一千零一夜》的一些故事除了在图书馆里讲给小朋友听，大概大多数读者都是从图书馆借阅的，自己购买的恐怕也是给孩子作为课外读物。

然而，如果简单地将口头传播等同于某种"低级"文化，或者把《一千零一夜》只是当作儿童读物，那会是一个错误。《一千零一夜》的一个长期被忽略的部分就是其中的诗歌，它经历一个散文化（Prosimetrum）的过程，德国阿拉伯语学者沃尔夫哈特·海因里希斯（Wolfhart P. Heinrichs，1941—2014）在《一千零一夜里的诗歌》一文中指出，"大多数人都承认他们在读故事的时候跳过诗歌"，而那些重视和阅读其中诗歌的读者"比普通读者拥有更多的文学文化"。[1]

诗歌在中世纪的阿拉伯文化中享有最高的地位，就像在现代文化中一样，诗歌更多的是被朗诵，而不是在私下阅读，人们经常把大量的诗歌记在心里。此外，圣训（先知穆罕默德传教、主教的言行记录，以及其弟子被先知认可的谈论宗教、经训和实践教理的重要言行记录）能够传给学生的唯一正确方式是口口相传。仅仅从书中吸取所有的宗教材料是有局限的，也是不太真实的。

说到书面的传播方式，就不能不说到"书"。然而，在伊斯兰教早期的几个世纪里，"出版"一本书的正常方式是把它带到清真寺，在那里大声朗读。大多数人都是通过听朗读来熟悉伊本·穆卡法（Ibn al-Muqaffa，724—759）的《卡里拉和丁娜》（*Kalila wa-Dimna*）这样的高级文学作品。人们可能会认为，在中世纪没有固定的《一千零一夜》文本，这证明这本书的地位低下。但中世纪的许

1　Wolfhart P. Heinrichs, "Modes of Existence of the Poetry in the Arabian Nights", *The Heritage of Arabo-Islamic Learning*, Leiden: Brill, 2016, 528-538.

多重要作品都没有固定的文本，包括《卡里拉和丁娜》。

在"高级"和"低级"的阿拉伯文化之间确实很难划出明确的界限；例如，粗俗的淫秽故事（mujun）并不只在某些阿拉伯无产阶级中流传。哈里发通常就有一笔为故事娱乐的专用资金，满足自己听故事的嗜好。街头说书人会从学术书籍中收集一些材料，而且学者和文人也对说书人的许多材料进行修改。哈里里（Al-Hariri of Basra，1054—1122）的《马卡马特》（Maqamat）涉及乞讨和底层的低级生活主题，但却是以一种精致、考究的风格写成的。这种高低文化上的交叉，使得在文学精英文化和大众文化之间强行区分没有意义。而且，更重要的是，阿拉伯文化精英与政治军事精英并不是同一群人。在中世纪统治阿拉伯的许多苏丹、埃米尔（Emir，指阿拉伯国家的贵族头衔）和总督都是土耳其人，而这个土耳其上层社会的成员往往是文盲。相比之下，阿拉伯文化的文学要高级得多。

《一千零一夜》里讲的城市故事，大部分是由城市人写成的，说的也是城里人的事，《染色师阿布·柯尔和理发师阿布·西尔》就是一个典型的城里人故事，它讲述了两个狡猾的阿拉伯老乡离开亚历山大港，从埃及起航去远方圆他们的发财梦。他们流落到一座非伊斯兰的陌生城市，举目无亲，身无分文，但经过一番情节曲折的打拼，阿布·柯尔发了财，他在城里供应不同颜色的染料，后来生意又做砸了。但他不屈不挠，又在城里建造第一座土耳其浴室（公共浴室），最后咸鱼翻身，又发了财。故事里的阿布·柯尔利用城市穆斯林的知识在外国发财，因为穆斯林的染料在中世纪的世界市场上非常畅销。而且，从英国到中国，无论穆斯林在哪里定居，他们都会建造土耳其浴室，以及清真寺和露天广场。

农民和牧民只是偶尔出现在《一千零一夜》的故事里，当游牧的阿拉伯人或库尔德人在故事中出现时，往往是一些不光彩的低等角色。例如，在《达利拉和她的女儿扎伊纳布的诡计》里，淳朴的贝都因人被狡黠的达利拉说服,与在十字架上的她交换位置,只是为了想得到一些蜂蜜油炸食品。《阿里·沙尔和祖姆鲁德》中的库尔德人是一个邪恶的盗贼,《波斯人阿里》里的库尔德人则是一个流氓和傻瓜。

《一千零一夜》里的故事在时间跨度上长达几个世纪,这可以从一些故事的时代背景推测出来。阿巴斯王朝(Abbasid period, 786—861)哈里发哈伦·拉希德(Abbasid Caliph Harun al-Rashid, 786—809)时代的巴格达是《搬运工和三位女士的故事》和《三个苹果的故事》的背景。虽然水手辛巴达系列故事直到近代早期才被加入《一千零一夜》中,但据研究也是在阿巴斯王朝时期创作的,当时巴士拉(Basra)是巴格达在海湾的港口。《一千零一夜》中许多动人的爱情故事,如《女奴阿尼斯·贾利斯和努尔·丁·阿的故事》,有迹象表明是在阿巴斯王朝的巴格达创作的。其他较短的故事和轶事也可以证明起源于巴格达,时间在9至11世纪之间。无论是在哪个时期,《一千零一夜》中都有大量的流氓和小偷、骗子和蠢货、奸情、戴绿帽子的下层生活故事,在这些故事里都少不了性的插曲、玩笑、故事。

3. 少儿不宜的情爱天方夜谭

《一千零一夜》经常被当作儿童读物,哪怕是成年读者,许多也是通过大众读物或卡通电影了解到这部著作的。别以为书里都是像《老渔翁和大魔鬼的故事》《阿拉丁神灯》《阿里巴巴和四十大盗》《会飞的木马》《惹祸的苹果》这样的纯洁故事,道德观特别纯洁的读者在阅读《一千零一夜》原著之前,一定做好道德感被冒犯的准备。

　　原著里有许多"三观不正"的内容，当然首先是性内容方面的问题。原著里充斥着各种性主题——乱伦、通奸、虐待狂等。倒也不是为色情而色情，而是因为性是情节发展的强大推动力量。

　　《一千零一夜》的框架故事一开始就是两位兄弟国王——哥哥舍赫亚尔和弟弟沙赫泽曼——各自发现自己的妻子与人通奸。弟弟的女人背着丈夫跟黑人奴隶忘情地翻云覆雨；哥哥的女人则喜欢跟下人举办性派对，纵情欢乐，不欢不散。只是由于偶然的机会，这两个女人的性嗜好才被她们的丈夫发现。于是哥哥国王舍赫亚尔决定以一种奇怪而残忍的方式报复女性：每天夜里娶一个处女，第二天早晨就把她杀掉，就这样过了三年，国内的许多父母都带着女儿逃到别处去了，直到连一个适龄的年轻女子都找不到。

　　宰相的女儿莎赫札德是个奇女子，她自愿深入虎穴，不惜伴君如伴虎，用讲故事的办法拖延受死的日子，以拯救天下无辜的女子。一千零一夜过去了，她为国王生下三个儿子，终于感化了国王，这本身就是一个教育国王，帮助他改变残忍和凶暴的过程。奇女子莎赫札德的故事里有各种各样的女人：通奸的女人、贤惠的女人、霸道的女人和狡猾的女人。

　　如果说涉及女人的故事有什么教育作用，那也非常模糊，而且是少儿不宜的。从一些故事中，国王可能会了解到，在爱情和婚姻中毕竟还能发现一点忠诚和真心；从其他的故事中，他又可能会得出相反的结论，女人的淫荡没有底线，只要有机会，她们就会欺骗自己的丈夫。从另外的故事里，他又可能得到一些忧郁的安慰或心理治疗："一个力大无边的妖魔尚且管不住一个女人，更何况我们是普普通通、平平常常的人呢！我们何必为这件事（妻子出轨）难过、忧伤呢？"

　　英国叙利亚文化历史学家和作家拉纳·卡巴尼（Rana Kabbani）认为《一千零一夜》的故事最初只是为男性的听众讲述的，"他们希望得到淫秽的娱乐"。许多男性对"荤故事""荤段子""荤笑话"的胃口是无止境的。《一千零一夜》故事中的女性分为两类：一类是通奸者、女巫和妓女，她们淫荡而狡猾；另一类是虔诚而谨慎的女性，"她们没有令人不安的性行为"，但她们的美德"通常是故事情节的装饰性陪衬，没有很大的戏剧价值"。[1] 可以这样理解，这些故事之所以能在咖啡馆这样的地方很受下层人的欢迎，是因为故事里隐含着大男子对女性的鄙视，宣扬的是厌女和仇女的陈腐观念。

黎巴嫩当代女作家哈南·谢赫（Hanan al-Shaykh）认为，框架故事里的奇女子莎赫札德是个超前于她那个时代的女英雄，一个女权主义者："莎赫札德，一个闷骚、调皮、感性、精力充沛的说书人。一个社会学家（和性学家，为什么不呢？）超时代地出生了！一部没有作者签名的重要作品（《一千零一夜》）的母亲！一个有自己权利的女人，凭借她恰恰是女性的天赋克服了大男子主义……她拥有迷人的文字天赋，不能对夏娃女儿们的命运无动于衷，尤其是阿拉伯的女儿们。"[2] 早在 20 世纪初，法国作家拉丽·霍尔贝克（Lally-Hollebecque）在《莎赫札德的女权主义》（Le Féminisme de Shéhérazade）里就表达过类似的观点。霍尔贝克是一位热心的女权主义者，她认为，《一千零一夜》的许多故事都是经由一个作者—编译者汇集到一起的，全书的框架故事具有特别的意义，其中的奇女子莎赫札德是在用故事对国王进行教育，她的教育首先证明妇女及其美德的正当性和崇高性。她用自己的方式让国王知道什么是爱情，并使他变得理性、文明。

但是，很难证明《一千零一夜》是同一个作者—编译者的作品，也很难证明不同的故事都指向同一个女权或厌女的主题，更不

---

1 Rana Kabbani, *Europe's Myths of Orient: Devise and Rule,* London: Palgrave Macmillan, 1986, 48.

2 Shéhérazade, "féministe avant l'heure, dans les mots de Hanan el-Cheikh," tv5monde.com

宜从故事的色情内容中推断出中世纪伊斯兰社会里的实际性行为。如果用故事中的性事件来推导阿拉伯人的实际性行为，那就会遇到严重的问题。首先，很明显，许多故事并非源自伊斯兰。它们被翻译成阿拉伯语，只是稍微作了一些阿拉伯化和伊斯兰化的处理：人物被赋予阿拉伯名字，地点被转移到巴格达或开罗，但许多故事的结构及其灵感来自其他地方。例如，《一千零一夜》的框架故事中那个被锁在精灵箱子里的花痴女子，可能来自早期的印度原型。《想欺骗丈夫的女人》和《开罗夫人和她的四个情人》也有印度的先例。同样，《富人、妻子和士兵的故事》中士兵及其行为几乎可以肯定是对罗马最早的喜剧家普劳图斯的《光荣的迈勒斯》(*Miles Gloriosus*) 的改编，并不是描述中世纪巴格达的某桩丑闻事件。有关恋人分离、忠诚考验、测试恋人能力等浪漫情节则可以追溯到始于 4 世纪的拜占庭小说。当然，这些故事能在阿拉伯土地上被翻译和讲述，意味着阿拉伯人对这些故事的内容既不陌生也不排斥。

当然，任何一种文学中的浪漫和色情故事都首先是由它的本土材料构建的：传统的情节、常见的主题、喜闻乐见的文学样式等。但文学里和社会中的男女之事、男情女爱会是一样的吗？中世纪小说中的色情和越轨行为也是在现实生活里常态发生的吗？对这样的问题没有简单的回答。

情爱小说复杂多变的因素更使得我们难以给"色情"或"女性情欲"下一个简单的定义。例如一个故事讲的是一个女人想把她的丈夫赶出家门，好让她和情人能自由恩爱，这实际上可能是要讲这个女子如何聪明，她的丈夫如何愚钝，而不是在讲述女性普遍的性需求（一种女性版的"家花不如野花香"）。通奸在《一千零一夜》的故事中经常被用来推动情节发展，故事中奸情的发生频率不能说明中世纪社会的通奸也是在频频发生。开罗繁荣的下层生活中充斥着浪荡的女人、打杂工的情人、被戴绿帽子的丈夫，这些是讲故事添油加醋的佐料，像是川菜里的辣子或是上海菜里的味精，许多人喜欢，但未必人人喜欢。

即便如此，一些故事，特别是那些在马穆鲁克时期创作的关于开罗下层生活的故事，仍有可能反映当时的社会和性习俗。有的故事甚至可能是有真实原型的。历史编年史、法律判决、餐桌谈话记录和当时创作的讽刺诗都表明，性丑闻经常发生，往往与宗教理想相悖。但是，在发生饥荒或瘟疫的时候，人们会普遍感到忏悔的压力，这时候，妇女被禁止在无人陪伴的情况下出门，妓院关门，放纵的节日活动也都停止。不过，在大多数时候，性规定的政策是务实的，政府所能做的和公众所愿意接受的限制都是有限的。对于"嫖娼"这种事情，苏丹所做的只是对妓院征税，而不是惩罚嫖客。

在中世纪，《一千零一夜》并不是唯一有色情内容的故事集。大约 10 世纪的作品《神奇的故事和奇谈怪论》（*Hikayat al-Ajiba wa'l-Akhbar al-Ghariba*）里就有许多色情故事。其中一个说的是一位在沙漠中游荡的王子，有一天他偶然发现一座宫殿，进去一看，只见大房间的中央有一张金桌，四周有 40 个宝座，桌子上摆着供 40 个人食用的食物和水。

王子取了一点食物，这时听到屋外有马蹄声，只见窗外有 40 个身穿盔甲、全副武装的骑兵正朝房子走来。王子藏起来，偷偷窥视这些战士。战士们脱下盔甲，王子发现原来都是女的，而且非常美丽。她们坐下来吃饭的时候发现食物被人动过，为此感到不安；其中一位答应调查此事。

第二天天亮时，39 个女孩穿上盔甲去打猎，留下其中一个去解开昨天的谜团。当王子从桌子底下冒出来偷吃食物的时候，女孩向他扑去。不打不相识，孤男寡女擦出了火花，发生关系。第二天又发生同样的事情，不过是换了一个女孩。就这样，王子和所有的女孩都发生关系，使她们全都怀了孕。

一个男子攻陷 40 个女战士的"城堡",这个故事里的女性不是柔弱的尤物,而是健壮的女汉子。理查德·埃廷豪森(Richard Ettinghausen,1906—1979)在《阿拉伯绘画》(*Arab Painting*)一书中提出,中世纪阿拉伯人的理想女性形象可能是从早期阿拉伯诗歌中建构起来的。"在这些阿拉伯情歌中,阿拉伯女人的美是粗壮甚至肥胖的,能够倒头便睡,她的乳房丰满而圆润,但腰部纤细而优雅,她的腹部瘦削,臀部倾斜,肥臀让她进房门都有些困难。她的腿据说像大理石柱,她的脖子像羚羊的脖子。她的手臂润滑,肘部柔软细腻,手腕饱满,手指修长。她白色的脸颊没有丝毫的憔悴,她有羚羊般的眼睛,眼白清晰可见。"[1]

《一千零一夜》里有类似的女性气质形象。在《奥马尔·本·努曼的故事》里,当穆斯林战士沙尔坎与基督教公主阿布里扎搏斗时,他发现自己的指尖"陷入她柔软的中间褶皱中,滋生出无力感"。沙尔坎被欲望所控制,以至于在这场摔跤比赛中败下阵来,因为阿布里扎利用他昏厥的激情,把他扔了出去,"坐在他的胸前,臀部和那两片肉像沙堆一样"。人们对妇女的下半身给予极大的关注。当巴士拉的哈桑在水池中偷看公主们时,他看到其中最美丽的公主"大腿巨大而丰满,就像大理石柱子一样,或者是用鸵鸟毛绒塞住的长枕头"。女性看男性也是如此。卡玛尔·扎曼王子的腰部"比纱布更纤细,他的背部比两个沙堆更庞大,柔软得让人心醉神迷"。虔诚的信徒们警告男人不要坐在刚被女人屁股捂热过的地方,因为这会激起不适宜的性快感。[2]

十五六世纪的埃及宗教学者贾拉勒·丁·苏尤提(Jalal al-Din

1　Richard Ettinghausen, *Arab Painting*, New York: Rizzoli, 1977, 32.

2　Abdelwahab Bouhdiba, *Sexuality in Islam*, Oxfordshire: Routledge & Kegan Paul, 1985, 75, 171, 202–203.

al-Suyuti，1445—1505）认为，在天堂里，人们是没有屁股的。[1] 臀部被当作人体最性感的部分，一个女人可以用独特的摇摆步姿来吸引男人注视她摆动的臀部（据辜鸿铭说，西方女子穿高跟鞋和中国女子裹小脚都是为了这种性感效果），这种步态被称为"ghunj"，这个词也用来描绘性交时的臀部摇摆。女子嗜睡也被认为具有性吸引力，《一千零一夜》中的诗句经常赞扬嗜睡的魅力和慵懒的气质。

然而，中世纪伊斯兰世界的性爱品位并不绝对统一。丰满、慵懒的女人固然可爱，但轻巧、活跃的女人同样富有吸引力。《一千零一夜》的一个显著特点——尤其是与同一时期的西方文学相比较的话——是故事中的女主角主动而有活力，相反许多号称英雄的男子则显得呆板而无所作为。

有研究者认为，《一千零一夜》时代的性自由与 16 世纪前旧大陆还没有性病有关。直到 16 世纪初，任何想成为妓女的妇女都要在官方办公处登记她的名字，只要她交了税，就可以不受干扰地进行交易。中世纪的埃及有三种类型的妓女（Baghiya）：有自己房间的"野牛"、去客户房间的"自由牛"、在户外做爱的"奶牛"，不管叫什么"牛"，叫着都比"鸡"要气派。许多开罗妓女在路边旅馆工作，妓女可以通过她们穿着的红皮裤和携带的小匕首来被识别，她们用咳嗽来吸引顾客的注意。据说，在亚历山大港，许多妓女都来自欧洲。[2]

由于没有性病，乱性被当作自由的行为，与道德无关。但是，中世纪的人们在性问题上远没有摆脱恐惧和迷信。人们认为，阴道里的虫子会导致花痴，与月经期的妇女性交会使男人得麻风病，与老人性交会有风险。年轻漂亮的女奴塔瓦杜德警告她的听众，与

---

1 Bouhdiba, *Sexuality in Islam,* 202.

2 Ahmad Abd ar-Raziq, *La Femme au temps des Mamlouks en Egypte.* Cairo, 1973, 45-8; Bouhdiba, *Sexuality in Islam,*189-195.

"老妇人"发生性关系是危险的，甚至会致命，她能够引经据典地论证自己的观点。在沙漠中旅行的人也害怕乌达（Uda），这是一种可怕的生物，它强奸男人，导致他们因蠕虫感染肛门而死。[1] 中世纪的阿拉伯人对黑人的性能力和黑人喜欢阿拉伯妇女有一种看法，认为黑人富有阳刚之气。这种对黑人性功能的恐惧在《一千零一夜》开头的框架故事里就已经表现得淋漓尽致。这种性种族主义的偏执在整个《一千零一夜》里相当普遍，例如，在《魔法国王的故事》和《三个苹果的故事》里都清晰可见。

浪漫情调和失恋也是《一千零一夜》里常见的主题，在典型的理想浪漫故事中有一些老套的情节：主人公仅仅因为看到公主的画像，或者听到她的名字就爱上她。这对男女注定要彼此相爱，命运让他们走到一起，命运又让他们分开；男主人公在第一次见到公主时沉醉了，当他发现她消失时又沉醉了；他会背诵哀伤的诗句，然后是冒险，也许有风暴、海盗、异教徒军队和女巫；公主可能会病倒，不进饮食，憔悴而死；英雄可能会想到自杀，但最后命运让这对恋人重逢，他们幸福地生活在一起。

这样的故事在现代读者看来相当愚蠢，但是放到中世纪的历史情境中却有其合理性。这类故事尽管不现实，但可能起到一些教育作用。听了这些故事的人们会受到爱的象征性语言的熏陶，他们的爱和情变得含蓄文明，而不是野性欲望的直接喷发。含蓄、委婉、含情脉脉、欲言又止是浪漫爱情的特征。例如，在《阿齐兹和阿齐札的故事》中，女人把手指放进嘴里，表示她所凝视的男人就像她自己身体的灵魂；当她用手掌和伸出的五个手指敲打她的胸部时，是在委婉地暗示这个男人：五天后再来。

然而，爱情并不总是甜蜜的，也许更多的是痛苦。失恋是爱情

1　有关乌达的论述，详见 *Encyclopedia of Islam, 2nd edition,* "liwat" 词条。

的疾病，最好的大夫对这种心病也是束手无策。在《巴努·塔伊的情人》里，苦苦哀求、饥渴难耐的贝都因人死在奔向他爱人的途中（古代的罗密欧与朱丽叶）。伊斯兰教之前的贝都因人是在沙漠旷野过游牧生活的乌德勒（Udhra）部落的阿拉伯人，"贝都因"在阿拉伯语中意指"居住在沙漠的人"。他们有坚韧的精神，崇尚一种柏拉图式的远距离爱情，虽受挫败，至死不渝。《一千零一夜》中的少数故事也有类似的阴郁浪漫主题。然而，其中的大多数故事不过是煽情浪漫，虽然也有乌德勒文学传统中的情节主题、情调和爱情观在回荡，但都倾向于"有情人终成眷属"的幸福结局，恋人在经历所有动荡和不可能的冒险之后，在同一张床上走到一起。

4. 奇妙的人生和荒诞的命运

17世纪伟大的西班牙戏剧家卡尔德隆·德·拉·巴尔卡（Calderón de la Barca，1600—1681）有一句名言："人生如梦。"据说这句话可能是从《一千零一夜》里《睡着的和醒着的》的故事来的。对于中国读者来说，人生如梦的说法早就老掉牙了，挂在年轻人的嘴上，更是少年不识愁滋味的无病呻吟。

然而这句话确实有它的道理，人生变幻莫测、跌宕起伏，可以理解为是奇妙和神奇的，也可以理解为是荒诞和虚妄的。还有什么比这个更像是在做梦？梦和解梦频繁地出现在《一千零一夜》里，但那不是人生无常的叹息和忧愁，更不是感怀伤感的情绪发泄。在中世纪的伊斯兰现实中，做梦和解梦都是非常严肃的事情，而解梦是一项非常复杂的"科学"。并不是所有的梦都被认为是真实的，有些梦来自真主，是预言的一部分，穆斯林普遍认为，先知出现的梦不可能是假的或误导性的。还有一些谜一样的梦，这些梦不是直接来自真主，但如果加以敏锐的解释，可能会对做梦的人的现在和未来提供有用的指导。

另外，还有一些非常混乱的梦，它们只不过是消化不良或睡姿不佳的产物。这在很大程度上取决于一个人对解梦者的选择，因为在解梦者赋予一个梦某种特别的意义之前，人们并不认为梦有任何意义。然而，一旦梦被解释，它的意义就固定了。托马斯·曼（Thomas Mann，1875—1955）在小说《约瑟夫和他的兄弟们》（Joseph and His Brothers）中对这一古老的闪族概念进行了发挥，"做梦很可能是一个整体，做梦的时候，梦和释梦是合为一体的，做梦者和释梦者看上去是两个独立的人，但实际上是可以互换的，是同一个人，他们共同构成一个整体"。[1]故事的叙述中实际上已经包含对故事的解释，可以说，无意义是自然法则，而意义是人类梦想。这是古老闪族人解梦的方式，与弗洛伊德用下意识释梦的现代心理分析是不同的。而且，梦也根据做梦者的地位来划分等级。譬如，国王的梦比平民的梦更值得相信和重视，男人的梦比女人的梦更有内容，更值得关注。

在中世纪，除了占星术和占卜术，解梦可能是揭开未来秘密最常用的技艺。[2]尽管《一千零一夜》中的许多故事都具有奇怪的梦幻色彩，但故事中的梦境实际上相当简单，而且很容易解释。这些故事的一个特点是，人物所做的梦总是带有真实的信息。在《加里布和他的兄弟阿吉布的故事》中，加里布梦见他和自己的同伴被两只猛禽从山谷中叼走，这个梦的内容并不是一个神秘的谜语，也没有什么暗藏的玄机需要挖掘和解读，它就是一个预兆和警告。第二

1　Thomas Mann, *Joseph and His Brothers*, trans., H.T. Lowe-Porter, London: Putnam, 1959, 892-893.

2　N. Bland, " On the Muhammedan Science of Tabir or Interpretation of Dreams ", *Journal of the Royal Asiatic Society* (1856), 118-171.

天，加里布和他的同伴在一个山谷里，两个大鸟般的生物俯冲下来，把他们带走了。

梦是古代希腊和罗马世界的头等大事，因此它们在当时的哲学、宗教、历史、社会和政治生活中具有突出的作用。它们被认为是私人和公共生活中未来事件的预兆或预言，当梦境中发生的事件直接或间接地与现实事件相关时，预兆作用就显得尤为突出。这就是为什么解梦对预卜未来很重要，一般的大众迷信和民间传说也都与此有关。古代医学既是一门科学，也是一门以人类为中心的艺术（Anthropocentric Art），当然不可能忽视梦的重要性，因此梦在古代很受重视。

在古希腊医学中，梦可以被分为两个基本类别。第一类与宗教医学有关。宗教家做过的梦被归类，这些梦在宗教医学中用作治愈疾病的基本依据。例如，朝圣者接受净化后，他们会在一个名为"Enkoimeterion"（希腊语：睡觉的地方）的特殊住所中睡觉，以便治愈之神在他们梦中为他们治愈，或者向他们提出如何治疗的建议。在古希腊文献中有许多关于这些经历的记录资料，这些可能只是自我暗示的现象，或者根本就是某个圣地或某个祭司的宣传手法，以招徕更多的信徒香客。

另一类涉及在古希腊医学中有关梦的参考文献，人们可以在这些文献中看到，古希腊医生试图以理性的方式将某些梦解释为身体疾病或心理困扰的征兆。尽管不同的古希腊医生为了解释梦而采用不同的方式，但他们的共同意图是一致的，那就是对为什么做梦、做什么梦给出一个理性的答案，而不是凭迷信和臆测去胡猜乱想。此外，他们还试图以科学的方式解释梦中发生的事情与日常生活中发生的事件之间可能会有怎样的关联。噩梦比平常的梦更受关注，古希腊医生特别关注与身体问题有关的噩梦。对于那些医生来说，这些噩梦包括与患者身体疾病有关的信息，这些信息在梦中有所反映，梦可以帮助医生做出诊断，恢复病人的身体平衡。[1]

与古希腊和罗马的医学病灶之梦不同的是，《一千零一夜》里的梦似乎主要是说书人的一种叙述手段，中世纪的阿拉伯说书人并没有使用复杂的梦境象征主义。如果故事中的苏丹被警告了什么，那么这个警告就会变成现实。中世纪阿拉伯小说中的梦是说书人用来预告将要发生什么事情的，因此是一种特殊形式的文学暗示式倒叙。就像小说《百年孤独》里那个著名的第一个句子："多年以后，面对行刑队，奥雷利亚诺·布恩迪亚上校将会回想起父亲带他去见识冰块的那个遥远的下午。"

然而，《一千零一夜》里的梦境不仅用来预示故事中以后会发生的事情，而且往往也使故事真的发生。例如，在《因做梦而重新变富人的倒霉鬼》中，一个巴格达人做了个梦，梦里预告他要离开家乡巴格达去往开罗，在开罗他将发现许多宝藏。可是，他到了开罗却连遭不幸，最后被关进监狱。在那里，他向监狱长讲述了他的梦，监狱长嘲笑他说，那不过是个梦，根本就是子虚乌有。监狱长还告诉他，他自己也曾梦见过巴格达的某座房子，有一个院子和一个喷泉，以及埋在喷泉下的宝藏。这个人听后，意识到监狱长说的那处在巴格达的房子正是他自己的家。出狱后，他回到巴格达，真的在自己家的喷泉下挖出宝藏。在英国民间传说中，也有一个差不多的叫《小贩斯沃夫汉姆》的故事，这个英国民间故事也像罗宾汉的故事一样，讲的是一个人不只是自己发财，而是把财富与有需要的穷人分享。阿里巴巴与罗宾汉的不同，也正是小贩斯沃夫汉姆与那个巴格达人的不同。

在这个巴格达倒霉鬼因做了个梦而致富的故事中，梦不仅预

1　Laios K, Moschos MM, Koukaki E, Vasilopoulos E, Karamanou M, Kontaxaki MI, Androutsos G, "Dreams in ancient Greek medicine", *Psychiatriki*, 2016 Jul-Sep: 27(3): 215-221.

测未来，而且使之成为现实。倒霉鬼从巴格达到开罗去寻宝，寻到的不是宝，而是宝就在他巴格达家里的信息，最后终于寻到宝。《一千零一夜》中的许多梦的故事都是这种自我实现的预言，由于每个自我实现的过程是读者想不到或出乎预料的，因此成为有趣的故事。

人总是想预先知道将来会发生在自己身上的事情，即使知道也无法防止的事情则常常被当成"命运"。《一千零一夜》里，命运是"写在额头上的东西"，就像中国谚语所说，"每个人头上一颗露水珠"，或者说，"命运可能写在任何地方"。命运是一个彻底的文学性事件。每个人都有自己的故事，而且都写在自己身上。阿拉伯人把命运比作"一只夜盲的骆驼"，在现实生活中，命运可能真的就是盲目的。

可是，当我们转向小说时，我们发现，命运的"盲目"是一个完全误导性的比喻。因为作家不可能让"盲目"来讲故事，毫无目的地讲到哪里算哪里。其实，故事里的命运总是妥帖地藏在故事的叙述里。文学叙述里的命运远非盲目，它注视着一切，细致地安排一切。命运并不是在偶然摸索，而是总能通过某些线索发现它。命运的故事之所以引人入胜，原因也在于此，生活中的命运没有这么有趣，经常出其不意地给人带来恐惧和痛苦。

命运可以说是《一千零一夜》中的一个主角。在《第二个苦行僧的故事》中，命运给哈西卜和他所杀的王子带来不幸。同样，在《亚伯拉罕国王和他儿子的故事》中，占卜师警告国王说，他刚出生的儿子在七岁时将被狮子袭击，如果这个男孩在狮子的攻击下幸存下来，他长大后将杀死自己的父亲。国王把他的儿子隔离起来，小心翼翼地防范着，生怕这事真的发生。但七年后，命运的时刻到来了。儿子的保姆被狮子杀死，儿子也消失了。后来他再次出现时，在无意中真的杀死了自己的父亲。国王在临终前原谅了他的儿子，他告诉他的臣子："要知道，真主在额头上写下的东西，无论是公平的财富还是不幸，都无法抹去，所有对一个人规定的事情都必须发生在他身上。"这就像希腊悲剧《俄狄浦斯》中的那个弑父娶母的命运故事。

"是福不是祸，是祸躲不过""人算不如天算"，说的都是人拗不过命运。在《商人的女儿和伊拉克王子》中，一个神秘的声音警告一位商人："宿命比谨慎强，顺从真主的考验才是最重要和最公平的。"这个声音还告诉他，他的女儿将为伊拉克王子生下一个私生子。为了避免命运的安排，商人采取了他认为会有效的防备措施，他将女儿藏在一处偏远的山上。但是，结果却正好适得其反。伊拉克王子有一天外出打猎，遇到一匹骏马，而这匹骏马偏偏把王子带到躲藏在山上的少女那里。正所谓"机关算尽太聪明，反误了卿卿性命"。

这样的命运故事让读者有一种敬畏的感觉，同时又有某种困惑，就像有一只看不见的手在画出一幅线条错综复杂的图案。这些线条相互交错缠绕，像是有规律，却又不像有规律，让看的人心智困惑，不知所措。人们只是依稀看到，命运和自由意志是如何结合在一起的，或者自由意志是如何在被命运操控的。

中世纪的阿拉伯人相信自己生活在一个有序的、由真主上帝管理的宇宙中，这个宇宙里有明白的事理（因果或秩序），然而，人就算触碰到了，也还是不能完全明白。在中世纪的故事叙述里，这就是"巧合"。在《海生的朱尔纳和她的儿子》中，朱尔纳公主从一场宫廷政变中逃到一个岛上，躲到一棵树上，那就真的没有人会发现她吗？在故事里，被"永恒的命运注定"所驱使的巴德尔·巴希姆正在逃命，他来到公主避难的小岛，正巧躺在同一棵树下休息，这也太巧了吧？然而，没有巧合，就没有故事。所谓"无巧不成书"，巧合也是一种因果意义，一种对事情的解释，当我们找不到事情发生的合理原因时，"恰巧"就成了一个合理原因，巧合暗示世界秩序中隐藏的我们还不明白的原因和意义。

占卜在中世纪是一种窥探秘密因果、神秘未来、宇宙秩序和人间秘密的重要手段（对今天的许多人仍然如此），面相占卜或外观占卜（Firasa）是占卜的一种，也是处于神秘学边缘的一种知识性技艺。面相术师有时候用他们神秘的知识来进行令人匪夷所思的推演，但也经常用常识和经验进行侦探。"firasa"这个词与"faras"的词根相同，意思是"马"，最初可能是贝都因人因为需要辨别良马和劣马而发展出来的"相马"技能，中国有"伯乐相马"的故事，想来是类似的相马术。对贝都因人来说，识别马匹的优劣是识破马商骗局的必备知识。后来"Firasa"的主要实际用途不仅是相马，而且是相人，在奴隶交易时用来检查和评估奴隶。[1]

文化历史学家卡罗·金斯伯格（Carlo Ginzburg）讨论了"firasa"与艺术鉴赏、精神分析、检测等技艺的关系，他认为，"古代阿拉伯的相面可以追溯到'firasa'的传统，这是一个复杂的概念，通常意味着能够通过基于线索的推断从已知跳跃到未知"。[2]每个文化中都有一些与"相"有关的技艺，其实都与某种"鉴别"有关。如中国的玉石鉴别、古董鉴别、贵重木料鉴别，当然最重要的是人的鉴别，因为知人知面不知心，人又是最善于伪装的动物，所以就得倚重"相面""相骨"（如诸葛亮说魏延有"反骨"）。对希特勒这种人物的精神状态或病态心理分析也可以说是一种与"相"有关的推理。

从可观察的现象推理出无法直观发现的本质或内涵，占星术和堪舆学（风水学）都与此密切相关。在中世纪的基督教和穆斯林土地上，占星术与堪舆学经常结合运用。在马穆鲁克地区，占卜师通

1　Yasin Mourad, *La Physiognomie arabe*, Paris, 1939; Toufic Fahd, *La Divination arabe*, Strasburg, 1966, 369-429.

2　Carlo Ginzburg, *Myths, Emblems, Clues*, London: Radius, 1990, 125.

常结合堪舆学和占星术来做出他们的预言。《卡玛尔·扎曼的故事》里，卡玛尔·扎曼呼喊道："我是准备好了的测算者；我是抄写者；我是满足寻求者的人；我是科学的完成者；我是在经验中完成的占星师！"他为了接近国王的女儿，披上风水师的外衣，带着"一块金制的风水板，一套占星仪和一个镀了金的银制星盘"在街上游荡。但是，占卜者并不都需要这样贵重的设备，他们有些只要观察沙子上留下的蛛丝马迹就能卜知未来。在《阿里·沙尔和祖姆鲁德》中，祖姆鲁德假装是一个占卜师，她只需要一盘沙子和一支铜笔，就能施展法术。

中世纪广义上的占卜学还包含一些相当古怪的"专门学问"，如《织工变成水蛭的故事》中的"占尿术"，[1]故事里的织工假装有占尿术的技能（但实际上使用的是相术师的一般技能）。各种占卜五花八门，五官长相占卜、站立或走路姿态占卜、手掌纹路占卜、伤口疤痕占卜、痣或胎记的占卜（部位、大小、形状）、祖先占卜，不一而足。这些都应该是古今民俗学里有趣的研究对象。

---

1 "urinomancy"，通过解释尿液的特征或用尿液检查的医学来诊断疾病的占卜。

六　迈蒙尼德《迷途指津》

1. 在信仰与哲学之间

　　奥古斯丁是 430 年去世的，而我们本章要讨论的迈蒙尼德的《迷途指津》是 1190 年写成的。迈蒙尼德是奥古斯丁之后的一位最重要的思想家，从 5 到 12 世纪末，中间相隔着 6 个多世纪。这之后，再到我们下一位要讲的中世纪伟大思想家阿奎那（1225—1274）就不到一个世纪了。阿奎那受到迈蒙尼德的重要影响，那时已经相当接近中世纪的晚期。

　　希腊、罗马的著作从 5 世纪起就在中世纪基督教世界失传，直到 13 世纪才被重新发现。这些著作描述了与基督教观点不同的世俗看法，它们的失传导致诸如奥古斯丁这样的基督教作家在八百多年的时间里主导着政治话语。这意味着，在有关哲学、政治、社会等一系列的问题上，没有可供对照的不同观点，因此只能通过寻找和解释《圣经》段落来支持特定的立场和观点，只有《圣经》在塑造着欧洲人所运用的词汇。

　　然而，在欧洲对经典作家无从知晓的这段时期内，阿拉伯世界却有着重要、鲜活的智识文化。亚里士多德和柏拉图的思想均是其组成部分。诸如法拉比（al-Fārābī，约 878—950）、阿威罗伊（Averroës，1126—1198）、阿维森纳（Avicenna，980—1037）等阿拉伯思想家均仔细研究了古典著作，而且正是通过摩尔人占领下的西班牙，亚里士多德才从阿拉伯世界被重新介绍给 13 世纪的基督教思想家。此外，伊斯兰世界将亚里士多德和柏拉图引入其神学传统，这一方面预示了基督教西方由于重新发现古典作家而将要发生的变化，另一方面也使这种变化成为可能。

迈蒙尼德是犹太人，他用阿拉伯语写作，解释的是犹太教的经义。中世纪的基督教会所使用的语言是拉丁语，所以迈蒙尼德是一位基督教话语体制外的思想家，成为中世纪不可多得的特殊声音。他关于犹太教释义的著作很快就被翻译成希伯来语和拉丁语，由于犹太教与基督教的紧密关系，他的著作受到包括阿奎那在内的基督教学者（被称为"经院学者"）的重视和赞扬，《迷途指津》就是这样一部著作。这部著作已经有了傅有德等人翻译的中文版本（山东大学出版社，2004），作为"汉译犹太文化名著丛书"中的一种，编辑委员会顾问是已故的北大教授季羡林。

迈蒙尼德是 12 世纪的一位伟大的犹太哲学家，是法律编纂家，也是《圣经》注释家和《塔木德经》的评注者。他的著作对犹太教、伊斯兰教以及当时的基督教主张都有很深远的影响。他于 1135 年在西班牙的科尔多瓦出生，父亲是名噪一时的学者并且出身于有名望的拉比家族，迈蒙尼德早年所受的宗教教育大部分来自父亲。1148 年，穆瓦希德人占领科尔多瓦，犹太人所面对的抉择是，要么改信伊斯兰教，要么逃亡。于是迈蒙尼德一家开始了一段长期的流浪生涯。1160 年，他们在摩洛哥境内的非斯城定居下来。迈蒙尼德在那里受训成为医生。1165 年，他们举家逃往以色列。

可是，以色列的情况也不稳定。这个人口不多的犹太社区同时要应付基督教十字军和伊斯兰军队的威胁。迈蒙尼德和家人在那里居住不到六个月，便迁往埃及的弗斯塔特（即开罗古城）定居，在这里，迈蒙尼德的才华得以充分发挥。1177 年，他成为犹太社区的领袖；1185 年，他获委任，成为穆斯林著名领袖萨拉丁（Saladin，1137—1193）的医生。迈蒙尼德持有这两个职位，直至他在 1204 年去世。他的精湛医术举世闻名，据说甚至远在英国的狮心王理查一世（他是萨拉丁的主要军事对手）都想请他来当自己的私人医生。

迈蒙尼德的《迷途指津》原先是为一位叫约瑟夫的学生写的。迈蒙尼德一开始就解释说，这位学生的"学业已经精进到与宗教发生冲突的程度"，所以难以决定是要学习哲学还是在神学上深造。由于他"研究哲学并获得扎实的知识"，而同时又有坚定的宗教信仰，所以对圣书中使用的模糊和矛盾的表达方式产生困惑，因此需要他这位老师的指导。

《迷途指津》不是为普通读者写的，它原本有特定读者对象——都是像约瑟夫那样高水平的学生——他们接受哲学的理性逻辑教育，又都有牢固的宗教信仰，结果发现用理性逻辑的哲学思维解答不了宗教典籍里的语言理解问题，产生许多困惑。这也可以说是中世纪一代学子们的特殊困惑。

在迈蒙尼德的时代，随着人们对古代哲学（尤其是亚里士多德的学说）的兴趣不断增长，犹太—基督教信仰中的一些观念及其表述越来越难以沿用"正统"的方式来维持。因此，像迈蒙尼德这样思想开明的知识分子，包括像他的学生约瑟夫那一代的年轻学子，开始为他们的宗教信仰寻找对宗教经典著作更合适、更有说服力的哲学解释方式。

这种情况几乎在历史上每个思想转折的时刻都会发生，看起来只不过是技术性的文本解读变化，其实是深层思想变化的前奏或预演。从 20 世纪 70 年代起，西方学界出现对马克思主义的人道主义解释，把人道主义的青年马克思与后来阶级斗争的马克思区分开来，以强调前者来突出马克思主义的人本内涵，这就是一个以"文本解读"带动思想解放的例子。20 世纪 90 年代中国的"后学"从西方的"后现代"和"后殖民"借来"解构"的文本解读方法，看起来不过是一些文学人士的标新立异，但却成为一些人思想、知识和政治上民族主义和民粹主义转向的前奏。

文本解释绝不仅仅是文本解释，其中包含的思想能量和转化趋向一直是政治力量较量的重要部分。《迷途指津》因此在迈蒙尼德活着的时候就成为备受争议的著作，是一部犹太拉比圈子里的禁书。那时候，宗教是最大的政治，而进入 20 世纪之后，最大的政治早已不是宗教。因此，迈蒙尼德所涉及的宗教问题在 20 世纪已经自然地转化为政治问题。

在迈蒙尼德的时代，既然哲学已经渗透到宗教中，那么问题就不再只是如何维持宗教，而且也是如何处理宗教包含的哲学内容。显然，这不是大众或具有通俗性质的问题。迈蒙尼德毫不讳言地说，这是知识精英们才会思考的问题，为此他被指责为一个知识精英主义者。

但是，我们也可以从一个非知识精英的角度去看待和思考他在《迷途指津》里提出的一系列问题，首先便是理智与信仰的关系。许多大科学家或思想家都是宗教信徒，说明理智从来没有不接受信仰。但是，如果只是从信仰出发去对宗教经典做字面意思的解释，那么理智便会认为，这样的解释是难以接受的。美国建国之父之一的杰斐逊就是因为这个原因，才在《杰斐逊圣经》中删除《圣经》中的所有神迹故事。

要求能够对宗教文本做清晰和可以理解的解释，这种理智在迈蒙尼德那里被称为"哲学"。"哲学"是理性的、有逻辑的，而且是怀疑的，与笃信和无疑的"信仰"是不同的。

　　然而，理性的怀疑有其认知和道德的界限，不能无止境地怀疑。例如，基督教的"十诫"有大写的"法"（the Law）的功能，按照这样的"法"，在任何情况下取人性命都是不可接受的。如果我们怀疑这样的宗教表述（例如在死刑问题上），那么在什么情况下与何等程度上，我们自己的怀疑应受到怀疑？例如，我们主张死刑就一定是正确的吗？

　　怀疑的主要功能之一是推延判断。怀疑特别反对草率判断、预先判断和偏见。然而，这样做有极大的危险，也正是在这一点上，我们应该意识到怀疑可能是多么成问题——或者换句话说，正因为如此，"怀疑"本身应该受到怀疑。总之，判断在生活中是不可避免的，宗教的、政治的、意识形态的事情当然更是如此。虽然在做出结论和判断之前，怀疑者可以认真地考虑事实、可能性以及可供选择的对象，但最终还得做出选择并付诸行动。选择和行动的过度推延会招致惨重的后果，因此不可能用无止境的哲学思考代替基于信仰的判断。

　　哲学和信仰的关系是《迷途指津》的核心，但是这部著作同时也带出一系列与普遍人文思考有关的问题。我们可以按《迷途指津》一书的结构分解出六个不同的问题。

　　《迷途指津》共有 3 个部分，也就是 3 卷。第 1 卷里的两个问题是：一、不可将神人化，因为神和人之间没有可比性；二、不可从正面来说的，可以从反面来说。第 2 卷里的两个问题是：一、解读《圣经》（和其他圣典）需要运用寓意而不是字面解读的方法；二、亚里士多德的宇宙永恒说与基督教的上帝创造说（也就是唯物理性与宗教信仰）可以调和吗？第 3 卷里的两个问题是：一、出于安全或其他需要的"隐秘写作"的必要与局限；二、恶的本质以及"天意"与"法律"。

　　第 1 卷里的两个问题对非基督教信仰者来说，也许并不那么迫切，所以简略谈谈。这不等于说这两个问题不重要，而是在某些特定的读者看来，也许只是处于他们思考范围的边缘。

第一个问题是，人用怎样的语言方式去表述神的存在。迈蒙尼德认为，上帝是完全无形体的（completely incorporeal），谁要是拒绝承认这个，便无异于拜偶像。他这个观点并没有得到普遍的认可，因为有的宗教人士认为，过分强调上帝的无形体，只会造成上帝与普通教众的隔阂。从人们的一般宗教经验来看也确实是这样。犹太—基督教禁止拜偶像，但拜偶像却是许多宗教的重要部分。将神拟人化的现象也比比皆是，例如中国庙宇里的神像其实都是人像，当然有的比较夸张。但是，迈蒙尼德非常坚定地认为，人不应该对神作拟人化处理，神是超然的存在，人无法知道神是什么样子，当宗教经典里说到神的"眼""手""足"的时候，都是比喻的说法，并不意味着神有与人类似的身体形态。在说到神的时候，"眼""手""足"这样的字眼是冒犯性的，对于哲学的理性思考来说，也是无法令人确信的。迈蒙尼德认为，只要我们从寓意而不是字面意思去了解宗教典籍中这种冒犯性语言，就不会因怀疑而动摇宗教信仰。

迈蒙尼德提出的第二个相关的重要观点就是，不能用任何积极的语言，而只能用消极的概念来描述上帝。《犹太百科全书》这样解释迈蒙尼德的这一观点："对于上帝的本质，唯一的描述方法就是消极的。例如，上帝不是身体上的人，不受时间的束缚，也不受变化的影响等。这些（消极的）断言不会带有否定神完美的观念或假设。相反，如果肯定神的积极基本属性，则可以假定，从永恒开始，就有其他事物与神共存。"[1] 这听起来有点烧脑，其实并不难理解，因为任何人类认为积极的属性，如善、智慧、仁慈、公正、力

---

1 参见 *The Jewish Encyclopedia*, Funk and Wagnalls Company, 12 volumes, 1906, "Maimonides" 词条。

量，都不是永恒的，都只是人类的品质或属性，如果用这些来显示神的"伟大"，那就把神放到与人同等的地位。

这种"消极描述法"也经常被哲学家们用来描述什么是"幸福""快乐""正派"等抽象的"至善"概念。例如，以色列哲学家马格利特（Avishai Margalit）在《正派社会》（*The Decent Society*）一书里，就没有从积极的方面来告诉我们正派的社会做了什么，而是从消极的方面来理解什么是"正派"。他强调，正派社会的第一原则不是做什么，而是不做什么；不是做哪一些事，而是不做哪一些事。如果一个社会的制度不羞辱社会中的任何一个人，那这个社会就是正派社会；否则，不管它把自己描画得如何公正、美好、幸福，都是不正派的。从"羞辱"这个消极行为来表述正派社会的根本道德原则，乃是凸显"羞辱"对社会道德秩序的严重破坏作用。

哈维尔（Václav Havel）把"不说谎"确定为"真实"的本质意义，也是从反面来做的道德表述。它不仅是一种现实批判，而且还具有长远的社会规范意义。美国普林斯顿大学哲学教授艾伦（J. Allen）指出，从消极面来表述社会道德义务的好处是，"把规范的理论建立在日常生活概念之上"。这是一种非常务实的社会批评，"它既描绘出一个规范框架，又为社会和政治批判性提供概念工具"。[1] 这样的思考方式与迈蒙尼德非常接近。

2. 什么是"经典"的寓意释经

我们在阅读《迷途指津》的时候，一定会碰到如何阅读《圣经》、如何对《圣经》释义的问题。而《迷途指津》里有不少关于

1　Jonathan Allen, "Decency and Struggle for Recognition," *Social Theory and Practice*, 24: 3, 1996. 2.

《圣经》的释义学（称为"解经"），尤其是"寓意释经"方法的讨论，这对于我们了解文本的一般释义原理也很有帮助。在介绍迈蒙尼德的《圣经》释义方法之前，让我先举一个例子。

如果我只是对你说"太阳"一词，问你是什么意思，你也许会说，太阳是一颗恒星，一个天体。这是"太阳"一词的字面意思。如果我对你说，"不落的太阳"，你会怎么理解？古代历史上不止一位国王借助太阳的力量进行统治，并声称自己是太阳的后裔。以太阳比喻国王，是将太阳人格化的神，国王和太阳一样享有绝对的主权和全知全能。法国17世纪的路易十四就是这样被当作不落的"太阳王"（Sun King）。说起太阳王，那时候的法国人头脑里想到的就不是一颗恒星或一个天体，而是"国王"。为什么？因为他们已经无数次地听别人这么说过，理智和常识也告诉他们，真的太阳每天都会落下，而他们的国王不会。"国王的太阳不落"只是一种比喻，是指"永远像太阳一样辉煌的国王"。就这样，他们化解"太阳"与"不落"的矛盾，而帮他们化解矛盾的是"寓意解释"。他们甚至还可以更进一步，听到"太阳王"就在心里充满崇敬和骄傲。用《圣经》释义的术语来说，这就是"灵修"的释义。

迈蒙尼德在《迷途指津》第二部里详细讨论的就是与"太阳"这个例子相似的《圣经》释义方法。

基督教释经学里有不同的释经方法，最基本的有三种，分别是字义的（literal）、寓意的（allegorical）、灵修的（spiritual）释经法，迈蒙尼德关注的只是寓意释经，不包括灵修释经。这是很重要的。也就是说，在路易十四的例子里，迈蒙尼德只关心如何用理智的理解来化解"太阳"与"不落"的矛盾，至于崇拜者心里怎么想，那就不关他的事了。

简单地说，字义释经就是按字面的意思进行解读；寓意释经是找到隐藏在字义背后的意思；灵修释经则是从字义联系到《圣经》

对信徒的造就功能。例如，耶路撒冷的字义是一座古城，寓意是基督教的教会，灵修之意则是虔诚的心灵，都包含"守卫"的意思。

《创世记》里有一个有名的义人罗得的故事，我们可以用它来说明相对比较复杂的字义、寓意和灵修释经。

所多玛和蛾摩拉是两座沉溺于罪恶的城市，上帝决意要毁灭这二城，并差天使前往营救罗得一家。所多玛城的人不晓得是天使，只知两个英俊的美男子到罗得的家，竟要求罗得交出两人以满足他们的性要求。罗得只好说："众弟兄，请你们不要作这恶事。我有两个女儿，还是处女，容我领出来，任凭你们的心愿而行；只是这两个人既然到我舍下，不要向他们做什么。"（《创世记》，19：7—8）正当所有人打算一拥而上，天使立即把罗得父女拉进屋内，并令他人无法进入屋内。

天使叫罗得带着家人逃离，罗得相信天使所说，可他依然"迟延不走"；当天使让他往山上逃跑，他又与天使讲条件，要留在平原小城琐珥。这延迟不走以及要留在平原都很好理解，罗得舍不得离开他生活了二十年的所多玛城，舍不得离开他亲手创建的家。他的妻子也一样，到了琐珥，在那个离所多玛不远的小城，罗得的妻子不舍地回头一望。这时从天上降下硫磺与火，因为这女人没有遵守上帝"不可回头望"的诫命，她变成一根盐柱。

罗得害怕了。他躲进山洞里，从此常常喝酒。他也失去对女儿的责任感。两个十多岁的女孩，家和家乡都没了，妈妈变成盐柱，爸爸萎靡不振，自己身处与世隔绝的山洞，到了出嫁的年龄，但未婚夫都随着所多玛城埋葬了。于是两个青春期的女儿为了"存留后裔"，"叫父亲喝酒"，"与父亲同寝"（《创世记》，19：32—34）。然后她们怀孕生子，生下后来与以色列人为敌的摩押人的始祖摩押，和亚扪人的始祖便亚米。他们都不是受神祝福的孩子。

这个《圣经》故事里有同性恋犯罪、向恶人献出女儿、人变盐柱、父女乱伦的情节，非常怪异和荒唐，还很不道德。怎么解读这个故事？字义理解可以把它当作一个上帝没有阻止发生的"义人的悲剧"，这是经文的字面含义，也就是实际发生的事情。

寓意释经要发掘这个故事的道德含义，于是罗得代表人的"理性"，他的妻子代表肉体享乐的"欲望"，他的两个女儿则代表虚荣和自大的"激情"。

灵修释经则是那种专门与基督教教义或教徒灵修有关的含义。罗得代表《旧约》律法，女儿代表耶路撒冷和撒玛利亚，妻子则代表在旷野中悖逆的以色列人。在灵修释经里，罗得的两个女儿是可以被救赎的，耶路撒冷和撒玛利亚都是耶稣布道的地方。同性性行为要遭毁灭，而乱伦则算不得什么，因为义人亚伯拉罕也是乱伦的，他娶了自己的妹妹（《创世记》，20：12）。

迈蒙尼德主张，只是在必要的时候才对《圣经》进行寓意释经。那么，什么是必要的时候？

他在第 2 卷里做了清楚的说明。他认为，当科学证据（也就是基督教信仰里的"事实"）与《圣经》文字发生矛盾的时候，例如，《圣经》文字提到上帝的身体，而上帝事实上是无形的，这时候就要用寓意释经。同样，《圣经》文字提到创世之前，可能暗示永恒的时间，而世界是从上帝创造开始的，这里有矛盾，所以也要用寓意释经。寓意释经的主要作用就是处理《圣经》中在同一个问题上的矛盾不一。

例如，地球会被毁灭吗？《传道书》说大地会"永远长存"（1：4）。有的人会觉得这节经文跟《彼得后书》互相矛盾，因为《彼得后书》说，"地和其上的物都要烧尽了"（3：10）。寓意释经认为，在《圣经》里，"地"的字面意思是指地球，但这个字也有比喻的意思，所指的是世上的人（《创世记》，1：1）。《彼得后书》提到"地"会消灭（3：10），意思不是指地球会被烧毁，而是比喻的意思，指"不敬虔的人"会被毁灭（3：7）。寓意释经的根本目的是消除矛盾，因为矛盾不仅是正常理解的障碍，而且会动摇教徒对《圣经》的绝对信任，并让不信教的人认为，基督教根本就是骗人的。

但是，也有人认为，《圣经》应该按照它自己的文字去理解，也就是"以经释经"。如果原来的文字意思与理性有矛盾，那就按照非理性的意思来理解。硬要用寓意释经来把不理性的变成理性的，那是"有害的、无用的、荒唐的"。如果按照寓意释经来理解，那么人们就永远无法知道原来的文字究竟是什么意思，究竟是不是与理性相矛盾。斯宾诺莎（Benedict de Spinoza，1632—1677）就不认为对《圣经》非要用理性去理解不可，所以他拒绝的不是迈蒙尼德的寓意释经，而是他的理性主义。

在理性问题上，迈蒙尼德采取的是亚里士多德主义的立场。亚里士多德认为，真理（truth）不需要真理之外的东西来证明，真理之外的东西也证明不了真理。迈蒙尼德认为，理性的真理不会与《圣经》有矛盾，因此，如果出现矛盾，那一定是因为文字释经出了问题，所以要用寓意释经来消除矛盾，还真理原来的样子。

从迈蒙尼德的犹太—基督教的立场上看，亚里士多德的思想有积极的一面，也有消极的一面。积极的一面是务实、合乎逻辑，并能系统化地处理人类智力活动的许多知识。消极的一面是，他所提供的各种观点证据都给宗教信仰添了麻烦，尤其是，他认为，宇宙世界是永恒的，一直就是存在的，世界不是上帝创造的，上帝不知道也不关心人的存在，上帝与任何教派的先知都没有沟通联系。对于一神教的信徒来说，这些都是可怕的异教想法，与魔鬼没有什么两样。

迈蒙尼德与亚里士多德主义的关系一直是研究者们争议的问题。在《迷途指津》第 2 卷里，迈蒙尼德斯在讨论上帝创造说和亚里士多德的宇宙永恒说之后，得出的结论是，上帝创造说坚持上帝从无到有（Creatio ex nihilo）创造世界，并不比宇宙永恒说逊色。他认为，所有反对宗教创世说的观点都是可以驳斥的，都是站不住脚的。

迈蒙尼德表明他不同意亚里士多德的宇宙永恒说，并且坚信上帝创造说。但是，许多人对此将信将疑，因为迈蒙尼德自己承认，他从事的是一种"隐秘写作"，他著作里的字面意思不等于他真正要表述的意思。那么，他否定亚里士多德的宇宙永恒说，会不会也是一种隐秘写作？会不会在言辞之外还有别的意思？

列奥·施特劳斯（Leo Strauss，1899—1973）非常推崇迈蒙尼德的隐秘写作，他就认为，迈蒙尼德其实是同意亚里士多德的。迈蒙尼德在给他的学生的信里表达的是一种隐秘意思，这层意思只能在他们师生之间心领神会、心知肚明，而不可对外人言传。

为什么这么说？因为《迷途指津》首先就在"序言"的末尾留下他言不由衷的疑点。他承认自己这本书里有矛盾的地方，似乎已经在暗示，书里的意思并不是它看上去的那个样子。他说，复杂的事物通常是以不准确的形式来简化的。而且，讨论的内容"部分是披露的，而部分却又是隐藏的"；"作者必须尽可能隐藏事实，为的是不让教育程度不够的读者察觉到其间的矛盾"。这真是迈蒙尼德独有的、极为大胆的坦言，也是迈蒙尼德迷人的地方。

迈蒙尼德的寓意释经是一种依靠理性而非只是信仰的解释方法，它讲究的是理性的"说得通"。寓意释经从基督教一开始就一直受到重视，是一个历史悠久又比较复杂的问题，需要了解的话，有一本已经翻译成中文的权威著作，那就是伯纳德·拉姆（Bernard Ramm，1916—1992）的《基督教释经学》（詹正义译，美国活泉出版社，1996）。

寓意释经可追溯到古希腊。一方面，柏拉图认为，真正的实体隐藏在人所看见的表象背后。这种观点运用到文学作品上，就暗示作品的真正含义是隐藏在字面背后的。另一方面，这种解读法，对维护希腊古典文学很有价值。伯纳德·拉姆在《基督教释经学》里指出，公元前 8 和公元前 9 世纪的希腊诗人荷马和赫西俄德的作品被视为希腊人的圣经。任何对它们的质疑，都被视为无神论者的反宗教行为。但是，在这些宗教作品中，有许多空想、怪异、荒谬甚至不道德的内容，是希腊的哲学和历史传统不能接受的。然而，由于荷马和赫西俄德的崇高地位，没有人敢于批评或抛弃他们的著作。于是，寓意法便应运而生：不按字义解释诸神的故事和诗人的著作，转而寻求字面背后秘密的、真实的意义，从而缓解希腊人这两种传统之间的张力。希腊人为维护宗教信仰而采用寓意释经法，虽然他们的多神教与基督教的一神教性质不同，但需要和满足需要的方式是一致的。

希腊人解释荷马的方法首先传给犹太人，然后又通过犹太人传给基督徒。这种解释《圣经》的方法，开始时是从异教的希腊人那里学来的，可是一经采用，历经 1500 多年，都未曾被动摇过。伯纳德·拉姆指出："寓意解释的体系，由异教的希腊人兴起，被亚历山大的犹太人采用，接着又被基督教继承。到改教运动以前，这种释经体系，大体上主宰着教会对《圣经》的解释方法。"

迈蒙尼德提出，在必要的时候应该对《圣经》做寓意释经，这并不是他的创新方法，他只是要求做一件基督教释经事实上一直在做的事情，但却有着他自己的目的，那就是把宗教的信仰与哲学的理性思考统一起来。

与从字面上理解《圣经》相比，对《圣经》做寓意或灵修的释经，就需要具备更多关于基督教历史和教义的知识，否则就会感觉到《圣经》里有各种各样的矛盾，也就是"说不通""不合理""荒诞不经"的地方。接下来就专门谈谈《圣经》里的矛盾及其化解方法，当然还有这些化解方法本身的局限性。

3. 经典里的矛盾及其化解方法

《圣经》语言有意运用各种比喻和象征、夸张的描述手法，以及许多显然可见的文学和修辞元素，这有利于《圣经》的传播。先知和传教士需要通过唤起普通人想象力的方式来传播基督教教义，所以乐意采用符合大众理解特点的便利言说方式。

《圣经》的故事都是以最能感染一般人的语言来讲述的，尤其是那些未受过什么教育的人。宣教的目标不是以理性使对象信服，而是在情绪和情感上吸引他们，抓住他们的想象力。《圣经》里大量出现的奇迹和不断现身的上帝产生的就是这样的效应。正如斯宾诺莎在《神学政治论》（*Theological-Political Treatise*）中所说，与大众通过自然（经验常识）形成的观念不同，上帝的力量和神意是通过各种超凡、超自然的事件显现出来的，不神奇、不超凡、不超自然也就不成为上帝了。

人们愿意相信上帝为他们打破了自然秩序，这样他们就可以说服自己（还有其他人）自己是上帝的宠儿，早期历史上的各个民族文化中都充满超凡的、超自然的故事。反倒是清晰和真实的记载难以动人心弦。例如，摩西领犹太人过红海，如果说是组织一支船队，那还有什么稀奇？而《圣经》里说，摩西用的是"劈开"海水的方法，那可就是一件惊天动地的事情了。

现代人不愿意接受这样的"奇迹"，于是寻找种种可能的"科学"解释。例如，考古学家推算的摩西出埃及路线图，发现了极有可能是摩西在埃及的努韦巴海岸找到了一处横过红海的"陆地桥"，还说在那个位置的海底发现了来自古代的车轮，经证实这些车轮与摩西所处的时代相符，等等。

说起车轮，这里还得提一个令《圣经》研究者头疼的问题，那就是"神车论"（Divine Chariots）。《圣经》多处提到"神车"，经常很难区分"神车"和"耶和华"。耶和华经过时，天空会有巨大的声响和华丽景象。《诗篇》里说："神的车辇累万盈千，主在其中，好像在西奈圣山一样。"（68∶17）《列王纪下》里说："以利沙祷告说：'耶和华啊，求你开这少年人的眼目，使他能看见。'耶和华开他的眼目，他就看见满山有火车火马围绕以利沙。"（6∶17）这样的例子还有很多。上帝乘的到底是怎样的"车"，有各种各样的说法，谁也说不清楚。

"神车"在《以西结书》中被描述得最详细，也最荒诞不经，但非常有趣。先知以西结说，火光一般的大云中，"显出四个活物的形象来。……各有四个脸面，四个翅膀。……就如烧着火炭的形状，又如火把的形状。火在四活物中间上去下来，这火有光辉，从火中发出闪电。……见活物的脸旁，各有一轮在地上。……四轮都是一个样式，形状和作法好像轮中套轮。……活物行走，轮也在旁边行走；活物从地上升，轮也都上升；灵往哪里去，活物就往那里去；活物上升，轮也在活物旁边上升……活物的头以上有穹苍的形象，看着像可畏的水晶，铺张在活物的头以上。……在他们头以上的穹苍之上有宝座的形象，仿佛蓝宝石，在宝座形象以上有仿佛人的形状。……这就是耶和华荣耀的形象。"（1∶4—28）

上帝是人肉眼看不见的，但以西结却活灵活现地描述他所目睹的耶和华，而且还是这般怪诞的样子。在迈蒙尼德的时代，"神车论"是一个宗教的禁忌话题，是"不讨论""不争论"的，因为这样的"目击者"描述简直是异教邪说。不管是"劈开海水"还是"神车"，像这类"说不通"的描述都需要解释，因为事实上的理性和逻辑会告诉人们，《圣经》里的许多事情都是与理性相矛盾的。

由于《圣经》矛盾的存在，形成两种对待《圣经》的基本态度。第一种是，因其矛盾而致力于对矛盾做理性的化解，迈蒙尼德的寓意释经或者现代的"科学"解释都是这样的态度。第二种是，因其矛盾而予以彻底否定。这就是无神论者的态度。

在对《圣经》的理解中，这两种态度有各自的作用和位置。但是，对人文阅读来说，也许更重要的是看到，任何宗教都会需要用富有想象的、带有超然光环的方式来表示其原则或教义，因此不可能只是做字面的理解。只要人类还需要宗教，还在阅读宗教的经典著作，这种想象思维的特征就不会改变。

正是因为《圣经》自身富有想象、带有超然光环的表述方式，我们在本书中阅读的每一个《圣经》文本——《创世记》《约伯记》《传道书》《马太福音》《罗马书》——都必须在某种程度上借助寓意阅读，因此没有什么唯一正确的阅读或理解方式。

在基督教的传统中，从早期基督教和教父时代开始，就已经有字义、寓意和灵修的不同释经方法。阅读《圣经》的时候，字义解释是最基本的。但字义解释并不是唯一的释义方式。古老的《圣经》与我们今天的理解之间的联系，不可能只是建立在字义理解的基础之上。

例如，《申命记》第14章里有详细的动物类食用禁忌，例如："凡洁净的鸟，你们都可以吃；不可吃的乃是雕、狗头雕、红头雕、鹯、小鹰、鹞鹰与其类，乌鸦与其类，鸵鸟、夜鹰、鱼鹰、鹰与其类，鸮鸟、猫头鹰、角鸱、鹈鹕、秃雕、鸬鹚、鹳、鹭鸶与其类，戴鵀与蝙蝠。"（14：11—18）我们看到，蝙蝠赫然在列。今天我们知道，蝙蝠不是鸟，但是，《申命记》里接下来的一句话是"凡有翅膀爬行的物，是与你们不洁净，都不可吃"（14：19），这就可以包括蝙蝠了。《利未记》第11章里道："耶和华对摩西、亚伦说：'你们晓谕以色列人说，在地上一切走兽中可吃的乃是这些：凡蹄分两瓣、倒嚼的走兽，你们都可以吃。但那倒嚼或分蹄之中不可吃的，乃是：骆驼，因为倒嚼不分蹄，就与你们不洁净；沙番，因为倒嚼不分蹄，就与你们不洁净；兔子，因为倒嚼不分蹄，就与你们不洁净；猪，因为蹄分两瓣，却不倒嚼，就与你们不洁净。这些兽的肉，你们不可吃；死的，你们不可摸，都与你们不洁净。'"（11：1—8）还列举许多飞禽走兽，最后说："要把洁净的和不洁净的，可吃的与不可吃的活物，都分别出来。"（11：47）

这样的经文在字义上是明明白白的，我们也许可以从中得到一些关于古人饮食观念的知识。单单这样理解，就会把这些饮食规则当作无理性的，所以是专断的规定，因为在许多人眼里，这些动物中许多都是美味的野味。

但是，寓意释经则可以这样解释：这些诫命是对于美好德行和罪恶习性的隐喻。斯泰因（Siegfried Stein）在《拉比和教父文学中的饮食法则》（*The Dietary Laws in Rabbinic and Patristic Literature*）一书里指出，道德式的解释可以追溯到亚历山大时代以及古希腊人对犹太文化的影响。阿里斯提亚斯（Aristeas）是一位公元前 7 世纪的半传说诗人和巫师，公元 2 世纪流传一封他写给他兄弟的信（真伪尚有争议），信里说，摩西的律法不仅是一个颇有价值的训诫，"使得犹太人远离无知和不义之举"，而且还使得他们与那些决定能否过上美好生活的自然理念和谐一致。[1] 由此可见，医药的解释和道德的解释是重合的。

英国人类学家玛丽·道格拉斯（Mary Douglas，1921—2007）在《洁净与危险》一书里引述犹太思想家斐罗（Philo Judaeus，约前 20—54）的话说，摩西的律法所禁止的正是那些最为美味的肉类。[2] "立法者严格地禁止诸如猪和无鳞之鱼这些在陆地、海泽和天空中，其肉为美味的动物，因为他们知道对于最为盲从的感觉——味觉来说，这些动物是一个圈套，会使人做出贪食恶行。"[3] 我们今天

1　玛丽·道格拉斯著，黄剑波、柳博赟、卢忱译，《洁净与危险》，民族出版社，2008年，第 57 页。

2　同上。

3　玛丽·道格拉斯著，黄剑波、柳博赟、卢忱译，《洁净与危险》，第 15 页。

阅读《圣经》，从饮食节制认识到道德自律的必要，这一层意义恐怕比可以吃什么、不可以吃什么来得重要。也就是说，寓意释经会比字义释经更有意义。

斐罗是一位杰出的寓意释经大师，他并不以为字面意义是没有用的。他只是认为，字面意义还是处于理解程度不够成熟的阶段。字面意义是《圣经》的身体，而寓意乃是《圣经》的灵魂。按照这样的观点，字面意义是供未成熟的人读的，而字面底下的寓意则是供成熟的人读的。斐罗也不相信，采用寓意释经法必须否定《圣经》历史的可靠性。斐罗认为，出现以下情况，经文应按寓意解释：经文中任何对神不敬的话；与其他经文有抵触的经文；或者，经文本身就是用寓意法写成的。不管迈蒙尼德是否受到斐罗的影响，他在对什么情况下需要运用寓意释经的看法与斐罗相当一致。

今天，由于网络的方便，可以很容易找到给一般人阅读的"《圣经》故事"。这些故事基本上是给他们作字面理解的，即便如此，也会加上一些道德教训的提示或解释。这样的理解程度尚处于不够成熟的阶段。但是，更成熟的读者不应该只是满足于这种程度的阅读。这也是我任教的学校对大学生阅读《圣经》的要求，也是教授需要帮助学生的地方。

这样的《圣经》阅读需要把文本放到原来的历史情境（包括社会环境）中去理解，早期的教父就已经开始这样释经。在今天的互联网时代，我们寻找有关《圣经》的知识已经非常便利。下面举几个历史或其他知识有助于理解《圣经》的例子。

一、为什么以利沙对以利亚说"愿感动你的灵加倍地感动我"？（《列王纪下》，2：9）是他想拥有以利亚的双倍属灵能力吗？不是。以利沙所求的，是做以利亚的继承人或后裔。因为，根据以色列人的习俗，家中的长子可以继承他父亲的双份产业。（《申命记》，21：17）

二、为什么耶稣在不是无花果结果的季节，斥责无花果树不结果？（《马可福音》，11：12—14）原来，在以色列，三月无花果树通常已生出小花苞，四月便长出绿叶，"收无花果的时候"是五月底至六月底，小花苞是可吃的。耶稣斥责无花果树时，已是四月的逾越节期间，树上竟没有小花苞，所以那一年一定不会结果子。

三、为什么耶稣吩咐门徒上路时不要向人问安？（《路加福音》，10：4）是否太不合群？不是。因为当时的问安不是只打一个招呼而已，是非常花时间的：双方鞠躬数次，重复问安，然后还要讨论当天发生的事，近乎闲聊。耶稣是命令门徒不要浪费时间，抓紧做工。

从上面几个例子可以看到，《圣经》作者原初的意思是很重要的起点，但却不是终点。阅读《圣经》要从原文开始，但还要将文字的意义放到情境中去了解，更要应用于今日的情形，才算完成。对基督徒来说尤其如此，不可拘泥于一字一句。释经很重要，因为它使人从经文走到应用，让神所默示的话语以新鲜而有活力的方式向今天的人传递，像当年一样有力。

这样阅读《圣经》，《圣经》里的话就能跨越历史、文化、语言、种族、阶级的鸿沟，从《圣经》经文的"当时"进入读者的"现在"，让《圣经》对各个时代的读者说话，这就是释经学的任务，也是人文阅读的目的。

一些基督教信徒认为，《圣经》是神的话，一个人在阅读《圣经》的时候，是神在对他的心灵直接说话，《圣经》是不解自明的。这其实是不可能的。《圣经》需要解释，起码有这几方面的原因：

首先，虽然《圣经》的很多经文都容易理解，但确有一些经文是难解的。使徒彼得说："就如我们所亲爱的兄弟保罗，照着所赐给他的智慧写了信给你们。……信中有些难明白的，那无学问、不坚固的人强解，如强解别的经书一样，就自取沉沦。"（《彼得后书》，

3：15—16）彼得也说，并不是写在信里的，就可以自然明白的。

其次，《圣经》的"神的话"是在多变的历史背景中写成的，故不易找出其中的普世准则。《圣经》的很多章节似乎是含糊不清的，《圣经》的信息是以不同的文学体裁传达出来的。

最后，《圣经》是为当时的读者写的，而当时的读者与现今的读者之间存在着巨大的差异和张力。古代文献中那些晦暗不明之处，许多都是因为我们对古代事物的无知所产生的。这些事物在当时是家喻户晓的，只要稍微一提，大家就可会意，不必多费言辞，但在今天有的却已经成为冷僻、专门的知识。

寓意释经虽然有用也很重要，但却容易流于武断和主观猜测。例如，前面提到的《圣经》中关于食物的律法，一种寓意解释说，不可吃猪肉的理由是警告信徒不可与反复无常的人同伙，因为他们就像猪一样，"顺利时就忘记主，只是到了贫苦时才承认主"；不可吃鹰、鸦等，是教导信徒不可像这些鸟类那样贪心和懒惰。这样的解释就很牵强，也很滑稽。它假设这样两种情况：第一，人吃了什么就像什么，吃猪像猪；第二，人自然倾向于吃跟自己像的动物，像猪的人就爱吃猪肉。不管是哪一种情况，都是无稽之谈。

所以，在阅读《圣经》的时候，对文本的解读首先应该重视其字面的意思，因为其他含义都是以字面意思为依据的。斯宾诺莎和阿奎那都认为，经文的字面意思已经包含信仰的一切所需。我们需要用常识、常情、常理来避免主观臆断的寓意释经。

常识、常情、常理这三常就是我们所说的"理性"，唯有秉持这样的理性，才能不偏离稳重的、合宜的《圣经》解释。合宜的寓意释经可以揭橥微言大义，不合宜的寓意释经虽然可能带给主观的解经者一些方便，但造成的可悲后果却会把《圣经》的话语弄得晦暗不明。虽然有诸多缺陷，但基督教的释经传统开阔了人们理解文本释义的视野，也成为今天文学批评经常要回溯追忆的方法源头之一。下一节就来谈谈今天文学理论和批评课堂上经常可能遇到的一个问题，那就是寓意释义和历史释义的界限和关系。

4. 寓意释义和历史释义

在迈蒙尼德的时代或更早，对宗教文本进行释义（即"释经"）只是少数"博学之士"的事情。一般人即使能背诵经文，烂熟于心，也还是没有能力去做解释的工作，对他们来说，释义是一件非常高深和神秘的事情。古代的释经是一门师徒亲授、闭门相传的秘密学问，就像我们在迈蒙尼德和他的学生约瑟夫那里看到的那样。由于是秘传，所以特别讲究门派，门派和门派之间相互隔阂，甚至相互对立。

今天，释义已经成为普通大学生普适教育的一部分，成为普通人可以公开学习的知识，释义的知识基本上都是放在文学课程里作为文学阅读、批评和理论来教授的。今天的文本理论和分析比中世纪或之前的经典释义更加周全（是不是更深刻就是另外一回事了），因为人们对文学的理解已经是古人无法相比的了。

在我任教的大学课堂上，文学理论或释义往往分为两段，第一段是从柏拉图、亚里士多德经过中世纪到17、18世纪的新古典主义，第二段是从18世纪末浪漫主义到现当代文学理论，一学期一门，共两门，都是英语系学生必修的，外系学生可以选修。我教这样的文学理论课，一学年两学期的课，还觉得时间不够用，可见内容之多。

学生们对现当代的兴趣明显高于古代，但是现当代的文学释义并非无根之木、无源之水，中世纪的经典释义就是宝贵的实践经验和理论总结。我班上有的学生在宗教和哲学系修过《圣经》释义或阐述学（Hermeneutics）的课程，对"类型"（typology）和"寓言"（allegory）有一些了解，在阅读但丁、卡夫卡和艾米莉·狄金森的时候就自然比历史知识一片空白的学生要有经验和在行得多。人类的知识是积累起来的，很少有突然的"独创"，就人文阅读而言，我还没有见到过。现在有的文学教授把释义教得像是现代人的发明似的，以为随意抹掉历史中的某一块，还能照样真实地认识我们自己，那实在是出于对历史的无知，或者更糟糕，根本就是历史虚无主义。

我在这里只能集中地谈谈中世纪迈蒙尼德的释义观与寓意释义的关系，特别要问的是，寓意释义与历史释义的界限在哪里？在谈这个问题之前，需要先介绍一下什么是释义。

根据牛津英语词典的定义，在英语中，"解释"最常意味着"阐述（一些深奥或神秘的事物）的含义；使（文字、著作、作者）清晰或明确；阐明；解释"。但是这个动词早期的含义是"翻译"，所以"解释"也是"翻译的行为；对一本书、一个词等的翻译或渲染"。

"解释"这个词本身来自拉丁语"interpretatio"，意思不仅是"阐述、解释的行为"，而且是"翻译、呈现"。在拉丁语修辞学中，"interpretatio"指的是"用一个词解释另一个词，使用同义词"。"Interpretatio"是根据"interpres"形成的，意指"一个中间人、代理人"和"一个外语的翻译"。[1] 在其词源中，"释义"同时有两个指向不同方向的转译意义：一是指向被解释的文本，二是指向需要解释的受众，也就是说什么和对谁说。

释义者在原文和解说之间，在解说和意向听众之间起中介作用。释义是一种与他人分享理解结果，有时还需要说明这一理解方

---

[1] P. G. W. Glare, ed., *Oxford Latin Dictionary*, Oxford: Oxford University Press, 1982, 947.

式和过程的知识活动。因此，释义可以分解为三个因素：一、对谁释义？二、释什么义？三、如何释义？

对谁释义的道理与对谁说理是一样的，与信任谁也是一样的。你和愿意说理的人说理，不和无赖、杠精浪费时间，遇到这种人最好掉头走开。你信任值得信任的人，不随便信任不了解的、名声不好或品行不端的人。同样，你为那些对文学有兴趣、乐意思考的人释义，而且你还要对释义对象的背景有一些了解，你不必对一个头脑狭隘的无神论者做关于宗教或神话意义的解释，因为他会把这样的释义当作迷信、愚昧或精神糟粕。如果你只是对自己释义，那么你也需要知道你是谁？这样你才会知道为什么对自己这样而不是那样释义。

确定了为谁释义，接下来的两个因素便是与释义直接有关的"释什么义"和"如何释义"。

释义是一种解释，是一种近似原文的"转译"，那么，近似什么？转译什么？近似就是朝什么方向逼近，解释不能没有方向。例如，对巴尔扎克的作品，有的是朝"人性"的方向解释，有的是朝"揭露资产阶级"的方向解释。方向决定什么是值得或需要解释的意义。不同的方向可以解释出不同的意义，这里只谈历史释义和寓意释义两种。不妨就用美国女诗人艾米莉·狄金森的一首小诗来做例子。

> Belshazzar had a letter ——
>
> He never had but one ——
>
> Belshazzar's Correspondent
>
> Concluded and begun
>
> In that Immortal Copy
>
> The Conscience of us all

Can read without its Glasses

On Revelation's Wall——

伯沙撒有一封信——

他从来只有一封——

伯沙撒的通讯员

结束和开始

在那个不朽的副本中

我们所有人的良知

不戴眼镜也能读懂

在启示录的墙上……

如果我们把释义当作对文本的转译，那么很显然，这首诗是一个需要转译的文本。因为读者不可能读一遍就自以为理解诗的意思。事实上，这首诗里有两个需要释义的文本。一个是狄金森这首诗，另一个是诗里提到的"启示录墙上的信"。"信"中的字迹不见了，同样，狄金森诗里的一些常规文本标记也不见了，比如传统的标点符号。狄金森特立独行的破折号也许可以给我们一些提示，但不足以让我们理解她的诗意。

这首诗本身转译了一个圣经故事。《但以理书》第 5 章里说了这样一件事：尼布甲尼撒王的儿子伯沙撒王，跟上千大臣大摆筵席，结果吃啊，喝啊，就忘记自己是一个凡人，忘记他父亲做过的事，也忘记神在人的国度中掌权。伯沙撒王下令，把尼布甲尼撒王从耶路撒冷殿中掳掠来的器皿拿来，跟大臣妃嫔喝酒，赞美金银铜铁石木所造的神，结果墙上就出现用手指头写的字"弥尼，弥尼，提客勒，乌法珥新"（"Mene, Mene, Tekel, Upharsin"）。发生这么大的灵异事件，伯沙撒王的脸变了颜色，心生惊慌，腰骨好像脱节，双膝彼此相碰。他宣告：谁能解读这些文字，就在国中位列第三，结果还是没人能解读。

后来就找到但以理来解释，但以理于是宣告神的审判，他对伯沙撒王说，你爸爸经历的事情，你不知道吗？你为什么又那么狂妄？你狂妄来狂妄去，你到底要干什么？结果伯沙撒王的国到此为止，他也被人杀了，他的国归给玛代人和波斯人，玛代人大流士王62岁取代伯沙撒的国。那墙上的字的意思是，弥尼，就是神已经数算你国的年日到此完毕。提客勒，就是你被称在天平里，显出你的亏欠。毗勒斯（与乌法珥新同义），就是你的国分裂，归与玛代人和波斯人（《但以理书》，5：24—6：2）。

弥尼，提客勒，乌法珥新，这几个名词都是亚兰文的度量单位，伯沙撒手下的哲士都知道它们在字典中的含义，却不明白写在墙上是什么意思。而但以理的解释并非根据这些名词，而是根据和它们相关的动词。弥尼，相当于希伯来的重量单位，"弥那"与"数算"（men-aw）的被动分词发音相同。"弥尼，弥尼"的寓意是，神已经数算巴比伦的"年日到此完毕"（《但以理书》，5：26）。提客勒，相当于希伯来的重量单位"舍客勒"，动词相当于"称度"（shaw-kal），表示神已经用天平称过巴比伦，显出她的亏欠（《约伯记》，31：6）。"乌法珥新"中的"乌"是连词，"法珥新"是"毗勒斯"（per-as）的复数。"毗勒斯"（per-as）的名词是重量单位"半弥尼"，动词就是"分裂"，代表巴比伦将要被玛代人和波斯人瓜分（《但以理书》，5：28）。

那么，怎么来解释狄金森这首诗的意思？有可能是她想让这首诗作为一个与圣经故事类似的宣告。她在诗中加上"由我们的邻居建议"（"Suggested by Our Neighbor"）的题词。这首诗大概是她于1879在美国马萨诸塞州阿默斯特（Amherst）的洛斯罗普事件（Lothrop scandal）发生之后寄给她弟弟的。当地的报纸《斯普林菲尔德共和国报》报道了一桩家庭暴力的丑闻事件，说洛斯罗普牧师（Reverend C. D. Lothrop）虐待他的女儿，洛斯罗普牧师对报纸提出诽谤的控告，法院于 4 月 15 日裁定洛斯罗普败诉。狄金森可能是在用这首诗来纪念这一事件。从她的传记信息来看，这首诗指的是法庭的判决。她认为洛斯罗普犯有父权制压迫罪，公道自在人心。[1] 另一个层次的释义可以认为，狄金森的诗把圣经中的故事理解成一个"我们所有人的良心"的寓意，上帝通过它指出并警告每个人的罪过，给每个人发出一封这样的"信"。这样的解释是对狄金森这首诗的寓意释义，而她那首诗则又是对圣经故事的寓意释义。

于是，我们可以接着用狄金森的这首诗再来看看释义的第三个因素：如何释义。在阅读狄金森这首诗时，我们运用两种解释方法，都以假设作者的意图为基础，一个是历史释义（对洛斯罗普事件有感而发），另一个是寓意释义（上帝的字写在每个人的良心上）。不难看到，如何释义是与释义转译的方向相关联的，在历史释义方法中，释义者认为狄金森的意图是特指洛斯罗普牧师应该受到公开羞辱。在寓意释义方法中，释义者认为狄金森意在传达一个关于所有人的良知的普遍信息。

我们没有必要在这两种互补的含义之间做出选择，它们的关系并不是相互排斥的。重要的是要认识到，做出这两种不同解释所使用的方法是不同的。历史释义采用的策略是将文本置于产生文本的历史背景中。寓言释义则采用另一种策略，它对文本做了去历史化的处理，因而使这首诗歌不必指向一个特殊的历史事件，而是可以转移到一个更普遍的意义层次。不同的阅读策略或释义方式其实是对同一文本对象的不同意义描述，显示的是解释性转译如何发生的

1　Thomas H. Johnson, ed., *The Poems of Emily Dickinson*. 3 vols, Cambridge: Harvard University Press, 1955, 1008-1009. Jay Leyda, *The Years and Hours of Emily Dickinson*. Vol. 2, New Haven: Yale University Press, 1960, 245-250, 257-259。

方法，而不是文本的变化。不同的释义显示读者对文本意义的贡献，而不是文本的所谓"内在意义"。在这首诗的阅读里，历史释义和寓意释义并没有哪个合理哪个不合理的差别。

但是，历史释义和寓意释义并不总是缺乏合理性差异的。在我的文学理论课上，有学生提出过一个有趣的例子，那就是奥古斯丁对《圣经》里好心的撒玛利亚人故事的释义，这个故事的释义也经常让一些学生感到困惑。奥古斯丁的释义是这样的：有一个人（亚当）在路上行驶。在被强盗（魔鬼）剥夺（不朽）和殴打（或说服犯罪）之后，他被一位牧师（律法）和一个利未人（先知）忽视，然后被一个撒玛利亚人（耶稣基督）照顾。撒玛利亚人将他带到客栈（或教会），在那里付给客栈老板（使徒保罗）两银币（今生和来世的应许）来照顾这个人。[1]

括号里的部分是奥古斯丁的"寓意释义"，拿掉括号里的部分，就是经文里原来的故事，故事说的是好心的撒玛利亚人救助一个不认识的陌生人，故事的教谕是，他是我们行善的榜样。但在奥古斯丁的释义里，好心的撒玛利亚人成了一个基督教教义的寓言：在耶稣的帮助下回归教会。

今天，对了解早期基督教历史的人们来说，奥古斯丁的解释是很成问题的。对意义的解释应该受到原作者意图的约束，无论是讲述这个故事的耶稣，还是替耶稣记录这个故事的路加，都不可能在故事里包含奥古斯丁所暗示的大部分内容。在耶稣说故事传教的时候，基督教还远远没有奥古斯丁所说的那种体制性的"教会"，所以好心撒玛利亚人的故事不可能是一个关于归属教会的寓言故事。从初期基督教发展的历史事实来看，这样的寓意释义是缺乏合理性的。

但是，请注意，这是一种现代人认识寓意释义的方式，古

1　Augustine, *Enarationes in Psalmos* 118, 121 and 125, *De Doctrina Christiana* 1.30.31ff, Sermo 299.

代或中世纪人们的认识方式是不同的，不如今天这么清晰和有逻辑。古代和中世纪知道的释义方式非常有限，而今天的文学批评方式少说也有十来种。古代释义方式除了寓言式解释（allegorical interpretation），还有前文提到的字面、道德、灵修或神秘等几种释义方式。寓意释义最初侧重于建立耶稣基督（或其他人）和《旧约》故事之间的联系。如果没有这样的联系，信徒便会觉得《新约》和《旧约》在很多地方是矛盾的（这正是迈蒙尼德和他的学生面对的问题，也是他们试图通过理性的哲学逻辑去解决的）。

但是，这种早期的"寓意释义"有一个术语上的问题，"寓意"（allegory）和"譬喻"（parable）或"类比"（typology，又称"类型"）是不加区分地互换运用的。可以用来指任何形式的隐喻或类比。甚至到了16世纪宗教改革时期，这些术语也还是大体上无法被区分。一直要到现代，"类比"和"寓言"才有了不同的含义。目前，人们用"类比"来指《旧约》中的某个概念与《新约》中的一个升级概念之间的联系，这种联系是有文本依据的（当然是按某种标准），而"寓言"指的是没有文本依据的更随意的联系。[1] 这样的概念区别是在专门的研究中确定的，不能从普通的词典定义或一般的修辞学分类得到精确的解释，这里就不展开了。简单举例，伊索寓言是寓言故事，《千里送鹅毛》的故事算是一个譬喻故事，而反乌托邦或科幻故事则是借助概念升级的"类比"。

人类释义实践的漫长历史、复杂渊源和丰富内容，以及关于释义的"元理论"和哲学阐述学构成一种专门的知识，说它是一个专业也不为过。我们通过阅读迈蒙尼德不过是获得一些非常粗浅的了解罢了，有兴趣的可以自己深入了解。从我们所举的例子可以看到，

1　Aubrey Spears, "Preaching the Old Testament," in *Hearing the Old Testament: Listening for God's Address*, ed., C.G. Bartholomew, D.J.H. Beldman; Grand Rapids: Eerdmans, 2012, 383-409.

知识存在于复杂的关系之中，如果没有基督教的基本知识，就连读通艾米莉·狄金森的短诗都办不到，更不要说是理解像陀思妥耶夫斯基这样的作家。

5. 知识分子政治的隐秘写作

在迈蒙尼德那里，寓意释经的目的就是调和理性与信仰，使《圣经》中的"上帝创世说""神车论""先知论"等难以解释的问题都成为理性或哲学研究的对象。这样，神学问题的哲学内容就既是有关宗教的，又是理性主义的。在他那里，犹太教的主要信仰和习俗与希腊哲学的基本概念和原理，在理性主义的分析和论证下结合起来，不论在内容还是形式上，都体现一种整体的统一性。

以迈蒙尼德的神学和哲学造诣，他绝对了解基督教寓意释经的历史和一直受到的重视，他的学生也是一样，他似乎没有必要专门给学生讲寓意释经的问题。迈蒙尼德如此突出寓意释经的意义，为什么？

其实，迈蒙尼德强调《圣经》的寓意释经，并非单纯为释经而释经，而是醉翁之意不在酒，另有深意。他是在借寓意释经来为他的隐秘写作做正当性的铺垫。这本身就是他的一种借此言彼、显隐有别的策略，看起来是在强调一种阅读宗教经典的方法，但其实是因为这种阅读方法一直被基督教正统所认可，所以可以拿来暗示隐秘写作的合理性与正当性。

寓意释经是对文字意思的一种隐微处理，隐秘写作也是一样。在迈蒙尼德那里，"隐微"成为一个把阅读方式与写作方式连贯起来的知识分子的政治行为策略。施特劳斯对这种隐微阅读和隐秘写作非常重视，有一部专门的文集《迫害与写作艺术》(*Persecution and the Art of Writing*）讨论与此有关的问题，迈蒙尼德就是他的一个研究对象和范例。国内学者有的将躲避政治危险的隐秘写作淡化为中国传统的"微言大义"，这是错误的。

迈蒙尼德关心的不是如何用小故事说大道理，而是如何用安全的方法讨论危险的话题。这在《迷途指津》里是十分明显的。正如列奥·施特劳斯在《迫害与写作艺术》中所解释的那样，在宗教社会里，持有异端观点的人通常会受到迫害。因此，迈蒙尼德需要，而且也只能在字里行间表达自己的真实想法。他既想说话，又不想为了说话而送命，所以只能用这种隐秘写作的方式来讨论宗教意识形态上敏感的问题。在现代社会里，不少作家也是用这种方式来讨论涉及政治或意识形态上的敏感问题的。在思想不自由的状态下，知识分子的选择并非只是要么"随大流"，要么就"沉默"。他们还有第三种选择，那就是变着法子发出自由思考的声音。这是迈蒙尼德的选择，一直到今天，他的选择仍然具有示范性的价值。

迈蒙尼德在讨论哲学与（宗教）信仰的关系时，他所说的哲学指的是理性的思考，理性不能代替信仰，理性有它的局限。但是，不允许理性触碰或思考的信仰是不能令他信服的。然而，用理性触碰信仰在他那个时代是一种忌讳、一种危险，所以需要以隐晦的方式来进行。

在迈蒙尼德的时代，对《圣经》里的一些"敏感"问题，教会采取的是"不讨论""不争论"的立场。"不争论"对哲学家来说就是禁言和封口，当然是不能接受的，但又不能鸡蛋碰石头，以身试法。怎么办？要么闭口不言，要么隐晦发声，别无其他选择。

迈蒙尼德不得不面对他那个时代的神学传统，它以信仰为前提，认为信仰不必以理性证明为基础，尤其是那些超越经验认识的问题。这些问题非但无法通过经验归纳的方式获得证实，相反诉诸理性的原则会导致无休止的论争，甚至动摇信仰的基石。正因如此，犹太先贤设立戒规，禁止在最神秘莫测、无法通过经验证实的问题上（如《创世记》中的"创世论"和《以西结书》中的"神车论"）进行争论或公开传授，这是因为教会强制的"不争论"。

迈蒙尼德并不是一个唯理性主义者，他认为，人的理智能力不仅有限度，而且人与人之间理智能力的差别也巨大，如果传授的自然哲学或神学的内容超出他们的理智能力，不仅无法消化理解，而且很可能会与要传达的原意南辕北辙。[1] 因此，为了不违祖训、不触众怒，迈蒙尼德在《迷途指津》里对理性原则的使用进行了高度技艺化的隐微处理。

对迈蒙尼德的隐微处理手法，高山奎在《迈蒙尼德是一个亚里士多德主义者吗？》一文中总结为"移花接木""佯从实违""穿插混述"这三个方面。[2] 这里介绍一下。

第一，迈蒙尼德对经文的解释采取"移花接木"的方法，借经文宣扬自己的知识主张，所以也可以叫"夹带私货"。例如，《迷途指津》首卷的题记部分改写了《以赛亚书》（35∶8）的一段话，原文和改后文字对照如下：

原文：在那里必有一条大道，称为圣路，污秽的人不得经过，必专为赎民行走。

改后的文字：我的知识引路，铺就坦途。看，那在《托拉》沃野上误入歧途者，也要踏上这路。

先知书强调的是信仰，信仰之路具有开放性，不要求信仰者具有知识。而迈蒙尼德的律法阐释却以"知识引路"，"愚钝之士"不得入内。因为"该书（《迷途指津》）不打算向那些没有知识的人或初学思辨的人开放，也无意去教导那些仅对律法学有所研究而对其

---

1 Moses Maimonides, *The Guide for the Perplexed*, Trans. Shlomo Pines, Chicago: University of Chicago Press, 1963, 42-43.

2 高山奎，《迈蒙尼德是一个亚里士多德主义者吗？》，《哲学动态》，2017 年第 11 期。

他学问毫无所知的人"，而是仅为那些有潜力、能思辨、能够通达上帝智慧的人准备的。[1] 因此，这样借助先知书外壳的"移花接木"式改写，既表达对律法书的尊重，也隐晦地表达作者的着力重点和受众范围。

第二，迈蒙尼德对犹太教明文戒令采取"伪装无害"、不直接冒犯的态度和做法，也就是"佯从实违"。例如，《巴比伦塔木德》（*Babylonian Talmud*）明令"不应在两人面前教授创世论"（《节日献祭》[*Hagigah*]，11b）。这是犹太人耳熟能详的教谕戒规，迈蒙尼德自然不敢贸然违背。为了避免书面写作的公众性特点，他将《迷途指津》一书伪装成一部写给爱徒的私人"书信"。然而细心的读者不难发现，迈蒙尼德的论著绝非是为约瑟夫一人撰写。从《迷途指津》在历史上的广为流传和深远影响来看，所谓的传徒授业、书信文体、章无目次等只是一种策略。

第三，他采用了"化整为零""穿插混述、婉转迂回的写作策略"。犹太律法禁止公开传讲上帝的秘密，明令禁止将"神车论"（前文中已经谈过）"授之于人，即使这人聪慧过人，能够自行领悟，也只可将章节的标题宣示于他"（《节日献祭》，13a）。为了不违祖训，让真相乍现又隐，又能对潜在的细心读者敞开这一论题，迈蒙尼德采取"穿插混述"的表达策略，即不对某一论题进行连贯有序的论述，而是分散于全书各处，与要讨论的其他命题混在一起加以说明。[2] 这三个特点在我们今天的隐秘写作中都可以找到类似的例子。例如，用被允许讨论的问题代替不被允许讨论的敏感问题。这就是迈蒙尼德的"移花接木"。又例如，用"学术研究""人物传记""私人日记""回忆录"这种"不谈政治"的形式来表达对敏感政治问题的观点，就是迈蒙尼德的那种"伪装无害"策略。再例如，

1　Maimonides, *The Guide for the Perplexed*, 5.

2　Ibid, 6.

将整体的政治文化生态问题分解成多个"人文因素",如个体性、自由、法治、宽容、尊严、说理,在千把字或三五千字的短文中分散开来谈。这就是迈蒙尼德的"化整为零、集零为整"的隐秘写作策略。

与迈蒙尼德时代不同的是,迫使今天知识分子隐秘写作的已经不再是教会的正统思想和禁忌,而是政治和意识形态的压迫力量。施特劳斯在《迫害与写作艺术》一书里把迈蒙尼德看成中世纪的政治知识分子,因而把他称为"政治哲学家"。在迈蒙尼德的那个时代,最大的政治就是宗教,今天,宗教已经不再是政治的核心部分,代替宗教的是意识形态,意识形态是我们这个时代的最大政治。

施特劳斯在古今知识分子之间看到的共同特点是政治与哲学之间的关系,政治就如同中世纪的信仰,而今天的哲学则是人的自由、理性思考。古今知识分子为了避免遭受迫害,都不得不将他们"危险""敏感""犯忌"的思想隐藏在其文本之中。

政治与哲学之间的关系是一直都存在的,19世纪的人文研究开始把它们当作不同的学科知识在学院里安全地分开,哲学似乎不用再冒政治风险。然而在这之前,哲学家是要冒政治风险的。他们知道,无论环境多么宽容,哲学写作也需要格外小心,虽然哲学不会家喻户晓,但针对那些秉持着传统智慧的问题,哲学必须特别保护自己,免受那些自以为是"当然权威"的权贵人士的关注,避免打草惊蛇、自行暴露。在质疑既定意见或研究道德原则时,古老的哲学家发现有必要以种种"伪装"的方式来传达其信息——顾此言彼、故作天真、婉转暗示、正话反说,等等。

他们的"写作艺术"是一种谨慎又深奥的交流艺术。在中世纪,当异端政治思想家在宗教裁判所或对其相对不屈服的法庭的威胁下写作时,这一点更加明显。今天,当异端知识分子在政治压迫下不屈写作的时候,这一点比中世纪还要明显。

施特劳斯指出，中世纪的政治哲学家（至少与古代的政治哲学家一样）在书面上仔细地调整他们的措辞，使其适应当时的主流道德观点，以免他们的著作被谴责为异端或安上别的什么罪名。给他们定罪的不是没有读过其著作的"众人"，而是那些自命为"正统"和"道德"捍卫者的少数人，他们的权威建立在"崇高、伟大的谎言"之上，这使得他们可以肆无忌惮地行使最残酷、暴力的迫害。这也就是现代思想者们特别关心的那种"以善的名义作恶""以大善的名义作大恶"。

尽管施特劳斯把迈蒙尼德视为一个政治哲学家，但在迈蒙尼德那里，恶还只是一个神学的问题，而不是像在汉娜·阿伦特（Hannah Arendt，1906—1975）这样的现代政治哲学家那里，成为一个现实世界里的政治问题。早在 1945 年她就已经在提醒人们："恶的问题将会是欧洲战后知识分子生活中的根本问题。"

迈蒙尼德对恶的认识与奥古斯丁是一致的。他们都认为，上帝创造世界和世界上所有美好的与善的事物，上帝创造有自由选择能力的人类。上帝没有创造恶，恶是人滥用自由而造成的后果。当人将自由意志转向上帝时，他就获得更大的荣耀，但当他将自由意志转向私利或者贪婪，他就背离上帝。决定追求善还是恶，这是个人的选择，由此赋予每个人处世待人的个人责任。正如萨弗兰斯基（Rüdiger Safranski）在《恶，或自由的戏剧》（*Das Böse oder Das Drama der Freiheit*）一书里所说，"为了理解恶，人们无须烦劳魔鬼。恶属于人类自由的戏剧。它是自由的代价"。[1]

迈蒙尼德在《迷途指津》第 3 卷里将恶分为三种：第一种是自然造成的恶，如自然界的弱肉强食、同类残杀，那是出于自然平衡的必要；第二种是人对他人造成的恶，《圣经》"十诫"所禁止的大

---

1 吕迪格尔·萨弗兰斯基著，卫茂平译，《恶，或自由的戏剧》，生活·读书·新知三联书店，2018 年，第 1 页。

多都是这样的恶；第三种是人对自己作的恶，不只是各种对欲望的放纵，还有让自己作恶，成为恶人。[1]

今天，我们可以这样解释"上帝只创造了善，恶是自由之人的杰作"的观念。这世界上所有的恶（暴力、杀戮、残害、暴政）都是以善的名义（美好的乌托邦、高尚的主义、美妙的理想）施行的。我们还确实没有看到以恶的名义来作恶的，就算再邪恶的魔头（如希特勒和日本军国主义头目）也都是以善的名义在作恶。为什么人类中会出现这样的邪恶之人？他们的邪恶又是从哪里来的？这成为困扰现代人的一个重大问题。虽然还没有人为此写一本《迷途指津》，但却在政治哲学、社会心理学、政治制度研究、极权主义研究这样的知识领域中有许多耐人寻味、值得深思的进展。但是，现有的研究成果还远远不够。正如哥伦比亚大学教授安德鲁·戴尔班科（Andrew Delbanco）在《撒旦之死》中所说："我们的文化在恶的可见性与可以获得的对付它的知识资源之间已经裂开一道鸿沟。恐怖的景象从来不曾如此广泛地散播，也从来不曾如此骇人听闻。从组织化的死亡集中营，到儿童在饥荒中饿死，这些本来都是可以避免的……恶所造的罪孽从未如此之多。而我们的反应也从来没有这样软弱。"[2]为了抵抗这样的恶，我们需要对恶有更完整、更深入的认识，古代思想家，包括迈蒙尼德对恶的认识当然应该是这种知识的一个部分。

1　Moses Maimonides, *The Guide for the Perplexed*, Trans. M. Friedländer. New York: E. P. Dutton & Company, 1904, 265.

2　安德鲁·戴尔班科著，陈红译，《撒旦之死》，上海外语教育出版社，2013年，第3页。

七 《阿奎那政治著作选》

1. 信仰的人文主义和人的理智

迈蒙尼德的《迷途指津》完成于 12 世纪的最后十年，是阿拉伯亚里士多德主义与拉丁亚里士多德主义的连接点，也是持续 300 年的阿拉伯亚里士多德主义的最后一部重要著作。阿奎那是继迈蒙尼德之后的又一位重要的中世纪思想家，但是人们一般把阿奎那看成继奥古斯丁之后的又一位伟大的基督教思想家。奥古斯丁与阿奎那之间隔着 1000 年，一个是中世纪还没有开始，另一个是中世纪已经快要结束。然而，阿奎那和迈蒙尼德属于同一时期的中世纪，几乎可以说是一前一后的同时代人。

不把迈蒙尼德当作阿奎那一传统中的人，是因为迈蒙尼德是犹太而不是基督教哲学家。12 世纪的犹太和阿拉伯哲学思想领先于基督教世界，一个重要原因就是基督教思想家对丰富多彩的希腊哲学和思想，尤其是亚里士多德的思想缺乏了解。从 9 世纪开始，阿拉伯学者就已经在研究亚里士多德。阿拉伯和犹太哲学家对 13 世纪，也就是阿奎那那个时代的思想和学术有着重大的影响，其中迈蒙尼德尤为重要。这是因为，迈蒙尼德和基督教思想家一样，有着对《旧约》的坚定信仰，而且他有意识地把希腊思想吸纳到《旧约》思想里去，使这二者融合起来。这为阿奎那对《圣经》与世俗学术的综合做出典范。这种学术综合后来成为阿奎那最重要的思想成就和贡献。

　　阿奎那把希腊思想变成一种"基督教化"的学说。他从事哲学研究的时候，柏拉图和亚里士多德的大部分著作已经从阿拉伯世界重新进入欧洲。17 世纪英国哲学家和牧师约瑟夫·格兰维尔（Joseph Glanville，1636—1680）说，阿奎那只不过是"成了圣人的亚里士多德"；19 世纪英国历史学家和政治学家托马斯·麦考利（Thomas B. Macaulay，1800—1859）也认为，阿奎那只是在用基督教语言重复亚里士多德。这样的看法反映后世人们对中世纪"经院哲学"的偏见。经院哲学是一种致力于融合神学和哲学，因此对宗教提出合理解释并支持信仰的学术方式，形成于 9—12 世纪，13 世纪在阿奎那那里达到最高成就，14—15 世纪走向衰落，代表人物是邓斯·司各脱（Duns Scotus，约 1265—1308）和奥克汉姆的威廉（William of Ockham，约 1287—1347），而身处 13 世纪的阿奎那几乎是经院哲学的最高成就者。

　　美国文学和历史学家赫歇尔·贝克（Herschel Baker）在《人的尊严》一书里说："应该把阿奎那视为经验哲学最美丽的花朵，经验哲学的目的是为基督教信仰打造一个理性的基础。奥古斯丁把信仰与知识的两个领域割裂开来，因此摧毁人对自己理智的信心；他认为，人的理智的全部功能不过是证明来自信仰的知识的真理性。是阿奎那恢复了人在理智上曾经有过的那份自尊，他所努力的正是把信仰与理性知识结合起来，并以此来修改奥古斯丁对人性的评估。"[1]

1　Herschel Baker, *The Dignity of Man*, Cambridge: Harvard University Press, 1998, 194.

阿奎那学术的精髓在于他的中世纪人文主义，而这种人文主义的思想源泉正是古希腊的人文主义。中世纪后期的经院哲学注重不同学术和思想的综合，而不是创新，因此衍生出不少烦琐的方法。这可以看作脱离实践的过度理性的弊病。但是，我们在整体评价中世纪经院哲学时不能只看到它烦琐的一面，而忽视它的人文主义内涵。

我们在阅读《阿奎那政治著作选》的时候，会把阿奎那所体现的中世纪人文主义作为一条主线。这个文集已经有了中文的翻译，是商务印书馆出版的。这个集子译自拉丁文—英文对照本《阿奎那政治著作选》（*Aquinas Selected Political Writings*），原书由唐特雷佛（A. P. d' Entreves，1902—1985）编辑并撰写序言，道逊（J. G. Dawson）译成英文，牛津的巴西尔·布莱克威尔（Basil Blackwell）书店于1954年出版。这个文集包括两个部分，第一部分是政治论文，第二部分是哲学著作选辑，除了一篇，其他都是从他的《神学大全》（*Summa Theologica*）里选来的。对我们来说，这是一个方便的读本。

阿奎那于1225年出生在意大利南部的贵族家庭，母亲一脉可以溯源到神圣罗马帝国的霍亨斯陶芬王朝。他的出生地是那不勒斯王国的罗卡塞卡，该地的领主正是其父兰道夫伯爵。他的叔叔西尼巴尔德是附近卡西诺山本笃会修道院的院长。伯爵一家寄望阿奎那长大后能俀承叔业，在当时，这也是贵族子弟出人头地的常见途径。

阿奎那在5岁时进入进修道院学习，16岁时进入那不勒斯大学，学习了6年时间，由此接触到亚里士多德哲学。其间，他于1244年加入作为托钵修道会一支的多明我会，后成为著名神学教授大阿尔伯特（Albertus Magnus，约1200—1280）的学生。在大阿尔伯特的推荐和指导下，阿奎那来到巴黎大学神学院学习。他的家人对他参加多明我会非常恼火。在去罗马的路途中，他被几个兄弟逮住，押送回圣齐奥瓦尼尼城堡，并在那里监禁了一两年，以迫使他放弃自己的志向。根据最早关于阿奎那的传记记载，他的家人甚至安排娟妓去诱惑他，但他不为所动。在教宗英诺森四世（Innocent IV，1243—1254 年在位）的干预下，最后其家庭还是妥协了。

1256 年他以托钵僧的身份破格获得神学硕士学位。后来他在巴黎大学开始教学生涯，又根据自己上课的讲稿编写成《箴言书注》（*Scriptum super libros Sententiarum*）一书，轰动巴黎大学，他因此得到罗马教廷的赏识。在 18 年的教学生涯中，阿奎那在教廷的赞助下先后被派往罗马和那不勒斯创建神学研究项目，并曾于 1268 年重返巴黎大学主持神学讲座，以捍卫受到其他思潮冲击的修道会势力。在这些年里，他写下大量有关神学和哲学的著作，其代表作有《神学大全》《反异教大全》（*Summa Contra Gentiles*）以及一系列对亚里士多德著作的评注。1274 年，阿奎那应教皇格列高利十世（Gregory X，1271—1276 年在位）的邀请，赴里昂参加宗教会议，于途中逝世，年仅 49 岁。

与任何权威性的宗教一样，基督教要求其成员持守绝对服从神的原则。离开了神，人什么都不是，什么都不能做。人拥有的任何善的属性，或所行的任何善事，都可以追溯到其终极原因——上帝。"世人算什么，你竟眷顾他？"（《诗篇》，8：4）基督说："离了我，你们就不能做什么。"（《约翰福音》，15：5）从最早的基督教会开始就有一个永恒的命题："他必兴旺，我必衰微。"（《约翰福音》，3：30）

然而，理性地看待上帝与人的关系，人们可以说，假如人确实是神创造的，神就不必用贬低人的杰出去证实上帝的创造地位。这也可以是基督教的人文主义。它与世俗人文主义不同，它只是在提升神的前提下才提升人。相比之下，世俗人文主义不承认这个前提，它只是提升人，赞美人和人所能完成的事情。

被基督徒挑选出来大加赞美的人，是放弃喧闹的集市进入修道院或清修场所的人。前基督教的人文模式，如希腊杰出的哲学家和罗马非凡的实干家，已经被基督徒的模范——忍受苦难的仆人——所取代。甚至可以说，谦卑、微贱、自我埋没成为狂热的宗教追求。宗教信徒越是狂热，就越不愿意成为一个人文主义者。

阿奎那有坚定的基督教信仰，但他不是一个狂热的信徒。他在亚里士多德的哲学思辨中找到的正是可以平衡宗教信仰的人的理性思考，这种对人的理智的崇尚构成他的宗教人文主义的核心。

阿奎那向我们陈述一种观念，即人是什么，他由此开始他对正确生活的反思。当我们试图把人的生活纳入健全的秩序时，首先需要思考的就是："人是什么？"然后根据对人的理解，理智地、自由地、负责任地追求实现人可能达到的最高的善。阿奎那在人性中所强调的那些对于道德特别重要的东西——理智、自由、负责任——也正是今天的人道主义所强调的观点。

他没有把理智与信仰等同起来，有些真理是只有信仰才能认识的，他认为，人有一种最高的、最神圣的灵性存在。人有与神结合的渴望，理性不能解释具有这种渴望的灵魂。他在《神学大全》里说，人的"理解的自然之光是有限的。它只能达到某些特定的点上"（第1部分，第2问题，第8条）。他认为，在人的理性之上，还有神不为人洞察的完美。这种完美是超越人的知识和所有能力的，只能用信仰去接近。一个人再善于哲学思考，也不能揭开神的神秘和超理性。

所以他说，理性知识之于信仰，正如女仆之于她的女主人，"某些超自然的知识是必要的"（第1部分，第2问题，第3条）。理性知识之所以重要，是因为它能把神的完美，把体现这种完美的人间道德引入社会。这样的说法为他的道德神学奠定基调。他在谈到人的自由是受上帝支配时指出，神是人的楷模，神的作为是有目的的，人的行为也该如此，因此，他强调指出，人的善应该永远"依照理性"，善与理性、道德与理性是一致的（第2部分，第19问题，

第 4 条）。

阿奎那明确区分了哲学和神学、理性和启示，他认为，每一对中的两者之间都没有矛盾，两者都是知识的源泉，都来自同一位神。两者的不同在于它们寻求真理的方法不同，理性奠基于有形的受造物之上，能够获得处理"信仰的前厅"的各种观念。启示求助于神，因为神是自在的，因此在其确定性以及主题上优先于理性。

例如，理性能够证明神存在，因为万物的存在证明必然有造物主的存在。阿奎那接受亚里士多德的逻辑原则——每个结果都有一个原因，每个原因都有在先的原因，由此推到第一因——所以他宣布，受造物可以追溯到神圣的第一因，即创造者。但是，神的全部知识，例如三位一体，仅仅来自启示。人只能从启示的知识中去发现自己的起源和命运。

阿奎那告诉我们，人的整个道德生活都依赖于美德，而每一种美德都用不同的方法把智慧引入我们的日常行为。美德和理智不可分离。例如，服从是重要的美德，但服从只是许多美德中的一种，而不是基本的美德（《神学大全》，第 2 部分，第 104 问题，第 2 条），从来没有盲目的服从。任何适当的法律，无论是人的还是上帝的，都要求得到我们的尊重。但是，并不是每一个政府法令或者教会权威的敕令都配称为法律。真正的法律必须是一种合理的指令。如果敕令不合理，那么就不能允许它，而且应要求人们不服从它（第 2 部分，第 90 问题）。

阿奎那认为，一个人的道德决定归根结底都是他自己做出的。他会寻求他认为的聪明人的指点，以聪明人为他的顾问。他在这样做的时候，由于顾问是他自己选择的，不管顾问教他怎么去做，他最后还是得为自己所做的事情负责任。他在选择一个而不是另一个顾问时，已经是站在道德的立场上。无论顾问说什么，最终的选择是他的，而不是顾问的（第 2 部分，第 104 问题，第 5 条）。

阿奎那认为，人的行为倘若不在自己力量的制约之内，他所做的一些事也就无功也无过。不过，人的行为通常不是完全被动的（第2部分，第6和94问题）。一个人只有在理智地要求自己采取这种或那种行动时，才可以说，他是以人，而不是奴隶的方式在行动。有理性的人也会受到他人的影响，但是最后做出选择，也必须承担责任的是他自己，不是他的精神顾问，不是他的主教，也不是他的教皇。

阿奎那的这种人文主义道德观虽然是在基督教的话语传统中表述的，但不难转化为我们今天世俗的人文主义道德观：人选择自己的行为，并为之承担责任。人身处于体制和制度之中，受到外在的各种影响和制约，包括道德和伦理的。然而，即便在体制和制度中，最终做出道德和行为选择的是个人，而不是那个体制，不是那个制度，更不是他的领导或上司。纳粹罪犯艾希曼在耶路撒冷接受审判的时候，就是企图把他杀害犹太人的道德责任推给向他下命令的上司和制度。无论是从阿奎那的基督教人文道德，还是从我们今天的世俗人文道德来看，这都是不能接受的。理性、自由、个人的责任感是任何一种人文主义者的试金石，就这个意义而言，阿奎那显然是合格的。

在阿奎那那里，基督教人文主义不只是哲学的理念，而且体现在他的国家观、政体观和法律观中，这三个方面构成人的现实生活世界，也影响着统治君王限制和压迫被统治者的个人理性和精神自由的方式。

2.国王恶法和无道暴君

阿奎那说，无道暴君是那些"在追求个人的目的时损害了公共利益"的统治者，他在《彼得·朗巴德〈嘉言录〉诠释》第二篇里明确提出，基督徒没有义务服从这样的无道暴政。有五条理由。

第一，基督教徒已经成为上帝的儿女，像在《罗马书》里读到的，"圣灵与我们的心同证我们是'神的儿女'"（8∶16）。因此，除了对神，基督教徒到处都是不受拘束的，因而也就不必服从世俗的权力。

第二，奴役是由罪孽产生的，当人们接受洗礼的时候，所有的罪孽都已经被洗涤干净，所以他们现在已经不受奴役的束缚。受洗既是死（淹死），也是重生；受洗是人消除罪孽的象征性仪式，受洗的净水洗涤人的所有罪孽。

第三，一个较大的义务解除一个较小的义务，正如新法律解除人们遵守旧法律的义务一样。但是，人通过受洗礼，确定对上帝负有义务，这一神圣义务的约束力超过所有其他的义务。一个人由于遭受奴役而对另一个人所承担的义务不能与他对上帝的义务相比。一个人通过受洗，就能摆脱对任何奴役者的义务。

第四，如果有机会的话，任何人都可以收回别人非法向他夺取的东西。许多世俗的君王通过违反上帝意志的恶法我行我素，横暴地占据其统治的土地。当人民反抗恶法的叛乱机会来到时，他们并没有服从君王的义务。

第五，人民也没有义务服从那些死有余辜的无道暴君。这与西塞罗的共和思想非常相似。西塞罗在《论义务》（第 1 卷，章 26）中为杀死恺撒的人辩护，他认为，即使是恺撒的朋友或亲戚也没有服从恺撒的义务，因为恺撒以一个僭主的方式篡夺了王权。弑恺撒是正当的，因为恺撒无道在先。

在被统治者应该如何对待统治者的问题上，阿奎那特别提到《圣经》里的两个说法。第一个是《彼得前书》的说法："你们作仆人的，凡事要存敬畏的心顺服主人，不但顺服那善良温和的，就是那乖僻的也要顺服。"（2∶18）第二个是《罗马书》里的说法："抗拒掌权的，就是抗拒神的命令。"（13∶2）既然抗拒神的命令是不被允许的，那么抗拒世俗的权力也是不被允许的。从字义上看，这两段话的意思都可以解释为，即便是暴君和暴政，人们也有服从的义务。阿奎那显然不同意这样的解释。

他认为，正确的解释是，这两段文字都可以理解为：基督徒有反抗暴政的权利。他是这样论证的："在遵守某项规定的过程中，服从是与对于这种遵守所负的义务有关的。这种义务起源于带有拘束力的掌权者的命令，而拘束的范围则不仅以世俗的观点，而且以宗教的观点为依据，并参照良心的要求，像圣保罗所说的（《罗马书》，13∶3）；并且，这是因为掌权者的命令起源于上帝，像这位使徒在同一段话里所说的那样。因此，对于基督教徒来说，服从的义务是这种权威来自上帝的结果，并随着这一情况的终止而终止。"[1]

基督教里有一个反暴君和反暴政的传统，在这个传统中，阿奎那对后世起到重要的积极影响。在他对君王权威与法律的阐述中，君王有权威，不是因为君王是统治者，手里掌握着人民的生杀大权，而是因为君主的权威与源于上帝的神圣法律是一致的。阿奎那认为，并非所有的君王权威都是从上帝那里得来的，正相反，"（君王）权威可能由于两种缘故不是从上帝方面得来的：或者是由于获得权威的方法，或者是由于对权威的用法"。[2]

因此，法律对政府和君王的统治合法性具有特别重要的意义。阿奎那所说的法律不是政府随心所欲订立的那种用于压迫人民的法律，而是神圣法和自然法一致的正义之法。

法律在界定个人、政治体和上帝的联系时起着关键作用，但是，

---

1 托马斯·阿奎那著，马清槐译，《阿奎那政治著作选》，商务印书馆，1963年，第150页。
2 同上。

恶法和善法所起的作用是不同的。阿奎那将基督教的上帝和理性观与两种古代人文观念结合在一起，一种是亚里士多德关于理性和终极目的的观点，另一种是西塞罗关于自然法的观点。他通过这三者的结合，构建出一套指导人类事务的基督教法律理论。这体现在他四种法律类型的区分中。

首先是"永恒法"。这是上帝永恒不变的理性，是上帝为宇宙制订的计划，它影响着包括非理性生物在内的一切事物。

其次是"神圣法"。它主要适用于宗教和教会问题，体现为基督教的基本教义，由教会通过启示来解释和执行，基督徒则是通过启示得以领会。

接下来是"自然法"。这是铭刻在人类心灵上的永恒法，它只存在于人类身上。它决定着人的终极目的，协助人们寻求自己的根本人生目标。有两种类型的自然法：一种是思辨理性的自然法，适用于诸如形而上学这样的领域。另一种是实践理性的自然法，它包括人寻求善、保存自我以及繁衍后代等要求，通过正义的普遍原则来指导人的种种行为。

最后才是"人定法"。它必须效仿自然法，寻求推进正义和上帝的意志。当个人自己的理性失效时，就必须用人定法来帮助他们。而且，人定法对指导一个共同体服务于正义，对所有成员的共同目标也很重要。人定法只有遵循自然法才能成为真正的法；人定法不能背离自然法，否则就是恶法。人定法的目的是帮助人们实现他们的终极目的。若不如此，君王就违背了上帝意志的自然法，成为暴君，而不是有道之君。

阿奎那对法的四种分类有中世纪经院哲学的特色，虽有条理但却繁琐。今天，人们将法分为两种，一种是实在法（positive law），一种是更高法（higher law）。根源不同的信仰体系中，更高法可以是神圣法，也可以是自然法，还可以是由人类各国共同确定的对全人类都必不可少的普遍原则，如联合国通过的普遍人权、公民权等。

阿奎那在对法、国家、权威、服从、政治的思考中，事实上用人性代替了奥古斯丁的原罪论，他因此不得不比许多其他基督教思想家更直接面临恶和人性恶的难题。他认为，恶不能单独存在，恶是指善的不在场，恶是对善的偏离。这种偏离分为两种。

第一种是在事物自身中的偏离，源于创造而表现为天然缺陷，即"天生如此"。人性自身中的种种弱点和缺陷就是这种性质的对善的偏离，贪婪、自私、妒忌、仇恨、怒气、控制欲等都是人与生俱来的，都是对爱的偏离。但是，不同的人有不同的偏离程度，有的人比其他人偏离得更加严重。

第二种是因为人的意志不完善、理性不健全而表现出来的对善的偏离。当人不听从上帝、不接受良心约束、丧失理性、不服从律法和准则时，就会发生恶的偏离，这是"意志如此"。人虽然都会有恨意，但并非人人都会对他人残忍；人虽然都有情欲，但并非人人都会去强奸；人虽然都会妒忌，但并非人人都会因此而去诬陷、告密；人虽然都有自私和贪婪的一面，但并非人人都会去抢劫、偷盗或敲诈勒索。就算君主都有权力欲，也并非所有的君主都会成为暴君。奥勒留是罗马的五贤帝之一，而他的亲生儿子，后来继承罗马帝位的康茂德却是一个著名的暴君。从根本上说，康茂德与他父亲奥勒留的不同不在于基本的人性，而在于控制人性之中弱点和缺陷的意志和理性。因此，父亲的善是不会在儿子身上自然传承的。

今天，我们从社会心理学、进化心理学，从研究人的情绪和欲望，去认识人性恶的问题，不是为了从根本上改变人性（这是不可能的），而是为了了解如何发现和保持人性中的善，防止发生从善向恶的偏离。但是，另一方面，这类研究也发现，环境的力量可能诱导人性发生恶的偏离，而一旦发生恶的偏离，就可能变成人的第二天性，以至于人性中的善被彻底扼杀。这样的人性认识与阿奎那的基督教人性观是一致的。

基督教对恶和人性恶的见解仍然影响着现代人对政治制度和政治权力运作的理解与认识。其中最明显的就是根据"人性不善"，包括奥古斯丁所说的"原罪"和阿奎那的"从善偏离"（"天生如此"和"意志如此"），来设计政治制度和制定政治权力运作的规则。由于原罪或人性之恶的观念，人们普遍对政治人物的腐败和国家权力的滥用保持戒备。但是，另一方面，出于对人是上帝造物、在堕落前是天使的信念，对国家优化人的秩序和公民教育的功能仍有所期待，至少没有完全丧失希望。

当然，基督教传统的政治学说并不是单一的，而是同时存在不同的模式。美国基督教存在主义神学家、哲学家保罗·蒂利希（Paul Tillich，1886—1965）在《政治期望》（Political Expectation）一书中曾对比三种国家模式：霍布斯（Thomas Hobbes，1588—1679）的国家是魔鬼；洛克（John Locke，1632—1704）的国家是守夜人；卢梭的国家是尘世的上帝。

在霍布斯那里，国家的目的不是实现正义，而仅仅是实现和平与秩序。人们不能期望国家带给他们美好的理想，而只希望国家使他们脱离无政府状态，得到安全。强大的"利维坦"是一个警察，而不是导师；它只有外在的强权，而没有内在的道德权威。总之，它是消极工具而不是积极工具。霍布斯虽然极力为国家主权辩护，但他为国家主权所设定的目标却是有限的。

在洛克看来，自然状态有一些缺陷，而国家则是作为这些缺陷的补救措施被发明和接受的。它只是一个庸俗的人类建构，不具有任何圣化的意义和伦理的及审美的价值。它的职能至为消极，没有崇高的使命和精神性职责，不需要采取主动的积极的作为。它不是社会的动力和源泉，不需要创造、推动和指导，只需给个人和社会提供外在的保护和仲裁。

以霍布斯和洛克为代表的古典自由主义国家观至为消极。它承袭基督教中奥古斯丁的传统，冷漠地看待国家，冷酷地定义国家。国家不是攀向天堂的金梯，最多是抵御滑入地狱的屏障。基督教附在国家头上的魔咒，传到不信任国家和政府权力的自由主义者手中。

但是，卢梭的启蒙主义国家观中包含对人性的积极评估，他的"公意"观中就包含着对人类集体向善意志的肯定。他严格区分国家和政府：国家是公意的体现，而政府只是在个体公民与主权者之间建立的一个中间体。国家是由于自身而存在的，因为公意必须有所体现。政府则只能是由于主权者而存在，政府掌握的只是人民暂时托付给他们的权力。所以，国家是自由人民的国家，而"行政权力的受任者绝不是人民的主人，他们只是人民的官吏；只要人民愿意，就可以委任他们，也可以撤换他们"。康德（Immanuel Kant，1724—1804）深受卢梭的影响，他认为，国家是人在法律之下的统一，是人们从自然状态进入法治状态的产物。作为人们平等和自由的基础与根本内容的道德要求人们进入法治状态，因为只有在这种状态下，人们的权力才会得到充分的尊重。

毫无疑问，阿奎那的基督教政治见解是中世纪政治思想中最接近18世纪启蒙政治观念的那一部分，虽然离我们已经显得相当遥远，但却并不陌生。正如唐特雷佛在《阿奎那政治著作选》序言里说的，阿奎那的不少政治见解"明显地反映出现代思想的趋势。近代主权国家的观念正是从法国和意大利南部出发，走上它那遍及欧洲的革命道路的"。[1]

1　托马斯·阿奎那著，马清槐译，《阿奎那政治著作选》，第29页。

3. 今天怎么阅读阿奎那

今天的中国读者，除非是专门研究神学的，一般更感兴趣的不一定是阿奎那的神学，而是他那里可以让我们联系今天政治和社会伦理思考的一些具体问题。这里就来举几个例子。

第一个问题是，国家能不能消除暴力？我们没有理由相信国家能消除暴力。可以说，阿奎那的国家观学说几乎完全继承亚里士多德关于自然和社会的思想。在国家的起源问题上，他引用亚里士多德最著名的论断："人是天生的政治动物。"在他看来，人作为自然的产物，来到世间时一无所有。但自然赋予人以理性、语言及双手，使人能够做到自给自足。不过只有依靠他人，互相分工合作，个人才能够取得其生存所需的一切，因而人的本性使人倾向于在城邦中过集体和政治生活，否则人就会是非人，不是神就是兽。

阿奎那在《宽容与教会—国家关系》（"Tolerance and Church-State Relations"）一文中说："然而，人在本性上是一种社会动物和政治动物，生活在一群他的同类之中；确实，人比所有其他动物都更加如此，自然的必然性清晰地表明这一点。……不过，对人来说，所有这些都不是自然提供的，相反，他被赋予理性……于是，人与其他同类共同生活，这就是很自然的了。"[1]

阿奎那认为，国家是一种自然的制度，是为维护人的自然物质需要而存在的，超自然的需要则由教会来满足和指引（在这一点上不同于亚里士多德）。国家维护和平，协调公民追求各自的幸福，保障充足的生活资源，清除暴力造成的不稳定因素。这些是国家为人的自然物质需要提供的服务。阿奎那对国家目的和功能的看法是理想主义的，今天我们知道，国家不仅不能消除暴力，而且根本就

1　Thomas Aquians, *On Law, Morality, and Politics*, ed., W. P. Baumgarth, Indianapolis: Hackett Publishing Co., 1988, 263-264.

是暴力机器，甚至是专政机器；国家是暴力的垄断者，这种暴力的力量要百倍地超过个人暴力。

第二个问题是，国家是以恶制恶，还是以善制恶？阿奎那的"以善制恶"论与奥古斯丁的"以恶制恶"论形成鲜明的对比，代表中世纪基督教政治的两种对立观点。从过去的经验来看，奥古斯丁比阿奎那的看法更接近我们所知道的政治现实。

奥古斯丁认为，由于从恩典中堕落，人类并不是自然地倾向于社会生活。相反，他们是自利的，需要国家来强制建立秩序、服从和社会合作。没有国家，人就会无法无天，各行其是；换句话说，国家存在的目的是为了管理堕落的人类。亚当和夏娃从恩典中堕落，破坏宇宙的和谐秩序，也破坏自然和人性的原始和谐。奥古斯丁说："人类一方面在本性上比任何其他物种更具社会性，另一方面却由于堕落而更爱争吵。"人性处处显示这样的堕落或不和谐，人在一起要么争斗不休，要么钩心斗角；嫉妒、贪婪、自私、幸灾乐祸，无不让世俗的共同生活苦不堪言。国家的目的就是管束堕落的人类，以恶治恶。

奥古斯丁称"国家与罪犯帮伙同等，无正义可言"，他把社会和政治制度解释为原罪的结果和神的补救办法。但是，阿奎那并不认为国家是神单纯根据堕落的人类的实际情况而指定的一种必要的指导，他仿效亚里士多德的办法，从人性得出国家的观念。在这个观念里，自然秩序与神的秩序是一致的，而不是有所矛盾。如果说奥古斯丁在国家问题上的思考是霍布斯式的，那么阿奎那则是卢梭式的，他认为国家不仅有教导人民的责任，而且还一定会有这个能力。阿奎那的看法是我们今天难以苟同的。

在奥古斯丁那里，国家法律的功能相当有限，它们只能起到维护基本秩序的作用。但是，国家法律所维护的秩序却远非正义。罗马帝国的社会制度，若以教会的标准来看都是非正义的，比如私有制、奴隶制、国家机器的暴力等。国家法律之所以要维护这种不义的秩序，是为了避免更大的不义。所以，奥古斯丁认为，尽管国家法律所维护的远非正义，但是它们却是不可或缺的，这是人类在堕落状态中难以逃脱的现实。不过，人们必须清楚，在国家法律之外，尚有更高的法律存在，这就是上帝自然法（神法）。自然法在国家法律的限度之外发挥着作用。如果说国家法律只能达到相对的有限的正义，那么实现彻底的绝对正义就有赖于自然法的功能。在这一点上，美国建国之父们传承了奥古斯丁的传统。麦迪逊说，如果人是天使，那就根本不需要政府，政府的存在本身就是人的耻辱。这是政治现实主义的观念。

但是，阿奎那与奥古斯丁不同，他借用亚里士多德的观点，认为使政府成为必要的是人的理性与合群能力，而不是人的罪恶。他在《论君主政治》（*De Regno*）第 1 篇里说："人理应共同生活，因为如果他要像隐士那样生活着，他就不能靠自己的资源筹措人生的一切必需品。所以由此可以推断，就足够供应人生的必需品这一点来说，一个共同生活的社会是比较完善的。的确，以营养、繁殖等基本必需品而论，同住在一宅的家庭之中有某种程度的充分的资力。同样地，在一个地区你可以找到某一行业或职业所需要的一切东西。但是，在一个城市里，有着一个供应各方面生活所需的完善的社会；在一个省里，我们甚至可以举出更好的范例，因为在这种情况下，还加上结成同盟以防御敌人进攻的互助协作。"[1]

阿奎那虽然在有些地方暗示混合政体也许是最好的，但他明确主张的是君权神授的君主制。他说："无论谁治理一个完善的社会，不管那是城市还是省份，都可以被正当地称为君主。"[2] 君主之所以为君主，不在于他的权力，而在于他对于国家的责任，所以，阿奎那

---

1 托马斯·阿奎那著，马清槐译，《阿奎那政治著作选》，第 47 页。
2 同上。

说：“一个区域或一个城市由一个人治理的好，还是由许多人治理的好，这个问题最好从考虑政治的目的入手。任何统治者都应当以谋求他所治理的区域的幸福为目的；正如舵手的任务是驾驶船只穿过惊波骇浪以达于安全的港口一样。”[1]

由君主一个人治理是最好的政体形式，这是因为，“蜜蜂有一个王，而在整个宇宙间有一个上帝，即造物主和万物之主。这是完全合乎理性的”。而且，“这个结论也可以从经验得到证明。现在并非由一人所统治的城市或省份，常常由于倾轧而陷于分裂，并纷争不断；所以，当上帝说‘许多牧人毁坏我的葡萄园’（《耶利米书》，12：10）的时候，他的话看来是要应验的。反之，由一个国王所统治的城市和省份却是一片升平气象，公道之风盛行，并因财富充盈而民情欢腾。所以上帝通过先知答应他的人民：作为一个巨大的恩惠，他要把他们放在一人之下，只有一个君主来统治他们大众”。[2]

阿奎那也认为，“由一个国王执掌政权的政体是最好的政体，同样地，由一个暴君执掌政权的政体是最坏的统治形式”。腐化变质会使得君主政治成为最坏的政体，也就是无道的暴君政治。他指出，“使政权无道的因素是，统治者在追求个人的目的时损害了公共利益。所以，公共利益所受的损害愈大，政权就愈加无道”。[3]

今天，我们有理由把这样的“政治理论”视为“君王宝鉴”一类的建言，它旨在向君主提出如何进行统治、君主的职责是什么的建议。正如唐特雷佛指出，阿奎那的伦理化“政治理论”可能在现代人听来是异常陈腐的：不论是荣誉或光荣会鼓励一个君主实施仁政，还是一个君主的权力可以与灵魂对肉体、上帝对宇宙的权力相比拟，还是不合乎正义的法律在良心上具有拘束力。这种伦理化的

1　托马斯·阿奎那著，马清槐译，《阿奎那政治著作选》，第 48 页。

2　同上，第 49 页。

3　同上，第 50 页。

政治学说也是中国古代最常见的，例如，"君者，舟也；庶人者，水也；水则载舟，水则覆舟"，在今天已经是很空洞的老生常谈。

第三个问题是，人的社会性意味着什么？与亚里士多德"人天生就是社会动物"的自然论主张不同，阿奎那的"人是社会动物，人选择与同类共同生活"，是因为有上帝给人理性。人与同类共同生活是人的理智选择，不是自然倾向。人是因为理性选择才发展出共同生活的社会方式。在这一点上他似乎比亚里士多德更加合理。承认和强调人的社会性，这就必然会要求重新看待个人之罪和社会集体之罪的关系，更多地思考社会集体之罪对个人道德堕落的影响。

在《旧约》里，罪的社会性质可以理解为上帝与以色列民族（而非仅仅个人）之间所立圣约的破裂。罪不仅影响个人与上帝的关系，而且影响到整个以色列民族（不管是"坏人"还是"好人"）与上帝的关系。上帝召唤整个以色列民族悔改，整个民族的悔改甚至比个人的悔改更为紧迫。以色列先知不仅诅咒个人的罪恶，而且痛感以色列民族的集体罪恶更加深重，更加引起上帝的愤怒。他们清楚地看到那些隐藏在社会结构、政治制度和文化传统中的罪恶，并召唤人们为这些罪恶忏悔。

1946 年，德国哲学家雅斯贝尔斯（Karl Jasper，1883—1969）在《德国罪过问题》（*Die Schuldfrage*）中就曾强调德国人的集体罪责。他指出，现代国家的所有公民都必须为国家之罪承担政治罪责，因为在现代国家中的每一个公民都不是非政治的。不管一个公民喜不喜欢他的政府，政府所作所为的后果必然涉及所有的公民。政治罪责对于那些反对国家罪行的公民来说看似不公正，但是每个公众却仍然必须为他的政府的行为担负责任。

社会性罪恶的严重性远超过个人的罪恶，因为社会性罪恶一经产生便迅速渗透到社会肌体的每个细胞中，破坏所有人与上帝的关系。而且社会性罪恶倾向于借政治势力和文化传统来自我掩饰，甚至颠倒黑白，把不正义解释成正义，或者把不正义的行为合理化。个人的罪性没有这种力量，只有深深植根于社会和文化中的罪性才有这种强大的力量。

上帝警告说："以色列人三番四次地犯罪，我必不免去他们的刑罚；因他们为银子卖了义人，为一双鞋卖了穷人。"（《阿摩司书》，2：6）这是整个以色列民族和社会，而非个人的邪恶行径。倘若一个社会借政治制度和文化习俗把这种邪恶行径合理化，使之成为一种司空见惯的现象，这种社会无疑是罪上加罪、恶上加恶。令先知阿摩司痛心疾首的这种不义行为显然已经超出个人罪性的范围，从而涉及把一切不义正当化的社会制度和政治、文化力量，因为充满罪性的社会和文化传统乃是滋生和孕育个人罪性的温床。个人罪性中的残忍在一种不义的社会中，则会演化成对穷人和弱者的残酷压榨，从而使个人的罪性发挥到极致，以至于"见穷人头上所蒙的灰也都垂涎"（《阿摩司书》，2：7）。

今天，关注社会公正和正义，重点已经不是哪一个富人的花天酒地、哪一个贪官的穷奢极欲、哪一个权贵暴发户的极度贪婪和为富不仁，而是制度和社会结构造成的极端贫富悬殊。少数富豪的身价动辄数亿、几十亿、成百上千亿，而数以亿计的老百姓每个月的收入不过一两千元。那些暴富者之所以暴富，不只是因为他们个人的人性中有比其他人更多的贪婪、自私、狡诈、虚伪、残忍、冷酷，还因为他们利用了政治社会制度的漏洞。

"朱门酒肉臭，路有冻死骨"和"窃钩者诛，窃国者侯"说的都是制度之罪，但是另一方面，那些朱门之人和窃国之侯，他们的个人罪行无可避免地影响到他人，乃至社会，损害整个国家的肌体。人构筑国家体制，又为这个体制所制约。人类中存在的某些罪恶显然不仅仅扎根于人性之中，更是直接植根于社会制度之中。最早也是最强烈谴责这种社会性不公不义罪性的，正是以阿奎那为代表的基督教人文主义的道德教诲。

今天阅读托马斯·阿奎那，他思想中最可贵的也许正是这样的基督教人文主义，不是现成的基督教道德观，而是作为这种道德判断基础的人的理性。阿奎那认为，人最本质的东西是理智。理智意味着人在理性的意义和结构中生活的能力。不是欲望或意志，而是理智使人成为人。人的欲望或意志是与低级动物所共有的，而人的理智，即人的心灵的理性结构是为人所特有的。

这种人文主义第一次把伦理学与美学结合起来。保罗·蒂利希在《基督教思想史》里称阿奎那是"中世纪第一个建立神学美学的人"。阿奎那把美与善联系起来，认为"美是善的一种，即在美之中灵魂不占有而安息着"；对此，蒂利希写道："你可以享受一幅图画，而不占有它；你可以享受到图画中所描绘的树木、海洋、房屋和人们的纯粹形式，而不需要占有它们。在艺术和在音乐中一样，灵魂中没有带有利益的享受。美就其本身来说，就是可以使人感到快乐。这是引导到人文主义方向的动机。"[1] 我们可以以相似的方式来阅读精致思想之美的阿奎那：我们需要的是充分了解和领略他的基督教人文主义，而不是全然接受或保留他的中世纪基督教经院神学。

1　保罗·蒂利希著，尹大贻译，《基督教思想史》，东方出版社，2010 年，第 181 页。

八 法兰西的玛丽《故事诗》

1. 性压抑和红杏出墙

从这里开始，我们要阅读法兰西的玛丽（Marie de France，活跃于 1160—1215 年）的《短篇故事叙事诗》（*Marie de France's Lais*，以下简称《故事诗》），同时也要特别关注一下包括女性读者在内的中世纪女性。

加拿大历史学家玛格丽特·韦德·拉巴格（Margaret Wade Labarge）在《微弱的喇叭声：中世纪生活中的女性》（*A Small Sound of the Trumpet: Women in Medieval Life*）一书里指出，中世纪鼎盛时期，从事智力活动的特权被男性牢牢掌握，但也有相当一部分女性明显涉足这一领域。那些涉足智力生活的女性有的是读者，有的是作者。在女作者当中，有神秘的法兰西的玛丽，她是中世纪鼎盛时期最伟大的作家之一，也许还是英国国王亨利二世（Henry II，1154—1189 年在位）的私生妹妹。她的一篇诗体故事《约尼克》（*Yonec*）就让我们看到中世纪的女性阅读，故事里的一位年迈妇人独处一隅，背诵着《诗篇》里的诗句。12 世纪法国的浪漫传奇作品《伊万》（*Yvain*）里也有女性阅读的景象：故事主人公走进一座城堡花园，看见一个有钱人背后垫着长袍，躺在丝绸上。跟前有位少女在朗读一篇浪漫故事，故事出自何人之手，我们不得而知。有位妇人为了听故事也早赶来了，她是少女的母亲，那位老爷是她的父亲。

11 至 12 世纪是一个口语文化与书写文化融合的时代。那时候，读者很少像我们今天这样用眼睛阅读书籍里的文字，他们主要是听别人朗读。法兰西的玛丽的作品也正处于这样一个时代。中世纪口语文化中的文学人物基本上是扁平的，没有很深刻的人物内心的发掘和刻画。沃尔特·翁（Walter J. Ong, 1912—2003）在《口语文化与书面文化》一书里指出，书写和阅读"使人从事费力、内化和个体的思想活动，这是口语文化里的人不可能从事的活动。在书写和阅读产生的个人世界里，才诞生了'丰满'的人物的感觉"。[1]

费希尔（Steven Roger Fischer）在《阅读的历史》一书中说："听读合一，是中世纪阅读的特点。如果说古希腊人和古罗马人借'莎草纸之舌'阅读显然是在维护口述特权的话，那么中世纪的欧洲人，甚至十来岁的少女，则是借'羊皮纸之眼'阅读。换言之，他们在认可口述地位的同时，也意识到个人阅读在社会中理应享有的平等地位，从而使'眼舌联姻'。随着读写的日益拓展，进而逐渐主导北欧的口述领地，口述与书写的碰撞和相互渗透则形成中世纪阅读的特点。"[2]

中世纪的阅读，虽有例外，但多数情况下仍然是一项集体活动。费希尔描述道："在阳光明媚的花园和人群聚集的大厅，诵读传奇故事和史诗的不再是管家和奴隶，而是自己的家人，这一点就足以

---

1 沃尔特·翁著，何道宽译，《口语文化与书面文化》，北京大学出版社，2008 年，第 117 页。
2 史蒂文·罗杰·费希尔著，李瑞林等译，《阅读的历史》，商务印书馆，2009 年，第 131 页。

让贵族及其妻室感到兴奋不已。教堂礼拜仪式上诵读《圣经》，修女和道士用餐时也聆听《圣经》。大学的课堂完全成了公共阅读的场所。正如在古罗马那样，所谓'出版的'书也只不过是在公共场合朗读而已。中世纪时期，几乎所有的'读者'都是'以听为读'的。"[1] 故事用诗体写成，是朗读文化在写作方式上体现出来的一个特点，"法兰西的玛丽"所创作的《故事诗》也不例外。

"法兰西的玛丽"这个名字听起来是不是有些奇怪？她又是谁？现在人们只知道她是一位诗人，可能出生于法国，并在 12 世纪后期居住在英国。她的生活情况无从得知，但几乎可以肯定她和她的作品在英国国王亨利二世的宫廷里广为人知。法兰西的玛丽——这个带地名的名字来自她的手稿，是由 16 世纪的百科全书家克洛德·佛舍（Claude Fauchet，1530—1602）从玛丽的《故事诗》后记中得来的。她是这样写的：我名为玛丽，来自法国。

现代研究者提出玛丽身世的多种可能性，例如，有人认为玛丽是沙夫茨伯里修女（Abbess of Shaftesbury），与英国国王亨利二世有一半的血缘关系，可能是他姐姐。不过这些说法也都只是假设而已。玛丽的身份虽然成谜，但她的作品却流传很广，尤其是她的《故事诗》。

所谓"故事诗"，作为一种古老的文学种类，原本是布列塔尼的传统民歌，称为"Bretonlais"，讲述的是凯尔特人的传说（Celtic legends）。凯尔特人分布在西欧，包括今天的爱尔兰、苏格兰、威尔士、英格兰和法国的布列塔尼。玛丽的故事诗不少就是取材于凯尔特人的传说，共 12 篇，最短的 118 行，最长的 1184 行，讲述的一般是宫廷爱情的三角恋、纠结的婚姻以及奇谈怪闻的男女故事。玛丽在故事里添加了许多生动的细节，故事的情节和人物似真非真，

1　史蒂文·罗杰·费希尔著，李瑞林等译，《阅读的历史》，第 131—132 页。

背景看似是真的，故事里却有怪异的事情。

例如，有一篇叫《狼人》（"Bisclavret"）的故事。狼人是一位布列塔尼的贵族，深受国王的喜爱。这位贵族有个怪毛病，就是每星期都消失三天。没有任何一个人知道他去了哪里，连他的妻子也不知道。妻子问他到底是怎么一回事。万般无奈下，贵族告诉妻子，他其实是个狼人。他还说，当他是狼形的时候，他必须把衣服藏在安全的地方，不然就恢复不了人的形态。他妻子得知真情之后，惊骇不已，想想自己"再躺到他身边"都觉得恶心，她决定要摆脱这样的丈夫。妻子原本有一个相好，是一位骑士。她和骑士商量好，等贵族变成狼的时候，就把他的衣服偷走，让他永远变不回人形。计划很顺利，丈夫没有回来，于是妻子就跟骑士结了婚。

一年后，国王去打猎，他的狗盯住一头狼，狼一见到国王，就扑到国王的坐骑跟前，抓住马镫，亲吻国王的脚和腿，似乎是在向他哀求。狼的举动让国王非常震惊，因为他从来没有见过这么温顺的野狼。国王的随从们个个都对狼的高贵和温柔赞叹不已。于是，国王把狼带回了自己的城堡。

话说贵族的妻子与骑士结婚后，岁月静好。一天，骑士和许多贵族一起被国王邀请到城堡里去参加派对。狼人也在城堡里，他一看到这位骑士，立刻向他猛扑过去。国王非常惊骇，因为这头狼一直非常温顺有礼，怎么一下子变得如此野性狂暴？宫廷里的人都知道这是头好狼，所以有人说，一定是骑士以前对狼做了什么。

不久后，国王来到骑士家的地区视察，狼人也在随行之列。骑士夫人得知国王驾到，为国王准备了许多礼物。当狼人见到他以前的妻子时，向她猛扑过去，一下子咬掉了她的鼻子。

国王身边的一位智者看在眼里，觉得定有蹊跷。狼的行为反常，而且这个女人又是狼不久前袭击过的那位骑士的妻子。智者还知道，这个女人就是失踪贵族的前妻。他把这些都禀报给国王，国王于是盘问那个女人，大刑伺候之下，女人招供了一切，还交出来她和骑士盗来的衣服。国王的士兵把衣服放在狼的前面，但他没有理会。智者于是建议士兵把狼和衣服带到一间寝室里，保护他的隐私。贵族恢复人形，来到国王面前。国王又惊又喜，拥抱这位贵族，将他的土地和财产物归原主，还放逐了那个坏骑士和坏女人。他们的后代从此都生出来就没有鼻子，让世人"在面部和外表上都非常容易辨认"他们是什么人。

如果我们把这样的故事当作 12 世纪女性创作的产物，那么也就不能只是把它们当作娱乐消遣的读物，而是需要探寻其深层的社会文化和女性处境的信息。在玛丽的故事诗里，这样的信息是非常丰富的，这也是为什么这些故事一直是今天人们研究中世纪文学的重要材料。

在玛丽的故事诗里，女人的爱经常伴随着苦难和不幸，其中超过一半的女性人物有与人通奸的事情，《狼人》的故事就是这样。在基督教的文化环境里，玛丽对女人通奸似乎持反对态度，因为通奸的女人是"坏女人"。《狼人》里的坏女人最后为她所做的坏事付出代价，与基督教相信恶有恶报是一致的。

但是，这个坏女人之所以成为坏女人又是有原因的，是可以理解的。狼人欺骗她在先，而且有一个狼人的丈夫，对哪一个女人来说都是一个残酷的现实，想要摆脱这个噩梦般的现实，再恩爱的夫妻之间都不可能不出现裂痕和背叛。中世纪的"狼人"有着特殊的文化含义，是恐怖的代名词，不是马人、羊人或其他的动物人。

日本学者阿部谨也（Abe Kinya，1935—2006）的《中世纪星空下》一书里有一篇《狼人传说》专门介绍"狼人"的文化含义。在古代地中海世界，狼是危害畜牧的动物，因此关于狼危害人类的传说极为丰富。在北欧传说中，住在铁森林（Eisenwelt）里的女巨人生了很多长得像狼的儿子。其中一人吃了人类的肉，吞了月亮，以血污染了天空及空气，因此使得太阳也失去光辉。9 至 12 世纪的作品里，人们以"狼的时间"来代表世界末日的到来。传说中"狼被解放"时也就是世界末日的来临时，被诸神捆绑、被锁住的狼将再度出现。

中世纪的人们认为，狼是恶魔创造出来的，与为神工作的狗为敌。传说敲打用狼皮做成的大鼓，马和羊会闻声逃窜。狼一直是人类惧怕的对象，人们认为狼是冬季和夜晚的动物，一到冬天，白雪覆盖整个森林时，狼就趋近村落，攻击家畜甚至人类，到了夜晚，甚至出现在家门前。饿狼的可怕传说流传于各地，在法国中部的贝里（Bery）地区，传说"狼连吃九天，之后的九天就不会危害动物或人类"。还有传说狼吃三个月的肉，喝三个月的血，啃三个月的野草，最后的三个月只靠空气过日子。

狼人的产生起于种种恶行，如"掠夺神殿、抢走尸体、诅咒加害、暗杀后隐藏尸体……夜间盗窃、放火、强奸"。因此，狼人的"狼性"可以转变成其他关于"男人秘密"的比喻：酗酒、赌博、毒瘾、家暴、外遇等。要是一个女人知道自己嫁给一个隐蔽的狼人，她该生活在怎样的恐怖之中！所以，《狼人》故事里的妻子并不是因为"坏"，才厌弃她的丈夫，另找一位骑士情人。玛丽很能理解女人为什么会变坏，为什么会出轨，所以她在某些情况下又并不全然反对婚外情。

在《狼人》的故事里，到底谁是受害者？是妻子还是丈夫？丈夫爱妻子就可以欺骗她吗？同样，丈夫爱妻子就可以将她"金屋藏娇"吗？伊曼纽尔·迈克尔（Emanuel J. Michael Jr）在《法兰西的玛丽》一书里说，在玛丽的故事里，"即使爱本身是对的，爱也总是带有痛苦，并经常以哀伤来收场"。[1]

1　Emanuel J. Michael Jr, *Marie de France*, Woodbridge: Twayne Publishers, 1974, 48.

玛丽的故事里的女主角经常被囚禁。这种囚禁经常是老夫少妻婚姻中丈夫限制妻子与外界交往的方式，禁止她接触陌生男子。我们之后要谈到的《约尼克》和《吉格马尔》这两个故事里，两个年轻的少妇都是被老年丈夫幽禁起来的，美其名曰"金屋藏娇"，其实是使人丧失人身自由。即使不被幽禁的妻子，也会受到严密监视。丈夫在场时会用眼睛盯着，丈夫出门时则由代理人盯着。在这种强大的性压迫下，"红杏出墙"事实上成了对社会和家庭道德戒律的抗议和反抗。

玛丽的故事里的女人经常是孤独的，她们太孤独了，所以需要情人，于是才"红杏出墙"。有的是因为"老牛吃嫩草"的老夫少妻婚姻使她们无法与丈夫沟通，也得不到丈夫的慰藉；有的是因为没有社交，感觉到自己生活在一个没有安全感的陌生空间。她们不像今天的职业妇女那样能够或希望融入社会，私密的情人之爱是她们唯一可以停靠情感小舟的港湾。如果社会不能容忍她们对情人的需要，她们宁愿要情人，而不要那个无情的社会。

女性对爱的那种执着和不顾一切，那种强烈的个人需要，当然是违背基督教教会传统的。玛丽笔下的那些女人通奸的故事里，有身份的女子诱惑男人，想方设法逃脱没有爱的婚姻关系和家庭，表现的是当时礼教所不能容忍的性要求和性自由。她的故事里流露出多种女性要求和情感方式，都与教会传统的一些基本原则不符，尤其是教会看重的女贞、处女、坚守妇道和从一而终的婚姻。正因为如此，她的故事里的女子经常显得既弱势又强势，她们受制于丈夫，但又不是省油的灯，经常会惹是生非，但却往往以痛苦收场，以悲剧告终。

2. 女人的偷情、欺骗和背叛

　　法兰西的玛丽的 12 个故事里，有一半以上的女主角是陷入某种情人关系的已婚妇女。这 12 个故事中的每一个都包含欺骗和骗局：夫妻之间、恋人之间或父母与子女之间。欺骗和行骗有多种不同的动机，有的是出于嫉妒或忌恨，有的是因为害怕或渴望报复，还有许多是因为色欲或其他罪恶的激情。玛丽的故事里的所有的欺骗都不是无缘无故的，就算不是为了自私自利的目的，也是有所图谋。行骗的结果和结局也多有不同，有的行骗得手，得到好处；有的事情败露，得不偿失。出于自保而非害人目的的欺骗至少在一些故事里是有好结果的，相反，许多损人利己的欺骗则给行骗者带来严重后果和惩罚。

　　行骗主要是为了男女之间的不伦之情，也就是人们所说的"通奸"。玛丽的故事里那些有通奸行为的女性，她们的形象与中世纪的道德观是有冲突的，是基督教里被谴责的一种"罪"。这样的道德冲突在玛丽的故事里又是如何被化解的？

　　法国文学批评家雅克·德·卡卢维（Jacques de Caluwé）在《法兰西的玛丽的故事诗里的基督教元素》（"L'Élément chrétien dans les Lais de Marie de France"）一文中说，至少在初读玛丽的故事时，人们不会觉得她是在讲述与道德有关的故事。也就是说，一般人都是把那些从传说中借来的故事当作消遣和娱乐读物来阅读的。但是，读者在细细品味和思考这些故事之后，就会从中察觉到道德和伦理意涵。

　　纽约大学比较文学教授伊夫琳·伯奇·维茨（Evelyn Birge Vitz）在对玛丽故事道德内涵的评论《法兰西的玛丽的故事诗："叙事语法"和文学文本》中指出，玛丽的故事中涉及的"罪"是复杂的，通奸是这些故事的一个重要主题，通奸并不自动成为一种罪，在通奸故事的叙述中其实包含更为复杂的道德思考。维茨写道："故事里的丈夫们像是薄伽丘《十日谈》里的那些丈夫一样，当然不愿意戴绿帽子，巴不得狠狠地惩罚偷情的老婆和她的情人。但是，老婆和情人，还有玛丽自己，他们对偷情有自己的看法。他们认为，偷情不是一概而论的'罪'而该受惩罚。但是，也不能说通奸根本或从来就不是罪或'错'。"因此，"通奸作为一种对'坏事'（méfait）或事关惩罚的叙述，本身是暧昧和不确定的。显然，在女贞之德和通奸之恶的黑白对立之外，至少还有三对独立的关系：约束与自由、忠诚与不忠诚、暴力与非暴力"。

也就是说，有的妻子偷情是情有可原的，至少玛丽的故事的叙述语气和结果让读者觉得如此。这些女子都是被迫嫁给妒忌成性的年老丈夫（例如《约尼克》）。还有的妻子或丈夫在婚外偷情是有罪的，因为他们背叛自己曾经爱过的配偶（例如狼人的妻子）。虽然玛丽对偷情本身并无特别的反感，但她清楚地表明，以偷情为手段谋杀丈夫，绝对是不应该的（例如《埃基坦》）。

之前我们介绍了玛丽故事里的《狼人》，这里再介绍一下《埃基坦》。故事是这样的：

国王埃基坦的总管有一个美丽的妻子，国王爱上这位女子。国王知道他的总管对他很忠诚，所以他不想伤害总管，但却又爱上了他的妻子，所以内心十分纠结。国王终于向那女子表白爱情，因为地位太悬殊，所以那女子先是不相信。但国王再三表白自己是真情实意，愿意当那女子的仆人，女子接受了国王，两人开始夫妇关系般的恋情。

这女子对国王不放心，有一次哭着问国王会不会抛弃她，而另有新欢。国王对她说，他是真心爱她，若不是因为她丈夫，早就娶她为妻。于是这女子便提议除掉她丈夫——趁她丈夫洗澡的时候，神不知鬼不觉地用沸水烫死他。国王觉得这是个好主意。

后来，国王和总管一同外出狩猎。他们住在一个小屋里，卧室里并排有两个浴桶。总管出去取东西的时候，国王和女人在一个浴桶里倒满沸水，然后两人上床，干那苟且之事。总管回到小屋，当场捉奸在床。国王光着身子，赶紧想找个地方躲起来，结果慌不择路，不小心跳进沸水桶。总管抓住他的妻子，把她的头也按进沸水桶里，这一对男女便都被烫死。

《埃基坦》一开始就是一个女子背叛丈夫的故事，一男一女的通奸虽然不是女的先开的头，但后来动了杀夫之心的却是那女子。那女子想成为国王的妻子，享受荣华富贵，贪图富贵的欲念越强，杀心也就越狠毒。

在玛丽的故事里，通奸一般不是什么大罪，因为通奸者往往是因为有真爱，所以才会不顾一切，铤而走险。但是，《埃基坦》里的故事不同，这一对有奸情的男女，男的是为了满足情欲，女的是贪图富贵。男的背叛忠诚的仆人，女的背叛无辜的丈夫。最后两个人一起图谋杀人，所以罪上加罪。

《埃基坦》给人一个恶有恶报的教训，用玛丽总的话来说就是："谁愿意听取一些合理的建议／就可以从这个事例中受益：／谁想要害别人／邪恶就会反弹到他自己身上。"（第307—310行）害人者最后害了自己。

与《埃基坦》相比，《吉格马尔》这个故事里的背叛和罪的主题就更加复杂，有好几层的欺骗和背叛纠结在一起。吉格马尔是一个勇敢而明智的骑士，他洁身自好，对任何浪漫爱情都不感兴趣。一天，他在一次狩猎探险中受了重伤。他被告知，只有一个人能治愈他的伤口，那是一个爱他并愿意为他受苦的女人，而他自己也会因为她而受苦。

然后，骑士被放进一艘无人驾驶的空船里在海上漂流，他来到一个地方，那里住着一对有钱的老夫少妻。妻子被她丈夫严密地监禁在一个与外界隔绝的地方，三面是高墙，只有一面是一个花园，前面就是大海。骑士的船漂到花园前的海滩，女子接待了骑士，并为他治疗伤口。骑士爱上她，她也就成了骑士的情人，两人甜甜蜜蜜地在一起生活了一年半的时间。但他们一直提心吊胆怕会被丈夫发现，作为海誓山盟，女子在骑士的衬衫上打了一个只有她自己才能解开的结，而骑士则在女子腰间系上一根只有他自己才能解开的腰带。

故事说到这里，你一定发现，这个女子背叛了她丈夫，不是一次，而是两次。她那位老丈夫因为嫉妒，不让女子见外人，但女子见了骑士，而且还向丈夫隐瞒骑士的存在，这已经是一种背叛。女子可能是因为寂寞已久，所以一见到这位英俊的陌生人，就感到好奇和兴奋，这还情有可原。可是，女子和骑士很快有了情人关系，她瞒着丈夫与骑士过起甜蜜的小日子，这是对丈夫更严重的二次背叛。

女子和骑士交换爱情信物后不久，丈夫便发现这件事。他让人把骑士放回到海上的那艘空船里，让他自生自灭。

两年后，一直被丈夫监禁的年轻妻子找到一个逃脱的机会，她跑到海边，正准备投海自尽，却看到有一艘空船。她上了船，船漂到一个地方，那是贵族领主梅里亚杜克的城堡，那贵族对这女子表现出极大的爱意，但她拒绝了，并告诉那贵族，自己只爱那个能解开她腰带的骑士吉格马尔。

梅里亚杜克正在与另一位贵族领主交战，所以征召吉格马尔和其他一些骑士来替他打仗。梅里亚杜克在宴会上要求吉格马尔证明那女子说的是真话，要他们当场解开衬衣上和腰带上的两个结，但事后却又不准许两个情人在一起。吉格马尔和新征召来的骑士们一起动手，杀了梅里亚杜克，然后满心欢喜地带着心爱的女人远走高飞。

这一对恋人各自都犯有背叛之罪，其中这位女子从幽禁地逃跑，背叛她丈夫。而且，她想要自杀，那是背叛上帝之罪，与背叛上帝相比，背叛丈夫只是轻微之罪。她的情人吉格马尔也有背叛行为，因为他是梅里亚杜克征召来的骑士，按照骑士的荣誉观，应该对梅里亚杜克绝对服从，但他最后却杀了梅里亚杜克，为了心爱的女人，破了骑士的规矩。

但是，这一对情人，一个是为了逃脱将她幽禁的霸道丈夫，一个是为了摆脱蛮横无理的贵族领主，都情有可原，甚至值得同情。所以，他们非但没有为自己的背叛之罪受到惩罚，而且还有幸福美满的结局。这样的故事情节明显反映作者玛丽对"罪"与"惩罚"的道德判断原则。

读者一般会对《吉格马尔》里的年轻妻子抱有同情，因为他们不喜欢老夫少妻这样的婚配，更对丈夫幽禁妻子有所反感。被幽禁的年轻妻子被昼夜守卫，孤独委屈，其痛苦可想而知。她有婚外情，但那是为了改变或摆脱她的不幸婚姻，动机是渴望有爱的伴侣。所以她在故事里没有受到任何惩罚。

这位女子是软性家暴的受害者，而她只是想逃脱老富人对她的人生控制，并没有想害死丈夫。这与《埃基坦》故事里的那个狠毒妇人想用沸水烫死丈夫是完全不同的。狠毒妇人先是通奸，继而又谋划杀人害命。她贪图荣华富贵，为自己的幸福不惜置丈夫于死地。她在故事里受到严厉的惩罚，结果死于非命，完全是咎由自取。

对比这两个故事就会发现，玛丽的故事里有中世纪通常的那种善恶有报的观念，但她又有自己的独到见解。虽然通奸是基督教里的一宗"罪"，但玛丽对这个罪该受到怎样的惩罚却有她自己的看法。例如，即使是应该受到惩罚，惩罚的方式也不相同。《吉格马尔》里的妻子想用沸水烫死丈夫，心地歹毒，她的报应是眼前的现报，当即死于非命。《狼人》中的妻子心地虽坏，但还没有那么歹毒，所以她的报应来得比较迟，而且，也只是被咬掉鼻子而已，性命无忧。

相比起中世纪基督教对"罪人"和"罪行"的严厉教规，玛丽对罪与罚的伦理观反倒更接近我们今天的"情境伦理"（situational ethics）。情境伦理不同于"守法主义"的伦理。在守法主义看来，任何婚外情都是错的，这是道德原则，也是行为规范。"通奸"是守法主义的一个带有道德谴责意味的贬义词。但是，情境伦理认为，人在做道德选择时，不以固定不变的道德原则或行为规范为基础，而以特殊情境中的独特性来界定选择的性质。"婚外情"便可以成为情境伦理的一个道德意味中立的说法。"偷情"这个说法似乎介于"通奸"和"婚外情"之间。

玛丽在"婚外情"问题上的立场似乎是，不主张放弃对罪过的惩罚，因为每个人都必须为自己的行为负责；但是，同时也应该根据罪过发生的动机、原因等具体情况，顾及人的普遍自然情绪、情感、欲望和其他因素，从常情常理而不是道德或法律教条来对"罪行"做出裁断。情境伦理学创始人约瑟夫·弗莱彻（Joseph F. Fletcher, 1905—1991）说："没有什么是好是坏，除非它帮助或伤害了人。"他还说："道德判断是决定，而不是结论，应该根据情况而不是规定来作出决定。我们应该追求人的福祉，而不是追求原则。"在12世纪的法兰西的玛丽那里，我们就已经能够看到这种现代人道德判断的理性和通达。

3. 骑士精神和"男子汉"

玛丽《故事诗》的12个故事里，男主角全都是骑士。加利福尼亚浸会大学文学教授托马斯·施奈德（Thomas R. Schneider）在《法兰西的玛丽造型人物的骑士气质》（"The Chivalric Masculinity of

Marie de France's Shape-Characters"）一文中指出，12 世纪的骑士已经不再只是史诗作品中的人物，而且更成为浪漫故事中的人物。骑士也就不再只是忠于职守、骁勇善战的战士，而且变化出一种具备俊美外貌、人品和气质吸引力的男子形象。随着"骑士"与"魅力男性"之间的联系变得更加紧密，作为美德人格的骑士也就越是朝理想"情人型"骑士的方向变化。[1]"骑士"一直是中世纪"男子汉"的典型人物，骑士形象的变化标志着中世纪文明的变化。

中世纪骑士文化是查理曼大帝（Charlemagne，747—814）于 9世纪初建立封建体制、中世纪文明得以复兴后的产物。自罗马帝国以来，查理曼于 8 世纪首度统一西欧大部分地区，为后世的法国、德国以及低地诸国作为一个政治实体奠下基石，被后世称为"欧洲之父"。他在 768 年登上法兰克王国王位，并在 774 年取得伦巴第国王的头衔。800 年，他被罗马教皇加冕为"罗马人的皇帝"，史称"查理曼大帝"。这位雄才大略的皇帝和他的几位继承人深刻意识到文化建设对于封建统治的重要性，开始在全帝国境内鼓励教育、兴办学校、招聘学者、教授"七艺"（文法、修辞、逻辑、算术、几何、天文和音乐），西欧的文化从此开始缓慢地复苏，后人把这段历史称为"加洛林王朝文化复兴"。查理曼建立的大法兰克被称为加洛林帝国，其生产组织基本形式是封建庄园。国王及其臣下、教俗封建贵族都有许多庄园分布全国各地。"骑士"便是这种封建制度文化的一部分。

骑士又称武士，原为欧洲中世纪受过正规军事训练的骑兵，后来成为一种贵族阶层。骑士的头衔来自另一位骑士或是领主的册封，骑士除了能获得自己的封地，也必须为其效忠的领主作战，战时须自备武器与马匹。现代部分欧洲国家仍保留骑士头衔为有特殊贡献

1 Thomas R. Schneider, "The Chivalric Masculinity of Marie de France's Shape-Characters," *Scriptorium Press*, Vol. 26, No. 3 (2016), 25-40.

的人做荣誉表扬，通称为"爵士"（Sir）。在对骑士的描述中（如文学作品），骑士往往是勇敢、忠诚的象征，他们以骑士精神为行事守则，是英雄的化身。

在整个中世纪，封建制度的模式并不是一成不变的，其核心的骑士精神在9至14世纪之间也同样在不断改变，从粗俗发展到精致，由尚武变化为文明。然而，骑士精神的核心理想一直得到延承。骑士的美德第一是勇敢，能打仗。第二，骑士还要忠诚和可靠，因为他们的生活和财产都依赖于可以相互帮助和信任的关系，在领主与骑士、骑士与骑士之间都是如此。讲真话和保持忠诚成为骑士理想中的重要伦理。第三，骑士是慷慨的，这是使他们有人缘、受欢迎的一种品质，他们为社会提供的服务是不求回报的慷慨行为。勇敢、忠诚、慷慨是骑士生活世界所需要的三项主要美德。

骑士的这三项美德开始与基督教并没有必然的联系，但后来被基督教化，骑士文化因此也成为中世纪文化的重要部分。开始的时候，骑士的美德让他们有理由自命不凡，自我吹嘘，这是他们的骄傲。可是，按照基督教的教导，骄傲是人最严重的一宗罪。因此，后来的基督教骑士把傲慢、吹嘘和虚荣都视为罪恶。除了对上帝的死敌，他应当举止谦卑，不应当吹嘘，甚至还要贬低自己和自己的英雄业绩。

由于基督教的影响，骑士精神还添加了另外一些基督教道德元素。例如，谦卑进入了骑士的理想，与谦卑有关的"谦恭""彬彬有礼""礼貌"也是如此，这些让骑士获得社会的广泛认可。又例如，基督教价值要求积极的慈善、善行和爱邻居，因此爱与仁慈也成了骑士的美德。

但是，这些美德很难引入战争状态中的骑士精神。战争意味着对敌人造成伤害，爱和仁慈不适用于敌人。基督教骑士的爱、仁慈、与人为善都只是适用于"自己人"：为自己人解救危难，不计报酬地向他们及时伸出援手。与此同时，基督教骑士杀死敌基督的异教徒，这是他们的光荣职责和高尚行为。这种敌我有别的骑士理想是在十字军东征期间形成的（第一次十字军东征发生在1096—1099年）。

除了上面说到的基督教骑士美德，还有一些骑士美德更显示出中世纪基督教特色。首先是正统信仰，根除异端，摧毁异教。因此，如果没有基督教意义上的信仰，没有信仰的圣礼证明（洗礼、参加弥撒），任何人都不能成为骑士。而且，如果一个骑士没有基督教信仰，那么就算他在战斗中表现得再怎么英勇无敌，死了也只能是蒙羞而死。

由于基督教的信仰，骑士精神发展为对基督教教会的服从，在获取十字架时，每位骑士都必须清楚地立下誓言，这样的誓言也被纳入圣殿骑士团和医院骑士团等十字军骑士团的宪章之中。许多犯罪的骑士最终成为隐修士。圣殿骑士团和医院骑士团的骑士还发誓过独身生活。在这些十字军修道团体中，骑士和修道的轨道相互交叉。

但是，作为一个生理正常、健康的男子，骑士是否应该像教士那样，因为要全心服务天主而保持独身？骑士是否也要倡导独身的美德？独身的美德没有正式被纳入过骑士的人格理想，因为它几乎无法与骑士的"爱"或"情"共存，不管如何优雅，如何礼貌，骑士对异性的激情都是难以用对天主的虔诚来代替的。事实上，骑士通常是一位情人或者已婚男子——或者两者都是。

玛丽的故事诗里的骑士，他们最突出的是具有"情种"特征的男子汉气质：对女性"多情""温柔""礼貌"，至于一般的勇敢、忠诚，或者慷慨、谦恭、有礼，那些都是次要的。只有"情种"骑士才是许多女性眼里格外富有魅力的男子汉。她们其实并不在乎这些"汉子"有没有所谓的骑士美德，她们在意的是他们是不是自己喜欢的男人。

在她们眼里，一个好骑士是能合女人心意、让女人喜欢上的骑士，能一见钟情，那就更好。她们更在乎的是骑士能不能满足她们的爱欲需要，包括情感的和肉体的。对故事里的女人们来说，这两种满足同样重要，绝对缺一不可。女人们对骑士有这样的期待，多情的骑士又怎么会没有相应的表现呢？

在玛丽的《约尼克》里有这样一个故事：凯尔文特的领主是一个非常富有的老头子，他娶了一个很年轻的美貌女子。老头子担心妻子会对他不忠，所以把她囚禁在一座塔中，并指派这女子的姐姐关照和看守她。这部分的情节令人想起《吉格马尔》里的老头子幽禁年轻妻子的故事。

随着岁月的流逝，年轻的少妇悲叹自己的不幸处境，不再注意自己的容貌，听任自己的美丽一点一点消失。有一天，她向上帝哭泣，希望自己能像童话故事中那样经历一次浪漫的爱情。突然，一只老鹰出现在她的窗户上。这只老鹰变成一个名叫穆杜马雷克的英俊骑士。骑士对少妇表白自己的爱情，说自己一直只是在远方默默注视少妇，最后鼓起勇气，决定向她表白自己的爱慕之情。今日向少妇敞开心扉，是为了娶她为妻。少妇虽然对英俊的骑士一见钟情，但起先还不肯同意，她对老鹰骑士说，害怕他是魔鬼派来引诱她误入歧途的坏人。其实她还另有心思，怕他是那种对女人无用的男人。

玛丽在故事里的这一段叙述非常有意思。少妇一见到老鹰骑士，就对他的英俊十分着迷，心想他是否就是上帝，"因为他是如此俊美／（少妇）一辈子都没见过，／以后也不可能再见到"（第141—144行）。但是，凡人与上帝之间又怎么能有男女之事呢？少妇需要的不仅是精神的安慰，她也需要肉体的慰藉。当少妇确信骑士是从老鹰变来的时候，她想的仍然是骑士能不能有正常男人的那种能力。她不能确定，"鸟人的爱是不是真的可能"（第140行）。对这位少妇来说，骑士最重要的不是他是否能信守爱的诺言，而是他是否有满足女性要求的那种"男子汉"能力。这在中世纪是非常大胆的女性心理描述，虽然很含蓄，但并不遮掩。

后来骑士打消了少妇的疑虑，证明自己确实有男子汉的能力，他和少妇在床上度过了一段快乐时光之后，不得不离开。在走之前，他告诉少妇，只要少妇愿意，他就会去拜访她，但警告她"要保持节制"。

少妇自从与老鹰骑士有了恋情关系，人也变得容光焕发。家里的人都对她的美貌产生怀疑，用更严密的方法监视她的一举一动。当嫉妒的丈夫得知有一位变身骑士在房子周围活动时，便在窗户四周暗暗布下许多铁钉。骑士又来与少妇幽会，结果在穿过窗户的时候受了致命伤。他告诉少妇，她的未出生的孩子要取名"约尼克"，让孩子长大为父母报仇。

老鹰骑士飞走了，少妇从窗户上跳下来，沿着血迹来到一座银光闪闪的城市。几经寻找，她终于找到奄奄一息的骑士。骑士给她一枚魔法戒指，这会让她的老头丈夫不再记得她的不忠。骑士还给少妇一把剑，少妇逃离银色城市的时候，听到为她爱人之死而鸣响的丧钟声。

少妇后来生了一个孩子，起名为约尼克。约尼克长大后，有一次，和母亲以及她那位老丈夫一起来到一个修道院。他们在那里看到一座漂亮的坟墓，一打听，说墓主是穆杜马雷克，也就是老鹰骑士。母亲告诉约尼克，他真正的父亲就是老鹰骑士，并把他父亲留下的剑交给他，说完自己倒地而亡。约尼克用剑杀死自己的继父，为自己的生身父母报了仇。他还将母亲和父亲葬在一起，自己成了凯尔文特的新领主。

我们不妨回想一下《狼人》里的故事。那个故事里也有人变动物、动物变人的情节，变的是狼，所以叫狼人。狼人的妻子发现了他变形的秘密，他的男子汉形象彻底毁灭。狼人对妻子承认："我亲爱的／我变成一头狼／跑进树林里去／在密林里／我靠捕食为生。"（第63—67行）妻子听后的第一个问题是"你穿什么"，丈夫回答说"我赤身露体"（第70行）。妻子吓坏了，当时只有一个念头："我不能再跟他睡了。"（第102行）她的丈夫已经不可能再是她要的男子汉了，不管他对妻子多么温柔有礼，不管他有多么美好的骑士风度和品格，反正他不能再是女人要的"男人"。一个不能当男人、不能当情人的骑士，是一个无法满足女性欲望的非人和废人。这就很清楚地让我们看到，在12世纪的中世纪，至少对女人来说，骑士其实已经从一种高尚品质的"人格类型"转化为一种女人爱欲需要的"情人类型"。

女性占据了中世纪读者相当大的部分，女性读者的喜好在相当大的程度上影响那个时代的宫廷爱情和骑士爱情的文学写作，应该是不难理解的。法兰西的玛丽是一位女作家，她对女性文学爱好者的了解应该比男性作者更为直接，也更为透彻。在她的故事里，她改编和重述布列塔尼的古老传说，但也调适这些传说，使之更贴近真实的女性心理，同时又能适合她那个时代的基督教规范。

法兰西的玛丽添加的许多细节里包含着她自己关于男情女爱的观点。在她看来，骑士爱情和宫廷爱情并不比教会的家庭观念更接近人的自然情欲。爱是抽象的，情欲是真实的，是一个男人和一个女人的相互需要，也是他们两个个体之间的事情。

然而，这种真实而自然的需要又必须用罪、贞操、责任、义务、背叛、惩罚、报应这样的基督教道德话语来言说。如果男情女爱不理会这样的道德话语，那就一定会有严重后果，其结局一定是苦难和悲惨。法兰西的玛丽的这种观念也许不只是在接受基督教的正统戒律，而是也在表现对她那个时代的性别不公的不满，甚至反抗意识。在这个意义上可以说，玛丽的故事里的女性觉醒是相当超前于她那个时代的，难怪她的故事在今天还能有许许多多的现代读者。

九　玛·阿希·季诺夫人《列那狐》

1. 没有狐狸精的狐狸故事

玛·阿希·季诺夫人（Mme. Mad. H. Giraud）生活于 12 至 13 世纪的法国，生卒年不详。她根据当时流传于法国的民间寓言故事，编写了《列那狐传奇》（*Roman de Renart*，下称《列那狐》）。《列那狐》原来的故事大约在 1170 至 1250 年成形，最初是长篇故事诗，作者有多人，大多已经难以查考。后来还有不少续篇和仿作，连德国大诗人歌德都根据这个故事写过叙事诗《列那狐》。今天流传最广的版本是季诺夫人改写的 33 篇散文体故事，相当于一部长篇小说，成书约在 1174 年。

在谈到《列那狐》时，德国法学家、哲学家和作家雅各布·格林（Jacob Grimm，1785—1863），这个与其弟威廉·格林（Wilhelm Grimm，1786—1859）一起搜集并编纂《格林童话》的人，曾不无骄傲地说，《列那狐》里的那些动物寓言是来自条顿人（Teutonen）的讽刺。这种讽刺的动物故事被用来暗示人间各种强者对弱者的欺凌，嘲讽用谎话和虚伪掩饰起来的暴力和残忍，涉及的都是现象而非制度本质。这样的讽刺是相对温和的。

条顿人是古代日耳曼人的一个分支，以爱好自由著称。1世纪罗马历史学家塔西佗（Gaius Cornelius Tacitus，56—120）的《日耳曼尼亚志》（Germania，98）记叙的日耳曼人生机勃勃、富于战斗精神，与当时罗马帝国普遍存在的腐化堕落的情形形成鲜明的对比：一个是新兴的、蒸蒸日上的社会，另一个则是没落的、江河日下的国家。

公元前4世纪时的条顿人大致分布在易北河下游的沿海地带，后来逐步和日耳曼其他部落融合。后世常以条顿人泛指日耳曼人及其后裔，或直接以此称呼德国人。研究者认为，最早的动物连续故事（不同于短小、分散的古希腊伊索寓言）是德国作家于612年创作的，《列那狐》是在那之后500多年的12世纪后半叶写成的，其中的故事不仅有来自德国的，还有来自荷兰、英国和法国的。

这些故事是在欧洲口耳相传好几个世纪之后，才在尼德兰（Netherlands）用古法语的八音节诗体（octosyllabic verses）写成的。其最古老的分支（约1174年）被认为由圣克卢的皮埃尔（Pierre de Saint-Cloud）所作。从1170至1250年，多个分支被汇集成集，带来一定的统一性。尽管这些故事的作者大多是匿名的，但也有知道名字的，如利松的里夏尔（Richard de Lison）、布里地区拉克鲁瓦的教士（the Prêtre de La Croix-en-Brie）。

《列那狐》包含若干个小故事。它们各有独立性，但又有共同的主角列那狐，所以也算一个长篇故事。故事里的角色全部都是动物，有狐狸列那、狼伊桑格兰、猫蒂伯尔、公鸡尚特克莱克等，所以也被称为动物寓言或野兽寓言（beast fables）。

动物寓言是自古便有的野兽文学的一种。一般而言，欧洲野兽文学包括两种类型：寓言和野兽史诗（或模拟史诗）。寓言很短，而史诗很长。《列那狐》是一部野兽史诗，其中的单独故事，是一个个的"寓言"，例如乌鸦铁丝林的故事，他被狡猾的狐狸欺骗，因此丢掉性命。法国中世纪历史专家让·巴塔尼（Jean Batany，1928—2012）把一个个的寓言故事称作"小情节"（parcellaires），而把整部的野兽史诗（或"韵文故事"[fabliau]）称为"整部故事"（unitaire）。简而言之，野兽史诗是框架故事（外部故事），它结合多个较短的故事（内部故事）。动物故事是很受欢迎的文学形式，它采用把动物人格化的方法，用动物世界来联系、影射和讽刺人类社会。

《列那狐》可以单独阅读，也可以作为一个整体来阅读。整体可以分为两个部分：第一部分以列那狐的小聪明为主，可以看作独立的故事，也可以视为第二部分——动物王国各种动物针对列那狐的讨伐以及列那狐如何设法脱身——的铺垫。第一部分主要是列那狐故事的狐狼之争，以及列那狐与其他动物的关系。每个故事自成一体，彼此之间没有强烈的连续性。如列那狐假传狮王诏令，言森林动物即日起杜绝相互杀害，以和平为主，以此来哄骗山雀大嫂、公鸡叫天晓等。还有其他的小故事，如列那狐在森林里倒地装死，诱捕爱管闲事的乌鸦黑尔蒙；赞美虚荣的乌鸦失灵，便鸦口夺奶酪，等等，这一部分戏谑成分较多。列那狐总是做损人利己的事情，虽然有时不能得逞（面对山雀大嫂、猫伯伯等），但许多动物都受到他的祸害。

第二部分主要是狮王对列那狐的廷审。狮王召开御前会议，所有的动物都必须出席，唯独列那狐缺席。他因为做过太多的坏事，害怕受到其他动物的控告，所以不敢露面。狼、狗、公鸡等都遭过列那狐的祸害，一同向狮王控告列那狐。动物王国历来秩序稳定，天下太平，如今列那狐这个坏蛋惹是生非，搅扰得上下不宁。狮王先后下令使臣狗熊和猫前去传召列那狐这个案犯，列那狐狡猾地利用熊性嗜蜜、猫喜捕鼠的弱点，设计诱惑他们，让他们无功而返。

最后，列那狐在堂弟獾的劝导下终于出现在狮王的面前。动物们同声谴责和控告列那狐，列那狐被判死刑。就在上绞刑台的时候，列那狐说要揭发一桩企图谋害狮王的密谋，还说要告诉狮王一个藏着宝藏的秘密地方。他的谎话诡计果然生效，他一下子受到狮王的宠爱。狮王对动物们说，列那狐一案并非铁案，可以改变。狮王的贪婪和昏聩成为一种嘲讽。

不同的版本有不同的结局。其中一个版本是，狮王后来发现自己上了当，再次传唤列那狐，列那狐又设计逃脱。狼对正义的缺失忍无可忍，要单挑列那狐，决一死战。但列那狐使了手脚，用诡计把狼彻底打败。狮王赦免列那狐所有的罪过，把它提升为王国最高等的臣民。另一个版本是，狮王后来发现自己上了当，带领动物大军，御驾亲征。最后列那狐以前往罗马朝圣为理由，获得释放。中世纪的时候，一个人受洗当了修士，就能获得好的供奉；做坏事受追捕，则逃到修道院去避难；犯了杀身之罪，远行朝圣就能够得到赎免。列那狐到罗马避祸，可视为故事矛头指向中世纪的教士与教会。

《列那狐》从头到尾的主角是列那狐，我们可以把这个动物史诗看作一部"流浪汉"小说。流浪汉小说的特点是结构松散，以一个主要人物的故事作为主线串联起来，有时连贯，有时拉拉扯扯。这个人物不是人们心目中的英雄，而是一个身上有不少缺点和毛病的角色，他所做的事情也有好有坏。我们可以把他经历的事情当片段的故事来读，也可以把所有的片段连成一体。最有趣也最重要的不是那些零零碎碎的故事，而是贯穿于整体的那个人物。马克·吐温的《哈克贝利·费恩历险记》就是流浪汉小说的典型例子，《列那狐》也可以说是这样的作品。

今天，《列那狐》经常被当作儿童读物，或者带有对贵族、僧侣和官吏讽刺的影射故事。如果只是在这个层次上阅读，那就很难理解它为什么在文艺复兴之后对许多现代文学人士，包括启蒙运动时代的歌德有如此重要的影响。

17 世纪文学权威研究者查尔斯·密什（Charles C. Mish）在《17 世纪的〈列那狐〉》一文中指出，《列那狐》在 17 世纪很有人气，主要是因为"这是一个狡猾的坏蛋的故事。他非常善于编造'大谎话'，做了各种危害其他动物的大坏事，然后不受惩罚，逃之夭夭。列那狐知道，用这种手法可以扰乱世界上任何法律，轻而易举地逃避正义的追究"。[1]

如果说列那狐扰乱了现存的秩序，那也不是为了什么正义的目的和事业。如果说那个秩序本来就不正义，那么列那狐扰乱秩序也不会使这个秩序变得更加正义，这就像以前占山为王的土匪强盗一样，他们作恶多端，但又是朝廷的敌人，他们破坏皇帝的太平天下，并不能真的给百姓带来什么好处。只是后来的土匪强盗树起正义的大旗，做出替天行道的样子。其实土匪一旦造反成功，得了天下，经常比被他们打倒的皇帝更加残暴无道。

列那狐当然不是要尝试这种"造反有理"的叛逆，但它却有自己的"作乱逻辑"，而且是一条屡试不爽的规律。那就是，像狮王这样昏庸的国王只配有列那狐这样的坏蛋来对付他。其他动物安分守己、服服帖帖，都不会对国王的权威和秩序形成任何威胁或挑战，唯独这个狡猾的列那狐有本事，也有胆量在国王的眼皮子底下破坏他的权威和秩序。老老实实的公民反抗、改变不了国王的专制，只有要阴招、使诡计和用下三烂手段，那才是对付专制国王的有效方法。这叫作一物降一物。

因此，如果说《列那狐》是一部讽刺作品，那么它并不只是在讽刺那些代表权威和秩序的国王、教会、贵族，而且也是在讽刺藐视他们——暗暗干坏事的列那狐。这才是让 17 世纪人们感兴趣的列那狐。

1　Charles C. Mish, "'Reynard the Fox' in the Seventeenth Century", Huntington Library Quarterly, Vol. 17, No. 4(Aug, 1954), 327-344.

对此，密什写道："揭发列那狐的动物们是正当和真实的一方。但是，列那狐有更强大的武器，他可以让其他动物对他的指控全然无效。虽然他一再被权威（国王）传审，但他在权威面前能把白的说成黑的。这种藐视秩序和权威的把戏，肯定会让人们觉得非常有趣。这样的故事已经足以使它在 17 世纪很受欢迎了。"[1]

列那狐确实能满足一种人们普遍的作乱心理需要，那就是，恶人自有恶人磨。恶人让恶人不痛快，这样的事情能让旁观者看了觉得痛快，觉得有趣，觉得好玩。不管这样的事情对旁观者有没有好处，他们只要能从中得到情绪上的宣泄就行。如果说《列那狐》是一部讽刺作品，那么普通人的这种作乱心理需要是不是也可以说是它的一个讽刺对象？当然，这种讽刺效果并不是原作品的意图，也不是所有的读者都能感知的。

列那狐与狮王之间虽然有一种恶人自有恶人磨的关系，但他们之间最后还是形成结盟的关系。狐狸的狡猾和狮子的力量，当这二者结合到一起的时候，也就会成为一种更加可怕的统治力量。文艺复兴时期政治理论家马基雅维里（Niccolò Machiavelli，1469—1527）就深刻地看到这种可能。他在《君主论》（Il Principe）第 18 章里对此提出令后世印象深刻的见解。他认为，"世界上有两种斗争方法：一种方法是运用法律，另一种方法是运用武力。第一种方法是属于人类特有的，而第二种方法则是属于野兽的。但是，因为前者常常有所不足，所以必须诉诸后者。因此，君主必须懂得怎样善于使用野兽和人类所特有的斗争方法"。他接着又说："君主既然必须懂得善于运用野兽的方法，他就应当同时效法狐狸与狮子。由于狮子不能够防止自己落入陷阱，而狐狸则不能够抵御豺狼，因此，君主必须是一头狐狸以便认识陷阱，同时又必须是一头狮子，以便

1　Mish, "'Reynard the Fox' in the Seventeenth Century", 327-344.

使豺狼惊骇，然而那些单纯依靠狮子的人却不理解这点。所以，当遵守信义反而对自己不利的时候，或者原来使自己做出承诺的理由现在不复存在的时候，一位英明的统治者绝不能够，也不应当遵守信义。"

我们不知道马基雅维里的动物比喻是不是来自《列那狐》，但只有狡猾的狐狸才能对付凶暴的狮子，这确实是《列那狐》故事里说的事情。而且，我们在故事里也看到，当狮子的凶暴和狐狸的奸猾结合到一起时，也就有了马基雅维里所说的那种非常强大的统治力量。

中世纪时期，《列那狐》在不同阶层的读者中都广受欢迎，为什么它会成为这样一部作品？它是在怎样的历史文化和文学背景下产生影响的？

2. 中世纪市民文化与动物故事

在我们今天的影视时代，电视、电影、电脑或手机上的"说话动物"故事都是被划入"儿童节目"的；"说话动物"的文字作品也同样被当作对智识要求不高的低层次或儿童文学。在许多人眼里，这类作品比较简单幼稚，没有深文大义，只是好玩和有趣，如果对孩子们说了什么道理，那也是非常粗浅的道理。

然而，在中世纪的文学中，"说话动物"故事有着与今天不同的意义。它是一种成人的而非儿童的文学类型，而且广受欢迎。看起来它的读者对象主要是广大的普通人，而不是少数的文化人士。不过，那时候的"普通人"和"文化人"的关系并不像我们今天可能以为的那么泾渭分明。

《列那狐》就是这样一部中世纪的"说话动物"文学作品，应该如何把它放在中世纪的文化环境中来理解它的巨大影响？英国历史学家彼得·伯克（Peter Burke）在《欧洲近代早期的大众文化》一书里为我们提供了一个有用的分析模式。

他指出，中世纪的时候，在欧洲的大部分地区，既存在社会的分层，又存在文化的分层。少数人能读会写，而大多数人目不识丁。为了处理这种复杂的文化分层，美国社会人类学家罗伯特·雷德菲尔德（Robert Redfield）曾在 1930 年提出，在某些社会的内部，并存着两种文化传统，一种是受过教育的少数人的"大传统"（the great tradition），另一种则是其余人的"小传统"（the little tradition）。大和小不是人数的多寡，而是在文化上被认为是"重要"和"不重要"的区别。雷德菲尔德说，大传统是在学校或教堂里培植起来的；小传统则是自生自长的，并在文盲充斥的乡村共同体生活中保持自己的存续。这两种传统相互依存，相互影响，而且将继续相互影响。[1]"小说"这种文学形式就是这样发展起来的。

伯克在雷德菲尔德的基础上进一步提出，"大传统""小传统"的区分不应该简单地理解为"精英"与"平民"的不同。事实上，虽然一般民众不参与"大传统"，但文化人士却是在不断参与"小传统"。

伯克指出，如果把读写能力当作精英的标准的话，那么，事实上，很多贵族和教士并不具有"读写"能力，或者只能吃力地读书写字，就像农民一样，直到 16 世纪还没有根本的改变。"在 1565 年前后的克拉科夫，80% 以上的穷贵族是文盲。一些乡村贵族和教区牧师的生活方式与他们周围的农民并没有多大的差别。他们也或多或少地脱离了大传统。大多数女贵族同样脱离了大传统，因为她们难得受到正规教育。或许，人们应当把女贵族看作介于上层社会

1　彼得·伯克著，王海良译，《欧洲近代早期的大众文化》，上海人民出版社，2005 年，第 29 页。

和非上层社会这两个群体之间的人群。在社会地位上她们属于上层社会，而从文化上看，她们又属于非上层社会。有趣的是，人们发现好几种由妇女编写的手抄歌本。受过教育的贵族通过他们的母亲、姐妹、妻子和女儿与大众文化保持联系，而且，在很多情况下，他们可能是由农家保姆带大的，听她们唱过民谣，讲过民间故事。"[1] 所以，《列那狐》在中世纪是具有双重性的：作者是大小两种传统之间的中介人，是大传统人参与小传统的作品，类似于拉伯雷的《巨人传》。拉伯雷既熟悉他那个时代的小传统，如酒馆、市场文化中的怪异故事或动物故事，也能驾轻就熟地利用大传统，如宫廷和显贵人士熟悉的宫廷故事。

《列那狐》中动物构成的是一个缩微的中世纪封建宫廷，是用动物在说宫廷故事。12 世纪的欧洲有数不清的这样的小宫廷，狮子就是宫廷的管理者，他最重要的事情就是控制好那些随时可能跟他捣乱的贵族，其中最令他头疼的就是列那狐。在几乎所有大大小小的故事后面，都有列那狐的身影，而所有的动物中就数列那狐最诡计多端。

《列那狐》里的所有角色都是自私自利的，但能够既满足私欲又不受惩罚的只有列那狐。在每个熟悉宫廷政治的大传统读者心里都有一个列那狐——谁不想随心所欲，同时又能逍遥法外？只是有贼心没贼胆，不敢像列那狐那样冒险罢了。列那狐做了每个廷臣想做而不敢做或做不到的事情，所以它成为每个廷臣下意识里羡慕和欣赏的"英雄"。这是普通民众读者不会有的体会。

《列那狐》的故事不是用拉丁语，而是用地方语言如法语、佛兰芒语（比利时荷兰语的旧称）、英语等写成的。从创作语言看起来似乎是一部小传统作品。伯克指出："中世纪人当中的大多数人

---

1 彼得·伯克著，王海良译，《欧洲近代早期的大众文化》，第 34 页。

只讲他们本地的方言，精英则用拉丁语或一种书面形式的本国语言讲话和书写。（精英）能讲方言，但把方言当作第二种语言或第三种语言。对精英而言，而且仅对他们而言，这两种传统具有不同的心理功能；大传统是严肃的，而小传统只是游戏。今天与这种情形相类似的是尼日利亚说英语的精英，他们所接受的西式教育并不妨碍他们参与传统的部族文化。"[1]方言是一种比拉丁语更适合讲述列那狐故事的游戏语言。

在欧洲，方言叙事体的文学源于 11 世纪，起因各地不同。所谓"方言"，不是我们今天理解的广东话、上海话，而是所有非拉丁语的语言，如法语、英语等。12 世纪中叶，方言文学在法国北部尤为流行，这是一种大众文学，《列那狐》就属于这样一种文学叙述。在内容上，这种文学叙述取代民族意识中的神话故事，在欧洲流传得更广。

中世纪时期几乎所有的方言叙事体作品都是为了诵读而创作的，这点可从文中表示引起注意或必要停顿（如"听着！"）等诸多叙述手段中看出。多数故事是用一种特殊的调式吟诵的，而并非吟唱。《列那狐》是用诗体写成的，也是用来吟诵的，与我们今天的阅读有很大的不同。

中世纪鼎盛时期的"大众"（非宗教的）文学仍为口述文学，面向的不是读者而是听者（就是当时的读者）。口述文学的风格、格式、题材、措辞、态度等特征皆取决于口述的形式本身。今天，我们以默读的方式品读这种作品，总会有一种"古怪"和"不自然"的感觉。

当时人们对待"阅读"的态度也与我们今天完全不同。位居社会最高阶层的许多人士，尤其是皇室的达官贵人，自己是不阅读

1 　彼得·伯克著，王海良译，《欧洲近代早期的大众文化》，第 34—35 页。

的，他们认为阅读是一门"技艺"，与他们的地位不相称，只适于受雇于人或任人解雇、地位卑微的牧师和书记员。在社会阶层的另一端，多数平民百姓总体上依旧迷信，知识贫乏，把文字视为某种"魔法"，他们没有阅读能力，当然也不可能买得起书籍。

一直到中世纪鼎盛时期，书籍都是非常贵重的物品，是个人的动产。书籍本身便是价值不菲的商品。例如，拜占庭有位贵族，名叫优斯塔修斯·布瓦拉斯（Eustathius Boilas）。他在1059年的遗嘱中列举自己最为珍贵的遗产，其中有《圣经》与各类史书、圣徒传记，甚至还有《亚历山大传奇》（Romance of Alexander）这样的名人传奇故事。

当时的抄本需要耗费大量人力和物力制作，先购买牛皮，进行处理后，再逐页手抄，所以与现在的教科书相比，真可谓天价。12世纪，萨姆森修道院长（Abbot Samson）为购买一部《圣经》抄本，竟支付了20马克，相当于一座城内住宅的价格。因此，多数情况下学校向学生外借课本，也许老师也经常这样做，当时的人讲信誉，所以这个办法行得通。学生通常并不研读这些书，只是把书作为辅助记忆的工具。在学校里，老师通常用粉笔将拉丁文语法规则写在黑板上，要求学生阅读并加以记忆，用的都是死记硬背的办法。

当时，最为流行的书籍之一是"圣咏经"（Psalter），即收录在每部《圣经》里的150首系列赞美诗。中世纪的多数"圣咏经"皆为拉丁文，内容的顺序和／或数目不尽相同，但都少不了赞美诗、挽歌、颂词、王室赞语以及朝圣者之歌。为了赞美上帝，以示祈愿和虔诚，这些诗篇在早期基督教会礼拜仪式中发挥着重要作用。尤其是12世纪，人们最常阅读的文类无疑仍然是拉丁文"时祷书"（Book of Hours）。时祷书包括"圣母小日课"（Little Office of the Blessed Virgin Mary，由若干简短仪式构成），祷告日内每隔一定时间通读一次。大部分时祷书照搬牧师的"日课"，包括各种赞美诗、经文片段、"亡者日课"（the Office of the Dead）、圣歌、圣徒至爱的祷文，甚至还会有记载圣日的教会历书。

在这样的宗教阅读气氛下，像《列那狐》这样的大众故事起到的是与嘉年华庆典类似的作用，为读者提供无拘无束的阅读快乐。列那狐可以做各种各样的坏事，并且永远有办法逃脱惩罚。动物的世界里根本不存在神为人间世界安排的秩序或规则，但是动物的世界又时时在提醒读者，人的世界就在离它不远的地方。列那狐有一个动物的身体，但他对待狮子国王、说话做事又都是用廷臣的方式，它的城堡既是它藏身的洞穴，又是一个贵族的庄园堡垒。列那狐偷鸡摸狗、对国王阳奉阴违，虽然有些离经叛道，但并非图谋不轨，它的异类行为带给读者的是开心、欢愉、好玩和有趣，一扫平时宗教阅读的肃穆沉闷。

当然，在《列那狐》中，读者也能发现一些讽刺性的象征意义，例如，狮王象征专制昏庸的国王，骆驼象征教皇，熊和狼则是残暴贪婪的封建领主和骑士的象征。但是，中世纪文学中有许多比《列那狐》尖锐得多的讽刺。

古手稿专家、德国哲学家保罗·莱曼（Paul Lehmann，1906—1994）在他的《中世纪讽刺文学》（*Die Parodie in Mitt*）一书中便集结许多中世纪讽刺文学的精华，其中有 9 世纪的《基普利亚努斯的餐会》（*Cena Cypriani*）和 11 至 12 世纪（部分来自 13 世纪）的《布兰诗歌》（*Carmina Burana*）。《基普利亚努斯的餐会》直接嘲笑和讽刺《圣经》里的故事，这在当时可谓胆大妄为。它这样"戏说"《圣经》故事：亚当在吃饱喝足后，躺下来睡着了。保罗因为鸡鸣的声音而无法安眠。宴会之后彼拉多端来洗手水。大卫弹着齐特琴，犹大和希罗底跳着舞，背叛者犹大亲吻所有人。宴会的隔天，所有受到招待的客人都带着礼物而来，亚伯拉罕带来公羊，利百加带了骆驼，以撒带了鹿，耶稣带了小羊，摩西则带了两块板来。但是，这时却忽然起了争执，因为约珥发现，这里面全部都是前一天被盗走的东西，因此把所有的客人抓起来拷问。在这样的嘲讽叙述中，所有的圣人和先贤都成了一帮盗贼。

与《布兰诗歌》这样直接讽刺教会贪婪和腐败的作品比较，《列那狐》的故事中虽然有讽刺的意思，但相对是表象的，并不激烈。

我们不妨把《列那狐》看作中世纪"城市文学"或"市民文学"的一个品种。中世纪城市文学的发展适应了市民对文化娱乐的要求。法国是西欧城市发展最早的国家之一，城市文学最发达。"韵文故事"是法国最流行的一种城市文学类型，经常结合故事和教谕（讽刺便是教谕的一种方式），作为"动物故事"和"野兽史诗"的《列那狐》就是其中最有代表性的一部作品。

动物寓言本身就是一种具有讽刺性的文学形式，不一定在于某些动物影射国王、贵族或是财主、富人，而在于动物与人类的关系本身就有它的讽刺意味。动物寓言在动物和人类之间建立起密切的联系，看似动物的人化（Homomorphism），其实更是人的动物化（Zoomorphism）。人与非人之间，不过是一线之隔，外貌的区别并不可靠。那么，人与非人的差别到底何在？

这与其说是一个生物学或动物学的问题，还不如说是一个如何做人的伦理哲学问题。英国文艺复兴时期诗人和讽刺作者乔治·威瑟（George Wither，1588—1667）把自己描绘成一个半人半羊的动物，写道：

> 我虽然看似有人的外形，
> 其实是一只野山羊；
> 在树林和旷野上长大，
> 那里几乎从来见不到人脸；

我粗皮糙肉，满身是毛，像羊一样

披着天生长出的外套。

这种人与非人的联系创造出一个人类与动物共享的意识和行为模式空间。动物有了人类的意识和行为，反之亦然。在最恶毒、最刻薄的咒骂中，坏人总是被骂成畜生、禽兽、野兽。兽性或者"禽兽不如"成了人类最大的恶和最不可饶恕的罪。但是，人们又经常本能地觉得，坏人还真的不如畜生或野兽，因为后者更具真性情、更真实、更诚实，不会装假；不懂伪善的是动物，而不是人类。动物故事是顾名思义的讽刺，因为它揭露的是文明社会中人类的兽性、伪装和人面兽心。动物寓言因此成为千百年来最受欢迎的文学样式之一，这种文学样式在 18 世纪斯威夫特（Jonathan Swift，1667—1745）《格列佛游记》（*Gulliver's Travels*）和 20 世纪乔治·奥威尔（George Orwell，1903—1950）《动物庄园》（*Animal Farm*）这样的作品里变得炉火纯青，也更成为成人必读的经典作品。

在动物故事里，动物只是作为一种寓言才成为有意义的存在。动物永远不能代替人，人写动物故事，归根结底还是在写人自己的故事。动物故事里其实隐含着人与动物的区别，而不是泯灭这种区别。接下来要谈的就是如何从动物故事读出人与动物的区别，或者说人和动物没有区别。

3. 道德和人性的动物寓言

直立的人和爬行的兽，这是许多寓言的一个对比主题。奥威尔的《动物庄园》中最戏剧性的一刻，就是猪变成像人类一样用双足行走的动物，从此猪就理所当然地成为比其他动物高贵，并有权支配和剥削它们的统治者。"惊愕之余，动物们停下脚步。……从农舍的门口走来一长串的猪，都用后腿走路。有些比其他的走得更好，有一两只有点不稳，看起来好像它们希望得到一根棍子的支持，但它们每个都成功地在院子里走动。最后，一阵巨大的狗叫声和黑公鸡尖锐的鸣叫声传来，拿破仑（猪的首领）本人走了出来，他威风凛凛地站在那里，向四周投去傲慢的目光，他的狗围着他打转。他的手上带着一根鞭子。"[1]

拿破仑从农舍中走出来，就像《失乐园》中的亚当和夏娃第一次走出来一样，"威风凛凛"或"神一般的挺拔"。他似乎是眼前所有动物的主宰。通过直立的姿势，《动物庄园》中的猪宣称它们的权威，它们的威严，它们像以前人类主子那样的高贵。奥威尔的文本显示那是一个寓言，把猪的虚伪和腐败与它们神话般的直立拟人联系起来。

庄严的权力宣告仪式就这样结束了，当好奇的动物围观农庄的餐厅时，猪们正在招待邻居农民的代表团，动物的新主人猪们与人类的客人是平起平坐的。一个声音在愤怒地喊叫，这些猪跟我们本来都是一样的。但这些猪现在可神气啦，它们满脸是志得意满的神情。围观的动物从猪看向人，又从人看向猪，再从猪看向人；它们已经分不清哪个是哪个了。

奥威尔的讽刺是明显的，常言道"人模狗样"，形容低俗的人装出一副高雅的样子，奥威尔的故事说的是"人模猪样"，下贱猥琐但诡计多端的猪做出一副人的模样，以显示其高等身份，最具标志性的模样就是直立而行。当猪也能像人一样直立行走的时候，人与兽的外部区分就已经被消除。

西方文化中最基本的具身隐喻之一就是，为人类和动物的区别

1　George Orwell, *Animal Farm*, New York: Harcourt, 1946, 110-111.

设立一个空间定位：人类是向上的；动物是向下的。这种定向隐喻源于对人和动物之间物理差异的某种理解：直立的姿势使人类可以将目光投向上方，从而思考天堂。西方思想中的这一神学观念可以追溯到柏拉图：直立的姿势将人类与其他生物区分开来。罗马诗人奥维德（Ovid，前43—17）在《变形记》第一卷中写道："当其他动物垂头丧气地看着地面时，（造物主）让人直立起来，让他仰望天堂，抬头仰望星空。"[1]英国诗人约翰·多恩（John Donne）在他的《紧急时刻的奉献》（"Devotions upon Emergent Occasions"）一文中呼应了这一思想："我们认为人的身体有一个特权和优势，高于其他的生物，那就是他不像其他生物那样卑躬屈膝，而是具有直立的形态，自然而然地建立和适应对天堂的思考。"[2]

在这样的神学传统中，直立的姿势是人作为"上帝形象"（imago Dei）最重要的身体特征。约翰·弥尔顿（John Milton，1608—1674）在他的诗《失乐园》中介绍亚当和夏娃时，描述他们与其他动物相比是"神一样的直立"。作为活生生的生物，他们让人感到新鲜和陌生：

> 两个形状高贵得多的，直立而高大。
>
> 神一样的直立，带着本土的荣耀
>
> 赤裸裸的威严，似乎是万物之主。
>
> 他们是值得的，因为在他们神圣的外表下
>
> 他们光荣的造物主的形象闪闪发光。
>
> （Paradise Lost, 4.287-91）

1　Ovid, *Metamorphoses,* Trans. Mary M. Innes, London: Penguin, 1955, 31.

2　John Donne, *Devotions upon Emergent Occasions*, Michigan: University of Michigan Press, 1959, 17.

弥尔顿将直立与威严联系起来。他认为直立的姿势不仅仅是将人与动物区分开来，而且还使人有能力战胜动物。最初的人类似乎是他们所看到的一切的主宰，因为他们直立起来，面朝前，比任何动物敌手都视野开阔，眼观六路，耳听八方，所以智慧超群，所向无敌。

在西方传统中，人与动物之间的关系在某种意义上是一个姿势问题。圣经《但以理书》中的一个故事情节说明了这一点，它讲述骄傲的巴比伦国王尼布甲尼撒（Nebuchadnezzar）因不承认上天的主权而失去他的直立姿态。有一天，尼布甲尼撒走在巴比伦王宫的屋顶上吹嘘道："这大巴比伦不是我用大能大力建为京都，要显我威严的荣耀吗？"（《但以理书》，4：30）上帝严厉地惩罚这位狂妄自大的国王。"当时这话就应验在尼布甲尼撒的身上，他被赶出离开世人，吃草如牛，身被天露滴湿，头发长长，好像鹰毛。指甲长长，如同鸟爪。"（《但以理书》，4：33）

尼布甲尼撒从此再也无法直起身子，只能像牛一样靠四肢支撑着低头吃草，就这样持续七年。后来，是因为他举目向天，赞美上帝，才恢复到真正的人形。"七年的日子满了，我尼布甲尼撒举目望天，我的理智恢复过来，我就称颂至高者，赞美尊崇活到永远的神。他的统治永无穷尽，他的国度直到万代。"（《但以理书》，4：34）尼布甲尼撒的身体从向下改为向上，通过仰望和赞美上帝，他恢复理智、直立的姿势，从而最终恢复人性。

人直立而行，用两条腿走路，就必须竖直自己的身体。当人体无法竖直的时候，我们不是说他的两条腿出了毛病，而是说他的脊梁弯曲了。几乎在所有的人类生活里，人们总是把人的垂直姿态与正面的道德概念联系起来，用垂直的隐喻来描述一个人符合"正"和"直"的社会规范：正直、正派、刚正、正人君子。中文里的"正"相当于英语中的"rectitude"，意思是在行为或思想上符合公认的道德标准。这个字来源于后古典时期的拉丁语"rectitudo"，意思是"直立的姿态"。当一个人或一个社会不再能以这样的道德标准来生活，他们便被视为断了脊梁骨，只能像动物一样匍匐在地，像牲口一样任人役使，像兽类一样互相撕咬和残害。美国传播学教授兰德尔·彼特沃克（Randall L. Bytwerk）在《弯曲的脊梁》（*Bending Spines: The Propagandas of Nazi Germany and the German Democratic Republic*）中剖析德国极权主义统治下普通人为何和如何陷入一种愚昧、服从、苦难的状态，不再有人的权利和尊严，运用的就是一个不能直立就不像人的比喻。

直立及其道德寓言并不限于西方宗教传统，中文的"正直""昂首挺胸""挺直腰杆"一类的说法便是证明。在西方，这一观念还可以在现代哲学和人类学论述中找到。康德在《实践理性批判》的结论中写道，"上面的星空"让人的心灵"充满新的、越来越多的钦佩和敬畏"。仰望天空能让人感觉到自己的渺小，"觉得人就像动物那样不重要"。[1] 人不能直立而行，便只能是爬行的兽。康德充满激情地写道，"上面的星空和内在的道德法则仿佛在我的两侧印刻着我的尊严：前者代表我作为一个动物生命的一面，而后者则代表我作为一个属于理解世界的智能的一面。前者的意识唤起谦卑；后者的要求则令我升华，……它将我提升到一个更高的秩序中，而不仅仅是作为感性世界的一部分，只是一个动物而已。"

在 20 世纪和 21 世纪，"直立人"的形象仍然是常见的人类描述。例如弗洛伊德把人的直立与羞耻感联系起来，他认为，"文明的命运过程……以人类采用直立的姿势为标志"。对弗洛伊德来说，从四足动物到两足动物的转变产生文明的效果，使眼睛取代鼻子成为人类感知的主要器官。他的理由是，当人类的生殖器，以前是隐

---

[1] Immanuel Kant, *Critique of Practical Reason*, Trans. Mary Gregor, Cambridge: Cambridge University Press, 2015, 129.

藏的，变得对他们来说是可见的，需要保护的时候，人类开始感到羞耻。[1]

直立和爬行被同时用作身体特征和道德比喻的界限，把人和动物区分开来。就叙事想象而言，跨越或模糊人和动物的界限会形成两种不同的故事，一种是用动物来讲人的故事，这成为老少咸宜的"寓言故事"，另一种是用人变成动物来讲人的故事，这就会成为一种特别的与人的本质有关的"变形故事"。前一种故事可以成为儿童读物（当然成人也可以阅读），《列那狐》就是这样的故事，我们在这里对它所做的是成人阅读；后一种读物超出儿童的理解能力，所以只能是成人读物，经常被归入"幻想"（fantasy）作品这一类。

17 世纪法国作家拉封丹（Jean de La Fontaine，1621—1695）讲过一个《尤利西斯的同伴》（*The Companions of Ulysses*）的故事，女神喀耳刻（Circe）欺骗尤利西斯的船员，让他们喝下一种美味但有害的药水，把人变成各种四脚动物。这看上去是荷马《奥德赛》里的故事，但拉封丹的故事有一个不同的讲法。在荷马的故事里，一向足智多谋的尤利西斯随后施展魅力，逼得女神为他的船员们提供了解药，让它们变回人。在拉封丹的故事里，虽然尤利西斯得到了解药，虽然他希望帮助他的同伴——现在变成狮子、熊、狼、大象和鼹鼠——放弃作为动物的"羞耻和痛苦"，重新成为人类，但他们拒绝服药变回到人。他们声称他们在新发现的形式中更加快乐。他们不仅满足于保持非人类动物的身份，而且还从新物种的角度对人类进行批评。[2]

有的人宁愿当动物也不当人，从他们的角度来讲故事反而会更

1　Sigmund Freud, *Civilization and Its Discontents*, Trans. David McLintock, London: Penguin, 2002, 41-42.

2　Michel Serres, *Variations on the Body*, Trans. Randolph Burks, Minneapolis: Univocal, 2011, 53.

有趣。法国女作家玛丽·德里厄塞克（Marie Darrieussecq）在其畅销小说《母猪女郎》（*The Pig's Tale*）里讲述一个逐渐转变为母猪的女人的故事，故事是从这个女人的角度讲述的。她与拉封丹故事里尤利西斯的同伴们相似，她接受甚至陶醉于她新的身体形态。她在叙述的最后写道，"现在我大部分时间都是一头母猪。这对森林里的生活来说更方便。我已经和一只非常英俊、非常阳刚的野猪在一起了。……我对自己的命运并不感到不满意。食物很好，空地很舒服，年轻的野猪很有娱乐性。我经常放松自己，享受生活。没有什么比早晨醒来时周围温暖的大地更美好的了，你自己身体的气味与腐殖质的气味混合在一起，你甚至没有起床就吃下第一口，狼吞虎咽地吃橡子、栗子，所有在你在梦中拼命挣扎时滚落到墙角的东西"。[1] 这位猪女郎新发现一些怪异的动物乐趣，一旦从她口里自得其乐地炫耀出来，便似乎是在质疑某些人类的幸福感。

猪女的变形故事可以从动物和人的不同角度去理解，从人的角度来看，如苏格拉底所说，快乐地当猪不如痛苦地为人；但是，从猪的角度来看，猪有猪的快乐，猪也有讲好猪的故事的权利。

虽然这样的人和动物的故事也可以当寓言来阅读，但说的已经不是人的道德正直，而是人性的复杂幽暗，以及不同视角下的人生意义理解。寓言用动物来表现人类的缺点，并由此产生的道德观感或明或暗，成熟的读者阅读《列那狐》，得到的就是这样的体验，但更多的或许是故事中"人间事"的体会，因为寓言中的动物并不代表它们自己，而是受到人类意识的指导。

相比起寓言的动物故事，变形的动物故事更适合成熟读者的人文阅读，而作者的思想深度决定人文阅读的潜在价值。卡夫卡（Franz Kafka, 1883—1924）那里有许多可以当作人性寓言来阅读

1　Marie Darrieussecq, *Pig Tales: A Novel of Lust and Transformation*, Trans. Linda Coverdale, London: Faber and Faber, 1997, 134-135.

的变形动物故事，小说《变形记》只是其中之一。

卡夫卡被称赞为文学上的动物摄影师。作为一个作家，他想知道作为动物是什么样子，以及这种对非人类的同情性认同的行为如何影响我们对人类的看法。沃尔特·本雅明（Walter Benjamin，1892—1940）为这一学术研究定下基调，他在纪念卡夫卡逝世十周年的文章中说过一句很有名的话，"你可以阅读卡夫卡的动物故事相当长的一段时间，而没有意识到它们根本就不是关于人类的。当你终于看到生物的名字——猴子、狗、鼹鼠——你惊恐地抬起头，发现你已经远离人类的大陆"。[1] 其他批评家也经常认为有必要将卡夫卡的动物故事与寓言传统分开，因为他更在意的是人性而不是道德。

法国作家、诗人和剧作家让·克里斯托夫·贝利（Jean Christophe Bailly）在他的《动物的一面》（*The Animal Side*）一书中说，卡夫卡是唯一一个"让动物说话的作家（正如他在《洞穴》中所做的那样，也在《歌手约瑟芬或耗子民族》和其他许多文本中所做的那样），并且成功地以一种不再是寓言的方式做到这一点。在寓言中，动物只是在文字下面出现，扮演的角色提供一种寓言式的指导，而在卡夫卡的文本中，动物似乎从一些晦涩的深处重新出现，并可以说是运用人类的语言，为的是照亮这些黑暗的深处"。[2] 这又何尝不可以说是照亮人性的黑暗深处。

所以，在卡夫卡那里，动物只是部分地被人性化或寓言化。正如美国古典文学教授杰里米·莱夫科维茨（Jeremy B. Lefkowitz）所指出的，"动物寓言不是简单地象征这种或那种人类行为，而是也

1　Walter Benjamin, "Franz Kafka: On the Tenth Anniversary of His Death," in *Walter Benjamin: Selected Writings, Volume 2, 1927–1934*, ed., Michael W. Jennings, et al., Trans. Harry Zohn, Harvard: The Belknap Press of Harvard University Press, 1999, 802.

2　Jean-Christophe Bailly, *The Animal Side*, Trans. Catherine Porter, New York: Fordham University Press, 2011, 39.

引起人们对寓言功能类比的动物的注意，这标志着动物只是部分地被类比为人类，在某些方面表现得像人类，但保留动物的外在形象和饮食习惯"。[1] 卡夫卡的动物显然就是这种情况，它们是混合型生物：一部分因为被赋予语言和理性的能力而被拟人化，但也有一部分仍然是卑微的动物身体。

卡夫卡说的不是"挺直腰杆""宁折不弯"的英雄寓言，而是"人在矮檐下，不能不低头"的寓言故事，这样的故事对弱者充满理解和同情，而不是道德高调的指责。他笔下的鼹鼠就是一个低着头、担惊受怕过日子的故事，"几乎可以安享晚年了，但他慢慢担心，暂时还未看见的敌人要是从地底进攻，他在这谨严的洞穴里便很难逃脱。他不得不费劲重新部署，譬如在地洞里加建堡垒，再辛苦也在所不辞，因为每次想到日后那近乎完美的家，此刻的血汗便都值得。然后，他又把食物分布到地洞的不同角落，这样似乎比较安全。来回走了很多趟，事成了，但顷刻便后悔，连忙把食物重新聚拢在一起，才能安心下来"。

"低头"是卡夫卡作品中反复出现的形象。在这里，他这个"直立的人"检讨自己如神的地位。德国作家埃利亚斯·卡内蒂（Elias Canetti，1905—1994）对此有一段精彩的分析："卡夫卡由于他的直立，由于他的身高，凌驾于（鼹鼠）之上……鼹鼠还没有学会祈祷，它只能发出小小的尖叫声。那是它唯一能触动神的声音，因为在这里（作为人的卡夫卡）就是神，就是最高的存在，是权力的顶点，所以神是存在的。鼹鼠发出咯吱、咯吱的叫声，而卡夫卡这个旁观者听到鼹鼠的叫声，就把自己变成鼹鼠。"[2]

1　Jeremy B. Lefkowitz, "Aesop and Animal Fable," in *The Oxford Handbook of Animals in Classical Thought and Life*, ed., Gordon Lindsay Campbell, Oxford: Oxford University Press, 2014, 11.

2　Elias Canetti, *Kafka's Other Trial: The Letters to Felice*, Trans. Christopher Middleton, London: Calder and Boyars, 1974, 91.

十　纪尧姆·德·洛里斯《玫瑰传奇》

1. 社会文化与"寓意"文学

你过不过"情人节"呢？情人节的时候，你想不想给你的梦中情人或女朋友送一朵玫瑰？玫瑰代表什么？如果没有玫瑰花，你又该怎样得体、礼貌地表示你的爱情？如果你想过这些问题，那就不妨读一读 800 年前的一个用韵文写成的故事，那就是《玫瑰传奇》（*Le roman de la rose*）。故事里的青年热烈地追求他的梦中情人，女孩在他心里是一朵含苞欲放的玫瑰，爱神为青年辅导求爱的艺术。在爱神的辅导下，年轻人经过一系列的不顺和磨难，遇到各种各样帮助或阻碍他旅途的角色，后来终于实现内心的渴望，赢得他生命中的"玫瑰"。

在本章中，我们要开始阅读中世纪都市文学中"宫廷爱情传奇"最著名也是非常有代表性的一部作品——《玫瑰传奇》。这是 13 世纪法国的一部长篇叙事诗，总共 21780 行，由古法语的奥依语方言写成。全书以描述梦境为形式，实为爱情寓言。该作品分两次完成，先由纪尧姆·德·洛里斯（Guillaume de Lorris，1200—1238）于 1230 至 1235 年间完成前半部分（4058 行），让·克洛皮内尔（Jean

Clopinel, 或称让·德·默恩，Jean de Meung，1240—1305）在 1275—1280 年间完成后半部分（17722 行）。《玫瑰传奇》是中世纪西方流传最广的文学作品之一。法国现存上百种手抄本，并常配有插图。在讨论这部作品之前，让我们还是接着前面的话题，先谈几个与中世纪文学有关的历史文化背景问题。

我们知道，文学不只产生于写作者的头脑，而且也是特定社会文化的一部分。一部作品有人阅读、受人喜爱、能够流传，必定有它的社会文化原因。作品与受众之间一定会有多种重要的联系方式，包括文化、心理、接受方式、思维习惯等，而这些又在很大程度上受制于写作、刊行、流通等方面的物质条件限制。

12 和 13 世纪的人们"阅读"《列那狐传奇》或《玫瑰传奇》的方式和体验都是与我们今天不同的，我们当然不是要复制那时候人们的阅读方式，没有这个必要，也没有这个可能。但是，如果不考虑到两个时代之间的种种不同，那么就没有办法了解为什么中世纪的文学"名著"现在读起来这么古古怪怪，为什么说故事偏要用韵文，为什么要讲那种不痛不痒、没有"个性"的故事，为什么连世俗的作品也脱不掉宗教的调调。其实，如果我们对中世纪的历史文化背景有所了解，这些"为什么"就不仅不是我们阅读的障碍，而且会增添我们的阅读乐趣，当然这主要是来自阅读知识，而非单纯阅读体验的乐趣。

第一，我们要知道，由于中世纪时欧洲人的大部分生活都是耗在宗教仪式上，他们主要阅读与宗教有关的书籍，但不是大部头的《圣经》，而是便于携带的《圣咏经》或属于个人的"时祷书"。时祷书通常是手写或印刷的小开本，附有装饰字画。这里的《列那狐》《玫瑰传奇》不是宗教读物，而是世俗的"都市文学"。这种都市作品只是在都市里少数人中间流传，完全不同于我们今天那种可以揣在口袋里，在地铁上或候车室里方便阅读的大众读物。

　　第二，我们要知道，中世纪的作品主要是用耳朵来"听"的，不是用眼睛来"阅"的；不是一个人朗读给另一个人听，而是给一群人听的。这是朗读，不是阅读。由于朗读不是私人行为，朗读材料一定是朗读者和听者都能接受的东西，太个性化的内容可能会冒犯部分听者，所以会被避免。朗读是为了让大家听着高兴，有讽刺就要能让人笑出来，是爱情传奇就要能让人流下眼泪，这样的朗读才能让人得到娱乐，或者寓教于乐。倘若让人听着不高兴，那就什么都谈不上。作者知道自己是在写作用于朗读的作品，自然会避免太个性化的东西，作品的内容也就自然趋向于四平八稳。

　　第三，中世纪人聆听朗读产生了一种与我们今天相当不同的阅读体验。曼古埃尔（Alberto Manguel）在《阅读史》里指出："在中世纪的世俗世界中，聚在一起聆听朗读也变成必要的日常活动。印刷术发明之前，读写能力并不普及，书本仍属于富有者的财产，是极少数读者的特权。虽说这些幸运的主人公偶尔也会把藏书借给他人，但却只是借给同阶层或家族的少数人。一心巴望熟悉某一本书或某个作家的一般民众，其聆听背诵或朗读的机会可能远大于将珍贵书籍一卷在握。"[1]

　　曼古埃尔还介绍说："聆听朗读的方式颇多。从 11 世纪开始，欧洲的各王国都有吟游诗人（joglar）背诵或吟唱自己的诗歌或知名行吟诗人（troubadour）的作品。……这些吟游诗人是公共演艺人员，除了在宫廷表演外，在展览会场和市集中也可见到他们的踪迹。他们大多出生寒微，通常未受到法律的保护，也不得在教会领受圣礼。"[2]

　　吟游诗人的吟诵表演很重要，好的吟诵都会有自己的特色，其成败大致视表演者各式表达的技艺高低而定。虽当众朗读也有赖于

1　阿尔维托·曼古埃尔著，吴昌杰译，《阅读史》，商务印书馆，2002 年，第 142 页。
2　同上。

朗读者的演出才能，但文本内容能吸引听众也是一个关键，狐狸故事和宫廷爱情是当时人们熟悉又喜爱的内容，成为吟诵的首选。曼古埃尔特别提到《列那狐传奇》，他说吟诵者有的并不是职业的，"听众可能听到佚名作者的《列那狐传奇》，而朗读者便是来自任何有文化教养的家之成员"。[1]不难推想，《玫瑰传奇》的朗读者也是差不多的。

第四，中世纪人所熟悉、习惯和喜爱的文学样式也与我们今天颇为不同，当时的文学样式远没有我们今天这么多样。人们熟悉的文学样式主导着他们的阅读或听读方式。例如，人们知道，动物寓言不只是动物故事，而是在说动物之外与人有关的事情，所以就会朝讽刺的方向去了解。同样，宫廷爱情传奇也不只是在说男欢女爱的事情，而是有道德规范和礼貌原则的"爱欲"，所以就会从它的"寓意"去会意或理解。

许多作家都是出身贵族，有的行走于宫廷。他们写下美好的诗歌，颂扬得不到的爱情。这是宫廷文化而非民间的产物，但流传于都市，并产生影响。《玫瑰传奇》就是这样一种爱情作品。

中世纪的时候，欧洲国家的宫廷是文化的中心，宫廷文化的喜好、品位、标准对整个社会都有主导作用。每个宫廷出于声望的原因雇用一名或多名诗人，贵族自己或为贵族撰写的文学作品会在宫廷之间产生影响。来自法国的浪漫叙事进入英国，再到德国，然后又会通过方言的改编向社会文化阶层渗透。宫廷文学大多描绘一种理想化的骑士生活，描述骑士在荣誉、操守、信仰和爱情上的榜样行为，并为骑士美德的丧失而感叹。这些都不是我们今天所说的那种情感或欲望上的"爱情"。

《玫瑰传奇》从内容上说是宫廷爱情传奇，而从文学种类和表

1　阿尔维托·曼古埃尔著，吴昌杰译，《阅读史》，第142页。

现手法上来说，则是一个"寓言"（allegory），了解这个文学种类和表现手法对我们理解《玫瑰传奇》是至关重要的。那么，什么是文学手法的寓言？

寓言是一种扩展的隐喻形式，叙事中的人或事都有叙事本身之外的含义。寓言人物同时存在于两个层面的意义上："字面"层面（如人物在叙事中的作用）和"象征"层面（如人物在叙事之外的意义）。因此，寓言唤起双重兴趣，一重是文字表意所呈现的事件、人物和情境，也就是故事说了什么；另一重是事件，人物和情境所代表的深层意思又是什么，整个故事要通过它们表达什么意思。

寓意是中世纪作家特别重视和喜爱的一种文学形式，在中世纪文学中，甚至可以不只是在"字面"和"象征"这两个层次上起作用，而是衍生出更丰富、复杂的寓意层次来。

"喻说"或"譬喻"（metaphor）是人类运用语言思维的基础之一，正如语言学家乔治·拉克夫（George Lakoff）和马克·约翰逊（Mark Johnson）在《我们赖以生存的譬喻》一书中认为，多数人认为平常过日子并不需要譬喻，但譬喻在日常生活中普遍存在，遍布语言、思维与行为中，几乎无所不在。我们用以思维与行为的日常概念系统（ordinary conceptual system），其本质基本上是譬喻性的。

如果说在日常生活的思维与行为中"喻说"的作用还不明显，那么在阅读文本的时候就一定会显现出来。1316 年左右，但丁在一封写给意大利贵族坎格兰德·德拉斯卡拉（Can Grande della Scala，1291—1329）的著名信件中指出，所有文章至少都有两种解读方式，"一种是文字表面的意义，另一种是文字外的含义；前者称为字面的（literal），后者称作寓意的（allegorical）或神秘的（mythical）"。[1]当中世纪时期人们阅读《圣经》时，基本问题就是如何解经。我们

1　阿尔维托·曼古埃尔著，吴昌杰译，《阅读史》，第 108—109 页。

在阅读迈蒙尼德的《迷途指津》时，已经介绍过三种基本的解经方法，即字面、寓意和灵修的解读，与但丁所分三类的名称稍有不同。

但丁举《圣经》经文为例，《圣经》里说的摩西时代以色列子民出走埃及，"出埃及"是字面意思；但可以从中衍生出另一层意思：基督的救赎。这就是寓意。再进一步，释经者"看到因罪哀伤、悲惨的灵魂获得神恩的转变"，"看到神圣的灵魂从奴隶的腐败净化为永恒荣耀的自由"。这就是但丁所说的"神秘"的意义。

这三层意思看上去不同，其实是循着一个共同点一层推向一层：一、出埃及；二、基督救赎人类；三、人类从奴役到自由，从腐败到荣耀。这三种解释的共同点是"转变"，是从不好向好的变化。

对我们今天来说，中世纪作品中的"寓意"或者读者的"寓意解读"仍然是可能的，也是需要知道的阅读方式，但是有些读者会觉得这样的解读挺勉强、挺别扭，甚至难以接受。这是时代的隔阂所造成的。如果一个读者完全没有中世纪文化的背景知识，他可能会不相信但丁所说的这些"寓意"，也可能觉得这种"寓意""类推"或"神秘"解释太过虚幻和牵强。现代人对中世纪人的观念会有一种"怪怪的""挺累人"的感觉，这经常与不了解或不习惯他们的思维方式有关。

文学的释义不单纯是一个从文字到意义的简单变换，而是涉及一些其他的因素，中世纪的文学释义不能违背基督教伦理框架，在道德取向上受到相对严格的限制，这样的情况在中国古典文本释义中也有。《诗经》有许多民歌式的作品，朱熹在《诗集传》序里说："凡《诗》之所谓风者，多出于里巷歌谣之作。所谓男女相与咏歌，各言其情者也。"这话说得很合情理，但《诗》既然成为经，于是有评注家出来讲解经文义理，把每一首诗都和当时人的文化观念联系起来。所以"关关雎鸠，在河之洲。窈窕淑女，君子好逑"，就说成是讲"后妃之德"。"野有死麕，白茅包之。有女怀春，吉士诱之"，就说是"恶无礼也。……被文王之化，虽当乱世，犹恶无礼也"。明明是普通的青年男女之情，却硬说是在谴责粗俗无礼。这种道德学究的框架越教条，释义也就越可能牵强附会。

每一个文字作品，作为需要释义的文本，都应该首先放到与它原生态的时代和文化语境相关的框架中去理解。为了更准确地理解中世纪的文本，我们一定不能忽视中世纪文化和思想的框架作用。

2. 女性的矜持和男性的礼仪

上文中我们特别介绍了中世纪的寓言故事和寓意阅读的一些特点，现在就从这个角度先来分析一下《玫瑰传奇》的故事。这个故事分为两个部分，字面上的情节和人物大致是这样的：

这首诗的第一部分，是德·洛里斯的作品，一位被称为"情人"（Lover）的年轻人描述他做的一个梦。在梦里他比讲故事的时候要年轻五岁，故事可以理解为是五年前发生的事情。

在这个梦中，情人到达围墙花园的入口，看见墙壁上画着各种恶的图画，如"贪婪"（Avarice）、"嫉妒"（Envy）。他敲门，一个美丽的年轻女子让他进入花园。年轻女子自我介绍说，她是"闲散"（Idleness）。这座花园是一个"人间天堂"。情人走进花园，遇到许多贵族般的俊美人物，包括"娱乐"（Diversion）、"财富"（Wealth）、"尊严"（Dignity），还有丘比特。这些人物在花园里跳舞作乐，非常快活。情人然后开始全神贯注地欣赏花园，没有注意到手里拿着弓箭的爱神丘比特正跟在他身后。

在一个僻静的地方，情人看到水仙喷泉——水仙是希腊神话里的一个人物，他爱上自己在水中的倒影。情人迟疑片刻之后，忍不住朝喷泉张望。他看到一丛玫瑰花蕾，四周密密麻麻都是有刺的枝条。情人看着这些玫瑰花蕾，心旌摇曳，他的手不禁伸向一枝花蕾，就在这时，丘比特向他连射三支金箭，情人停住他的手。

情人中了丘比特的招，他向丘比特宣誓效忠，丘比特用一把金钥匙锁住情人的心。丘比特告诉情人他从此刻起必须履行的职责，叮嘱他在爱情之路上应该如何表现、如何感受、如何体验，然后丘比特消失。

情人眼看着玫瑰花蕾藏在厚厚的树篱后面，可望而不可即。这时候来了一个年轻人，他是"美好欢迎"（Fair Welcome）。"美好欢迎"把情人带到篱笆的另一边。情人在这里遭遇了等待他的敌人，他们是"危险""诽谤""恐惧""羞耻"等。情人在每遇见一个敌人时，都会遇到帮他渡过困难的朋友和帮手，他们是"理智""诚实""怜悯"。不难领会，敌人是情人必须打败的，为此他需要有朋友来出手相助。

最终，情人来到玫瑰面前，含苞欲放的玫瑰已经开始绽放，玫瑰要求"美好欢迎"让情人亲吻自己。"美好欢迎"说因为害怕"贞操"，所以不能让情人亲吻玫瑰。这时，维纳斯女神来了，她对"美好欢迎"说，没有关系，不用害怕。于是"美好欢迎"就让情人幸福地亲吻玫瑰。可是，"羞耻""抵抗"和其他敌人立即在情人和玫瑰之间筑起城堡高墙。情人为了夺回他的幸福，对城堡发起进攻。

德·洛里斯写的部分在这里就中断了。在故事里只有男青年那一边的故事，我们知道他遇见谁、怎么想、怎么说。但故事里却没有玫瑰这一边的故事。玫瑰不能说话，所以我们没法知道她有什么想法，有什么感觉。洛里斯要怎么来说玫瑰这一边的情感故事？他说故事的方式确实是别出心裁的。

故事里的年轻女子在遭到男子的热烈追求时，陷入多种情绪的矛盾冲突之中。洛里斯表现这些情绪的方法就是将情绪拟人化，给它们相应的名字。不同的情绪可以分为两类，一类是可以保护女子，也就是对男子的追求形成障碍的，其中有"贞操"和"危险"，"危险"代表的是女子心里本能的不信任、不情不愿、小心防范。另一类是帮助她敞开心扉的，"美好欢迎"就是帮助她的，但因为害怕"贞操"，所以还不够大胆。维纳斯女神于是出手相助，她代表的是爱情、性、美丽、子孙繁衍。

维纳斯出现，女子对情人有了好感，动了心。但是，两个人刚一亲吻，幸福便转眼消逝。接下来是情人遭遇到的一系列麻烦，可谓好事多磨。"危险""诽谤""恐惧""羞耻"接踵而来，他虽然有"理智""诚实""怜悯"这些朋友帮助，但毕竟阻碍他的敌对力量太强，所以他追求目标的前景并不乐观。

洛里斯的这部分《玫瑰传奇》可以解释为一个初恋过程的寓言故事，爱之神对爱情新手提出的符合宫廷文明爱情的标准。宫廷爱情与非宫廷爱情的对比，宫廷爱情的美好是与非宫廷爱情的种种恶劣（vices）比较出来的。围墙花园的入口墙壁上画着的恶习图画，代表非宫廷爱情。它是野蛮、专横、粗野和绝对的，不能有片刻犹豫。野蛮的爱只顾它自己，根本不在乎什么规范或法则。它为了达到目的，可以为所欲为、不择手段。显然，它不会在乎情人与玫瑰之间那种爱的情感纽带。野蛮的爱是一种赤裸裸的情欲，它被嫉妒、猜疑、怨恨、暴力、自我中心的激情所左右。激情者把对方当作一个要么占有、要么就毁掉的捕猎目标。

相比之下，《玫瑰传奇》则描绘一种完全不同的宫廷之爱原则。说故事的优雅诗歌展现传说中那种美好的骑士之爱，温柔的田园诗风格表现标准情人和爱人之间的互动是多么迷人。情人后来终于征服甘愿屈服的玫瑰。丘比特用金钥匙锁住情人的心，使他必须按照爱的伦理和艺术方式对待自己的爱人。情人必须放弃"愤怒"，远离"愚蠢"和"诽谤"的言语，因为这些都与礼貌和谦恭不符。情人也必须放弃"骄傲"，必须穿着得体，表现快乐的心情。情人还必须事事大方，毫不吝啬。他必须把心完全交给他的爱人，必须为她任劳任怨、竭尽所能，永远对她朝思暮想，为她叹息，让爱的火焰永远燃烧。而玫瑰所代表的女子则在情人面前会感到羞涩、慌乱、变颜失色。

这是一副标准情人的浪漫肖像，他的追求甚至可以是柏拉图式的。为了心爱的女人，情人夜不能寐，为她辗转反侧、泪流满面，当然有时也会梦见激情快乐的场面。睡醒之后，就会忍不住要到爱人的住地附近徘徊，但又不能被她发现，连对她的侍女也得慷慨讨好。所有这些都会使情人心力交瘁。但他会始终不渝。这样的情人，如果换作是你，你愿意当吗？当得了吗？

将抽象的概念——羞耻、诚实、怜悯、贞操、恐惧——拟人化，把抽象的概念直接表现为故事中的人物，这是《玫瑰传奇》的一个特色。这有点类似于舞台人物的面具，可以省掉刻画人物的麻烦。今天的读者不一定会满意这种"面具化"的处理，但这种将人物性格外化、可见化的艺术处理却并不罕见。

情欲是一种情绪，它通常是突然发生的，怎么捕捉它？因此，将情欲外化成野兽，也就成为一种可以采用的艺术手法。法国心理学家弗朗索瓦·勒洛尔（François Lelord）和克里斯托弗·安德烈（Christophe André）在《我们与生俱来的七情》一书里举了这样一个例子。在德克斯·埃弗里（Tex Avery）导演的动画片中，"我们可以看到一系列与情欲有关的有趣表情。一头穿着西装的狼去夜总会消遣。当他发现舞台上光彩照人的女舞者后，这头拟人化的狼就表现出我们都能识别的举动，流露出他的满腔情欲：双眼瞪得快要弹出一般，舌头伸出，跳上凳子，全然无视周围的环境（他不小心吞下了盘子和香烟），最后给了自己一拳，好让自己平静下来"。[1] 勒洛尔和安德烈认为，这幽默的一幕是相当真实的。这头狼以夸张的方式表达情人的喜悦、兴奋和情欲。

德·默恩在续写的《玫瑰传奇》第二部分里，继续运用第一部分中用抽象概念来充当故事人物的写作方法，除此之外，这两个部分的联系就显得非常微弱。在第二部分里，情人因为苦苦追求爱情，遭遇到更多磨难。最后情人在他朋友的帮助下，终于采摘到他的玫瑰花蕾。但他对玫瑰的采摘却是暴力的，甚至是一种性强暴，与第一部分并不调和。在故事的最后几行诗句中，情人从他的梦中醒来。

德·默恩所写的第二部分与洛里斯所写的第一部分最大的不同在于，他在年轻人采摘玫瑰（追求情人）的这条主线之外，添入了不少 13 世纪人们关心的知识问题，因此运用了另一些拟人化的概念，如"理智""自然""天才"等。德·默恩还在叙述中加进许多与情节发展无密切关系的冗长议论，包括讨论人的自由意志与命定论的关系、光学原理、天体对人的行为的影响，以及关于对基督教托钵修会（Mendicant Orders）社会影响的讨论，等等。这些都与原来故事的爱的旅程主题不甚相关。对《玫瑰传奇》的这个部分的评价一直存在很大的争议。

《玫瑰传奇》作为一个寓言故事，主要的寓意集中在"玫瑰"代表什么，对此有不同的解释，主要取决于解释者关心的是宗教的还是世俗的寓意。

世俗的解释可以是，玫瑰代表的是年轻人心目中的梦中情人，是一位纯洁、美丽的少女。作为寓言，整个故事代表的是青年男子的青春期，尽管每个人在青春期对待女性的方式和态度都不尽相同，

---

1 弗朗索瓦·勒洛尔、克里斯托弗·安德烈著，王资译，《我们与生俱来的七情》，生活·读书·新知三联书店，2015 年，第 384 页。

但有一些普遍的规律和现象，如对异性的欲望、情感的跌宕起伏、交替的自信与自卑、欲罢不能的挫折和煎熬，似乎在追求一个无法实现的目标，玫瑰便代表着这样一个目标。

宗教解释则可以把玫瑰当作圣物（holy relics）。情人追求一种难以企及的爱的荣耀，这个荣耀与寻求圣物的神话象征之间存在某种关系。这个圣物最典型的象征是"圣杯"，圣杯代表最珍贵，需要最艰巨追求的东西。情人的痴迷和执着使他找到一种特殊的爱，那就是浪漫的爱。这种爱让他获得精神升华，满足对自己的更深层次的心灵滋养，因此，玫瑰有了一种宗教的意义。

《玫瑰传奇》为什么要用喻说来讲述爱情故事？这仅仅是一种文学创作游戏，还是对特定主题必须运用的隐晦手法？

喻说是12至13世纪常见的一种对性欲的诗化和审美化处理，喻说成为起保护作用的"表皮"（integumentum），以不显露的手法，委婉表示有禁忌的欲望。这种手法在中国古代文学中也很常见。最有代表性的就是所谓的"艳情诗"，无论多么香艳，多么色情，经过"用典""暗示""比喻"这样的"喻说"处理后，就显得干净、唯美、优雅。就算元稹直接描写男欢女爱，如"眉黛羞频聚，唇朱暖更融。气清兰蕊馥，肤润玉肌丰。无力慵移腕，多娇爱敛躬。汗光珠点点，发乱绿松松"，写到少女初夜和爱人欢好过程中的许多细节，可是字面上依然是干干净净、华丽唯美的境界。美好的诗句就是保护禁忌内容的"表皮"。

在谈论爱的时候，不可避免地会涉及情欲，可以设想，在中世纪有男有女的混杂读者面前朗读情欲或表露性内容的作品，不要说听的人，就连朗读的人自己也会觉得非常尴尬和不自在。

今天，情欲已经不再是一个禁忌的话题，但仍然会让不少人觉得不自在，因此也是一个需要加以审美化、幽默和含蓄处理的话题。你可以说这是人类文明发展的结果，也可以说是人类变得虚伪的标志。不管怎么说，中世纪的人们比我们今天对这个话题有更多的宗教伦理禁忌，在这种情况下产生像《玫瑰传奇》这样的作品，也就不奇怪了。

3. 情爱的艺术和手段

《玫瑰传奇》里的"宫廷爱情"不是来自中世纪宫廷生活的现实，而是来自11世纪开始的说唱文学。从一开始，宫廷爱情就是一个文学化的概念，一种由抒情说唱艺术制作的观念，不宜将它当作中世纪现实的反映。这就像中国文化中的"侠"，它是民间文学创造的一种人格概念，不是现实中的人物类型。然而，当这种文学化的人格概念被广为接受并传播开来的时候，它又开始对现实中某些人的行为产生影响。但是，必须看到，"侠"的概念和形象的传播依靠的是文学和文化的力量，不是因为现实真的有那么多真实的"侠义"人士的实际示范。一辈子没有机会碰见一个侠士的人，也不会对"侠"感到陌生。

中世纪的宫廷爱情也是一样，它是由文学和文化构成的概念，"情人"是其中的一个重要因素。宫廷爱情的"情人"，无论是概念还是形象，其传播依靠的也主要是文学的力量，而不是因为某些爱情人士在人们的生活世界里真的在发挥实际的榜样作用。11世纪的说唱文学传播"宫廷爱情"的概念，《玫瑰传奇》借助这一概念，丰富这一概念，并使它更有效、更广泛地得以传播。

中世纪的抒情说唱诗人是约1100至1350年这一中世纪鼎盛时期的作曲家和表演者，他们用古奥克西唐语（Old Occitan）——也称为"古普罗文斯语"（Old Provençal）——创作了许多抒情诗。从8世纪起，就已经有了这种古老的说唱，因此，其历史相当悠久。

14 世纪，这种说唱艺术逐渐衰落，在欧洲发生黑死病瘟疫（1347—
1353）时期，它逐渐消失。抒情说唱诗人的歌谣故事讲的主要是骑
士事迹和宫廷爱情，还运用家喻户晓的段子和玩笑，有不少是幽默、
低俗的讽刺作品。这是民间艺术的共同特征。

中世纪文学中有许多骑士的故事，骑士喜爱冒险，和中国文
化中的"侠士"行走江湖一样，这本身就很浪漫。他们对女士们的
"爱"也同样是浪漫的，纯洁而勇敢。骑士愿意为心爱的女士做危
险的事情，他们武艺高强，当然有能力这么做。至于芸芸众生的平
庸之辈，就算是想这么做，也是心有余而力不足的，所以也不可能
成为这类浪漫故事的主角。

中世纪的时候并没有"宫廷爱情"这一说法，据伦敦大学教
授罗杰·鲍斯（Roger Boase）在《中世纪词典》（*Dictionary of the
Middle Ages*, New York: Scribner, 1982）中说，"宫廷爱情"的说法
是法国作家和学者加斯东·帕里斯（Gaston Paris，1839—1903）于
1883 年在一篇文章中提出来的，叫"amour courtois"（即宫廷爱
情），此后受到普遍重视。"宫廷爱情"将爱情偶像化和高贵化，这
种爱情有一个偶像化、理想化的"情人"。他尊重美人情妇的独立
意愿和选择，并愿意以自己勇敢、光荣、高尚的行动，来为美人情
妇做任何事情，以此证明自己的一片痴情和忠心，证明自己配得上
美人情妇的青睐。帕里斯说，对这位"情人"来说，性满足可能不
是他求爱的目的，也不是爱的最终结果。但这种爱也不是完全柏拉
图式的，因为它基于性的吸引。

帕里斯对"宫廷爱情"的说法很快被广泛接受和采用。1936 年，
英国作家刘易斯（C. S. Lewis，1898—1963）撰写《爱情的寓言》
（*The Allegory of Love*），进一步将宫廷爱情提升为一种"高度专业
化的爱情，其特征可以列举为谦卑、礼貌、婚外情和爱的宗教"。

但"宫廷爱情"这个说法的真实性也遭到不少历史学家的质疑。

他们有的认为这是一个神话，因为中世纪文本中并不支持这个说法。还有的认为，"宫廷"指的是"礼貌"，礼貌的爱情并不只是在宫廷里才有，而宫廷里的爱情经常是违背礼貌原则的。"宫廷爱情"描述的是一种特殊的爱情观念，侧重于爱情应有的礼貌本质。还有研究者认为，"宫廷文学的概念与宫廷文学文本的性质有关，宫廷文学是为男士和女士共同阅读而写作的，描绘的是男女双方都能接受的一种文化"。但是，有的宫廷文本中也有"非宫廷"的东西，所以，什么是宫廷，什么是非宫廷，它们之间的界限并不明确。

所以，虽然"宫廷爱情"对我们理解和说明《玫瑰传奇》是一个方便的术语，但我们也不要忘记，这并不是一个没有争议的、客观描述中世纪宫廷文化的术语。

在任何一个时代或社会，爱情都不是一个抽象的概念或一些不变的原则，爱情观总是与家庭、财产、地位、子女等现实的生活方面联系在一起的，中世纪欧洲自然也不例外。中世纪的传奇文学专注于爱情，为的是提供娱乐，社会真实性的因素不在它的考量之列，这是可以理解的。中世纪的文学受众都了解上帝无限的爱，熟知上帝之爱不可抗拒。宗教观念中的爱也可以是世俗化的，会使人觉得世俗的爱同样不可抗拒。

12 世纪早期的抒情说唱诗人传唱骑士冒险、爱情的动人故事，各色人等热切地接受这些故事，虽然并不会全盘照收，但也总是能从中得到可以使他们自己的生活多一点快乐和理想色彩的东西。这与今天的人们虽然爱情和婚姻生活有许多问题，但仍然爱听美满的爱情故事一样。

爱情的理想之所以令人向往，是因为爱情和婚姻的现实很骨感。越是在现实生活中难以得到没有一丝粗鲁或粗暴的温柔之爱，也就越需要把这种爱放到文学中去想象和幻想。

美国历史学家亨利·奥斯本·泰勒（Henry Osborn Taylor）在

《中世纪的思维：思想情感发展史》里指出，中世纪的骑士制度——制度及所有的骑士特征——开始的时候是很粗暴的，因为它本来就是一个因战争和暴力需要而建立的制度，只是在后来才"过渡到更加文雅的理想化状态。同样，作为骑士美德的对妇女的爱，也表现出这样的演化，成为骑士制度整体的一部分。它开始于自然的性质，它的演化是浪漫的、逻辑性的、幻想的，甚至是神秘的"。[1]

泰勒指出，"中世纪早期的封建生活，并没有在订婚的或结婚的配偶之间培育温柔的感情。每一位土地主的主要目标，是靠武力或政策保证自己的安全和增加他的家臣和财产。对他而言，现成的手段是在精力充沛的时候娶其他贵族的女儿或者寡妇，获得土地和农奴。这样的婚姻开始的求爱期很短；接下来在粗心的丈夫和脾气大的妻子之间也不可能有什么爱情"。正是由于夫妻之间缺乏爱情，所以，无论是在欧洲的什么地方，在宫廷或宫廷之外，身处于这种无爱情婚姻纽带之中的男人和女人，都会想在婚姻关系之外满足爱的渴望。因此，文学中也就有了"情人"这个备受青睐的角色。

中世纪的"情人"基本上是男性专用的说法，虽然男的、女的都可以是一个情人。中世纪情人的角色是矛盾的，因为要在婚姻之外寻找"真正的爱情"，这本身就是违反基督教教规的。因此，骑士爱情和宫廷爱情的概念是在基督教教义之外的，但也是可以用基督教美德来加以升华和包装的。追求"真爱"成为一种至高的义务，真爱可以使一个人为了爱人而提高自己的道德境界和操守水准，在精神上重新塑造自己。这又是一件高尚的、光荣的事情。

因此，正如泰勒所说，歌颂宫廷爱情的传奇"反映适合中世纪早期生活的最崇高的思想和最动人的感情"。爱甚至成为一种自我完足的"美德"，爱就是爱的全部目的。用泰勒的话来说，"在这些

1　亨利·奥斯本·泰勒著，赵立行、周光发译，《中世纪的思维：思想情感发展史》，第 517—524 页。

诗歌和散文作品中，爱具有不可抗拒的力量；它占据情人的性情；它成了快乐和痛苦的源头。所以爱只寻求如何达成，除了自己的需要外它不知道任何光荣。它是无可指责的，因为在迷狂和痛苦中，除了自己的生存之外，不对任何法律负责。不可抗拒的爱也是生活的最高价值、灵感的源泉以及勇敢行动和高尚生活的源泉"。

12世纪的吟游诗人创造了宫廷爱情，也创造了新的爱的义务观念。由此而来的那种热情洋溢的爱，它超越人们渴望实现爱和支配爱的所作所为，爱本身就是一种力量，可以使陷入爱的人强大和高贵。但是，这样的爱情却又使人无法区分什么是理性、什么是感情。正如泰勒指出的那样，"这种爱的文学，并没有在作为不可抗拒的感情的爱和能够实现美德的爱之间，划出清晰的界限"。

在爱的问题上，理性与感情的冲突并不是中世纪独有的。古人早已经知道，感情可以让人神魂颠倒、迷失方向，进而毁掉一个人。爱的情感是一种痉挛性的快乐，一种快活的毒药，一种甜蜜的祸害。

古人看待爱情的方式在中世纪开始发生变化。古人把爱情视为一种让人迷乱的符咒，一种精神错乱。但是，就像我们在法兰西的玛丽的《故事诗》里看到的那样，中世纪将爱具体化为一个男人和一个女人的关系，是爱构成他们的愿望和感情，是爱让他们强烈地感受到自己的存在，没有爱连生命都会失去意义和价值。两个爱人不能避免或抵抗爱，是因为爱已经成为他们最强大的自我，所以压制或限制这样的"真爱"，便成为一件违背自然和人性的坏事。这是中世纪文学中对爱的性质、方法和法则进行的诸多思考的结果。

《玫瑰传奇》就是这种中世纪思考中的一种。法兰西的玛丽的《故事诗》里的主人公是要在婚姻关系之外寻找"真爱"，但是《玫瑰传奇》故事里的主人公不是一个要在婚姻关系之外寻找"真爱"的浪漫情人。这样的情人在今天难免会让我们想起婚外情，或"小三""第三者"这种令人讨厌的角色。虽然"第三者"当中有的确实是因为要寻找真爱，所以不顾旁人的世俗眼光和责备，在自己选择的理智和感情之路上一如既往、勇往直前，但世人对"第三者"的同情或接受毕竟是很有限度的。

《玫瑰传奇》里没有这样的"第三者"。主人公的梦中情人是一位还没有出嫁、还没有成为有夫之妇的少女。而且，他的爱是含蓄而深藏在心底的。我们看到的是他的一个梦，而且梦见的是五年前的他自己。如果说这样的梦里有他的情欲，这个情欲也是被包裹得严严实实的。这符合中世纪文明社会的伦理规范，至于这个规范是不是合理，那就是另外一个问题了。

所以，《玫瑰传奇》展现于我们面前的是爱的艺术，而不是为满足情欲的手段。公元前1世纪，罗马诗人奥维德写了《爱的艺术》（*Ars Amatoria*）一书，这其实是一部教授诱捕性对象的技法手册，我们在罗马文学课程里已经有所介绍。相比起这位罗马人的"爱经"来说，中世纪的"宫廷爱情"和"情人"更贴近20世纪和21世纪当代人的爱情观，这在当代哲学和文学对理想化"爱"的描述中就能看出来。

20世纪美籍德国犹太哲学家埃里希·弗罗姆（Erich Fromm，1900—1980）也写过一本《爱的艺术》（*The Art of Loving*）。他问道，爱是一门艺术吗？他认为，如果爱是一门艺术，那就要求想要掌握这门艺术的人有这方面的知识，并付出努力。爱情是一种积极的，而不是消极的情绪，是人内心生长的东西，而不是被俘虏的情绪。一般来说，可以用另一个说法来表达，即爱情首先是给予而不是获得。

弗罗姆用儿童无瑕的爱来比喻，天真的、孩童式的爱遵循"我爱，因为我被人爱"的原则，同样成熟的爱的原则是："我被人爱，因为我爱人。"不成熟的、幼稚的爱是："我爱你，因为我需要你。"而成熟的是："我需要你，因为我爱你。"弗罗姆甚至进一步推论，如果我确实爱一个人，那么我也爱其他的人，我就会爱世界、爱生活。如果我能对一个人说"我爱你"，我也应该可以说"我在你身上爱所有的人、爱世界，也爱我自己"。这是一个很高的境界，它对我们今天理想化的价值，是不是与"宫廷爱情"在中世纪甚为相似呢？然而，理想毕竟是虚幻的，并不适用于所有的人。爱情到底是什么？对每一个人来说，这个问题恐怕也只有他自己去回答。

十一　克里斯蒂娜·德·皮桑《女性之城》

1. 女儿国乌托邦和女性美德

前面刚说过中世纪最有名、影响最大的传奇故事《玫瑰传奇》，而正是这部传奇故事，在 15 世纪初引发了一场法国有史以来最早的文学辩论，参与这次辩论的有一些作家和道德学家，其中就有我们今天要开始讲的克里斯蒂娜·德·皮桑（Christine de Pizan，1365—1430）。

皮桑出生于威尼斯，因为其父被任命为法国国王查理五世（Charles V，1364—1380 年在位）的皇家占星家，所以她在宫中成长，有机会博览群书，有很好的文学和文字才能。她 15 岁时结婚，有三个孩子（一说两个孩子）。1390 年她丈夫去世后，她不得不担负起抚养孩子，还有母亲和一个侄女的责任。她开始以写作来谋生，三年之后成了一名很受欢迎的爱情歌谣（love ballet，一种用来歌唱的诗歌）作家。她有许多富人顾客，那个时候没有稿费制度，顾客就是"赞助人"，皮桑以写作谋生，就像莫扎特靠为赞助人作曲为生一样。皮桑在 11 年里写过 300 首爱情歌谣和别的短诗，还有关于妇女教育和社会地位的文章。她还担任过三位法国王室公爵的作家。她在长达 30 年的写作生涯中共有 41 部著作，65 岁去世。完成《女性之城》（La cité des dames）时，她 40 岁，已经是当时很有名气的女作家。

皮桑参与的那场关于《玫瑰传奇》的辩论，辩论的是什么？为什么这么多有学识的作家、著名的神学家以及其他知识人士，花费大量时间和精力来攻击或者捍卫一部已经有 100 多年历史的法语传奇故事？对于辩论者而言，关键的问题是，如何看待文学在社会中拥有的力量和所起的作用？用方言写作的通俗文学对读者有怎样的道德影响？在这样的问题上，支持和反对的双方争论得相当激烈。

支持者认为，《玫瑰传奇》是一部道德指南，倡导的是男女关系中应有的道德规范：男方彬彬有礼，尊重女方的感受；女方贤淑文雅，善于自我保护。尤其是由神学家让·德·默恩续写的第二部分，故事里有许多正确的处世教诲。

反对者认为，《玫瑰传奇》是一部道德败坏的作品，鼓励丈夫行使家庭暴力（所谓"强行摘花"的寓意），故事会造成读者的道德败坏，变成异端学说，破坏社会道德的根基，因此这是一部坏书，应该烧掉。

在《玫瑰传奇》的反对者里，就有当时已经是著名女作家的皮桑。1401 年，她写信给里尔大教堂的教长，批评《玫瑰传奇》对女性的贬低、偏见和仇恨描写。在阅读《玫瑰传奇》时我们已经讲到，它第一部分结束的时候，"情人"追求"玫瑰"陷入困局，让·德·默恩的故事就是从这里开始的。这部分故事里的人物，如"理性"、"假象"（Faux Semblant）、"爱"（Ami）、"老妇"（La Vieille）、"妒忌"（Jaloux）、"自然"、"天才"等长篇大论各种当时流行的观念，包括爱情和友谊，其中"爱"建议如何用诡计来赢得女人的爱。皮桑认为，《玫瑰传奇》本来是一个引诱女性的故事，却把女性描绘成对男性的危险诱惑，给男人带来的只是痛苦和折磨；她在《奥得阿致赫克托耳书简》（*Épître d'Othéa à Hector*）里嘲笑让·德·默恩道：

> 还有让·德·默恩的《玫瑰传奇》，
>
> 哦，（求爱）多么漫长！多么困难！
>
> ……
>
> 付出了很多努力，使用了很多诡计
>
> 全是为了骗取处女——喏，仅此而已！
>
> 这就是通过欺诈和阴谋手段要达到的目的！
>
> 这么脆弱的（女子）需要如此猛烈的进攻？

与《玫瑰传奇》的其他争论者不同，皮桑不只是讨论文学中的女性，而且更扩展到女性在社会中的地位。她认为，当时社会中普遍存在着种种错误的观点，如女性是对男性的危险诱惑，女人天生多诈和善于欺骗（法兰西的玛丽的《故事诗》就有许多这样的故事），女人用伪装贤淑来隐藏自己的激情和情欲，等等。

确实，在皮桑的时代，仇恨女性、造谣中伤女性在宣教士们的宗教道德故事里比比皆是。在亨利·奥斯本·泰勒的《中世纪的思维：思想感情发展史》中有这样一个突出的例子。一位布道士这样解释荷马的《奥德赛》里关于女妖塞壬的故事："在一座海岛上住着三个塞壬（女妖）。她们用不同的调子唱出人的歌曲来。一个唱，一个吹笛，另一个弹拨竖琴。她们有女人的脸孔，有鸟的爪子和翅膀。所有路过的船只都因歌声迷人停了下来，她们把水手催眠，使他们的船沉入海水中。有一位国王名叫尤利西斯，他要航海途经此岛，于是叫手下人把他绑在桅杆上，手下人也用蜡封住他们自己的耳朵。这样，他们安然无恙地躲过危险，并把塞壬沉到海浪之下。亲爱的兄弟姊妹们，这些是秘密，尽管是由基督的敌人所写。海洋在今世理解成在永不止歇的苦难波涛冲击之下的现世。海岛是世界的享乐之地，被蜂拥而来的痛苦所阻碍，因为岛岸边总有一波接一波的浪潮的冲击。三个塞壬用甜美诱人的歌声，把航海的人毁灭在沉睡中，是软化男人的心让他们做恶事、导致他们在睡眠中死亡的三大世俗享受。"[1]

显然，宣教士把荷马的故事解释成一个仇恨女性的故事。男人在世界上做坏事，都是因为受到女人的诱惑，越是漂亮、迷人的女人，越是会使男人陷于万劫不复之地。女人是祸水，是荡妇，是危险的野兽。这位宣教士继续说道，那个弹琴的是荡妇，她唱咏叹调，能融化男人们的心，"直到科赛特斯的海浪突然把他们吞没，他们被死亡剥夺了一切"。[2]

男人遇上这种危险的女人，不仅只有死路一条，而且会不信上帝。这位宣教士的结论就是："没有什么别的东西比贪恋女人更容易让一个男人远离上帝。女人有翅膀，因为世人的欲望总是不固定，他们的胃口就是一边贪想一件东西，一边贪欲又飞到另一件东西那里去。她们也有鸟爪子，因为她们撕碎受害者，并把他们攫取到地狱受煎熬。"[3]

正是针对这种对女性的鄙视、污蔑和肆意抹黑，皮桑写下了她的《女性之城》，这个"城"是由书中主角和她的三位帮手一起筑成的，是保卫女性正当身份、良好名誉、美德操守的坚固城堡。这三位帮手分别是理性、正直和正义。

《女性之城》故事开始的时候，和作者同样名叫克里斯蒂娜·德·皮桑的故事主角正坐在自己的书房中——我在故事叙述中

1　亨利·奥斯本·泰勒著，赵立行、周光发译，《中世纪的思维：思想情感发展史》，第 668 页。

2　同上，第 669 页。

3　同上。

用"克里斯蒂娜"指这个人物，而用"皮桑"来指作者本人。

克里斯蒂娜拿起一本书，书的作者叫马太欧卢斯（Mathéolus），她读着读着，觉得越来越憋闷，这书不仅写得很差，而且对女性充满了偏见和仇视。13 世纪确实有一位叫马太欧卢里（Matheoluli）的法国牧师和诗人，他是《自由感叹》（*Liber lamentationum Matheoluli*）一书的作者，这是一部仇视女性的著作，作者在书里认为婚姻会使男人的生活变得悲惨。这本书在 14 世纪末由让·勒费弗雷德·雷松（Jean Le Fèvrede Ressons，1320—1380）从拉丁语翻译成法语。据信，皮桑的《女性之城》就是回应这本书的。克里斯蒂娜读着这本书，心情低落，为自己生为女人、受到诅咒而伤心。

就在这时，闪过一道光亮，三位寓言式的女性出现在克里斯蒂娜面前，她们分别是"理性""正直"和"正义"三位夫人。她们对克里斯蒂娜说，她应该建造一座女性之城，让世界上最崇高、最有成就的女性来居住。这座城将会保护女性免遭男性的污蔑和指责，同时也提醒女人，她们拥有真实而高尚的天性。

理性夫人把克里斯蒂娜带到一片称为文学之地的肥沃平原，对她说，女性之城就建造在这里。她让克里斯蒂娜用笔当作工具，挖开大地。三位帮助她建城的夫人将共同为这座城市奠基，并成为城市有力的后盾。三位夫人的故事分成三个部分。

在第一部分里，理性夫人首先为克里斯蒂娜讲述在政治和军事领域中脱颖而出的妇女，她们明智地统治着广阔的国土、抵御敌人、抗击叛乱分子和外敌的袭击。接下来，她又讲述像克里斯蒂娜本人这样学识渊博、富有学问的女性，她们不仅提升自己的智力，而且还共同帮助塑造西方的历史和文化。最后，理性夫人又讲述了一些表明女性审慎美德和处理实际事务能力的故事。理性夫人完成建城的基础和城墙工作，把接下来的工作交给她的两个姐妹。

　　理性夫人的种种故事涉及三四十位杰出的女性人物，其中有几位我们在前两册中已经介绍过。在我们以前阅读的故事里，这些女性不少是受害者和弱者，因为她们的故事是从男性的角度来叙述的。理性夫人从女性的角度来重述她们的故事，让她们从受害者变成有自我价值的正面女性。例如，荷马《奥德赛》里的塞壬、欧里庇得斯、《美狄亚》里的美狄亚、维吉尔史诗《埃涅阿斯纪》里的狄多公主、奥维德《变形记》里的密涅瓦，还有我们阅读过的希腊女诗人萨福。

　　在故事的后两个部分里，皮桑运用的是同样的讲述方式：先摆出观念，然后是一连几十个例证。在第二部分里，正直夫人对克里斯蒂娜讲话，并帮助她建起女性之城里的宫殿、大厦和住所。她讲述那些有远见和能够预言未来的女性，有神话人物，也有故事里的人物。虽然人们不把她们的预言当一回事，但她们却能准确地看到未来会发生什么。埃斯库罗斯（Aischulos，约前525—前456）《阿伽门农》里的卡桑德拉就是这样一位女先知。

　　正直夫人然后又讲述忠实的女儿和虔诚的妻子们的故事，她们为家庭做出奉献，富有自我牺牲精神，为亲人所做的事情超过所有人。她们应该得到和男性一样的教育机会。然后，正直夫人说到贞操对妇女的重要性，以及妇女遭受的强奸、排斥和残酷对待。她们有的遭受强暴，却反而被污蔑为勾引男人的罪魁祸首，特洛伊城的海伦就是这样。在荷马的《伊利亚特》里，她被当成红颜祸水的灾星。正直夫人说，大多数女性（尤其是恋爱中的女性）都是坚定而执着的，而男性则是喜新厌旧、见异思迁的。正直夫人又说，女人要赢得世人的尊敬，靠的不是美貌和身材，而是正直、诚实和慷慨的美德。在完成女性之城的房屋建筑之后，城里迎来新居民。正直夫人把剩下的工作交给下一位——正义夫人。

　　在第三部分里，正义夫人负责为女性之城画龙点睛的工作。她还讲述许多贞洁、贤淑妇女的故事。正义夫人为女性之城的建筑物加盖屋顶，安装大门和城门。她将圣母玛利亚带到这座城市来担任向导和女王。正义夫人还讲述因信仰而蒙难的妇女们的故事。在别人敬拜假偶像、不再爱耶稣基督的时候，她们毫不动摇。尽管她们的肉体受到虐待、折磨和侵犯，但她们虔诚的精神和完美的自我却完好无损。她们一如既往地意志坚强、行为端正，其中许多人都被封为基督教的圣人。她们守身如玉，保持处女之身，并为捍卫自己的原则而死，有的甚至在自己赴死之前，还目睹自己的孩子遭受酷刑和被处死。正义夫人还说，有的妇女为了躲避男人的骚扰，或为追求自己的宗教信仰，甚至女扮男装躲进修道院。

女性之城建成之后，三位夫人将这座城交给克里斯蒂娜，她于是向城里所有的妇女发表讲话，宣布女性之城是一个女性的避难所，她们可以在这里免受男性的性骚扰和性侵犯，得到她们渴望的安定和安全。她提醒这个妇女社区的所有居民，要坚守真实和信念，保持这座城市的崇高理想，让这座城市证明妇女的力量和团结，显示她们自身的优秀和坚不可摧的美德。

但是，她最后又叮嘱所有的女性，要听从丈夫的话。妇女们，如果是已婚的，那就不管丈夫是好是坏，都应该服从；未婚的就应该温顺，好有机会结婚成家，因为服从丈夫本来就是基督教的教诲。这样的结尾可能有点令人失望，但是，我们可以设想，故事这样结束，可能是因为作者担心，更激进的姿态会给她带来麻烦，这本书毕竟是在 1405 年完成的，离今天已经有 600 余年之久。

女性之城里一共居住着 100 多位女性，她们彼此是怎样的关系？是闺蜜或朋友，还是同志和战友？女性们彼此的关系决定女性之城将是怎样的一个女性共同体，下一节将谈谈与此有关的朋友和伙伴问题。

2. 男性友谊与女性友谊

　　《女性之城》的第一、第二部分与第三部分之间存在着明显的矛盾，前面两部分主张女性要自强自立，女性在智力和美德上与男性是平等的，应该有同样的受教育的机会。而在最后这一部分里，她强调的是女性在社会里与男性不同的角色，女性的角色是在家里服从和辅助丈夫，这是基督教规范的角色。《圣经》里说："教会怎样服从基督，妻子也要怎样凡事服从丈夫。你们作丈夫的，要爱你们的妻子，正如基督爱教会，为教会舍己。"（《以弗所书》，5：24—25）

　　皮桑所强调的都是基督教的美德，与男与女基本相同——勇敢、智慧、审慎、孝顺、执着、慷慨、虔诚、真诚、忠诚；但对女性的要求似乎更高一些，因为她们还具有女性特定的贞洁、婚姻之爱、服从、温顺。

　　皮桑在女性美德的问题上不仅显示出基督徒的虔诚，而且因要显示女性美德而表现得特别虔诚。放在历史背景中不难理解，但给现代女性主义者们造成困惑：皮桑到底算不算是一个女权主义或女性主义者？关于这个问题有许多争论，但并非是我们在此关注的重点。我们只需知道，她是一位明确具有女性身份意识的作家，并且主张女性在理性、智力、道德上应该受到与男性相等的尊重，至少在这一点上已经包含现代女性主义的思想因素。从人文阅读的角度来说，更重要的似乎是女性之间的友谊和伙伴关系，这是一个具有普遍意义的问题。

　　在《女性之城》一书里，皮桑构想了一个完全由女性来治理和保卫的王国——"女性之城"。女性之城中没有任何男性，居民们不再有丈夫、孩子和父母，她们不需要考虑婚姻，不用生孩子，没有土地财产，也没有吃饭穿衣之忧。在这里，等级的藩篱被打破，妓女、平民和贵妇比邻而居，住在城中宽阔大街两旁的房子里。时空的距离不会阻碍城中居民的相聚。古典的、现代的，东方的、西方的，城中的居民来自不同的国家和时代。这又是一座永恒的城市，居民们也将在这里获得永生，不必为生死担忧，也不用离开这里，只有过去的、现在的和将来的高贵女性，源源不断地进入这座城市。女性之城是一个带有乌托邦色彩的理想王国。生活在这个理想国度中的女性，她们之间是靠什么来维系其特殊关系的？

显然，她们之间形成的不是"闺蜜"的关系。一种回答是，维持她们之间关系的是她们共同珍视的美德和坚守的信念。女性之城是一个全女性之城，没有男性居民，因为这样能更好地保护女性不受男性的骚扰和侵犯。因此，她们彼此间形成一种同志和战友的关系。女性之城也就是一座事实上的"女性兵营"。然而，这也会让女性之城变成一个非常没有趣味的地方，就算城中女性张开双臂欢迎所有在"城外"不安全的女性，也未必每一位女性都愿意移居至这座像尼姑庵一般的城市。

女性之城要能充满活力地存在，要能吸引新的居民，城里的女性居民必须形成一种像古代城邦那样的以公民友谊为基础的伙伴关系，那就是女性友谊。现代心理学和社会学研究发现，尽管女性友谊和男性友谊的相似之处往往会超过差异，但在一些方面，女性友谊与男性友谊有所不同。最常见的发现是，相对于女性之间的友谊，男性的友谊更倾向于"工具性的"，而情感上则更少。女人比男人更容易分享情感和感情。男人之间的友谊通常基于共同的活动（例如，打扑克或高尔夫球的伙伴，酒肉朋友），并且更具"互利性"，互惠互助，并共同致力于项目。

男人分享活动，女人分享情感。总体而言，女性倾向于在保持友谊方面投入更多的时间、金钱、精力，例如，有事没事地互相联系，频繁地见面。男性则较少保持联系，而是在需要时突然想到。

有研究发现，当要求男性受访者提供亲密朋友的姓名和地址时（"您可以打电话给您的朋友借钱或帮您摆脱困境"），他们当中许多人都说自己与"亲密朋友"已经多年没有联系，有的人甚至连"密友"已经去世都不知道。在大多数情况下，男性的友谊比女性的友谊较不亲密，也缺乏支持。但也有证据表明，女性的友谊比男性的友谊来得情绪化，也相对脆弱，好的时候可以割头换颈，但又能为一点小事说闹翻就闹翻。

18世纪启蒙时代的女性主义者玛丽·沃斯通克拉夫特（Mary Wollstonecraft，1759—1797）在《女权辩护》里批评这样的女性友谊，她写道："女性彼此相处一般都过于亲密，一旦亲密到粗鄙的熟悉程度，就会造成……不幸。姐妹们，女性昵友们或主妇和她们的女仆们，为什么要以正派为名，彼此又如此狎熟以至于忘记了一个人对另一个人应该有的尊敬呢？"[1]有的女性闺蜜就是如此，闺蜜似乎是一种女性特有的友谊形式，是一种女性之间无话不谈的关系，这样的关系有时候也会在男女之间建立，男的一方称为"闺男"。也有人认为，女性与闺男的关系不可能成为闺蜜关系的翻版，而是会夹杂其他的情感因素。但不管怎么说，由于女性友谊的情绪和情感成分比较重，女性之间是否可能形成与男性间相当的友谊，至今仍然是一个有争论的问题。

当代研究关注的是"私人领域"中的朋友和友谊，相比之下，我们在皮桑《女性之城》里看到的是一种受到古典男性友谊观影响的女性友谊观。影响来自亚里士多德，尤其是西塞罗，他们在讨论友谊时都特别在意友谊在"公共领域"里的重要性。皮桑的女性友谊观是针对男性中心论的友谊观而提出的，是一种以颠覆男性中心论为目的的女性友谊观，因此也形成了一种相应的女性共同体理念。

1　玛丽·沃斯通克拉夫特、约翰·斯图尔特·密尔著，王蓁、汪溪译，《女权辩护 妇女的屈从地位》，商务印书馆，1995年，第163页。

古代男性中心论的友谊观是一种从城邦政治出发的、在男性公民之间的友谊观。亚里士多德在《伦理学》里清楚地表明"友谊"对于城邦和公民团结的重要性："友爱把城邦联系起来，与公正相比，立法者更重视友爱。他们的目的就是加强类似于友爱的团结，另一方面则是致力于仇恨的消除。既然做了朋友就不必再论公正。但对公正的人却须增加一些友爱。所以，在最大的公正中似乎存在着友爱的东西。这不仅是必要的而且是高尚的。"[1]

亚里士多德同样强调"友谊"与"美德"的关系，他把"朋友"分为三种，一种是相互有用，一种是相互感到快乐，这两类都是"偶然"的朋友；还有一种是"在德行方面相类似。……那些为了朋友自身而希望朋友为善的才最是朋友。……只要善不变其为善，这种友谊就永远维持。只有德行才是恒常如一的"。[2]

西塞罗继承了亚里士多德的友谊观念。他把友谊视为人与人之间在情感和道德等方面的"完全一致"，"友谊乃为对于神道的和人间的各种事务意见的完全一致，彼此充满情谊和友爱，而且在我看来，除了智慧，友谊大概是永生的神明赋予凡人的最好的东西了。……正是德性本身产生并巩固友谊，没有德性，友谊便不可能存在"。他同样认为，真正的友谊是以德行来维系的，"当一个人表现出高尚的品行的时候，人们都希望与具有此德之人结交，密切关系，为的是通过与自己敬仰的人的结交而享受他的人品，同样地爱，同等地或者更多地奉献，而不希图对方为此作报答，还要在他们之间进行这种高尚的竞赛。……事实上，如果友谊是由利益促成的，那么当利益改变之后，友谊也就会消失。然而，（崇高的）天性是不会改变的，因而真正的友谊是永恒的"（《论友谊》，21：32）。

1　亚里士多德著，苗力田译，《尼各马科伦理学》，中国人民大学出版社，2003 年，第 164 页。
2　同上，第 167 页。

古典的男性友谊观是与自由城邦和自由公民联系在一起的，由于西方古代的公民仅限于男性公民，所以，与之相关的友谊观也就自然有排斥女性的意味。中世纪的时候，希腊、罗马的异教友谊观被基督教的友谊观所代替。阿德勒·菲斯克（Adele Fiske）在《修道院传统的朋友和友谊》（*Friends and Friendship in the Monastic Tradition*）一书里指出，对中世纪的人来说，对朋友的爱就是对上帝的爱。奥古斯丁的《忏悔录》就是一个例子，他写道："一个人对他的朋友说得好，'你就是我的一半灵魂'。"（卷四，第六章）修道院里的修士们彼此称"兄弟"，是共同侍奉上帝的朋友。修道院里只有男性修士，他们之间自然是男性友谊。

皮桑的《女性之城》里的女性居民之间有一种与亚里士多德和西塞罗类似的友谊，这是一种由美德缔结而成的友谊。但这种友谊存在于女性之间，而且只存在于女性之间，它对于这个女性城邦的团结是必不可少的，就如同在亚里士多德的友谊观里一样，城邦政治是它的背景。杰奎琳·布罗德（Jacqueline Broad）和凯伦·格林（Karen Green）在她们合编的《1400—1700年间欧洲女性政治思想史》（*A History of Women's Political Thought in Europe, 1400-1700*）里指出，虽然皮桑本人没有使用过"城邦"（polis）这个说法，但她的女性之城却可以理解为一个亚里士多德意义上的城邦。

《女性之城》故事开始的时候，克里斯蒂娜独自坐在书房里读马太欧卢斯那本污蔑女性的书，只能一个人生闷气。她是一个孤独的个体，缺乏城邦生活来实现她的个人之善。就在这个孤独无助的时刻，来了三位灵魂伙伴：理性、正直和正义。她们都是美德的化身，克里斯蒂娜就是与她们一起开始建设女性之城的。

就像西塞罗强调的"友谊乃为对于神道的和人间的各种事务意见的完全一致"一样，克里斯蒂娜眼前的这三位夫人"彼此间形貌如此相似，只有仔细端详，才能见出不同"（1.3.1）。形貌的相似像征性地显示其内在素质和美德的一致，这在中世纪对男性朋友的描绘中是常见的文学手法。

这三位美德夫人向克里斯蒂娜叙述上百位神话和历史上的杰出女性，并通过她们的叙述，把那些古往今来、五湖四海的不同女性汇集到一起，形成一个同质化的女性共同体或群体。三位美德夫人还让克里斯蒂娜用笔做挖土的工具，为女性之城做奠基的准备工作，让建城和文字象征性地联系起来，所以可以说，这是一座用文字建造的城邦，为维系这个城邦就需要具有女性本色的女性友谊。

在 20 世纪之前，几乎所有的朋友和友谊都是单性的（有人认为是柏拉图的思想残余），男的只跟男的成为真正的朋友，女的只跟女的成为真正的朋友。最典型的男性友谊场所就是兵营和运动员更衣室。我们都知道，社会里的某些男性因"志同道合"结成某种形式的男性友谊（如组织，开始都是男性），只要有女性掺和进来，男性友谊的性质就会发生改变。男女的志同道合没有不随后上床或婚配的，而且性伦理还特别混乱。这个现象有待于专门讨论，这里不展开。

《女性之城》里的朋友之间是不包括男性的女性友谊，女性之城便是她们的友谊场所。虽然皮桑对男性友谊排斥女性有所不满，但她的女性友谊观却也是排除男性的。

皮桑强调，美德是女性之城共同体每个成员必须具备的品质和素养，这就更显示出她的女性友谊观与传统的男性友谊观实质上是相似的。西塞罗坚持，唯有美德才能产生和维持友谊，女性之城的缔造者们也同样坚持，美德是加入女性之城的前提条件。正义夫人对她们说，女性之城的"所有居民都是曾经、现在或将来会爱美德和道德的"（2.69.1）。克里斯蒂娜对此表示赞同。她对聚集在一起的城市居民说，这里所有的女性"都热爱光荣、美德和称赞……来自过去或来自未来，每一位都是可敬的女性"。她鼓励她们说："这是一座完全建立在美德上的新城，充满光辉，你在这座新城看到自己的镜像，在所有的地方，尤其是最后建造的屋顶部分。"（3.19.1）显然，屋顶，这个在高处的顶部，是头脑和灵魂的象征。在闪亮的屋顶上看到自己的镜像，这与西塞罗把朋友当作彼此的镜子，有共同要实现的目标，是相似的。

互为镜像的朋友在私人领域里也许是可羡慕、可赞赏的，但在公共领域里是否也是如此？在公共领域里，同质的友谊会不会对异质的他人有排斥甚至敌对的作用？我们今天还需不需要西塞罗或皮桑那种公共领域中的友谊？与古典友谊观相比，现代友谊观又有怎样的特点？

3. 从古典友谊到现代友谊

前面说到，皮桑的女性之城代表一个理想化的美德女性共同体，称之为"乌托邦"亦无不可。女性之城接纳的是有美德的女性，那么那些够不上这个条件的女性又该如何？她们是否就该被排斥在城外？

其实，任何理想化的"以德交友"，以某种美德互相视为同道或同志的友谊观念都有排除异己的倾向或效能。在这一点上，皮桑的女性友谊观与西塞罗的男性友谊观并无实质的区别。在西塞罗那里，美德形成朋友间的纽带，构建一个密不可分、情投意合、志同道合的"我们"，然而这同时也构建了一个与"我们"不同的、应予排斥的"他们"。

朋友之间因志同道合原则而产生对他人的排斥效应。这如果只是限制在私人领域中，并没有太大的危害。这是因为，每个人事实上不可能也不需要与所有的人做朋友。但是，如果把这个原则运用于公共领域，那就会对社会群体造成分裂的效果。少数或一部分自视具备道德、政治觉悟、先进思想的精英人士结成牢不可破的"友谊"，对整个社会未必是什么好事。因为社会中不同的人群对什么是"美德"本来就是有争议的。那些自以为把握"美德真理"的少数人会把其他人视为不配与他们为伍的、只配受到排斥的异己者。他们会以为，觉悟高的排斥觉悟低的，先进的排斥落后的，乃是在道德上顺理成章的事情，因而也就成为政治上必须做的事情。

在现代社会中，为了防止少数人结成自诩为先进、正确的帮派（政党或其他形式的组织）并以此排斥他人，已经有私人领域和公共领域之间的严格区分。今天，"友谊"只是一种私人领域的人际关系；在社会层面上人们已经不再运用"友谊"的概念，而代之以"社会团结"（Social Solidarity）的概念。社会团结也称团结（Solidarity），是由共同的利益、目标、标准以及情感发展出团队或社会阶级凝聚力的一种意识，也是将不同人群转化为一个整体的社会纽带。

中世纪的时候，友谊概念已经开始与政治脱离，而只是在社会中起作用。一个明显的表现就是用"兄弟"而不是"朋友"来称呼那些从事社会公益的与宗教有关的人士。随着修道院在早期基督教时代的发展，大多数僧侣仍然是平信徒（laymen），他们是基督教中没有圣职的人，也就是一般所称的教友。他们之间形成"兄弟会"。以"兄弟"互相称呼，强调的是一种"兄弟情"。

兄弟情是一种基于同一信仰和原则自发组织形成的自治组织。一般情况下，兄弟会的成员以职业或邻里关系为纽带，一同参加公共宗教活动、社会的慈善活动、教育事业。兄弟会的形式和思想可追溯至古典时代，其发展蔚然成风是在 13 世纪，随着欧洲城市的复兴逐步壮大，其中以意大利和英格兰地区的兄弟会的发展最为充分。

兄弟们之间是一种由共同信仰和责任形成的男性友谊关系，与古典城邦政治的友谊有所不同。男性友谊的观念从古典的城邦政治（公共领域）向社会（私人领域）转移，可以说是中世纪后期最重要的变化之一，标志着个人和私人生活意识开始变得清晰。中世纪之后，即使在普通人的私人友谊里，"以德交友"也已经淡化，代之以"心灵相通"和"惺惺相惜"的观念。这在文艺复兴时期蒙田（Michel de Montaigne，1533—1592）的《论友谊》里表现得非常清楚。

在蒙田那里，高度个性化的新友谊观念虽然有男性中心论的嫌疑，但这已经远不是它的主要特征了。他在《论友谊》里表达的正是一种现代社会学或是心理学称为"兄弟情"（bromance）的关系，这是同性友谊中最亲密的一种。蒙田特别重视兄弟情，并不意味着友谊只能存在于男性之间，而是说男女关系中的女性无法承担兄弟情中的那种忘我重负。

蒙田认为，男女之间的情感不可能是纯粹的友谊，"友谊只跟它自身有关，不涉及其他交易。况且，老实说，女人一般不会满足于这种神圣的关系，她们的灵魂也不够坚强，忍受不了这种把人久久束缚的亲密关系。如果不是这种情况，如果可以建立一种自愿和自由的关系，不仅灵魂可以互相完全拥有，而且肉体也参与这一结合，男人全身心投入进去，那么，可以肯定，友谊会因此而更充分、更完整。可惜，没有例子可以证明女人能做到这点。古代各哲学派系一致认为，女性是被排斥在友谊之外的"。[1]

这当然可以理解为是一种男性中心论的友谊观，但是我们也可以从"兄弟情"来理解蒙田所说的纯粹友谊。亚里士多德对于友情

---

1 米歇尔·德·蒙田著，潘丽珍等译，《蒙田随笔全集》上卷，译林出版社，1996年，第209页。

的经典描述经常被解读为兄弟情的原型。他在《伦理学》中说，"那些为了朋友自身而希望朋友为善的才最是朋友"。[1] 蒙田说得更好："若有人问我为什么喜欢他（他的挚友），我感到很难说清楚，只好回答：'因为是他，因为是我。'"[2]

蒙田的这位挚友叫拉博埃西（Étienne de La Boétie，1530—1563），是一位诗人和人文主义者，从 1557 年起，他对蒙田有很大影响，死后把文稿留给蒙田，蒙田后来设法把这些文稿出版了。从蒙田对他和拉博埃西的朋友关系的描述中，我们可以看到，文艺复兴时期已经有了一种与古典友谊观（皮桑的女性友谊观属于这个传统）几乎完全不同的近现代友谊观念，而且，论述的方式也完全不同。

古典的友谊观是从一个关于什么是"友谊"的定义出发的：友谊（真正的友谊）是一种"以德相交"的人际亲密关系。蒙田的友谊观则是建立在他本人与拉博埃西的特殊友谊关系上的。他很自信地说，这就是真正的友谊，"不要把一般友谊和我说的友谊混为一谈。我和大家一样，也经历过这种平常的友谊，而且是最完美无缺的，但我劝大家不要把规则混淆了，否则就要搞错"。[3]

蒙田从他与这位挚友的友谊中悟出，真正的朋友是"意志已是水乳交融。……这样的朋友相结合，才是真正完美的结合，他们再也感觉不到存在着义务，对于那些会引起争执和分歧的字眼，如利益、义务、感激、请求、感谢等，他们尤其憎恨，并把它们从他们中间赶走。其实，他们之间的一切——愿望、思想、看法、财产、女人、孩子、荣誉和生命——都是共有的，他们和谐一致，根据亚

1 亚里士多德著，苗力田译，《尼各马科伦理学》，第 167 页。
2 米歇尔·德·蒙田著，潘丽珍等译，《蒙田随笔全集》上卷，第 211 页。
3 同上，第 213 页。

里士多德的正确定义，是两个躯体共有一个灵魂"。[1]

蒙田强调的不是"以德相交"，而是心灵的融合，他这样描述与拉博埃西的友谊："我们的心灵步调一致，互相敬佩，我们的感情深入五脏六腑，因此，我了解他的内心犹如了解我自己的内心，不唯如此，而且我对他的信任胜过对我自己的信任。"这可以说是对"兄弟情"的最深刻、最动情的一个描述。

今天，兄弟情经常被翻译成"基情"，因而造成与"同性恋"相关联的错误联想。有人甚至怀疑，蒙田与拉博埃西之间是不是有同性恋的关系。其实，蒙田是反对同性恋的，他把同性恋称为"希腊人的淫荡爱情"，并在《论友谊》中明确指出，真正的友谊不是同性恋关系。他写道："希腊人另一种淫荡的爱情（指同性恋）公正地为我们的习俗所憎恶。然而，那种爱情也不符合我们这里所要求的完美和相称的结合，因为习惯上情人间的年龄和地位必然相差悬殊。"[2]而且，在蒙田看来，这是一种由"迷恋狂热而肆无忌惮""毫无节制的欲望"所产生的关系。

今天，一般中国人能否理解或接受蒙田所赞美的那种"兄弟情"？回答恐怕是，能又不能。

直到今天，许多人仍然对通俗小说《三国演义》里的桃园三结义津津乐道——不能同年同月同日生，但愿同年同月同日死，这被视为友谊的典范。刘备说，兄弟如手足，妻子如衣服。这句话，被无数男性引用，作为自己的口头禅，以显示自己讲兄弟义气。如果只是这么理解，那也许就是"兄弟情"。但是，刘备的这句话后面还有一句："衣服破，尚可缝；手足断，安可续。"这还衍生出其他的说法，如"谁动我手足，我撕他衣服"等。这种男性尊贵的人生信条一定会伤害无数女性，所以是一种蔑视女性的大男子友谊观。

1　米歇尔·德·蒙田著，潘丽珍等译，《蒙田随笔全集》上卷，第213页。
2　同上，第209页。

这是今天大多数人都不能接受的，因此刘备式的兄弟情也不能被接受。但是，蒙田的兄弟情里并不包含"破衣服"或"撕衣服"这种对女性的蔑视。

许多人不能接受兄弟情还有另外一个原因，那就是"称兄道弟"是粗人的友谊，而君子不同，君子之交淡如水，蒙田所说的那种"水乳交融"的兄弟情不符合这样的标准。

再说，一直到今天，许多人仍然相信"以德交友"的原则，将之尊奉为唯一正确的交友理念或理想。但是，中国传统的以德交友，更强调的其实是"君子"而不是友谊。所谓"君子许以义，小人许以利，君子以德相交，小人以利相交"的说法，说的是君子与小人的不同，真正的君子以义气相交，长久而稳固。而小人是以利益相交，丧失了利益，交情随之消失。这与亚里士多德在《伦理学》中所不赞成的"利益朋友"或"快乐朋友"看上去相似，其实不然。亚里士多德谈的是不同类型的友谊，与是不是"君子"无关，君主和小人都有可能只是为了利益或快乐而交朋友。

中国其他议论交友的教诲也都是突出君子与小人的区别，如"以势交者，势倾则绝；以利交者，利穷则散，故君子不与也"（《中说·礼乐》），说的是，靠势力交友的人，权势倾覆就会断绝朋友关系；以利益相交的人，财利耗尽就会四分五裂，所以君子不赞成这样交友。其他的还有："君子之交淡如水，小人之交甘若醴"（《庄子·山木》）；"以权利合者，权利尽而交疏"（《史记·郑世家》）；"以财交者，财尽而交绝；以色交者，华落而爱渝。是以嬖女不敝席，宠臣不敝轩"（《战国策·楚策一》）。这些都是为了突出"君子不为"。

中国的以德交友与希腊、罗马的古典以德交友看似相仿，其实有很大的不同。西方的以德交友是一种以民主与共和城邦政治为背景的友谊观，而在中国长期专制的背景下，以德交友则一直只是读书人个人的修身养性和情操陶冶。

　　西方古典的以德交友友谊观过渡到中世纪之后的私人领域友谊观有一个转折和变化的过程，而中国古代的以德交友过渡到今天的"谨慎择友"或"君子择友"则基本上是一脉相承的传统。谨慎择友的意思古今皆然，那就是小心地选择好的朋友，这样才能见贤思齐，提升自己，所谓"益友百人少，损友一人多"就是这个道理。但是，"君子之交淡如水"却在今天添加了"明哲保身"的意味，"淡如水"不只是指朋友之间默契的友情，而更是包含另一层意思：要提防和远避小人，免得让小人有诬陷、出卖、打小报告的机会。"以德交友"在今天还有一个时髦的说法，叫"交朋友，重三观"，即要结交真正的朋友，需要有共同的理想和志趣，有着相似的人生追求，对快乐的理解也有相似的境界。这话听起来不错，但却可能在什么是"正确三观"的问题上有争议或被暗设陷阱，无论什么立场原则，自由主义也好，保守主义也罢，都不代表什么放之四海而皆准的"正确"三观。这是我们倡导以德交友时不可不知的。

十二 《马可·波罗游记》

1. 两代威尼斯商人的中国之行

中世纪世俗文学中最受当时读者喜爱的有三种类型，其中两种我们已经介绍过，它们分别是寓言或动物故事，以及传奇或骑士故事，还有第三种，也就是我们今天要介绍的"游记"。我们要谈的是马可·波罗（Marco Polo，1254—1324）的《马可·波罗游记》，原书名是《世界奇观》（*Livre des merveilles du monde*）或《世界描述》（*Devisement du monde*）。

作为一个文学种类，"游记"在中世纪的意思与我们今天所理解的意思不尽相同。今天的游记是写实的，不是虚构的，虽然有的游记比纪实的游记有更多的抒情感慨，但作者在游记里描述的是他确实去过的地方，那里的风土人情也都是真实的。

中世纪的时候不是这样的，游记可以是虚构的，游记不是导游书，而是为了把读者带到一个新奇的、可以发挥想象力的地方。游记是一种文学形式、一种创造性的写作，而不一定是游历或旅行记录的文字产品。这就像动物寓言是一种文学样式，而不一定是对动物真实或实际描述的结果。

中世纪非常著名的《约翰·曼德维尔游记》(*The Travels of John Mandeville*)就是这样一部游记作品,据说是一个名叫约翰·曼德维尔的人所讲述的旅行故事。他是一位来自英格兰南部圣奥尔本斯的骑士,踏上前往圣地的旅程,并于1332年前往亚洲和非洲。研究者认为,曼德维尔这个人事实上并不存在,而他的所谓"游记"也只是对欧洲之外的某个奇异而美妙的世界的想象性的描述。

《约翰·曼德维尔游记》最早是法文本,后来被翻译成欧洲的许多其他语言,受到极大的欢迎。尽管旅行的内容极不可靠,通常是梦幻般的想象,却依然被用作一本旅行参考书,对航行家克里斯托弗·哥伦布(Christopher Columbus,1451—1506)和马可·波罗都产生过影响。

这也许是因为,《约翰·曼德维尔游记》里的一些内容包含着他人通过实际旅行和在东方居住而了解到的事实和知识。这样的游记与曼德维尔强调的写作目的是一致的,他说,他的目的就是满足读者的"好奇"(curiositas),而不是提供基督教的"科学"(知识)。

那么,马可·波罗写《马可·波罗游记》的目的又是什么?我们需要知道,这本书不是马可·波罗自己写的,而是由一个听他讲故事的名叫鲁斯蒂谦(Rustichello da Pisa)的人写的,鲁斯蒂谦是当时一位颇有名气的传奇故事作家,讲故事娱乐他人是他擅长的技艺。《马可·波罗游记》有多个版本,多种手抄本也各有不同。被称为F版本的"小引"以马可·波罗的口气说:"自从上帝创造亚当以来,直到现在,无论是异教徒、萨拉森人、基督教徒,无论属于什么种族、什么时代,从没有人看见过或观察过马可·波罗在本书中所描述的如此多、如此伟大的事情。他把所见所闻的一切事情都深藏在心中,一直没有向别人吐露。但是为了让那些不能亲身经历这些事的人都能分享他的快乐,马可·波罗决定在本书中将此披露出来。这是1298年,马可·波罗被囚禁在热那亚的监狱中,亲

自叙述，而由狱中同伴比萨人鲁斯蒂谦先生记录下来的。"另一个
Z 版本则说，马可·波罗被囚禁的时候，闲来无事，给鲁斯蒂谦讲
这些故事，是为了"娱乐读者"。

不管怎么说，马可·波罗说故事，鲁斯蒂谦写下他的故事，其
他人又手抄这个故事，并在抄写过程中对故事内容有所增删变动，
所以我们不能说我们看到的《马可·波罗游记》就是一部以记录事
实为目的的游历真实报道。我们在阅读的时候，也就无需对书里的
一些事实细节太当真，不妨就将它当作一本能帮助我们了解中世纪
旅行文化的文学著作。有人甚至建议说，不妨就当它是一部虚虚实
实的小说来读，这就完全把"游记"当作一种文学叙事样式，描述
在已知和未知的世界里的漫游。由此，我们可以联想到许多有名
的作品，如班扬（John Bunyan，1628—1688）的《天路历程》，斯
威夫特（Jonathan Swift，1667—1745）的《格列佛游记》，儒勒·凡
尔纳（Jules Gabriel Verne，1828—1905）的《八十天环游地球》和
《地心游记》，H. G. 威尔斯（Herbert George Wells，1866—1946）
的《时间机器》《莫罗博士的岛》，等等。

马可·波罗于 1254 年出生在威尼斯一个商人家庭，他 1324 年
去世时，也还是威尼斯的一位成功商人，他活了 70 岁，一辈子都
是商人。现在人们都称他为"旅行家"，其实是不确切的。中世纪
时代，人们旅行都是因为不得已才背井离乡，去到远方，没有我们
今天这种为旅游而旅游的"旅行家"，至少马可·波罗不是这样的
旅行家。他是一个本本分分的商人，因为要做生意，才去到远方。

马可·波罗的祖父名叫安得利亚·波罗，他有三个儿子，大
儿子也叫马可·波罗，是马可·波罗的伯父；二儿子叫尼哥罗·波
罗，是马可·波罗的父亲；三儿子名叫马费奥·波罗，是马可·波
罗的叔叔。马可·波罗的父亲和叔叔都是威尼斯商人，他们两个在
马可·波罗很小的时候就因为经商而偶然去过中国。《马可·波罗

游记》就是从他们第一次旅程开始的。

波罗兄弟去君士坦丁堡做生意，因为那里的政治形势不稳，所以于1260年离开，1261年他们穿越黑海到达当时威尼斯在克里米亚的殖民地苏达克（Sudak），然后继续前往伏尔加河下游的萨莱（Sarai）——蒙古人拔都汗在这里建立金帐汗国——在那里从事了一年贸易。萨莱爆发内战后，波罗兄弟原路返回威尼斯的危险太大，所以决定转而向东躲避战争。这就去了今天的乌兹别克斯坦的布哈拉，在那里滞留三年。

后来，蒙古使节到达布哈拉，邀请这两兄弟去见胡拉古汗（Hulagu Khan，1217—1265），因为胡拉古汗对来自异域的外国人很感兴趣。因此，他们启程通过乌兹别克斯坦城市撒马尔罕，再经过危险的戈壁沙漠，进一步向东方旅行。他们经过吐鲁番、哈密和敦煌，终于到达河西走廊，并于1266年到达今天的北京。但胡拉古汗在见到他们之前，已于1265年2月去世。胡拉古汗的兄弟就是忽必烈大汗（1215—1294），忽必烈大汗很高兴见到这些外国人，热情款待他们，并向他们了解欧洲，尤其是教宗和罗马教廷的情况。这两兄弟会说突厥语，可以跟蒙古人方便交流。

这成为《马可·波罗游记》里故事叙述主线的重要一环，这条主线是，马可·波罗的父亲和叔叔先是因为出外做生意，误打误撞地去了中国，中国的忽必烈大汗叫他们返回意大利，为他送一封给教皇的信。教皇死了，信送到下一任教皇手里，新教皇便又派马可·波罗的父亲和叔叔带着回信和两位修道士一起再去中国答复忽必烈大汗。他们把17岁的马可·波罗带着同行，三个人和随行者又回到中国。在中国住了17年以后，他们才回到威尼斯。

马可·波罗家的人因此成了忽必烈大汗和教皇之间的联络人，而且《马可·波罗游记》里的忽必烈大汗和鞑靼人都对基督教十分崇敬，有的已经成了基督徒，有的想成为基督徒。因此，《马可·波罗游记》可以解读为基督教在遥远东方的传播故事。这样的故事是中世纪人们听得懂也爱听的故事。

《马可·波罗游记》是波罗家两代三个人两次去中国的故事，第一次的主角是马可·波罗的父亲和叔叔，第二次的主角是马可·波罗，带他去中国的父亲和叔叔反倒成了陪衬。两次中国之行，前一次完全是偶然的，后一次是有目的的，这两次中国之行构成了《马可·波罗游记》的双线叙述，却因为主角都是马可·波罗家的人，所以又显得像是一个连贯的故事。这个故事里有冒险、奇遇、趣闻逸事，所以可以既当历险或漫游故事，又当旅行实录来阅读。

在第一条叙述的线索里，马可·波罗的父亲和叔叔于 1260 年离开君士坦丁堡，历时 6 年，1266 年才到达北京。他们在中国住了一年之后，忽必烈大汗就派他们返回欧洲，去给当时的教皇克雷芒四世（Clement IV，1190—1268）送一封信。大汗告诉波罗兄弟，派他们出访教皇的目的是请求教皇派遣一百名精通基督教教义和七艺的传教士来，用公开清楚的讨论向他境内的学者证明，基督教徒所宣扬的信仰是建立在更坚实的真理上的，比其他宗教更加优秀；同时还要说明鞑靼人的神灵和其家中所供奉的木偶是一种恶魔，他们以及东方的普通百姓敬奉这些恶魔为神，实在是一种错误。还有一点，大汗十分希望波罗兄弟回来时，能从耶稣基督圣墓的长明灯中，取来一些圣油，因为他自称敬重耶稣，把他看成真神。

为了保护波罗兄弟在回程中的安全，忽必烈大汗赐给他们一块一英尺长、三英寸宽的御书金牌，这是一个非常郑重其事的外交护照，赋予波罗兄弟俩特别的权利，他们可以在整个旅程中，在可汗控制的土地上得到帝国内的地方官吏和驿站的妥善护送，所经过的城市、城堡、市镇或乡村，都必须为他们及全部扈从提供一切必要物品。

波罗兄弟花了 3 年时间才回到家，于 1269 年 4 月到达。那一年马可·波罗 15 岁。波罗兄弟给教皇的信没有送成，因为教皇克雷芒特四世已于 1268 年去世，而当时还没有新的教皇当选。这新一任教皇选举有些"难产"，是拉丁教会历史上最长的教皇选举，两年后才选出来。1268—1271 年的教皇选举结束后，忽必烈的信终于转达给新教皇。

新教皇隆重接待波罗兄弟，修书一封，并且选派两名修道士与他们同去大都。这两个修道士是一名文学家兼科学家和一名渊博的神学家。教皇给了他们相当的权柄，让他们可以全权行事：任命修道士、主教，赦免或不赦免各种罪恶，代替教皇行事。两位修道士持有教皇的任命状和介绍信，带着国书和许多珍贵的礼物，计划由他们觐见大汗并表示教皇对大汗的祝福。一切事务都完毕后，波罗兄弟一行拜别教皇，踏上旅途，这一次，他们是带着刚满 17 岁的马可·波罗一起去的。

但是，这一行人在路途上遇到战争，两个修道士惊恐万状，担心自己的生命受到危害，于是决定不再前进。他们将教皇委托的书信和礼物统统交给波罗兄弟，自己就打道回府了。

波罗兄弟到底是"老江湖"，他们没有打退堂鼓，而是继续前进，穿越亚美尼亚、波斯和阿富汗，并沿着一条越过中亚帕米尔高原到达中国的路线前进。这趟路程走了 4 年，1275 年 5 月，他们来到忽必烈大汗的夏宫所在地——上都。然后又花了几十天的工夫，终于平安到达大都。

当波罗一家到达大都之后，忽必烈大汗特地召集文武大臣举行盛大的朝会欢迎他们。马可·波罗描绘道："波罗一家走到大汗御前，跪在地上，叩头致敬。大汗立即令他们起来，详细询问旅行的情况以及和教皇交涉的始末。波罗兄弟用明白简要的语言，条理清楚地叙述一切经过。大汗聚精会神，认真倾听。波罗兄弟随即呈上教皇格列高利十世的书信和礼物。大汗听完所宣读的书信后，对两位专使的忠诚、热心和勤勉大加赞扬，并且十分虔诚地接受圣墓中的灯油，命令以宗教的诚心妥为保存。"[1]

马可·波罗也被介绍给忽必烈大汗，并开始他在中国的 17 年生活。马可·波罗父子两代与中国的因缘是有商人做生意，那么中世纪的威尼斯商人在东方和中国做的是什么生意？

2. 中世纪的旅客和梦幻之城

对于中世纪的欧洲来说，远东和东南亚在经济上是十分重要的，那里盛产的香料不但可以在无制冷设备的时代用来保存食物，还可以给腌制不佳的食品增添浓烈的香味。这些香料，包括胡椒、桂皮、丁香、姜、肉豆蔻，加上檀香木和染料等其他物产，都是气候比较温和的欧洲所不可能生产的，所以它们都是远东的专卖品，主要由阿拉伯的中间商经海路输往西方。如果贸易因故中断，香料的价格就会暴涨，有时甚至可以代替白银或黄金充当货币。除了香料这种实际上非有不可的必需品，远东的一些奢侈品也受到欧洲人的青睐，其中尤以丝织品为最。欧洲人十分珍视丝绸，但又不生产丝绸，所以商贸利润很高。13 世纪，蒙古人建立疆域广大的统一国家，为欧洲与东方的贸易扫清许多障碍，跨国贸易也就前所未有地发展起来。

《马可·波罗游记》中译本的译者介绍说，中世纪欧洲商人在去远东的长途跋涉中，无论经由陆路还是海路，通常都进行"滚动式贸易"。"这种贸易的方法是先把货物运到第一个集散地，在那里脱手后就地购买新货去下一个集散地。之所以如此，是因为当时多数市场的规模很有限，商人们除了经营前面所说的那些货物，都

---

1 马可·波罗著，梁生智译，《马可·波罗游记》，中国文史出版社，1998 年，第 11 页。

喜欢经营产地不远而又享有盛誉的产品。这个方法的好处是可以确保原始投资有所盈利。如果把一批新货运到一个名不见经传的地方，在那里又不受欢迎，那就有可能连经商的老本都要赔掉。将买和卖不间断地交替进行可以避免遭受这样重大的损失。毫无疑问，波罗一家也是这样做的，不过他们经营的是全世界都感兴趣的奢侈品——宝石，他们对成交很有把握。"[1]

马可·波罗 17 岁时跟随父亲和叔叔，途经中东，历时 4 年多来到中国，他在中国住了 17 年。据他自己说，在这段时期他时常替大汗办差，表现得非常能干，所以大汗常派他到帝国各地以及藩属去执行机密任务。他因此有机会到各地见闻许多新鲜、有趣的事情。他有时也为自己的私事出外旅行，不过这要征得大汗的同意和地方当局的许可。马可·波罗在这种优越的条件下，凭自己的观察，或听别人的叙述，得到大量不为当时欧洲人所了解的关于东方风土民情的材料。

波罗家两代人旅居元朝帝国长达 17 年，积攒大量价值连城的珠宝和黄金，因此很想衣锦还乡。不过因为大汗对他们的恩宠甚隆，他们只能将回乡之情藏在心中，不便表露出来。他们急着要回去是有原因的，因为"大汗年事已高，如果他们不在他去世之前回去，也许就得不到沿途的供应，无法帮助他们克服长途跋涉中所遇的无数困难，平安返回家乡"。因此，只有在大汗生前，抓住最后的机会，凭借他的恩惠，才有希望实现他们回乡的愿望。

有一次，尼哥罗·波罗乘大汗特别高兴之际，跪在地上恳求为他自己及全家人考虑，恩准他们回国，但大汗没有同意。后来，由于一些特殊的原因，再加上他们不断恳求，大汗终于勉强同意，"他召见波罗一家，以慈祥诚恳的态度对他们的离别表示十分惋惜，并

1　马可·波罗著，梁生智译，《马可·波罗游记》，第 9 页。

要求他们在和自己的家眷团聚一段时间后，一定要再回来。因为大汗心中有这种打算，所以下令替波罗一家铸了两块金牌，跟上次赐予波罗兄弟的那块金牌一样，上面刻着他的命令，在他的疆域以内，无论何处，他们都有自由和安全行动的权利，地方官吏对他们及其随行人员必须给予必要的供给。他又赐予他们专使的权力，让他们问候教皇、法兰西王、西班牙国王和其他基督教的王公"。[1]

大汗对他们非常关照，"又下令准备十四艘船，每艘有四根桅杆，能扬九帆。船的构造及设计另有详细的描写，此处暂不提及。其中至少有四五艘船可容纳船员二百五十或二百六十人，护送王后的三名男爵及尼可罗、马费奥和马可都乘坐这几艘船。他们辞别大汗时，大汗赐给他们许多红宝石和其他价值不菲的美丽珠宝。大汗又命所有船舶必须准备两年的粮食"。[2] 这可不是普通中世纪人能有的旅行条件。

中世纪人的旅行都是短途的，像波罗家这样远渡重洋、翻山越岭的长途跋涉几乎是闻所未闻的，这也是《马可·波罗游记》成为轰动一时的作品的根本原因。中世纪人商贸使用的主要是金币、银币、镀银的或不镀银的铜币。试想一下，如果谁要远途做生意，没有商队，要想单枪匹马，光在路上带着沉重的金属货币这件事就已经够困难和危险的。《马可·波罗游记》里描述了元朝中国使用纸币的情况，可见马可·波罗想到了使用金属货币的不便。

在中世纪出外旅行，从一个地方跋涉到另一个地方，是非常辛苦又不安全的事情。因此，中世纪形成了人帮人的"贫穷旅人"兄弟团。"贫穷旅人"是些什么样的人？他们有的是出外谋生干活的，如建教堂的泥瓦匠人、木工，收税人，有的是外地人（advenae）、被放逐者（emulates）、朝圣者（egin）、贫民（pauperes）等。出门

---

1 马可·波罗著，梁生智译，《马可·波罗游记》，第 15 页。
2 同上。

在外是因为不得已，留在故乡才是得到幸福的前提，在外地就是不幸的事情。到 12 世纪之后，商贸有了发展，人们走访各都市做生意，异地之间的人员来往也变得频繁，兄弟团在都市诞生，也是因着这样的需要。

中世纪欧洲旅客的交通工具无非是马、车和人的两条腿，而步行实际上是大多数人的不得已选项。对于享有旅行便利的我们，要靠两条腿从意大利城市走到法国海岸，从托莱多到萨勒诺，到巴黎再到君士坦丁堡，真是令人难以置信。根据英国历史学家玛乔丽·尼斯·博耶（Marjorie Nice Boyer）对 14 世纪人们旅行记录的研究，步行的旅行者每天可走约 30 英里。这意味着一步一步地行走 8 至 10 个小时，脚上穿的当然不可能是我们今天已经习惯的舒适旅游鞋和记忆泡沫鞋垫。这意味着他们的步行还会更加艰难。

如果坐车，尤其是载有货物的车，那旅行的速度就会更慢。1297 年，布拉班特公爵夫人（Duchess of Brabant）玛格丽特要把她的衣物运到娘家去，从伦敦到伊普斯维奇不过 85 英里，却走了 18 天，驾的还是 5 匹马拉的车子。当然，骑马要快许多，博耶计算过，每天最多也不过 30 至 40 英里。如果要急着赶路，那每隔一段路就得换马来跑。

中世纪的时候，许多地方的罗马道路都已经年久失修，靠近都市的道路还好，其余的就很难说了，有的地方简直就是糟糕透顶，尤其是在雨季和冬天。就算不用为道路的状况担心，旅途的安全也经常是一个问题，会有野兽出没，还有歹徒和盗匪。所以旅人需要结伴而行，而且还要能武装自卫。

相比起陆路行旅的艰难，水路要便利一些，所以商贸走的大多数是河道水路。至于海路，那就是另外一回事，风浪的颠沛，再加上随时可能出没的海盗，不是一般人能够经受得住的。

中世纪旅行的另一个困难是缺少地图。并非不存在地图，而是地图不是为了旅行的目的而制作的。地图画在硬邦邦的帆布上，挂在地图主人家里的墙上，显示他的身份，表示他有世界知识。那时候，航海靠的是罗盘、月亮航用表（lunar tables）和星盘（astrolabes），陆路则是凭经验和对地方上的了解。如果是陌生的地界，那就得请向导带路。

中世纪人不得不旅行，但旅行却又非常困难和不便，所以给后人造成矛盾的印象。一方面，人们普遍认为，中世纪的男男女女生活在狭窄的地理和心理空间里，居住地与附近村庄和田野就那么大。由于生活世界的闭塞，他们愚昧而缺乏对外界的好奇。这很符合人们对"黑暗中世纪"的刻板印象。根据这种观点，要到文艺复兴时期和哥伦布及其追随者的航行，欧洲人才意识到周围更广阔的世界，并摆脱了困扰他们长达千年的愚氓和迷信。

另一方面，中世纪的人们其实并不是完全困守在小小的天地里的。他们有旅行的需要和经验，对外面的世界充满好奇，这才喜爱阅读旅行的书籍。我们下文要讨论的乔叟《坎特伯雷故事集》是中世纪最著名和被广为阅读的文学作品之一，里面就有一群中世纪的基督徒在旅行，从十字军骑士到农场工人，代表中世纪的各个市民阶层。朝圣是中世纪欧洲人的一种广泛的旅行活动，当然不是为旅行而旅行，但从一个地方到另外一个地方，也是开眼界、接触外部世界的一种个人知识性社会活动。

商人、传教士、朝圣者、石匠、骑士、艺人、妓女、流亡者和其他各种"旅客"在欧洲各地流动，像马可·波罗家那样的大商人更是到达基督教世界的边缘，到了中国和印度，向西则一直航行到北美。旅行和旅客形象在基督徒生活中也起着重要作用。《圣经》从创造世界开始，就在展现上帝一直不停地引领他的子民，就像世界那样没有尽头。基督徒的生命因此成为一个漫长而欢喜的朝圣历程，人的灵魂也在这个动态的历程中不断接近上帝。旅途和旅客因此成为一个更大的目的地和叙事话语的缩影。中世纪文学中最著名的作品，但丁的《神曲》，也被人们当作一个旅行故事来阅读，是绝非偶然的。

由于中世纪的人们已经有了一些旅行的经验，但这样的经验又相当有限，所以他们对别人的游记也就有了更大的兴趣，更想知道自己有限旅行范围之外的事情，《马可·波罗游记》满足的正是这样的需要。读者们对游记里描述的趣闻逸事充满好奇，并不会去想用自己的知识或经验去判断那些事情到底是真还是假。他们没有这样的能力，也没有这样的必要。美国亚利桑那大学文学教授克拉森（Albrecht Classen）在《中世纪文学中的城市梦幻或都市形象》一文中指出："虽然我们倾向于假定，复杂而发达的城市概念是现代性的一个构成因素之一（从大约 1600 年开始），但我们仍然可以看到，关于梦幻之城的话语在 12 世纪末已经开始形成。"[1]"梦幻之城"的想象出现在中世纪的一些虚构作品里，在德国诗人康拉德·冯·维尔茨堡（Konrad von Würzburg）的爱情传奇《帕托诺皮耶和梅丽尔》（*Partonopier und Meliur*）里就有这样的例子。这个故事里的男主角，伯爵儿子帕托诺皮耶在狩猎时迷路了，不知不觉来到一座美丽但荒芜的城市，一座梦幻之城。在那里，他遇见仙女般的梅丽尔，梅丽尔是君士坦丁堡皇帝的女儿，拥有神奇的力量，更增添梦幻之城的魅力。马可·波罗看似纪实的游记里的元代上都其实也是这样一个被无意中闯入的梦幻之城。

梦幻的"理想城市"是一个完美的城市，而且是一个寄托着人们美好向往和想象的奇异世界。克拉森引述的正是《马可·波罗游记》里马可·波罗初到元代上都时看到的城市景象："上都是忽必烈大汗所建造的都城，他还用大理石和各种美丽的石头建造一座宫

---

1 Albrecht Classen, "The Dream City in Medieval Literature, or Urban Imagination," *Studia Neophilologica*, Vol. 91, Sep 2, 2019, 336-354.

殿。该宫殿设计精巧、装饰豪华，整个建筑令人叹为观止。宫殿的所有殿堂和房间里都镀了金，装饰得富丽堂皇。宫殿一面朝城内，一面朝城墙，四面都有围墙环绕，包围了一块整整有十六英里的广场。除从皇宫，别无其他路径可以进入该广场。这个广场是大汗的御花园，里面有肥沃美丽的草场，并有许多小溪流经其间。鹿和山羊都在这里放牧，它们是鹰与其他用来狩猎的猛禽的食物，这些动物也栖息在这个御花园中。除鹰外，其他各种鸟雀不下二百余种。只要居住在上都，大汗每星期都要来此巡游一番。"这样神话传奇般的景象当作文学来欣赏比当作纪实描述要有意思多了。那么《马可·波罗游记》此类游记的真实性又如何？

3. 游记的真实与虚构

马可·波罗在中国生活到第 17 年的时候，他已经 34 岁了，而忽必烈大汗则已经是快 80 岁的老人了。由于怕忽必烈大汗会突然驾崩，以至于难以再有回威尼斯的机会，马可·波罗的父亲、叔叔请求忽必烈大汗恩准他们返回意大利。忽必烈大汗虽然不情愿，但最后还是同意，并为他们在返途中的需要提供许多方便。

大汗请马可·波罗他们替他办一件事，就是把他的一位公主护送到波斯与波斯王子阿尔贡（Arghun）完婚。马可·波罗他们当然愿意尽心尽力为大汗办好这件重要的大事。他们走海路，乘船到霍尔木兹，这趟旅程花了两年的时间，一定是遭遇到不少可怕的事情。据马可·波罗的说法，这两年里，就在他们经过中国南海航行至苏门答腊，然后越过印度洋到波斯湾的旅程中，死了大约有 600 名乘客和船员。马可·波罗很少提到海上到底发生什么事情，也没有解释为什么死这么多人。人们怀疑是不是发生坏血病、霍乱、海盗袭击或土著人的攻击。

更不幸的是，当他们最终到达波斯领土时，发现阿尔贡王子已于两年前去世。公主千里迢迢、历尽千难万险地前来完婚，但未婚夫死了，那该怎么办？好在最后有了一个圆通的解决办法：公主嫁给阿尔贡的儿子加赞亲王。马可·波罗他们到达波斯的时候，听说大汗也已经死了。但他的御赐金牌还一直挺管用，即使在坟墓里，大汗的权力仍然对活人有效。

1295 年，马可·波罗他们在离家 24 年后，终于回到威尼斯。这一年马可·波罗已经 41 岁了。他带回去的大量珠宝，如红宝石、红玉、蓝宝石、金刚石、翡翠、珍珠和其他价值连城的稀罕物件本够他安安稳稳过太平日子，但人算不如天算，这位威尼斯商人回家才 3 年，威尼斯就与长期的竞争对手热那亚因商业冲突爆发战争。波罗一家也就被深深地卷入战争。

原因是波罗家拥有一艘战船，在有战事的时候，私家的战船是必须参战的。当时威尼斯富裕的商家都有自己的战船，用来保护他们的港湾和商船免受海盗与竞争对手的侵害。波罗家的战船同许多当时的战船一样，是由木料制成，船幅较窄，每边有桨一百多条，船员共计二百五十人，包括五十个持机械弩的兵士、两个木匠、两个铁匠、两个侍役、一个厨子，还有船长、军校、舵工等。

波罗家的战船理所当然地加入威尼斯的舰队，马可·波罗还在一个要塞担任指挥官。由于战斗失利，他成了热那亚人的俘虏，被关进监狱。他在狱中结识一位名叫鲁思蒂谦的比萨战俘。鲁思蒂谦曾经写过传奇，并精通法语。为了熬过漫长的狱中岁月，马可·波罗向这位难友讲了许多他在东方的见闻，鲁斯蒂谦将这些口述，用当时在欧洲流行的法兰西语记录下来，写在羊皮纸上，这就是现在《马可·波罗游记》最初的本子，当时名为《东方见闻录》，那是 1298 年的事情。1299 年夏，威尼斯与热那亚签订停战协定，马可·波罗也恢复自由，回到威尼斯，娶了一位名叫多娜塔·巴多尔（Donata Badoer）的女子，跟她生了三个女儿。

直到 1324 年马可·波罗 70 岁去世时，他都再也没有任何远途旅行，他主要留在威尼斯。据说，他在临终时说的最后一句话是："我只说出了我所看到的一半！"从马可·波罗留下的遗嘱来看，他很富有，给妻子和女儿留下了许多财富。他有一个叫彼得的仆人，是他从蒙古带来的，应该是个奴隶，因为马可·波罗的遗嘱要求让彼得成为自由人。还据说，即使他返回威尼斯已经有近 30 年，但他临终之时，还是保存着他从遥远的中国带回家的许多好东西，有锦缎丝绸和珠宝，特别是忽必烈给马可·波罗家的御赐金牌。

也许你已经注意到，我在这里是把与马可·波罗中国经历相关的种种"据说"当故事来叙述的，这些"据说"构成一个好故事需要的叙述元素：有趣、一波三折、跌宕起伏、暗示着人生无常，机遇和缘分左右着人的幸福与不幸。

《马可·波罗游记》有很多不同的抄本流传至今，但都不是原稿。尽管可以肯定，笔录的原稿是用法文写成的，可现存抄本却差不多囊括西欧的所有语种，其中最重要的是法文、意大利方言和拉丁文的抄本。现存的抄本都不完全，因此，学术界一直致力于推断哪些材料是原稿中有的，哪些是后来的抄录者擅自增添的。在辨别哪些是马可·波罗的原话，哪些是抄录者添加的细节方面，学术界也同样花费很大的气力。这是学术的工作，与一般读者的阅读欣赏应该没有直接关系。

关注细节真伪的学者们争论最多的问题包括：一、马可·波罗自称深受大汗信任，还担任过官职，但所有东方史籍中并没有一条关于马可·波罗的记载；二、他为什么对典型中国特色的事物在书中只字未提，如长城、茶叶、印刷术等；三、为什么中原地区的地名却只用了波斯语指称；四、对元帝国内部的重大事件含混模糊。

如果一位做学术研究的学者把核实游记文本的细节事实当作一项科研工作，他（她）自然可以在这类问题上刨根问底。但如若不然，过于在细节上较真反而会败坏阅读兴致。这就像在花光柳影里欣赏蝴蝶的翩翩起舞，不需要想着如何把蝴蝶制作成可供解剖的昆虫标本。

《马可·波罗游记》是专为当时的西方读者写作的，他们对东方了解甚少，但又充满好奇。这部游记的优越之处也正在于此。波罗的最大兴趣是把西方人应该了解的东方作为某种有趣的事物来描述。然而，由于他在元帝国只是与君王来往，他所获得的信息便带有局限性。而且，他的判断在很大程度上受到商业和宗教考量的左右，很显然他的兴趣不在于元帝国的政治制度、社会传统、思想观念，而在于贸易和商品，以及如何发现一条通往东方的安全通道或航路。由于他兴趣和观察的局限，他叙述的所见所闻和亲历事件的可信程度难免要打折扣。

例如，他描绘的大汗对乃颜的战争有声有色，非常生动，但有许多细节禁不住追问。这场战争的故事是这样的：有一个叫乃颜的亲王，是忽必烈大汗的叔父，虽然只有 32 岁，但已统治着许多城市和省份，他自己也拥有一支 30 万人的骑兵团。当乃颜看见自己拥有一支如此庞大的军队时，被青年人的骄狂冲昏头脑，萌生反叛之心，想要夺取大汗的皇位。大汗决定干掉乃颜，于是发生战事。马可·波罗仔细地描绘两军对阵的场面："战阵列好后，按照鞑靼人的习惯，在战斗前要演奏各种各样的乐器，继而高唱战歌，直到敲击鼓时才开始交战。歌声、乐器声、击鼓声响彻云霄，闻之使人惊心动魄。当战鼓响过之后，大汗首先向两翼的军队发出攻击的命令，于是一场激烈的血腥战斗开始。一时间，四面八方，箭如雨下，无数的人马纷纷倒地。兵士的呐喊声、战马的嘶鸣声、武器的撞击声，都让人听了战栗不已。当双方的弓箭都用完之后，就开始短兵相接。士兵们用矛、剑和短锤相互厮杀，竭力搏斗，直杀得人仰马翻，积尸如山，以至于一方的军队根本无法冲入另一方的阵地。"[1]

这显然是文学性的描绘，马可·波罗有可能亲眼见到这样的战争场面吗？他在描绘处死乃颜的奇特方法时说："兵士将乃颜裹在两张毡子中，然后由骑士把他拖在地上骑马飞奔，直到他气绝为止。这种特别的刑罚是为了不让皇族人的血暴露在阳光、空气之中。"这种处死方式特别令人觉得怪异、恐怖，至于是否真实，我们无须深究，不妨姑妄听之。

马可·波罗对鞑靼人的基督教信仰表现出特别的兴趣，这与他的中世纪思想习惯有关。他说："乃颜早已私自受过洗礼，但从没有公开信仰基督教。"既然从未公开过，马可·波罗又从何而知？但是，如果你去追究其他叙述中关于基督教信仰的部分是否真实，那么你也就无法体会他对鞑靼人战争和鞑靼基督徒所表现出来的好奇和兴趣。

他对忽必烈大汗与基督教的关系显然也有浓厚的兴趣。他生动地描述这位君王对基督教既虔诚又不愿皈依的奇怪表现，他叙述的真实性虽然无从证实，但这样的描述却是对忽必烈大汗这个人物最好的刻画。

大汗是一位精明的政治家，他虔诚地对待基督教，却认为基督徒都是没头脑的傻子和愚众。所以，读者会感到这里面有一种文学的反讽：大汗的虔诚会不会是他笼络基督教教众的一种政治姿态？大汗就是大汗，大汗不需要成为宗教首领，所以他自己不需要真的成为一名基督徒。

马可·波罗记叙说："忽必烈大汗十分庄严地下令将《圣经》用香薰几次，然后很虔诚地对它行一个吻礼，并命令所有在场的贵

---

1 马可·波罗著，梁生智译，《马可·波罗游记》，第100页。

族行同样的礼节。每当在基督教的主要节日如复活节、圣诞节之时，他总是这样做。即使是萨拉森人、犹太人或偶像崇拜者的节日，他也举行同样的仪式。有人询问大汗他这样做的动机是什么，他回答道：'人类各阶层敬仰并崇拜四大先知。基督徒视耶稣为他们的神，萨拉森人视穆罕默德为他们的神，犹太人视摩西为他们的神，偶像崇拜者视释迦牟尼为他们的神。我对于四者，都表示敬仰，恳求他们中间真正的，在天上的一位尊者给予我帮助。'但从大汗陛下对他们的态度来看，他显然视基督徒的信仰为最真实和最好的。因为他看出这种宗教的信仰者所担负的任务，是十分道德与圣洁的。"[1]

马可·波罗知道他的读者会怎么想，所以他先替读者们发问：既然基督教这么好，既然大汗这样相信基督，为什么他不成为一个基督徒？

马可·波罗说，大汗曾亲自向他父亲和叔叔解答过这个疑问："我为什么要做基督徒呢？你们自己一定看出来，这个国家的基督徒都是些没有知识、没有能力的人，他们没有表现出任何神奇的能力。同时你们看到那些偶像崇拜者却可以随心所欲地施展各种法术。当我坐在饭桌前时，厅中的杯子不需要人动手便能自行盛满酒和其他饮料，供我饮用。他们对于恶劣的天气具有使它退出天空的本事，并且还有许多奇异的本领。你们还可看见他们偶像的预言能力，问卜求签，无不应验。"[2]

大汗显然把这些基督徒看成一帮轻信神迹的傻子。大汗没有直说的是，如果我也跟他们一样，岂不成了跟他们一样的傻子？于是，马可·波罗又赶紧补充一句："教皇如果选派适当的人去传播福音的话，大汗一定会改奉基督教。因为大家都知道，他对基督徒本来

1　马可·波罗著，梁生智译，《马可·波罗游记》，第 102 页。
2　同上。

就有一种强烈的好感。"[1]

像这样的细节又岂能一一验证是否真实？它们之所以有趣，与是否真实其实并没有必然的联系，我们阅读《马可·波罗游记》，留下深刻印象的也正是这样的细节，800 年来让这部作品魅力长存的也正是这样的细节。所以我们把《马可·波罗游记》当作一部中世纪的趣闻琐记来阅读即可。

---

[1] 马可·波罗著，梁生智译，《马可·波罗游记》，第 103 页。

十三　乔叟《坎特伯雷故事集》

1. 赦罪僧和道德故事

我记得上高小和初中的时候，我和同学们最盼望的就是一年一度的"扫烈士墓"活动了，那其实就是每年的春游。同学们热切盼望的当然是把千篇一律的学习和学校活动抛到一边，跑到野外好好地疯一疯，放松一下。想来今天这仍然是无数中小学生盼望一年一度"春游"的心情。

14 世纪，普通英国人也是以这样的心情去朝圣的。《坎特伯雷故事集》一开头我们就看到，一个四月的早晨，一群香客从萨瑟克的塔巴尔德客栈出发，前往坎特伯雷朝拜。我们不要因为他们是朝圣的香客，就以为他们特别虔诚。在中世纪，尤其是在 14 世纪 80 年代，每年一次的朝圣进香是一种很受欢迎的活动，不但可以打破千篇一律的单调生活，而且可以游山玩水，结交新人，交换有关高层以及低层社会生活的杂谈和故事。欧洲各处虽有许多吸引大批香客的宗教圣迹，但在英国最有吸引力的圣地就要数坎特伯雷。那里有一座大教堂，其中有一座堂皇的坟墓，葬的是圣托马斯·贝克特大主教（St. Thomas Becket，约 1118—1170）。他因反对亨利二世对教会的干涉而触怒了他，于 1170 年 12 月 29 日被刺杀而殉道，死后被册封为"坎特伯雷的圣托马斯"。

一年四季，以春季为朝圣的最佳时节，这是由于冬天的潮水和雪水刚刚退尽，路途最为通畅。因此，我们不妨想象一下，30 名各色香客一大早从他们所睡的草铺上面爬起身来，进行一些简朴的打扮，然后享受面包啤酒的早餐。一大群人，彼此有说有笑，旅店老板忙进忙出。这时候，来了一位名叫杰弗里·乔叟（Geoffrey Chaucer，约 1343—1400）的绅士，他对这帮人的谈论和故事饶有兴趣，他善于观察，记性又好，记住了这些香客姓甚名谁、长相如何，又讲些什么故事。后来，他把所见所闻记录下来，于是便有了我们在这里阅读的《坎特伯雷故事集》。因为这个故事集是用英语而非当时英国上流社会使用的法语写成的，所以被视为英国文学史上的一个里程碑。而且，由于它对文艺复兴时期文学的影响，也被视为世界文学史上的一部重要著作。

故事叙说有 30 名朝圣者聚集在伦敦一家客店，整装前往 70 英里外的坎特伯雷。店主哈里·贝利自告奋勇担任导游，并在晚饭后提议在往返途中每人各讲两个故事，以解五天旅途中的无聊寂寞，看谁的故事讲得最好，可以免费吃一餐好饭。

这群人里的朝圣客们各不相同，乔叟在"总引"中对他们做了肖像画般的描述介绍。其中，武士"像一位姑娘那样温和"，游乞僧胡伯脱唯利是图，赦罪僧欺诈成性，年轻侍从是宫廷式爱情的具体化身，女修道士"竭力学着宫闱礼节"。其他如教会、法律界和医界人士、商人、手工业者、庄院管事、船手和农民的形象，都各有特色。客店老板虽然不像其他朝圣客那样专门有整段的描绘，但他的一言一动仍旧给了我们深刻的印象。他也是这群人中最引人注目的人物，在次晨破晓时分为大家做"司晨雄鸡"，并且自告奋勇，情愿做他们的向导、指挥，担任故事的最后评判者。然而有人却不肯听他的调度，磨坊主喝醉了酒"在马背上简直坐不稳"，还要抢着讲他的故事。这类插曲很自然地增强整部作品的戏剧性。

整部《坎特伯雷故事集》是一个"框架故事"，在当时是一种新颖的文学叙述手法。薄伽丘（Giovanni Boccaccio，1313—1375）《十日谈》已先运用这个手法，乔叟在薄伽丘之后，是偶然巧合，还是有意模仿，那就不得而知了。乔叟和薄伽丘的关系一直是研究者感兴趣的问题，据信，1378年两个人都在佛罗伦萨，是否见过面无法确定。乔叟从来没有直接提到过薄伽丘，但他却提到过薄伽丘的同时代人但丁和彼特拉克。乔叟对薄伽丘是否有"瑜亮情结"（the anxiety of influence），也是研究者好奇的问题。

《坎特伯雷故事集》可以说是中世纪多种文学形式的一个集萃。例如：武士所讲的是"骑士传奇"（Chivalric Romance），女修道士所讲的是"圣母奇迹传说"（Miracle-legend），侍从所讲的是"浪漫传奇的故事"（Romance），赦罪僧所讲的是"示例故事"（Exemplum），巴斯妇所讲的是"示例童话故事"（Fairy Tale Exemplum in a Lay Sermon），磨坊主、管家、厨师和船手所讲的是"短篇俚俗故事"（Fabliaux），自由农所讲的是"布列顿式短篇叙事诗"（Breton Lay），女尼的教士所讲的是"野兽寓言"（Beast Fable，又称鸟兽寓言），第二个女尼所讲的是"圣徒传"（Saint's Legend），学者、律师和商人所讲的是"民间传说"（Märchen），寺僧的乡士所讲的是"实际生活的讽刺故事"（Narrative from Life）。我们前面讲过的法兰西的玛丽的《故事诗》就是布列顿式短篇叙事诗，《列那狐传奇》就是鸟兽寓言，《玫瑰传奇》就是浪漫传奇。

乔叟约于14世纪40年代初出生于伦敦，确切的日期无从得知，1400年去世。他的父亲和祖父都是伦敦富有的葡萄酒商，祖上好几代人也都是伊普斯威奇的商人。1348年是中世纪英国重要的一年，这一年爆发黑死病疫情。约占人口三分之一至一半的英国人丧失生命。显然，这对国家的阶层结构和运作方式产生影响。死亡是公平的，每个阶层的人都会死。上层人士死后留下的空缺，许多都得由较低层人士顶上，以前严格的社会阶层结构出现松动。社会不同阶层因此出现前所未有的混合，《坎特伯雷故事集》里那些五方杂处的朝圣客就是一个象征。

所有朝圣者齐聚一堂，讲述他们的故事，故事中可以看到 14 世纪的社会变迁。骑士是第一个讲述他的故事的朝圣者，由于他的地位最高，这是当然的。然而，接下来讲故事的不是同样有社会地位的僧侣或宗教人士，而是酒鬼磨坊主。再接下来是管家、厨子、律师和浪荡的巴斯妇，然后才轮到一位游乞僧，又隔了几位，才轮到赦罪僧讲他的故事。这个杂七杂八的讲故事顺序表明，教会人士在社会中的地位已经衰落，不再理所当然地受到原先下层人士的尊重或待见，这是当时社会的一个重大变化。

《坎特伯雷故事集》里最令文学研究者感兴趣的是《赦罪僧的故事》。还有一篇《巴斯妇的故事》也很受女性主义批评关注，我在讲薄伽丘的《十日谈》时还会讲到，这里集中对《赦罪僧的故事》做一些讨论。这个故事并不复杂，却非常耐人寻味，原因是这个故事的叙述者是一位道貌岸然、虚伪狡诈的赦罪僧，而他讲的"三恶汉杀'死亡'"故事却富有道德意味和人生哲理。这位赦罪僧与他讲的那个故事之间的关系实在耐人寻味，因此也就引发了不同的解释。

乔叟在《坎特伯雷故事集》的"总引"里描绘了多位进香客，赦罪僧是放到最后来介绍的，像是受到"特殊嘉宾"的待遇，这给读者留下特别深的印象。先让我们看看乔叟是怎么细细描绘他的，我们也可以从中领略一下乔叟的描写风格与特色：不慌不忙，娓娓道来，让生动的细节自己直接对读者说话。我这里引用的是方重先生的译文。

　　这位赦罪僧"是伦敦龙斯服修道所的一员，这次才从罗马教廷回来。……披着蜡黄的头发，像一缕光滑的黄麻，丝丝散垂两肩。他是出来游逛的，没有戴上兜头，却把它束成一捆收在佩囊里；他骑在马背上，头发蓬松，除了一顶小便帽外，头上没有东西，他认为这才是最新的装束。他的眼睛像野兔那样闪烁。一块圣弗龙尼加的手帕缀在便帽上，佩囊放在身前马鞍上，里面装满了才从罗马带回的赦罪符。他的嗓子像小羊般细。他没有胡子，也长不出一根来，脸上光光的像是才修刮过的；我想他该是一匹牝马或阉马。但说起他的职业来，从柏立克到威尔找不出第二个同样的赦罪僧。他的口袋里有一个枕套，他说是圣母的面巾，还有一小块船帆，他说是圣彼得在海面行走，被耶稣基督救住的时候所用。他有一个黄铜十字架，上面嵌着许多假宝石；在一只玻璃杯里他装了许多猪骨头。他带着这些宝贝，往往在乡间碰到穷牧师，就施展起他的伎俩，一日之间，他所搜集的钱币，可以超过那穷牧师两个月的所得。他甜言蜜语，欺诈诡谲，牧师乡民，哪个不上当。不过，说句公道话，他总算是教会里一个可贵的教士；他读起教文或史传时，相当出色，尤其在献金之际，他唱得最好。因为他知道唱完之后，他还要传教，他必须把舌尖磨光，才好尽量搜罗银两。他因此高声欢唱"。[1]

　　乔叟如此仔细地描述这位赦罪僧，让读者充分领会他的猥琐和虚伪。然而，让读者出乎意料的是，这位赦罪僧却讲了一个富有哲理、令人深思的故事。故事说的是，三个恶人准备一起杀死"死亡"，但结果因为互相算计和谋害，都在彼此手中死于非命。

　　三个恶人的故事一开始就把听众带进深重的"罪"的氛围，并将这一氛围一直维持到故事结束，足以让听众心生恐惧，可见赦罪僧是个讲故事的高手。基督教认为三件事是人之大罪：喝酒、赌博

1　杰弗雷·乔叟著，方重译，《坎特伯雷故事集》，见《乔叟文集》，上海文艺出版社，1962年，第348—349页。

和赌咒发誓。这三个恶汉，一大清早就已经在酒店里喝酒，见面前抬过一个死人，就问是怎么回事。酒店伙计说，这人前一天还在店里喝酒，酩酊大醉，忽然就死了。众人都说是被偷偷来到此地的"死亡"杀死的。酒店伙计说，"死亡"就藏在不远的地方，让他们小心为好。

这三个恶汉当即赌咒发誓，一定要找到"死亡"，将其杀死。我们不妨来看一看中世纪人是怎么赌咒发誓的。

"咦，上帝的手膀，"这个恶汉道，"遇见了他（'死亡'）竟有偌大的危险吗？我以上帝的好骨头为誓，定要去大街小巷搜寻他出来！听哪，伙伴们，我们三个等于一人；大家伸出手来，结为兄弟，共同发愿，以杀死这个害人的'死亡'为目的；他杀了许多人，我们在天色未黑以前，必须结果了他的命，有神明为证。"[1]

于是三人发了盟誓，彼此同生同死，视若弟兄一般。他们在狂醉中一同站了起来，向店主所说的村落走去，"一面赌着许多可怕的咒誓，把基督的圣体撕得粉碎"。[2]

还未走到半里路的光景，他们遇见了一个穷老翁。老翁谦和地向他们打招呼，但他们却对老人非常粗鲁，说："你这个老不死的怎么还没有死掉？"老人像一个先知似的回答说："我虽然老了，但死亡还不肯来取我去；因此我只得像个到处游荡的光棍，从早到晚，手执拐杖，步步缓行。"这三个恶徒逼着老人告诉他们"死亡"跑到哪里去了，老人说："你们就顺着这条弯道前去，我是在那边树林里跟'死亡'分手的。"[3]

三个恶汉走进树林，没有发现"死亡"的踪影，却在一棵大树下看到一堆金子，于是三个人商量该怎么办。为了防人耳目，他们

1　杰弗雷·乔叟著，方重译，《坎特伯雷故事集》，见《乔叟文集》，第590页。
2　同上。
3　同上，第591页。

决定等天黑了再把金子搬回去。为了打发时间，他们决定一个人回城里去弄点酒食，另外两个留下看守金子。留下的两个商议好，等第三个人回来就把他杀死，然后他们两个平分金子。那个去城里办酒食的也有他的打算，他打了三瓶酒，在酒里放了毒药。他回到大树下，他的两个朋友就把他杀了，喝了他带回来的酒，也都死了。

故事里那个为他们指点寻找"死亡"之路的老人是不同解释的关注重点，对这个老人有不同的解读。一种看法是，他是一个四处流浪的犹太人，知道树林里有金子，因为受到那三个恶汉的侮辱，所以给了他们致命的指引。另一种看法是，他就是"死亡"的化身。还有一种看法是，年迈的老人代表人自然变老的过程，而那三个人侮辱他，是他们的"集体之罪"，他们本来就是罪人，罪上加罪，让他们不仅走向死亡，而且相互凶杀，死于非命。

但是，从叙事学的角度，更有意思的问题也许是，为什么乔叟要让赦罪僧来讲这个故事？在让他讲这个故事之前，乔叟明明给他画了一幅猥琐、贪婪、虚伪的画像。而且，赦罪僧的故事刚讲完，马上就又向听故事的香客兜售他口袋里的圣物和免罪符，露出一副趁别人对他有好感就迫不及待想借机发财的丑态。

要讨论这位赦罪僧与他的三恶汉故事的关系，就需要了解一下14世纪的赦罪僧到底是怎样的教会人士和社会角色。

2. 中世纪的示例宣教

中世纪的赦罪僧最初只是代表宗教基金会向社会中人募捐的专门人士，叫"Questors"。乔叟所说的那个赦罪僧据说在伦敦一家教会医院工作（the Hospital of Blessed Mary of Rouncivalle），而这家医院又因丑闻和腐败而名声不佳。

Questors 应该在主教的授权下工作，他应该向教会会众介绍自己，出示他的授权书，并请求他们支持主教批准的事业，如支持医院、救济穷人、修建道路等。收到的善款会交给主教，由主教按照具体需要支配。如果这样，Questors 的工作应该是没有问题的。

Questors 后来变成赦罪僧，因为他们越来越多地参与出售赎罪券，有的是修士或教士，有的是以贩售为业的有执照的非神职人员。中世纪人最关心的是死后是否能得救，会进天堂还是下地狱。赦罪僧劝说教众购买赎罪券，保证死后安全、幸福，有好的归宿。

在中世纪，赦罪僧的名声并不好，许多人把他们视为骗子，而他们中也确实有不少就是骗子。他们把骗来的财物挪作私用，自己用来吃喝玩乐。尽管这是教会不允许的，但他们照样我行我素。赦罪僧劝教众购买赎罪券的办法是宣教，他们有的还想出别的发财方法，例如出售假的宗教圣物。《坎特伯雷故事集》里的那个赦罪僧就是这样，他一面讲道德故事，一面却念念不忘向其他香客兜售他的肉骨头假圣物，以此敛财。

赦罪僧向普通教众宣讲敬仰上帝和乐善好施的大道理，出示主教的来信，以此取得教众的信任。正如故事里那位赦罪僧说的，教众愚蠢得很，你说什么他们都相信。而且，那个时代，普通教众根本不识字，随便拿一张有字的纸条就足以糊弄他们。中世纪的教众很少有出过门的，不知道外面的世界是什么样的，看到赦罪僧手里那张漂亮的羊皮纸，就以为是什么了不得的上级文件；他们当然也不会知道，眼前这位十分虔诚、侃侃而谈的上帝宣传员，原来是个骗子和窃贼。14 世纪离今天已经有 600 多年了，但精明的骗子和愚蠢的民众都有子孙在我们中间繁衍。

中世纪的时候，教士宣讲基督教的教义运用的是一种叫"示例"

的说教方法。示例的拉丁语为"Exemplum"，也就是"例证"的意思，基本上都是一些道德小故事或逸事，有短有长，有的真实，有的虚构，用于说明一个道德要求或规范。示例也指某个具有示范或模范作用的行为，就像中国的孟母三迁、愚公移山、孔融让梨、韩信谢漂母一饭之恩这样的故事。当然也有反面的教训故事，如邯郸学步、刻舟求剑、东施效颦、买椟还珠，等等。

说服没有文化的普通教众不能靠讲道理，而是要用故事示范来加深印象和调动情绪，让说教生动有趣，像聊天或闲谈，因此特别需要借助于浅显易懂的寓意小故事。故事本身是直白的，但寓意似乎很深远，让听众觉得宣讲人不仅见解不凡，而且能深入浅出，所以更加令人敬佩和信服。

这种说话技巧在古代演说中就已经有了，不过在中世纪的宣教中则完全是用于宣传基督教的价值和观念。中世纪有不少专门提供这类例证小故事的书籍，供教士们方便运用，书里的故事包括寓言、民间故事、传说，还有历史或自然故事等。著名的例证集子有《维特列的雅各所编的示例故事》（*Jacques de Vitry's Book of Exempla*，约 1200 年）、《谢立冬所编的寓言故事》（*Odo of Cheriton's Parabolae*，1225 年后）、《波宗的尼古拉斯所编的道德故事》（*Nicholas Bozon's Les contes moralisés*，1320 年后），都是中世纪广受欢迎的故事集子。

乔叟对这样的例证故事非常反感，《坎特伯雷故事集》的《磨坊主的开场语和故事》里就有对这种宣道小故事的讽刺。赦罪僧的故事里说的那三个恶人的故事也是一个例证故事，其中的讽刺意味是显而易见的。赦罪僧用这个道德故事来规劝教众要看淡钱财，不要贪图不义之财，要多为自己死后的灵魂得救打算，但他自己所干的却正是灵魂肮脏、谋取不义之财的勾当。这就像贪官污吏向群众宣传艰苦奋斗的光荣传统一样。

中世纪的赦罪僧贩卖赎罪券。赎罪是因为人先有"罪"，然后才有"赎"的必要。基督教包含这样一种救赎哲学，认为人类从始祖亚当、夏娃开始就违反上帝的意旨，犯有"原罪"，之后又不断违背上帝的规条，罪孽深重。上帝为了拯救人类，特意派耶稣基督降临人世，传播教义，并且以耶稣被钉上十字架来替人类赎罪。耶稣以后的人类只要信仰上帝，就可以赎罪得救，在末日审判时升上天堂。

基督教教义中的赦罪指的是通过虔诚的信仰感受圣灵，而不是通过向教会贡献财富来祈求免罪。《新约·约翰福音》中说，耶稣在复活后对门徒们显灵，并向他们吹一口气，指示说："你们受圣灵。你们赦免谁的罪，谁的罪就赦免了。你们留下谁的罪，谁的罪就留下了。"（20：22—23）

只有上帝才拥有赦罪的权柄，但是中世纪的时候，基督教士声称，他们作为耶稣基督门徒的继承人，也能为人赦罪。罗马天主教廷还宣称，耶稣以及后来殉教的圣徒的血，用以赎免人类的罪孽绰绰有余，积累下来形成"圣公善库"，可以由圣彼得接班人——也就是罗马教皇代表的天主教会——来执掌。教会代表上帝来赎特定人物的罪孽，开启从炼狱到天堂的大门。

教皇代表的天主教会垄断了赎人罪孽的权柄，握有让人死后升入天堂的钥匙。教会自称有权宣布参加十字军东征的人和到罗马朝圣的人都能够得到救赎。而且，教皇还宣布，不能前往罗马朝圣的人，只要支付相应的费用，也能获得救赎，并为此发行证明已经朝圣的文书。这种证明文书也被称为"赎罪券"。

乔叟开始撰写《坎特伯雷故事集》时，赎罪券的销售才刚刚开始，他对赦罪僧和赎罪敛财的腐败行为进行讽刺，不仅是出于他个人的厌恶，而且也代表那个时代许多人的不满。赎罪券后来于1517年成为德国神学家马丁·路德宗教革命的导火索，但在乔叟的时代还远没有达到在基督教教义上宗教改革的程度。乔叟通过讽刺故事中的赦罪僧，也讽刺了同一类的赦罪僧们。但是，他对赦罪僧所做的只是现象层次的讽刺，还没有深及天主教的制度和教义。

乔叟讽刺赦罪僧的方式相当独特。他让赦罪僧讲三个恶人的故事，不只是突出他的贪财，而且更是暴露他的虚伪。乔叟自己并没有出面，而是从第三人称的角度，交待故事的场景：店老板要求赦罪僧讲一个"好玩的故事"，香客中几位"正派人士"要求赦罪僧"讲些劝人为善的事，我们好得些益处"。所以，赦罪僧就说了一个劝人为善的故事。

奇怪的是，赦罪僧说三个恶人的故事之前，先对自己和赦罪僧工作做了一番寡廉鲜耻、大言不惭的自我暴露。他言及的其实不只是他自己，也是其他许许多多的赦罪僧，所以他的描述起到见证者揭露的作用。这里乔叟巧妙地运用讽刺和写实相结合的写作手法，他讽刺赦罪僧的贪婪、欺诈和伪善，但是故事里的赦罪僧对自己的伪善坦诚不讳。这位赦罪僧现身说法，真实描绘的赎罪敛财行径也暴露了其他赦罪僧的种种恶行，比任何局外人的描述都更有说服力，这是写实的一面。

赦罪僧声明，他从事的是"神圣的工作"，并出示教会的圣谕赦令。他是个经验丰富的赎罪券推销高手，他的行囊装着从罗马带回的赎罪券，还有冒充的圣母面巾、谎称圣物的猪骨头、一块与耶稣和圣彼得相关的船帆、一条圣弗龙尼加的手帕——据说耶稣受难时，一位叫弗龙尼加的女子曾借给他一块手帕擦脸。这些都是他用来骗取听众信任的道具。

他对自己的高超骗术津津乐道、非常得意。他说，"我的题旨只有一个，永远是这一个——贪财是万恶之源"，言下之意是除了钱财他对什么都没有兴趣。要说动教众，最有效的办法是"讲许多古时候的事例。原来头脑简单的人天生就爱听老故事；老故事里的事情他们记得清楚，也能照样传递给别人"。这里他说的"老故事"就是布道时用的"例证故事"。在赦罪僧那里，例证故事无非就是一些供他行骗之用的道具，他要说服教众，为了死后进天堂，活着的时候千万不可吝啬。

中世纪的人相信吝啬是一种毁灭人的偏好。为什么会有这样的想法？一种可能是，他们相信，迷恋财富会让基督徒堕入地狱；另一种可能是，家有钱财的人就会愈加怕死，一想到死亡，就会为人死财空痛苦不堪。这两种可能都会给人带来极大的痛苦。

因此，基督徒为了避免痛苦，会迫不及待地抓住教会伸给他的救命杆：活着的时候向教会奉献钱财，或趁死亡之机，立下遗嘱向教会馈赠，以此来赎买减少痛苦的可能。施舍或供奉因此不只是一种表示虔敬信仰的宗教行为，而且也是一种花钱消灾的经济行为。作为今世遗赠的报偿，他将获得来世的永恒"财富"。

金钱化的宗教信任使人们相信，通过钱财上的慷慨乐施，基督徒可以为自己以往的罪过忏悔，过去的吝啬不再遭人非难。但这种可能却是贫富有别的。富人在保证自己永福方面得天独厚，富人可以花钱，让别人替他斋戒，代他去朝圣。富人还可以请人"代为赎罪"，穷人则没有这种可能。富人可以捐赠、施舍，建立供奉或济贫基金，不断行善积德，得到上帝的青睐。因此，具有讽刺意味的是，财富并不是一种诅咒，它反而是一条讨神欢喜的捷径。

中世纪的基督教赞赏那些能够自愿舍弃的人（如苦行僧）和行为（如慷慨捐赠），舍弃乃虔诚的明确表征。但一无所有者，拿什么来舍弃呢？穷人唯一能做的就是祈祷。不过他们也想要有物质贡献的表示，他们贫困，但就算快要饿死，也不得不拿出他们最后的羊毛、麦子和乳酪。

赦罪僧正是夸耀自己有本事，能在最穷的教众身上敲骨吸髓。他对自己的口才非常得意，而且他毫不隐瞒，他显示口才并不是目的，而是敛财的手段和伎俩。他说："我再说一遍，直截了当，我说教为的就是牟利，没有其他目的；我的教题却永远是：罪恶之源就是贪财。这样，我劝导人家莫犯我自己所犯下的罪恶，不可贪得无厌。但我虽自己犯了这个罪，我却善于教旁人莫犯贪财之罪，教他们诚心忏悔。不过这不是我主要的目的，我说教为的就是贪利；这就够了。"他大言不惭地说，他可不想学那些乐于贫困的虔诚信徒，他要的就是"能拿到羊毛、麦子、乳酪、金钱，不管是村中最穷的孩子或寡妇拿出来的，不管她的孩子们饿得快死，我还是不肯放过！每到个市镇，我就找一个姑娘，喝着葡萄美酒"。

我们看到的是一个既厚颜无耻又坦率有趣的赦罪僧，也看到中世纪人们在现世与来生关系上的两难境地。一方面，他们要享受人生，为此必须要有钱财的保障，所以会贪财，也会吝啬。就算知道这是罪，也轻易不肯松手。另一方面，他们又希望死后进天堂，得永生之福。为此他们害怕死后因活着时的罪孽受到进地狱的惩罚。所以，他们害怕死亡，未必是因为死亡代表生命在人世间结束，而更是因为害怕死亡后要遭受惩罚和痛苦。如果让他们直接去天堂，他们也许并不会害怕离开人世。

3. 永生和暴死：道德死亡引向肉体死亡

在三个恶汉的故事里，我们看到，他们各自为了占有更多的金子，利令智昏，互相设计谋害和残杀，结果全都死于非命，暴死不得善终。说起这个故事的道德教训，你的第一个反应或许就是中国俗话说的，人为财死，鸟为食亡。这种道德寓意的故事在非基督教的文化里也都能找到。

希腊神话故事里的弥达斯（Midas）的点金术是最有名的。弥达斯款待酒神狄俄尼索斯，而酒神为了报答弥达斯，许诺给予他任何想要的东西。弥达斯表示希望拥有点石成金的本领。狄俄尼索斯答应了，于是弥达斯如愿以偿地得到点金术，凡是他所接触到的东西都会立刻变成金子。可是，金子给弥达斯带来一个又一个的灾难，他一碰食物，食物就变成金锭，这样他肯定要被饿死。接下来，他无意中碰到自己的女儿，结果把她变成一尊黄金雕塑。

这时他才意识到自己做了一个多坏的选择。焦虑的弥达斯想要摆脱这麻烦的能力，因而祈求狄俄尼索斯收回赐予他的点金术。狄俄尼索斯于是叫弥达斯去帕克托罗斯河里洗澡。弥达斯照着做了，当他接触到水面时，这项能力就转移到河水里，河里的砂石立刻变成黄金。此典故称为"弥达斯的触摸"（the Midas touch）。

中国古代也有一个"点石成金"的故事。有一个孩童，家里很穷，但非常孝敬母亲，吕洞宾很同情他，于是用手指点石为金送给孩童。孩童摇摇头说："我不要金子。"吕洞宾诧异地问："那你要什么呢？"孩童说："我要您的手指，因为您给我的金子会用完，但有了您的手指，没有钱时就可以点石为金了！"不知道这个孩子后来的结局如何。

在三个恶汉的故事里，重要的是他们的动机，他们的动机中有基督教视为"罪"的贪婪和妒忌，再加上喝酒和赌咒发誓，更是罪孽深重。对他们来说，死亡是必然的，因为基督教相信，人的道德死亡必然引向肉体死亡，缺德者必死。

然而，如果我们把对这个故事的理解只是停留在贪财上，就难免会忽视故事里最重要的主题，那就是杀死"死亡"及其后果。这是一个哲学的人文主题，在今天这个现代意识形态和高科技的时代，在人类似乎已经或即将获得"杀死死亡"的能力的当下时刻，这个人文主题的意义变得空前地突出起来。

美国文学和历史学教授约翰·莱翁（John Lyon）在题为《人

类试图"杀死死亡"的许多种方法》("On Man's Many Attempts to 'Kill Death'")的文章里指出,今天,那些有"杀死死亡"计划的人虽然层次比那三个恶汉要高,也没有像他们那样喝醉酒,但都是要改变人类,造出一种不死的、完美的、产生于他们乌托邦设想的"新人"。[1]

死亡因此成为人类所有缺陷和局限的象征,仇恨死亡成为人类对自身限制的愤怒情感发泄,"杀死死亡"成为人类对自然不完美的一种报复。由于科技的发达,人自以为有能力战胜死亡,这种狂妄的自信和野心成为人类走向疯狂并加速自我灭亡和自我毁灭的象征。

早在19世纪英国女作家玛丽·雪莱(Mary Shelley,1797—1851)的小说《弗兰肯斯坦》(Frankenstein)里,"杀死死亡"就已经成为一个现代文学主题。小说主人公弗兰肯斯坦是一位科学家,他因为痛感于母亲过早地被死亡夺走,决心用科学创造一个让死亡无可奈何的"创造物"(creature),用这种办法打败死亡,杀死死亡。他夜以继日、废寝忘食地工作,终于成功地将生命注入一具由最优秀的人体部件——智力发达的大脑、高大强壮的身躯、敏捷灵巧的四肢——拼成的躯体中。但是,当这个被造物睁开浑浊昏黄的双眼,显示出生命迹象的时候,弗兰肯斯坦被眼前的景象吓坏了。他无法面对这个面目可憎、奇丑无比的怪物,选择逃之夭夭。

这个"创造物"后来变成一个渴望报复人类的可怕恶魔,"它"(It);弗兰肯斯坦为了杀死死亡而创造了"它",而"它"给弗兰肯斯坦带来的却是一个又一个死亡,先是他的朋友,接着是他的弟弟,最后是他的女友。这就像在《赦罪僧的故事》里,三个恶汉的计划是杀死死亡,而结果却是为自己制造一个又一个的死亡。

---

1 John Lyon, "On Man's Many Attempts to 'Kill Death', " *New Oxford Review*, Apr. 2017, Vol. 84, Issue 3, 23-25.

　　玛丽·雪莱的《弗兰肯斯坦》是一部 19 世纪的反乌托邦科幻作品。到了 20 世纪，这样的作品有了更明确的政治含义，约翰·莱翁称这类作品的共同主题为"人类与自然的争吵"（man's quarrel with nature）及其灾难性后果，他写道："人类与自然争吵的一些后果在反乌托邦小说中显示出来——例如在卡雷尔·恰佩克（Karel Čapek，1890—1938）的《罗素姆万能机器人》（R. U. R.: Rossum's Universal Robots，'机器人'robot 这个词就是从这本书里来的）、扎米亚京（Yevgeny Zamyatin，1884—1937）的《我们》、赫胥黎（Aldous Huxley，1894—1963）的《美丽新世界》和奥威尔的《1984》。"这些灾难性后果包括人性的彻底迷失、人类情感的极端扭曲、人类自由意志的丧失，所有这些都是比肉体死亡更可怕的、万劫不复的沉沦和死亡。

　　在基督教里，人的死亡只是一个过渡，并不是万劫不复的沉沦。人死后可以复活，这是《新约》各卷（《福音书》和《保罗书信》等）的一个重要主题。《罗马书》讲"因信称义"，这里的"信"当然是泛指"信主""信上帝"。但是，"信主"和"信上帝"是什么意思？首要是要人们相信，"上帝叫耶稣从死里复活"。《罗马书》里说，"你若口里认耶稣为主，心里信上帝叫他从死里复活，就必得救"，"就可以称义"（《罗马书》，10：9—10）。《哥林多前书》也把"死人复活"视为传教的根本主题和基督教信仰的核心内容，所以说："既传基督是从死里复活了，怎么在你们中间，有人说没有死人复活的事呢？若没有死人复活的事，基督也就没有复活了。若基督没有复活，我们所传的便是枉然，你们所信的也是枉然。"（《哥林多前书》，15：12—14）

　　在《新约》里，"死人复活"同末日论糅合在一起，构成末日审判的一项基本内容。正如《哥林多前书》所说："我如今把一件奥秘的事告诉你们。我们不是都要睡觉，乃是都要改变，就在一霎时、眨眼之间，号筒末次吹响的时候；因号筒要响，死人要复活成为不朽坏的，我们也要改变。这必朽坏的，总要变成不朽坏的；这必死的，总要变成不死的。这必朽坏的既变成不朽坏的，这必死的既变成不死的，那时经上所记，死被得胜吞并的话就应验了。"（《哥林多前书》，15：51—54）《马太福音》则写道，待末日到来时，"人子要在他父的荣耀里，同着众使者降临；那时候，他要照各人的行为报应各人"（《马太福音》，16：27）。可见，人死后的复活在《新约》中占有何等重要的地位。复活代表的是人在精神上的永生追求。

在赦罪僧所讲的三个恶汉的故事里，他们始于追杀死亡，终于相互残杀，他们会下地狱，绝无永生希望。他们的悲惨还在于死于非命，也就是遭到"暴死"。法国菲利普·阿里耶斯（Philippe Ariès，1914—1984）在《面对死亡的人》一书里指出，在中世纪，暴死或横死被视为一种受到诅咒的死法，是一种道德惩罚，是不敬上帝的报应。[1]

善终是暴死的对立面。中世纪的人们相信，人的善终是有死前预兆的；至今，许多心地善良的人仍然保持着这样的观念，文学作品中可以找到许多例子。

死前预兆，这个年代久远的观念长期留存在民间意识中。备受死之困扰且又钟爱民间神话的托尔斯泰就相信，人能知道自己的死期已至。他的小说《三死》里有这样一个故事：

一位客栈的老马车夫奄奄一息地躺在客栈厨房的火炉边。在隔壁的客房里，一位富商的妻子也濒临死亡。为了避免吓坏女病人，所有的人都装出没事的样子。可是，躺在厨房里的老马车夫一眼就看出来了。一位善良的妇女好心问马车夫感觉如何，马车夫答道：

1　菲利普·阿里耶斯著，王振亚译，《面对死亡的人》下卷，商务印书馆，2015年，第15页。

"这还用说，死期到了。"即使有人欺瞒将死的人，他自己也是知道的。

好的基督徒对死亡既不害怕，也不急于去死。在死亡来临之时，他们能够从容以对，应召赴约。在从这个世界走向另一个世界的时候，他们虔诚朴实，细心观察征兆，在死前会有大限已至的预感。其实，即便不是基督徒，许多心地平静善良的人也都能这样对待死亡，这是他们做人的境界，也是人们常说的"修来的福分"。既然对死亡做了预报，那么死亡就不会骤然发生，不会发生没有预兆的"暴卒"。

没有预兆的死亡显示一种可怕的必然性：恶有恶报。"不得好死"，不管能否真的实现，都是一句渴望正义的诅咒。所以，犯下恶行的人，害怕报应，会整天提心吊胆；可是，不管他愿不愿意，他都只能心惊胆战地等待、领受。专制暴君的结局经常就是这样，他们被谋杀，或被推翻和处决，他们的暴死加强人们坚信的宇宙秩序。暴死因此被视为"偶然"手中的报复工具——"偶然"成为上帝愤怒的显示。因此，暴卒总被看作是不光彩的、有损名誉的。

阿里耶斯讲了一个暴毙的故事：6世纪传奇人物亚瑟王的侄子，圆桌骑士，加赫雷斯吃了亚瑟王的妻子桂妮薇儿送给他的水果，一命呜呼。有人在水果中下了毒，王后全不知情。加赫雷斯死后得到厚葬，"一位像他这么高贵的人，丧事必须办得体面"，但却不准怀念他。"死得如此有失尊严，亚瑟王和宫中所有的人都深感悲哀，他们相互之间尽量避免提及此事。"亚瑟王时代的葬礼是非常讲排场的，死后名字被掩盖，那是多么不光彩的事情。这是因为，暴毙不仅丢人，而且令人恶心、怪异和恐怖，人们不敢谈论这样的死亡。

这和我们有些人今天在八卦中专门喜欢谈论怪异的死亡形成鲜明的对比，人们对善终变得漠不关心，但对暴毙或横死却感到兴奋，而且津津乐道。我们今天若是在活人的世界里丧失对是与非的分辨能力，自然也就在死者的世界里不再有荣誉和羞耻的感觉。

中世纪的时候，死亡需要有见证人，也有一定的仪式，这是一种非常古老的传统，家人守护在临死之人的身边，更是他们的责任。令人蒙羞的死不仅是那种荒诞的横死，如那三个恶汉相互残害而死，它同样也是那种既无见证人又无仪式的不为人知的死，如旅途丧生、水中溺死、无名尸体倒毙田边、邻居无故惨遭雷劈。死者是否无辜不重要，横死就是他受诅咒的印记。

今天，在我们熟悉的生活世界里，也有类似的民间心理。诅咒一个人，最严重的除了断子绝孙，就是不得好死了。但是，太多的好人没有好报，也不得善终。在那些荒诞的岁月里，好人被杀，无辜横死，或者忍受不了煎熬，自行了断。更有像顾准那样，临终前想见一见自己的四个子女，但子女与他划清阶级界限，拒绝满足右派父亲的最后愿望。还有比这更荒诞不经的事情吗？对于这些无辜的亡灵，迟到的平反昭雪只不过是政治上的表示，而不是真正的人道忏悔。这种惺惺作态的口惠平反和道歉对那些生前遭受厄运、死后永不得安宁的苦命人又有什么意义？

4. 腐败、反腐，越反越腐

在《坎特伯雷故事集》里，除了赦罪僧，还有其他宗教人士：僧士（修道僧，monk）、游乞僧（friar）、尼姑等。故事集里对赦罪僧的讽刺只是对神职人员讽刺的一部分，而对神职人员的讽刺又暗含对教会和高层教会人员的讽刺。但是，乔叟并不拿所有的神职人员都当作讽刺的对象，例如，他"总引"中介绍的那位善良而有学识的"好教徒、穷牧师"就是一位诚心诚意地"宣传基督福音"的好人。

与他的同时代作家薄伽丘相比，乔叟的讽刺是温和而含蓄的，这与乔叟温文尔雅的旁观者身份是一致的。中世纪民间和一些其他作家对教会人士的讽刺要比乔叟辛辣和粗鲁得多。13、14世纪有不少讽刺挖苦教士的故事，非常尖酸刻薄，都是以教士们不轨的性行为来嘲笑取乐，薄伽丘也是这样。例如，在13世纪的手抄书中，有一位经常违背戒律的修士在夜里到已婚女子住处，和她同床而眠，这时女子的丈夫突然回家，修士仓皇地躲到一旁的笼子里，却因为头顶中间剃光处的反光而被发现，于是男性象征被切掉以作为惩罚。这类的故事十分常见，情节也大同小异。今天的读者也许会觉得，给予修士变成阉人的惩罚，不仅可笑，而且也很残忍。不过中世纪读者会认为他们咎由自取，罪有应得。可见当时民间对宗教人员的鄙视之深。

《坎特伯雷故事集》里的神职人员都是社会底层或低层，所以讽刺他们相对来说是安全的，而且乔叟的讽刺非常温和得体，看上去只是描写他们的体态外貌、言谈举动，并没有触碰敏感的议题或人物。当然，14世纪的读者都能心领神会，他议论的不只是那几个低层的神职人员，而是积弊已久的教会和教会体制，这个时候离后来的宗教革命已经不远了。

乔叟在故事集的"总引"中这样描绘朝圣者们当中的一位修道僧，他"身材魁梧，是乡间一个善骑的人，最爱打猎，煞有丈夫气概，当得起一个修道院的院长。他的马厩中有的是血一般红的马匹，他乘骑时人们可以听见他马缰上的铃在啸风中叮当，那清晰嘹亮的声响像他所当着住持的教堂钟声一样。为了圣摩尔或圣本约的教条已陈腐而且有些太严，这位修道僧宁可让这类旧式老套消逝，他要追逐新异的事物"。[1]基督教关于艰苦朴素的教诲在他这里完全是过

---

[1] 杰弗雷·乔叟著，方重译，《坎特伯雷故事集》，见《乔叟文集》，第336页。

时的老生常谈，基督教说，打猎不圣洁，但他是根本听不进去的。

这位修道僧对基督教先贤圣奥古斯丁的榜样不屑一顾，他说："何必在僧院里关紧着读书，或是像圣奥古斯丁所教导的要亲手劳动呢？奥古斯丁尽可自己做他的工。他自己却只顾骑马奔驰，紧跟着猎犬像飞鸟般迅速。他一切的娱乐都寄托在骑、猎两件大事上，也不怕为此挥霍。"[1]

他不仅爱打猎，而且喜爱锦衣玉食。你看他"那衣袖口所镶的细软黑皮是国内最讲究的货色，一颗金铸的饰针扣住脖颈；宽的一端还有一个情人结。他的秃头光亮如镜，脸上也是一样，似乎擦了油一般。他是一位肥胖而漂亮的人物。两只眼睛在额上打转，射出火光，像锅炉一样。鞋靴是细软的，他的马也有十足的傲气。他的确是一位不平凡的僧侣。他绝不是一只苍白的瘦鬼；一切肉食中他最爱的是红烧肥天鹅。他身下所骑的马显出干果的棕褐色"。[2]

乔叟同时代的读者一下子就能在这个脑满肠肥、纨绔子弟似的修道僧身上看出作者的讽刺来，因为修道僧根本就不该是这样。

教会在非常早的时候就产生修道传统。一些追随者受基督关于抛弃财产和世俗享乐教导的影响，进入旷野寻求效法这位主。到 3 世纪时，隐修主义逐渐开始流行于非洲地区的教会，开创个人隐修和集体隐修的传统。通过亚他那修（Saint Athanasius，约 293—373）、巴西尔（Saint Basil the Great，约 329—379）、哲罗姆（Jerome，约 342—420）、安布罗斯（Saint Ambrose，约 339—397）和奥古斯丁等教父的工作，修道传统从非洲逐渐传播到小亚细亚、希腊以及西方的教会。

6 世纪时，在西欧占主导地位的是凯尔特修道传统，实行严格的苦修，追求效法基督的完美榜样。其中，科伦巴（Saint

---

1 杰弗雷·乔叟著，方重译，《坎特伯雷故事集》，见《乔叟文集》，第 336 页。
2 同上，第 336—337 页。

Columba，约 521—597）建立的修道院和规章影响了许多人，成为不少其他修道院的效仿对象。另外一种逐渐兴起的修道传统则是圣本笃（Saint Benedict，约 480—约 547）的修道院，他制定的修道院规章更强调集体生活，成为之后几个世纪修道院生活的模板。据说本笃曾经在罗马求学，对城中发生的种种罪恶行径很忧心，随后就开始在距离罗马不远的地方过隐修生活，在受邀管理一所修道院并发现其纪律松弛、难以改变后，于 529 年左右在卡西诺山建立他自己的修道院。本笃要求修士们生活在一起，灵修、阅读、劳作，以此将自己全部奉献给上帝。

教皇大格列高利（Gregory the Great，约 540—604）受到本笃派修会的直接影响，他本人曾将全部财产捐献出来建立修道院及救济穷人。他自己也成为一名修士，后来成为第一位由修士身份获得推选而任职的教宗，极大地提高罗马教皇的地位。在教会处于相当混乱和疲弱境地之时，修道院的纪律以及对圣洁生活的追求就成了一种革新力量的来源。事实上，在中世纪教会史上，针对体制性的败坏曾不断发生革新运动，而这些革新运动通常都以复兴修道院为背景。

修道僧绝大多数都是信仰坚定、知识丰富又富有正义感的基督教人士，他们是基督教知识分子的人群基础。乔叟故事里的修道僧的堕落就如同我们今天知识分子的堕落一样，是基督教制度性腐败的一个标志性现象。今天一些知识分子虚伪、贪婪、趋炎附势、道德败坏、斯文扫地，甚至干出性侵自己学生的伤天害理之事，对整个民族的未来都是一种危险的倾向。

乔叟用讽刺手法描述的另一位宗教人士是游乞僧，游乞僧与修道僧的不同在于，修道僧过着与世隔绝的灵修生活，而游乞僧则是以社会服务来修炼自己的基督徒品质。游乞僧和修道僧一样，也要宣誓守贫、独身和服从，这是他们共同的操守美德。可是，我们看到，乔叟笔下的这位游乞僧"是一个放荡不羁而自负的人"。他有女人缘，"会自己花费钱为好几个女子结配成婚"，至于为什么这么慷慨，乔叟没有说。

这位游乞僧自吹自擂，到处蹭吃蹭喝，"照他自己所说，他当一个忏悔师比任何牧师都有资格，原来他是得有罗马主教特许的。他听忏悔时十分和蔼，赦罪时也能使人愉悦；只消可能吃到一顿好饭，他就容易让人悔改。他认为谁能捐助一个穷困的教团就表示他已安然得赦了；谁出了钱，就悔了罪"。他劝人们"不必哭泣祷告，只要送银子给贫僧就够了"。他虽然是个游乞僧，但收入可观，"他行乞所得，还多于他产业上的收入"，"他不像守院僧或穷书生那样披着褴褛的袈裟，却像一个大学生或红衣主教。他的半边袈裟是用双料毛丝布所制，从荡衣夹内取出，鼓起像一座钟"。[1]

乔叟讽刺的不过是些底层的神职人员，他们的腐败顶多也就是骗吃骗喝，或者是诈财骗色，引诱良家妇女，和官员的豪华饭局、收受贿赂一样，不过是表面现象。文学对腐败的揭露大致也就是在这个层面上了。但是，我们在基督教史或教会史的研究中可以看到基督教会的制度性腐败，那才是根本的深层腐败。从公元 4 世纪基督教成为罗马的国教，到 16 世纪的早期现代宗教改革，在这 12 个世纪里，教廷强大时有强大的腐败，疲弱时有疲弱的腐败。基督教一直意识到内部的腐败，也不断有推动反腐的仁人志士和大动作，但总是上有政策，下有对策，越反越腐，积弊丛生，难以根除。

313 年，罗马皇帝君士坦丁颁布《米兰敕令》，从此之后，基督教的世俗化和政治化也就为这个宗教播下了腐败的种子，教会与国家之间的妥协或冲突几乎没有例外地需要付出腐败的代价。

罗马皇帝君士坦丁承认基督教教会的地位，给予它保护和援助。

1　杰弗雷·乔叟著，方重译，《坎特伯雷故事集》，见《乔叟文集》，第 338 页。

作为交换条件，他要求教会允许他对教会事务有相当大的发言权，他成了教会内部争端的调停人和仲裁者。313 年之后，对教会的一切迫害已经停止，信仰基督教成为有利无弊的事情，给基督徒带来许多物质上的好处。基督教徒的名号成为在政界、军界和社会上发展的通行证。结果，成千上万的异教徒加入教会。这些人中的大多数只是名义上的基督徒，对基督教的教义既一无所知，也毫不在意。腐败进入教会。

君士坦丁讨好和收买主教们，换取他们的支持。他自己喜欢穿着华丽的长袍。他也向耶路撒冷主教赠送可以让教堂熠熠生辉的华贵服装，从此便开启了基督教教堂中穿着华丽、光鲜夺目的先例。他还对神职人员施予恩惠，神职人员在社会中占有很高的地位，成为远比俗人优越的特殊等级。基督教教士们还可以被免除所有其他人不得免除的兵役，成为真正的特殊阶级。就像权力意味着腐败一样，特权也与腐败如影随形。随着权力的增长，教会变得越来越有侵略性。在基督教最初的 3 个世纪中，教会通过和平手段进行扩展，它对异教取得胜利，靠的不是暴力或强制，而是通过爱和持久的苦难。但是在 313 年以后，基督徒有时会采用暴力和战争方法来推行自己的宗教，这是另一种形式的腐败。

507 至 1075 年，由于不断遭遇"野蛮人"的军事威胁，基督教会进入疲弱的时期，这是中世纪的"黑暗时期"。476 年西罗马帝国灭亡以后，经过几百年的战争，800 年，曾为蛮族的法兰克国王查理曼实现过一段时间的相对统一，被罗马教皇加冕为"罗马人的皇帝"，史称"查理曼大帝"。但是，814 年查理曼大帝去世后，欧洲的国王们互相争斗，今天你是强主，明天换一个人来称霸，出现世俗叙任（lay investiture）制度，也就是神职人员由国王或官员来任命，这让腐败的门庭洞开，买卖教职和其他歪门邪道成为一时的风气，连教皇的职位也可以买卖。

　　意大利的托斯卡纳家族于 1033 年任命本笃九世（Benedict IX，？—1055/1056）为教皇。本笃当时只有 12 岁。克雷森齐奥（Crescenzio）家族的贵族反对本笃和托斯卡纳家族，并在 1045 年将本笃驱逐出罗马。克雷森齐奥家族随后任命西尔维斯特三世（Pope Sylvester III，1000—1063）为教皇。然而，不久后本笃重新掌权，恢复他的教皇职位。1044 年 7 月他又由于想结婚，而将他的教宗职务以 650 千克黄金的价格卖给他的代父（也就是后来的格列高利六世），后来他又反悔想拿回他原来的职务。于是，一下子同时有三个人自称教皇：本笃九世、西尔维斯特三世和格列高利六世。这样的混乱和腐败在历史上罕见。

　　11 世纪初，罗马教廷出现转机。格列高利七世（Gregorius VII，约 1022—1085）成为一代中兴的教皇，他是一位非常虔诚、非常真诚、非常有能力的基督教领袖。他试图用部分的制度改良来匡正教会积弊丛生的道德腐败，强化教士们的组织纪律。他凭借教皇的权威和他自己的道德意志，决心对教会进行大刀阔斧的改革，重点就是反腐败。他采取的两项重要措施都是针对教士腐败的，相当于我们所熟悉的"吏治改革"。第一项措施是废除世俗叙任，杜绝买卖神职的权钱交易。第二项是禁止教士结婚，坚持教士必须独身。而不幸的是，他的这两项措施都让教会的腐败以新的形式不断滋生，进入一个上有政策、下有对策、结果越反越腐的怪圈。可谓播下的是龙种，收获的是跳蚤。他那高尚、良好的改革动机怎么会是这么一个可悲的结果？

总结　并非全都黑暗的中世纪

教皇格列高利七世于 1075 年进行教会改革，这可以说是中世纪最重要的一次改革，它为教会之后 500 年里在欧洲确定和稳固其绝对权威打下基础。它有一个值得称道的目的，那就是匡正教会弊病，不忘初心，回归基督教的优良传统，扫除教士腐败积习，促使基督教的道德更新。然而，事与愿违，就在教会权威得到稳固的同时，反腐却失败了。

改革的两项关键措施是废除对教职的世俗叙任和禁止教士结婚。教会强大了，废除世俗叙任好办，但是，禁止教士结婚就不那么好办了。其实教会所说的"不结婚"就是"独身"，是指不与异性发生性关系，对于一个正常的男教士来说，这不是一件容易做到的事情。

教士独身与不腐败的关系对教会来说是一件特别纠结的事情，因为基督教的历史似乎并不支持这一项严厉的道德原则。

1 世纪，彼得是第一任教皇，他是有老婆的，出外宣教时还经常带着老婆。耶稣选择的使徒大多是已婚男人。 3 至 5 世纪的教父时代，306 年，西班牙主教区第 43 号法令规定，在弥撒前一天晚上与妻子睡觉的神父会被开除。这只是关系到一个特别的日子。385

年，西里修（Pope Siricius，约 334—399）为了当上教皇，离开他的妻子，并禁止教士与妻子有性生活。401 年，奥古斯丁写道，没有什么比女人的爱慕更能吸引男人的精神。

6 至 10 世纪，中世纪"黑暗时代"有各种矛盾的规定和现象。例如，567 年，规定任何教士如被发现与妻子躺在床上，就驱逐出境一年。580 年，教宗贝拉基二世（Pelagius II，520—590）说，他的政策是不打扰已婚牧师，只要他们不将教堂财产移交给妻子或孩子就行。590—604 年，教宗格列高利一世（Gregorius I，约 540—604）说，不管有没有性行为，性欲本身就是有罪的。但是，7 世纪，法国的文件显示大多数牧师是已婚的。8 世纪，圣博尼法斯（St. Boniface，约 675—754）向教皇报告说，在德国几乎没有主教或牧师是独身的。836 年，地方教会理事会公开承认，堕胎和杀婴事件发生在修道院中。一位主教争辩说，使教会摆脱最严重的独身统治的唯一方法就是允许神父结婚。

1075 年，教皇格列高利七世推动教会改革。除了世俗叙任，还要解决的就是教士独身问题，这触动了教士阶级的切身利益，可以说是动了真格的反腐改革。但是，上有政策，下有对策，实际上并不如预期的那么有效。与"反腐"同步进行的是"扫黑"。扫黑就是用宗教裁判所（Inqusition）来揭发和迫害所谓的"异端"，造成震慑的威势。宗教裁判所调查异端，并强制涉嫌异端的教徒当众认罪和悔罪，被告有时遭受酷刑，甚至被处死。宗教裁判所的打击扩大化和极端化，成为教会史上耻辱的一页。

教会改革的反腐并不比它的扫黑更成功。1079 年，"教士必须独身"成为罗马教会的一条法律，却滋生出各种腐败和不道德，神职人员的住所经常就是腐败的地方。教士们光顾小酒馆，赌博，恶言争吵，亵渎圣灵，这些都是很常见的景象。许多神职人员都包养情妇，修道院成为他们寻欢作乐的场所。在许多地方，普通人对牧师包养情妇持欢迎态度，因为这样他们自己的妻女才比较安全，不至于受到教士们的诱惑和骚扰。

瑞士新教徒牧师和宗教改革史学家达比涅（Jean-Henri Merle d'Aubigné，1794—1892）在《路德主义与宗教改革》（*Le Luthéranisme et la Reforme*, Paris: Librairie de L.-R. Delay, 1844）一书中说了这样一个情况："在许多地方，教士为了与他住在一起的妇女和他自己的每个孩子，都必须向主教缴纳常规的税款。德国的一名主教有一天很开心地公开表示，一年中有一万一千名教士为此目的与他联系。这是伊拉斯谟说的。"神职人员的知识素质普遍下降，就像乔叟笔下的那位修道僧，完全是不读书、不学无术的庸人。许多神职人员都是靠贿赂或门路获得职位的。"那些厨师、乐师、猎人、马厩仆人甚至出身更糟的人"都能当上乡村牧师。神职人员不再需要学习和教导《圣经》，教会告诉他们该怎么做，他们就怎么做。即使是高级神职人员也对教义茫然无知，也许有一些专门的世俗知识，却很少了解《圣经》。

达比涅说，有的高级神职人员甚至以无知为荣。"邓菲尔德的一位主教为自己从未学过希腊语或希伯来语感到骄傲。修道士们断言，所有异端都源于这两种语言，尤其是希腊语。"其中一位说，"希腊语是一门新近发明的语言，我们必须谨防它。至于希伯来语，我的兄弟们，谁学习这个语言都会变成犹太人，这一点是肯定的。"这样的神职人员以其昏昏，使人昭昭。他们养牧的民众也同样因为信仰的疲弱而多有不道德之举。他们不再以善行来获取上帝的救恩，也不再以真诚的信仰跟随基督。他们以为只要花了钱，尽管有过放任欲望的人生，也可以从神职人员那里购买到上主的宽恕和救赎。

11 至 12 世纪的教会不再是原先罗马帝国的衍生物，它成了一个真正的帝国，一个集属灵王国与世俗王国为一体的国度。极大的权力最终导致极大的腐败，导致教会大分裂（1378—1417）。"教会虽然赢得世界，却丧失自己的灵魂"，基督教内部涌现出来的改革者们自己就是这么宣讲的。14 至 15 世纪，在争权夺利的斗争中，在宗教荒芜的事实面前，许多基督徒回到《圣经》，寻找崭新的异象与更新的力量，终于在怒吼中迎来宗教改革。马丁·路德吹响宗教改革的号角，众信徒纷纷决志投身改革事业。这个宗教改革时代标志着新教宗派的产生，到 16 世纪中叶，宗教改革运动已颠覆西欧的合一传统，开启宗教多元主义的时代，一直传承到今天。

正是循着基督教这样的历史踪迹，我们在本书的上半部分阅读了《圣经》和中世纪的一些有代表性的思想和文学作品，最终以 14 世纪交织在一起的教会权力和腐败结束，具有双重意义。第一，罪、恶和人性之恶是贯穿这一时期的一条主线。权力即腐败，绝对的权力意味着绝对的腐败，这种权力的腐败是最大的罪和恶，因为它对人性的腐蚀和对社会、国家的危害超过其他所有的罪恶。

第二，中世纪有"信仰时代"之名，但从许多方面观察，中世纪教会其实处于一个在组织结构上逐步强化教会—国家化的进程之中。在时势发生巨大变化的情况下，教会未能完全以《圣经》为依据作出回应，常常夹在诱惑与恐惧这两个极端之间。在这样一个教会体制中，神职人员的败坏是可以预料的。

尽管从神学上可以说明教会中必定会有腐败现象，因为人都是罪人，人有"原罪"和堕落的本性，但是在一个与权力和利益盘根错节的教会体制中，几乎不存在对神职人员的败坏能够起到限制或预警作用的机制。教会不仅没有用基督教的精神力量去驯服国家权力这头贪婪的野兽，而且先是趋附于这头野兽，随后又蜕变为同样的野兽。

在上帝圣恩未及的情况下，人如何认识国家、政府权力与人性恶这三者之间的关系？如何既显示政府的权力也限制人性之恶的膨胀？这样的思考要到 17 世纪，尤其是 18 世纪启蒙运动之后才会在欧洲出现，并在美国革命后建立共和体制的关键时刻，进行了为后世留下宝贵政治遗产的成功政治实验。其深远影响一直到今天还在继续。

本书的人文阅读篇目都与基督教的发展和变化联系在一起，从《圣经》到 3 至 5 世纪教父时代的奥古斯丁，之后便是 5 至 10 世纪的黑暗时代，这是教会权威衰弱不稳的时期，也是思想空白和文化凋零的时代，虽然基督教的历史还在进行，但却因为找不到值得阅读的文本，而不得不在本书中开了一个"天窗"。

11 世纪初，中世纪进入教会权威恢复、社会稳定、文学和思想复苏并有所发展的新阶段。本书上半部分的绝大多数内容都是来自这个从 11 至 14 世纪的中世纪后期。

本书的内容破除了两个关于中世纪的不正确观点。首先是认为中世纪整个都是黑暗时期。其实中世纪的黑暗时期只是 500 至 1000 年这一段，即便在这段时间里，文明的火种仍然在修道院这样的地方被顽强保留。9 世纪时就已经出现过"加洛林朝文化复兴"，由于基督教会在当时实际上扮演着文化延续者的角色，学校大都在教堂附近或修道院举办，教师也大多由教士充任。11 世纪，大学代替修道院，理性研究逐渐与信仰互补，形成基督教人文主义，中世纪便已经走出黑暗时期。

其次，不少人，尤其是新教信徒有意无意地否定中世纪。但是，中世纪从 500 至 1500 年，差不多是公元历史的一半。中世纪可能不是人类历史，也不是基督教历史最光辉的一段时期，但仍然是人类历史的一个重要部分。

中世纪思想家们所不断思考的罪与罚、恶与善、宿命与救赎、信仰与理性、腐败与更新，还有一代一代中世纪人所做的宗教与世俗、国家与教会、教会的社会职能、市民文化和社团、旅行和商贸等的实践，仍然是我们今天所必须面对的，也是我们可以从中世纪经验中学到的重要东西。

与中世纪不同的是，今天的宗教已经不再是一种包纳一切的生活方式，而是一种独立的生活范围，国家已经与宗教分离开来，不管你有什么样的宗教信仰，或者有没有宗教信仰，你都可以学习和领会与宗教不矛盾的人文精神内容和道德目标。人类的个人和社会行为连同其精神追求都致力于达到这样的目标。人们奋力以求的就是超越人生的物质性，实现精神品质的修养和纯化，这样人们才不会轻易沉沦。在整个文化领域以及宗教领域，思想的发展都绝不仅仅是解开人类蒙昧时期的谜团——比如什么是罪？什么是恶？堕落之前人是清白的吗？——而是一种重建和再出发，致力于发现新的人性、新的生活。人类倘若不是经历像中世纪那样充满曲折和坎坷的过程，并从中吸取经验和教训，各种新的固执思想和僵化教义便会有机会一而再、再而三地摧毁今天现实中美好的事物和鲜活的人性。

在宗教之外，我们也可以提出与宗教虽不相同但并不矛盾的问题。我们应该选择什么？我们应该如何生活？人类可能形成共同体吗？如果可能，那么能够提出规范去引导我们的行为吗？我们能够发现永久的目标或目的吗？是否存在我们应该寻求的善？是否存在能被普遍接受的道德和伦理的价值与原则？如果我们肯定地回答这些问题，那么我们所根据的不是现有的残破事实，而是我们的人文主义信念。

人类的共同道德和伦理原则可以产生于人类经验之中，这是一个人文主义的信念和情怀。即使你没有明确的宗教信仰，你仍然可以有类似于宗教的人道情怀，因为你相信善良，珍爱你的良知和良心；因为你嫉恶如仇，不愿意与恶同流合污；因为你相信有一个比小群体、小部落、单一种族或民族更广大的人类整体，造就这个人类整体的不是世界性的组织，也不是国与国之间的联盟，而是那些是人就不能没有的道德信念和是人就不能没有的做人权利。称之为人文信念也好，宗教情怀也罢，它都可以成为我们信仰的根本真理。这样的真理是对人类生活进程的有力辩护，在任何时代情境中都可以成为人类行动的标准，这个真理不是固定不变的教条或教义，它在不断变换的时代中，或者在它遭受质疑的时候，都需要不断地接受挑战，证明其自身的合理性。这是任何宗教或非宗教的精神世界和愿景都不可缺少的关于人的真理，也是我们在人文学习中最重要的收获。

十四　但丁《神曲》

1. 罪和赎罪的故事

今天我们进入但丁（Dante Alighieri，1265—1321）《神曲》（*La Divina commedia*）的第一节，有两个主题，罪与赎罪。

我们今天为什么还要阅读 700 多年前的《神曲》？因为《神曲》向我们提出了"罪"的问题，这是一个今天令现代人茫然不知所措的问题。在所有的人类文化创造中，也许"罪"是最难以为人所接受的东西。人们宁可相信自己的善良和无辜，而不愿承认自己的罪过。承认人的罪过，意味着认可自己存在的有限性、自己的不成熟、人性的偏差和软弱。承认这些是需要勇气的。

《神曲》里描绘了多种罪孽，如情欲、贪吃、贪婪、易怒，这些是人类的通病。今天，许多人不再把这些视为严重的道德罪过问题，而是将它们变成了"健康"问题。他们求助的不再是信仰、神学或道德哲学，而是医学、医生和心理咨询师。但是，罪的问题其实比病要严重得多。

那么，《神曲》里的罪和赎罪是怎样的？

但丁出生于 1265 年，他生活在一个动荡的年代，当时佛罗伦萨政界分为两派，他所属的那一派在政治斗争中失利，他也被放逐出佛罗伦萨。他的个人生活也不顺心，他结了婚，但爱着的是另一女子，她在年轻时就去世了。但丁在《神曲》里抨击他所憎恨的人，他自己也是诗里的主角。《神曲》讲述了但丁试图去往天堂的故事，但他必须先经过地狱和炼狱才能到达天堂。我们的阅读集中在地狱和炼狱的部分。

《神曲》大部分内容都是基于基督教流行文本（包括《圣经》）中的景象。还有一些是他为讲故事而渲染描绘的。"地狱篇"可能是《神曲》三个部分中最受欢迎的，与人们喜欢看恐怖电影的那种心理相似。

但丁在罗马诗人维吉尔的帮助下，必须进入地狱的深处才能穿过地球，到达地球的另一边，然后爬"炼狱篇"里的那座炼狱山。这样他才能与相爱的贝阿特丽切（Beatrice）一起进入天堂。研究者们认为，贝阿特丽切是确有其人，但我们可以把她看成一个纯洁爱情的象征。

《神曲》的故事是从导游维吉尔和但丁来到通往地狱的大门开始的，大门上刻着："由我这里直通悲惨之城，由我这里直通无尽之苦，由我这里直通堕落众生……我永存不朽，我之前，万象未形，只有永恒的事物存在，来者啊！快将一切希望扬弃！"（"地狱篇"，3：1—9）

他们先来到一个叫"前地狱"（Ante-Inferno）的地方。在这里的是些什么人？他们曾经有过选择善和恶的机会，却没有抓住这样的机会，所以天堂和地狱都拒绝了他们。他们不断受到大黄蜂和蛇的折磨与追逐，被逼得片刻不得喘气休息。这里也有一些天使，是那些在善与恶的战争中不选择任何一方的天使。他们也在经受折磨。在善和恶之间不做选择，这本身就是一种恶。

但丁和维吉尔一起来到一条大河边，这是地狱的边界，许多人都在等待摆渡人卡戎（Charon）划的渡船。卡戎是希腊神话中的人物，他划的船是去地狱的。《神曲》里渗透着许多希腊和罗马神话。

卡戎载着但丁和维吉尔过了河，来到地狱的第一层，这个地方叫"凌波"（Limbo），在这里的人都是有德性的异教徒。他们都做了伟大的事情，有光荣的事迹，在道德上过着正确的生活，却不接受基督教，或是生活在基督教之下，或是从未受过洗礼。上帝允许少数这样的人物直接进入天堂，如挪亚和摩西，但绝大多数都聚集在凌波这个地方。这里没有惩罚，但弥漫着悲伤。这里的人是如此靠近天堂，但就是进不了天堂，只能永远眼巴巴地待天堂外面。

但丁和维吉尔来到地狱的第二层，这里居住着淫荡的人们，他们以前禁不住诱惑，现在受到永恒的诅咒和折磨。只见刮起狂暴的飓风，风力强大，无情地鞭打他们，一阵阵狂风把他们撞到岩石上。

地狱的第三层里是贪食的人们，那里持续地下着大雨。那些被惩罚的人躺在地上，永远无法移动，肮脏的碎屑和污水落在他们身上。

地狱第四层里是贪婪的人们，在这里，你会看到一个名叫普路托斯（Plutus）的恶魔，他在希腊神话中是金钱和财富之神。在这里，贪婪的人们无休无止地彼此搏斗，互相折磨，用指甲互掐，用牙齿互咬，一副不共戴天的样子。

地狱的第五层对着一条巨大的河流，那就是冥河。这里住着愤怒的人们，他们永远相互争斗，愤怒地互相抓咬。这里还住着闷闷不乐和坏脾气的人们，他们被淹没在水下，呼吸困难，在黑烂泥里窒息，跟谁都不合群。

维吉尔和但丁来到了地狱的深处，这是更可怕的地方，也就是第六到第九层。这里有一座城市，它被堕落的天使守卫着。他们不准维吉尔和但丁进城，大声吼叫：活人一律不可以进入。就在这时候，一位信使从天而降，命令守城门的为他们两人放行。在这里维吉尔不再能保护但丁了。

维吉尔和但丁走进一片巨大的墓地，只见所有的墓碑都被火焰覆盖。在这里的都是些异教徒，还有那些宣扬假宗教的人。这是地狱的第六层。

尽管他们在地狱里已经见到了这么多可怕的景象，但维吉尔还是提醒但丁，下一层将会更加恐怖。这第七层里住着暴力的人们。有许多类型的暴力，第一种是对他人的暴力，如杀人犯和军阀；这里还有那些对自己行使暴力和有自杀行为的人；最后是那些用暴力反抗上帝的人，如亵渎上帝，还有对上帝所创造的自然行暴力的人。放到今天来说，就是污染环境、破坏大自然资源的人。

维吉尔和但丁请一个名叫格扬（Geryon）的家伙将他们带到地狱的第八层。这个家伙是只野兽，却长着一张人脸，所以是欺诈的象征。他拥有巨大的翅膀，把但丁和维吉尔带到了地狱的第八层，那是一个欺诈的世界。这里的人们都像恶魔般折磨周围的人。他们活着的时候，有的在生活中欺骗和操纵他人，有的是皮条客和性操纵者，有的是赌徒和造假币的人，还有骗人的算命先生。这种折磨简直太可怕了，却是他们罪有应得。

地狱的最后一层是地狱引力的地方，撒旦本人就住在这里。撒旦是一只巨大的三头兽，永远拍打着他巨大的翅膀，这使得这个地狱底层永远冰冷严寒，永不化冻，撒旦的身体就包裹在坚冰之中。撒旦在永远地惩罚着历史上最大的三个背叛者，他们是出卖耶稣基督的犹大，还有出卖恺撒的布鲁图斯（Brutus）和卡修斯（Cassius）。这里还有其他被冰冻惩罚的人们，他们有的背叛了自己的家人，有的背叛了上帝，有的背叛了自己的国家。

但丁没有放过他自己的仇人，抓住机会就指名道姓地谴责一些有名有姓的熟人，说他们该下地狱，就该来到这个最可怕的地方。

维吉尔帮助但丁从撒旦冰冻的身体上爬下来。他们站稳了脚，但觉得头脚倒置，因为他们此刻开始上升，回到了地球的表面，却已经到了地球的另一端，那里已经是炼狱的地盘，他们将从这里上升，去往天堂。

维吉尔和但丁站在炼狱山下，这座山是堕落的天使路西法（Lucifer）从天堂坠落，撞到地球上的时候形成的，最底层的叫作"前炼狱"（Ante-Purgatory）。有许多人在这里等待，他们有的是被逐出教会，有的是悔改得太晚了。

但丁要说的是，一个人生前祷告的时间有长有短，这会决定他的灵魂要在炼狱里等待多久。一个人如果等到晚年才认真祷告和悔改，那么他就一定要等待很长一段时间。炼狱里的上升有七层，大致与基督教的七宗罪相关联。与在地狱遭受惩罚和折磨的煎熬不同，在炼狱里一层一层地上升，一层一层地赎罪，当然，赎罪仍然有痛苦和煎熬。

第一层是赎骄傲之罪的地方，有此罪孽的人们必须经受的是谦卑和羞辱的赎罪，他们背着巨石，弯腰驼背，艰难前行。

第二层是赎妒忌之罪的地方，这里的人们眼睛被铁丝缝了起来。

第三层是赎愤怒之罪的地方，罪人被黑烟笼罩着，异常孤独，还在黑暗中见到可怕的幻象。

第四层是惩罚懒惰和胆怯之罪的地方，罪人比赛叫喊和热情，为懒散的过去悔罪。

第五层里要赎的罪是贪婪和花费无度，这里的人们面朝地被绑着，无法移动，他们必须表现出对金钱和物质之外的爱来大声喊出慷慨者的事例。

在但丁和维吉尔来到第六层的时候，发生了地震。这是一个信号：又一个罪人完成了赎罪，升向天堂去了。他们这是来到了贪吃的一层，那些生前暴饮暴食的人在这里忍饥挨饿，瘦骨嶙峋。

他们又来到了第七层，那些生前放纵欲望的人必须走过火焰，毫不顾惜身体的痛苦，一面大声讲述贞洁和操守的好人好事。

但丁自己也必须穿过火墙，这时候他看到自己的梦中情人贝阿特丽切在等候着他，帮助他完成了炼狱之旅，准备去往天堂。炼狱部分就此结束。

在《神曲》里，但丁所理解的基督教《圣经》既是一部沦落史，也是一部救恩史。"地狱篇"说的是沦落，"炼狱篇"说的是救恩。在《神曲》里，与《圣经》的创世记和救赎论一样，罪孽论是通过神话叙事的方式表现出来的。它没有关于罪的任何抽象定义，只有对罪孽的具体描述和记载。所以，神学家赖特（G. Ernest Wright，1909—1974）在《〈圣经〉中关于社会中人的学说》一书中说："《圣经》没有一个全面的罪的定义。罪总是在每一个行为、状况和意图中得到描述。"[1]但丁《神曲》中的罪孽正是这样描述的，在"地狱篇"里是如此，在"炼狱篇"里也是如此。

《神曲》是一部关于人类之罪的伟大诗作，罪所昭示的人的生存困境，以及对上帝公正的冒犯，在这部作品中凸显出来。这是基督教先知文学的传统，但丁继承和发扬了这个传统。

在这个文学传统中，罪的来源并不重要，重要的是，罪是人生存的直接而基本的现实。在上帝眼里，世上不存在无罪之人，《圣经》里这样的言说几乎俯拾皆是。

2. 哪些是地狱里的重罪，为什么"背叛"之罪特别严重

《神曲》被称为涤荡人性、重塑新人的指南，是一种神学的人文教育。文艺复兴时期的神学和世俗的人文教育都关注人，都重视

1　G. Ernest Wright, *The Biblical Doctrine of Man in Society*, London: SCM Press, 1956. 40.

用教育来塑造人性，都秉持培养完人的理念。人能够通过教育变得更加优秀，这是文艺复兴人文主义的一个核心观念，后来也成为与宗教改革主张的神恩启示最大的一个不同之处。从年代上看，有的读者会问，但丁生于 1265 年，死于 1321 年，也就是 13 至 14 世纪的人，不是中世纪的作家吗？

是的，这个年代被历史学家既叫作"晚期中世纪"，又叫作"早期文艺复兴"。历史本来是延续的，历史学家将历史分成不同的时期，不过是为了论述的便利，不应该刻板地去理解。同样延续但又被区分的年代还有早期现代（也就是文艺复兴）和现代（从启蒙运动算起）、现代和当代（一般指 20 世纪和 21 世纪），也有论者把现代和后现代做区分的，不过这样的区分现在还有许多争议。

我们今天讨论文艺复兴时期，就不能不提到中世纪。长期以来，人们对中世纪有"黑暗时期"的偏见。因此，如果有感于某个专制、愚昧、僵化和不思进取的时代，哪怕就在眼前，也会说"就像是中世纪"。18 世纪启蒙运动时期的人们用"光亮"来做他们那个时代的隐喻，暗含的意思就是要走出黑暗的中世纪。这样的偏见同样反映在 18 世纪的人们看待但丁和他的《神曲》上。18 世纪的读者非常看不起甚至鄙视但丁，但是，今天哪怕是对中世纪仍有偏见的读者，也会承认但丁是一位非常值得尊敬的作家和思想家，他的《神曲》更是不朽的经典名著。

18 世纪英国诗人，也是文学史家和批评家的托马斯·沃顿（Thomas Warton，1728—1790）认为，《神曲》是一部"令人厌恶"（disgusting）的作品；伏尔泰（Voltaire，1694—1778）的一位粉丝则断言，这是一部全世界最糟糕的诗作。但丁的名誉要到浪漫主义时期才得以恢复，对此贡献最大的是英国浪漫主义诗人，包括威廉·布莱克（William Blake，1757—1827）、拜伦（George Gordon Byron，1788—1824）、雪莱（Percy Bysshe Shelley，1792—

1822）、柯勒律治（Samuel Taylor Coleridge，1772—1834）。维多利亚女王时期的英国作家们更是对但丁推崇备至，文学评论家和诗人如托马斯·卡莱尔（Thomas Carlyle，1795—1881）、丁尼生（Alfred Tennyson，1809—1892）、布朗宁（Robert Browning，1812—1889）、约翰·拉斯金（John Ruskin，1819—1900）都对他非常欣赏。今天，我们阅读但丁的《神曲》当然不是要在 18 世纪或 19 世纪对他的不同评价中选边站队，而是要与他一起思考一些至今仍然与我们自己有关的人文问题，其中一个就是我们今天要讨论的《神曲》中不同罪过的严重程度，为什么"背叛"是特别严重的罪孽。

《神曲》采用了中世纪流行的梦幻文学的形式，描写了一个幻游地狱、炼狱、天堂三界的故事。全诗三卷，分别为"地狱篇""炼狱篇""天堂篇"，每卷 33 首，加上序共 100 首。

但丁称他的诗为"喜剧"，用的是中世纪的分类，因为所有以可怕的事情开头、以大欢喜结尾的诗都被称为"喜剧"。《神曲》原来的题目"La divina commedia"直接翻译就是"神圣的喜剧"，它以宗教寓言来阐述天主教的教义，也涉及了当时意大利的一些政治问题。

《神曲》中描绘的地狱形似一个上宽下窄的漏斗，共九层；炼狱像一座山，下面宽大，越往上越狭小，有七个层级。

地狱里受罚和炼狱里赎罪的情形，我们在上文中已经介绍过了。上节说到，地狱里过了第五层是一座有堕落天使严加把守的罪恶之城，城里从第六到第九层是罪孽最深重的地方。

这些是什么样的地方？为什么这里的罪孽最为深重？

从第六层往下，是罪孽最深重，也是刑罚最严酷、受刑者最痛苦的地方。第六层的罪人是不信基督教的异端者，他们站立在坟墓中，下肢受烈火灼烧。

第七层是施暴的罪人，他们用暴力作恶。这一层又按施暴对象的不同分三类，分别是：一、对他人施暴，杀人犯和掳掠者；二、对自身施暴，自杀者和败家者；三、对上帝、自然及艺术施暴，一些渎神者、鸡奸者和放高利贷者。对上帝、自然和艺术施暴的罪孽是最深重的。我们在生活中所熟悉的暴力恐怕还远不止这几种。暴力罪人被泡在血水河里，岸边的弓箭手瞄准他们，不准他们上岸。

第八层是欺诈的罪人，他们因各种各样的欺骗行为在地狱里受到各种严厉的惩罚：一、引诱通奸，被妖怪用带刺的皮鞭抽打；二、拍马屁和阿谀奉承，泡在一堆粪便中；三、用神鬼来骗人，身体倒埋在一个小坑洞里，脚掌上点火烧烤；四、说自己能预言未来，眼睛长在背后，看不见前方；五、贪官污吏，沸腾的沥青中受折磨；六、伪君子，穿着镀金的铅衣，重负苦不堪言；七、盗贼，跟毒蛇合体（人蛇形互换）；八、欺诈，全身着火；九、挑拨离间，肢体残缺、内脏外流；十、说假话，永远受病痛折磨，全身腐烂，发出恶臭。

想想看，哪一种欺诈不是我们今天所常见的？依照但丁所说的，有多少人将会到这里来做邻居啊！欺诈是我们今天感受最深的一种罪孽，是我们道德堕落、世风日下、社会面临危机的熟悉景象。

欺诈的罪孽虽然非常严重，但还有一种更加严重的罪孽，那就是地狱第九层的"背叛"。我们熟悉的出卖、打小报告、告密等都是背叛，日常生活里也很常见。但丁说到了四种背叛，分别是：一、出卖亲人；二、出卖祖国或所属团体，今天的叛国和叛党；三、出卖客人，做生意的宰客；四、出卖恩人。最后一种应该包括人们热烈讨论的，学校里该不该发生学生凭主观臆断告发和举报老师的行为。这里的人们被冰冻得全身乌紫，互相啃食头颅。

但丁把"背叛"放在地狱的底端，视其为最邪恶的罪过，有没有道理？

我想是有道理的，这是因为，"背叛"会败坏社会存在和人类共处的最基本的条件，那就是"信任"。这就像最邪恶的罪犯在空气里放毒，每个呼吸空气的人都会成为受害者。今天，国际社会有禁止使用神经学毒气的公约，就是因为空气如果有毒，人要呼吸，就必死无疑。

信任对于社会，就如同空气对于每时每刻必须呼吸的人类。即使知道空气有毒，你能不呼吸吗？即使知道社会的信任已被破坏，你不是还得靠某种信任才能在社会里生活下去？

道德哲学家安尼特·拜尔（Annette Baier，1929—2012）在《信任与反信任》一文中指出，[1] 即使在信任被破坏了的可悲状况下，我们仍然不得不生活在某种假设的信任关系之中。就算我们知道幼儿园里可能会发生伤害孩子的事件，就算我们知道市场上可能有销售各种有害和有毒食品的情况，"我们还是得购买食品，还是得把孩子送到托儿所，并没有别的选择"。只是人们在这样的环境中生活，会永远摆脱不了不安、焦虑和害怕。

信任是人的一种必需的生存条件，也正因为如此，信任使我们在许多方面都变得容易被人利用、操控和伤害。拜尔指出，"对各种信任钻研最勤的专家不是道德哲学家，而是罪犯"。罪犯们钻研信任是为了利用人们的信任——更准确地说是利用他们的轻信——从他们身上得到好处，将他们变成自己的猎物。各种各样花样翻新的经济、政治和其他骗术就是这样产生的。

相比之下，我们大多数人对信任问题太忽视了。拜尔写道："我们大多数人注意到某种信任的时候，经常是在这种信任已经被破坏或严重受损的时候。我们生活在信任的环境里，就像我们生活在空气中一样。我们关注信任的方式与关注空气的方式是一样的，只是在信任和空气变得稀少或被污染的时候，我们才会予以关注。"为

1　Annette Baier, "Trust and Antitrust," *Ethics*, Volume 96, Number 2. Jan., 1986.

了加强对信任的关注，我们需要从小对孩子提供关于信任的教育，因为人生最大的难事就是学会信任值得信任的人。反过来说就是，如果别人信任你，你也就应该对他担负起不背叛的道德责任。这样看来，背叛确实应该是《神曲》里所说的最严重的罪孽。

今天，我们常常把暴力、欺骗和欺诈、出卖和背叛当作社会道德而不是罪孽的问题来对待，这就像把情欲、贪吃、贪婪、易怒当作不良习惯或者性格缺陷一样。《神曲》让我们看到，所有这些比道德欠缺和性格弱点其实要严重得多。所有这些都是人的灵魂的严重问题，那就是罪孽。人在活着的时候往往回避罪孽的问题，但是，当生命快要结束的时候，罪孽感会让人不能平静和心安理得地离开这个世界，也无法期待死后灵魂的存在意义。

伏尔泰在《哲学辞典》里认为地狱之说是用来愚弄贫民和无知者的，他引述西塞罗的话说，"没有一个老太婆相信这类荒诞无稽之谈"。[1] 但是，他自己在快要咽气的时候，突然床头灯闪了一下，让他大呼："什么声音？是地狱之火已经准备好了吗？"美国有一位著名的笑星，相当于中国的小品或相声演员，名字叫费尔兹（W. C. Fields），他一辈子生活不检点，爱酗酒和玩女人。在他病逝前，有一位好友来探望他，见他正在读《圣经》，觉得非常诧异，就问他为什么此刻还把《圣经》拿在手里。费尔兹玩笑地答道："是想看看这里面有什么漏洞可钻。"费尔兹看过心理医生，但临终的时候，还是拿起了《圣经》。《圣经》可以告诉人如何悔罪，如何为死后灵魂寻求安宁的指引。

我们不知道费尔兹对他一生中那些"有罪"的事情是不是真的有了悔悟，但可以肯定，他知道那些是不好的事情，希望能在《圣经》中找到一些说法，好减轻他心中始终压抑着的罪感。不管如何，

---

1 伏尔泰著，王燕生译，《哲学辞典》下册，商务印书馆，1991年，第472页。

费尔兹心里都存在着罪感。如果他彻底没有罪感，也就用不着在生命行将结束时阅读《圣经》了。

今天，人们会为自己失控的性欲、酒精依赖、贪吃、毒瘾去寻求心理医生或医生的帮助。医生给他们开处方，送他们进戒酒或戒毒的治疗所，或者干脆把胃切掉一半，降低饮食的欲望。《神曲》让我们看到，人类曾经不是这样看待纵欲和贪吃的，而是把这些视为必须超级认真对待的"罪孽"，不是身体有了毛病，而是灵魂出了问题，因此，寻求的不是医生的治疗，而是上帝的拯救。

今天，人们对社会中的价值观丧失、道德水平下滑以及坍塌的诚信危机充满了忧虑。许多人认为，社会乱象的根源是体制改革的落后，跛脚的经济发展造成了权力的无制衡膨胀和权金腐败。这样看问题，道德问题便是由外力原因所造成的。这种外力就像《神曲》里的魔鬼撒旦，越接近恶的引力（权力）所在，罪孽就越严重。越是强调外力的作用，普通人对自己的个人罪孽就越会有命定论和决定论的想法。这种只强调外在因素，而回避人自身罪孽的道德观是非常片面的。

在强调个人责任的文化环境里，人们不那么容易把个人的罪和恶归咎于外在的力量——当然也有归咎于资本主义、贫富差距、富人把握政府权力这类制度原因的。宪政法治制度设计的出发点是人性有弱点，它承认人性中包含恶的因素，因此需要设计出相应的制度加以约束。人性之恶应该与对制度的反思同时成为人文阅读的思考内容。人性罪过与制度灾殃需要结合而论，只要人性不变，某些灾殃在过去和现在发生了，将来也还会发生。人文教育的完人启蒙从认识人性和罪孽开始，就是为了尽量防止这种灾殃在未来发生。

3. 地狱与监狱，哪个更可怕

本节我们讨论《神曲》的三个主题：一、严酷但正义的上帝；二、地狱与监狱；三、罪人怎么得救。

《神曲》里有地狱和炼狱，这两个都不是好地方，但却是有区别的。一般人只知道有地狱，不知道有炼狱。炼狱虽然不是但丁发明的，但没读过《神曲》的人们还真不知道那是个什么样的地方。

其实，一般人对地狱的印象也是模模糊糊的，只知道那是人死后灵魂受苦的地方，即便在大众文化的笑话里也是这样。有一个关于比尔·盖茨下地狱的笑话，是这样的：

比尔·盖茨认识了上帝，上帝说："比尔，我有一个伤脑筋的问题，我不确定是要把你送到天堂还是送到地狱。你让电脑走进了千家万户，对社会是有贡献的，但是又造出来那个可怕的 Windows。我对你特别开恩，我会让你自己决定是上天堂，还是下地狱。"比尔·盖茨问："那两个地方有什么区别？"

上帝说："那我们先去看一看这两个地方，你再做决定。"

他们先去了地狱，比尔·盖茨看到一片干净的白色沙滩，灿烂的阳光，清澈的海水，许许多多美女跑来跑去，在水里戏耍，笑声欢腾。"这里很棒！"比尔看花了眼，对上帝说，"如果这是地狱，天堂一定更棒，我们快去看看吧。"

于是他们去了天堂。

比尔·盖茨在美丽的蓝色天空中看到了蓬松的白云，天使们弹奏着竖琴歌唱。比尔觉得音乐不如美女，对上帝说："我选择去地狱。"

上帝说："那好吧。"

两周后，上帝决定去地狱探访已故的亿万富翁们。他发现比尔在一个黑暗的洞穴里，被铁链拴在一堵墙上，在熊熊的火焰中发出尖叫。

上帝走上前去跟他打招呼。比尔痛苦地抬起头来，绝望地对上帝说："这里太可怕了！我要来的不是这样的地方。那些美女和海滩呢？"

上帝说："那个吗，是你设计的视窗屏幕保护。"

《神曲》里的地狱要比在这个笑话里恐怖得多，各种酷刑和折磨都有生动的描绘。《神曲》里的上帝是威严的，上帝的律法是严苛的，有罪必罚。上帝对罪人的震怒是可怕的，惩罚也是无所不用其极。在这样一位上帝面前，人的沉重罪恶意识导致对于死亡的反省和敏感，因为罪直接导向死亡，死亡也是对罪的最高惩罚。《以西结书》里说："犯罪的他必死亡。"（18：4）在但丁那里，这个死亡不只是人的肉身生命的结束，更是下地狱永不能超生。在地狱里受永恒的惩罚，那是对人来说最残酷的死亡。《神曲》要我们见证这样一个可怕的死亡之地，它的名字就叫"地狱"。

地狱里的罪孽灵魂在那里受苦，悲苦地哭泣，辛酸地哀号。例如，在地狱第五层，郁郁寡欢的灵魂嘴鼻被泥巴堵住，透不过气来；怒火冲天的灵魂互相殴斗，弄得你死我活；饕餮之徒被迫吃大便，等等（"地狱篇"，7：109—126）。

受惩罚和折磨的景象非常可怖。但这些都是为了证明《神曲》的一个重要主题，那就是，上帝代表完美的公正，有什么样的罪孽，就有什么样的惩罚。这是《旧约》里的那个以惩罚来管理世界的上帝，与《新约》里那个以爱来关怀世界的上帝是不同的。

在《神曲》里，地狱的存在就是为了伸张上帝的正义。惩罚罪孽是为了表明，所有的罪孽都侵犯了上帝的完美正义。从根本上说，罪（sins）是对上帝的背叛。罪的问题构成了《旧约》神学的重要主题。《圣经》神学家德佛里斯（S.J. De Vries）说："与许多为罪寻找借口，并且化解罪之严肃性的现代宗教家不同，大多数《圣经》

学者都敏锐地认识到罪的可憎、可责与可悲。”[1]

上帝代表正义，上帝就是正义。人的罪是对上帝正义的侵犯和破坏，这是罪孽必须受罚的根本原因。古人或基督徒这样看待罪的严重性，与我们今天看待罪是完全不同的。今天的罪只是违反了现有的法律，这样的法律是人制定的，不是上帝的律法。今天的罪侵犯的是他人的权利或国家的利益，司法机关以法律的名义予以惩罚，谁犯了罪，就按法律把他关进监狱，这就算是最可怕的惩罚了。

有信仰的人害怕地狱远超过监狱，因此多有义士，为守住正义和良心，不怕坐牢。没有信仰的人不相信地狱，当然不怕地狱，他们只害怕监狱。只要能躲过法律的惩罚，一有机会就会为非作歹，大胆作恶。

人间法律的惩罚，代表正义的是法律，不是上帝。法的正义是世俗的，上帝的正义是神圣的。法既然是由人制定，也就能由人修改。但上帝的律令不是这样的，上帝的律令是不变的、永恒的。

《神曲》的地狱很恐怖，但它要彰显的不是恐怖，而是上帝的正义。神的正义惩罚比人的法律惩罚更可怕，因为那是对灵魂永久死亡的判决。

今天的人们只看到地狱的恐怖，就跟看恐怖电影一样。他们看不到地狱恐怖所代表的正义，因为他们没有虔诚的宗教信仰。他们害怕监狱，但并不害怕地狱，所以才会开地狱的玩笑。比尔·盖茨的笑话就是一个例子。

这个笑话让我们看到现代人与古代人在两个问题上的重大差别。

第一，现代人对地狱没有严肃感，这是因为没有真正坚定的宗教信仰。古人是不能拿这种事情开玩笑的，那是亵渎，亵渎本身就

---

1 S. J. De Vries, "Sin, Sinners," in *Interpreter's Dictionary of the Bible*, ed., George Arthur Buttrick *et al.* Nashville: Abingdon Press, 1962, 4:361.

是一种罪孽。

第二，比尔·盖茨笑话里的地狱虽然恐怖，但与正义无关。笑话里的上帝让比尔·盖茨自己选择上天堂还是下地狱，上帝自己就不拿地狱当一回事。这可不是《神曲》里的上帝。

由于今天的人们既不相信上帝，也不相信神的正义，所以就不能严肃对待人的罪孽。他们对罪和恶视而不见、装聋作哑，甚至同流合污、为虎作伥。正因为如此，《神曲》里的罪恶观仍然是圣经文化给人类的一项重要道德遗产，对我们认识道德律令与法律规定的不同具有重大意义。这是我们阅读《神曲》的一个理由。

人类希望生活在一个公正的世界里。在是非颠倒、善恶不分、罪恶没有惩罚的世界里，越来越少的人还在相信善有善报，恶有恶报。因此，相信神的完美公正，相信老天有眼，便成为更加可贵的信仰。在没有神的世界里，只有沦落，没有救恩。

《旧约》时代的犹太人主要通过两种方式来达到赎罪和救恩的目的：一是通过献祭；二是严守律法。从摩西时代开始，在犹太人的传统生活中，就有所谓"赎罪祭"和"赎愆祭"，它们都是指犯了罪的人通过一定形式的献祭来挽回自己的错误和过失。活人可以通过献祭和严守律法来求救赎，那么死人呢，尤其是有罪的死人？

在《神曲》里，有罪的死人等待救赎的地方就是炼狱。炼狱与地狱存在于两个互相联系但又分开的空间里。今天，我们知道地球是一个球体，东半球的对面是西半球，北半球的下方是南半球。但在但丁的时代，人们不是这样看世界的，至少但丁不是这么看地狱和炼狱世界的。

在《神曲》里，世界分成两半，一半是陆地，一半是水。陆地的中央是耶路撒冷，地狱就在耶路撒冷的脚底下，是一个上大下尖的漏斗，共九层，在漏斗下方的尖顶之处有一个通道，通道在世界另一半的那个炼狱的底部。炼狱是一个底部宽大、顶端狭小的宝塔，共七层。炼狱坐落在水的世界里，这个世界里只有小小一块陆地，刚够安放炼狱。《神曲》中的世界景象在今天会显得非常古怪，因此我们想象起来确实是挺费劲的。

在基督教里，"炼狱"的想法有一段奇怪的历史。事实上，《圣经》在任何地方都没有说明炼狱的存在。因为这个原因，炼狱成为一个特别灵活的想法，16世纪宗教改革后，新教徒根本不承认有一个叫炼狱的地方。

然而，宗教观念与其他观念，包括政治的或社会的观念一样，有它的惯性力量。自早期教会以来，信徒们为死者的灵魂祈祷，这种祈祷有一个根本的信念，那就是，他们的祷告是有用的，能起到帮助救赎的作用。于是，有待救赎的死者灵魂就需要一个临时的处所，不同于永久的地狱状态。在《圣经》里，《马太福音》暗示，死后的惩罚包括偿还债务。既然死后可以清债，那就意味着有待救赎的灵魂像欠债的惩罚一样，只是暂时的，而不是永恒的（《马太福音》，5：25—26）。

然而，很少有人明确地说明炼狱中究竟发生了什么。很明显，某种痛苦正在发生。托马斯·阿奎那——或者借他之名的人——提供了关于炼狱的一些解释，其中提出，滞留在炼狱的那些灵魂已经脱离了罪孽的状态，但因为犯下过罪孽，所以仍然欠着上帝的债。不过他们已经脱离了永恒的诅咒。关于炼狱，其他人提到的唯一惩罚是火烧。但丁笔下那个特别可怕的炼狱是这位诗人的宗教想象，不代表基督教的教义。

但丁时代对炼狱的标准观念是，人死后不再有选择的自由。这意味着炼狱中的灵魂不会在道德上变得更好，要变好已经太迟了。这就好比犯过错误的人，会永远背上黑锅，但也不需要总是对他进行严酷的斗争。

炼狱里的磨难是一种恢复行为，就好比犯过错误的人需要不断有积极的正确表现。炼狱里的灵魂不再处于犯罪状态，而是有待得救，但罪人不可能再为自己献祭或祈祷，所以他们活着的家人需要为他们不断献祭和祷告。也就是说，罪人的亲属必须不断在上帝面前为罪人求情和说好话。这和现实世界里，一个人犯了错误，人们与他划清界限，与他一刀两断，弃他于不顾，是完全不同的。

4. 幸灾乐祸

你会妒忌吗？你妒忌过别人吗？对这样的问题，我想任何诚实的人都会回答说，我会妒忌，我也妒忌过。在《圣经》里，妒忌是"七宗罪"之一，在《神曲》里，妒忌也是人在进天堂之前必须克服的一桩罪过。

妒忌这个人人都会犯的"罪"既然如此普遍，想来一定是人们难以克服的。然而，在《神曲》的"炼狱篇"里，妒忌却只在第二层，也就是说仅次于"骄傲"的那一层，似乎并不是最难克服的。

在妒忌之上，更难攀登的还有第三层"愤怒"、第四层"懒惰"、第五层"贪婪"、第六层"贪吃"、第七层"情欲"。第六和第七层很难攀登，也许是因为，食色性也，人之大欲，所以需要特别有道德修行之人，才能克服这两道孽障。为了克服这两道孽障，除了个人的意志，还会需要有合适的外部环境条件，比如进寺庙当和尚，或者进修道院当修士。在官场和商场里混的人们，肯定是做不到的。

"炼狱篇"第13首是这么描述妒忌者在第二层露台上的悲惨景象的：

但丁和维吉尔抵达第二层露台的时候发现，这里看起来与第一层露台非常相似，只是更窄一些，这不奇怪，因为露台本来就是越往上越窄。这里没有奇怪的雕塑，岩石的颜色是奇怪的蓝黑色。但丁远远地看到一群人，都在呼叫求救。当他越来越走近时，他意识到自己正在目睹对妒忌的灵魂的惩罚，他的眼睛立刻充满了泪水。

> 他们似是被简陋的粗布所覆盖，
>
> 一个用肩支撑着另一个，
>
> 而大家又都由石壁支撑起来：
>
> 那些一无所有的盲人正是这样，
>
> 在赦罪日前来乞讨施舍，
>
> 一个把头垂在另一个肩上，
>
> 为了很快引起他人的怜悯，
>
> 他们不仅用声声求告的言语，
>
> 而且还用哀哀乞怜的神情。

这些是正在接受折磨的灵魂，他们最大的特征就是眼睛被弄瞎了。我听医生说，人最大的恐惧是死亡，而仅次于死亡的就是眼睛瞎了。这些妒忌的灵魂，他们的眼睛本来不瞎，他们看不见东西是因为眼皮被用铁丝缝了起来。

> "正如太阳射不到瞎子的眼睛，
>
> 同样，天国之光也不愿自行
>
> 向我现在所说的这里的魂灵施恩；
>
> 因为有一条铁丝把所有魂灵的眼帘穿透缝紧，
>
> 这正与对野鹰所做的相同，
>
> 因为它片刻也不肯平静。"

但丁听到一个女人说话的声音，便对她说："请告诉我你的家乡或是你的姓名。"那个女魂灵"像瞎子那样把下巴抬高"（描写非常生动），回答道：

> "我是锡耶纳人，
>
> 我与这些人一道在此补救我有罪的一生，
>
> 用眼泪祈求那位把他的圣容赐予我们，
>
> 我并非明智，尽管别人叫我萨皮娅，
>
> 我对他人的灾难比对自己的好运，
>
> 感到加倍鼓舞欢欣。"

萨皮娅非常坦诚地告诉但丁，她是个幸灾乐祸的人，宁愿自己不交好运，也要看到别人倒霉。

但丁显然把妒忌与幸灾乐祸归入了同一种罪孽。中世纪的时候，人们用《圣经》来指导他们对人性和人性弱点的理解，《圣经》上说七宗罪，就是七宗罪，从来不加以细分。今天，得益于现代心理学和社会心理学，我们对七宗罪有了更多的了解。心理学家们把愤怒、贪婪、妒忌等当作"情绪"（emotions）而不是罪孽来理解和认识。这在下文中还会细谈。这里先讲"幸灾乐祸"，因为这关系到我们今天如何对待"看人家倒霉"这个问题。

"幸灾乐祸"是一个 18 世纪才出现的概念，19 世纪才成为一个英语词汇，可见人们对它的认识还不是太久，14 世纪但丁那会儿还没有这样的认识，是不足为奇的。所以我们阅读经典，在许多具体问题上的理性认识不应该局限于经典中的认识。

今天，我们喜欢看别人倒霉，当然不用担心会下地狱。有时候，我们希望某些人倒霉，似乎还有相当正当的道德理由，我们会称此为"大快人心"。2014 年 7 月，云南省委常委、昆明市委书记张田欣因涉嫌违纪被免职，网上有一个题为《反腐，大快人心》的帖子说：“刚刚获悉，云南省昆明市委书记张田欣被免职，反腐力度加深，脚步加快，真是大快人心。在此我恭贺所有贪官，祝你们天天寝食难安，也许是某天早上、晚上，在你们办公室里就被带走调查，祝你们的腐败、违纪早日成功。”

像这样的“大快人心”似乎是许多民众对反腐成果的自然反应。问题是，腐败是一件坏事，怎么能因为希望官员倒台，反倒盼望他们多多腐败？

这种“大快人心”看起来符合“不腐败”的规矩要求，但其实对提升国民的道德素质并无帮助。相反，它只能为已经陷入道德危机的国民性增添一道阴暗的色彩，因为这是一种特别的“幸灾乐祸”。

一般的幸灾乐祸发生在有可比性的人们之间，如熟人、同事、邻居、同行人士等。在社会伦理和人际道德中，幸灾乐祸是一种比妒忌更邪乎的“恶”，妒忌是不乐意见到别人有好事，而幸灾乐祸则是以别人的祸事为乐。叔本华（Arthur Schopenhauer，1788—1860）说，妒忌虽然不好，但却是人之常情，而以别人的不幸为自己快乐则是魔鬼心肠。他认为，幸灾乐祸是人性中非常接近“残忍”的部分。但是，心理学家本济夫（Aaron Ben-Ze'ev）认为，叔本华把幸灾乐祸看得太严重了，因为如果不是太乖戾、病态和恶毒，一般的幸灾乐祸不过是一种人之常情。

一般的幸灾乐祸有三个主要因素：第一是别人倒霉，是活该；第二是别人倒霉，自己看了高兴；第三是别人的倒霉与自己无关。

第一个因素是，幸灾乐祸者认为遭殃者“活该”，他倒霉是因为做了不该做的事，所以才遭到“报应”。支撑这种想法的是某种与“正义”或“公正”有关的“罪有应得”观念。澳大利亚著名的心理学教授诺曼·费瑟（Norman Feather）在研究中也发现，对高官倒台，民众如果认为罪有应得，便会高兴；如果不觉得罪有应得，便不会高兴。有的人也倒霉过,但老百姓并不高兴。

但是,在一个有仇官情结的社会里,任何官员倒台,都会有不少人觉得"大快人心"。这种幸灾乐祸与正义感并没有什么关系。这是因为,一般人并不觉得反腐是与他们切身利益有关的正义扭转。虽然贪官的钱是从老百姓那里搜刮来的,但退还或收回的赃款并不会装进百姓的腰包,反腐的正义概念因离百姓太遥远而变得无关。

第二个因素是,幸灾乐祸所高兴的"祸"并不是太严重。如果祸太严重(如残废、死亡、家破人亡),一般人就"乐祸"不起来,幸灾乐祸就会转化为"怜悯"(虽然未必是感同身受的"同情")。这是因为,幸灾乐祸不同于诅咒。一般人如果庆幸别人遭遇像死亡这样的大灾祸,会在心里产生内疚,自己看不起自己,这种良心不安引起的痛苦会超过从别人灾祸中得到的快乐。但是,如果人们觉得一个人(如希特勒、日本战犯)罪恶很大,那么对他的死亡仍然会觉得高兴。对美国"9·11"事件,有的人公开表示幸灾乐祸,是因为觉得美国人罪有应得;有的人则认为不该对这样的人道灾难幸灾乐祸,是因为觉得这会降低中国人自己的道德品格。

第三个因素是,幸灾乐祸者自己并没有造成遭殃者的灾祸,因此,无论遭殃者的祸有多么严重,乐祸者自己的手是干净的。如果乐祸者的手不干净,那他自己就成了加害者。因此,幸灾乐祸与落井下石,或者在别人不该发生的灾祸发生时渲泥扬波、助纣为虐是不同的。

人们对贪官倒台的幸灾乐祸与一般的幸灾乐祸有所不同。首先,老百姓与贪官并没有平行的可比性,一者在上,一者在下。因此这种幸灾乐祸中有更多的"羡慕妒忌恨"。其次,一般人为贪官倒台感到"大快人心",恐怕不会有谁会觉得良心不安。贪官倒台归倒台,总还没有到要送命或家败人亡的地步,有些关在监狱里的家伙,日子都比许多下层劳作者过得滋润，所以也算不得什么了不起的灾祸。

再者，许多民众对贪官恨不得自己能动手除掉，只是没有机会和办法罢了，谈不上手干净不干净。与所有的幸灾乐祸一样，对贪官的幸灾乐祸毕竟是一种阴暗心理。

人们幸灾乐祸，不是因为心术不正、人格卑鄙，而是因为坏官祸害百姓，民众无可奈何，除了希望他撞在反腐的枪口上，看来也没有别的办法。所以，听到某某贪官被撤销职务、开除党籍、收监法办，或者关到监狱，就会觉得非常高兴。他们跟炼狱里的萨皮娅一样，"对他人的灾难比对自己的好运，感到加倍鼓舞欢欣"。

从但丁的地狱到关押大小贪官的监狱，从炼狱里的萨皮娅到热烈支持反腐的广大群众，距离说远很远，说近不是也很近吗？这就是人文阅读问题意识联想的特征。

5. 妒忌与愤怒

在《神曲》的"炼狱篇"里，妒忌（第二露台）与愤怒（第三露台）是紧挨着的，这也许是因为妒忌会令人怒火中烧，而愤怒则经常是出于嫉恨。但是我们知道，妒忌绝不是愤怒的唯一原因。《神曲》里的愤怒不仅出现在"炼狱篇"里，还出现在"地狱篇"里，这与只是出现在"炼狱篇"里的妒忌有所不同。

在地狱里，从第六到第九层是特别严重的罪孽，愤怒在第五层，不算是最严重的。这样安排，大概与愤怒是人之常情、人人都有发怒的时候有关。"地狱篇"的第15首里有对愤怒惩罚的详细描述：

靠近一条沸腾、倾泻的水泉，

顺沿着被这泉水冲成的沟壑。

这水与其说是黝黑，莫如说是浑浊；

而我们，在这灰黑色的水浪伴随下，

沿着一条陡峭的道路进入下层断崖。

这条惨淡的水道流入一个沼泽地，

它的名字叫斯提克斯，

那黑水往下流淌，流到昏暗而险峻的断崖脚下。

我这时注目观定，

看到浸泡在泥沼中满身泥污的人，

他们都赤身露体，满脸怒容。

他们不仅用手相打，

而且还用头相撞，用脚相踢，用胸相碰。

他们用牙齿把彼此的肉一块块咬下，咬得遍体伤痕。

善良的老师（上帝）对但丁说道："孩子，现在你可以看到
那些被怒火战胜的人的魂灵；

我还想让你确信：

在这水下还有一些哀叹之人，

他们使这水面咕噜咕噜地冒着气泡，

正如你的眼睛不论转到何处，都会告诉你这般情景。

他们没入这泥污当中，

言道：'我们在那阳光普照的温和空气里，

曾是那么抑郁寡欢，因为我们把郁怒的烟雾带到里面；

现在，我们就该在这黑水污泥当中自艾自怨。'

他们的喉咙里咕哝着这赞歌似的怨言。

因为他们无法把话讲清说全。"

"炼狱篇"的第 17 首里也提到对愤怒的惩罚，但没有多少具体的描述，只是说那里"那潮湿而浓密的水气来势变得稀！／太阳的光盘是如何柔弱无力地从这片水气中穿过"，到处是一片浓雾，"而那垂暮的阳光已落到海滩低处"。这是一片暗无天日、潮湿阴冷、令人难以呼吸的地方。

但丁把妒忌和愤怒描绘为必须受到地狱惩罚的罪孽，这是一种宗教理解。今天，除了在神学或哲学层次上，已经很少有人能接受这种宗教理解了。在当代心理学和社会心理学里，妒忌和愤怒是被当作"情绪"而不是罪孽的。例如，法国心理学家弗朗索瓦·勒洛尔和克里斯托弗·安德烈在《我们与生俱来的七情》里，分别讨论了愤怒、羡慕、快乐、悲伤、羞耻、妒忌、恐惧和爱等情绪。他们介绍了对情绪的不同的研究和归类方法，让我们看到，情绪研究是一个非常有趣的研究领域。在当代情绪研究里，研究者们不仅看到各种情绪的负面作用，而且也看到它们的正面作用，这与《神曲》中只是强调其负面和恶的一面是很不相同的。

文学中所描述的妒忌往往也是负面的，文学讲述的妒忌故事都是强调妒忌的害处和对人类品质的败坏，妒忌造成了人物性格的缺陷。例如，14 世纪英国诗人乔叟在《坎特伯雷故事集》中说："妒忌肯定是一切罪恶中最恶的，因为所有其他的罪恶都只是反对某一种美德，而妒忌反对的是所有的美德和所有好的东西，因为妒忌对别人拥有的一切好东西都心怀仇恨，因此，妒忌与其他的罪恶都不相同。几乎所有其他的罪恶本身都能给人带来某种快乐，唯独妒忌不是这样，妒忌本身就是痛苦和悲惨。"莎士比亚的《奥赛罗》讲的是奥赛罗因妒忌而自毁的故事；普希金诗剧《莫扎特与萨列里》描述了平庸的萨列里因忌妒而毒杀了天才的莫扎特，剧中的莫扎特和萨列里两人之间形成如镜面般"天才与平凡"的对比；大仲马的《基督山伯爵》、简·奥斯丁的《傲慢与偏见》、约翰·托尔金的《魔戒》（*The Lord of the Rings*，又名《指环王》），有关于妒忌内容的作品数不胜数，都是刻画妒忌的恶，没有说妒忌有正面价值的。

然而，进化心理学就不这么看待妒忌了。例如，得克萨斯基督教大学的希尔（Sarah E. Hill）和德尔普里奥尔（Danielle J. DelPriore），以及得克萨斯大学奥斯汀分校的沃恩（Phillip W. Vaughan）在共同著作的《妒忌的认识作用：注意力、记忆和自我调节的耗竭》（"The Cognitive Consequences of Envy: Attention, Memory, and Self-regulatory Depletion"）一文中指出，妒忌让人的头脑更高效、敏锐。人对妒忌过的人和事情具有比不妒忌更深刻的记忆，对当下周围的人和事也更注意，证明了妒忌有增强记忆和注意力的作用。至少，妒忌不是对人一点帮助都没有的。当然，妒忌记忆和关注的事情是不是真的值得关注（如别人的外貌、财富、地位），那就是另外一回事了。为了寻找妒忌与进化的关联，希尔教授和她的同事观察实验中男性和女性对同性照片的不同反应。结果显示，女性更有可能会对外形靓丽的同性产生妒忌之心，这符合进化心理学的理论：外表对于女性繁衍后代有十分重要的作用。在古代，男人繁衍后代的重要因素也许是身体强健，而在现代社会中，男人繁衍后代更重要的因素是财富和地位。因此，妒忌别人的财富和地位在心理进化上是可以得到科学解释的。

在《神曲》里，"envy"和"jealousy"是不分的，但现代心理学和哲学则将这两种不同的妒忌区分开来。例如，政治哲学家约翰·罗尔斯（John Rawls，1921—2002）在《正义论》中就认为，妒忌（jealousy）是想要保持自己所有的，而嫉妒（envy）则是想取得别人所有的。因此，一个小孩会妒忌弟弟妹妹得到父母的爱，而因为邻居小孩有自己没有的脚踏车而嫉妒他。美国两位心理学家劳拉·格雷罗（Laura Guerrero）和彼得·安德森（Peter Anderson）在合著的《妒忌和嫉妒的阴暗一面：欲望、错觉、不择手段和破坏性交际》一文（"The Dark Side of Jealousy and Envy: Desire, Delusion, Desperation, and Destructive Communication"）里谈到了嫉妒和妒忌的不同。他们认为，妒忌的人自认为拥有某种有价值的关系，并认为这一关系受到了威胁，如当妻子的妒忌第三者；而嫉妒的人则不拥有这种关系，却千方百计地想得到或占为己有，如第三者嫉妒当妻子的。

对愤怒，现代心理学和社会学也有了远比但丁丰富、复杂、深入的认识。愤怒会让人丧失理智，会使人陷入仇恨而不能自拔。愤怒的人会诉诸暴力，把暴力手段当作解决问题的正义手段，如私人报复、阶级斗争。

但是，愤怒有时候是正当的，因为它包含着对正邪、是非的道德判断，不只是一味的情绪冲动。早在 2500 多年前，亚里士多德就已经在《修辞学》中对"愤怒"情绪在人际交流中的作用有所阐述。他指出，一个人的愤怒之所以会对他人有所影响，根本原因不是愤怒本身，而是愤怒后面的那种能被他人认同的"正义感"，即对某种"不公平"的不满和抵制。这一正义感使得不同的人们对某件事情的"不正当"有共同的看法。《修辞学》第二部分第 2 章讨论的"愤怒"（anger）和第 9 章讨论的"愤慨"（being indignant）都涉及了愤怒情绪的正义感。他说，愤怒是由"某人或他的亲友所施加的，为他们所不应遭受的显著的轻慢所激起的"。愤怒情绪中有不痛快，也有报复的欲望。

道德习俗要求人制怒，但也承认，人发怒，有时候是有正当理由的。人在自己或眼看别人被背叛、欺骗、愚弄、践踏、无视和欺压的时候，无论制怒的修养有多好，都会难以遏制地愤怒。小贩夏俊峰被处死后，愤怒的情绪就是这样在普通网民中扩散和蔓延的，起到了将他们"组合成群，有所互动"的作用。至于这种情绪是否也会扩散到普通人之外的权贵人群中，那就很难说了。

愤慨是一种我们因为看到坏人得好运而产生的愤愤不平，例如暴发户以勾结权贵而发迹、官员的拥权自肥、富二代或官二代的特权和幸福。愤慨往往包含某种关于"好东西"的"正当性"的意识。人们一般并不会因为看到别人正直、勇敢、品德高尚而感到愤慨。人们是因为"财富、权力以及应该由好人得到的东西"被坏人得到才感到愤慨的。

被奴役的人、卑贱的人和没有雄心壮志的人，是不会感到愤慨的，因为他们认为，没有一样好东西是自己应该得到的，所以坏人得到好东西就随他去了。因此，能愤慨、会愤怒的公众其实是任何一个社会都需要的，而他们带有怒意的公众意见也是值得听取和重视的。一个不会愤怒的社会是一个麻木的社会，这样的社会是永远不会有所变革，永远不会有所进步的。

6. 贪婪是一种怎样的罪过

贪婪之罪的原始拉丁名字是"Avaritia"，从中衍生出"avarice"一词。按照但丁的说法，贪婪原是一种圣爱，人凭此而热爱上帝创造并给予这个世界的物品。但是，这种对物质的爱遭到扭曲，变成了纯粹物质主义的痴迷，这就是为什么它只被放在第四，而不是更低的地狱层里。其他源于圣爱的欲望堕落（色欲、暴食）的罪也都处于地狱的较高层里（第二层和第三层）。

《神曲》"地狱篇"第7首里，但丁从地狱的贪吃层（第三层）逃出来之后，进入了贪婪层（第四层）。与别的层相比，这里简直是一个工业化的世界。在这里受罪的灵魂在沸腾的熔化的金子里饱受煎熬。他们曾经要么拼命囤积居奇，获取暴利；要么花天酒地，无度挥霍。在这个地狱的"酷刑工厂"里，但丁看到一部名为"幸运转轮"（Wheel of Fortune）的机器出其不意地使出惩罚的招数。他还碰到了财富之神普路托斯。

在希腊神话里，普路托斯由和平女神厄瑞涅（Irene）抚养长大，是一位头饰叶冠，手持丰饶角（Cornucopia）的少年或儿童。大神宙斯使他双目失明，以避免他分财不均。他跛足瘸腿，所以总是姗姗来迟。他肩生双翼，所以总是转眼即去。普路托斯起初司掌的是粮食的丰收，因为在古代粮食就等于财富，后来逐渐演变为一位操掌财富之神。

希腊神话中，普路托斯常与和平女神厄瑞涅、运气女神堤喀（Tyche）在一起，财富带来和平，财富要靠幸运。古希腊的喜剧作家阿里斯托芬（Aristophanes，约前448—前380）在他的喜剧《普路托斯》（Plutus）里改变了普路托斯的故事：普路托斯的失明在神庙中医治好了，他可以看这世界了。于是，他把财富给了穷人，结果谁也不愿意再干活了。这有点像是在讽刺劫富济贫，越济越贫。

在今天这个时代，人们又开始为挣钱拼命干活。可是，财富之神普路托斯是不是会公平施惠于所有辛苦干活，想要圆"发财梦"的人？恐怕99%的人会说，那是天方夜谭，痴心妄想。

不管是不是能够发财，贪婪正在败坏人们的心灵。就像但丁所认为的那样，贪婪本来是一种神圣的恩典，却因为人类的滥用和歪曲，变成了一种罪恶。

贪婪是对物质利益的无止境渴望，也是但丁谴责最多的罪孽之一。这符合《圣经》中所说的，贪婪是"万恶之根"（《提摩太前书》，6：10）。中世纪的基督教思想认为贪婪的罪过在于无视人类珍贵的爱的精神。但丁进一步认为，贪婪是社会道德堕落和政治腐败的根源。贪婪伴随着骄傲和嫉妒，败坏佛罗伦萨城邦的人心。（《神曲》"地狱篇"，6：74—75），因此，贪婪是比色欲和暴食更严重的罪过。

今天的社会中有许多道德堕落和腐败现象也都与贪婪有关。正如但丁看到的那样，贪婪之罪在于它的过度和贪得无厌。过量的食物会引发各种身体失调，同样，过度的物质追求会带来道德和伦理的疾病。

身体的失调远比道德伦理的疾病容易得到诊断和受到重视。很少有人会对不节制的饮食引发的高胆固醇、高血压、高甘油三酯等疾病掉以轻心。但是，对源自于贪婪的疯狂物质追求，人们就算看到它对人心的腐蚀、对道德的败坏，也未必就承认它对个体人格和群体价值观有致命危害。

今天贪婪已经成为一种难以察觉的人格和精神疾病，因为它有一个好听的名字，叫"致富"，这就像几十年前的鸦片在中国不叫鸦片，叫"福寿膏"一样。

贪婪是现代消费社会的一种流行趋势，对此有两种不同的看法。第一种是把贪婪看成一种对个人和社会都有害的精神疾病；第二种是把贪婪当作一种有用的社会资源，认为它可以利人利己。让一部分人不论以什么手段先富起来，认为能以此带动整个社会全面发展，便是第二种对贪婪的看法。这种看法在美国的功利主义经济学家中也很流行。

美国著名的经济学家和评论人沃尔特·威廉斯（Walter Williams）曾在名为"Greed is Good"的演说中就说过，若不是因为美国人无节制的消费，美国的经济和社会机器就会难以运转，因此他同意许多其他经济学家的看法，认为贪婪"在大多数时候和大多数情况下，有好的经济效果"。

他们之所以看中贪婪对经济发展的经济效应，是因为从功利的角度看，贪婪是人类最可靠，甚至唯一可靠的心理驱动力量。不能说没有人曾经出于造福社会的利他动机而忘我工作。马云的"贪婪"造就了阿里巴巴，马化腾的"贪婪"造就了腾讯，他们两个毕竟参与了不少社会公益。但是，贪官污吏就不同了，他们对社会经济和发展没有贡献，只顾往口袋里装钱。中国民间有十八层地狱的说法，第十七层叫石磨地狱，贪官污吏、贼人小偷和欺压百姓之人死后就打入石磨地狱，磨成肉酱。之后，又重塑人身再磨！

尽管人是自私的动物，但一个社会普遍的道德文化却对贪婪的表现和放纵程度有很大的约束作用。例如，澳大利亚前总理陆克文（Kevin Rudd）就曾批评过"贪婪有益"的论调，在狂热的资本主义消费制度中，贪婪必须对金融危机、华尔街丑闻和不道德的投机交易负有责任。同样，在中国也有许多对贪婪型消费的道德弊端的尖锐批评。现实生活中一些攀比、势利和贪污受贿的现象都与无节制的贪婪密切相关。这些都是道德沦丧和精神堕落的病灶，既不能增进个人的幸福，也不能帮助提高整体社会的福祉。

对个人幸福而言，贪婪是一个凶狠的杀手。美国心理学家戴维·费鲁吉（David Farrugia）是一位治疗贪婪心理疾病的专家，他指出，人贪婪的各种东西，如房子、财富、珠宝、情妇，都不过是短期的人生目标，对家庭、婚姻、事业等都是毁灭长久幸福的祸种。他认为，贪婪的祸害还不止于此，习惯性的贪婪会令人陷入难以自拔的焦虑、赌徒心态、倦怠和价值错乱之中，使人对现实失去正常的判断，进而扭曲整个人生。[1]

贪赃枉法者都有扭曲的人格和人生，他们对房产、金钱、女人贪得无厌，便是费鲁吉所说的那种习惯性贪婪。如果不是因为害怕被惩罚，他们会无止境地深陷在贪婪的泥淖中不能自拔。对于他们来说，贪婪犹如染上了毒瘾，心理学家称之为"贪婪癖"（Pleonexia）。

对于整体社会来说，无度的贪婪总是与无度的冷淡相伴随的，它最丑恶、最病态的表现便是悬殊的贫富差别。一个社会越是把超

---

1 David, Farrugia, "Selfshness, Greed, and Counseling," *Counseling and Values*, 2002, Vol. 46(2), 118-126.

乎寻常的物质占有视为成就的标志和成功的证明，就越是会对极度的贫困采取无动于衷、冷漠鄙视的态度，把失败看成贫困者自己的罪过。贪婪不仅关乎物质财富和金钱，而且关乎权力，但丁就已经把贪婪确定为"过度热衷于寻求金钱上或权力上的优越"。英国哲学家弗朗西斯·培根（Francis Bacon，1561—1626）则说，"无度的权力欲能让天使堕落"。只是在一个过度和无度的政治权力支配一切的国家里，才尤其难以找到能限制"无度"的道德力量。

贪婪的根源在于无度，而不在于富起来。富起来本身并不是坏事，只是当富起来变得无度和不择手段，并成为它的最终目的时，它才成为众恶之首的"贪婪"。贪婪是失控的欲望，其他的罪恶都不过是失控欲望的补充和衍生而已。

贪婪应该成为今天的一个公共讨论的问题。我们关心贪婪，反对贪婪，不只是一个人在自己心里不要有过度的欲念，或者凡事不要太贪心，而且要反对在公共生活和社会制度中让某些人凭借权势（它本身就是最被贪求的东西）做不该做之事，不允许他们拥权自肥，如《圣经》里所说："不可贪恋人的妻子；也不可贪图人的房屋、田地、仆婢、牛、驴，并他一切所有的。"（《申命记》，5：21）

不仅如此，我们还要反对以发展经济为名，无限度地向大自然索取，以严重污染自己的和子孙后代的生态环境为代价，竭泽而渔，进行毁灭性的资源掠夺和榨取。这些做法已经将我们这个时代的贪婪推向了一个极度膨胀的深渊。这在人类历史上也是极为罕见的。如果这样的社会非正义被容忍而不受到谴责，或者甚至被当作一件有利于稳定和有利于经济发展的好事，那么整个社会的价值观就会遭受破坏，而社会本身离恶和崩溃也就不远了，如《马可福音》中所说，"因为从里面，就是从人心里发出恶念、苟合、偷盗、凶杀、奸淫、贪婪、邪恶、诡诈、淫荡、嫉妒、谤讟、骄傲、狂妄"

（《马可福音》，7：21—23）。如果恶是从我们自己的人心和社会里面出来，那么污秽的必然是那里的每一个灵魂，人人如此，无可幸免。

十五　薄伽丘《十日谈》

1. 文以载道，雅俗有别

　　乔凡尼·薄伽丘生于 1313 年，死于 1375 年，是文艺复兴时期的意大利作家、诗人，以故事集《十日谈》留名后世。他出生于佛罗伦萨附近的切尔塔尔多，家境富裕。他父亲是一位商人，但让他从小受到良好的教育。薄伽丘早年长住那不勒斯，放荡声色，后半生的岁月住在佛罗伦萨。他才华洋溢，是一位多产作家，写过传奇、叙事诗、史诗、短篇故事集等。

　　薄伽丘既写诗，也写散文，但主要以散文体的故事闻名。散文体是相对于诗歌而言的，当时的散文不是我们今天所熟悉的那种抒情、言志、游历、感叹人生的作品，而是用非诗歌体写作的任何作品，其中最常见的就是说故事。《十日谈》就是一本用意大利语写成的故事书。那时候，意大利语、法语、英语等都是相对于拉丁语而言的"土话"或"白话"（vernacular languages），在薄伽丘的那个时代，许多受过教育的人仍然认为日常生活的语言对于一部雄心勃勃的作品而言太过粗鲁和不雅。大多数文学作品都是拉丁语的，而薄伽丘把意大利语确定为一种有效和灵活的散文媒体。

《十日谈》讲的是，在一场可怕的灾难发生时，一群躲避灾难的年轻人跑到一个世外桃源般的地方，因为很空闲，为了打发时间，互相讲述故事。

1348 年，欧洲历史上最具破坏性的黑死病横扫整个大陆。薄伽丘在《十日谈》的开头，描述了瘟疫对佛罗伦萨的影响。许多人在街上死亡，其他人孤独地死在他们的房子里，家人也顾不上他们。丈夫和妻子担心感染，在单独的房间里坐着祷告，母亲远离自己的孩子，关上了门。人就算活着，也活得像是孤魂野鬼。

文艺复兴文学专家韦恩·瑞布霍恩（Wayne A. Rebhorn）对这场灾难是这样描述的：佛罗伦萨人将最近已故者的尸体从他们的房屋中搬出来，放在前门旁边，任何经过的人，特别是在早晨，都可以看到许许多多的人……当所有的坟墓都满了的时候，在教堂的墓地里挖出了巨大的壕沟，新来的人们把数百人放在里面，层层叠叠，像船上的商品一样，每个人都覆盖着一点土，直到沟渠已经放满。商店空着。教堂关闭。估计佛罗伦萨和周围乡村人口的 60% 都已死亡。[1]

有一天做完弥撒后，七位年轻的女士决定到乡下的庄园去逃避瘟疫，她们年龄都在 18 岁到 28 岁之间，是家境优渥的大家闺秀。她们还邀请了三位年轻绅士同往。

到了乡下的庄园，这 10 位青年男女约定，在早晨和傍晚，他们会散步，唱歌，吃精致的餐点，并配以上好的葡萄酒，金黄色和红色的美酒。他们会坐在一起，每个人讲一个与当天约定的主题有关的故事，诸如慷慨、宽宏大量、聪明这样的主题。他们要在庄园里消磨两个星期，一共 14 天。两天用于处理个人事务，两天用于履行宗教义务。这样，还剩下 10 天，一天讲 10 个故事，最后刚好

1　Wayne A. Rebhorn, "Telling Stories in the Face of Death," https://octavian.substack.com/p/telling-stories-in-the-face-of-death?s=r

是 100 个。收集起来，加上引言和评论，便是《十日谈》。

你也许会说，这不就是小说吗？是的，今天我们确实把《十日谈》当作小说来阅读。但是，在薄伽丘写《十日谈》的时候，还没有"小说"这个概念。有人考证，中文里的小说在《庄子》那里就已经有了，《庄子·外物》说："饰小说以干县令，其于大达亦远矣。"这里所说的小说，是指琐碎的言谈和小小的道理，要想以此求取崇高的声望和美好的名誉，是不可能的。

这个"小说"与我们今天所说的小说相差甚远。在西方，文学中的小说概念要到 18 世纪才真正形成。现在，我们用小说指虚构的故事，长的叫长篇小说、短的叫短篇小说，不长不短的叫中篇小说。

所以你要知道，你读的《十日谈》不是人们常说的小说，而是故事。说故事的历史要比小说长得多，可以追溯到古代希腊和罗马，中世纪和早期现代则已经有了浪漫故事。古代的长篇故事，如荷马的《伊利亚特》《奥德赛》，维吉尔的《埃涅阿斯纪》都是用诗歌体叙述的。《十日谈》与这样的作品不同，它是用散文体叙述的。《十日谈》不是我们今天理解的那种小说，而是许多短篇小说的拼合。塞万提斯（Miguel de Cervantes Saavedra，1547—1616）的《堂吉诃德》（第一部分于 1605 年出版）经常被视为第一部西方现代小说。

为什么要特别强调《十日谈》是故事而不是小说？这是因为，说故事，一直到薄伽丘的时代，如果没有严肃的道德教诲或宗教寓意，是一件不登大雅之堂，甚至非常粗俗的事。18 世纪，小说这个文类得以确立，人们对小说已经没有这种特殊的"载道"要求了。

中国有"文以载道"的说法，古代文人所说的"道"是"圣道"和"儒家义理"，西方古代的"道"则是对神的虔诚和对神谕的服从。荷马和维吉尔的史诗都是载道的叙事作品。故事有趣，这固然很重要，但更重要的是故事所承载的严肃意义和高尚道理。

在薄伽丘的《十日谈》中你是找不到这些道理的。薄伽丘虽然是一位伟大、创新的作家，却一直活在另外两位文艺复兴巨人的阴影里。这两位都是文以载道的伟大作家，一位是但丁，另一位是弗兰齐斯科·彼特拉克（Francesco Petrarca，1304—1374）。彼特拉克是意大利学者、诗人，文艺复兴第一个人文主义者，被誉为"文艺复兴之父"。他以其十四行诗著称于世，为欧洲抒情诗的发展开辟了道路，后世人尊他为"诗圣"。

1350 年，薄伽丘正在写作《十日谈》，他遇到了彼特拉克。彼特拉克声誉正隆，主张回归古代价值观和古代文学，引导的是意大利的"文艺复兴盛期"（High Renaissance）。他探讨那些他敬慕的古人心灵，离群索居，喜欢在独处时思考神圣事物。薄伽丘受到彼特拉克的影响，特别崇敬彼特拉克，他不好意思跟彼特拉克讨论自己的《十日谈》，但还是把《十日谈》的一部分寄给了彼特拉克。彼特拉克在一封给薄伽丘的信里，居高临下地表示没有时间阅读他的作品。彼特拉克说，他不愿意花时间阅读《十日谈》，是因为那不过是薄伽丘的青春戏作，不过是一部讨好读者的流行作品。

其实，彼特拉克是读了一部分《十日谈》的，不仅读了，而且还把《十日谈》里的一些故事翻译成拉丁文，给他的朋友们读。后来，他告诉薄伽丘，朋友们读了后，哭了。可见，虽然彼特拉克看不起粗俗的故事，但对粗俗故事里的精品还是识货的，不愧是一位文艺复兴时期的大家。

今天，薄伽丘与但丁、彼特拉克一起，被视为意大利文艺复兴的"三颗巨星"。但丁、彼特拉克出身于世家或贵族，薄伽丘则出身卑微，他父亲是一位商人，生活虽然富裕，却是下层社会的一员。

《十日谈》里的故事可以说是趣味低俗，不登大雅。薄伽丘自己就不是一个传统文雅世界里的人，他一辈子都不属于上流社会，他父亲是做生意的，指望他以后也成为一个生意人。他父亲一辈子没有结婚，但有子女，后来薄伽丘也是这样。商人阶级的新价值观在他们身上都打下了烙印。

薄伽丘 13 岁的时候，他父亲从佛罗伦萨搬到那不勒斯，为一家会计事务所工作，带着薄伽丘一起学习这门生意，主要是接待客户、监督库存等。薄伽丘不喜欢这种机械单调的工作，所以父亲就送他上大学去学习法律。薄伽丘还是不喜欢，他喜欢阅读，读了很多书，并开始写作，用诗歌体和散文体来写浪漫故事。他一边工作，一边梦想成为一名诗人。放在今天，他是一位不折不扣的文学青年。

他对古代文化有一种油然而生的热爱，到处寻访古代的手稿。有一次，他探访卡西诺山的本尼狄克修道院图书室时，发现其中一个房间没有门，窗台杂草丛生，存放的手稿已积满灰尘，且残破不堪。他备感沮丧，不禁潸然泪下。他问其中一个修士，怎么会允许这种现象发生？对方回答，修士们会撕下一张张的羊皮纸，或者给小孩做祈祷书，或者给妇女做护身符，这样做仅仅是为了赚一点小钱。这也让我们了解到文艺复兴时期的古代典籍的保存状况，虽然古代手稿并没有真正遗失，而是藏身于修道院的图书室里，被修士看护着，但大多都蛛网尘封，不曾被人翻阅。虽然薄伽丘对这些古代典籍有一种近于虔诚的敬仰，但他的创作后来走的却是一条不同的道路。

薄伽丘快 30 岁的时候，还没有混出个诗人的模样。他干的是商人的营生，过的是商人的生活，这就是他的现实生活世界。一天劳累下来，他会和别的商人一样，坐在火炉旁，放松心情，谈论商业和交易的故事。他已经适应了这个庸俗、平凡、实际的世界，也开始喜欢它的粗陋和平凡。《十日谈》里的大多数故事都是关于商人阶层的人和事。商人阶层最珍视的是他们那些求生的技巧：精明，实际，肯动脑筋，讲实惠，用常识来思考。在《十日谈》的 10 天中，有 4 天的话题与精明能干有关，其他日子里讲述的故事，也有一些涉及精明能干。

　　薄伽丘笔下最生动的是那些他熟悉的下层人，尤其是下层的女人，她们巧妙偷情的故事，虽然粗鲁，却有趣又好笑。女人绝对是《十日谈》的核心，她们足智多谋，直来直去，机灵俏皮，与许多文学作品里的女性形象大不相同。在许多文学作品里，女人是男人的欲望的受害者，她们被剥削、被背叛、被抛弃，这样的弱女子在《十日谈》里是难以找到的。与下层女人不同的是薄伽丘笔下的上流社会淑女，她们举止文雅、容貌姣好，却没有特色，寡淡无味。

　　《十日谈》挖苦最凶的是教士，但薄伽丘并不正面与宗教发生冲突。故事里的神职人员都很腐败，又很愚蠢和懒惰。他们身上有山羊的膻味，良家妇女碰到他们，必须特别当心。在第一天的第二个故事中，一位做丝绸生意的商人有心让他的犹太朋友亚伯拉罕皈依基督教。亚伯拉罕说，他必须先到罗马去观察那里的神职人员，看看他们是否过着神圣的生活。结果亚伯拉罕会发现在那个作为教会首都的地方，教士们个个都很堕落。对教会来说，这可不是什么"正能量"的故事，所以教会非常仇视薄伽丘。

2. 低俗的性和崇高的爱

　　早期文艺复兴时期有很强的雅俗有别观念，薄伽丘是处于俗的这一端的。其实，薄伽丘并不是故意要在雅文化面前用俗来标新立异，他甚至很想向雅的这一端靠拢。例如，《十日谈》的场景并不是薄伽丘熟悉的那种贩夫走卒光顾的酒馆和旅店，而是一个诗情画意的世外桃源。书里的10位故事叙述者都是有身份的绅士淑女，他们有财力、有机会逃避平头百姓只能等死的瘟疫，像度假一样去到一个令人十分赏心悦目的地方。

今天，"农家乐"很时兴，大家开车到农村去，在农民家吃个饭，到田野里走一走，要是有野草地，还会在草地上坐一坐。这样的草地经常不太干净，还有小虫子，《十日谈》里的年轻淑女和绅士们是不会坐在这样的草地上的。他们坐在屁股下的草地必须是干净、美丽的，如牧歌一般美妙，周围有鸟儿唱歌，到处飘浮着茉莉花香气，有小动物跑来与他们亲近。这是古代和中世纪田园诗歌的场景，是令人赏心悦目的地方，是一个天堂之地，一个人间的伊甸园。

即使有这样的伊甸园景象，《十日谈》里的故事在许多读者眼里，仍然是粗鄙低俗、很不文雅的故事。为什么？因为故事里有太多关于性的内容。那么，性又为什么会让人觉得粗鄙低俗？

人类学者道格拉斯在《洁净与危险》中指出，人体的排泄物，液体的或固体的，都被人本能地视为"不洁"，也就是"肮脏"的东西。有的部落里，身份优越的人甚至宣称，他们是没有肛门的。所以，我们在伟人的传记里绝对读不到他在茅厕里或床上所做的事情，尽管他每天都要做这样的事情。[1]

澳大利亚语言学家露丝·韦津利（Ruth Wajnryb）在《脏话文化史》里也表达了同样的看法，她指出："人体的某些下方部位也是不登大雅或儿童不宜的；但我们还是有泌尿专家、直肠专家、妇科专家……我们不会只因为蜗牛长得丑，就禁止生物教科书提到它们。"[2] 虽然人人离不开性，但是，在薄伽丘那个时代的文学中，性却是一个禁忌的话题，似乎一涉及性，便是出口成脏。

一直到今天，这样的观念还在影响人们的思维。不仅是性，连性的欲望也经常被视为污秽，因此是道德缺损的事情。学校里，老师出于"善意"，禁止学生"早恋"，显然是把"爱恋"当成了一件

---

1 玛丽·道格拉斯著，黄剑波、柳博赟、卢忱译，《洁净与危险》，第154页。
2 露丝·韦津利著，颜韵译，《脏话文化史》，文汇出版社，2008年，第15页。

坏事。在许多人的头脑中，"爱恋"是与"性"联系在一起的，所以很自然地会用成年人的"性欲"去理解少年人的"爱恋"。既然成年人的"性欲"有其"不洁"的一面，那么保护少年人，不让他们受到不洁的影响，也就自然而然地成为老师的道德责任。这样的推理逻辑，从现代心理学来看，是一个很大的错误。

读过歌德（Johann Wolfgang von Goethe，1749—1832）的《少年维特的烦恼》的人都知道，对于少年人来说，爱恋是一种自由个性的真情流露，在对灵魂亲和力的热烈向往中，可以说根本没有肉体欲望的位置。这也是为什么柏拉图的《会饮篇》讨论"爱欲"时，把爱神当作人类幸福的来源，而爱恋的对象是男是女则并不重要。苏格拉底更是把爱情看成在美的对象中传播种子，人通过爱而接近善和永恒。在少年人的所有感情中，爱是最纯洁、和平、真诚、友善、美好的。实实在在的爱，它对少年人的人性善教育胜过一切空洞的思想灌输。

在《十日谈》里，性和爱是难以区分的。书里的10个人物在10天内以开故事会的方式讲述了100个故事。这100个故事除了第一天和第九天没有命题外，其余八天的故事各在一个共同的主题下展开，这就形成了一种框架结构，即在大框架下套小框架，故事里面嵌套故事，这看上去好像是很多没有什么联系的故事，很难找到一个主题把它们组合起来。但是，仔细研究阅读就会发现，这100个看似零零碎碎的故事是在表达同一个主题。那么，这是一个什么样的主题？在回答这个问题之前，让我们先来看看《十日谈》的整体结构。

《十日谈》运用的是框架结构（Frame story），这样的结构并不是薄伽丘发明的，早期欧洲的大多数小说都采用这种框架结构来组织作品。《十日谈》里的100个故事有一个总的框架，就像一个大篮子，大篮子里还有10个口袋，100个故事便用这样的"篮子加口袋"结构，井井有条地组织起来。

这10组故事虽然各有自己的小主题，但整部故事集却可以归结出一个大的整体主题，那就是爱情和性。《十日谈》的100个故事中，73个故事都与女性有关，正如薄伽丘自己在序言中写道："多情善感的妇女最需要别人的安慰，命运对于她们却偏是显得特别吝啬。为了多少弥补这份缺憾，我才打算写这一部书，给怀着相思的少女少妇一点安慰和帮助。"可以这样说，薄伽丘的《十日谈》描绘了多个姿态各异的女性形象，传递了他反对中世纪礼教的心声，也呈现出复杂的男欢女爱关系。

先来大致看一看书中10天里故事的主题。

第一天的故事没有规定主题，但所有故事都展示了人的情欲如何使那些教士不能自已，做出了违背教规的事。

第二天围绕"起初饱经忧患，后来又逢凶化吉、喜出望外"的主题展示了情欲、金钱欲如何促使人们奋争、拼搏以至成功。

第三天展示了爱情如何给那些痴男情女们以力量和智慧，使他们得到了梦寐以求的东西。

第四天是"结局悲惨的恋爱"故事。

第五天的故事里"历尽艰难折磨，有情人终成眷属"。

第六天的故事展示了某种特殊的情境，包括情爱如何使人们急中生智，用巧妙的言语摆脱了尴尬甚至危险的境况。

第七天讲的故事里"妻子为了偷情或是为了救急而对丈夫使用种种诡计，有的被丈夫发觉了，有的把丈夫瞒过了"。

第八天的故事里"男人作弄女人，或是女人作弄男人，或是男人之间互相作弄"。

第九天的故事不限主题，共同展示了那些工于心计和精于盘算的行为（如为钱财而出卖肉体、自作聪明、贪婪吝啬等）的可笑和可悲。

　　第十天的故事展示了出自感官本性的行为（如慷慨、大度、好客）的可贵和可喜。读完这 100 个故事，可见全书几乎围绕着一个中心："爱情"，各种各样、形形色色的情爱——或是光明正大的，或是偷偷摸摸的；或是精神的，或是肉体的；或是喜剧的，或是悲剧的。即使是讽刺教会的故事也都与"情爱"的张扬连接在一起，当然，那是伪善和不伦的情爱。

　　《十日谈》不是一部由统一人物和事件构成的故事，也不是叙述某个人物行为过程的叙事。在这一点上，它和我们熟悉的现代小说很不相同。但在中世纪，框架故事是很常见的故事叙述结构，《天方夜谭》《坎特伯雷故事集》也都是采用这种故事结构。它能够用一连串各自独立，但又相互类同的事件和情景，把它们合成一个大致的整体。这个整体不只是形式上的，而且也是主题内容上的。

　　可以说，爱和性是《十日谈》里的所有故事的核心线索，全面展现了人们在情欲支配下的各种各样的行为状态。作者用 100 个类似的故事表达这样一个主题，那就是，对人类的存在来说，爱和性是不可禁止，禁而不止的。爱和性赋予了人类无穷的生命力和智慧，创造出各种美好的事情，但也创造出各种丑陋的欺骗。

　　在我们生活的世界里，爱和被爱的含义都是复杂的，《十日谈》用 100 个故事来讲各种各样的爱和被爱。在爱和被爱的世界里，丑陋和脆弱、残酷和邪恶、有罪和无情也都是在为爱和被爱服务。薄伽丘为爱情游戏提供了规则，但又一直在打破这些规则。

　　《十日谈》中几乎所有的故事都是关于爱情和欲望的。最重要的信息似乎是，爱是一种不容否认的自然而超强的力量，它压倒了理性和常识，改变了人们。在《十日谈》中，爱通常是在性活动中完成的。男人只有当女人叛逆或不愿意，使其无法得手的时候，才会对女人表现出纯洁的爱情。

　　在爱的游戏里，有自然欲望的男性扮演积极的主角，只有他们才可以理直气壮地要求和得到性满足。相比之下，必须控制自然欲望的教士不是真正的男性，他们与女性一样，必须利用自己的智慧才能从渴望的对象那里获得性满足。尽管中世纪时代压倒一切的性道德是贞节，但《十日谈》却让人们可以得出许多违背这个性道德原则的结论：性是自然而不可抗拒的；对性的宗教限制是虚伪的，无论如何，它们都不起作用；试图控制子女性生活的父母通常不会有好的结果；通奸可以带来很多乐趣；妒忌的丈夫应该受骗。

这些观念在 14 世纪是惊世骇俗的，即便在六个多世纪后的今天，恐怕也还是如此。

3. 绿帽子、性滑稽和偷情无罪

性和爱的交接点是"情"或者"情欲"。《十日谈》里有许多"不正经"的情欲故事，可以叫它性，又可以叫它爱。其实，叫什么并不重要，因为重要的是人难以控制的"情欲"。

教会敌视《十日谈》，是因为它在"情"的问题上，用我们今天的话来说，是"三观不正"的。《十日谈》里写的大多是"奸情"。人们一般把"奸情"视为人性的阴暗面所致，但是，既然人性的阴暗面也是自然人性的一部分，那么，总要有地方放置这部分不光明的人性，这个地方经常就是文学和艺术，所以有了《十日谈》。

在许多现代作品中，这不叫"奸情"，叫"恋情"。但这并不能改变一个基本事实，那就是，都是在情上面"出轨"了。小说《飘》《安娜·卡列尼娜》，电影《泰坦尼克号》《卡萨布兰卡》都是人们熟悉的例子。它们写的都是现实存在的人性和奸情。

人为什么在情的问题上会"出轨"？《十日谈》对这个问题在不同的故事里有不同的回答。例如，有的是嫌弃丈夫，有的是欲望太强，有的是寂寞、好奇、性无知等。薄伽丘没有提供任何一种一般化的回答。对问题的回答一旦一般化，也就变成了"理论"。现代心理学有一个理论，叫"出轨本身就像一台欲望机器"。人在一段恋爱关系中得到满足后，就会不自觉地寻找新的刺激。这是人的通病。日本新闻网站 News-postseven 曾进行过的一项针对 1000 名已婚女性的调查结果亦显示：超过两成的调查对象曾经有过外遇经验。在许多人眼里，这些女性都是"坏女人"。

《十日谈》里面有许多"坏女人"的故事，女人坏就坏在给男人戴绿帽子。女人的"坏"是从男人的角度来说的，就是对男人利益的侵犯和对男人自然权利的破坏。坏女人先是男人眼里的坏女人，后来女人学会用男人的眼光看自己，于是也把自己看成坏女人。男人害怕坏女人，仇恨坏女人，经常会连带害怕和仇恨所有的女人，虽然他们事实上还是离不开女人。男人仇恨女人是因为觉得，跟女人打交道，吃亏的一定是男人。坏女人能让男人吃足苦头，不仅给他戴绿帽子，还把他耍得团团转，弄得他晕头转向。这样的坏女人是幽默故事特别喜欢的角色。《十日谈》里就有不少这样的女人。

《十日谈》第七天的第二个故事里就有一个给丈夫戴绿帽子的，那不勒斯有个穷人，娶了个美丽可爱的姑娘，名叫佩罗妮拉。男的是泥水匠，女的在家纺织，虽然收入微薄，可是省吃俭用，日子倒也过得不错。有一天，附近有个漂亮后生，名叫姜尼罗·斯屈那里奥，见了佩罗妮拉，非常爱慕，便想尽办法去亲近她，终于获得了她的欢心。于是他们想出了这样一个幽会的办法：每天早上那男的在附近守着，一看见她丈夫出去干活了，就溜到她家里来，因为她所住的那条街很是僻静，不怕闲人窥见。他们就这样来往了不知有多少次。

她丈夫平日总是早出晚归，不料有一天，姜尼罗正在她家里和她欢聚，她丈夫突然回来了。他看见大门紧闭，就一边敲门，一边心想："我真是有福了，娶了这么一个规矩贤惠的老婆。我一出去，她就锁上了门，免得闲人闯进来给她找麻烦。"

佩罗妮拉听见一阵敲门的声响，就知道是丈夫回来了，于是赶紧叫情人躲到一个大酒桶里。开了门，她就对丈夫发脾气说："你不干活，回来干什么？我没日没夜辛苦纺纱，你却游手好闲。"一面说，一面哭。

丈夫说："好妻子，快别生气。我今天交了好运，有人要买我们家的酒桶，愿意出五块钱，够我们一个月的饭钱。"

老婆说："那就更叫我生气了。亏你是个男子汉，天天在外面跑的，熟悉市面，居然把一个酒桶只卖五块钱，而我这么个不出门不懂事的女人却找了一个好买主，他肯出七块钱。你回来的时候，他刚刚跳到桶里去，看看它是不是有毛病。"

丈夫听了挺高兴，老婆叫情人从酒桶里爬出来，让丈夫爬进去，把酒桶刮干净。就在丈夫欢欢喜喜卖力干活的时候，薄伽丘写道，情人扑到她身上，"那情景真好比草原上春情勃发的公马，向一匹安息的母马进攻"。在我们今天看来，这个老实巴交的丈夫实在是很无辜的。

《十日谈》里还有许多与女人有关的性报复故事。男人戴绿帽子，或者家里的女性眷属有了不被允许的性关系，是非常丢脸的事，由此而起的报复总是非常残忍的。第四天的第一个故事里，萨勒诺的唐克莱亲王（Tancred, Prince of Salerno）发现他的女儿与他的一个仆人有染，命令将男子勒死，并且挖出他的心脏，把这个心脏放在一个金色的圣杯中，送给他的女儿。她毫不动摇地把血腥的器官举到嘴边，吻了吻它，把它放回杯子里，喝了酒，然后死去。使出这种毒辣手段的人冷酷无情，毫不感到内疚，因为他们觉得自己是在做一件捍卫荣誉的事情。

《十日谈》里有许多粗俗玩笑（fabliaux），大多是以男修道士或教士为嘲讽对象。贪色的教士、妒忌的丈夫、机灵的妻子构成了造就各种笑料的三角关系。其中的幽默来自一种被称为"乖讹"的讽刺效果。哲学家康德是第一个从"乖讹"来为可笑（幽默）下定义的，他在《判断力批判》中说，这种可笑来自"从期待到期待落空的突然转变"。黑格尔认为，任何一个本质和现象的对比，或目的和手段的对比，如果出现矛盾和不协调，而导致这种现象发生自我否定，这样的情况就会变得很可笑。人们乖讹的反应包括感觉到滑稽、荒唐和可笑，以及有对它进行讽刺、嘲笑、戏仿、恶搞、挖苦、嘲弄的冲动。

《十日谈》里坏教士不仅多，而且干的坏事多种多样，令人匪夷所思。在第三天的第四个故事中，某教士传授给一个朋友修仙秘法，趁朋友夜夜苦修时，与该朋友的妻子偷情寻欢。第三天的第八个故事中，某修道院院长为了奸淫他人妻女，将丈夫关入地窖，并诓其已入"地狱"，后来该妻子的肚子被搞大了，又将其丈夫放还"人世"，去充当私生子的父亲。第三天的第十个故事，写一位虔诚的少女到修道士处寻求修行之法，修道士却利用少女的纯真善良将其骗上床。第四天的第二个故事里，某神父佯装天使附身，靠着一身劣质的装扮诱奸了一名妇女。第九天的第十个故事中，一位神父借施法变化的名义，竟在丈夫眼皮底下公然与其妻子性交。

这些道貌岸然的修道士固然可恨，但是受骗的愚蠢女人也很可悲。她们对一个个荒诞不经的谎言，居然能够坚信不疑。第三天的第十个故事"怎样把魔鬼送进地狱"里，一位14岁的少女因为完全没有性知识，心甘情愿地让修道士随时对她性侵，还以为自己受了天主的感召，一心皈依真教，而修士是在"指点她怎样侍奉天主"。由于性是一个禁忌的话题，青少年只能在没有正确指导的情况下，自己摸索学习，遭遇是好是坏，全凭运气。第四天开头的一个故事里，一个父亲带着儿子到深山老林潜心修行，后来同儿子下山进城，因害怕儿子被美色所惑，便唬他说那些花枝招展的美人是害人的"绿鹅"。哪知少不经事的青年儿子却央求父亲带几只"绿鹅"回山。像这样的故事也许提醒我们，对青少年的性教育有多么重要。

薄伽丘对待妇女的态度经常成为一个有争论的问题。有的人认为，《十日谈》曾多次表示女人只能算作男人的附庸。但是，我们不能以今天的女性觉醒标准来看待600多年前的《十日谈》。

其实，薄伽丘还是同情女性的。他在《十日谈》的序言里说："虽说像这样一本书是不见得会给予不幸的人们多大鼓舞……多大安慰的，不过我觉得还是应该把这本书贡献给最需要的人，因为这对他们更有帮助，更可贵。那么有谁能够否认，把这本书——这份微薄的安慰，献给一位相思缠绵的小姐比献给一个男子来得更合适？"

这是因为，女性生活在一种比男性不自由得多的社会文化环境里，处在"弱者"的地位。薄伽丘说："女人家因为胆怯、害羞，只好把爱情的火焰包藏在自己柔弱的心房里，这一股力量（过来人都知道）比公开的爱情还要猛烈得多。再说，她们得服从父母、兄长、丈夫的意志，听他们的话，受他们的管教。她们整天守在闺房的小天地内，昏闷无聊，仿佛有所想望而又无可奈何，情思撩乱，总是郁郁寡欢。"

男子为情所困的时候，"可以去打鸟、打猎、钓鱼、骑马，也可以去赌博或是经商"，但女子不行，她们要么独守闺房、怀春感伤，要么就是红杏出墙、偷情成奸。薄伽丘认为，偷情出轨是比独守闺房更好的选择。这种看法虽然有点极端，但也能看出他对女性的同情和一种先锋的态度。

4. 坏女人是抽在男人身上的鞭子

上文讲到,《十日谈》里的"坏女人"会让丈夫戴绿帽子,除了戴绿帽子,她们还会对丈夫或男人动粗,也就是施暴,有的是直接施暴,有的是巧妙施暴。再加上因为女人的缘故,男人对男人行使暴力,男人被暴打,吃女人的苦头,那就更多了。《十日谈》里女人对男人的暴力是一种惩罚,这与一般人头脑里家庭暴力中的"弱女子"成见大不一样。

读到《十日谈》里这种女人对付男人的故事,读者也许会有疑惑,这样的故事到底要传递什么样的信息?是偷情和好色男人活该受到惩罚和报复?是最好不要在爱情关系上惹恼了女人,否则女人要么自己动手,要么唆使别人动手,到头来吃亏的一定是男人?还是说女人特别小心眼,报复手段特别毒辣?

《十日谈》第九天的第五个故事里,蒙娜·特沙的丈夫跟一个女人偷情,被蒙娜捉奸在床,抓个现行。她丈夫还没有来得及下床,蒙娜就张开利爪向他跑来,用指甲把他抓个满脸开花。接着她抓住丈夫的头发,把他在地上拖来拖去,大声咒骂:"你该死的肮脏的狗,你!你就是这样对待我的吗?你这个笨蛋。"

她丈夫没有勇气为自己辩护,听凭妻子对他动粗,脸上和身上到处是伤痕,衣衫凌乱,狼狈不堪。他好不容易站起身来,谦卑地乞求妻子不要大声喊叫,因为那个跟他在一起的女人是房子主人的妻子。倘若给主人知道,自己非给他千刀万剐了不可。

在第七天的第七个故事里,一个叫麦当娜·比阿特丽斯的女人与人偷情,唆使她的情人去把她丈夫艾甘诺暴打一顿。这个女人非常毒辣,设下圈套陷害自己的丈夫。她叫丈夫穿上自己的衣服,假扮成自己到花园里去,告诉他会见到一个曾经引诱她,但被她拒绝的男子。这样她丈夫就会知道她是多么忠实了。她丈夫真的就去了。

谁知道麦当娜早就关照她的情人："我的心肝，你拿一根结实的棍子，去到花园里，只装作你今天日里调戏我，只是为了试我的心，你只管把艾甘诺当作我，骂他一个狗血喷头，然后用棍子在他背上狠狠地打一顿，让我们开心开心，那才叫妙呢。"就这样，麦当娜让她丈夫结结实实挨了一顿猛揍。丈夫挨了打，心里还挺高兴，权当是为考验妻子是否忠实付出的学费。他觉得事实证明妻子是忠实的，挨一顿打也是值得的。这就是麦当娜又机巧又毒辣的地方。

《十日谈》里的妇女形象是复杂多样的，特别令人印象深刻的就是像上面故事里的麦当娜那样的刁妇和坏女人，她们特别能给故事增添喜剧和幽默的色彩。她们的"刁"和"坏"都是与离经叛道的性联系在一起的，也是以这样的性为特色的。《十日谈》第七天几乎是专门讲奸夫淫妇私通苟合的故事的，故事大肆赞美偷情的妻子，嘲笑捉奸的丈夫，还常常设计出"淫妇与奸夫就这样秘密且美满地偷情下去"的童话式结局。卫道士以传统道德观点来看待，自然会觉得故事格调低下，甚至龌龊下流。但下流在中世纪晚期的文学中并不罕见，只是下流程度不同而已。

在今天的女权批评里，这些"坏女人行为"被视为女性弱者的一种抵抗。中世纪的时候，仇视女性就像 19 世纪和 20 世纪的仇视同性恋一样普遍。大约在 1230 至 1285 年由纪尧姆·德·洛里斯和让·德·默恩先后完成的韵体诗故事《玫瑰传奇》里，女人是对男人的致命诱惑，红颜祸水，防不胜防。这样负面的女性描绘和形象带有严重的性别歧视，是今天西方女性主义"坎普美学"（Camp Aesthetics）文化理论着重要批判的观念主题。在坎普美学中，女性以夸张、幽默的装坏或真坏来对抗社会对她们的歧视、欺凌和压迫。坏女人和悍妇的扮相成为女性的一种弱者抵抗手段。

被当今论者称为"中世纪的女权主义者"的皮桑在一封信中提到《玫瑰传奇》对妇女的暴力伤害影响："不久前我听你的一位朋

友说起一件事……他认识一位已婚的男子，这位男子就像信奉福音一样信奉《玫瑰传奇》。这位先生生性极为妒忌，妒忌心一发作就会找出《玫瑰传奇》，念给他太太听。念着念着，他就会暴跳如雷，一边打他太太一边说：'你就是用书里的这些把戏在欺骗我。书里的让·德·默恩真有眼力，一眼就能看穿你们女人的鬼把戏。'"

皮桑的描述虽然绘声绘色，却不是坎普。她只是从一个第三者的角度对丈夫因妒忌而殴打太太表示不满，既没有人物扮演，也没有幽默。与此相比，乔叟的《巴斯妇的故事》就具备了坎普的一些主要特征。乔叟让巴斯妇自己说自己的故事，她非常夸张地扮演一个"坏女人"的角色，理直气壮，心安理得。读者可以觉得她恬不知耻，也可以觉得她说得在理，可以嘲笑她，也可以报以会心的微笑。后面这种笑法，就是幽默的效果。谁能感觉到这里面的幽默，谁也就能明白，原来女人的"好"全在于她能忍受男人的"坏"。

《巴斯妇的故事》说的是：巴斯妇艾丽森 12 岁结婚，无非就是性和金钱的交易，她受骂挨打，第五个丈夫有一次差点把她"打成了聋子"。她敢暴露自己是个"坏女人"，并非是无缘无故地图口上痛快。尽管她嘴上逞强，嘻嘻哈哈，但她实际上是一个易受伤害者，一个在夫权等级社会中的弱者。她的欲望和她的需要根本没有价值。她很清楚，如果她忍气吞声，她就什么也不是。如果她反抗，她就只有挨打的份。所幸她还敢暴露自己，自我暴露成为她灵活自卫的方式，扮演坏女人，扮演得越起劲，越投入，她就越能理直气壮地爱护自己，她的人生也就越精彩。

现代妇女的地位当然已经不同于中世纪的妇女，但是，女性主义坚持的是，妇女的易受伤害者和弱者地位并没有得到根本的改变。这也是为什么女性研究会把中世纪的巴斯妇和她的 20 世纪同道姐妹梅·韦斯特（Mae West, 1893—1980）、歌手麦当娜（Madonna Louise Ciccone）、梅艳芳联系在一起。可以说，这些"坏女人"姐妹中包括著名的中国网络写手，如"流氓燕""木子美""芙蓉姐姐"，还有像春树和卫慧这样的"身体写作者"。"坏女人"和其他前卫边缘文化人格一样，总是处在不断变化、有多种变相形式的状态之中，"木子美"或"芙蓉姐姐"看似时兴，其实已经到了更新、变换的时候了。

《十日谈》里虽然有不少坏女人，但没有一个像乔叟的巴斯妇那样成为一个经典的坏女人。这就像文学中从来不缺少阿Q式的人物，但没有一个像鲁迅的阿Q那样成为经典的阿Q。

坏女人其实并不是将所谓的"真实自我"演示于她们的观众或读者，而是以"可怕的女人""不好惹的女人"的形象面对男性统治的世界。这是她们保护自己的手段，也是她们求生存的方式。她们是既聪慧又精明的"女性扮相者"（female impersonators）。她们并不是在直抒情怀，但经常做得像是那样。她们玩的是戏仿（parody）、装扮（masquerade）和假装（mimicry）的游戏。

她们利用的就是男人心目中的"坏女人"形象，因为她们知道，对于男人来说，好女人是枯燥无味的，只有"坏女人"才是"够味"的女人。"流氓燕"说："'流氓'了一辈子，现在总算明白了，原来'流氓'是这么精彩的人生。"她所说的"流氓"既是一个女人主体，又是一个女人客体。男人（观者）看她这个"坏女人"（客体）是一个活脱脱的"流氓"。但流氓燕自己却拥抱这个污名，反以它来触动男人的兴奋点，成为一个自觉的女性主体。在《十日谈》里，坏女人是男人最爱勾搭的女人。

坏女人玩的其实就是乔叟故事中巴斯妇玩的那个游戏。巴斯妇大言不惭的故事让赎罪僧听了连连摇头，称她是丈夫们最可怕的噩梦。但是巴斯妇非但不恼恨别人对她的恶见，反倒说自己就是一条抽在男人身上的"鞭子"。巴斯妇和"流氓燕"这对相隔五六百年的"姐妹"都知道如何用男人的仇视来瓦解男人的仇视。她们拥抱偏见，拥抱恶语，以攻为守，戏剧化地夸大加在她们身上的偏见和恶语。她们不拿"什么是好女人"去与男人正面交锋，而是把"当女人"本身就作为一件值得无比骄傲的事情。她们就是要给世人看一看"一心当女人"的活法。当好女人的时候，她们可以活得很实在；当坏女人的时候，她们可以活得更快活。

十六　通俗文化与贵族文化

1. 通俗文化的"黄段子"与"性幽默"

　　早期文艺复兴时期的大众笑话被视为低俗的东西，与但丁的《神曲》放在一起谈，一个天上，一个地下。好在有薄伽丘的《十日谈》，可以说是一个介于这二者之间的桥梁，当然，在不少人眼里，连《十日谈》也是很低俗的。因为《十日谈》里有许多与性有关的故事。性被视为低俗或粗俗的，从中世纪到今天，这一观念没有太大的变化。但是，从中世纪到今天，性就一直是大众文化的一个标配。就像没有辣椒、花椒就没有川菜一样，没有性内容或性玩笑也就没有大众笑话。

　　弗洛伊德认为："只是在社会上升到一个更为精致的阶段时，才形成笑话发挥作用的正式环境。这时淫词秽语变成了笑话。淫词秽语也只有以笑话的形式出现，才能被社会容忍。性笑话的技术手段是暗指（allusion），也就是说，用某个小细节和某件只有遥远关系的事情来把'性'替换掉（replace）。性笑话让听笑话的人在自己的想象中重构一个完整而且明确的淫秽场景。"[1]

弗洛伊德的这番话是针对现代文化说的，并不适用于文艺复兴这个"前现代"时期，那时候的性笑话和性幽默要直白、明显得多，《十日谈》就是一个证明。文化研究者把文艺复兴时期对性的直白和暴露视为"人性觉醒"的一个标志，是有一定道理的。当然，也有人把这看成"黄色内容"或者"荤段子"。

在普通人的文化里，性一直是一个重要的内容。玩笑是普通人喜爱的文化形式，玩笑当然也离不开性的内容。有研究者对《今日心理学》杂志的 14500 名读者做过一次调查，给他们 30 个不同的笑话，结果发现人们最感兴趣的是性笑话。接受调查者中，有大约 87% 是受过大学以上教育的，可见对性笑话感兴趣的人并不都是"没文化"的。笑话为社会普遍存在的性禁忌提供了某种释放的渠道和审美化的可能。

我就不举早期文艺复兴的性笑话例子了。对于不懂外文的读者来说，这种读物不容易找到，但也不是没有。新星出版社 2013 年出版的《诙谐的断代史：意大利文艺复兴时期妙语录》（*Wit and Wisdom of the Italian Renaissance*）就是一部很方便的文集。这个集子收录了许多文艺复兴时期的笑话，由意大利古典学者斯佩罗尼（Charles Speroni，1911—1984）编辑，有一个非常有用的序言。这本书是我向出版社推荐的，我还写了一个导读。有兴趣的读者可以找来看一看。

我们为什么要关心文艺复兴时期的民间笑话？这些笑话除了民俗学和历史文化的价值之外，还能帮助我们更好地理解像《十日谈》这样的文学巨著。民间笑话里有许多直白的性描写，也都以幽默和讽刺见长，为文艺复兴时期的许多著作提供了现实的文化营养。由

1　Sigmund Freud, *The Standard Edition of the Complete Psychological Works of Sigmund Freud*. Vol. 8, Trans. James Strachey, London: The Hogarth Press, 1994, 100.

于这些著作汲取了这样的民间文化营养，因此成为当时很受欢迎的作品。

这种情况对于我们观照 20 世纪 90 年代中国一些广受欢迎的作家也有帮助。相信大家一定读过王朔和王小波的小说，有没有想过他们写作的结果是怎样的？是"高雅"作品吗？不像。是"低俗"作品吗？也不是。虽然他们的作品里有"俗"的东西，比如粗话，直白或暗示的性内容，但并不低下。可见"高雅"和"低俗"的区分并不适用于所有作品，尤其是那些因为新鲜、大胆、尖锐的见解和言论而受广大读者喜爱，却显得不登大雅之堂的作品。这与薄伽丘的处境是很相似的。

薄伽丘自己对《十日谈》的态度就因为这部作品的性内容在当时饱受批评而备受困扰。他对《十日谈》既感到内疚，又颇为自豪。1350 年，他完成《十日谈》后不久，就经历了宗教危机。到 1360 年，他成了一名教士，这就像以前挖苦、讽刺某政党的人士一下子入了这个党。据说薄伽丘想要毁掉《十日谈》，因为他认为那是一部轻浮而肮脏的作品。但是，在他去世前几年，他亲自将《十日谈》的整个手稿本抄了一遍。现在所有的现代编辑和翻译使用的都是这个版本。所以，一直到死，他似乎对《十日谈》都保持了一些残余的自豪感。再说，他也不可能将《十日谈》从这个世界抹去，因为它已经广为人知了。

在早期文艺复兴时期的 14 世纪，还没有印刷术，书籍是靠手抄的，能够阅读到《十日谈》的读者其实人数有限，他们都是一些家境殷实、受过教育的人，不是我们今天所理解的平头百姓或普通人。那时候的民众或普通人，人数最多的是工匠和农民，也包括妇女、儿童、牧人、水手、乞丐等，他们没有阅读的能力，但他们有自己的文化生活，今天我们称他们的文化为"大众文化"。

笑话故事只是那时候大众文化中的一种形式，其他形式还有民

间歌谣、口述故事、庆典仪式、娱乐活动，等等。这些不在我今天
讨论的范围之内。有兴趣的读者可以读一读英国历史学家彼得·伯
克的那本《欧洲近代早期的大众文化》。

　　如何认识和评价民间或通俗文化中的性内容，是一个值得重视
的问题，对这个问题的认识直接关系到我们对"高雅"和"低俗"
文化的区分和评价，也关系到我们对"粗鄙""粗俗""庸俗"等概
念的辨析。

　　"低俗"是与"高雅"比较而言的，反过来也是一样。通俗文
学经常是经过简化的，为的是符合普通读者的理解需要。"低俗"
是指理解力较低和品位通俗，并没有贬义。这样的文学照顾到普
通人的兴趣、爱好、理解能力，因此能在普通人，尤其是"有产
者"中广有读者。但是，低俗文学又添加了它自己的元素，包括粗
鄙的玩笑、戏谑和滑稽幽默，也就是黄段子和性玩笑。美国宾州大
学文学教授若昂·伊丽莎白·德让（Joan Elizabeth DeJean）在《再
造淫秽》一书里指出，"对于中世纪材料中的'淫秽'需要仔细分
辨：在有的文学形式里，也就是所谓的'高雅'（courtois）文学形
式里，避免使用露骨的性词语。但在别的文学形式，那些用民族语
言（而非拉丁语）的文学形式里，则是很露骨的"。[1]因此，"露骨的
性"成为高雅与低俗的一个主要区分标准。德让教授用"courtois"
一词来指高雅文化，这个词的原意是指"宫廷"。文艺复兴时期宫
廷文化的感化作用，以及"廷臣"在其中扮演的角色，都对西方文
明和人文价值的发展产生过重要的影响，在后文中讨论卡斯蒂廖内
（Baldassare Castiglione，1478—1529）和他的名著《廷臣论》时还
会细谈。

　　再说说粗俗与色情的关系。也有人因为《十日谈》中直白、显

1　Joan Elizabeth DeJean, *The Reinvention of Obscenity*, Chicago: Chicago University Press, 2002, 7.

露的性内容而把它视为色情文学。这也与如何看待《红楼梦》《金瓶梅》一样，是一个可以争论、发表不同看法的问题。这不仅是一个文学评价的问题，更是一个涉及学校教育和政府文化管理的问题。

露骨的性内容被视为猥亵、淫秽、下流，成为"性禁忌"。直到今天，这一观念在中国或美国都差不多。"色情"在英语中是"pornography"，是两个词根的结合："porne"（暴露）加"graphein"（书写、图像、生动）。说到底，色情牵涉到的是"性"，而性是没有办法被禁绝的。

政府管的是公共场所的"性暴露"色情，强调的是色情对少年的危害。例如，美国的电影都有明确的等级区分，如 PG13，PG，R 级。R 级的电影是不允许在小学或中学放映的，违反规定会有严重的法律后果。法律规定不得在广播和电视里使用的"脏字"一共有七个（shit, piss, fuck, cunt, cocksucker, motherfucker, tits），这些字因为属于语言的性暴露，也不得在学校使用。

1973 年，滑稽表演家卡林（George Carlin）录制了他的独白表演《脏字》（Seven Dirty Words），后来由太平洋（Pacifica Network）广播电台播出；同年 10 月 30 日，一位美国公民不满这一广播被他未成年的儿子听到了，因而向联邦传媒委员会（FCC）提出对卡林的投诉。传媒委员会并没有立即采取制裁行动，只是要求广播电台做出回应，并警告，如果继续有类似投诉，将要用国会赋予的权力对太平洋广播电台实行制裁。可见"性禁忌"即使在言论自由的美国也还是存在的。

2. 达·芬奇收集的民间笑话：完整的人性和自由的语言

说到列奥纳多·达·芬奇（Leonardo da Vinci, 1452—1519），

一般人首先想到的是美丽、端庄、文雅、神秘的蒙娜丽莎，或是他那非常严肃的《最后的晚餐》和《维特鲁威人》。《维特鲁威人》是达·芬奇在 1487 年前后创作的著名素描，达·芬奇努力绘出了完美比例的人体。这幅由钢笔和墨水绘制的手稿，描绘了一个男人在同一位置上的"十"字形和"火"字形的姿态，并同时被分别嵌入到一个矩形和一个圆形当中。

但熟悉这位画家画作的人们还会知道他绘画的另外一面，他那些面相古怪的漫画和狰狞可怕的画像，看上去像是人兽杂交的品种，或者在中国庙门口可以看到的凶神恶煞的石狮子。在文艺复兴时期以及随后的几个世纪的艺术发展中，几乎每个艺术家都把漫画当作一种副业，经常画在写生簿的边白处，而达·芬奇的怪画像则更是技艺高超、极有名气。

在文艺复兴时期的艺术家眼里，人的长相俊俏也好，怪异也罢，人本身就是美妙和尊贵的。中世纪的思想曾经让人在宇宙图式中占据一个尊贵的位置：人是按照上帝的形象创造出来的，上帝之子为了人类的罪孽而牺牲自己。在文艺复兴的人的观念里，人虽然仍然是造物，但人也是能够创造的造物。人在艺术、文学、道德思考中进行创造，创造了一切造物中最尊贵的造物，那就是人自身。

艺术创造展现了人丰富多彩的形体和精神面貌，艺术的热情不仅仅是审美追求，艺术创造还被当作一切创造的楷模。人的美丑百态、七情六欲，都是艺术热爱的对象，性的欲望自然也不例外，性爱甚至被用来比喻人的理性认知，爱欲是一切行为的基础，既支撑着人们的政治活动或艺术表达，当然也支撑着人们对知识的寻觅。按照意大利人文学者弗朗切斯科·帕特里奇（Francesco Patrizi, 1529—1597）的大胆说法，"认识不是别的什么，不过是与被认识对象的交媾"。

历史学家或达·芬奇研究者经常把达·芬奇那些生动、古怪的漫画和画像作为他幽默感的证据。但是，他的幽默还表现在另外一个方面，那就是他喜欢收集民间笑话，而在这些笑话里，性和性爱是一个明显的幽默成分。

文艺复兴时期，许多意大利人文学者热衷于收集古代或当代的民间笑话，正如斯佩罗尼在《诙谐的断代史：意大利文艺复兴时期妙语录》一书序言里所说，"毫无疑问，那个被我们称为文艺复兴时期的西方文明的辉煌时代见证了对形形色色的趣闻轶事，各种各样的名言警句、格言成语、俗文谚语的一种超乎寻常的兴趣"。

在那个时期，艺术家和人文学者都满怀着敬畏与赞叹之心回顾古代希腊与罗马的文化，热切地想要了解和吸收古代的知识和智慧，不光古人的鸿篇巨制，就连他们的短篇小作乃至其中的名言箴语，都是他们极有兴趣的学习材料。他们孜孜不倦地搜寻和整理，取得了空前的成果，也使他们对古代知识的兴趣变得越发强大。其中，贡献最大，影响也最大的就是荷兰人文学者伊拉斯谟（Desiderius Erasmus，1466—1536）对古典格言箴语的收集，《格言集》（*Apophthegma Opus*）与《箴言录》（*Adagia*）成为 15 世纪末到 16 世纪初最畅销的作品，在他活着的时候就再版了至少 85 次。

在《诙谐的断代史：意大利文艺复兴时期妙语录》里，我们接触到的是一种包含在"笑话"或"玩笑"中的诙谐和智慧，那就是文艺复兴时期的"妙语"（facetiae）。文艺复兴时期的人文主义者们早就已经在收集笑谈妙语了。著名人文学者波焦·布拉乔利尼（Poggio Bracciolini，1380—1459）是最早收集笑话的人文主义者。人文主义者们对民间日常生活充满了兴趣，他们当中有的人，如 15 世纪的贝倍尔（Heinrich Bebel，1472—1518），不光花费很大精力来收集笑谈（*Facetiae*，1506），还收集成语（*Proverbia Germanica*，1508），这些都是普通人喜爱的话语形式。16 世纪的多梅尼奇（Lodovico Domenichi，1515—1564）在他的《开怀大笑》（*Facetie*, *motti et burle*，1574）中收录了 981 个笑话。这类收集属于一种在文艺复兴时期被称为"丰富"（copia）的艺术，也就是尽量多地搜罗富有变化的同一类东西，往往都是一些"小玩意"。《妙语录》从达·芬奇收集的笑话中选出了 10 条。

以今天人们的幽默感来看，达·芬奇收集的笑话未必那么可笑，我们可以简单地认为这是因为文艺复兴时期的人们笑点比较低，但其实，古代的笑话对我们来说可笑或不可笑是另有原因的。即使那些看上去还有点可笑的笑话，在我们今天看来也很幼稚，相当"小儿科"，与当代笑话的质量相差太远了。

这里举几个达·芬奇收集的笑话例子。一个叫"画家的祝福"，是这样的：在神圣星期六（Holy Saturday），有个教士通常都会串门拜访他的教区，以圣水祝福每个家庭。他走进一个画家的屋子，将圣水洒在一幅画上，画家很愤怒地转身问他为什么把自己的画弄湿了。教士说这是惯例，自己有职责去遵行它。他还补充说自己做得对，因为做善事的人可以期望同样或更好的回报；上帝承诺过，滴水之恩，必将涌泉相报。

画家等教士离开屋子后，就到窗前倒出一大桶水浇在教士头上，说："你用圣水毁了我一半的画，还说是在做善事，能得到回报。这就是对你刚才的滴水之恩的涌泉相报！"

这在我们看来，是个小孩恶作剧的玩笑，当然，这个笑话讽刺的是教士，而教士是人们经常挖苦、嘲笑的对象。

另一个笑话叫"将死之人的慰藉"，是这样的：一个病人在快要死时听到敲门声，他就问仆人是谁在敲门。仆人告诉他是个叫"博娜"（Bona，意思是"好"）的女人在敲门，这病人就举起手来大声地感谢上帝，并吩咐仆人赶快让她进来，这样就可以在死前见到一个好女人了，因为他此前从没见过一个好女人。

这个笑话的挖苦对象是女人，在我们今天看来，妇女、残疾人、弱者等都是弱势群体，开他们的玩笑是不正确的。

还有一个玩笑叫"爱的证据"，是这样的：两个同伴晚上走在一条黑暗、陌生的大街上。走在前面的人放屁放得很响，他的同伴就说："现在我知道你爱我。"

另一人问道："为什么这么说？"

前者就说："你给了我一条腰带（意大利语 correggia 既指'一条腰带'又指'一个屁'），这样我就不会跌倒，也就不会跟丢你。"

虽然人们经常拿放屁开玩笑，但稍有文化的人不会喜欢这样的玩笑，不仅因为趣味不高，也因为太平常，没什么可笑的。

再有一个是货真价实的"性玩笑"，又是挖苦女人和教士的，放在《十日谈》里倒是很合适。这个玩笑叫"不正直的火"：一个女人正在洗衣服，她的脚冻得通红。一个路过的教士就很惊讶地问她这红色是从哪里来的，那女人立即回答说这都是因为她身上的火在下面熊熊燃烧的缘故；然后教士就立即握住让他成为教士而不是修女的那活儿，用温柔甜蜜的声调要求她帮他点燃那根蜡烛。

这可以说是一个比较含蓄的黄色笑话，因为它的主题是性的诱惑。"不正直的火"是情欲的邪火。达·芬奇居然也喜欢这样的玩笑，可能会让他今天的崇拜者感到意外和吃惊。

然而，在文艺复兴时期，这种玩笑的趣味和爱好是很平常的。那些对人类一切都非常好奇、非常珍惜的人文主义者们拥抱的是完整的人和人性。食色性也，既然是人性所包含的，也就没有什么是需要羞愧和排斥的，更没有对之保持沉默的必要。沉默的对立面是人的语言。意大利历史学家欧金尼奥·加林（Eugenio Garin，1909—2004）在《中世纪与文艺复兴》一书里称赞佛罗伦萨人文主义者们对语言的那种近于崇拜的热爱。[1] 他们当中的中心人物是比

1　欧金尼奥·加林著，李玉成译，《中世纪与文艺复兴》，商务印书馆，2012年，第308页。

达·芬奇年轻两岁的波利齐亚诺（Angelo Poliziano，1454—1494），他是一位哲学家、法学家和历史学家，还是一位能写风格优美的宗教诗和世俗诗的诗人。他懂希腊文、拉丁文和俗语，精力充沛，具有饱满的革命热情。语言学对于他来说，就是要到语言存在的具体历史环境中去发现它的充分含义。民间笑话就是语言存在的具体历史和文化环境，不管这些笑话多么低俗和平庸，它是活生生的人们用语言发出的声音。

今天，许多人习惯了噤声和沉默，将此接受为一种正常和正当的生活方式，就算能有所感觉，也只是从公民权利来理解自由言论权利遭到了侵犯，但如果发生在 600 年前的佛罗伦萨人文主义者身上，他们会将此视为一种对他们作为人的侮辱，这是在强迫他们从能用语言来表达思想和情感的人类变成没有这种能力的动物。

同为佛罗伦萨人文主义者的圭恰尔迪尼（Francesco Guicciardini，1483—1540）在给友人的信中表达了与波利齐亚诺同样的信念，他写道："有什么比知道遥远时代的杰出事件，如同在当代发生的那样美好吗？有什么比听到早已逝去的智者们的声音，像听到活生生的语言那样惬意吗？"[1] 能够运用语言的人与不能运用语言的人，他们之间的距离比人与牲畜之间的距离还要大。

达·芬奇一生的前 30 年是在佛罗伦萨度过的，他对语言有着同样的人文情感和深刻体会。正如历史学家加林所说，"当翻阅达·芬奇的手稿，看到他所用的丰富的词汇时……可以领略到其中的优雅。……他通过语言所表达出来的那种忐忑不安的温柔，深刻和细腻地描绘了他的整个心灵的活动。……他如同一位热恋中的青年在追求唯一心爱的情人而感到失望的那样。人文主义作为它的最有效的方面之一，就是赋予语言以整个思想的愿望，通过语言展示

1　欧金尼奥·加林著，李玉成译，《中世纪与文艺复兴》，第 217 页。

思想，直至心灵深处最隐秘的部分，这样，思想和语言之间，灵魂和肉体之间，就不再有任何差别"。[1]达·芬奇收集民间笑话，因为那里面有心灵健康、语言自由、敢于放声大笑的人类所使用的生动活泼的语言，这正是他所喜爱的那种语言。

3. 卡斯蒂廖内《廷臣论》：廷臣和文明绅士

巴尔达萨雷·卡斯蒂廖内是意大利人，出身于贵族，是一位廷臣。他在军队服役过，当过外交官，也是一位作家，以《廷臣论》（*Il libro del cortegiano*，即 *The Book of the Courtier*，1528）一书而知名于欧洲。《廷臣论》是一部关于廷臣礼仪的书，介绍一位完美廷臣在待人接物、交际处事、行为修养、人品道德、优雅举止等方面应该遵循的规范。并在其最后一部分讲述如何成为一位完美的女士。

那么，什么是"廷臣"？廷臣是在 16 世纪大大小小的宫廷里与君王有来往或打交道的人们。什么又是"宫廷"？文艺复兴时期的宫廷不只是一个豪华广大、戒备森严的宫殿，还是一个直接由君主权力形成的"社会环境结构"，一个可以展示君权的"国家剧场"。人类学家格尔茨（Clifford Geertz，1926—2006）不同意把宫廷仪式仅仅看作一种愚弄人的、应当取消的东西，或者只是用功利主义的眼光来分析它。他写道，宫廷"是对一个统治性政治思想的陈述：即仅仅通过提供一个模型，一个典范，一个文明存在的完美形象，宫廷就将它周围的世界塑造为至少是其自身卓越性的一个粗略摹本。因此，宫廷的仪式生活，以及事实上宫廷的一般生活，是典型

---

1 欧金尼奥·加林著，李玉成译，《中世纪与文艺复兴》，第 309 页。

的，而不仅仅是对社会秩序的反映。正如祭司们所宣称的那样，它所反映的是超自然的秩序……人们应该严格按照自己的地位，在此基础上寻求自己的生活模式"。[1]

宫廷不是我们既熟悉又神秘的"紫禁城"，紫禁城是一个有"宫"无"廷"的地方，一块严密守卫，但不允许人们自由往来的禁地。

英国历史学家彼得·伯克在加林主编的《文艺复兴时期的人》一书的第四章"廷臣"中指出，在欧洲，宫廷这个权力中心"被认为是神圣和'示范性的'：是一个其他人应当效仿的模式。宫廷被认为是政治和社会秩序的化身，是一个自然秩序的微型宇宙和超自然等级的反映"。因此，用现代伦理的眼光来批评文艺复兴时期廷臣们对他们君主的"奴颜婢色"、"阿谀奉承"或"卑躬屈膝"，便会引起一种与文艺复兴时期"人的尊严"所不符合的"奴才"的误解。廷臣对君主保持一种社会等级，而不是人格差别的屈从。这与专制君王以及现代专制或极权寡头周围的奴才、亲信、宠臣、亲密战友或同志是不同的。

文艺复兴时期的宫廷是当时社会文明的缩影，是政治、军事、外交、文学和艺术活动的中心。宫廷是以君主为首的大家庭，一般会有几百至上千人不等。在卡斯蒂廖内时代，乌尔比诺（Urbino）宫廷有 350 人，教皇利奥十世（Leo X，1513—1521 年在位）的罗马宫廷达到了 2000 人。如此众多的宫廷人物，身份五花八门：有主教、军人、学者、政客、艺术家、外交使节等。他们都是自己专业领域中的能手，又各以自己所参与的活动使宫廷生活大放光彩，构成了当时的"精英社会"。

但是，更重要的是，宫廷是一种君主操作和控制权力的方式，

1　Clifford Geetz, *Interpretation of Cultures*, New York: Basic Books, 1973, 332.

伯克说:"文艺复兴时期的君主也像中世纪的君主一样,喜欢经常有一些重要的贵族在自己身边,以便听取他们的建议;同时也是为了控制他们,把他们同他们在农村的权力基础分开,让他们在自己的眼皮底下活动。"[1]

然而,由于多种精英人才的聚集和相互频繁往来,宫廷也成为一个在文化和教养上相互教育,甚至教育君主的场所。有的廷臣本人就是人文主义者,例如,卡斯蒂廖内自己便是一位这样的代表人物。他论述了廷臣的地位和作用,特别强调廷臣教育君主的重大意义。他认为,指导和劝告君主向善,使其远离邪恶,使君主知晓何者为善,何者为恶,使其热爱行善而痛恨作恶,这是廷臣所要达到的真正目的。作为廷臣,应该运用自己的智慧和才能对君主施加影响,有责任敦促君主明察秋毫,公正不阿,惩恶扬善,成为贤明君主;也要巧妙提醒君主某些不恰当或者不周全的决定,以免铸成大错。总之,廷臣应当倾全力辅佐君主建功立业,争取荣誉,进而使国家富足,国民安居乐业。从理论上讲,廷臣的作用主要是给君主当顾问并传达君主的命令,但实际上他们也可能成为君主的紧密合作者和协助者。

卡斯蒂廖内《廷臣论》里的廷臣不仅有其在宫廷里的身份,而且是一位高尚绅士,这是一种文艺复兴时期的完人理想。一位优秀的廷臣是一个非常有教养的人,他知晓多种知识,什么话题对他来说都不陌生。他聪明能干,从马术、击剑到跳舞、谈天,样样都很在行。用我们今天的话来说,就是智商、情商很高,多才多艺。他善于社交,与人交谈幽默诙谐、谈笑风生、谈吐不俗。《廷臣论》有专门讨论与他人交谈时如何说笑话的部分:笑话不能粗俗,不能卖弄,要十分自然,而且不能刻薄伤人。幽默和说笑是为了活跃交

---

1 欧金尼奥·加林主编、李玉成译,《文艺复兴时期的人》,生活·读书·新知三联书店,2004年,第127—128页。

谈的气氛，不是炫耀自己的口才，更不是为了抖小聪明。

当然，幽默和说笑只是交谈的一部分。交谈不仅关乎怎么说话，还关乎什么时候该说什么话，什么时候不该说什么话，甚至什么时候该不说话。彼得·伯克在《交谈的艺术》（*The Art of Conversation*）一书中讨论了文艺复兴时期的交谈礼仪——怎么谈吐，怎么开玩笑，怎么礼貌地回击别人的攻击，怎么讨酒喝，怎么表示尊敬而又不失身份。所有这些都是有潜规则的交谈行为。书里还有一篇是专门谈"沉默"礼仪的，如何避免无谓的争论，如何巧妙地避开敏感的话题，如何避免自我吹嘘或占人便宜，如何不说讨人嫌的话，等等。其实我们在一些特定的场合也有这类"潜规则"。例如，在同学聚会的时候，要替所有在场的同学着想，说话前先考虑别人可能的感受。不要炫耀自己的成功，冷落了落魄的同学；不要夸耀自己的子女多么有出息，免得引起别人的妒忌和不快。这些不光是交谈的艺术，也是做人的道理。

《廷臣论》特别强调，做人要自然，要诚恳，不要装腔作势，虚情假意。例如，与人相处要彬彬有礼，但又不能显得做作，都必须像是自然的流露。当然，这种自然也许并不自然，而是学习和自我训练的结果。这正是《廷臣论》的要点，良好的礼仪很少是自然的，而是对自然习惯的规范和限制。你在自然而然要发怒、要妒忌、有贪心、欲望冲动的时候，有意识地克制自己，这才是真正的道德和人格修养。

这是一种文艺复兴时期对优秀绅士的完人理想。这样的"优秀绅士"，他们的教育不是在学校，而是在宫廷里进行的，这种教育的意义也比"学校教育"来得宽广，它要教育的不只是知识，而且还有荣誉和体现文明的礼仪（civility）。这种教育一直到今天对欧美教育仍有积极的影响（在"上流社会"中进行），成为一种学校知识之外的气质和修养熏陶。一个国家的"礼仪"（或"教养"）文化，若能在传统中持续传承，无不以王室为顶端向下流布。"礼仪"不仅包括行为举止、衣着、言谈，还包括处理人际关系的方式和价值。

礼仪来自教育，宫廷的礼仪教育同时对贵族和民间都有示范作用。也正是在这个意义上，伯克说，宫廷也是一个教育机构。英国文艺复兴时期诗人，也曾身为廷臣的斯宾塞（Edmund Spenser，约1553—1599）在《仙后》（*The Faerie Queene*）中说，宫廷教育它的成员如何说话、如何笑、如何沉默、如何走路，甚至如何撒谎，从小在宫廷行走的年轻人不仅学习文雅的举止和军事技能，还要学习一些音乐、诗歌方面的知识和能力。卡斯蒂廖内的《廷臣论》中有很长的篇幅讨论如何有教养地运用幽默的技能，如何得体地说笑话，包括不在不喜欢说笑话的人面前说笑话，等等。卡斯蒂廖内的这本书于1528年问世，随即被翻译成欧洲所有的主要文字，被赞誉为是"这一时代主要伦理和社会思想的概括和集中表现"。

卡斯蒂廖内笔下的"廷臣"不是从中世纪骑士制度的土壤中生长起来的，而是脱胎于人文主义的教育纲领。这种人文主义教育的目标是锻炼人的身心并鼓励雄心，培育一切适合人类天性的高贵感情，并以此为基础培养完人。卡斯蒂廖内在《廷臣论》中全面论述了廷臣的地位和应担当的责任，廷臣应具备的品德学识以及如何通过教育获得这些素养，廷臣与君主的关系以及希望完美廷臣影响君主进而改造社会的理想。卡斯蒂廖内所表现的正是文艺复兴时期出现的一种新的不脱离政治的教育理念：廷臣与君主的关系既是政治的，又是文化的，犹如师生，廷臣应该成为君主的正面教师。优秀的教师才能引导出优秀的学生。因此，廷臣必须首先成为完美的人。

卡斯蒂廖内笔下的廷臣是无所不能的完人，从肉体到灵魂，是标准的文艺复兴人文主义者理想中的"完美公民"形象。公民与廷臣本不是同一概念，但他通过对"完人"的期待与设想，在理想中将二者合二为一，成为具有文艺复兴特色的完人，这是一个正在形成和成长中的人，也是一个能意识到自己成长的现代意义上的人。

　　"廷臣"的概念与传统或普通意义上的"侍臣"或"奴臣"是不同的，卡斯蒂廖内设想的"廷臣"不是亲近、讨好君主或国王的"宠臣"，而是文艺复兴时期那种不脱离政治关系的"优秀的一般人"。这种"优秀的一般人"在我们今天看来似乎已经难以理解，其实不同时代、不同社会对"优秀的一般人"都会有自己的表述，例如《弟子规》中的"受教弟子"就是这样的"完人"或"优秀的一般人"。这样的人物只能是一个理想中的神话，并不能把他当作实际社会角色的真实写照。

　　《廷臣论》对廷臣的正面要求也可以看作对文艺复兴时期宫廷中许多不良或丑恶现象的一种批判。宫廷是一个非常容易沾染与权力腐败有关的恶习的地方，文艺复兴时期就已经不断有人批评宫廷和廷臣。法国诗人阿兰·夏蒂埃（Alain Chartier，约 1385—1430）是查理七世的秘书，他就曾经批评宫廷是聚集在一起，为了相互欺骗的一批人。与官场一样，宫廷在它华丽、优雅的外貌下，也常常隐藏着钩心斗角、尔虞我诈的人际关系和行为，充斥着无知、懒惰、傲慢、谄媚和寡廉鲜耻。对于这样的廷臣，《廷臣论》就好比是一面照出他们丑态的镜子。

　　《廷臣论》展现了文艺复兴时期有代表性的宫廷礼仪和上流社会的风尚（manners），对 17、18 世纪的社会风尚文学（Literature of manners）有深远的影响，我们在讲莫里哀（Molière，1622—1673）的喜剧和艾迪生（Joseph Addison，1672—1719）的随笔时还会有所讨论。令我们特别感兴趣的是"社会风尚"中人与人交谈的文明规则和伦理。这些规则和伦理不同于我们平时在公共说理中强调的理性和逻辑，而是涉及社会伦理的尊重、宽容、礼貌、文明和文雅。是后面这一类的素质使得我们平时的交谈可以成为一种令人愉快的相互交往。

当然，正如卡斯蒂廖内在《廷臣论》里所说，交谈的文雅和礼貌要自然而然，而不是故意做出来的，所以一个人怎么交谈其实是他禀性和品格的一部分，是自然的流露，而不是繁文缛节。交谈始终是一个文明化的方式，也是人文教育应该重视的一个方面。今天，我们常常听到人们感叹谈话或交谈作为一门艺术的衰落，如果是这样的话，那么读一读《廷臣论》是会有启发的。可惜这部著作还没有完整的中译本。不过已经有了一些中译文节选，如周维明译的《诙谐的断代史》和辛衍君译的《实现卓越》（英汉双语）都可以拿来作为开始的阅读。[1]

4. 卡斯蒂廖内《廷臣论》：阅读释义中的历史问题

卡斯蒂廖内的《廷臣论》是文艺复兴时期最重要的文本之一，当时之所以能立刻受到上层读者的欢迎，并不是因为它能使读者就此成为完美绅士，而是因为在早期现代的精英文化中有这样一种观念："一项事业中不可能达到完美"从来不被认为是避免尝试的合理理由。卡斯蒂廖内书中描述的"完美的廷臣"，其品质可能永远不会被任何有志之士完全体现出来，但是，接近完美本身就是一种能让自己变得完美的方式。就像许多弓箭手射向一个目标，没有一个人击中目标，但最接近靶心的射手肯定是比其他人更好的。人文阅读也是一样，我们有一定的理由去尝试阅读，即使我们不能保证击中目标，我们也希望至少能接近目标，也许开始只是少数人的这种尝试后来会使其他人也更容易接近目标。

对今天的读者来说，阅读《廷臣论》确实需要耐心，因为我们

---

1 《廷臣论》现已有中文译本，详见巴尔达萨尔·卡斯蒂廖内著，李玉成译，《廷臣论》，商务印书馆，2021年。——编者注

不会像这本书当初的读者那样对书中的大多数议题有一种自然而然的兴趣，但是，无论是从历史价值还是阅读乐趣来说，我们确实有一定的理由去尝试阅读这本书。

这本书以对话的形式写成，主要涉及乌尔比诺的廷臣们在四个晚上进行的交谈游戏，其中包括试图描述完美的廷臣。这个文本分为四卷，每一卷都是一个晚上的讨论，议题各不相同，包括完美廷臣的品质（第 1 卷）；完美廷臣应如何最好地展示这些品质（第 2 卷）；完美宫廷女官的品质（第 3 卷）；以及完美廷臣的更高目标（第 4 卷）。

《廷臣论》以一封献给维塞乌主教（Bishop of Viseu）唐·米歇尔·德·席尔瓦（Don Michel de Silva，1480—1556）的信开始。卡斯蒂廖内赞扬了乌尔比诺的廷臣，并解释说，由于许多未经授权的版本已经流传开来，所以他要赶紧发布《廷臣论》。信中详细介绍了卡斯蒂廖内的意图，即纪念乌尔比诺宫廷的文化修养，他在那里度过了人生中最重要的几年。

第一个晚上，卢多维科·迪·卡诺萨伯爵（Count Ludovico da Canossa，1476—1532）带领大家讨论了什么是完美的廷臣，首先讨论了身世和道德的特征。乌尔比诺公爵（Duke of Urbino，1422—1482）认为廷臣要有贵族血统，并列举了一些廷臣应该精通的技艺和素质：学习经典，同时头脑清醒，而且完美的廷臣应该有音乐和艺术能力。

第 2 卷以对怀旧的批判开篇。廷臣们重申了前一天晚上的讨论，宣称良好的判断力对廷臣来说至关重要。廷臣们讨论了着装问题，认为一个理想的廷臣应该穿着得体，在选择朋友方面要精明，因为这影响到他的声誉。晚会的主要发言人费德里科·弗莱戈索（Federico Fregoso，1480—1541）描述了一些一般规则。廷臣应该毫无瑕疵地、自然地展示他的美德，赢得主上的钦佩而不引起同僚的嫉妒。理想的廷臣还应该随时敏锐地意识到他的听众，但要将自己的关注完全放在君主身上，引导他走向美德。

威尼斯学者和诗人皮埃特罗·本博（Pietro Bembo，1470—1547）在回答行政长官关于臣子如何才能最好地娱乐的问题时，指出了三种幽默：轶事、调侃和恶作剧笑话。臣子们应该避免伤人、刻薄和残忍的笑话，要参与文字游戏和运用温和讽刺的比喻。他可以对异想天开和不同的事情颇有兴趣，但应该避免非难宗教的笑话。拿女性来开玩笑不是绅士的作为，廷臣在爱情上应该真诚，就连恶作剧的玩笑也应该是友好的。廷臣们决定，明天晚上将专门讨论如何定义理想的宫廷女性。

第3卷的开头是对乌尔比诺宫廷更多的赞美。朱利亚诺·德·美第奇（Giuliano de' Medici，1453—1478，被称为"大人"，Magnifico）开始描述理想的女廷臣：她不应该像男人一样，但应该像男臣一样高贵、优雅、有礼貌。她应该是个贤惠的人，是个好母亲，避免流言蜚语、粗鲁的动作和粗暴的行为。加斯帕雷（Gaspare）认为女性天生就有缺陷，性格里有许多毛病，大人反驳他的看法，认为不能忽视女性，因为没有女性，人类就会灭亡。加斯帕雷认为男人更优秀，但大人认为女人也不差，只是更敏感一些。他举了一些有德行的女人的例子，如亚历山大（Alexandra）、埃皮查里斯（Epicharis）和卡玛（Camma）。加斯帕雷认为这些都是过去的事了，于是大人就用一连串的现代例子来予以回应。

加斯帕雷继续争论妇女的不完美性，拒绝接受大人的例子。大人于是说，一个真正的宫廷淑女在爱情问题上需要谨慎，通过拒绝追求者来决定谁真正爱她。已婚妇女不应迷失方向，而未婚妇女应鼓励追求者在美德上有所发展。爱应该通过行动而不是言语来表达，并需要保持秘密。加斯帕雷还想表达他的意见，但大家同意结束性别和女廷臣之争，以便有更多时间讨论理想的廷臣。

　　第 4 卷开篇是对已逝的廷臣表示哀叹，并对出席这场讨论的人们做一些反思，也谈谈他们的杰出事业。费德里科·弗莱戈索的哥哥奥塔维亚诺·弗莱戈索（Ottaviano Fregoso，1470—1524）重新定义了理想的廷臣，他说一个廷臣应该避免妖媚和虚伪，应该成为美德的典范。廷臣们应该培养道德品质，并记住真正的知识可以防止罪恶，而节制可以防止造成敌对。

　　讨论继续进行，廷臣们开始研究不同的政府形式。加斯帕雷先生问道，君主国和共和国，哪个是更幸福的政府形式？奥塔维亚诺回答说，君主应该是政治团体的首脑。本博则认为共和国能提供更大的自由。奥塔维亚诺承认暴政是最糟糕的政府形式，但是，明智的人最好由君主来管理，君主就像神一样，其职责是发布命令。

　　在这本书的结尾，本博谈到了柏拉图式的爱情。他断言，廷臣不应该在爱情中引起不快，他把爱情定义为对拥有美丽的渴望。他区分了感官上的美和精神上的美。宫廷淑女可以给她的爱人一个吻，在这个吻中，两种形式的美被结合在一起。为了克服煎熬，爱人必须思考普遍的美。本博以祈祷结束了他的自述，当他说完后，廷臣们结束了他们的讨论，并分道扬镳，各干各的事去了。

　　《廷臣论》是一部轻松愉快，涉及广泛议题的君子作品，其影响传到了欧洲其他国家，在上流人士中流传，于是出现了许多模仿它的作品。模仿他人的成功作品，这在文艺复兴时期是常见的，我们在讲拉伯雷的作品时已经谈过，彼特拉克和薄伽丘的作品也都曾被模仿。模仿之作都是把廷臣当作一种取代骑士的特征人物，廷臣发挥作用不是靠会打仗，而是靠读写和学识。他们讲究外交手段，对美的事物有敏锐的眼光和优秀的品位，而且特别注重礼仪。诗人和廷臣这两个身份可以通过"礼仪"（decorum）的观念建立内在的联系。廷臣们游走于宫廷社会圈子，有良好的经典文化底子，善于修辞，品位高雅，在宫廷里有着可观的重要性。当然，这种上流社会的廷臣—诗人都有往上爬的野心，彼此暗中较劲，总会有矛盾和冲突，然而，礼仪使他们能在表面上显得和和气气，不至于吃相难看地你争我斗。

乔治·布尔（George Bull，1929—2001）是 1967 年英文版《廷臣论》的译者，[1] 他在该书的前言里写道，《廷臣论》一书里"激烈而自私的个人主义与骇人听闻的势利眼相结合，自然会让现代读者感到厌恶"。现代历史学家不会同意历史是由统治阶级和少数受宠者写成的，"他们未必关心有天赋的业余爱好者如何在宫廷里长袖善舞，而是更想了解山下村庄的死亡率"。《廷臣论》有逃避历史真相之嫌，"整个书中流淌着一种自然的忧郁，部分原因是卡斯蒂廖内不断意识到命运的无常和死亡的不可避免。但就其本质而言，这是一本将生活的现实转向理想化的书，战争……被美化了；他在乌尔比诺认识的一些同性恋伙伴的犯罪行为被掩盖或忽略了；16 世纪意大利宫廷生活的粗鲁……被美化了……政治讨论则完全是不现实的"。

但是，也有人认为，迄今为止，文明存在于种种习惯的传播与扩散之中，而这些习惯来自贵族阶层；文明并非源于人民，但文明在人民中以异于人民的方式出现，然后文明便从上至下地强加在人民身上，如果一个国家没有这种文明，那么这个国家必然是粗俗野蛮的。

然而，贵族在文明进程中的作用又是颇有争议的。历史证明，贵族制利弊参半。贵族制带来了文化繁荣，同时也带来专制和暴政；在贵族制度下，千百万的民众俯首称臣，为少数人的"文明"付出沉重代价。现代民主政治的首要原则是，评判一个社会时，应该根据其提高全体社会成员生活水平和个人能力的措施是否优越。

1　Baldesar Castlione, *The Book of the Courtier*, translated and with an introduction by George Bull, London: Penguin Books, 2003.

民主制是对贵族制的巨大改进，但民主制也并非十全十美。民主制度中不仅仅有腐败及政府的无能，还难以避免对一致性的迷恋。更糟糕的是，民主制还有其独特的多数人暴政。

这就使得《廷臣论》成为一部非常复杂的著作，也造成了它特有的释义问题。历史学家约翰·伍德豪斯（John R. Woodhouse）在一部专门研究卡斯蒂廖内的著作里归纳了四种对《廷臣论》的释义方法：一、把它当作一本关于优雅礼仪和自我推销技巧的手册，供那些在宫廷寻求晋升的人使用；二、为最辉煌时期的乌尔比诺宫廷提供一幅理想化的纪念图景；三、处理在君主专制主义背景下出现的道德而非政治问题；四、一部逃避现实的小说，怀念1494年法国入侵前意大利北部的小型自治宫廷时代，而对其所在时代的政治现实视而不见。[1]

另一位研究卡斯蒂廖内的历史学家阿尔伯里（W. R. Albury）在他的专著里则提出，[2] 其实对《廷臣论》的释义方法还不止这四种，还可以有其他的释义方法，例如，把它当作一部文艺复兴时期自我包装的审美手册，注重一个人的外表而不是内在实质。又例如，把它当作一部写作精美的娱乐作品，里面有许多对古代经典的引述和时髦的话题，很适宜那些有人文修养的读者玩赏。再例如，它可以被当作一部对话手册，开诚布公地讨论问题，不同的人有不同的观点，乐趣全在于讨论本身，最后并没有能说服所有人的结论。其实每个时代都有一些这样的作品，它们不过是精致的消遣、自我包装或者看似俏皮、风趣的对话，既没有实在的思想，也没有值得探究的深文大义，既然如此，也就不必勉强深入解读。

1　John R. Woodhouse, *Baldesar Castiglione: A Reassessment of the Courtier*, Edinburgh: Edinburgh University Press, 1978.

2　W. R. Albury, *Castiglione's Allegory: Veiled Policy in the Book of the Courtier (1528)*, London: Routledge, 2014.

《廷臣论》虽然也是这样一部作品，但却能够让不同的阅读和释义方式同时进行，也算是一部奇特的作品，正如文艺复兴文化专家彼得·伯克所说，这本书的"多义性，可以有不同的解释，是它的对话几个世纪以来一直广受欢迎的一个重要原因"。[1]使得形成多种不同解释的是读者与作品的历史距离，不只是文本本身——无论它包含怎样的开放性和模糊性。

阅读古代作品时经常会碰到这样的问题：历史在我们的阅读中起到怎样的作用？历史可能或究竟有多大的分量？历史对文学研究和文学阅读的重要性有怎样的不同？阅读为什么不能像学术研究那样处理历史？在思考这些问题的时候，有一点似乎特别重要，那就是在阅读作品的时候应该避免历史绝对论的方法。

有的读者在诠释和评价作品时对自己有不现实的要求，以为理解作品应该与作者的原意相合，评判作品应该尽量采用作家同时代读者的标准。他们认为唯有如此才算尊重和忠实于历史。这种以古论古的态度会使我们无法自由地阅读，无法形成阅读与现实有关的联想。

这是文学研究和阅读的一个不同，研究可以考证史迹、钩沉辑佚、订伪辨谬，若能帮助读者在阅读中避免犯时代性错误，倒也不无裨益。可是，普通阅读与专门研究毕竟有所区别，如果用专门研究的态度去阅读和评价每一首诗，阅读就会碰到麻烦。对于绝大多数文学作品来说，我们无法确切知道作者同时代读者的看法，因为即使史料上有记载的，也还有可靠性和代表性的问题。一般读者对卡斯蒂廖内和他的《廷臣论》只能有一个非常粗浅的历史认识，阅读主要是基于自己的兴趣，如果有兴趣，可以多读一些，如果兴趣不能维持，那么选一些篇章来读一下，有个印象式的理解也就够了。

1　Peter Burke, The *Fortunes of the Courtier: The European Reception of Castiglione's Cortegiano*, Cambridge: Polity, 1995, 36.

当然，这样的阅读对于评价作品来说是不够的，评判应当是对作品阅读的一个更高要求或更重要的目的。放弃历史方法的评判作用，无疑就是否定了它作为深入理解文学作品的价值。历史的阅读方法运用与文学有关的历史知识，是为了达到研究文学作品本身的目的，而不是把研究历史事实作为它的目的。这是历史阅读与历史研究的区别。忽视这一点，我们就会在文学和史料考证之间划不清界限，把文学作品当成一件古董，深隐于训诂、名物、典章、制度、校勘等之中。

在中国，有人曾花了大量精力来研究李商隐的无题诗或小说《红楼梦》，但只是为了考证作品中人物的可能身份和原型。在西方，也曾有人穷毕生精力去考证莎士比亚十四行诗里的黑妇人是谁，或者美国诗人埃米莉·狄金森诗里那位神秘的情人是谁。走极端的人甚至会捕风捉影、想入非非地把作品中的人物附会为历史上的真人，比如有人说宝玉和黛玉是影射顺治皇帝和董小宛，或说妙玉是姜宸英，黛玉是朱彝尊。他们似乎忘记了自己在和文学作品打交道，忘记了确定文学价值的标准，忘记了文学阅读所应有的人文关怀。

这种从历史绝对论出发的"研读"对历史细节估价过高，也就缺乏做出与文学有关判断的标准。清代袁枚曾从诗歌创作论的角度对翁方纲等一批考据家、经学家的"以学为诗"说进行过批判：有历史学问而无诗歌灵性者"当以考据之学，自成一家……何必代借诗为卖弄。"（《随园诗话》卷五）从经典阅读的角度来看也是一样，如果考据家不懂得文学作品的特殊本质和规律，尽管胸罗万卷、博古通今，也最好不必染指经典阅读，否则不会有一点阅读的乐趣。

也许我们正是需要带着这样一种平常心，而不是追求历史或其他真理的执着去阅读卡斯蒂廖内的《廷臣论》，对我们在文艺复兴的语境中的阅读来说，除了在意大利以外的影响，这部作品的历史价值还体现在两个方面：首先，它是文艺复兴思想的汇编。它不仅为文艺复兴时期对"全面的人"（即"多面手"）的关注提供了最好的说明；它还触及了当时意大利文学和思想中追求的几乎所有主题，无论繁复或简短，从研究和模仿古典世界的重要性到财富在人类事务中的作用，从爱情到说笑话，从男性和女性的特点到君主制和共和的优劣比较，都生动地展现在读者的面前。当然，倘若把《廷臣论》与其他议论"文艺复兴人"的著作一起阅读，一定会有不同的体会。

十七　皮科《论人的尊严》

1. "文艺复兴人"的宣言

人类尊严的概念是为数不多的在专业学术论述之外获得流行的哲学概念之一。从乔凡尼·皮科·德拉·米兰多拉（Giovanni Pico della Mirandola，1463—1494）、康德和其他哲学家的著作中，尊严这个哲学概念已经进入我们的口语词汇。对人类尊严的呼吁是当今道德、法律和政治话语的重要组成部分，并经常出现在国家宪法和联合国文件、报纸、非政府组织出版物和人权话语中。

我们今天阅读皮科的《论人的尊严》正是出于一种历史回顾的需要，为的是更好地理解尊严这个观念是如何在文艺复兴时期得到了一种独特的人文主义表述，虽然独特但并非前所未有。《论人的尊严》本身不过是一个演讲稿，但尊严却是一个重大的问题，我将用以下共五小节的篇幅来讨论这篇讲稿和尊严的问题。第一节（也就是本节）大致介绍皮科和这篇《论人的尊严》；第二节介绍一下尊严的观念史，这是为了给这篇讲稿一个清晰的历史定位；第三、第四节将从文艺复兴与中世纪的关系来分析《论人的尊严》的思想特征与局限；最后一节谈谈我们今天如何言说和看待尊严。

皮科是一个很复杂的人物，正如历史学家布赖恩·科彭哈弗（Brian P. Copenhaver）所说，他的声誉在"很长一段时间里发生了变化。这些变化重塑了他声誉的各个层面。神童皮科可以与卡巴拉学者（Kabbalah）皮科区分开来，卡巴拉学者与古典主义者不同，古典主义者与神秘主义者不同，以此类推，贵族、禁欲主义者、知识爱好者、解放者、学者等角色也是如此"。[1] 我们在这里把他当作文艺复兴时期"人的尊严"的代言人，只是他的一个方面。而且，需要在一开始就明确的是，皮科不是我们现代尊严概念的先知，也没有预言我们今天所知道的尊严，不是他碰巧没有做出这样的预言，而是因为生活在早期文艺复兴的宗教文化环境里，他不可能做出这样的预言。

如果说意大利文艺复兴时期有什么"宣言"的话，那么皮科的《论人的尊严》就是这样的作品，但它其实并不是一份关于尊严的宣言——因为在皮科之前古人就已经有了尊严的概念——而是一份关于"文艺复兴人"（Renaissance Man）的宣言。"文艺复兴人"也叫宇宙人（Uomo Universale），是在文艺复兴时期的意大利发展起来的一种理想，它所表达的含义是：人是能够塑造自己的高等生灵，只要人愿意，他就能做成任何事情。这一理想体现了文艺复兴时期人文主义的基本信条：人是宇宙的中心，人的发展能力是无限的。正是基于这样的信念，文艺复兴人相信，应该努力接受所有的知识，尽可能充分地发展自己的能力。皮科把人独有的这种能力称为"尊严"，与我们今天所运用的尊严概念是有差别的。

皮科借助尊严的观念，将所有注意力集中在人类能力和人类视角上，在当时是非常有力、雄辩、彻底的"文艺复兴人"宣言。皮

1　Brian P. Copenhaver, *Magic and the Dignity of Man: Pico Della Mirandola and His Oration in Modern Memory*, Cambridge MA: The Belknap Press of Harvard University Press, 2019, 3-4.

科本人拥有过人的智力，他研究了文艺复兴时期大学课程中的所有内容。这篇"演说"的部分内容是为人类所有智力成就的大型汇编作序，但由于皮科早逝，该汇编从未出现。这是典型的文艺复兴学术雄心，当时甚至有人文学者认为，必须把所有的古代经典研读两遍，才有资格从事自己的写作。这可能是因为当时的古代经典数量有限，放到今天，还有谁敢这么想，这么说？

皮科是一个文艺复兴时期的人文主义者，他所遵循的思维方式早在 14 世纪就已经开始流行了。中世纪晚期和文艺复兴时期的人文主义者反对经院哲学枯燥、奥涩的逻辑学和语言学，他们转而关注世俗的学问，但同样关注人与神的关系。他们在人身上看到上帝创造的顶点和目的，因此他们探究如何界定人在上帝计划中的地位和人的神圣使命。他们在任何时候都没有忽视他们的宗教，所以，文艺复兴的人文主义首先是一个宗教运动，而不是一个世俗运动，与我们现代政治话语中所说的"世俗人文主义"（一种世界观）是不同的。

皮科有着雄心勃勃的哲学梦想。他想发现人类的本质，并向世人展示如何与上帝融为一体。他在《论人的尊严》中阐述的这类思想在今天自然是会有争议的。但这些思想是对一些古老问题的重要阐述——做人的意义是什么？人类的本质是什么？我们能超越人性吗？——这些至今仍然是许多思想家还在思考的问题，对我们的人文阅读也具有特别重要的意义。

皮科于 1463 年出生在意大利的一个贵族家庭，他游历欧洲，研究哲学、神学、宗教和语言。他是一名基督徒，但他试图将不同的宗教、世界观和实践统一到全面的哲学之中，以此基本上解释一切问题。这是多么高远的目标！为了追求这一目标，他研究了穆斯林教义、希腊神话、犹太神秘主义甚至是魔法的所有东西，寻找一种能将所有异端思想与基督教原则相结合的方法。

1486 年，皮科认为他想出了一个统一的理论。他把这些想法写进了一份名为《900 条结论》(900 Theses) 的文件里，也被称为皮科的 900 篇论文，其中《论人的尊严》是这部作品的导言。皮科对自己的工作非常兴奋，他邀请世界各地的学者在 1487 年到罗马来辩论他的论点。不过，因为教皇宣布皮科的一些思想为异端，这场雄心勃勃的盛大辩论从未能举行。

皮科很沮丧，但并没有因为教会对其作品的批评而沉默。事实上，他与教会的纠纷使他成为他那个时代最有争议和最不为人待见的思想家之一。他继续写作和追求哲学，直到 1494 年去世，对其思想的争议意味着他永远没有机会正式出版他的《900 条结论》。

现在来看看他在《论人的尊严》中究竟提出了哪些人文主义的观点，以及如何提出这些观念。他在这篇演说中宣称，上帝赋予人类的纯粹理性是人类能够达到的最高水准。在生物中，人是孤独的，因为人是独一无二的。人"有天赋的自由"，"噢，天父至高的慷慨啊！人至高而奇妙的幸福啊！他被准许得到其所选择的，成为其所意愿的。……野兽刚一出生，就从母胎里带出了它们将会拥有的全部。上界的精灵或自太初或那之后不久，就已是他们在永恒中永远将是的样子。（天）父在人出生时为他注入了各类种子以及各种生命的根苗。这些种子将在每个培育它们的人那里长大结果。培育其植物性的种子，他就变成植物；培育其感觉的种子，他就变成野兽；培育其理性的种子，他就变成天上的生灵；培育其智性的种子，他就成为天使和神子。并且，如果他对任何其他造物的命运都不满意，他会将自己收拢到自身统一体的中心，变成唯一与上帝同在的灵。在（天）父独有的幽暗中，曾被置于万物之上的他将超越万物"。[1] 天赋的自由使人能够提高或降低自己。高层次的存在比低

---

1 皮科·米兰多拉著，顾超一、樊虹谷译，《论人的尊严》，北京大学出版社，2010 年，第 29 页。

层次的存在更好。自由使人有别于其他生物，甚至更高级的生命也对人羡慕不已。

皮科认为，人类可以通过道德科学来提高自己。通过遵循更高的理想，人类可以上升，这些理想包括慈善、智慧和正义。以慈善或正义的方式行事需要智慧。当人的行为良好时，他就会上升。当人的行为不好时，他就会堕落。人可以变得像植物或动物一样：植物是一种低级的形式，它只躺在原地消耗；动物缺乏理性，当人静止不动或无理取闹时，他就会变得像低等生物。

行为卑微的人是植物，只对感官有反应的人是野兽，而只有哲学家这样的人才是天堂的生物。专注于哲学沉思的人不会在乎物质和肉体的存在，而是会潜入心灵的深处。他既不是地球上的生物，也不是天上的生物，而是具有超越肉体存在的神性存在。他应该向往更高的层次，而不是堕落到更低的层次。人要努力超越现世，为了做到这一点，人要效仿天使，以慈善、智慧和正义行事，而智慧又是关键。"一个人怎么能判断或爱不知道的事物？……因此，居中的普智天使，用它的光使我们准备好燃起炽爱天使之火，也为我们照亮宝座天使的审判。普智天使是最好的心智的纽带，是帕拉斯的秩序、是沉思哲学的照看者。……我们必须效仿他，渴求他并同样地理解他，以便我们能自他而被提升，达至爱的高度。"[1]

智慧是理性的，皮科认为，每个人都有内心的冲突，这种冲突产生了激情。每个人虽有理性，却未必能正确运用，人必须通过限制自己的激情，改善自己的理智能力，为精神和心灵的成就做好准备。他引用基督教、希伯来、希腊和其他孤独知识和精神资源，是为了增进人的智性，也是为了通过思考维护和平的状态。和平使人提高，而暴力使人降低。当世俗的人安于和平时，他们就会上升到

1　皮科·米兰多拉著，顾超一、樊虹谷译，《论人的尊严》，第 39 页。

一种高尚的境界，即尘世和神性的结合。

皮科有 900 篇关于各种主题的论文。这些论文包括物理学、形而上学、数学和魔法。他在这些领域中的每一个领域都引入了新的思想，并将不同文化来源的思想汇集在一起，用来解决当时最重要的问题，他称之为"哲学"。

皮科声称，他研究哲学是因为哲学在促成神学方面的贡献。他的同时代人有的批评哲学没有实际价值，是无益和无用的。皮科反驳道，哲学不是为了有利可图，而是为了追求真理。有利可图的定然不会是哲学。皮科还特别重视数字，他研究过数字，认为数字是最重要的思想方法之一。他指的不是商人的那种数字计算，而是像柏拉图和其他哲学家那样指一种神秘的数字艺术。他声称，"柏拉图在《厄庇诺米篇》中写道，在所有自由技艺与沉思科学中，数的科学最为重要和神圣。并且，在被问到人何以成为最智慧的生灵时，他答道：'因为他知道如何计数。'……知晓如何计数之人知晓一切"。[1]皮科说他自己"经夜以继日的研究，似已透彻地考察了广受赞誉的数学，于是决心将其付诸检验，并许诺，我会运用数学来公开回答物理学和神圣之事中公认的最重要的那七十四个问题"。[2]

皮科说，魔法可以是光明的，也可以是黑暗的。光明的魔法就像宗教、艺术或科学，学者们不遗余力地研究魔法，魔法可以把高等和低等的东西统一起来。在一些人中，魔法的名声很差，因为黑暗的魔法会带来毁灭的后果，但"好的魔法师能将地配给天，即把低等的事物嫁接到更高者的禀赋和权能上"。好的魔法师还"敦促人敬拜上帝，而这种心智状态恰恰最能使人萌发出诚挚的信、望、爱"，一旦我们借助这样的魔法，"自然魔法恰当地考察神迹……我们就会被激起对造物主更热切的敬拜和爱，而忍不住唱道：'天地

1　皮科·米兰多拉著，顾超一、樊虹谷译，《论人的尊严》，第 97—98 页。
2　同上。

都满是你荣耀的辉煌'"。[1]

皮科还十分重视卡巴拉，他认为，秘密的教义在几个世纪以来一直在流传。卡巴拉就是希伯来学者的口头传统，累积成一个口耳相传的资料库，皮科声称自己读过这些书。他认为秘密教义，无论是来自哲学还是神学流派，都是对基督教的确认。

皮科的同时代人对他有许多批评，他们认为皮科太年轻，不可能像他自称的那么博学，更不用说是有那么多新知识了。皮科在《论人的尊严》里对这样的批评做出了反驳，他说，决定一场哲学之争的应该是见识而不是年龄。还有批评者断言，皮科不可能像他自己说的那样应对来自全欧洲学者们的挑战。皮科回答说，他的《900条结论》代表了他要论证的东西，不多也不少，任何较少的论据都是不够的。他宣称自己可以就更多的主题提出更多的论据，但他认为这是适当的数量。在介绍了他的研究概况后，皮科宣布他已准备好参加辩论。

可以看到，在《论人的尊严》里，皮科并没有提出多少对尊严的直接论述，他更不是历史上第一个提出人的尊严的思想家。他称赞人的自我塑造是一种特殊能力，也是人类尊严的基础。这样的尊严观念离我们今天把尊严当作一种普遍人权还有相当大的距离。不过，那毕竟是文艺复兴时期的尊严观念，我们在后面还要讨论如何从文艺复兴与中世纪的关系来理解皮科关于人的尊严的思想观念。但在这之前，我们需要先介绍一下尊严的观念史，以便更好地确定皮科尊严观念的历史地位。

---

1 皮科·米兰多拉著，顾超一、樊虹谷译，《论人的尊严》，第106页。

2. 观念史中的"尊严"

皮科在《论人的尊严》里提出了作为"文艺复兴人"理想的"尊严",这只能代表人类在一个短暂历史片刻中对尊严的认识。在这之前和之后都还有许多值得我们关注的不同尊严观念,这些不同的尊严观念并不是互相排斥的,而是在现实世界的不断变化过程中出现的不同侧重和具体理解。它们互相参照,相互补充,让后人可以描画出一道关于尊严观念的历史变化轨迹,每一种特定的尊严观念也都可以在中国语境中或多或少地形成一些相关的联想,如何建立这种联想,算是留给读者的课后作业。

古代罗马人已经有了相对清晰的尊严观念。罗马人的尊严(dignitas hominis)概念主要意味着"地位"和"高贵"。荣誉和尊重应该给予那些因拥有特殊地位而配得上的人。因此,被授予特定公职的荣誉会带来尊严。就像中文里"体面""身份""尊贵"这些词那样,尊严指的是尊贵身份和地位的价值,是一个人有高度的社会角色的外在表现,它能唤起人们的尊重,并体现在比一般人优越的等级、职位、渊博学识,人格魅力等。

事实上,尊严并不局限于人,它也适用于机构和国家本身。这种尊严的概念早已被纳入一些法律的范畴。在以罗马法为基础的法律体系中,尊严被视为一种人格和地位的权利,应该受到保护。如果这种意义上的尊严受到侵犯,法律往往会提供刑事和民事的补救措施。在国际领域,这一尊严概念经常被用来指称主权国家的地位,称为"国家尊严"。

在西塞罗那里,"dignitas"指每个人作为人的尊严,不取决于任何特定的额外地位。尊严使人与动物形成了对比:"我们必须时刻记住,人的本性比牛和其他动物的本性要高得多;动物唯一的想法就是满足身体的需要。……相反,人的思想是通过学习和思考来发展的。……从中我们可以了解到，感性的快乐完全不符合人类的尊严。"（*De Officiis*, I, 30）从这个角度来看，人类被认为是"人"而具有某种本质的价值，从而对人类尊严的概念提出了一些重要的问题，例如，我们是什么样的人？我们如何恰当地表达自己是什么样的人？什么样的人才算是有尊严？当然，对这样的问题会有完全不同的答案，这也形成了对待尊严的不同态度。

有三种不同的策略可以用来回答这些问题。第一种是基于宗教的广义回答，通过将这些问题与超自然联系来做神学或形而上的回答。第二种是哲学性的回答，可以通过使用哲学的严谨思考和表达来做本体论的阐述。第三种是历史性的回答，可以通过查看已经发生过的、被集体认为构成对人类尊严侵犯的特定类型的行为来进行归类和分析。这三种策略可以相互竞争也可以相互补充。尊严在历史进程的每一个重要阶段，都有这些策略中的一个或不止一个在起作用。

在中世纪，随着知识界关于神与人之间关系的辩论展开，尊严的概念开始被用作区分人与其他生物的方式。就像在西塞罗那里一样，基督教人文主义者试图调和古典思想和教条主义神学，强调人类的固有尊严。因为人是按照上帝的形象创造的，人与其他物种被区别开来，人在宇宙秩序中有了特殊地位。"人的固有尊严"，这一表述定义了人的本体论地位，它最终来自西方的一些宗教概念，我们在讨论文艺复兴与中世纪文化关系的时候还要谈到。简单地说，这些概念是由犹太教—基督教一神论与来自古典的人文主义遗产融合而成的，这也是文艺复兴文化的一个基本特征。

在这样的文化观念中，人是站在这个世界所有生物等级顶端的生物，唯有人能够认识并爱自己的创造者。人是上帝为了自己而在地球上创造的唯一有灵生物。在所有生物中，唯有人被召唤，通过知识和爱来分享上帝的荣耀。正是为了这个目的，人才被创造出来，这也是人有尊严的根本理由。这样的观念从中世纪到文艺复兴并没有发生本质的变化。在皮科那里，人正是宇宙间的一种特殊存在，人类作为上帝的形象，每个个体都拥有尊严，每个人都不只是某物，而是某人。他有能力自我认识、自我控制、自由地奉献自己，并与他人共融。人被恩典所召唤，与造物主立约，向造物主提供信仰和爱，这是其他生物无法代替人的。

因此，是人就不能是野兽。这个信念在文艺复兴时期荷兰政治家雨果·格劳秀斯（Hugo Grotius, 1583—1645）的《战争与和平法》中有一个鲜明的体现，那就是人类应该妥善对待被杀的敌人的遗体。格劳秀斯的结论是，"最明显的解释是在人的尊严中找到的，人超越了其他生物，如果他的尸体被野兽吞食，那将是一种耻辱。因为被野兽撕咬……就等于在死亡时被剥夺了那些属于我们共同本性的荣誉。……因此，埋葬的权利，即履行人类的职责之一，甚至不能剥夺敌人的权利，因为战争状态并没有剥夺他们的权利和人的本性"。[1] 无论战争多么残酷，即便在最饥饿的情况下，吃敌人的尸首（更不用说吃自己战友的尸首了），都是一种非人的行径。

按照上帝的形象造人意味着人被赋予了区别于动物的品质。在非基督教的文化中也有类似的观念。修昔底德（Thucydides，约前460—约前440）的《伯罗奔尼撒战争》里，雅典瘟疫达到高潮的时候，道德和伦理开始崩溃。死而得葬从来是人与野兽的区别，但一旦瘟疫将雅典人从道德伦理上击溃，人就像苍蝇、老鼠、野兽，死而不葬了。死人没了尊严，活人也就与野兽没有区别了。刨坟掘墓之所以被视为人神共愤的罪恶，也因为是包含着对死人应有尊严的朴素观念。

文艺复兴时期的人文主义者在尊严问题上的独特之处在于，将

---

1 Hugo Grotius, *De Jure Belli ac Pacis*. Trans., A. C. Campbell, London: F. & C. Rivington, 1814, Bk II, chap. 19.

尊严用来沟通罗马古典思想与传统的基督教教义，使这两种思想渊源融为一体。这在皮科那里表现得非常明显，皮科认为，上帝赐予人类的最重要的礼物之一是理性。因此，理性的使用与尊严的概念紧密相连。皮科强调，人的尊严的根源是选择成为他想成为的人的能力，而这是上帝的礼物。人好好运用神赋的理性是上帝所希望的。因此，皮科所说的尊严已经脱离了罗马人所指的职位和等级，而成为一种以人为核心的观念，至今仍有影响。

尊严观念后来的变化和发展在很大程度上是建立在"人具有理性"这个信念的基础上，但放弃了皮科的那些宗教和神秘主义因素。今天，人们直接转向现代性的核心主张：人的自主性。自主的人主宰自己的命运，塑造自己的未来，人有这个能力，再无须借助任何外力。人是目的，不是手段，对待人们的尊严就是把他们当作能够选择自己命运的自主个体。这是一个来自康德的现代观念，这个在后文中还会谈到。

康德的尊严观是启蒙时代的产物，具有启蒙时代的特征。这个政治哲学意义上的尊严与共和主义的发展紧密相连。在18世纪的法国大革命中，原本只是在贵族特权意义上的"尊严"通过《人权宣言》扩展到每一个公民。托马斯·潘恩在1791年为回应柏克对法国大革命的攻击而写下了《人权论》（*Civil Rights*），他的政治理论就是部分建立在"人的自然尊严"上的。玛丽·沃斯通克拉夫特在《女权辩护》里也使用了尊严的语言来支持共和和描述妇女应该享有的做人权利。英国诗人华兹华斯在1805年版本的《序曲》（*The Prelude of 1805*）中也使用了"个人的尊严"（dignity of individual man）这一概念来反驳只是用经济能力来衡量一个人的价值。今天唯利是图的社会是不是应该为用金钱取代尊严感到羞耻？在一个金钱至上的社会里，穷人是绝对不会有尊严的。

不只是金钱观念，政治观念也能贬低和侵犯人的尊严。1848年，夏尔·雷诺维耶（Charles Renouvier，1815—1903）在巴黎发表的一篇文章中断言，"共和国是一个最能调和每个人利益和尊严的国家"。[1]卢梭的政治哲学给人权辩护带来了更多的公民共同体意识。因此，在个人主义占绝对上风的美国，卢梭的影响远不及洛克，与美国的自由主义传统相比，卢梭表现出更多的对平等和博爱的关注，而不是一味强调自由。如果说自由让个人有尊严，那么社会的平等和博爱同样也是个人尊严的必要条件。卢梭的影响以一种独特方式推动了19世纪人权观念的发展，正在于他特别强调平等、教育和物质保障的重要性。因此，在18世纪末和19世纪初，公民共同体的尊严似乎已经与共和主义紧密相连起来了。

在19世纪，尊严的概念被用作各种社会和政治运动的集结号，倡导平等、工人权利、妇女权利、社会福利等社会改革。弗里德里希·席勒（Friedrich Schiller，1759—1805）的诗作《论人的尊严》（*Würde des Menschen*）很好地说明了尊严与社会制度之间的必要联系：尊严产生于社会制度，必须由制度来保障。

在19世纪的欧洲和拉丁美洲，尊严尤其与废除奴隶制有关。1848年革命后建立的法兰西共和国的一项法令废除了奴隶制，认为这是"对人类尊严的侮辱"（Decree of 27 Apr. 1848, Preamble）。同时还发展出了"劳动尊严"的观念，它被用来推动社会主义思潮和社会运动的平等理念，也推动不断发展的劳工运动，动员工人阶级，要求改善工作条件，提供工作报酬，关心社会弱者和弱势群体。直到今天，这些仍然是非常迫切需要的尊严。19世纪著名的社会主义者和德国社会民主党创始人费迪南·拉萨尔（Ferdinand Lassalle，1825—1864）就强调，国家有责任"改善陷入贫困和饥饿的下层阶

1　Charles Renouvier, *Manuel Républicain de l'homme et du citoyen* (1848), with introduction by M. Agulhon, Paris: Garnier Frères, 1981, 93.

级的状况，从而为每个人提供真正人性化的生活"。[1]

19 世纪欧洲也出现过对"尊严"的批评和攻击。叔本华在 1837 年对康德的批判中谴责了"人类尊严"的使用，他认为，"'人类尊严'这个表述一旦被康德说出来，就成了所有困惑的、空洞的道德家的遮羞布。因为在这个雄伟的公式背后，掩盖着他们的道德缺失，不是说缺乏真正的道德基础，而是说缺乏任何具有可理解意义的基础。他们巧妙地认为，他们的读者会非常高兴地看到自己被赋予这样的'尊严'，便已心满意足"。[2] 1872 年，尼采抨击了"人的尊严"和"劳动尊严"的观点，认为它们只是一种感性的平等主义情绪的流露，用来说服那些劳作者继续劳作。对尼采来说，"每个人……只有在他自觉或不自觉地成为天才的工具时才有尊严；由此我们可以立即推导出伦理学的结论，即'人本身'，绝对的人，既没有尊严，也没有权利和义务；只有作为一个完全确定的存在，为不自觉的目的服务，人才有理由存在"。[3] 这种攻击并没有什么说服力。

与 19 世纪愤世嫉俗的哲学家不同，天主教会于 19 世纪末把"人的尊严"当作发展其社会教义的主要号召。这一立场对法国著名的天主教哲学家雅克·马里坦（Jacques Maritain，1882—1973）产生过重大影响，他在起草《联合国宪章》和《世界人权宣言》时是一位众所周知的关键人物。他积极推动一种将阿奎那神学应用于现代条件的人道主义哲学，其核心就是人类尊严。最重要的是，马

1　Joern Eckert, "Legal Roots of Human Dignity in German Law," in *The Concept of Human Dignity in Human Rights Discourse*, eds., D. Kretzmer and E. Klein, Leiden: Brill Nijhoff, 2002, 47.

2　Arthur. Schopenhauer, "Critique of Kant's Basis of Ethics," in *The Basis of Morality 1903.* Second edition. Trans. and intro. by A.B. Bullock, London : George Allen & Unwin, 1915, 100-101.

3　Friedrich Nietzsche, *On the Genealogy of Morality*, ed. Keith Ansell-Pearson and trans, Carol. Diethe, Cambridge: Cambrige University Press, 1994, 176, 185.

里坦不仅把尊严当作人的本质价值，而且也将其当作世界政治和国际关系的核心。对他来说，尊严是一个事实，具有形而上学或本体论的地位，并且是一种道德权利。他把这一信念带入了第二次世界大战后的现实国际政治。

马里坦作为政治事务家和学者的地位，使他能够确保尊严观念在当时参与建设战后全球架构的圈子里被广泛知晓和重视，特别是在联合国。这是一种人权观，他认为权利不是支持激进的道德个人主义，而是对促进全人类的共同利益至关重要。20世纪以来，人的尊严观念在一些社会和政治运动中发挥了重要作用。第二次世界大战之前和期间，纳粹极权统治从反面敲响了人类捍卫自己尊严的警钟。一次次的人道灾难：屠杀、饥荒、政治迫害、种族灭绝、暴力和恐怖，使得人们对尊严被大规模侵犯的现实威胁再也不能装聋作哑、熟视无睹。旧的尊严侵犯依然在持续，而新的尊严侵犯又在同时发生。巨大贫富差异造成的贫困就是一个例子，纳尔逊·曼德拉（Nelson Rolihlahla Mandela，1918—2013）在2005年的伦敦特拉法加广场演讲中呼吁，"战胜贫困不是一种慈善的姿态。它是一种正义的行为"（Nelson Mandela, Trafalgar Square, 3 Feb. 2005）。然而，今天的贫富悬殊和贫困不但没有减少，而且在以新的形式持续恶化。随着生物工程、人工智能、基因编辑等高科技的发展和社会影响加剧，更深入，更广泛地认识和强调尊严成为人类面临的迫切任务。尊严在关于生物医学研究伦理的讨论中发挥着重要作用，在关于生殖权利的讨论中，在关于生命末期治疗和基因操作等问题上，尊严也在被当作一个伦理价值的原则。在各种不同的背景和情况下，尊严概念越来越多地在多种领域中被运用。

今天，人们对尊严的认识越来越多地从"被侵犯的尊严"来理解：不仅是像希特勒政权对犹太人的监禁、残害、杀戮，而且是更一般意义上的羞辱、贬低、非人化。这个我们会在后文中再作讨论。接下来我们回到皮科，谈谈他的尊严观有哪些具体的文艺复兴时期特色。

3. 文艺复兴时代的思想惯性和艰难前行

美国历史学家亨利·亚当斯（Henry Brooks Adams，1838—1918）在人类历史的进程中察辨了两种不同的影响力量，一种是"惯性"（vis inertiae），另一种是"动力"（mechanics），他对惯性的重视一点也不亚于动力。"惯性"和"惰性"其实是一个意思，中世纪的思想惯性就是文艺复兴时期的思想惰性。克服惰性不是一件容易的事，更不可能一蹴而就。

"惯性"这个概念是亚当斯在解释文艺复兴时期思想的多方面保守性时提出来的，"惯性是物质的一种属性，通过这种属性，物质在静止时倾向于保持静止，而在运动时则倾向于沿直线前进"。亚当斯本人拒绝让思想处于静止或直线状态，他要求思想能够想象别的东西，这样才有推动的力量。思想如果"没有动力的推动，就永远不会运动"，惯性并不一定就是阻力，巧妙地利用惯性，借力打力，也何尝不是一种动力方式。为了方便起见，可以把动力的反面称为"惯性运动"（movement of inertia），"以区别于由新的或更高的引力引起的运动；然而，要移动的体量（bulk）越大，加速或偏移它的力量就必须越大"。[1]

文艺复兴时期面临的中世纪思想体量是巨大的，经过千年的积淀、自我调整和运作，中世纪思想已经深入人心，成为人们的习惯思维方式，代代相传，不是一朝一夕可以被轻易改变的。中世纪思想的惯性和规律性成为一种定势，事实上，即使在文艺复兴思想中

1　Henry Brooks Adams, *The Education of Henry James*, with introduction by James Truslow Adams, New York: The Modern Library, 1931, 441.

那些被认为是最反叛的领域中，如人和人性的觉醒，也可以看到中世纪思想定势的惯性作用：即便那些对中世纪经院学术传统反叛最激烈的人文主义者，也很少有革命性的思想或理论创建。皮科是一位激烈的反叛者，但和整个文艺复兴时期一样，中世纪思想的惯性在他那里也随处可见。文艺复兴思想里同时存在亚当斯所说的"惯性"和"动力"：人和人性的觉醒是一个"动力"，但思考人和人性的方式却还表现出中世纪的"惯性"。

这种情况在当今世界上许多社会里的思想变革时刻也是常见的，人们提出了新问题，但思考新问题的方式是旧的。旧思想的体量越大，越是成为绝大多数人的思维习惯和固化传统，用旧方式去解决新问题的惯性力量就越大。这也是为什么文化传统主义和保守主义总是有吸引力的原因。提出新问题的人未必就一定真正理解新问题的实质意义；提出新问题不过是歪打正着而已。

人文历史学家赫歇尔·贝克（Herschel Clay Baker）在《人的尊严：对一个持久观念的研究》一书里称文艺复兴时期"试图找到一条通往真理的新路，而不是寻找新的真理"[1]。我们今天阅读皮科的《论人的尊严》也会有这样的体会。但是，我们不只是阅读和理解这个文本，而更重要的是从他的文本来理解文艺复兴是一个怎样的人文主义时代。

人们经常有一种误解，以为文艺复兴是与中世纪的决裂，文艺复兴代表着人文主义对中世纪的摒弃。其实事情并没有那么简单，我们可以从皮科的《论人的尊严》中清楚地看到，在他那个时期，文艺复兴与中世纪之间有着重要的延续，这使得文艺复兴的人文主义同时呈现出前现代和近现代的特点，而不是像在 17 世纪后期和 18 世纪那样具有了鲜明的现代启蒙特点。我们可以从三个方面来认

1　Herschel Clay Baker, *The Dignity of Man: Studies in the Persistence of An Idea*, Harvard: Harvard University Press, 1947, 207.

识文艺复兴和中世纪人文思想之间的内在惯性联系：一、与新柏拉图主义的关系（用世俗思想的精华来支持宗教信仰）；二、与经院哲学的关系（哲学仍然是神学）；三、延续了基督教对世界秩序的乐观主义（这是最美好的世界）。

先谈与新柏拉图主义的关系。虽然人们把皮科的《论人的尊严》视为一份文艺复兴的人文哲学宣言，但文艺复兴时期并没有形成自己独特的世俗哲学。皮科那里的是一种"人文主义神学"，而不是我们今天所理解的哲学。说起皮科就不能不提到一位与他亦师亦友的同时代人文主义者马尔西利奥·菲奇诺（Marsilio Ficino，1433—1499），他是文艺复兴时期佛罗伦萨新柏拉图主义的捍卫者。他用拉丁语翻译的柏拉图和其他希腊作家的著作为文艺复兴人文主义学术确立了卓越的标准，皮科受他影响很深。

新柏拉图主义一直都是文艺复兴时期人文主义的一个重要基础。贝克指出，"从菲奇诺和皮科·德拉·米兰多拉发展而来的新柏拉图主义并不是对一个非常古老的传统的简单重述，因为它遵循两条大相径庭的路线"。[1] 第一条是以冷静分析的方式，追寻宇宙秩序中可辨认的神创造的高低等级，例如人比其他动物高等，动物比植物高等。新柏拉图主义还特别颂扬人那种能通过直觉和启示获得的高级知识。第二条是通过奥古斯丁式的顿悟和灵魂启明，直接接近神性的那种智能。新柏拉图主义在不同领域里有不同的体现，例如探寻宇宙秩序，为哥白尼和开普勒提供了追寻真实知识的动机和途径，而借助灵魂顿悟和心灵开启，则以多种方式反映在文艺复兴时期的文学创造之中。

到了中世纪末的 13 世纪，新柏拉图主义确定真理的路径已经成为一种被教会默许和普遍令人满意的知识方式。超感觉的和抽象

1　Baker, *The Dignity of Man: Studies in the Persistence of An Idea*, 141.

的被归入神学和教义，成为一个永恒和普世的领域；而一切与物质和感觉有关的则被归入世俗思想的领域。

在中世纪，人的认识领域之间的区别，由此产生的肉体和灵魂的二元论，以及自然和启示宗教的双重真理，一直保持着相当的稳定性。然而，在文艺复兴时期，这种稳定和平衡开始受到动摇。人们对物质世界的认识不再满足于有限的感官层次，而是要求上升到超越感官的更高层次。因此，以前被分割的两个领域开始融合起来，世俗的微观宇宙反映出神的宏观宇宙，这就形成了所谓的"自然哲学"，成为一种新的形而上学的途径。这也就是皮科在《论人的尊严》中所说的"哲学"。

他对这样的哲学表现出极大的热忱，表示了勇敢捍卫的决心："事实上，现如今的哲学研究总体上是遭人嘲笑和蔑视（这是我们时代的不幸！），而不是受人尊敬与荣耀。所以，那种毁灭性的古怪论点几乎侵占了所有人的心灵，即，要么没有人要么只有极少的人会研究哲学。就好像把事物之因、自然之道、宇宙之理、神的计划与天地之奥秘置于眼前、握于指尖都毫无价值，除非这使人受惠或有利可图。事实上，如今已经到了只有那些把对智慧的研究降格为营生的人才被视为智慧的地步（多么可悲！）。这就像眼看着那因为诸神的慷慨，而居于众人之中的贞洁的帕拉斯（Pallas）被抛弃、哄走、还惹人嘘声，没有人爱她和保护她，除非她像个妓女一样，靠着贞洁被玷污而得一些施舍。"[1]

对皮科来说，哲学就是"拥抱对真理本身的知识"，"我自诩（在这方面我决不会因自夸而脸红）除了想成为一个哲学家，我从不为任何其他原因追求哲学，也未曾从我的研究和探索中希冀或者求取过任何其他的报酬和成果，除了我一直强烈渴望的心智养料和

1　皮科·米兰多拉著，顾超一、樊虹谷译，《论人的尊严》，第 75—76 页。

真理之知。我是这样地渴望和迷恋哲学研究，以至抛开所有私人和公共的顾虑，全身心地投入到沉思的闲暇中"。[1]

在我们今天看来，皮科的"哲学"不过是一种变体的神学。贝克对此评论道，"菲奇诺和皮科……采用了一种博学而奇妙的数字学来证明自然和精神之间的对应关系；卡斯蒂廖内《廷臣论》第四卷里的本博毫不费力地从身体的美感体验到对神性的狂喜吸收。一些人认为时间上的微观世界反映了精神宏观世界的数学和谐与美丽，因此所有的经验都合并成一个连续体。神秘主义者和自然主义者都学会了颠倒尼西亚公式（Nicene formulary）：他们通过自然而不是通过耶稣接近上帝"。[2]尼西亚公式又称"尼西亚信条"（Nicene Creed），即相信耶稣是神圣的，与父神是共同永恒的。而在新柏拉图主义那里，自然是神圣的，与上帝是共同永恒的。

新柏拉图主义主张，无体的东西比有体的东西好。因此，人应该把他的意志指向精神而不是物质。但尽管如此，整个宇宙的等级制度——上帝、天使、灵魂、身体和最底层的东西（未受精神影响的物质）——在所有可能的世界中，都被微妙地调整为秩序井然的整体。皮科把存在的类别归结为三个领域：由智力占据的超天庭，充满永恒灵魂的天堂世界，以及充满了各种生物的较低的物质世界。

这看起来并没有什么特别新鲜的，但菲奇诺和皮科在新宇宙秩序中赋予人的重要性却是不寻常的。菲奇诺将灵魂（人的属性）置于五种存在秩序的中心位置，因为人是最高和最低之间的纽带——人是"第三种本质"，是"神圣事物的镜子，有限生命体的生命，以及这两者之间的联系"。在自然界的所有奇迹中，人是最大的奇

1　皮科·米兰多拉著，顾超一、樊虹谷译，《论人的尊严》，第 76 页。
2　Baker, *The Dignity of Man: Studies in the Persistence of An Idea*, 242.

迹，是最伟大的："上帝之下的所有其他事物本身总是具有某种存在；人同时也是自然界的中心，所有事物的中间点，世界的链条，所有事物的面孔，以及宇宙的结点和纽带。"（Ficino，*Theologia Platonica*, III, 2）皮科对人优越智力的陈述同样引人注目：当所有其他事物因其本性而受到约束和规定时，人却被上帝置于存在的中心位置，人可以根据自己的意愿将自己提升到上帝面前，也可以像野兽一样堕落。

再来看看中世纪思想对文艺复兴造成的惯性的第二个方面：与中世纪经院哲学不彻底的决裂。西欧中世纪思想鼎盛时期的所有教育都掌握在教会手里，大思想家都是修士和神职人员。他们的思想是依据过去的思想——古代希腊的古典哲学、圣经、早期基督教作家的教导——发展出来的。经院哲学家或学士（Schoolmen）要做的是把过去的思想纳入一种单一的神学逻辑框架之中，也就相当于今天的某些意识形态，那其实不过是变体的神学。在这样的逻辑框架里一切问题都可以得到满意的、无懈可击的解答。中世纪的思维逻辑框架就是基督教教义，阿奎那就是这样的一位思想大师。

中世纪经院学士们所共有的其实是一种单一逻辑框架里的共同思维方式，与开放式的思辨哲学是不同的。因此，人们常说中世纪没有哲学，只有逻辑和神学。但是，我们也可以说经院学士们所关心的神学问题许多都是哲学问题。虽然文艺复兴的人文学者反对经院哲学，但中世纪那种神学和哲学相互混合的特征在文艺复兴时期的哲学里被延续了。皮科的《论人的尊严》便是这样一种人文哲学，因此有论者认为那其实是一种神学，他的人文哲学虽然提升了人的地位，但人仍然是按照上帝形象创造出来的一种低于天使，高于禽兽的生物。

不过皮科所说的哲学还有另外一层意思，那就是不同思想之间的开放式辩论。这在中世纪思想家阿奎那那里也是有的，当然必须限制在他的神学框架里，这就像现在局限于某种意识形态的不同意见争论一样。在阅读阿奎那的时候我们已经说过，他是经院哲学的集大成者，他的著作被比作百川汇集，犹如浩瀚的大海，但大海本身并非水源。他在基督教思维的神学逻辑框架里孜孜不倦，探索一个又一个问题，甚至把亚里士多德也纳入这个框架。他总是从一个问题开始，然后去引证权威——可能是圣经原文、早期基督教作家的一段文字，也可能是"那位哲学家"（指亚里士多德，他从未说出那位哲学家的名字）的一句话。他经常是在把所有正反有关论点都罗列之后，才发表自己的意见。这就是他所倡导的"理性"方法，这是一种神学中的，与信仰调和了的理性。文艺复兴人文学者所理解和运用的也是这个意义上的理性。皮科在他的演说中强调了人类理性的突出地位，并颂扬了它在决定人的道路上的作用。

皮科像阿奎那一样强调正反不同论点的辩论是显现理性真理的不二途径，而且他更强调公开评论。这也是他挑战全欧洲的知识人士与他在《900 条结论》上公开辩论的动因。他宣称，"有些人，虽说允许我辩论，但并不同意我辩论 900 个问题。他们错误地认为，我肤浅而自负，才智上无法胜任"。"对于那些恶意批评公开性辩论的人，我要说的不多，因为这种'罪过'——如果我们必须叫它'罪过'——已犯过无数次了，不仅诸位不乏极高赞美和荣耀的杰出学者们犯过，而且连柏拉图、亚里士多德及各个时代所有最可敬的哲学家们都和我一起犯过。他们确信，为了认识他们探索的真理，没有什么比频繁投入辩论的实践更有益了。实际上，就像身体的力量因体操变得强大，无疑，心灵的力量也同样会在各种文字的运动场上变得更坚实、更充沛。"[1]

这样的话在我们今天听来仍然是如此理直气壮、铿锵有力。这

---

[1]　皮科·米兰多拉著，顾超一、樊虹谷译，《论人的尊严》，第 80 页。

也显示了一种文艺复兴人文主义者特有的自信和乐观精神。于是也就引出了我们接下来要谈的文艺复兴人文主义的第三个特征，那就是它对人和美好宇宙秩序、对"知识可以揭示真理"所抱有的极其充沛的乐观主义。这种乐观主义在皮科那里是非常明显的。在我们今天这个颓废、平庸，被犬儒主义和反智主义困扰的时代，这种乐观主义显得如此陌生，如此遥远，似乎在以一种特殊的方式提醒我们：并不是所有的时代都像我们这样老气横秋、碌碌无为，而文艺复兴就是一个完全不同的朝气蓬勃的时代。

4. 从文艺复兴尊严观到康德尊严观

在上文中，我们谈了文艺复兴时期相对于中世纪思想惯性的前两个方面：新柏拉图主义和经院哲学的神圣理性观念。文艺复兴人文学者不满意，并且反叛的不是经院哲学对神赐理性的理解，而是经院哲学对方法的滥用（琐碎、繁复、脱离现实，大部分工作仅致力于调和那不能调和的）。因此，他们与经院哲学的决裂是不彻底的。而文艺复兴惯性的第三个部分，就是对完美世界的认可。

人文学者寻找真理的努力还不能说是一种具有充分开创性的思想，至多不过是回归到古老的神和人的纯洁性，重申古希腊关于人是衡量世界万物尺度的理念。"复兴"这个概念只是回归在大量知识和精神自由中展示的人的本质，但还没有一种明确具有前瞻性的，像培根归纳法那样研究、修订和确定真理的目标方向。文艺复兴寻求真理的方式很难被称为寻找新的知识对象，这种方式要等到17世纪科学革命时代才得以成熟。

文艺复兴时期，"理性的上帝是理性宇宙的创造者"，这个乐观的假设还没有被感觉到需要修改，而正是这个假设使文艺复兴的乐观主义成为可能。文艺复兴批判中世纪教会的蒙昧主义、禁欲主义，进而阐发个体本位的人本思想，它所塑造的"人"的形象是用多种古典文化遗产组合而成的，而其中特别重要的，也特别强大的因素就是对人和神创自然秩序的乐观信心。这种乐观主义得到了加强，因为它既来自中世纪晚期的理性神学，也来自被重新发现的古代异教庞大的人文传统。在这两个传统中，人以不同的方式被理解为宇宙的荣耀。

今天我们知道，这个"文艺复兴人"的形象是高度理想化的，其实并不真实，我们在阅读卡斯蒂廖内《廷臣论》的时候也看到类似的理想化"廷臣"。廷臣富有教养、礼仪周全的一面掩盖了他的另外一面：虚荣、肤浅、势利。同样，文艺复兴的"复兴"虽然肯定和颂扬的是古典希腊和罗马的价值观，但究其思想渊源，也有一些中世纪的文化因素，而这经常是被弱化的。确实，人文学者们最关心的是人，他们的许多作品充分显示的是人复杂而丰富的形象，但这个人仍然是存在于上帝创造的宇宙秩序之中的，并在这个神创的秩序中对自己充满了自信和骄傲，只是在这个意义上，哲学家们才不厌其烦地宣告，"人是伟大的奇迹"（magnum miraculum est homo）。

文艺复兴时期的乐观主义是以人在这样一个神创宇宙中的归属感和安全感为前提的。文艺复兴人感觉到秩序、模式和上下等级的存在，而这个秩序原则是在中世纪被确定的。文艺复兴要感谢中世纪的秩序原则，通过这一原则，人类可以把自己的世界看作是全知全能上帝存在的一个证明，而人自己则是上帝的特殊创造。人享受的尊严超过宇宙中的万物，全是因为有上帝的恩宠、眷顾、安顿，以及神创的完美规则秩序。

在文艺复兴先驱弗兰齐斯科·彼特拉克之后的近两个世纪里，文艺复兴人对这一完美世界的景象充满了喜悦和崇敬，自然哲学展示了自然界丰富和错综复杂的秩序，道德哲学展示了自然法则的存在（刻在所有人心中的"对善恶的明确认识和判断"），而神学则揭示了一个控制着理性宇宙的理性神灵。

在这种愉快的假设下，人类不仅被上帝治理，他们还学会了去了解上帝的仁慈，明了上帝用"自然之书"和《圣经》这两本大书教导人类的神圣用意。既然如此，就连最桀骜不驯的新教徒也只能得出这样的结论：人有责任"心悦诚服"地承认所有的善都来自上帝，上帝的神性在造物中得到了体现。人是上帝按照他自己的形象所造的，天性是公正、善良和正确的。人可以在精神和物质世界中获得双重快乐，宇宙的伟大设计是上帝的天意和人间权力的蓝本，其审美表面为艺术创造提供了无限的主题。

在皮科的《论人的尊严》里我们看到的基本上就是这样一幅图景，构成了《论人的尊严》开头最辉煌和引人入胜的五章，题目分别是，"创世""上帝对人说""天赋的自由""变形"和"天使"。上帝创造了人，并给了人为自己做选择的自由，"因此上帝把人这种形象未定的造物置于世界的中间，对他说：'亚当，我没有给你固定的位置或专属的形式，也没有给你独有的禀赋。这样，任何你选择的位子、形式、禀赋，你都是照你自己的欲求和判断拥有和掌控的'"。[1] 人为自己做选择的自由，使得人有别于世间一切其他造物，上帝对人说，"其他造物的自然一旦被规定，就都为我定的法则所约束。但你不受任何限制的约束，可以按照你的自由抉择决定你的自然，我已把你交给你的自由抉择。我已将你置于世界的中心，在那里你更容易凝视世间万物。我使你既不属天也不属地，既非可朽亦非不朽；这样一来，你就是自己尊贵而自由的形塑者，可以把自己塑造成任何你偏爱的形式。你能堕落为更低等的野兽，也能照

1　皮科·米兰多拉著，顾超一、樊虹谷译，《论人的尊严》，第 25 页。

你灵魂的决断，在神圣的更高等级中重生"。[1]

上帝创造了最好的世界，虽然这个世界上有善有恶，但那都是为人的自我塑造所提供的机会、考验和条件。这是一种与中世纪非常相似的神义论的乐观主义，世界上的种种磨难和困苦，只要人懂得如何去面对和把握，都会坏事变好事。启蒙时代的伏尔泰在他的《老实人》里狠狠讽刺的就是这种神义论，这也显示了启蒙时代与文艺复兴时代的一个重要区别。

皮科对"人能够自我完善"信心满满，这在启蒙时代的思想家那里几乎是看不到的。启蒙时代对是否能够去除人的愚昧和迷信抱着一种怀疑和不确定的心情，而这种怀疑和不确定在皮科这样的人文主义者那里则被乐观主义的光芒掩盖掉了。他无比乐观地写道，"让我们记起先知亚萨的话'你们都是神，都是至高者的儿子'。这样我们就可能避免将天父赐予我们的自由选择变益为害，以致有辱天父最宽纵的慷慨。让我们的灵魂充满神圣的、朱诺般的雄心吧！这样，因不满于平庸，我们会渴望那至高者，竭尽全力追求（因为，只要我们意愿，就能够做到）。让我们摒弃属地之物，轻视属天之物；让我们漠视此世的全部，飞至那接近最卓越神性的彼世之庭"。[2]

我们在文艺复兴后期伟大的戏剧家莎士比亚那里也能看到这种对人的赞颂，这成为文艺复兴时期的人看待尊严的一个基调。哈姆雷特对人的赞美之词便是一个例子，尽管他愤世嫉俗，犹豫不决，心怀不满，似乎把自然世界看成了一个没有生命力的海角，一个害虫的集聚之地，但是他想知道，为什么他不能看到世界应有的样子：井然有序的宇宙，广袤的天地，天空像是悬垂的苍穹，犹如用金色火焰装饰起来的雄伟屋顶。至于人，那更是宇宙的荣耀。人的伟大显而易见，人是一件多么了不起的作品，有多么无限的才

1　皮科·米兰多拉著，顾超一、樊虹谷译，《论人的尊严》，第25页。
2　同上，第33页。

能，形象和气质多么高贵；行动多么迅捷、优美；理解力多么像天使、像上帝；人是世界的美人，万灵的楷模。（《哈姆雷特》I，iii，305ff）

今天我们阅读皮科的《论人的尊严》，感觉到文艺复兴特有的那种与发现人性相联系的，对美好世界的想象和赞颂。匈牙利学者阿格奈什·海勒（Ágnes Heller，1929—2019）在《文艺复兴人》里说，"整个欧洲的文化传统，至今为止有两个渊源，一是来自古希腊罗马文化，再就是来自犹太—基督教的文化传统……文艺复兴的文化第一次将这两种源泉结合起来"。[1] 皮科对人和人的尊严的赞美是文艺复兴乐观精神的体现，也正是这两种思想渊源的一个结合。

然而，皮科乐观精神中的中世纪思想惯性使得他所想象的人类成长途径有一种令人困惑的神秘主义：从道德哲学开始，然后通过辩证法和自然哲学走向神学，直到散漫的思想让位于狂喜，纯粹的沉思与活跃的哲思统一。这就是他所说的那些高级阶段：魔法、卡巴拉、俄耳甫斯（Orphism）和琐罗亚斯德（Zoroastrianism，即祆教）的神秘结合。魔法和卡巴拉在这个过程中只是初步的汇合，但仍然很重要。通过推动灵魂穿越天堂走向超天庭，魔法有助于人从自然哲学到自然神学的过渡，而卡巴拉则比任何话语神学都更高级，将人类变成天使，清除了所有物质的痕迹，从而做好了与上帝绝对统一的准备。

与皮科的这种神秘主义尊严论相比，我们今天可以更多地从启蒙时代康德的尊严论述中得到启发。康德说的人是目的，不是手段，这比说"人只比天使低一点点"更符合现代人对尊严的理解。康德所说的尊严是人的一种具有普遍意义的权利：尊严是指一个人由于他自己，而不是任何别的原因，而被重视和尊重的权利，是他被所

1　Ágnes Heller, *Renaissance Man*, Trans. Richard E. Allen, Oxfordshire: Routledge and Kegan Paul, 1978, 64.

有他人予以道德对待的权利。因此，尊严在道德、伦理、法律和政治方面具有重要意义，是启蒙时代对人固有的、不可剥夺的权利概念的延伸。尊严也可用来描述个人行为，如"有尊严的行为"。

康德在他的《审美判断批判》中认为，艺术作品本身必须显示出某种尊严（Wurde），否则就是一个没有生命的摆设。这与他在《道德形而上学基础》里认为应该将尊严限制在人类和道德法则中有所不同，但也可以说有内在的关联，因为他认为，一切事物要么有价格（Preis），要么有尊严，尊严就是不能以价格来衡量的内在价值。作为目的而非手段的人才是一个有自身内在价值，也就是说有尊严的人。有价格的东西都有可以替代它们的等价物，而尊严则属于超越价格、没有等价物的无价之宝。杰出的艺术品是无价之宝，每一个人也都是无价之宝。价格和尊严是不同类型的价值（Wert）。价格，无论是职业还是人力市场的计算，还是把人当螺丝钉，都只有相对的价值。而尊严则不同，尊严是一种绝对的、内在的价值，只有道德和人类才拥有这个价值。自尊自重是一种伦理价值，它突出的不是什么东西的贵贱，而是一种被承认为尊严之人的心态，一种无条件的、无可比拟的人之为人的价值。[1]

尊严经常被当作一个规定性和警示性的用语：例如，在政治上，尊严被用来谴责对人的无视、压迫、虐待和残害，用来批评对弱势群体的歧视、排斥和漠不关心。这个尊严经常包含需要"尊重"和"保障权利"的意思。尊严还被用来暗示某些人没有能够以适当的自尊来对待自己，把自己看得低人一等。甘愿成为他人的奴仆或奴才，"活得没有尊严"。

尊严在文艺复兴之后就一直是哲学意义上的特殊用语，很少在政治、法律和科学讨论中被直接定义。如人权活动人士卢克曼·哈

1　Brian P. Copenhaver, *Magic and the Dignity of Man: Pico Della Mirandola and His Oration in Modern Memory*, Cambridge MA: The Belknap Press of Harvard University Press, 2019, 43.

里斯（Lukman Harees）所指出的，迄今为止，国际宣言都没有对尊严进行定义，而科学人士在反对诸如基因研究、优生遗传、行为控制时，将保护人的尊严作为一个理由，但对究竟何为尊严仍然显得含糊其词。[1]

难以定义或定义不清，这是否意味着尊严问题在当今世界不应该再受到重视？近几十年来，随着高科技的迅猛发展，侵犯人权的手段不断被翻新，是否已经使得二战后人类的尊严共识变得过时？在这种情况下我们又该如何理解和讨论尊严？

5. 羞辱、贬低、非人化：被侵犯的尊严

本小节的题目来自 2010 年在美国出版的一本同名论文集（以下简称《尊严文集》）。[2] 虽然这是一个论文集，但作者们有一个共同的认识，用编辑的话来说就是，"我们相信，任何令人满意的尊严概念都应该能够解释其被侵犯的现实，不应该脱离社会生活中的具体事件和解释，因为这正是促使我们谈论尊严的初衷"。因此，他们采取了一种可称之为"对人类尊严的消极方法"，这是具有普遍意义的"伦理的消极方式"的一种，效仿的是以色列哲学家马格利特（Avishai Margalit）在《正派社会》一书里提出的伦理原则，"正派的社会就是一个不羞辱的社会"。[3]《尊严文集》里的所有文章都不是从一个抽象的人类尊严概念中推导出道德原则，而是从一些经常是

1　Lukman Harees, *The Mirage of Dignity of the Highways of Human "Progress" the Bystander's Perspective*, Bloomington: AuthorHouse, 2012, 79.

2　Paulus Kaufmann, et al., eds., *Humiliation, Degradation, Dehumanization: Human Dignity Violated*, Berlin/Heidelberg: Springer, 2011.

3　Avishai Margalit, *The Decent Society*, Trans. Naomi Goldblum, Cambridge, MA: Harvard University Press, 1996.

或可以被描述为侵犯人类尊严的行为或做法开始。它们以当代关于人的尊严的论述为出发点，从法律来源、历史文件、证词和其他许多材料中提取材料。

在现实生活中倡导并守护人的尊严，就是要防止和抵抗对尊严的侵犯：羞辱、贬低、非人化。消除对尊严的侵犯，以此认识和确定什么是尊严，这是一种消极的方式。可以说，这也是尊严最低程度的要求。然而，正因为它是最低程度的要求，它也是最现实和最迫切的。

这就像"幸福"一样，虽然我们难以为"什么是幸福"下一个众人都满意的正面定义，但我们对什么是"不幸"却比较容易形成共识：丧失亲人、孤独、恐惧、饥饿、寒冷、无家可归、冤屈、被欺凌、被残害。我们可以说，消除不幸是认识幸福的消极方式。这是因为幸福和不幸不一定是相反的状态，而只是不同而已。有饭吃，有衣服穿，有房子住，其实也就是免除这些方面的不幸，而不像有的人要我们相信的那样，这些就已经能代表幸福。

同样，即便一个人不遭受羞辱，不被贬低和非人化，那也只能说是留有了最低限度的尊严，如果他的公民权利和人权被强行剥夺，他仍然算不上是一个有尊严的人。对尊严采用伦理的消极方式，它的意义主要在于，当我们审视人的尊严被侵犯时，我们对人的尊严了解得最多、最现实、也最具体，因为在不同的社会里，侵犯尊严的主要形式和表现是不同的。

对人类普遍有意义的其他价值，如幸福、正派、真实、诚实，也都可以用"伦理的消极方式"来思考。马格利特对"正派"的伦理哲学思考就是一个典范。在他那里，正派社会的第一原则不是做什么，而是不做什么，不是做哪一类事，而是不做哪一类事。不让社会制度羞辱社会中的任何一个人，这是正派社会的第一原则。

从反面来表述正派社会的根本道德原则，乃是凸显某一类或一些行为对社会道德秩序的严重破坏作用。哈维尔提出的"不说谎"就是这样的道德表述。倡导真实和诚实，要从不虚假，不说假话开始。不说假话不等于说真话，但不说假话可以抵抗不真实和不诚实。在一个逼着人说假话的社会里，不说假话比说真话是一种更现实的伦理原则。

美国普林斯顿大学哲学教授艾伦（Jonathan Allen）指出，从反面来表述社会道德义务的好处是，"把规范的理论建立在日常生活概念之上"。这是一种非常务实的社会批评，"它既描绘出一个规范框架，又为社会和政治批判性提供了概念工具"。[1] 社会和政治理论关注人的"负面道德心理"和负面社会经验（受伤害、遭羞辱和不被承认等），对于改变现实具有极为重要的"社会规范"意义。

马格利特所说"正派社会"的不羞辱是针对制度而言的。同样，个人尊严的不羞辱、不贬低、不非人化也主要是针对制度而言的。这与个人感觉是否有尊严是不同的。过去，王爷把手下人当"家奴""奴才"对待，当家奴和奴才的没有尊严。但是，他们自己并不觉得没有尊严，反而觉得十分体面，比当不成家奴的更有身份、更有面子。《儒林外史》和《官场现形记》里那些在官场上混的人，前倨后恭，趋炎附势，自己不觉得没有尊严，反而觉得自己的身份要比老百姓高出一等，于是乎气焰嚣张，不可一世。而跟他们相比，老百姓不是更没有尊严，而是同样没有尊严——当然也有因为道德坚守而活得比他们有尊严的百姓。在一个坏体制下，无论是在内还是在外，人都因为这样的体制而活得没有尊严。

因此，无论是马格利特所说的"正派"，还是《尊严文集》一书里所说的"尊严"，都是在"规范"而不是在"感觉"的意义上说的，一个人有理由感觉羞辱或没尊严，却不一定真的就觉得羞辱

---

1 Jonathan Allen, "Decency and the Struggle for Recognition." *Social Theory and Practice*, 24: 3 (1998), 449.

或无尊严。另一方面，一个人觉得自己受到羞辱，或尊严受损（往往误以为就是"没面子"），却未必有正当理由。

马格利特把"羞辱"定义为"任何一种行为或条件，它使一个人有恰当的理由觉得自己的自尊心受到了伤害"。[1]他所说的"羞辱"强调的是"理由"，而且特别是制度的理由。例如，在市场经济中许多人沦落到贫困的境地，他们所感觉的伤害是否就是"有正当理由的羞辱"呢？自由市场论者会说不是，理由是：市场竞争机制是公平的，某些人在市场竞争中不成功，不是制度原因，而是个人原因（懒惰、无能、缺乏进取心等）。但马格利特认为，自由市场中的许多贫困者有理由觉得自己受到了羞辱，因为自由市场其实并不自由，而是一种有利于一些人，而不利于另一些人的制度。国家负有限制市场凭"自由意志"行事的责任，"在一个民主社会里，政治制度之所以合理，乃是因为这些制度可以起到保护社会成员不受自由市场羞辱的作用。这包括重视贫困、无家可归、剥削、恶劣工作环境、得不到教育和健保等"。[2]是否有感觉羞辱的理由，这是一种社会共识，并不只是个人想法。即使在受羞辱者本人并不觉得遭到羞辱的时候，社会其他成员仍然可以有理由觉得如此。一个社会对羞辱的共识越强，它就越正派。贫困和极端的物质匮乏可以使某些贫困者感觉麻木，不在乎以自尊换取施舍（如以乞讨为业者），但是社会其他成员仍有理由捍卫这些贫困者的自尊。决定一个社会贫困共识的不是最低收入标准或者物质满足方式（如社会救济、慈善帮助、乞讨等），而是如何设想一个起码的做人条件，为此需要一个能保障社会公正和正义的机制。马格利特就此写道，"贫困并不是以收入分配来定义的，贫困是一个社会关于人最低生存条件的

1　Avishai Margalit, *The Decent Society,* Trans., Naomi Goldblum, Cambridge, MA: Harvard University Press, 1996, 9.

2　Margalit, *The Decent Society,* 22.

概念。最低生存条件指的是起码要满足哪些需要才能过上一种算是人的生活。一个社会把这个标准定得越低，把人也就看得越低"。[1]尊严也是一样，尊严是一种社会共识，而不只是个人想法。即使受羞辱、被贬低、被非人化者本人并不觉得自己被侵犯了尊严，社会其他成员仍然可以有理由觉得如此。一个社会对尊严的共识越强，它就越正派、越公正、越正义。

以自由和自由权利为第一原则的正义与人的尊严有着密切的联系，这二者间的联系也是今天人们在全球范围内坚持正义的根本理由。这里所强调的是人的尊严（human dignity），而不是其他被人格化的或拟人说法的"尊严"，如职业、民族、国家的尊严。人的尊严是一个在道德、伦理、法律和政治讨论中被广泛运用的概念，从 18 世纪启蒙运动后，它指的是人的一种与生俱来的权利——每个人都由于生命的价值而应该免受羞辱和伤害，受到尊重的对待。人们一般是在主张禁止和谴责某些事情的时候主张尊严的，例如反对政治权力压迫和压制公民的自由权利，谴责富人卑视穷人，批评社会无视弱者的生存要求。这些都是以维持每个人做人的尊严为价值依据的。

文艺复兴的尊严概念是一个陈述人的价值的核心概念。正如前文所述，皮科是最早陈述这一尊严概念的人文学者之一。他在《论人的尊严》中对尊严所做的是人文哲学而不是今天人道政治和人权理论的阐述。在皮科那里，人是上帝最后创造出来的动物，这时候上帝已经用尽了所有的动物本性，因此，上帝把人造成了一种以所有的本性为混合本性的动物。在所有的动物中，唯有人不像其他动物一样具有某种固定的、有限的本性。皮科想象上帝这样对人说：你不受约束，你自己为自己的本性设置界限吧。为自己的本性设置界限不等于可以凭着自己的意志为所欲为，而是指自己去培养上帝

1　Margalit, *The Decent Society*, 229.

撒在人性里的"种籽"，如果人培养植物的种籽，他就长成一株苗，如果是声色迷欲，那就成为一头野兽；如果是理性则成为天国的动物，如果是智识则成为天使和上帝的儿子。人的尊严不是存在于尚不得知的结果中，而是在于人自己可以达到自己选择的目标。在这一点上，人比天使更高等，也更高贵，天使的美和善是天性使然，人能像天使一样美和善，是人自己的成就。

以今天的眼光来看，皮科对人的尊严的解释虽具有高尚的人文情怀，但并不能令人满意，因为有的人让自己变成野兽，而成为野兽或成为天使并不具有同等意义的自我实现。而且，自我实现尚不足以使尊严成为一种对人，尤其是对社会和政治生活中的人必不可少的"好"。在皮科那里，人的尊严是与正义或人的权利没有联系的"纯哲学思考"，也许那是因为在 15 世纪的教会统治面前，选择纯哲学思考才是最安全的（这种"纯学术"至今仍然是许多知识分子的选择）。这种纯哲学思考是贵族式的，而今天人们思考人的尊严则已经有了民主的特征，这个特征便是把人的尊严与人在公共生活中的权利和正义联系在了一起，这个变化是 20 世纪第二次世界大战后的《联合国宪章》和《世界人权宣言》所体现的。

在这些划时代的历史文献里，人的尊严不仅是一个伦理哲学的问题，而且成为一个全球性的政治实践问题。尊严所特有的那种谴责和反对的意味也来自产生《联合国宪章》的特定历史时刻和人类不久前见证的反人性暴行。《联合国宪章》在"序言"中表明，它的目的是避免"后世再遭今代人类两度身历惨不堪言之战祸，（为了）重申基本人权，人格尊严与价值"。三年后，《世界人权宣言》在"序言"里更加清楚地说，订立这个文件的前提之一便是"对人类家庭所有成员的固有尊严及其平等的和不移的权利的承认"，并将之作为"世界自由、正义与和平的基础"。在具体条文中，《世界人权宣言》"重申（人类）对基本人权、人格尊严和价值以及男女平等权利的信念"，"人人生而自由，在尊严和权利上一律平等"，"每个人，作为社会的一员，有权享受社会保障，并有权享受他的个人尊严和人格的自由发展所必需的经济、社会和文化方面各种权利的实现"。

联合国这两份文件所述及的人的尊严在后来的许多国际文件中不断得到重申，如 1966 年的《公民权利和政治权利国际公约》，1976 年的《经济、社会及文化权利国际公约》（又称"A 公约"），1984 年的《禁止酷刑和其他残忍、不人道或有辱人格的待遇或处罚公约》（以下简称《禁止酷刑公约》），1989 年的《儿童权利公约》。《联合国宪章》所说的"基本人权，人格尊严与价值"也在许多后来的国际文件中一再被重申，如 1965 年的《在青年中促进和平以及相互尊重和理解的宣言》，1969 年的《社会进步和发展宣言》，1971 年的《智障人士权利宣言》，等等。

越来越多的国家宪政文件中也都包括了关于人的尊严的内容。1949 年，德意志联邦共和国的"基本法"就有类似于《世界人权宣言》的规定，在第一章基本权利第一条中："一、人之尊严不可侵犯，尊重及保护此项尊严为所有国家机关之义务。二、因此，德意志人民承认不可侵犯与不可让与之人权，为一切人类社会以及世界和平与正义之基础。"许多其他国家的新宪法或权利宣言也都包含人的尊严的条文。例如，1999 年的尼日利亚宪法规定："为推动社会秩序……每个公民在法律面前拥有平等的权利、责任、义务和机会，必须承认每个人的神圣性，必须维护和提高人的尊严。"1997 年的泰国宪法、1996 年的南非宪法和 2000 年的芬兰宪法中也都有对人的尊严类似的强调。

人的尊严、人权和正义是联系在一起的，对它们之间的关系有不同的理解。美国政治哲学家迈克尔·朱克特（Michael Zuckert）指出，对《世界人权宣言》的表述，可以这样理解其三者之间的关系："有尊严"和"平等和不移的权利"一起作为"自由、正义与和平的基础"。人的权利和人的尊严处于同一个层次上，正义从属于此，也由此而导出，是以权利和尊严为基础的。同时，1984 年的联合国《禁止酷刑公约》在引述了《世界人权宣言》后说，"免遭酷刑的权利来自每个人的固有权利，综合起来看，人的尊严是最基本的，先从人的尊严导出人的权利，然后再同时从权利和尊严导出正义"。[1]

这样的尊严观念是一种普世的人权价值，正如人权理论家米其林·伊沙伊（Micheline Rose Ishay）所指出的，人权价值的四个组成部分——人的尊严、政治自由和权利、社会权利、群体的文化权利——以人的尊严价值出现得最早。1948 年的《世界人权宣言》所表述的人权的核心价值是在人类历史的进程中逐渐形成的。最早有关人的生命尊严的思想可以追溯到古代的印度佛教、中国的儒学、罗马时期的基督教，早期的伊斯兰教思想。对现代人权观念贡献最为直接，也最大的是西方启蒙主义时期的世俗普世主义思想。历史的原因是，"由于现代的人权观念起源于欧洲和美洲，它萌芽于一些政治、经济和技术的变革之中，这些变革伴随着西方文明的逐渐强大和其他文明的逐渐衰落"。尊严的观念在启蒙之前就已经出现，每一种伟大的宗教和古代文化，希腊、罗马、印度、中国都有孕育现代人权观的人道主义成分，人权最早的价值，有关人的珍贵生命的那种"尊严"，是人类共有的，并不只是起源于西方。[2] 无论在什么样的语境中，尊严都应该成为正义社会的一个基本价值和政治实践方向。

1　Michael Zuckert, "Human Dignity and the Basis of Justice: Freedom, Rights, and the Self". *The Hedgehog Review*, 9. 3 (2007), 32-33.

2　Micheline R. Ishay, *The History of Human Rights*, Berkeley, CA: University of California Press, 2004, 5.

十八 拉伯雷《巨人传》

1. 自由人的教育

马克·吐温说过，要读懂一本书，需要知道读的是哪一种书，你不会像读诗歌那样去读一部小说，更不会像读散文那样去读一本字典。《巨人传》有五卷，但很难说这五卷书构成一部完整的作品，我们今天读《巨人传》，不妨集中在第一和第二部上，把它当一部幽默、夸张的教育小说来读。

许多人阅读《巨人传》是慕名而读，在阅读之前就已经听说过这本书，知道这是一部"搞笑"的书，抱着笑一笑的期待来读这本书，结果读过以后，觉得挺失望。我在豆瓣网站上看到一位读者的评论，这位读者写道："完全是因为喜欢王小波，后来听崔卫平说王小波是'中国的拉伯雷'，觉得好奇，就去买了拉伯雷那本所谓'巨著'《巨人传》来看。……老实说，看了有些失望。我喜欢王小波，但并不想深究他表达了什么高深的人文思想，并不从他追求自由、民主、科学、平等、有趣的角度来崇拜他，而只是出于一个很简单的原因：他的小说很好笑。仅仅如此。看他的小说我能不断地笑，这是别的任何书都做不到的。那么他被誉为'中国的拉伯雷'，说明拉伯雷才是搞笑鼻祖，所以看之前我对此书寄予厚望，已经准备好一肚子的气用来狂笑。可是看完了卡冈都亚（高康大）的故事，我一次都没笑，甚至嘴角都没动一动。"

因此，阅读《巨人传》，并要与它一起有所人文思考，恐怕还是要先调整好心理期待。不妨先简单了解一下拉伯雷和这部著作的背景。

拉伯雷（François Rabelais，1495—1553）出生于法国中部的希农城（Chinon），十几岁开始接受宗教教育，进修道院当了修士，期间开始学习希腊文，为的是了解希腊和罗马的古代文化。1530年，他进大学攻读医学，获得了学士学位，当上了医师。1532年，《巨人传》第二部出版，次年出版第一部，虽然受到民众欢迎，但被法院宣布为禁书。

《巨人传》的原文是《高康大与庞大固埃》。英文标题翻译为"Gargantua and Pantagruel"。拉伯雷先写的是第二部，是关于庞大固埃（高康大的儿子）的。据法国文艺复兴专家、哥伦比亚大学教授弗莱姆（Donald M. Frame）的研究，这一部成书于16世纪30年代。当时有一位匿名作家出版了一本关于巨人庞大固埃的书，非常受欢迎，于是就有不少其他作家来搭顺风船，也跟着写这样的故事，拉伯雷便是其中之一。没料到他的《庞大固埃》非常成功，所以他在1534年或1535年又写成了《高康大》（父亲），这就是《巨人传》的第一部。按理说，应该是先有父亲的故事，后有儿子的故事，但《巨人传》的写作顺序正好相反。

《巨人传》的第一部（《高康大》）和第二部（《庞大固埃》）可以视为传统的"英雄奇遇记"故事，虽然拉伯雷讽刺了英雄奇遇的故事形式，但他自己采用的还是这种故事形式。不过，在拉伯雷那里，"奇遇"或"冒险"大体是一个故事框架，而更重要的是故事主人公在现实中接受教育的历程。对主人公的成长来说，这种实践教育远比他从私人导师那里接受的知识灌输来得重要。这样看待教育，本身就是一种文艺复兴时期人文主义对教育的认识。

《巨人传》里有许多对知识灌输和导师教育的嘲笑。早期文艺复兴时期，传统教育已经开始向人文主义的教育观念转变。高康大和庞大固埃都是从称为"导师"（tutor）的师父或私人教师那里接受教育的，这是从中世纪传承而来的教育方式。文艺复兴时期，导师的角色开始发生重要的变化，从私人教师过渡为学校体制里的教师或教授。

文艺复兴研究专家利尚·弗拉特（Lizann Flatt）在《文艺复兴时期的城市与治国才能》（*Cities and Statecraft in the Renaissance World*）一书中指出，文艺复兴时期的人文主义者们积极探索新的社会实践可能，教育便是其中之一。随着欧洲贸易的发展，西方和东方的学者有了更多会面和交流的机会，信息交流进一步鼓励了改变教育体系的必要性。在许多方面，以人为本的观念都积极配合贸易市场的发展，促进教育脱离教会控制，进入社会。普通人对自己的教育选择有了更大的自主权。

在拉伯雷活着的时候，能够为子女教育聘用导师的家庭都是非富即贵，《巨人传》里的两位皇家巨人，高康大和庞大固埃，都是由他们自己的私人导师［包诺克拉特（Ponocrates）和爱比斯德蒙（Epistemon）］来教育的。

尽管当时的皇室和上层阶级家庭是率先聘用导师的，但富商也能出得起钱为自己的子女聘请导师。富商比一般人更重视教育，因为他们需要让自己的孩子学会运用文字和数学的本领，否则将来无法做出健全的商业决策。随着越来越多的大学建成，导师成为教授，学校教育越来越制度化了，更多较富裕家庭也都能受惠于新式教育。

拉伯雷嘲笑高康大第一位老师的那种枯燥无味、没有用处的中世纪式教育。这位老师赫鲁费（Thubal Holofernes）是有名的神

学博士，他教高康大字母 ABCD，让他能倒背如流，足足用了五年
又三个月，这当然是幽默夸张。他又规定高康大读书就必须读好
书，结果又以失败告终。他的下一位导师德·维拉（Alexander de
Villa）为他讲授一本著名语法教科书《儿童教育手册》（*Doctrinale
puerorum*），结果两年才学了一页。后来换了讲究实际知识的人文
学者，又去了巴黎，高康大的学业才有所改观。

拉伯雷在《巨人传》里不只是攻击和讽刺中世纪那种死记硬背、
食而不化、扼杀学生头脑的僵化教育，而且还提出了自己的新教育
理念。高康大在他新老师那里接受的教育寄寓着拉伯雷自己的教育
观念，是《巨人传》里最重要的部分之一。他的新教育观可以归结
为这样几点。

第一，不可浪费时间，犹如中国人所说的"一寸光阴一寸金，
寸金难买寸光阴"。高康大每天早晨 4 点起床，每天的学习活动都
是安排好了的，丝毫不允许懈怠，连吃饭的时间也都利用来进行师
生对话和讨论。"他从不浪费一点时间，所有的时间都用来学习文
学和有用的知识"（《高康大》，XXIII）。

第二，有的时间要花在游戏和放松上。这不是为了逃避学习，
而是为了有指导地活动。老师有责任让学生艰苦的学习充满乐趣，
就必须寓教于乐。高康大的老师想出许多办法，"高康大学会了以
代数为基础的上千种的小游戏和小发明"，"就这样，他就喜爱上了
数字的科学"（《高康大》，XXIII）。17 世纪的洛克和 18 世纪的卢梭
在论教育的时候也都借鉴了拉伯雷的这个办法。

第三，体魄教育，也就是体育，是发展智能教育所必不可少的。
健康的头脑寓于健康的身体。养成好的卫生习惯是体育教育的重要
部分。高康大学习骑马、跳舞、游泳、击剑、赛跑等，不只是为了
保持头脑清醒，而且也是培养战斗时需要的充沛体能。

第四，教授必须把自己放在学生的位置上，设身处地、细致入

微地了解学生学习中的难点和需要，按照实际的需要进行教学。老师和学生平等相待，互相信任和理解，这样才能发展出好的师生感情和友谊。

第五，知识教育应该多样、广泛，是"百科全书"式的教育。这相当于我们今天提倡的通才教育。高康大学习几何、音乐、天文、植物等，后来对他儿子庞大固埃也提出同样的要求。庞大固埃的知识学习包括哲学、天文（不是靠瞎猜和不靠谱的星象学）、法律、鸟类学、矿物学、医学等。简直就是要把他培养成达·芬奇那样的全才。

第六，科学知识要选实用的来学习。不只是学习植物和天文的课本知识，而且还要到自然界里去自己动手采集植物标本，观察星星的变化。

第七，阅读经典需要阅读原文，如拉丁文或希腊文，而不是用译本或转述的文本。这是因为，中世纪经院学者对亚里士多德这样的古代作家所采用的都是基督教教义的注释，断章取义而不能忠实于原文。

第八，学习《圣经》要大声朗读。一天结束之前要祈祷上帝，表达感恩之情。"赞美上帝和上帝的大善。为过去所有的事情感恩，为将来所有的事情祈求上帝的仁爱"（《高康大》，XXIII）。

《巨人传》里的教学非常灵活，例如，师生一起用餐时一边吃，一边介绍有关肉类、面包、水果、葡萄酒、盐或其他食物的知识，不拘形式，随问随答。吃过饭便刷牙、洗手、洗脸和眼睛，然后玩一些与知识有关的游戏，稍事休息，继续学习。天好的时候可以多运动锻炼，天下雨时就多做室内的事情。

可以说，《巨人传》的第一和第二部是西方文学史上最早的教育小说。十年以后，《巨人传》的第三部才于1545年出版，在故事内容、意趣和结构上都与前两部有明显的不同，从君王教育转变为政治讽刺。

第三部的第一章，是庞大固埃和巴奴日（Panurge）之间的对话，在一场战争之后，庞大固埃派巴奴日到海外做总督。他们的对话似乎很有哲理，讨论的是美德、理性、正义公平、交易买卖、行事节制等问题，但拉伯雷的用意是讽刺。巴奴日是个令人鄙视的小人，国王庞大固埃对巴奴日这种小人的宠爱和纵容本身就暗含着政治讽刺。

巴奴日代表的是任何一位有钱有势的法国海外总督。他是一个挥霍无度、穷奢极侈的家伙，"你们可以想象得到，他可没有把钱用在建筑修道院、修立庙宇、开办学校、医院和胡花滥用上，而是用在天天饮宴、夜夜笙歌上，酒友、少女、艳妇、娇娘他一律招待，来者不拒。最后只好杀鸡取蛋，饮鸩止渴，借债度日，贵买贱卖，寅吃卯粮了"。

拉伯雷为什么等了十年才为《巨人传》做续篇？研究者们有不同的解释。有人认为，由于《巨人传》第一和第二部都大获成功，拉伯雷害怕第三部会狗尾续貂，所以特别谨慎。

还有人认为，那是因为社会政治气候和环境的缘故。当时法国，尤其是巴黎有许多天主教团体对德国宗教改革的影响充满了不安和害怕，因此设立了作品审查制度。许多作家遭到离经叛道或者思想异端的指责，受到迫害。讽刺教会、国王或政治权贵的虚构作品首当其冲，成为审查和迫害的对象。像庞大固埃和巴奴日这样的政治讽刺，虽然是虚构，但非常辛辣，说不定就会被禁止出版。弗莱姆教授认为，拉伯雷之所以后来决定出版第三部，是因为他得到了直接来自法国国王的特许（privilege）。

1545 年，在国王的特许发行证的保护下，拉伯雷以真实姓名出版了《巨人传》的第三部。但不久国王死去，小说又被列为禁书，拉伯雷被迫外逃，直至 1550 年才获准回到法国。回国后的拉伯雷在学校教书，教书期间，他完成了《巨人传》的第四部和第五部。

第四部是用滑稽的方式重新叙述一个犹如《奥德赛》的故事，是《巨人传》中讽刺性最强的部分，讽刺对象是罗马天主教会和一些政治显贵，还讽刺了大众迷信。第五部是后人根据拉伯雷留下的一些笔记拼凑而成，无甚大观，是在他去世后的第九年才出版的。

第四部出版后，于 1552 年被神学家查禁。1553 年 4 月 9 日，拉伯雷在巴黎去世，一生都没有得到出版自由。

拉伯雷去世不到一个世纪，1644 年，英国诗人弥尔顿（John Milton，1608—1674）发表了他的经典论著《论出版自由》（Areopagitica），强烈主张出版自由和对非正统出版物的容忍。他说："让我凭着良知，自由地认识，自由地发言，自由地讨论吧。这是高于一切的自由。"1694 年，作为光荣革命（Glorious Revolution，1688）的伟大成果之一，出版管制法在英国被废止。然而，在法国这要等到 1789 年法国革命之后才能得以实现。

在拉伯雷生前，《巨人传》命运多舛、历经磨难。这不是他一个人的遭遇，而是思想专制下自由创作的普遍命运。

2. 自然的人和文学的游戏

内容丰富的文学著作大多包含一些具有普遍意义的主题，因此会引发不同的，甚至对立的思考，思考的过程比结论重要，也是作品丰富性之所在。《巨人传》也是这样的作品，本节就从它多个可以讨论的主题中抽取三个来谈，分别是自然主义的人性、自然人与上帝的关系、文学游戏。

首先谈谈《巨人传》中自然主义的人性。

《巨人传》里的人物初看起来不是我们熟悉的自然人，高康大和他的儿子庞大固埃都是高大无比的巨人，这只是从外形上看的。但是，这两位巨人活得率性、无拘无束、浑然天成，这让他们成为比外表自然的人类更自然的人。所以，自然的人从根本上说，是精神和生命活力的自然，是自然的人性。生活在思想控制和精神压制下的人是不自然的，自然不仅是一种状态，而且是一种正当性和合理性。如果自然是美好的，那么压制和扭曲自然便是邪恶的。

拉伯雷憎恶和反对一切扼杀人的自然活力的力量：中世纪的禁欲主义、人的懒散习惯、外在的强制、愚昧和愚蠢。他赞美一切能够让人发挥潜能，发扬优秀人性的事物：健康、知识、自由、伙伴的关心，尤其是教育。尽管他对人和人性的弱点有敏锐的观察，并予以辛辣的讽刺，但他对人性的基本善良一直抱有信心。这是一种人文主义的乐观精神。他写道："自由的人，好的出身、好的教养、平易近人、容易相处，有一种自然的趋势和本能，让他们能有善行，避免恶事，这就叫荣誉。"（《高康大》，LVII）

他对"自然"和"反自然"做了区分。自然（physis）产生和谐和美；反自然（antiphysie）造成不和谐、伪善和极端。中世纪的寺院和修道院实行禁欲，扭曲自然的人性，对人造成身心伤害，因此是反自然的。

在《巨人传》的故事里，侵犯格兰古西（Grandgousier）王国的比克罗克尔（Picrochole）就背弃了他的自然天性，到哪里就在哪里作恶，制造混乱和灾难。拉伯雷相信，人性和理性是融洽而一致的，理性是上帝赐予人类的美好礼物。比克罗克尔背弃上帝，失去了理智，被激情冲昏了头脑，因此成为一个反面角色。相反，人性——人的自然天性——是受到美德节制的。人性在上帝那里有纯洁的起源（拉伯雷是反对"原罪"说的），人性是自由的，但不等于是不受节制的激情。人的自由和自然天性不接受人类武断炮制的各种规矩，但接受上帝和上帝之法的制约。

因此，拉伯雷的人性自然主义包括两个方面：一方面，他反对像禁欲主义那样的强制性人为约束；另一方面，他也反对人的自我放纵。这二者都是对人性的扭曲，都是他要反对的。他相信，自然的人性虽然有缺陷、不完美，但可以通过教育来使其变得越来越优秀。在文艺复兴时期，他这样的观念很有代表性，但并非所有的人文主义者都是这么想的，马基雅维里就是一个突出的例外，他对自然人性有一种悲观而阴暗的看法，我们在之后还会谈到。

现在再来看看拉伯雷对自然人与上帝关系的看法。

在拉伯雷的时代和社会里，压制和扭曲自然人性的主要力量来自天主教会。从弘扬自然人性出发，拉伯雷对法国压迫性的宗教和社会制度进行了多方面的揭露和猛烈的抨击，主要批判矛头首先是对着天主教会的。他笔下的教会中的人物，要么在别人侵略行凶时噤若寒蝉，要么自己为非作歹；不是只会念经祈祷的胆小鬼，便是欺压民众的"可怕的猛禽"。拉伯雷嘲笑的不只是隐藏在一个"好制度"中的个别蛀虫，而且也包括这个制度和它的首脑，那就是教会和教皇至高无上的世俗权力。

在《巨人传》第四部和第五部里，他特别猛烈地讽刺了教皇的世俗权力、对教皇的偶像崇拜、梵蒂冈的巨大财富以及攫取这些财富的残忍和腐败的手段。这样的讽刺在宗教改革对天主教会的攻击中也是常见的。但是，拉伯雷却并不是一个宗教改革人士，他批评天主教会的腐败，但他对宗教改革家加尔文（Jean Calvin，1509—1564）及其支持者同样充满了鄙视。他直接把加尔文主义者们称为"日内瓦的骗子"（imposteurs de Genève）（《巨人传》第四部，XXXII）。

拉伯雷对加尔文主义的态度是有变化的，开始是同情，但在出版《巨人传》第四部之前就已经发生了改变，由同情转为厌恶。他反对的是加尔文主张的那种教条主义的、否定人的善行的"因信称义"。

正统的天主教认为，上帝赐圣恩与好基督徒，他们是好人有好报。人活着的时候多做好事，就能在死后进入天堂。但是，加尔文和路德一样主张"因信称义"，认为一个人的好行为并不能保证他进天堂。加尔文比路德走得更远，他认为，上帝的恩宠是不能用人的善行来交换的，而是一种无价的礼物，但条件是，你要有运气得到这份礼物。上帝会暗示谁会有这个运气，暗示的方式是让他活着的时候在人世间变得富有和成功。

这样的加尔文教义是命定论的，它不给人的希望留下任何余地。拉伯雷对这样的教义嗤之以鼻，认为它是彻底悲观主义的，只能让富有和成功的少数人更加沾沾自喜，自以为自己命贵，理应高人一等。拉伯雷称他们为自鸣得意的家伙。他认为，在加尔文主义的教义中没有道德和善良的位置，上帝的圣恩与人的善心被完全割裂开来了。

拉伯雷本人非常强调人类道德和善行的意义，他拒绝"原罪"的观念，认为原罪说把人性当作了不可逆转的坏东西。他对苦行和禁欲也非常反感，在《巨人传》里充分表达了他对人间快乐和饮食、男女之欲的肯定和赞美。在这方面他和当时最重要的人文主义者伊拉斯谟是相当一致的。

拉伯雷相信，上帝是威严的，但也是慈爱和善的。上帝之善贯穿在《巨人传》的故事里。当巨人们遭到肉体或精神的危机，或者在行为和道德上陷入迷茫的时候，他们都会呼唤上帝，用祈祷来告求上帝，祈求帮助。

拉伯雷把人的祈祷看得非常重要，当高康大的父亲格兰古西得知比克罗克尔进犯他的王国时，他向上帝祈祷："啊，上帝，我的救主，请给我灵感，告诉我该怎么办吧！"（《高康大》，XXVIII）后来为国御敌的加雷（Ulric Gallet）完成任务归来时，看到国王格兰古西"跪在地上，头上没有戴帽子，匍匐在房间的一个角落里，向上帝祈祷，请上帝帮助比克罗克尔平息怒火，恢复理智"（《高康大》，XXXII）。

格兰古西的孙子庞大固埃同样也很虔诚。他在出征之前，总会祈祷上帝保佑："啊，上帝，你是我的护主和救主，你看见我现在的处境是多么悲惨。"（《庞大固埃》，XXIX）上文谈到，在庞大固埃父亲高康大的教育里，很重要的一条就是学习祈祷，老师和学生都需要十分虔诚，他描述道："于是他们（老师和学生）一起向造物主祈祷，崇拜上帝，坚定自己对上帝的信念，赞美上帝和他无限的善。"（《高康大》，XXIII）

在《巨人传》里，真诚的祈祷总是能得到上帝的回应。上帝介入人类的事务，帮助人类。只要人类诚心悔过，上帝就会原谅他们的过失。拉伯雷不同意人类因为与生俱来的罪而遭到上帝的厌弃。他心中的上帝是人类的保护者，是仁爱的，对这样的上帝，他充满了信任："把全部的希望交给上帝吧，他不会抛弃你。……我的全部信心在于上帝，我的护主，上帝从不抛弃那些寄希望和依靠他的人们。"（《庞大固埃》，XXVII）这同样也是文艺复兴时期许多其他人文主义者的宗教信念。

通过巨人们的故事，拉伯雷要说的是，教会的力量很强大，只有巨人才有能力与之对抗，巨人象征着人的健康体魄、人的巨大力量和人的无穷智慧。在对巨人的积极想象中，是他对人存在的价值和潜在力量的肯定。这是文艺复兴时期人的自由意识的觉醒。人并没有代替神，但也不是神的奴隶。人是作为一种充满自豪和幸福感的巨大活力出现在小说中的。巨人形象就是这种活力的体现。他们体格健美，性情豪爽，头脑聪明，知识丰富。他们自己掌握着自己的命运，他们祈求神明的庇佑，但不必害怕上帝非理性的过度惩罚。

最后谈谈《巨人传》里的文学游戏。

文学游戏是《巨人传》的一个显著特点。文学中有许多游戏方式，经常被看作文学的"艺术手法"。艺术手法也就是艺术的表现手段，寓言手段是其中之一，这在但丁的《神曲》中十分明显，《巨人传》的寓言手段比《神曲》隐蔽得多，找到这些寓言因此成为一个更有趣的游戏。

例如《巨人传》里几乎所有的人名都是故意选择的，都有特别的意思，像是在跟读者玩捉迷藏的游戏。庞大固埃（Pantagruel）这个名字的意思是"所有人都渴"，因为他出生在一个大干旱时期。而且，庞大固埃在冒险经历中，好几次眼看他的同伴因缺水而干渴，或者敌人因为干渴而溃败。庞大固埃的父亲叫高康大，根据在线昆虫学词典，"Gargantua"是一个来自葡萄牙语和西班牙语的词，意思是"食道"或"喉咙"，与"漱口"一词也有关系，意指一种口腔动作。这个名字很适合高康大，因为他父母都是贪吃的人，他自己从小也被培养成一个贪吃的人。高康大和庞大固埃有众多同伴人物，他们被称为"基姆那士"（Gymnastes），"Gymnast"原来的意思是运动员的训练师，这个名号描述了这些人物在故事中扮演的角色。基姆那士是体育能力最强的人，但基姆那士并没有把高康大训练成一位运动员，基姆那士只是训练了高康大骑马。

《巨人传》里的那种粗俗、故意恶心人的幽默也是一种文学游戏，就像是恶作剧一样，它可以是恶意的攻击，用来讽刺和嘲笑；也可以是图一乐的玩笑，只是逢场作戏的文字游戏。

荷兰人类学家约翰·赫伊津哈在他的经典著作《游戏的人》（Homo Ludens）中指出，文学艺术中有着重要的游戏因素，在罗马文学中，言过其实的颂词和空洞修辞就是具有文学特色的游戏因素。这种文学写作并不能简单地理解为道德低下的"阿谀奉承""溜须拍马"，而根本就是一种寻开心、逗乐的文章献艺或表演。其实，表演也就是游戏，也许作家只是逢场作戏，玩弄文字游戏，一时的戏作，如此而已。

　　苏联著名文艺学家和文艺理论家巴赫金（Mikhail Mikhailovich Bakhtin，1895—1975）独树一帜地用关于"狂欢"的诗学理论来分析和解释《巨人传》。在20世纪60年代，巴赫金被西方理论界"第二次发现"以后，他的狂欢化理论迅速传播开来，随着大众文化的日趋勃兴，他的狂欢化理论被学术界拿来阐释大众现象，比如在贺岁电影中用各种"戏仿"和"颠覆"来制造出欢乐，而网络的全民参与性更是与巴赫金所认可的狂欢节特点相似，那就是，"人们不是观看狂欢节，而是生活在其中"。

　　说到底，作为大众文化的狂欢就是一种欢乐的游戏，英国历史学家彼得·伯克在《欧洲近代早期的大众文化》一书的第七章"狂欢的世界"里指出，狂欢正是一个把"严肃的东西"——包括文学作品的思想意义或艺术特征——抛到一边的游戏时刻。成人一下子变得非常幼稚，"一周之内吃光了本可以让他们维持多个月的东西"。[1]

　　人们在狂欢中得到的是一种远离人世烦恼、无忧无虑的快乐体会。伯克引述英国诗人和古典学者托马斯·格雷（Thomas Gray，1716—1771）在1739年给友人的一封信里说的，"狂欢节只持续了从圣诞节到大斋节的这段时间。这年剩下的日子里有一半是回味上次狂欢节，另一半用来期望来年的狂欢节"。[2]可见游戏对于那些在沉闷重复的日子里，只能用日常劳作来打发时光的人们是多么重要。《巨人传》是16世纪人们的读物，当时没有电视，没有网络，听故事是他们的重要游戏方式，这种游戏用狂欢的方式来举行，又有什么奇怪的？

1　彼得·伯克著，杨豫、王海良译，《欧洲近代早期的大众文化》，第216页。
2　同上，第217页。

3. 阅读联想和"肮脏幽默"

　　先来谈谈《巨人传》里的女性。也许有读者已经注意到,《巨人传》里的巨人都是男性,而女性又是怎么样的? 在这本书中,女性只不过是男性的陪衬,是被忽视甚至无视的。在整个五部的小说中,女性人数显然很少,女性人物甚至连名字也很少是女性的。那些有姓名的女性人物,一旦她们完成了推动情节的任务,也就从此消失。女性所起到的只是故事道具的作用。

　　巨人高康大的母亲嘉佳美丽(Gargamelle)以九死一生的方式生下他,侥幸活了下来,直到后来高康大长大,才被提到一下。庞大固埃的母亲巴德贝克(Badebec)死于分娩。高康大失去妻子非常悲痛,但对他来说最要紧的还是他的儿子,所以他马上决定给儿子找一个新妈。女祭司巴克比克(Bacbuc)是书里很少几个重要女性中的一个,但她与外界全无接触,独自居住在一个地下室里,那里是大地的子宫。女祭司在那里为疲惫的男性过客担任神圣的向导。

　　女人的缺席反映了一个高度男性化的世界,这也许可以解释为什么《巨人传》里有这么多可怕的战争和暴力。从《巨人传》可以看到,文艺复兴时期,某些生活空间是不对女性开放的,包括教育、航海、贸易、战争,当然还不止这些。特别与女性有关的事情只是分娩、育儿、当妓女,或者就是当修女。也有一些女性掌权的地方,但那总是在远离西方世界的小岛上。这与女性在男性社会里召之即来,挥之即去,而且挥之远去,是一致的。在男性社会中,女性的存在就是为了满足男性的生理需要,提供性服务或传宗接代,要不然就是满足一下男子对新奇事情的好奇心,比如对远在天边的女国王,或者传递神谕的女祭司的好奇。

　　《巨人传》第三至第五部着重于婚姻的概念,以及婚姻中的性出轨问题。对男人来说,那就是"戴绿帽"的问题。巴奴日对此表现出最强的厌恶女性观点，他认为女性最经不起诱惑，夏娃就是一个例子，她是人类堕落的主要原因。巴奴日一面讨厌和羞辱女性，一面承认自己害怕女性，因为女人会给男人戴绿帽子，狠狠地报复男人。巴奴日自己就跟许多已婚女性睡过，给她们的丈夫戴上了绿帽子，所以知道女人在这方面有多厉害。在关于绿帽子的讨论中，作者拉伯雷还揭示了文艺复兴时期的宗教婚姻观：人们必须结婚才能进天堂。如果一个男人娶了一个贤惠的女人，他就永远不必担心她的忠诚。但是，巴奴日是一个既缺乏信仰，又不信任女人的男人，他认为所谓贤惠的女人是不存在的。

对绿帽子的恐惧突出了男人那种因自己无法控制女性身体而感到的焦虑和不安，戴绿帽不仅事关男人的荣誉，还会带来替别人养孩子的问题。巴奴日对女性的指责也表明妇女的地位正在悄悄发生变化，她们不再只是男人的玩偶，而且也在为自己的身体做出选择，而且这种选择经常是与男人的利益不一致的。

一些人读《巨人传》时，一定会感觉到故事的夸张，这是《巨人传》的一个特征，但所谓的"夸张"，不过是一种表象。那么，如何理解这种"夸张"？要回答这个问题，首先需要知道，任何一种理解都是一个看法，不是一个事实。每个人对《巨人传》都可以有不同的理解和看法。重要的不是去寻找某一种绝对正确的理解，而是学会如何形成自己的、能够合理论证的理解。我想就《巨人传》的"夸张"介绍一个有助于独立形成理解的基本方法，那就是联想。联想可以有不同的方式，道德价值和社会现实问题意识就可以是一种联想，例如，在前文阅读但丁《神曲》的时候，由基督教的"罪"联想到我们社会中的诚信丧失和贪婪，以及人性中普遍存在的妒忌、愤怒和幸灾乐祸。

而我要介绍的是另一种联想方式，在第一章中也讲述到了，那就是不同文学作品之间的联系，这样的联想可以形成一种启发文本意义的"互文关系"（contextuality），由此形成的理解称为"语境理解"（contextual understanding）。

美国教育从中学开始就强调"语境学习"（contextual learning）的重要性，这是一种构建式的学习，需要学习者充分调动自己的经验，形成独立的认识和理解。不同的人有不同的经验，语境学习的结果也会不同。例如，我在读《巨人传》里的那种荒诞不经的夸张想象时，首先联想到少年时读过的一本书——德国诗人戈特弗里德·比尔格（Gottfried August Bürger，1747—1794）写的《闵豪生奇游记》。[1]这本书一下子使我着了迷，看了很多遍，印象非常深刻，许多情节至今还记得。例如闵豪生在漫天大雪中行进在荒野里，他把马拴到雪地里唯一能看到的一个小树桩上后，躺在雪地上睡着了。第二天早晨，喧闹声惊醒他，他发现自己竟躺在一个热闹的集市上，他的马在一个极高的教堂尖顶上挂着，拼命嘶叫。原来昨夜雪太大，他拴马的小树桩其实是教堂顶十字架的尖端。再如闵豪生打猎时遇到一只毛色极好的狐狸，为了不打坏皮毛，他在枪里装上一枚钉子，一枪把狐狸尾巴钉在树上，又拿了马鞭狠抽那狐狸。狐狸疼得受不了，就从皮里窜出去逃掉，给他留下一张最完整的狐皮。整本书全是这类荒诞的故事。

没有读过这部奇遇记的人，当然不会有这样的联想。但如果读过中国武侠小说，便可以借助阅读中国武侠小说的经验来对《巨人传》的"夸张"形成语境理解；或者也可以借助武侠小说里人物的离奇经历来理解《巨人传》里人物的离奇经历。

可以说，《巨人传》和武侠小说都是"成人童话"。《巨人传》里有这样一个情节：高康大与比克罗克尔的军队作战，敌人对他发射加农炮弹。以前的炮弹是一个个大铁球，类似于在甲午海战电影

---

[1] 原书名为 *Baron Münchhausen*，1930 年由上海华通书局出版，魏以新译。现中文译本亦名《吹牛大王历险记》。

中出现的那种圆球炮弹。高康大的身材极其高大，炮弹伤不了他。打完了仗，他回家，从头发里梳出许多残留的炮弹。他父亲以为他在一个什么肮脏的地方弄来许多跳蚤。他的老师说，高康大头发里梳出来的不是跳蚤，是敌人的炮弹。这样的"夸张"让高康大显得很"神"，英勇无敌，刀枪不入。

武侠小说里也有这样的神人，只不过他们不是身材高大，而是身怀绝技，有各种神功。同样也是一种"夸张"，同样也是匪夷所思，但由于没有巨人和凡人的外形差别，似乎看起来较为合理。与中国武侠小说的"夸张"相比，《巨人传》里的"夸张"是一种"怪诞夸张"。但许多中国读者会觉得不如中国武侠小说的"夸张"来得有美感。在《卧虎藏龙》电影里，这种美感更是以强烈的视觉现象展现出来，两个以命相搏的高手在水面上或者竹梢头轻盈如飞，飘荡自如。人们会忘记这是"夸张"，而把它当作一幅美景或一种艺术来欣赏。

《巨人传》里没有这种如诗如画的"夸张"，它的"夸张"显得十分粗野鄙俗、荒唐滑稽。在文学中，这是一种故意运用"肮脏元素"（scatological motif）的"夸张"。《红高粱》里，"我爷爷"往酒里撒尿就是这样一种夸张。

当然，《巨人传》里的撒尿比这厉害得多。在第一部里，高康大第一次朝着巴黎的民众撒尿是开一个玩笑，但这个玩笑开大了，他一泡尿淹死了20万人。第二次撒尿的是他的战马，无意间又淹死了许多人。高康大第二次撒尿没有淹死人，却让六位朝山进香的客人被汹涌的尿河给冲走了。庞大固埃和他爸爸不一样，他爸爸撒尿是不小心害了别人，但庞大固埃却是故意用撒尿来恶作剧。这些之外，还有别的撒尿场景。

在《巨人传》里，撒尿是黑色幽默的一个"肮脏元素"，但不是唯一的，高康大父子随地撒尿只是他们许多肮脏习惯中的一种。

在第一部第十一章里，高康大从三岁到五岁，完全遵照父亲的指示受到养育和管教。他和当地一般小孩一样地生活着，也就是喝了吃，吃了睡；或者说，吃了睡，睡了喝；或者说，睡了喝，喝了吃。他一天到晚在泥坑里打滚，在鼻子上抹黑，在脸上乱画，趿拉着鞋，经常捉苍蝇，或是追捕他父亲管辖的国土上的蝴蝶。他在鞋子上小便，在内衣里大便，用袖子擤鼻涕，让鼻涕流在汤里，到处弄得一团脏，用拖鞋喝酒，用筐子蹭肚皮，用木鞋磨牙，在菜汤里洗手，用碗梳头，样样东西都要，什么也拿不住，看不见自己的差错，吃着菜汤要喝酒，无中生有，吃着东西笑，笑着吃东西，在募捐盘里吐唾沫，在油里放屁，朝着太阳撒尿，藏在水里躲雨，耽误时间，想入非非，假装老实，到处呕吐，胡说八道，一句话翻过来倒过去，牛头不对马嘴，指桑骂槐，颠倒黑白，隔靴搔痒，信口胡说，囫囵吞枣，好的先吃，不自量力，自己搔痒自己笑。

像这种涉及屎尿和其他肮脏、龌龊东西的描述会让许多高雅人士觉得粗俗不堪，但这些在讽刺文学中却是常见的。这叫"肮脏幽默"（Scatological humour）或"厕所幽默"（Toilet humour），18世纪英国作家，《格列佛游记》的作者斯威夫特就喜欢运用这种幽默。

《巨人传》里大量运用"厕所幽默"。"厕所幽默"是一种粗俗玩笑，经常与性玩笑混合在一起，被称为黄色玩笑。《巨人传》里就有不少性玩笑。英国布里斯托大学教授杰弗里·亨德森（Jeffrey Henderson）在《不洁净的缪斯》（*The Maculate Muse: Obscene Language in Attic Comedy*）一书里指出，虽然各个年龄层的人们都有喜欢黄色玩笑的，但最多的爱好者是儿童和少年，因为在这个年纪，有关排泄和性的文化禁忌还很新鲜。幽默能瓦解这种禁忌，讽刺和幽默作家特别擅长拿这个来做文章，从中世纪的乔叟、文艺复兴的拉伯雷，到18世纪的英国作家斯威夫特，每一个时代都有。

对厕所幽默的研究让我们意识到，人对幽默的感觉和喜好是随着年龄而变化的，小时候感兴趣的幽默，感到好笑的事情，年龄大了是会改变的。以前好笑的变得不再好笑，甚至还会反感，这是很正常的。

我们对怪异的兴趣和喜欢也是一样。例如，孩子们对《星球大战》或《哈利·波特》特别感兴趣，老年人就不这样。武侠小说的爱好者也是青少年居多。童话里怪异和奇特故事的大胆想象是特别丰富的，对儿童特别有吸引力，对成熟的成年人这种吸引力就会大大减退。

说武侠小说或《巨人传》像"成人童话"，主要是对那些"人老心不老"的成年读者说的。当然，这里面还有一个区别，武侠小说除了暴力，不违反什么文化禁忌，是可以被普遍接受的"成人童话"。但是《巨人传》不同，它里面有许多"厕所幽默"和性幽默，所以在许多人眼里，它只能是儿童不宜的"成人童话"。

十九　塞万提斯《堂吉诃德》

1. 骑士和人的社会角色

塞万提斯（Miguel de Cervantes Saavedra，1547—1616）是西班牙小说家、剧作家、诗人。他被誉为西班牙文学世界里最伟大的作家，评论家们称他的小说《堂吉诃德》是文学史上的第一部现代小说。他与中国的汤显祖和英国的莎士比亚是同一年去世的。

听说过《堂吉诃德》这本书的人很多，但真正读过的人却少得可怜。这就像卡尔·马克思在中国，人人都听说过他，但真正读过马克思的人，恐怕是凤毛麟角。

对于今天注意力集中时间很短的读者来说，《堂吉诃德》实在是太大了。这是美国大学的人文教育阅读课的必读书，我在大学教这本书时，用的是伊迪丝·格罗斯曼（Edith Grossman）的译本，序言是哈罗德·布鲁姆（Harold Bloom，1930—2019）写的。我们只阅读第一部分，不读第二部分，但第一部分就有 449 页。每周三节课，每节课 1 小时零 5 分钟，分 7 次念完这 449 页，花了差不多2 个半星期。第二部分从 450 到 940 页，还有将近 500 页。全书共有 1000 页，由此可见本书体量之大。

其实全书的故事并不算太复杂，只是故事讲起来拉得很长。从古希腊史诗到文艺复兴时期的故事，甚至到 19 世纪报纸连载长篇小说的狄更斯时代，许多故事都很长。古人没有无线电广播，没有电视，没有电脑或手机，没有我们今天所熟悉的种种消遣娱乐方式，阅读阶层有充分的闲暇时间，慢慢阅读自然不是一个问题。但是，今天不同了。我们的生活过得这么匆忙，哪里有这么多时间来阅读？花这么多时间来阅读一部这么长的小说，到底为的是什么？

当然，阅读后，会知道这样一个故事：《堂吉诃德》由三次骑士历险构成，第一次历险是第一部前半段的情节，堂吉诃德单枪匹马，但还未出家乡拉曼恰（la Mancha）地区，便不幸受伤而归，家人把整屋子的骑士小说全烧了。第二次历险是第一部后半段的情节，堂吉诃德找到邻居桑丘·潘沙担任他的侍从，并承诺给他一个总督的官职。主仆两人偷偷地出门，一路上做出许多荒唐可笑的蠢事，将风车当成巨人，把旅店看作城堡，又将羊群视为敌军，还打了官差，释放一批恶囚，最后却反被囚犯掠夺，差一点丧命，被人装在笼子里，用牛车送回家中。

第三次历险是第二部的情节。堂吉诃德和侍从桑丘前往巴塞罗那，并参加了几场当地举办的比武，随后被公爵夫妇请到城堡做客，桑丘正式担任总督治理海岛，实际上幕后却是公爵夫妇故意设计、恶整他们二人的闹剧。他的邻居加拉斯果（Sansón Carrasco）先后变装成镜子骑士、白月骑士，试图通过骑士道的决斗打败他，打醒他的游侠骑士梦。堂吉诃德最后被打败，抑郁回家，病倒在床，后来终于醒悟，痛斥骑士小说，临终时立下遗嘱告诉侄女说想要继承遗产就不准嫁给骑士，甚至不准嫁给喜读骑士小说的人。

如果只是想要知道故事的大概，就是以上如此。读者也许还会想了解与《堂吉诃德》和作者塞万提斯有关的一些背景知识，但是，故事情节也好，文学背景知识也罢，都只是知识信息，而不是理解，理解必须在阅读原文的过程中慢慢形成和积累。

我们不妨拿《堂吉诃德》里的"骑士问题"为例。11世纪，骑士是荣誉的身份，是备受尊敬的"高尚骑士"，到了16世纪，我们在《堂吉诃德》里看到的已经是迂腐守旧的"荒唐骑士"，塞万提斯只是在讽刺骑士吗？堂吉诃德只是一个滑稽可笑的人物吗？

不是的，他是在告诉读者一个在历史大时代转化时发生的社会角色蜕变，这种蜕变是具有普遍意义的，16世纪有，20世纪和21世纪也有。这种蜕变是因为某些角色无法跟上时代变化的步伐，变得僵化、老化、过时而不合时宜，从被尊敬的地位上跌落下来，成为文学和大众文化讽刺的对象，讽刺的是这个过时的角色，而不一定是这个角色中的个人。"堂吉诃德"就是这样的角色，作者是同情他的。小说或电视剧《白鹿原》里的乡村私塾先生也是如此：他是族长白嘉轩以非常隆重的礼仪请来的。白孝文是族长白嘉轩的长子，从小受教于徐先生，饱读四书五经，温文尔雅，可不会劳作。徐先生走了后，白孝文就继续在徐先生的位置上，在白鹿原自办的小学教书。命运多舛的不幸小女子田小娥，她的父亲也是一位私塾先生，不过这位田先生已经非常落魄了。就在徐先生最风光、最受器重的时候，陈忠实也没有放过讽刺、挖苦私塾先生的机会。

徐先生吃面皮的一幕就是讽刺私塾先生假斯文的。这个时候的"先生"已经从备受尊敬的"孔夫子传人"角色转变为落魄文人了，当然这还不是他们所能跌到的最低点。在许多文学作品中，私塾先生都是道德僵化、文化守旧、死要面子、糊涂、迂腐、酸不溜秋的冬烘先生。我父亲小时候也有一位私塾老师，他一辈子都非常尊重和怀念这位私塾老师。我父亲在他的《复归的素人》一书里，[1]有专门一篇文章回忆、纪念和庆幸自己有过这么一位德才兼备的开蒙老

1　徐干生著，徐贲编，《复归的素人》，新星出版社，2010年。

师。但是，不管这位私塾先生如何德才兼备，私塾先生的时代毕竟过去了。我父亲是 1920 年出生的，他 7 岁入私塾，11 岁也就改上新式学堂了。

不要忘记，就在塞万提斯写《堂吉诃德》的时候，西班牙还有五六十种骑士浪漫故事在流行，这些作品并非全都毫无价值，都应该像《堂吉诃德》最后说的那样"一烧了之"。但是，骑士的时代毕竟过去了，塞万提斯对骑士的讽刺之所以流传至今，被我们视为一个代表时代声音的作品，这其实是我们"事后诸葛亮"的评价，未必就是它在 16 世纪读者眼里的全部意义。

但是，从《堂吉诃德》来联系和理解的一些社会角色蜕变，无论是政治的、社会的，还是职业的，都不应该是"事后诸葛亮"的看法，而应该是实实在在发生在实际生活中的。例如，以前的教师是"人类灵魂的工程师"，医生、护士是救死扶伤的"白衣天使"，官员是"为人民服务"的公仆，都是非常受尊敬的角色，在大众文化或文学中也都有非常正面的形象。可现如今不少都成了讽刺、挖苦的对象。

我们可以想象，要是今天有像塞万提斯那样见识敏锐、富有批判意识，又肯说真话的作家，教授、医生、官员在他的作品里又会是什么形象？这位作家会无条件地按照惯性思考的方式去写"人类灵魂的工程师""救死扶伤""白衣天使""人民公仆"吗？

一位对社会角色蜕化有敏锐察觉和创作的天才作家在处理这个题材时，又会有怎样的艺术选择？今天，有的教授性侵甚至强奸女学生的事情不断被揭露出来；有的医务人员为了拿回扣和红包，可以致病人于死地；有的干部贪污腐化，鱼肉百姓，损公自肥。文学不讽刺这样的人物，又干什么呢？今天的一些作家一味歌功颂德，对这样的角色蜕化熟视无睹、装聋作哑，甚至百般掩饰。这样一比较，一思考，也就能看出塞万提斯的了不起和《堂吉诃德》的批判意义了。

其实，讽刺社会角色蜕变的文学作品在中国还是有的，钱锺书先生的《围城》就是一个例子，讽刺的对象是不学无术、贪小利、虚伪做作、酸溜溜的教授。现在还有这样的教授，不是吗？可是，《围城》虽然讽刺，但讽刺的对象是相对安全的，可以当作一本文艺性很强的小说来读。不过，《堂吉诃德》在当时可不是一部这样的作品，它具有更直接的现实批判意义。

2. 爱荣誉和不要脸

"骑士"还与我们今天政治和社会生活中特别匮缺的一样东西有关，那就是"荣誉"。

"荣誉"的对立面不是缺乏荣誉感或者不感到荣誉，而是"厚颜无耻"和"不要脸"。"厚颜无耻"和"不要脸"已经成为今天社会的一个道德疾病。《堂吉诃德》里的"荣誉"可以让我们对社会里的"厚颜无耻"有所思考。

塞万提斯没有攻击和挖苦"荣誉"本身，而是讽刺傻乎乎地把"荣誉"用在了本来不讲荣誉的事情和人物身上的行为。所以，他讽刺的不是"荣誉"，而是那些不配与荣誉相提并论的事情和人物。如果以为塞万提斯讽刺的是"荣誉"，那就会把他误解和看低为一个犬儒主义者。

在文艺复兴时期，塞万提斯不是头一个感觉到骑士的荣誉观不管用了的人，更不是唯一的一个。马基雅维里也这么认为，他在《君主论》里对那些靠枪杆子出政权的君主们说，骑士的美德、操守、人品和行为规范是成不了大事的，能成功的恰恰是与此相反的人。他们会耍手段，会使阴谋诡计，善于阳一套、阴一套，不仅手段毒辣，还会收买人心；不仅要能做坏事，而且还要能心安理得、理直气壮地做坏事。于是，至少在政治领域，欧洲的道德从骑士时代进入了马基雅维里时代，"有所不为"的荣誉感让位给了"无所不为"的不要脸。

骑士制度在 10 世纪已经建立。虽然骑士本质上是一个军事职位的头衔，但这个名号也可以用于地位稍高的小贵族。普通骑士为有钱有势的大贵族服务，贵族是他们的恩主，骑士用自己的忠诚服务换取贵族恩主分给他们的封地。

贵族恩主还给为自己服务的骑士提供住宿、食物、盔甲、武器、马匹和金钱。骑士最重要的服务是军事服务，拥有丰富军事经验的骑士是最受贵族恩主欢迎的，也是他们最需要的。贵族恩主们拥有不同数量的骑士，人越多，势力就越大。想要成为被看得起的骑士，就需要积累军事经验。

骑士制度设立了骑士职业道德的早期标准，骑士相对富裕，并且有望提供军事服务以换取土地财产。早期的骑士精神理念就是要忠于自己的领主和勇敢战斗，这类似于古代英雄时代的价值观。

在中世纪，骑士精神从简单的军事专业主义发展成为一种社会准则和价值观，其中包括温和、高尚、合理对待他人的价值观。《罗兰之歌》（*La Chanson de Roland*，约 1100）是法国最古老的英雄史诗，其中罗兰被描绘成理想的骑士，表现出坚定的忠诚度、军事实力和社会责任。

沃尔夫拉姆·冯·埃申巴赫（Wolfram von Eschenbach，1160/1180—1220）是一位德国骑士，同时也是诗人。他被视为中世纪最杰出的史诗作家之一。在他的诗体浪漫故事《帕西发尔》（*Parzival*，约 1205）中，骑士精神已经演化为一种宗教义务，是爱情和军人勇敢的混合体。这是一种年轻人的浪漫理想。到 13 世纪末，骑士需要承担一系列非常具体的职责，包括骑马、参加比赛、举行圆桌会议和狩猎，以及渴望信仰、希望、慈善、正义、力量、节制和忠诚等更多的美德。

骑士精神逐渐被贵族精神所替代，贵族精神首先意味着文明行为和习惯遏制暴力，它从一小部分人先开始，然后影响整个社会。自我克制是这一习惯的重要部分，优雅的举止、自我克制和深思熟虑这些看似天性的品质，对我们来说其实是习得性的，这也是为什么称其为"第二天性"。这些品质是随着欧洲的现代化而逐渐被人们所接受的。贵族在荣誉文化仲裁的压力下，严格遵守种种清规戒律，以此将他们自己与乡巴佬和庄稼汉拉开距离。接着，这些规训被社会吸收，灌输给一代又一代的稚龄儿童，直到成为他们的第二天性。中产阶级总是迫不及待地效仿贵族，他们渐渐地接过这些贵族自律的标准；这些标准又从中产阶级向下层社会传递，最终成为整个社会文化的组成部分。

骑士并不是只会打仗的人，在十字军东征期间，骑士和宗教相互影响。早期的十字军帮助明确了骑士与道德有关的准则。结果，基督教军队开始将自己的努力奉献给神圣的目的。当然，我们今天可以不同意他们的目的，但是，重要的是，他们并非只是打仗，而是为了某个高尚的目的去打仗，并自愿在行为上受到道德的约束。神职人员要求骑士发誓，使用武器是为了保护弱者和无助者，特别是妇女和孤儿以及教堂。在《堂吉诃德》里，堂吉诃德的行为虽然因为不合时宜而愚蠢，却包含着这些令人同情的道德价值。

随着文艺复兴时期的人道主义和道德相对主义的兴起，骑士的侠义基本上失去了现实意义，骑士浪漫主义的理想主义在马基雅维里的《君主论》里被拒绝了，也在塞万提斯的《堂吉诃德》中成为含泪嘲笑和讽刺的对象。

骑士美德，保护弱者、妇女和教堂，为捍卫骑士美德和荣誉而誓死不屈，这些都已经成为不合时宜的美德和荣誉观，但美德毕竟是美德，荣誉观毕竟是荣誉观。没有中世纪的骑士精神，也就没有现代欧洲的贵族荣誉观和与专制君主权力抗争的自由传统。为了捍卫自己的荣誉，就算赔上性命，也在所不惜。

俄国诗人普希金为了捍卫自己的荣誉，一生中与人决斗 28 次后，第 29 次时，送掉了性命。在今天许多读者看来，普希金简直就是堂吉诃德的翻版，是个疯子，是个傻瓜，简直太愚蠢，太可笑。但是，如果他没有这种荣誉感和精神傲气，如果他像今天的许多文字匠人那样蝇营狗苟，专事明哲保身，谄媚求荣，宁愿赖活不愿好死，他也许可以成为俄国的郭沫若，但断然不能再是普希金。

不只是作家和诗人，就是一般的普通人也是一样。现在很多人都太讲实惠，太功利主义，精于盘算，只要能得利，根本就不把荣誉当成一回事，成为"不要脸"的一族。媒体上接二连三有人因"丢脸"行为而遭人鄙视的消息。2016 年 3 月 19 日，国内搜狐新闻报道，据泰国星暹传媒报道，一名泰国网友通过脸书账户分享了中国游客在泰国清迈一酒店自助餐厅疯狂铲虾的视频。视频中显示，部分游客不仅用盘子直接铲，而且一次带走两三盘。视频发布 21 小时即突破 31 万观看次数，泰国网友纷纷留言吐槽：生下来到现在都没吃过虾吗？有网评说："丢钱又丢脸，将来看看自己的形象，太失格，无地自容啊！"

对自己的行为没有"丢脸"的感觉，几乎成为当今社会中许多人的失德新常态，对他们来说，丢脸事小，吃亏事大。为了不吃亏，就得拼命抢，既不择手段，也不要脸面。不只是在抢食时如此，在抢任何东西的时候都是如此——抢地位、抢权力、抢职位、抢名利、抢各种大大小小的眼前利益和实惠。久而久之，上上下下便形成了一种"不要脸"的"抢文化"。而这仅仅是当今社会里多种厚颜无耻现象中的一种。

对照来看，有人哪怕是不合时宜，哪怕别人都在嘲笑，却能坚持自己的荣誉观和价值信念，这就是堂吉诃德的精神。正如一位赞叹堂吉诃德精神的读者所说，"没有热烈真挚的情感，只有执着的理性，一个人能够达到的高度就十分有限，难免平庸。但只有炽烈不羁的情感，弃理性于不顾，人生就会像没有舵的巨轮，随时可能撞上坚硬的冰山。情感越强，撞得越狠"。堂吉诃德属于后者。他的精神在情感方面有可取的一面，但理性方面却十分危险。他的滑稽与崇高都是表象，都是他那种精神状态下的必然结果，与真正意义上的滑稽与崇高有很大距离。他并不知道自己的愚蠢，所以滑稽，也不知道自己将付出的代价和行为的意义，所以崇高。他是一个悲剧性的人物，从他临终前的幡然悔悟可以看出，他为执迷于骑士精神的一生悔恨不已。相对于阿 Q，他可爱得多。

3. 幽默与戏仿

《堂吉诃德》里有不少"好笑"的地方：堂吉诃德大战风车，把羊群当成强盗；桑丘为了不惊动睡着了的主人堂吉诃德，撅着屁股，脱了裤子放屁，结果还是惊醒了堂吉诃德，半睡半醒的堂吉诃德问桑丘，你在嘟哝什么？像这样的情节令人发笑，所以这部书往往给人留下幽默的印象。

幽默不过是一个笼统的说法，因为有各种各样不同的幽默。幽默在拉丁语里是一个科学用语（humor，亦指"体液"），16 世纪时被译到西方各国的语言之中，起先是一个日常用语，后来被借用为一个文艺样式或评论的用语。幽默成为一种"思维的成品"，对一些其他的经验和现象进行组织和归纳。今天，我们已经知道和熟悉许多 16 世纪的人们难以想象的幽默："黑色幽默""荒诞幽默""绞刑架幽默"（gallows humor），更不要说像苏联和东欧国家"政治笑话"那样的政治幽默了。不同的幽默有不同的作用，例如，"黑色幽默""荒诞幽默""绞刑架幽默"都能让人压抑、痛苦的心情得到舒缓，政治幽默可以让人表达对现实的不满，正如奥威尔所说，每一个幽默笑话都是一次微型革命。

幽默具有流行时尚的特点，一部幽默作品在不同时代的读者那里，好笑的程度会变化，幽默的重要性也会不同。《堂吉诃德》的幽默也不是一成不变的。17世纪的读者喜欢《堂吉诃德》，主要把它当一本让人发笑的书来读。塞万提斯自己在《堂吉诃德》的序里似乎也是这么来推销自己的这部著作的。塞万提斯对《堂吉诃德》的幽默意图表明在书的序言里，他一开头就称他的读者为"闲逸的读者"——不闲逸当然读不了这部1000页的大书。他说，这部书就如同我的孩子，虽丑但还是我的孩子。他还借一位"朋友"之口对自己的书作了一些评价，"朋友"夸他凡事都能有所洞察且很谨慎，堂吉诃德是所有骑士的光荣楷模。他的"朋友"还点出《堂吉诃德》的喜剧目标："确保当他读到你的故事时，忧郁的人会笑起来，快活的人笑得更多。"

18世纪的读者开始在《堂吉诃德》的幽默之外，也关注它的社会批评。伟大的英国小说家菲尔丁（Henry Fielding，1707—1754）被称为英国小说之父，他就承认，他那部名著《约瑟夫·安德鲁》（*Joseph Andrews*）就是受塞万提斯的影响写成的。他称赞《堂吉诃德》是一部值得效仿的模范小说，对现实既有模仿，又有批评。菲尔丁就是通过描写约瑟夫·安德鲁在流浪生活中的种种遭遇，真实地反映了18世纪的英国社会情况，辛辣而锐利地讽刺了当时社会的虚伪、丑恶和庸俗的风尚。

到了浪漫主义时期——文学史一般从1800年开始算起，人们对《堂吉诃德》有了新的看法，他们不再将它看作，或者只是看作一部幽默小说。浪漫主义作家当然承认《堂吉诃德》里的谐趣和幽默，但他们认为，比起它的道德价值和文学手法来，幽默只是次要的。幽默不再是《堂吉诃德》的主要特色，只是一种艺术手段的效果，幽默不是为了好笑，而是为了讽刺当时人们对骑士文学（Chivalric romance）的过度热衷，也是为了揭露和展开一些重要的社会议题。

英国哲学家罗素（Bertrand Russell，1872—1970）曾说过，"对塞万提斯的任何严肃研究……都必须从作者对浪漫骑士精神的延伸戏仿（extended parody）这个事实出发"。罗素的论述非常重要，因为它区分了幽默和戏仿。幽默是效果，而戏仿是为了达到幽默效果的文学艺术手段。还有其他文学艺术手段也同样可以达到幽默的效果，但文学的风格却可以完全不同。例如，拉伯雷的《巨人传》幽默，是由于他运用了夸张的艺术手段；狄更斯的《匹克威克外传》（The Pickwick Papers）幽默，是因为其中辛辣的政治讽刺和妙趣横生的民间故事；马克·吐温的《卡城名蛙》（The Celebrated Jumping Frog of Calaveras County）幽默，是因为叙述语言的尖刻辛辣；捷克作家哈谢克（Jaroslav Hašek，1883—1923）的《好兵帅克》（The Good Soldier Švejk）幽默，是因为对人物的愚傻卓绝的刻画。而《堂吉诃德》的幽默，则主要是因为它所运用的"戏仿"。

戏仿又称搞笑或"滑稽模仿"，滑稽模仿是一种温和的玩笑，与辛辣、尖刻的讽刺幽默不同。辛辣尖刻的讽刺幽默在英国作家斯威夫特和启蒙运动时期的法国作家伏尔泰那里有经典性的代表，当然还有我们都熟悉的鲁迅。

戏仿既运用于文学创作，也常见于大众文化。文学创作中的戏仿一般是原创，也就是一次创作。在大众文化中，戏仿经常是一种二次创作，这种戏仿是一种模拟，主要是因为语言的嬉戏而诙谐。戏仿是一种再书写，它必须逼真于被模仿的客体，但面目截然不同，也就是虚中有实，以此解构被模仿的客体的原型。

戏仿的对象往往是带有权威或代表主流价值的人与事，如总统、元首、主席、英雄模范、精英权威、政府文件、著名作品等，他们的知名度高，是民众熟悉的，戏仿就是利用他们的知名度借力打力的一种玩笑方式。

戏仿的对象还通常都是大众耳熟能详的作品。举例来说，香港电影导演兼演员周星驰在《大话西游》和《功夫》等影片中大量使用戏仿，引用的来源有《西游记》、李小龙的影片、《黑客帝国》等。

《堂吉诃德》中的戏仿兼有文学原创和二次创作的特征，例如，这个故事看起来是一个"骑士故事"，便是对塞万提斯时代十分流行的骑士故事的戏仿，利用读者对流行骑士故事的熟悉程度，一面逼真化，一面又作异类处理，拉开距离。《堂吉诃德》本就以大众读者阅读为对象，所以非常方便地运用了这样的大众戏仿。

但是，堂吉诃德这个人物对骑士的戏仿也具有原创性。他非常复杂，远远不只是一个做白日梦的假骑士。他出身平凡，成天浸淫于骑士小说，看上去脑壳坏掉，但他却怀着正义的道德理想和济世安民的抱负。而这样的道德理想正是被他的同代人错误地抛弃了的。所以，戏仿虽然挖苦了这位做白日梦的假骑士，但也通过他，还讽刺那些浑浑噩噩混日子的芸芸众生，批评了一个价值观混乱、没有道德理想的庸俗社会。

对于从译本来阅读《堂吉诃德》的读者，想要充分理解这部书里的戏仿是困难的。比较明显的戏仿，如整个故事戏仿骑士小说，是不难看出的。但是，要看出和欣赏更微妙的戏仿，那就比较困难了。例如，堂吉诃德说话的腔调、用语、语气都是戏仿流行骑士故事里的骑士人物，这些在西班牙语里非常生动，但在翻译本里很难被保留下来。

我在美国教课时用的格罗斯曼的新译本（2003 年），深得许多翻译家和作家的好评，《纽约时报》评论该译本道出了原作的精髓。

然而即使这么一个优秀的译本，也无法向读者充分显示骑士语言戏仿的魅力。为什么？因为一般读者都没有读过塞万提斯时代的流行骑士故事，也不知道那里面的骑士们如何说话，当然也就无从察觉其中的戏仿。

因此，要察觉戏仿，必须对戏仿的对象有所了解，例如，有的作品戏仿打官腔的人，还有强词夺理的杠精和空洞虚伪的豪言壮语，会让读者或听众哈哈大笑。如果把这样的戏仿翻译成英语、法语或德语，又会有多少人能听出其中的味道来？对不熟悉这种官文化、官语言的人，要察觉这种微妙的戏仿也是非常困难的。他们听了，会有理解，但不会大笑起来。

著名作家纳博科夫（Vladimir Vladimirovich Nabokov，1899—1977）对《堂吉诃德》赞赏有加，他说，《堂吉诃德》在今天比在塞万提斯时代更加伟大，它耸立在文学的天际线上，就凭它的饱满活力，会永远流传下去；"它代表温柔、孤独、纯洁、无私和勇敢，它的戏仿已经成为一个典范"。但是，他认为这本书并不"好笑"（funny）。他说，塞万提斯的戏仿只是一种有效的艺术讽刺手段，但缺乏笑料。

耶鲁大学比较文学教授戴维·昆特（David Quint）在《现代的塞万提斯小说》（*Cervantes's Novel of Modern Times: A New Reading of Don Quixote*）一书中直接回应了纳博科夫的这一说法，批评他"把小说的情节描述为'一个疲惫的作者的填充物'，而小说本身则是由不同的、不协调的成分组成的混乱的'肉馅饼'"。他还认为，纳博科夫这么看待《堂吉诃德》，是因为他首选的英文翻译本是普特南（Samuel Putnam，1892—1950）的，简单易读，所以才会有"几乎不好笑"的印象。昆特指出，由于转换为英语，塞万提斯的许多幽默言辞都被错误地翻译掉了。[1]他认为，"这本书的幽默感是西班牙语所特有的，而且至多只能在任何其他语言中被模仿"，也就是说不能被精确地表达出来。如果你读的不是西班牙文，而是中文译本，那你也许会和纳博科夫一样，并不觉得这是一部好笑的书。但是，这也无妨，因为书里还有许多值得我们思考的问题。接下来我就介绍其中的两个：一个是滑稽，另一个是人戏不分。

4. 滑稽和人戏不分

与玩笑和笑话一样，幽默在很大程度上取决于语言表达，是一种口语表演的效果。不管多么有趣的笑话，要是让新闻播报员正儿八经地念出来，一定是干巴巴不好笑的。不要忘记，我们今天阅读的不是塞万提斯的《堂吉诃德》，而是《堂吉诃德》的译本，译本决定了我们是否能充分体会《堂吉诃德》的幽默或好笑。

但是，《堂吉诃德》里还有一种一般读者都能体会到的幽默，那就是滑稽（funny）。这本书里的一幅插图最有滑稽意味，那就是，堂吉诃德和桑丘在一起，一个又高又瘦，一个又矮又胖，一个骑着一匹瘦骨嶙峋的老马，一个骑着一头其貌不扬的驴子。为什么这幅图会显得滑稽？首先是因为两个人物体型的对比。

不过滑稽的感觉也有强烈和不那么强烈的分别，最强烈的滑稽感会造成一种人本能的暂时失控现象，让人不由自主地猛然笑出声来。这是我们都熟悉的"喷饭"现象。苏轼在《文与可画筼筜谷偃竹记》里说"失笑喷饭满案"；清代周亮工《书影·卷一》里说："今人演《武三思素娥》杂剧，鄙俚荒唐，见之令人喷饭。"忍不住

---

1 David Qwint, "Humour in Don Quixote," https://www.ukessays.com/essays/english-literature/how-important-is-humour-in-don-quixote-english-literature-essay.php

笑出来，这是一种本能反应，不是理智寻思的结果。

一般情况下，大多数人都能体验到的滑稽没有这么强烈，而是一种比较温和的幽默：你被逗乐，觉得滑稽，所以发出微笑或笑出声来。你有这种感受能力，就已经证明你是有幽默感的。今天，一般人看到堂吉诃德和桑丘在一起的图画，虽然觉得滑稽，但不会有这种"喷饭"的冲动。但如果一个人一点滑稽感也没有，完全无动于衷，那么我们可以说，他是一个没有幽默感的人，要么是麻木，要么就是愚蠢，总之有些不正常的地方。

人有幽默的需要，幽默带来快乐，有助于提高主观幸福感，不光是身体，还有心理的。对幽默和心理健康的研究表明，幽默是实现和维持更高的心理健康水平的主要因素。当然，幽默主要是一种辅助假设，也就是说，积极的幽默导致积极的心理健康。所以积极的幽默与瞎乐和傻乐又是有区别的。

大众或商业性表演经常利用和满足人们对滑稽幽默效果的需要，一般都很粗浅。18世纪德国作家格奥尔格·利希滕伯格（Georg Christoph Lichtenberg，1742—1799）说："你越懂幽默，就越需要细腻。"（"The more you know humour, the more you become demanding in fineness."）

大众文化或商业性表演里的"幽默"往往很粗糙、浅薄，无法深入到称得上"细腻"的层次。网上可以看到一个比堂吉诃德和桑丘体型对比更夸张的表演，世界上最高的男人和最矮的女人站在埃及金字塔前，甚至还上了吉尼斯官方纪录。世界上最高的人是苏丹·科森（Sultan Kosen），而最矮的人是乔蒂·阿姆杰（Jyoti Amge）。科森身高2.52米，是来自土耳其的库尔德人。这位35岁的男人患有一种叫作肢端肥大症的疾病，这种疾病影响他的脑下垂体。虽然他做了很多手术试图切除肿瘤，但不能完全切除。据报道，他在2012年"停止"生长，但仍然患有脊柱畸形，走路需要拐杖。

来自印度的阿姆杰 25 岁，身高 0.76 米，体重仅 11 磅（约 10 斤），这是一种叫作软骨发育不全症的侏儒症造成的。

这对滑稽组合被埃及旅游局邀请去访问埃及，以重振该国苦苦挣扎的旅游业。两人在金字塔前拍摄了一组照片，阿姆杰大概只和科森的膝盖高度齐平，他们的"最萌"身高差令许多游客驻足围观。一般人看了图片会觉得滑稽，有的会笑起来，很少会想到，把两位残疾人放在一起，当作稀奇的展览品来吸引观众，是一种违反社会伦理的商业操作。

这样一比较就能看出，堂吉诃德和桑丘在一起的景象并不只是为了搞笑，而是另有深意。这一对人物滑稽的体型对比是表面的，后面还有更深层的对比，那才是滑稽对比的细腻之处。又高又瘦、年衰体弱的堂吉诃德根本不像流行骑士故事里的那些骑士——无一不是年轻潇洒、体魄健壮。所以，即便没有桑丘站在堂吉诃德旁边，堂吉诃德也已经够滑稽了。同样，流行骑士故事里的骑士随从也都个个年轻机灵、长相俊俏，对比之下，桑丘也是一副滑稽的样子。这一主一仆是对流行骑士故事定型化人物的戏仿。用这种方式，塞万提斯嘲笑、挖苦了他那个时代的流行文学和愚蠢的文学读者。这是他社会批判的一个重要部分。

《堂吉诃德》一书的戏仿是通过描绘和刻画堂吉诃德这个人物进行的，直到他最后终于醒悟，痛斥骑士小说，临终时立下遗嘱告诉侄女，想要继承遗产就不准嫁给骑士，甚至不准嫁给喜读骑士小说的人。就连那些读骑士小说成迷成痴的人，也都可能是生活在骑士幻觉中、人戏不分的人。"人戏不分"是《堂吉诃德》的另一个主题。

在中外文学中，人戏不分都是一个常见的文学主题。人戏不分是一种幻觉，一种自我欺骗，它本身就可能带有滑稽和荒唐的色彩。但是，人戏不分又是一个非常严肃的人生问题。你在生活中扮演一个角色，而演出的剧本却是别人给你写好的，你并未意识到这一点，你把这个角色当作你自己的选择，并努力演到极致。它只有两种结果：不是悲剧，就是滑稽戏（如东施效颦、邯郸学步）。

严肃文学一般将此处理为一个悲剧题材，例如，香港作家李碧华的《霸王别姬》，后由导演陈凯歌拍成电影，就是一个人戏不分的故事。演虞姬的演员程蝶衣人生如戏，戏如人生，他把自己完完全全当成了《霸王别姬》里的人物，在现实生活中，他也还是扮演这个剧本为他设计和规定的角色，但这是一个无法实现的剧本，程蝶衣幻灭了，但不肯醒来，所以自杀，这是一个悲剧。

悉尼大学戏剧与表演教授马克·西顿（Mark Seton）称此为"戏剧（角色）压力后遗症"（Post-dramatic stress disorder），指的是演员长期完全进入角色，久而久之，就会出现难以返回自我的现象。他在研究中发现，不少演员都有角色"上瘾"和"迷幻"的情况，尤其是那些用斯坦尼斯拉夫斯基（Konstantin Stanislavski，1863—1938）表演法训练出来的性格表演派演员。一般演员是入戏难，而这些演员却有出戏难的毛病。

人戏不分也是诗人、文学家喜爱的题材。19世纪英国诗人丁尼生（Alfred Tennyson，1809—1892）有一首著名的戏剧独白长诗《夏洛特夫人》（The Lady of Shalott），从表面上看这是一个美丽的爱情故事，但是，《夏洛特夫人》是一个更深层的关于人戏不分，拿艺术当现实的故事。夏洛特夫人是一个沉溺于艺术，全然不知现实世界为何物的女艺术家，她从事编织的艺术，日日夜夜都在编织一张"神奇的网"。她没有时间，也没有兴趣去看窗外，她只是在镜子里才看到现实的影像，以为那就是现实。

在夏洛特夫人那里，艺术与现实世界是脱离的，这很像白日梦里的堂吉诃德。堂吉诃德阅读的骑士浪漫故事就是夏洛特夫人的镜子，他也是在镜子里看到只是虚幻影像的世界。夏洛特夫人最后还是被拉向了现实世界，当她转头真的看到现实世界的那一刻，她曾长久注视的镜子就一下子粉碎了。同样，堂吉诃德的亲身经历一直在把他从梦幻的骑士世界拉向现实世界，当他真的注视现实世界的时候，他的"骑士魔镜"也一下子粉碎了。

"人戏不分"成为一个悲剧，是因为当事人沉溺于美好的艺术，逃避丑陋的现实，生活在自我欺骗的幻觉世界里。塞万提斯最后让他的人物堂吉诃德从这样的白日梦里醒过来，但是李碧华却没有给程蝶衣这样一个机会，丁尼生也没有给夏洛特夫人这样一个机会。李碧华和丁尼生是怀着同情来写人物的，他们的故事是悲剧，不是滑稽戏。

"人戏不分"中包含一种"我是谁"和寻找自我的生存焦虑，这是一个持久的文学主题。一个人误入歧途，开始只是偶然交错了朋友，偶然碰到了错误的崇拜对象，或者偶然读了什么书或哪一类书，最后进入角色，开始是假戏真做，继而弄假成真，最后误入歧道，再难回头。人在青少年时期因为偶然地崇拜或模仿某个对象，日后可以成为出色的人才，也可以成为暴徒和凶手。

现实生活中，人戏不分或弄假成真的人们，最初"入戏"经常是从崇拜开始的，后来就成为马克·西顿教授所说的那种"上瘾"和"迷幻"。

美国心理学和脑科学专家梅根·梅厄（Meghan L. Meyer）领导的一个研究团队 2019 年在美国刊物《实验心理学杂志：总论》（*The Journal of Experimental Psychology: General*）上发表的一篇名为《模仿他人改变了自我》（"Simulating Other People Changes the Self"）的论文指出，专注而投入的模仿不仅会改变人的行为，还会改变人的大脑运作。这恐怕可以用来解释堂吉诃德现象，也可以解释张艺冬现象和陈燕现象。

研究者还发现，就连玩电子游戏这样的"角色"行为也能改变人的自我。美国认知脑神经科学家克里斯蒂安·贾莱特（Christian Jarrett）在《演戏改变大脑》（"Acting Changes the Brain: It's How Actors Get Lost in a Role"）一文中谈到他在这方面的亲身经历：他在上寄宿学校时和同学们玩电子游戏，最喜欢玩的是《吸血鬼之避世潜藏》（"Vampire : The Masquerade"）。他一直记得，一连几小时玩这个游戏，就会有可怕的"心理后劲"（Psychological hangover）。这个游戏里有一个手段毒辣、天不怕地不怕的"坏蛋"角色会让他对自己产生一种人格幻觉。在玩过游戏后，他必须努力在礼貌和道德上控制自己的行为，"才不至于在真实世界里闯祸"。可见各种各样的人戏不分应该成为教育工作者们关心的心理教育问题，而堂吉诃德便可以用作一个最好的例子。

二十 伊拉斯谟《愚人赞》

1. 文学讽喻中的愚人和傻子

伊拉斯谟（Desiderius Erasmus，1466—1536）出生在尼德兰（包括今天的荷兰、比利时、卢森堡和法国东北部的一部分），是文艺复兴时期著名的人文主义思想家和神学家。他早年成为神父，之后离开修道院，成为著名的人道主义作家。他一生都在为保卫天主教的传福音理念而努力，持续批评主教们和教廷的行为和社会生活中那些与传福音相违背的事情。这样的批评也体现在他的《愚人赞》里。这部著作对我有特殊的意义，每次读起或想起，都会黯然神伤。我父亲于20世纪60年代曾将此书翻译成中文，但在那场浩劫中书稿被抄家的学生抄走，从此不知下落。20多年后，他已经70多岁，劫后余生，再次把这部著作翻译了一遍。我这里用的是收在他《复归的素人》一书里的译文，也是我对父亲的纪念。《愚人赞》有不同的中文译本，读者最好用分68节的原文本翻译的译本，与我在此引述的一致。

《愚人赞》讽刺了当时欧洲的迷信、陈规陋习和迂腐传统，是宗教改革前非常有影响力的一部作品。这本书广受关注，仅作者在世时就出版了 43 版。书里说话的是一位自称"愚妇"的女神，她嬉笑怒骂，调侃和讽刺了各色人等的荒唐和滑稽，尤其是他们的势利、谄媚、虚伪、自我欺骗、骄傲自大、狂妄无礼。《愚人赞》讽刺的对象中有不少是社会里的头面人物，如哲学家、政治家、教士、主教、学者、文法学家等。

"愚妇"看到的是一个疯疯癫癫的世界，上至教皇下至乡村牧师，从富翁到乞丐，从淑女到村妇，从学者到贩夫走卒，他们都不用上帝赐予的大脑思考，而是一味地接受贪婪、虚荣和无知的摆布。愚人比聪明人"聪明"，聪明人善于察言观色，人云亦云，他们用别人的眼光看世界。愚人游离在世俗人群之外，愚人用自己的眼光看世界。

人们也许要问，既然世态如此不堪，伊拉斯谟又为何不让他们沉溺于愚笨，开开心心地去"岁月静好"、自得其乐、自生自灭呢？文艺复兴时期的人文学者有一种济世渡人的人道情怀，正是因为对世人哀其不幸，怒其不争，所以才用讽刺和挖苦来促其猛醒，令其改弦易辙。在《愚人赞》里，愚人说笑是一种嬉笑怒骂、寓教于乐的教育手段。

伊拉斯谟是一位人文主义者，与许多同时代的其他人文主义者一样，他有一种自觉的驱愚迎智的社会使命。文艺复兴时期的人文主义者不是中世纪修道院或大学里的书斋型学者，他们有着一种强烈的行动的冲动，一种注重结果的思考和思想传播。就此而言，16 世纪的文艺复兴与后来 18 世纪的启蒙运动有着相似之处。

彼得·盖伊在《启蒙时代（上）》一书中说，16 世纪的人文主义者之间有一种"共识"，"这种共识的一个原因和标志就是其代表人物之间的非正式同盟，与启蒙运动一样，文艺复兴也主要由文人主宰。这是一个精力充沛的兄弟帮。他们惺惺相惜，不重阶级出身而重才华。与启蒙哲人一样，人文主义者是为一个比他们的小圈子大得多的运动摇旗呐喊，而且人文主义者也占据着一些战略性位置，领导着一种积极的生活。他们是历史学家、文物研究者、道德哲学家、诗人、学者和艺术评论家。他们之中许多人都有机会成为国务活动家、宣传家或教授。与启蒙哲人一样，人文主义者也为了自己的使命而呼朋引类；他们阅读彼此的作品，长途跋涉去登门拜访和辩论学问，建立研究中心以实践和改善谈话的艺术；他们把自己的学识传播到欧洲各地，并传授给下一代"。[1]

传授学识顾名思义就是一种教育。人文主义者强调教育，宗教改革者强调神启，这个关键的不同将 16 世纪的人文主义与宗教改革区别开来。教育会因对象不同而有所差别，手段自然也不相同，《愚人赞》的教育针对的是一般人，它讽刺教会人士的贪婪和堕落，也讽刺普通民众的迷信和蒙昧，它的目的不仅在于提供知识，而且更在于点燃读者追求美德和智慧的激情。讽刺是达致这一目的有效文学手段。

伊拉斯谟还从事另一种形式的教育写作。《愚人赞》出版五年后，他又写成了《论基督君主的教育》。这两部书的风格、旨趣、对象看起来有很大的不同，却有着重要的内在联系，那就是要推动对当时社会现实的思考和观念改革。

如果说对一般人的教育诉诸偏重情感的讽刺，那么，对君主的教育则诉诸偏重理智的劝导。他阐述对君主的教育的主张，并对君主提供劝言，是出于改造社会的考虑；他认为若君主智慧超群、能力卓然、品德高洁，则将来能做一名贤达的国王，社会也就能随之摆脱愚昧和不道德的境地而趋于完善，这是强调教育的政治功能。虽然书名为"论基督君主的教育"，但伊拉斯谟说，"国家的一切都应归功于一位良君"，君主的优劣决定着臣民们如何成长，"他要么

1　彼得·盖伊著，刘北成译，《启蒙时代（上）》，第 239—240 页。

成就良质，造福万民，要么沦为恶徒，祸害苍生"。[1]

《愚人赞》以讽刺的方式表述了伊拉斯谟以教育改造社会的思想，以幽默的笔法嘲笑了当时荒唐的社会。在这个社会里，没有是非、善恶，也没有真理、秩序。更可悲的是，生活于这社会里的人，由于积习已久，将四周的种种视为理所当然，而不觉得自己生活在一个荒唐的世界里。他们都是庸人，但自以为聪明。伊拉斯谟是一位改革者，想通过教育和刺痛人心来改革这个麻木不仁的社会，尤其是改革教会。

在伊拉斯谟创作《愚人赞》和《论基督君主的教育》时，意大利和整个欧洲的文艺复兴已经进入了晚期，正如政治哲学家利奥·施特劳斯（Leo Strauss，1899—1973）在《关于马基雅维里的思考》一书里说，"那个时代，无论是在佛罗伦萨，在意大利，还是在地球上的任何其他地方，都不是共和国的时代；君主政体正在上升，方兴未艾；共和国毋宁说是时过境迁了"。[2]

这个时候，欧洲的政治状况动荡不安，但是，那些有权势的王室，如意大利的美第奇家族、法国的瓦卢瓦王室、德国和尼德兰低地的哈布斯堡王室，不仅巩固了君主制度，而且使它变得前所未有地强大和骄横。

这可以说是一个君主专制的黄金时代，生产和贸易的发展让人们觉得生活在一个幸福的盛世，过着一种因循守旧、醉生梦死的生活。知识精英们思考的不是社会的重大问题，而是一些鸡毛蒜皮、自娱自乐的所谓学术专题，与我们今天学界的一些所谓"研究"颇为相似。《愚人赞》在第49节中挖苦道："当有人考证了安喀塞思（希腊神话中特洛伊城王子）的生母是谁，或者重新沿用一些冷字怪词、废字偏词，或是绞尽脑汁拼凑出破石烂碑上的文字时，上帝

1　伊拉·斯谟著，李康译，《论基督君主的教育》，上海人民出版社，2003年，第10页。
2　利奥·施特劳斯著，申彤译，《关于马基雅维里的思考》，译林出版社，2003年，第10页。

啊，他是何等的欢欣，何等的喜悦，多少声祝福，好像是征服了非洲或占领了巴比伦！"

杰出的历史学家雅各布·布克哈特（Jacob Burckhardt，1818—1897）在《意大利文艺复兴时期的文化》一书里指出，在 14 世纪之前的近代时期，曾经出现过反对君主专制的人民激进主义，但是，15 世纪之后的专制国家里就再也找不到这样的思想激荡了。他写道："每一个人在内心里边都反对暴君专制，但都打算去和它做可以容忍的或有利的妥协，而不去联合别人来消灭它。"在有些地方，事情要等到发展到了极坏的地步，然后民众才会有所行动。"他们在大多数情形下知道得很清楚，这样做不过是更换主人而已。肯定地说，共和国的气数已经是日薄西山、气息奄奄了。"[1]

在那个时候，专制君主统治看样子会永远存在下去，100 年、1000 年都不会变化。因此，没有人对政治变革有太大的期待，甚至连想这种事情都显得多余，不切实际。历史学家约翰·海尔（John R. Hale）在《文艺复兴》（*Renaissance*）一书里引述 15 至 16 世纪米兰历史学家伯纳迪罗·克里奥（Bernardino Corio，1459—1519）的话说，在 1494 年之前，"人人都相信和平已经来临并会长存；人人都忙着发财致富，到处都有发财致富的机会。到处是欢饮和作乐。世界显得前所未有的稳定"。[2] 可是这样的美梦并没能持续多久，人们，尤其是人文主义者们，很快便不得不从这样的美梦中醒来。《愚人赞》可以说就是人文主义者从美梦中醒来的一个作品。

《愚人赞》用愚人的眼睛来看这个世界，显出它的虚假和丑陋。这令人想起 20 世纪德国作家君特·格拉斯（Günter Wilhelm Grass，1927—2015）非常有名的小说《铁皮鼓》。主人公和叙述者奥斯

---

1 雅各布·布克哈特著，何新译，《意大利文艺复兴时期的文化》，商务印书馆，1983 年，第 56 页。

2 John R. Hale, *Renaissance*, New York: Time Incorporated, 1965, 139.

卡·马特莱特有特异功能的天赋，一声尖叫就可以击碎玻璃，奥斯卡将它用作对抗成人世界的武器。他是一生下来便智力超常、具有透视眼和敏锐听觉的婴孩，三岁生日那天他得到了一个礼物：铁皮鼓。在看穿了成人世界的愚蠢和虚伪之后，奥斯卡决定停止长大，从此身高一直停留在三岁的高度。他观察希特勒纳粹时代的荒诞德国，用的就是这样一个三岁小孩的眼光。这是一种讽喻的文学手段。

《愚人赞》运用的也是这样一种讽喻手法。讽喻"satire"这个词来自拉丁文的"satura lanx"，意思是"杂烩，一盘色彩缤纷的水果"，也就是杂议，罗马时代的文体家昆体良称之为一种纯罗马式文体。

在更早的希腊时代，有两个最接近"satire"的词，一个是"cynicism"（犬儒），另一个是"parody"（模仿）。在出现人物角色和对话之前，古希腊戏剧是一种舞蹈形式的模仿剧，叫"satyr play"。在柏拉图的《会饮篇》中，希腊将军阿尔基比亚德一面赞美苏格拉底，一面说他的容貌丑得像是半人半羊（satyr）的西勒诺斯（Silenus），暗示真正懂得美的其实是丑人。

这和伊拉斯谟赞美傻子其实是真正的聪明人颇为相似。然而，文艺复兴时期的讽喻作品复兴的是古罗马的杂议传统，但增加了文艺复兴的优雅风格，这个时期最著名的讽喻作品包括勃兰特（Sebastian Brant，1457—1521）的《一船傻子》（*Narrenschiff*）、伊拉斯谟的《愚人赞》、牧耳尼尔（Thomas Murner，1475—1537）的《傻子的放逐》（*Narrenbeschwörung*），还有我们已经讨论过的拉伯雷的《巨人传》。

文艺复兴时期的讽喻作品喜欢运用傻子和愚人一类的角色。《愚人赞》里的那个说话人就是一个愚人，一个身处在权威秩序之外的不认同者和不合作者，一个冷眼旁观的、聪明的傻子。他之所以被容忍站在一边冷嘲热讽，完全是因为他不过是一个谁都瞧不上眼的傻子，因为他的话被当成了疯言疯语。没有谁拿傻子当一回事，傻子对此毫不在乎，傻子的特立独行使得他的犬儒姿态有了一种反抗的意义。

《哥林多前书》中说："然而神却拣选了世上愚拙的，为了使那些有智慧的羞愧；神又拣选了世上软弱的，为了使那些强壮的羞愧。"（1：27）傻子就是上帝挑选来挫败权威的那个弱者。伊拉斯谟通过歌颂愚人，捍卫了对他来说是人类唯一可能的拯救方式，也就是保罗在《哥林多前书》中所说的"十字架的愚拙"（the folly of the cross）。不该忘记的是，基督教的核心悖论是化身基督的上帝变成了一个傻瓜，为了替人类的愚顽赎罪，使其摆脱原罪与死亡，被钉死在了十字架上。这种行为除了愚拙，还能是什么？

这和今天犬儒者们的愚和傻是完全不同的，他们面对着自己实际上无力挑战、无法反抗的权威和秩序，作为一个弱者，他们只能选择"傻"和"愚"的假面扮相。装傻子是为了存活下去，也就是苏格兰作家斯蒂文森（Robert Louis Stevenson，1850—1894）说的，"傻了要比死了强"。

能开动脑筋，有意识地把自己打扮成傻子，这样的傻子一定不是真傻，他的扮傻经常是一种拒绝合作的手段和暗中反抗的策略。这样的傻子与因为被洗脑或不动脑筋而真正变傻是完全不同的。这样的扮傻与故意装疯卖傻异曲同工，都能起到觉世和警世作用。中国民间传说的高僧济公就是这样一位人物，他着破衣烂衫、行为怪异、行似疯癫，但却能扶危济困、除暴安良、赏善罚恶，成为老百姓喜爱的人物。《愚人赞》里的愚人也是一样，虽然她自称愚蠢，但人们却能看到她身上的智慧，心目中留下了她独特而美好的印象。

2. 抵御愚昧比造就智慧优先

　　伊拉斯谟是一位非常多产的文艺复兴人文学者，他写作的题材广泛，有关于教会主题的，也有关于一般人文兴趣的主题的。到1530 年代，伊拉斯谟的作品占欧洲所有图书销售额的 10% 至 20%。他相信这样一句格言："在盲人的土地上，独眼人是国王。"我们可以把这句话改换成："在盲人的土地上，独眼人是国王，是向导。"今天的知识分子已经不可能拥有伊拉斯谟当年对同代人的那种影响力，但是，在我们这个"盲人"众多的土地上，我们仍然需要向导，哪怕他们是独眼的也行。

　　在伊拉斯谟众多的著作里，《愚人赞》只是一本小书。这本书的原稿是他在朋友托马斯·莫尔（Sir Thomas More，1478—1535）爵士家里寄住时写的，只用了一个星期，后来充实、扩展成为今天的样子。书虽然不大，却被普遍认为是文艺复兴时期最著名的作品之一，并在新教改革开始时起到了重要作用，那就是对传统权威有所怀疑，拒绝一味盲信。

　　托马斯·莫尔是著名的作家和哲学家，也是《乌托邦》一书的作者。伊拉斯谟和莫尔一样，有一种看起来非常严肃的幽默感，一种有学问的讽刺，也就是我们所说的"冷笑话"。《愚人赞》首版几年后，伊拉斯谟本人为此书作了评注，因为书里有许多对经典作家的引述，包括荷马、柏拉图、维吉尔、普林尼等，对普通读者来说过于深奥难解。能够会意的读者会将此视为一种学者的幽默，运用的是丰富的"暗指"，也就是我们所说的含沙射影、指桑骂槐。对于这种有学问的讽刺，今天的读者也许会很不习惯。

　　《愚人赞》里的愚妇人是一位女神，是财富之神普路托斯和一位女妖的女儿，由两位女妖养育长大。她有好几位闺蜜，包括"自爱"（Philautia）、"奉承"（Kolakeia）、"健忘"（Lethe）、"懒惰"（Misophonia）、"快乐"（Hedone）、"痴呆"（Anoia）、"肆意"
（Tryphé）和两个男神，这两个男神是"不节制"（Komos）和"沉
重的睡眠"（Nigretos Hypnos）。这位愚蠢女神不断地赞美自己，说
没有她，生活会变得沉闷乏味。更重要的是她是一个说真话的人，
"从我这里，你们将会听到一篇完全未经准备的即席讲话，唯其如
此，就越发显得真实无欺。话虽是这么说，我却不愿意让你们心中
暗想：我编写这个讲话是为了炫耀才华，像一般演说家之流惯做的
那样。……我一向喜欢'有话就说'"（第4节）。

这位说真话的女神描绘的知识权威和权贵嘴脸正是他们自己不
愿意让世人看见的。文艺复兴时期的知识分子与我们今天不同，但
医生和法学家的知识权威地位已经得到了确定。伊拉斯谟提醒世
人，不要迷信医生，因为庸医杀人不用刀。他借愚人之口说道："神
学家忍饥挨饿，科学家遭人白眼，占星家受人嘲笑，辩证学者无人
理睬，只有医生这种人命贵，抵得上许多条性命。而医生更是越无
知、越鲁莽、越粗心大意，越是声誉鹊起，甚至居然与威权赫赫的
王公平起平坐。事实上，时下许多人所行的那种医道，正像修辞学
一样，实在不过是一种奉承讨好。渺不足道的法学家仅次于医生。"
（第33节）

法学家也不比医生好到哪里去，愚人说，法学家爱打官司，别
人越多不幸，他们挣钱的机会也就越多。中国人经常称律师为恶讼
师，指的就是那些"吃完被告吃原告"的人。他们很自然成为愚人
挖苦的对象，她嘲笑道："哲学家们意见一致，都嘲笑法学家操持
的是一种适宜于驴子的职业，因此我就不想在此与哲学家们同唱一
个调子。尽管如此，这一班驴子只要答应承办，就还真能把大事小
事全部解决，当然也倍增自己的财产。"（第33节）

愚人更是不放过"政治家"，她认为政治人物从事的是这世界
上最愚蠢的事情。她嘲讽道："一个人干啥也比干蠢事强，就是这

些蠢事：竞选公职，讨好群众争取选票，送礼行贿收买支持，恳求傻瓜鼓掌欢迎，一经傻瓜欢呼立刻自鸣得意，还有获胜当选以后，由人众抬着招摇过市，像一尊模拟肖像供万众瞻仰，最后再由人铸成铜像，竖在市场之上。此外还有什么改名换姓，白给无名之辈颁发神圣荣誉，甚至千方百计举行典礼，把万恶的暴君奉若神明，等等。这一切都是极端的愚蠢……虽说如此，无数雄辩家著文赞扬、捧上九天去的英雄业绩，却正是从贪图虚名这个总根源而起。也正是这种愚蠢，创建了一个个社会，维护了一个个帝国、官场、宗教、法庭以及议会——事实是，全部人类生活都不过是一场愚蠢的游戏。"（第 27 节）

对于任何社会启蒙来说，抵御和消除愚昧比提升和造就智慧更为优先。"知愚识智"的策略是先知愚，后识智。愚蠢是智慧的反面，但这不等于说，不愚蠢就是智慧。在愚蠢与智慧之间有一大片灰色地带，既不是完全的愚蠢，也不能都称为智慧。学识（learning）可以成为愚蠢与智慧之间的一个转折点。"学"就是思考，学识就是通过思考而验证和确定的知识。学识不是一个结果，而是一个过程。知识只是了解，学识是进一步的理解，而智慧则是穷理。学识是以特定的方式（如批判思维或怀疑性思考）将了解到的事情确定为真实或真相。穷理则是在这个基础上追索事物和现象的根本道理，化繁为简，有所彻悟。社会启蒙的基本目标不是让尽量多的人成为智者，而是让尽量多的人脱离愚蠢的状态。

那么，什么是愚蠢？愚蠢不是简单的缺乏知识，缺乏知识是无知，无知的人只要通过学习就能获得知识，变得不无知。但是愚蠢不同，正如我们在《愚人赞》里所看到的，许多有知识的人照样会非常愚蠢。哲学家和教育家罗素说，人类生来只是无知而非愚蠢，愚蠢乃后天教育所致。有知识者的愚蠢证明愚蠢确实是后天教育所致。

我们在自己的生活世界里经常看到这种知识者的愚蠢。碰到这种愚蠢，由于它的荒谬和违背常识，我们的本能反应就是发笑。这种幽默也正是我们在《愚人赞》里能够感受到的。当然，由于时间的久远，我们对伊拉斯谟时代的愚蠢现象远不如对自己社会世界里的愚蠢现象感受强烈，因此好笑程度也会大有区别。

笑是人类对荒谬的多种反应中的一种。不管是笑还是不笑，也无论是以什么方式发笑，人察觉到事物的荒谬，表示对它已经有了某种认知和负面评价。荒谬、荒唐、荒诞，这些都包含着谬误、错误、乖张、不合理的东西，荒谬的人或荒唐的话在流行的说法里叫"雷人雷语"，雷人雷语被绝大多数人看成笑话，也被拿来当笑话说。不少名人的雷人雷语在网上流传，人们拿他们当笑料，因为觉得他们很反常——按照常理和常情，受过教育又有身份的人是不该说出像"雷人雷语"那么奇怪、荒唐的话来的。

那些有知识有地位的人物，他们都是在一本正经地就一些重要的公共问题发表意见，并不是在说笑话。但是，这样的言论却在网络上被当作谬误、错误、乖张、不合理的笑话流传。是普通网民太愚蠢，无法领会这些高人言论的智慧呢？还是这些言论太离谱，因此难以获得普通人的认同？即便人们在把这类言论当作笑话的时候，也不应该忘记，它们并不是一般的笑话或傻话，而是在特殊的病态环境中产生的"聪明话"。

愚蠢经常是以"超常智慧"的面目登堂入室的，越违背常识，才越显得智慧。例如，你看见一个人在喝马桶里的水，常识的反应是"恶心""反常""愚蠢"。然而，这样的行为经过专家的包装，却会变成"超常智慧"。

某培训学校公众号文章《"新教育"与"盛和塾"的完美邂逅与合作——2019年泰威·斯美阳光夏令营总结》中称，深圳的一家教育培训机构，在2019年组织的夏令营中，把一家公司的厕所搞堵了，该公司和教师团队"为了及时对孩子们进行警示教育，以此事为鉴，汲取教训，决定组织全体教师和所有的孩子去打扫所有厕所，打扫完之后要求喝马桶里的水"。据说这样的教育效果还非常好，"老师本以为孩子们对打扫厕所和喝马桶水会有意见……没想到孩子们都抢着喝马桶里的水，喝完都说厕所水是清甜的"。

于是，喝马桶水是一种"励志"的教育，职场培训、成功学讲座里常见到这样一个事例：日本原邮政大臣野田圣子年轻的时候，家庭非常困难，为了生计，她来到一家宾馆应聘工作，最后她被分配到厕所，当一名厕所清洁工。在她上班的第一天，经理手把手教她如何清洁厕所马桶，在示范的过程中，经理告诉她，要把马桶洗得里面的水可以喝才行。说完这位经理在他洗过的马桶里舀了一杯水喝了下去。野田圣子很受触动，大彻大悟，天天把马桶刷得干干净净。她勤勤恳恳，多年如一日，并通过自己的努力，最终当上了日本的邮政大臣。

就算这个故事是真的，野田圣子能当上日本邮政大臣，就是因为喝过马桶水吗？任何一个能清晰思考的人恐怕都不会相信，而是会把它当一个简单归因的笑话来听。马桶擦得再干净，马桶水也是不能喝的。首先，绝大多数马桶水都是非饮用水，达不到安全饮用的标准；其次，马桶接连着排泄管道，管道是无法清洗的，再清澈的马桶水也不能杜绝疾病"粪口传播"的风险。

然而，仅仅以看笑话和说笑话的心态来看待我们生活中的愚蠢现象是不够的，重要的是要知道，为什么在我们这个社会里会出现这样的笑话？当人们对那些"雷人雷语"或专家意见发笑的时候，他们察觉和评判的是哪些乖谬、荒唐的事情？尽管他们对这样的事情无可奈何，只能苦笑，但他们至少还在笑。这就说明，他们还没有完全麻木。而且，在他们所生活的那个扭曲的世界里，某种可以称得上是"共同原则"的常情常理，那种个人在群体中可以用来辨别是非、善恶的"自然正当"还没有完全泯灭和消失。因此，这个社会向善的良性转变仍有可能。这就是笑话带给社会的希望，也是笑话的一项重要社会功能。

3. 愚蠢是怎样一种公共危害

《愚人赞》是通过愚人之口来讽刺和揭露那些自以为是的愚蠢。这种讽刺式的揭露同其他任何讽刺一样，是破坏性的，而不是建树性的。但在这样的讽刺之外，我们还需要增强对愚蠢的认知，知道愚蠢到底是怎么回事，这是为了更好地识别现实中的愚蠢，增强对愚蠢的抵御能力。

在汉语词典中似乎找不到对"愚蠢"的特定解释，在《辞海》里，"愚"是愚笨的意思，"蠢"是蠢笨的意思，加在一起大概是特别"笨"的意思，说一个人愚蠢，可以是很严肃地看不起，也可以是不太当一回事地觉得好笑。

在英语中，"愚蠢"（stupid）也常常是蠢和笨的意思，"stupid"来自拉丁文的"stupēre"，指麻木或昏头昏脑。扮演傻瓜的角色叫"the stupidus of the mimes"，类似于小丑和丑角，我们称为"fool"，《愚人赞》里的"愚人"就是这个字。

然而，愚蠢并不是一种单一的状态，而是可能有不同的情况。例如，意大利作家和符号学家艾柯与法国作家和演员卡里埃尔（Jean-Claude Carriere，1931—2021）在《别想摆脱书》一书里有一个关于"愚蠢"问题的交谈，他们认为，需要区分三种不同的情况：弱智（imbëcile）、痴呆（crëtin）和愚蠢（stupide）。[1] 我们可以

1　卡里埃尔、安贝托·艾柯著，吴雅凌译，《别想摆脱书：艾柯、卡里埃尔对话录》，广西师范大学出版社，2010年，第180—185页。

把"痴呆"搁置到一边，痴呆的人把调羹举到前额而不往嘴里送，出了门不知道怎么回家，你对他说什么，他都听不明白。

相比之下，"弱智"是一种社会性质的智力缺失，还有别的叫法，如"傻帽儿""二百五"。在许多人眼里，"愚蠢"和"弱智"是一回事，譬如在葬礼上轻松愉快地说笑。与弱智不同，"愚蠢"的根本缺点不是社会性的，而是逻辑性的。

乍看起来，愚蠢的人似乎在以正确的方式进行思考，我们很难一眼辨认出端倪。这也是为什么他们最危险。

愚蠢的人不仅仅是错了，他还大声宣传自己的谬误，让全世界觉得他最聪明。他昭告天下，要所有人都听见。所以，愚蠢像喇叭一样响亮，这多少让人惊讶。弱智只是对自己有害，而愚蠢则是对社会有害，社会应该特别防范和警惕的是愚蠢，因为愚蠢的人不满足于错误，满世界嚷嚷，发出刺耳的言论，把蠢话当真理来说。对善来说，愚蠢是比恶更加危险的敌人。恶可以抵抗，愚蠢则无法防卫，因为它并不服从理性，毫无运行规则可言。倘若事实与愚蠢的偏见相左，愚蠢便拒绝相信事实；倘若那些事实无法否认，那愚蠢就干脆视而不见。

在日常交往中，人们一般不说别人弱智、白痴或愚蠢，至少当面不说，因为这些是有伤害性的字眼。《圣经》里告诫，不要用"raca"——亚拉姆语（Aramaic）中的"愚蠢"（犹太人在公元前几百年就已经在用亚拉姆语了）——来说你的兄弟，耶稣说："你们听见有吩咐古人的话，说：'不可杀人'；又说：'凡杀人的难免受审判。'只是我告诉你们，凡向弟兄动怒的，难免受审判；凡骂弟兄是拉加的，难免公会的审断；凡骂弟兄是魔利的，难免地狱的火。"（《马太福音》，5：22）

在待人接物中动不动就嘲笑或训斥别人"愚蠢"是不对的，不仅因为愚蠢这个词容易伤人，还因为这么做往往本身就可能是一件愚蠢的事。你凭什么自高自大，老觉得自己比别人聪明？你自己就没有犯过愚蠢的毛病吗？美国作家艾里森（Harlan Ellison，1934—2018）说："在这世界上有两种元素是最丰富的，一个是氢气，另一个是愚蠢。"这话虽然听起来像是玩笑，但却提醒我们，愚蠢无处不在，可能发生在任何人身上，包括我们自己。"自以为是"是缺乏自知之明的表现，而缺乏自知之明正是愚蠢的又一个特征。

缺乏自知之明最常见的表现是自作聪明，这种愚蠢不是因为缺乏知识或能力低下，而是因为缺乏自我反思，或是根本不具备这种能力。自作聪明的愚蠢往往是不但有不当言行，而且还自以为得计，自鸣得意。愚蠢不在于不当言行本身，而在于对此浑然不觉。这种愚蠢特别容易发生在有知识、有能力的人身上，也就是人们常说的"聪明反被聪明误"。

缺乏自知之明的愚蠢还常常表现在弄不清自己的利益或身份。经济学家奇波拉（Carlo M. Cipolla，1922—2000）在《人类愚蠢的基本定律》（*The Basic Laws of Human Stupidity*）中把"损人不利己"当作愚蠢的典型，便是就利益来考虑的。自己弄不清自己是谁，对自己身份完全没有反思的能力，也是愚蠢的一个原因。有时候，弄不清自己的利益和身份是混杂在一起的，民族主义激情驱使下的"生日本人的气，砸中国人的车"就是一个例子。愚蠢不只是无知，而且更是不善。

当然，也有单纯是因为弄不清自己身份的，网上对这种愚蠢有一个生动的说法，叫"吃地沟油的命，操上头的心"。它还被提炼为一种愚蠢情境（situation of stupidity），演绎出多种剧情，举一个例子："人声鼎沸的交易室，青年一手拿了两块钱一个的烧饼，一边喝着八毛一斤的碎茶叶，一边盯着中介报价，愁眉紧锁的他陷入沉思：股票市场下一步该怎么发展？国家什么时候出手救市？怎样才能迅速把握央行政策？此时，传来经理呼喊声：'过来，把这些宣传单拿出去发一下！'"

人们往往只是把愚蠢当作一个笑料，或者顶多不过是恼人的搅扰，而没有看到愚蠢的可能危害。愚蠢的危害不仅在于它是一种愚昧，而且在于它是一种可以用高尚的道德、理想和正义来包装的，富有欺骗性和诱惑力的愚昧。一旦时机成熟，这种真诚的、认真的、并非玩笑的愚蠢便成为正确行为的楷模，在整个社会中大行其道。马丁·路德·金说过："这世界上最大的危险，莫过于真诚的无知和认真的愚蠢。"这话是值得认真记取的。

已故的哥伦比亚大学教授沃尔特·皮特金（Walter B. Pitkin，1878—1953）在《人类愚蠢历史简论》（*A Short Introduction to the History of Human Stupidity*）一书中说："愚蠢是一种最大的社会之恶，它由三个部分结合而成：首先，愚蠢的人非常之多。其次，商业、金融、外交、政治的大权都掌握在愚蠢程度不等的人们手上。最后，高超的能力经常与严重的愚蠢结合在一起。"皮特金所总结的愚蠢的三个特点都是我们熟悉的。

用放纵欲望的"致富"来刺激发展是一个大家熟悉的例子。今天，有的人贪婪无度的金钱和物质追求已经危害到了社会整体的基本道德和生存安全。虽然可以说每个人都与不择手段、一心发财的"严重愚蠢"有责任联系，但愚蠢不应该成为一种集体罪过。制造严重愚蠢的权力掌握在那些所谓有远见、特别有能力的少数人手里，而为严重愚蠢付出最高昂代价的却是那些最无助、最弱势的社会成员。

过去就有过这样的教训，例如，为冒进、愚蠢的经济发展行为而付出生命代价的千百万人中，绝大部分是最弱势的农民，他们虽然在庄稼地里勤恳劳作，并没有犯蠢，但饿死的却偏偏是他们。

今天，污染自然环境、使之恶化的愚蠢，受害最深的仍然是社会中最弱势的群体。某些环境治理项目的一项主要举措就是把有污染的工业简单地迁出去，眼不见为净，以邻为壑地把自己的问题转嫁到别人头上。恶劣的空气谁都难以忍受，有钱的用得起室内空气净化器，但是，为了生产、开动他们使用的净化器，却又给用不起的人增添了更多的污染。

从社会危害来看愚蠢，这正是迪特里希·朋霍费尔（Dietrich Bonhoeffer，1906—1945）在《狱中书简》里强调的："愚蠢是后天形成的，而不是天生的；愚蠢是在某些环境中形成的，在这种环境中，人们把自己发展成蠢人，或者允许别人把自己发展成蠢人。……比起不善交际或孤寂独处的人来说，在倾向于或注定要群居或相互交往的个人或团体当中，愚蠢要普遍得多。由此看来，愚蠢是一个社会学问题，而不是一个心理学问题。它是历史环境作用于人的一种特殊形式，是特定的外部因素的一种心理副产品。"[1]

朋霍费尔是 20 世纪德国杰出的思想家和神学家。因为参与刺杀希特勒的密谋活动，1943 年入狱，1945 年德国投降前夕被纳粹处死。他的悲情人生和狱中神学对"二战"后的基督教神学乃至整个西方产生了广泛而深刻的影响。他对于极权国家和社会的愚蠢有着深刻的体验，因此剖析也格外入木三分，显出特殊的悲情色彩。

他认为，面对愚蠢，你根本无法防卫。要反对愚蠢，抵抗和力量都无济于事，因为愚蠢根本不服从理性，必须认识愚蠢本来的面目。十分肯定的是，愚蠢是一种道德上的缺陷，而不是一种理智上的缺陷。有了这样的认识才能恰当地对待愚蠢。愚蠢的人不是不会讲理，而是根本就鄙视讲理，拒绝讲理。你可以用知识说服一个无知的人，但永远无法说服一个愚蠢的人。同恶棍相比，蠢人总是自鸣得意。而且他很容易变成危险因素，因为他会用暴力回答说理。

---

1 迪特里希·朋霍费尔著，高师宁译，《狱中书简》，四川人民出版社，2003 年。

所以，就像对恶徒一样，愚蠢需要加倍小心才能对付。我们不要再三努力同蠢人论理，因为那既无用又危险。

他在纳粹统治下生活的经验告诉他，"愚蠢的人处于咒语之下……（并且）已经成为一个无意识的工具，这个愚蠢的人也将有能力制造任何邪恶，同时也无能力看到它是邪恶的"。更进一步观察就会发现：任何暴力革命，不论是政治革命或宗教革命，都似乎在大量的人当中造成了愚蠢的大发作。事实上，这几乎成了心理学和社会学的一项规律。因此，在这种疯狂的群众社会里，"对愚蠢行为，我们无能为力。对愚蠢者来说，与他们先入为主之见不符合的，统统不予相信。而当事实无可辩驳时，他们就把事实当作无关紧要的例外抛到一边。因此，在与愚蠢的人打交道时要比与有恶意的人打交道更加小心"。

愚蠢并不是人天生的能力缺失，而是人的理智能力遭到了阻碍或破坏的结果，甚至是外力故意营造的一种统治效果。外界的力量既强大又可怕，它既能剥夺人的独立判断，也能使人自行放弃做出判断的努力。蠢人常常十分顽固，固执己见，我们切不可误认为这是他们在表现自己的独立判断或选择。我们在同蠢人谈话时会感觉到，谈话的那个人根本不是他本人，他向你抛出一连串标语口号、陈词滥调，都是日久天长灌输在他头脑里的东西，却冒充是他自己的主意。

其实，他的思想早已被控制，他的眼睛遭蒙蔽，他的人性被利用，他的良心被糟蹋。他交出了自己的意志，变成了纯粹的工具，就再也没有什么罪恶的极限是蠢人所不会到达的了，但他始终不可能了解那是罪恶。这种恶魔般的人性扭曲会对人造成无可补救的损害。

愚蠢的事情在每个国家里都会发生，但是，发生愚蠢的原因，尤其是愚蠢的规模和严重程度却会在不同的国家有很大的不同。朋霍费尔所说的那种愚蠢是极端的，也是可怕的，一旦发生了，就会落地生根，再也难以逆转。因此，我们必须在它发生之前，就尽最大的努力，阻止它的发生。看不到愚蠢落地生根的可能，那只会成为另一种更严重的愚蠢。

二十一　莫尔《乌托邦》

1. 文艺复兴时期的"镜像文学"

我们前面读了伊拉斯谟的《愚人赞》，现在接着读他的朋友托马斯·莫尔的《乌托邦》，一前一后，有一个方便之处，那就是可以放在一起了解文艺复兴时期的"镜像文学"（mirror literature）写作。文艺复兴时期的文学有一种我们今天似乎已经陌生了的"游戏"特征，充满了创作试新的冲动和寓庄于谐的轻松和活泼，这本身就是一种思想活力迸发的表现。

在讨论"镜像文学"之前，先了解一下托马斯·莫尔这个人。他是英格兰政治家、作家、社会哲学家，也是北方文艺复兴的代表人物之一。他与伊拉斯谟是好朋友，前面提到，伊拉斯谟的《愚人赞》就是在他家做客时写成的。他于1478年生于伦敦的一个法学家庭，毕业于牛津大学，曾当过律师、国会议员、财政副大臣、国会下议院议长、大法官。1535年，莫尔反对英王亨利八世在英国自创盎格鲁教派并兼任其首领，被亨利八世处死。

莫尔于1516年用拉丁文写成《乌托邦》，写作此书时他三十多岁，当时既在业务繁忙的林肯郡法学协会担任律师顾问之职，又在众议院占有一席之地。1515 年，他奉派出使低地国家（含今之荷兰、比利时、卢森堡三国），商洽缔结新的商务条约，"乌托邦"的理念就是他在出使之际孕育的，在任务达成返回英国后，用拉丁文写出。此书于 1516 年出版，不久即在英国发售，最早的英译本直到 1556 年才出现，此时离莫尔被亨利八世处死已经过去了 21 年。

要理解莫尔的《乌托邦》，就不能不对文艺复兴时期的"镜像文学"有所了解。"镜像文学"是一种通过暗含的对比和矛盾来呈现的寓意反讽，戏仿是它常用的手法。戏仿一定得有戏仿的对象，戏仿中的人或事与原来对象的人或事之间会形成一种你中有我、我中有你，真里有假、假里有真的镜像关系。文艺复兴时期，戏仿受到喜爱，是因为它既能显示作者写作的修辞才能，又能调动读者心领神会的阅读兴趣，成为一种隐晦、有趣的智力游戏。戏仿是作者和读者之间可以无须道破、互通款曲的联络方式，仿佛是他们的一个秘密联络暗号，既好玩又开脑洞。

伊拉斯谟的《愚人赞》就是这样一个戏仿之作，是一个"戏仿演说"（mock oration）。愚妇人便是演说人，她侃侃而谈，既像是在说道理，又像是在开玩笑，旁征博引，嬉笑怒骂。这样的戏仿又被称为"有学问的玩笑"（learned jest），是以有学问的方式来体现严肃意图的戏谑。《愚人赞》其实是在对许多世俗智慧提出怀疑和挑战，以此揭示：一般人以为的智慧其实并不智慧，而是愚蠢；而愚蠢反倒可能是真正的智慧。

今天，我们对这种智慧与愚蠢的错乱有了更深的体会，并以此思考某些特定的表现。例如，我们今天社会里有太多的精致利己主义者和犬儒主义者，他们看起来是在恶劣环境中最有智慧的成功生存者，然而，他们的智慧却只能使他们的生存环境因为他们的顺从、讨巧和逃避，而变得越来越恶劣。因此，他们的所谓智慧其实是一种愚蠢。

莫尔的《乌托邦》也属于戏仿一类的文学创作，据说是受到《愚人赞》的激发而作。它的戏仿内涵要比《愚人赞》更隐蔽而晦涩，所以造成了一些读者在阅读上的困惑和误解。它包含的政治和社会观念要比《愚人赞》更加复杂和深入，所以更是一个"有学问的玩笑"。

对《乌托邦》常见的误解是，以为它是一个描绘理想社会和国家形态的图景或蓝图，或者是一个对未来社会发展方向的先知预言。这样的误读大多是因为不熟悉16世纪特有的"镜像文学"。

"镜像文学"不等同于在文学中运用与"镜子"或"镜像"有关的象征——这类手法在西方文学中相当常见。例如，在罗马诗人奥维德《变形记》里的水仙故事中，水仙是一个非常英俊的青年，他深爱着自己在斯蒂克斯河上的倒影，他看着自己的倒影而死，死去的地方长出了一朵小花。莎士比亚的《理查二世》讲述了一个虚弱的中世纪国王的故事，在长篇大论的演讲后，国王将一面镜子摔在地上，迷信的人担心打破镜子会带来厄运，但莎士比亚暗指理查二世国王够倒霉的了，摔破镜子也不能让他更倒霉了。格林童话《白雪公主和七个小矮人》里，邪恶的王后问魔镜："镜子，墙上的镜子，谁最美？"镜子回答说："你。"直到有一天镜子告诉她，她的继女白雪公主的美丽超越了所有女人。刘易斯·卡罗尔（Lewis Carroll，1832—1898）《爱丽丝梦游仙境》里爱丽丝房间的倒置、对立以及倒退的时间等都是镜像象征。

莫尔的《乌托邦》里并没有镜子，这部作品里的镜像指的是，书中的描述就像是一面镜子，把种种细节放置在一个完全陌生的好玩、有趣、充满新鲜感的情境之中，以便读者对照他们在熟悉环境中也许忽视的相关问题。就《乌托邦》而言，相关问题包括自由与平等的矛盾、经济制度与政治的关系、个人与群体的冲突、理想与现实的不一致、知识与运用的脱节、虚幻与现实的互相排斥，等等。

这些问题是人类一直不得不面对的问题，所以，《乌托邦》从它出版以后，就一直是各个时代的一本热门书，从来没有被冷落过，在中国也是如此。《乌托邦》从 1903 至 1934 年在国内书刊中初步传播，到 1935 年刘麟生的第一个中译本出版，1956 年戴镏龄的第二个中译本问世（1982 年修订再版），1998 年以来中国大陆地区已陆续推出 13 个中译本，台湾地区也出版了 4 个新译本。中文的"乌托邦"的说法据说是翻译家严复在 1908 年出版的由他翻译的《天演论》（赫胥黎著）里提出的。中文"乌"意为子虚乌有，"托"即寄托，"邦"乃邦国、地方。

《乌托邦》与 16 世纪的英国有着虚虚实实的联系。这面镜子原本是用来照英国的，当然也可以用它来照一照当时欧洲的基督教改革。英语里的"乌托邦"（Utopia）是由两个希腊文的词素组成的："ou"是"不"或"没有"的意思；"topos"是"地方"、"位置"或"地点"的意思。乌托邦的国王叫乌托普斯（Utopus）。从乌托邦通过地球中心画一条直线，穿过地球就是英国所在的地方。

故事的讲述者姓希斯拉德（Hythloday），意思是"琐碎小事的专家"，也可以说是一个爱散播流言蜚语的家伙。"Hythloday"也是由两个希腊词素构成的："Huthlos"（闲聊、胡侃）和"daias"（知道、知识、精明）。他的个人名字是拉斐尔（Raphael），意思是"上帝治愈"（the healing of God）。所以"拉斐尔·希斯拉德"这个名字就可以理解为"上帝赐予人类的工具"，其任务是来帮助解救败落的基督教欧洲。

乌托邦国里有一条河，叫 Anyder，希腊文的意思是"没水"，世上真有没水的河流吗？没有水还能叫河流吗？乌托邦国是一个新月形的岛，虽然不是完整的圆形，却是完美圆形的一部分——在几何语言和神话里，圆是最完美的形状。英格兰的版图是三角形，三角形虽然稳定，却是最不完美的形状。圆形和三角形之间形成了一个充满矛盾张力的联系，这也是一种镜像关系。

类似的张力平行关系反复出现在《乌托邦》的许多细节之中。在英国和欧洲，最贵重的金属是黄金，但在乌托邦国里，人们认为黄金是最无用的金属，所以拿它来制作尿壶。乌托邦首都附近有一座桥，却一点儿不妨碍船舶的航行，与英国首都旁的泰晤士河上的桥完全不同。乌托邦国的教士很少，都是品德高尚、忠于圣职的虔诚人士；而在英国，则有众多教士，许多是道德堕落、追名逐利之徒。

《乌托邦》的故事是把英国的故事倒过来写的，这个戏仿里包含着种种有待读者自己去发现的蛛丝马迹，所以是非常有趣的智力游戏和有学问的玩笑。书里虽然有许多看起来是我们熟悉的社会主义或共产主义元素，但很难设想 16 世纪的基督徒莫尔会有 19 世纪马克思的想法。20 世纪初著名的社会主义理论家考茨基（Karl Johann Kautsky，1854—1938）在他的《托马斯·莫尔和他的乌托邦》（*Thomas More and His Utopia*，1927）一书里认为，莫尔是一个现代的社会主义者，而《乌托邦》一书里有一个预示了现代社会主义的政治理想。但历史学家拉塞尔·埃姆斯（Russell Alan Ames）认为，考茨基是把自己的社会主义理念错误地套到了对资本主义不可能有马克思主义认识的莫尔头上。

拉塞尔·雅各比（Russell Jacoby）在《不完美的图像：反乌托邦式的乌托邦思想》一书里指出："直到今天，我们依旧不清楚莫尔对他所创造的'乌托邦'的真实态度。莫尔以拉斐尔的身份，坚定地捍卫乌托邦；他同时又以自己的身份，强烈地反对乌托邦。他真正的立场是什么？我们不得而知。从某种意义上讲，他对自己所创造的乌托邦的反对，毋庸置疑一直就是一种姿态。他想通过引证自己在书中对乌托邦的反对意见来为自己辩护，以免他人指控他颠覆社会。然而，毕竟是他虚构了乌托邦。"[1]

《乌托邦》一书分两部分，第一部分批判英国和欧洲现状，第二部分描绘理想国家的样貌。第一部分采用对话体，是莫尔和他的两位朋友贾尔斯（Giles）和希斯拉德之间的对话和辩论，涉及的是英国的政治制度、法律和正义问题，这些问题为第二部分议题的展开做准备。

第二部分则是描绘理想国乌托邦的经济、政治、文化制度。这个理想国并非是一个人民无拘无束、无忧无虑，物质生活不虞匮乏的世界，那是一个有严格的行为规范与约束，平等比自由优先，百姓自给自足、衣食无忧的世界。由于有了第一部分的准备，这一部分的乌托邦才成为现实中英国的镜像。

接下来将分别讨论《乌托邦》的第一和第二部分。先看一下莫尔特别介绍的两位朋友：贾尔斯和希斯拉德。这两位朋友都是文艺复兴时期的理想"绅士"，他们有教养，讲究荣誉，熟悉古代语言和文化，善于理性思考和表达自己的想法。他们的谈吐和辩论深受文艺复兴时期"交谈"规则的熏陶，富有学识，彬彬有礼。莫尔与他们一起讨论问题，是朋友之间最愉快的交往。关于文艺复兴的交谈理想和礼仪，我们在讲卡斯蒂廖内的《廷臣论》时已经有所介绍。

莫尔先认识的是贾尔斯，用莫尔的话来说，贾尔斯"年轻而学问和品格两方面都很出色。他极有德行及教养，对所有的人都很殷勤，而对朋友则胸怀坦率，亲爱忠诚，因此，在任何地方都找不到一个人或两个人，能像他那样从各方面来看都称得起是完美的朋友。他异乎寻常地谦逊，比谁都更丝毫不矫揉造作，比任何人都更天真单纯而又不失为明智慎重。此外，他的谈吐文雅、饶有风趣而不使听者感到不满"。莫尔与贾尔斯能快乐相处，彼此交谈非常愉

---

1 拉塞尔·雅各比著，姚建彬等译，《不完美的图像：反乌托邦式的乌托邦思想》，新星出版社，2007 年，第 1—2 页.

快，以至于莫尔虽然"与妻儿分别四个月了，也不那么急急忙忙想回家了"。[1]

贾尔斯给莫尔介绍了另一位朋友希斯拉德，乌托邦的故事就是希斯拉德告诉莫尔的。莫尔一见到希斯拉德，就对他有了深刻的印象，他年岁颇高，有着一副晒黑的面孔，一把长长的胡须，肩上随意搭一件披风。凭他的神情和衣着，莫尔起先以为他是水手。但后来发现他是一位见多识广、心胸豁达的"世界公民"，"不但精通拉丁文，而且深晓希腊文。他对希腊文下的功夫比对拉丁文还要深些，因为他竭尽精力去搞哲学，他觉得关于哲学这门学问，拉丁文中除了塞内加和西塞罗的一些论文外，缺乏有价值的东西"。[2]

希斯拉德是葡萄牙人，曾跟佛罗伦萨商人、航海家、探险家和旅行家阿梅里戈·韦斯普奇（Amerigo Vespucci，1454—1512）在其最后航行中前往美洲，在巴西海岸的某个城市生活过，后来搭乘一艘葡萄牙商船返回欧洲。他就在这段漫长而又危险的旅程之中发现了这个乌托邦岛，并在那里和当地人共同度过了五年的生活。他更热衷于游历世界，"将生死付之度外，他有老不离口的两句俗话：'死后没棺材，青天做遮盖'，以及'上天堂的路到处远近一样'。要不是老天保佑，他这种态度是会叫他大吃苦头的"。[3]可见他是一位兴趣广泛、见多识广的文艺复兴时代人物。

而为什么见多识广、见识不凡的希斯拉德拒绝给英国君王当谋士，他又如何看待当时英国政治制度、法律和正义等问题？

1　托马斯·莫尔著，戴镏龄译，《乌托邦》，商务印书馆，1996年，第9页。

2　同上，第10—11页。

3　同上。

2. 拒绝君臣关系中的人身依附

有意思的是，《乌托邦》的第二部分是先写的，第一部分的写作是在第二部分完成之后。上文提到，第一部分是莫尔与希斯拉德之间的对话，看似与乌托邦无关；第二部分是希斯拉德对乌托邦的描述。这样的结构使得莫尔的《乌托邦》与其他乌托邦小说，如培根的《新亚特兰蒂斯》(*The New Atlantis*)和卡文迪什(Margaret Cavendish，1623—1673)的《燃烧的世界》(*The Blazing World*)，有很大的不同。其他的乌托邦小说是以"游历"或"奇异经历"为主线的，而莫尔《乌托邦》一书的整体则完全不像是一部游记或历险记。它对乌托邦的描述被安排在谋臣问题之后，让书的两个部分形成镜像对比关系。

《乌托邦》第一部分除了全书必要的故事人物和背景介绍之外，是莫尔和希斯拉德讨论有识之士是否应该为君王充当谋臣，并以此为国家群体做贡献。这样的问题，用我们今天的话来说，就是知识分子是否应该进入体制内，以便服务于权力，并在这种服务中实现个人为国家做贡献的目的。这是一个非常有意思的话题，经常被对乌托邦只是抱有简单好奇心的读者们忽视。

在他们的谈话和辩论中，莫尔扮演的是"正能量"角色，他能"正确理解"君臣关系和个人对"国家利益"的责任。因此，他说像希斯拉德这样见多识广、德才兼备、见解不凡的能人志士应该进入英国的枢密院(Royal Council)，积极为国王献计献策，辅助国王治理国家，履行人臣的责任。但是，希斯拉德的看法与莫尔不同。他认为莫尔的想法存在着误区和幻想，非常不切实际。

希斯拉德不愿意依附于一个国王，因为国王要的是"臣奉"，而他至多只能"侍奉"。尽管"臣奉和侍奉不过一个音节之差"，却意味着他不只是在协助国王，而且接受国王对他的绝对统治权威。

他说，现在巴结权贵的人比比皆是，不缺他一个。而且，他与国王道不同，不相为谋。因为"几乎一切国王都乐于追求武功，我不懂武，也不愿意懂武，他们宁可不从事光荣的和平活动，他们更关心的，是想方设法夺取新的王国，而不是治理好已获得的王国。其次，朝廷大臣的确人人聪明，无须别人进言代谋，或是自以为聪明，不屑于倾听别人的意见。可是，他们对国王的头等宠臣的谬论，却随声附和，想名列门下，通过献媚得到另眼相看"。[1]

国王看重的是他自己的权力和利益，根本不会以国家利益为重。国王周围的谋臣们都是早就摸透了国王心思的聪明人，他们只会顺着国王说他爱听的话，拍马奉承、趋炎附势，为的是他们自己的仕途利益。所以，希斯拉德的结论是，如果他也加入他们的行列，那么只可能有两种结果，要么与他们同流合污，要么为自己招致灾祸。这两个结果对他来说都是不可接受的，所以，他不会去给国王当什么谋士或谋臣。

莫尔反驳道，每个人都有责任为国为民贡献自己的才能，就是牺牲一点个人的自由和快乐也是值得的。要实现这个目的，途径就是进入国王的枢密院，给国王当谋士，这样才能发挥自己的影响力。

对此，希斯拉德答道，"你太不了解国王真的需要什么了。国王只对如何取得战争胜利和扩大版图的技术性建议感兴趣，对和平时期如何提升人民的福祉则没有兴趣。枢密院里的大臣给国王的建议无非是投其所好。所以，进枢密院根本就不是一个为国为民尽责的渠道"。

文艺复兴时期，君臣的关系和大臣如何劝谏君主，一直是政治理论的一个重要部分。马基雅维里的《君主论》就是一个例子，其中第22、23章专门讨论的就是君主该选用怎样的大臣和避免怎样

1　托马斯·莫尔著，戴镏龄译，《乌托邦》，第16页。

的大臣。马基雅维里提出这样的问题，恰恰说明君主选用的经常是他不该选用的大臣。

马基雅维里说："对于君主来说，遴选大臣确实是一件大事。大臣的性格与才能，取决于君主的明智审慎。人们对于君主智慧的判断，往往是通过观察他左右的人们得来的。"（《君主论》，第22章）马基雅维里认为，君主应该避开谄媚者，而这恰恰是很困难的。他写道："有一件重要的事情我不想略过去，对于这件事，如果君主不是十分慎重地做出很好的选择，就难保不犯错误，这就是来自谄媚的危害。人们总是对自己的事情自满自足，自我欺骗，以致他们无法防御这种瘟疫，而假如他们想防御的话，又要冒着被人轻视的危险。因为一个人要防止人们阿谀谄媚，除非人们知道对您讲真话不会得罪您，此外别无他法。但是，当大家敢于对您讲真话的时候，对您的尊敬就减少了。"（《君主论》，第23章）

马基雅维里暗示的是，为了保持绝对权威，国王事实上不可能容忍那些总是忠言逆耳的大臣。希斯拉德则是明明白白地对莫尔说，国王的专制权力决定了在他自己周围聚集的是一些谄媚者和马屁精。这恐怕是莫尔想要借希斯拉德之口说出的他自己的想法。

希斯拉德还举了三个实际的例子来说明，以他自己的见解和性格，就算进了枢密院，也一定会是一事无成、无所作用，甚至还会惹祸上身。

第一个例子是，有一次他和莫顿红衣主教（Cardinal John Morton）一起进餐，席间有一位精通英国法律的人士，"这个人不知怎地找到一个机会咬文嚼字地谈起英国当日对盗窃犯执法的严峻——他们到处被执行死刑。据他说，送上绞刑台的有时一次达20人之多。他又说，他感到更加惊奇的是，尽管漏网的人极少，可为何不幸的是全国仍然盗窃犯横行呢？"在英王亨利八世统治期间（1491—1547），被处以绞刑的罪犯多达72000人，而1901—1903年间的英国，则只有 9 名。

希斯拉德当场反驳道："你无须惊奇，因为这样处罚盗窃犯是越法的，对社会不利。对于盗窃，这是过于严厉的处分，但又不能制止盗窃。仅仅盗窃不是应处以死刑的重罪，而除盗窃外走投无路的人，随你想出什么惩治的办法，也还是要从事盗窃。在这点上，你们英国和世界上大多数地方一样，很类似误人子弟的教书匠，他们宁可鞭挞学生，而不去教育学生。你们对一个盗窃犯颁布了可怕的严刑，其实更好的办法是，给以谋生之道，使任何人不至于冒始而盗窃继而被处死的危险。"

希斯拉德认为，盗贼太多是因为穷人太多，而穷人太多，则是因为贵族、绅士、神父们圈地，使他们无以为生。所以，私有财产才是社会犯罪的根源。在场的客人一致认为希斯拉德这个外国人不了解英国的国情，是戴着有色眼镜对英国指手画脚。但不料红衣主教却觉得希斯拉德言之有理，红衣主教一表态，所有的人一下子都转了口风，齐声奉承红衣主教高瞻远瞩，对问题看得透彻。

希斯拉德对此评论道："他们不以先从我口里说出的话为然，可是一看到红衣主教对这样的话不加非难，他们就立即也表示赞同。……由此你可以断定，这些奉承者对我和我的意见会多么地轻视。"[1] 决定奉承者们意见的不是事情的对与不对，而是权势者或领导对事情的看法，他们永远跟权势者保持意见一致，是一群从不投反对票的应声虫。这次红衣主教同意或至少没有反对希斯拉德的意见，算是希斯拉德走运。但是，他总不可能老是碰运气，在这批应声虫堆里混啊！

在第二和第三个例子里，希斯拉德就没有那么好运了，这两个例子都是假设的情况。在第二个例子中，希斯拉德"供职于法王的

1　托马斯·莫尔著，戴镏龄译，《乌托邦》，第 18—32 页。

宫廷，参加他的枢密会议。在国王亲自主持的一个秘密会议上，一群最精明的谋臣绞尽脑汁，想究竟用什么妙策可以占住米兰不放，夺回失去的那不勒斯，然后击败威尼斯，征服全意大利；更进而统治法兰德斯、布拉邦特，终而全勃艮第——还有别的国家，其领土是法王早就有意并吞的"。在这个会议上，谋臣们提出的全是附和国王想法的战争建议：如何签订协议，如何掠夺财物，如何贿赂对方，如何收买敌人。

希斯拉德请莫尔设想，如果他本人在这个宫廷会议上提出相反的看法，那会是怎样的结果。他的建议是，"应该与他国和睦相处，共同发展"，而且，法国与那么多国家为敌，"陷于扰攘不安的这一切穷兵黩武，在消耗了他的财库和歼灭了他的人民之后，终必至于不幸一无所获"。[1] 所以还不如"去治理这个祖传的王国，竭力使其繁荣昌盛，爱臣民并为臣民所爱，和他们一同生活，政事宽而不严，不觊觎别的王国，因为他所统辖的土地对他已经绰有余裕了"。[2]

希斯拉德问道："亲爱的莫尔，我这番话，你想听的人将会怎样去接受呢？"他的建议肯定会被国王拒绝！

希斯拉德要求莫尔设想的第二个事例是，"某一国王正倾听一批廷臣大发议论，筹划如何为他聚敛财富"。于是谋臣们纷纷献计献策：

一个说，国王支付时可将货币升值，当他收进时，可将其贬值至法定利率以下——这就可以双收其利，既用少量的钱还大量的债，又可以从应收进的小笔欠款中捞一笔钱。

另一个说，应该虚张声势地作战，以此为借口筹集款项，然后在国王认为合适时庄严地讲和，蒙蔽纯朴的老百姓，都是因为仁慈的国王出于好心肠，不忍生灵涂炭呀！

---

1 托马斯·莫尔著，戴镏龄译，《乌托邦》，第 36 页。
2 同上。

还有一个说，我们不是有现成的法典，虽然已经长期不用，但现在用来正好。谁要不遵守这些法典，国王就对他们课以罚金，这是最大的生财之道，又最名正言顺，因为这是依法治国！

这样的建议提了一大堆，虽然莫衷一是，但全体谋臣达成了这样一个共识："一个必须维持一支军队的国王，不管他的钱怎样多，总是不够的。"而且，国王永远正确，是不会错的，不要说老百姓的钱，连老百姓的命都是国王的。"凡是老百姓所有的都是国王所有的，连老百姓本身都是属于国王的，只是由于国王开恩而不曾取去的那一些每个人自己的财产。每个人自己的财产越少越好，这是对国王极其有利的。因为国王的保障在于老百姓不能从有钱有自由而变为犯上无礼。"老百姓要是有了钱，又有了自由，还会服服帖帖顺从国王"苛刻而不公道的政令"吗？

希斯拉德说，要是这时候我提出不同的意见，后果又会如何？如果他对国王实话实说，那应该告诉国王：国王想得民心，那就得让老百姓富裕，而不是在国库里堆满金山银山。而且，"老百姓选出国王，不是为国王，而是为他们自己，直率地说，要求国王辛勤从政，他们可以安居乐业，不遭受欺侮和冤屈。正由于此，国王应该更多关心的是老百姓的而不是他个人的幸福，犹如牧羊人作为一个牧羊人，其职责是喂饱羊，不是喂饱自己"。

所以，只顾私利的国王一定会被老百姓憎恨，为了镇压他们，国王就会加倍地虐待、掠夺百姓，使他们沦为乞丐。倘若如此，这个国王还不如辞去王位，也胜过当一个徒有其名、毫无尊严可言的国王，因为他"所统治的不是繁荣幸福的人民，而是一群乞丐"。[1]

希斯拉德请莫尔设想一下，如果他说了这番话，他的处境将会如何。说不定国王会当场要了他的性命。

1　托马斯·莫尔著，戴镏龄译，《乌托邦》，第38—39页。

《乌托邦》的第一部分包含着许多非常精彩的君臣关系思考和议论，提出了一系列至今仍对知识分子有意义的问题：一个正直的知识分子该不该为专制独裁的国王当谋士？这样的国王真的能从善如流地接纳对国家和人民有利的谏言吗？体制内的谋士应该如何诚实地看待自己依附于国王的那个角色？是应该继续在体制里随波逐流，还是可以考虑像希斯拉德那样想清楚，并全身而退？

我们将带着这些问题阅读《乌托邦》的第二部分，看看希斯拉德究竟对莫尔描绘了怎样的一幅乌托邦景象。

3. 平等是"产生人可以无限完善的观念"

在第一部分里与莫尔的讨论和论辩中，希斯拉德不时提到，他在世界其他地方，包括乌托邦国，见识到一些与英国不同的解决问题的方法。这就引起了莫尔（当然还有读者）对乌托邦这个地方的好奇心。在私有财产、个人与群体的关系、平等和社群主义等观念上，乌托邦都与第一部分中的英国迥然不同。

在第二部分里，这些问题虽然很关键，但并不像在第一部分里那样通过朋友之间的辩论或交谈来展开，而是融入了希斯拉德对乌托邦岛国的生动描述：法律规章、社会制度、风土人情、传统习惯、道德价值、人伦关系等。

乌托邦岛中部最宽，延伸200英里，全岛大部分不窄于这样的宽度，只是两头逐渐削尖；从一头到另一头有500英里，使全岛呈新月状。岛上共有54个城市，完全运用统一的语言，其制度和法律亦然。首都亚马乌罗提位于全岛的中心，其他各市的代表经常按期前来讨论公益问题。

最近的城市之间相隔不到24英里，最远的不超过一天的脚程。

每年每个城市有三名经验丰富的老年公民到首都集会，商讨关系全岛利益的事。首都作为全国中心的一座城，其位置便于各界代表到来。

乌托邦国的政治制度是这样的：每年每 30 户选出官员一人，任期一年，叫"philarche"，是"长者""长老"的意思。每十名长老以及其掌管的各户隶属于一个高级的官员，任期也是一年，称为"总长老"（chief philarche）。全国总长老共 200 名，他们经过宣誓并进行选举，用秘密投票的方式从四名候选人（来自四个区）中公推一个总督，总督为终身职，除非因有阴谋施行暴政嫌疑而遭废黜。

总长老们每天与总督一起议事，通过的法令都需要经过议事会讨论。议事会经常让两名长老也参加，"他们规定，任何涉及国家的事，在通过一项法令的三天前如未经议事会讨论，就得不到批准"。这是为了不让"总督及总长老们能轻易地共谋，对人民进行专制压迫，从而变革国家的制度"。

由于总督、总长老、长老都是由人民选举而非任命制产生，所以谁也不必看总督的脸色行事，自然也就无须对他百依百顺，更无须对他奴颜婢膝、阿谀奉承。因为乌托邦国里没有专制独裁的国王，只有民选的官员，所以也就没有那种形同主仆的君臣关系。这与《乌托邦》第一部分里的英国君臣关系形成了镜像对比。

生活在乌托邦国的每一个人，不分男女，都得从事农业或交易或手艺的工作，每人都有自己的专长，如织布、缝纫、木工、泥瓦工、金属工艺。大多数是子承父业，在家里学会工作的技艺。劳动在这个国家里是非常重要的，不仅能生产需要的物品，而且能防止游手好闲，走上人生的歧途（如第一部分里所说的"盗窃"）。乌托邦国里的"游手好闲者"包括养尊处优的祭司、无所事事的贵族、贵族的保镖、乞丐、大大小小的官僚寄生虫、游手好闲的食客。

乌托邦国里的人们工作日每天工作六个小时：上午工作三个小

时，午餐休息两个小时之后，下午再工作三个小时。他们全都晚上八点上床，睡眠长达八个小时。其余的时间为他们自己所有，但不可虚度光阴。他们必须参加许多教育课程，他们"学习音乐，或作诚恳而又健全的交往"，且玩"两种近似下棋的游戏"，但"他们不会掷骰子和其他与此相类似的愚蠢而又有害的赌博"，打猎和放鹰也会受到严重警告或处罚。

全岛各地的城市皆以相同的水准建立而成，其大小也全无二致。街道宽约 20 英尺*，排水情况良好。住宅完全成排建立，一律高三层。每栋房子各有两门，"其一开向街面，后门通向花园"，而此两门永远不锁不闩，以便"任何人都可随意随时进入屋内，因为其中并无任何私有或个人财物"。"每栋屋后皆有一座宽阔的花园，花园旁边就是宽大的库房"。

全国各地设有很多农场，由市民和乡民轮流耕作。养鸡场是他们特别留心的地方。他们饲养大批的家禽，饲养方法非常先进。他们并非让母鸡孵蛋，而是将蛋放置于恒温之下，人工孵化。事实上，16 世纪还没有这样的家禽饲养技术。孵化出来的小鸡天生就会跟着饲养员而不是母鸡走动。

乌托邦国社会结构中最重要的部分就是家庭，家庭是国家政府的基础，因此绝对是先有家才有国，没有人会糊涂到认为先有国才有家。乌托邦国的每个城市都有 6000 个家庭，每个家庭的成人不少于 10 人，不多于 16 人，如果不足或过多，就与其他家庭调剂。一个城市的家庭不足或过多，也与别的城市调剂。

乌托邦国里的物资是按"各取所需"的原则来分配的。每个城市的东南西北有四个大仓库，各家各户把生产的物品送到那里，有需要就到那里取回必需之物，没有自私或贪心这种事情。

---

* 1 英尺约为 30.48 厘米。——编者注

乌托邦国有完善的公共医疗体制。这个国家虽然法规甚少，也没有律师这种行业，但学者颇得人望，而医生则特别受到尊重，不是其他国家可比拟的。每个城市各设四家医院，宽大舒适，看来好似小城一般，设备完备，看护周全。有病的人会被送进公共医院，得到妥善照顾，因此，一旦谁得了病，他会宁愿住院疗养，也不要待在家中医治。

所有的乌托邦国民都穿同样的服装，只有男女之间和已婚与未婚者之间才有某种显著的差别。他们不论冬夏皆穿同一种衣服，由各家自行缝制。他们工作时穿皮衣，估计能穿用七年。他们完成一天的工作之后，便换上居家便服，外面套上一件披风。披风的颜色全岛都是一样的，全部是天然的羊毛颜色。

乌托邦国居民崇尚简朴、知足常乐，从他们看待贵重金属的态度也能见出。他们最珍惜的金属是铁，那是因为铁有广泛的用途。他们用陶瓷或玻璃器皿吃饭、喝水。但是，他们却用金子和银子制造尿壶等类的贱器，不仅用于公共厕所，而且在家里也是一样。他们用以捆绑囚犯和歹徒的锁链和镣铐，也是用金银制成的。

乌托邦国里的妇女与欧洲妇女很不相同。每个女人都有工作，女人占总人口一半，名副其实是"妇女能顶半边天"。全国共有13名祭司，都是德高望重的人，女人也可以成为祭司。

在婚姻习俗里，挑选新娘和挑选新郎的方式也是一样的。在希罗多德（Herodotus，约前484—约430至420间）的《历史》里我们看到，古希腊时是男方挑选女方，但在乌托邦国里，是男女互相挑选。从欧洲人的角度来看，"在选择配偶时，乌托邦人严肃不苟地遵守在我们看来是愚笨而极端可笑的习惯。女方不管是处女还是孀妇，须赤身露体，由一位德高望重的已婚老妇人带去求婚男子前亮相。同样，男方也一丝不挂，由一位小心谨慎的男子陪伴来到女方面前"。

　　欧洲人会认为乌托邦国人的这种习俗很愚蠢，但是，"乌托邦人却对所有其他国家的极端愚蠢表示惊异"。他们有他们的道理，他们认为，"试看人们买一匹花钱本不太多的小马，尚且非常慎重，尽管这匹马差不多是光着身子，尚且不肯立即付款，非要等到非摘下它的鞍子，取下全副挽具不可，唯恐下面隐蔽着什么烂疮。可是在今后一生苦乐所系的选择妻子这件事上，他们却掉以轻心，对女方的全部评价只根据几乎是一手之宽的那部分，即露出的面庞，而身体其余部分全裹在衣服里。这样，和她结成伴侣，如果日后发现什么不满意之处，就很难以融洽地共同生活下去。并非一切男人都很明智，只重视女方的品德。即使明智的男人，在婚姻问题上，也会认为美貌大大地增加了美德。毫无疑问，衣服可能遮盖住丑恶的残疾，以致丈夫对妻子产生心理上的反感，而这时躯体上分居在法律上又不许可了。如果这种残疾是婚后偶然引起的，一个男人只有自认晦气，然而法律于婚前应该防止他被骗上当。这种预防所以更有必要"。[1]

　　乌托邦国人实行一夫一妻制，除非发生死亡，否则不能中断婚姻关系。"但发生通奸行为或脾气坏到不能相处，则是例外。当男方或女方感到自己感情上受到这种伤害，议事会就准许其另行择配。被离异的一方从此终身蒙受耻辱，并过孤独的生活。如果妻子无任何可非议之处，身体不幸罹病，乌托邦人不允许男子违反她的意志而强行和她分离。在一个人最需要安慰时而将其遗弃，或在容易生病而本身即是病的老年竟遭到违背信义的待遇，这些在乌托邦人看来都是残酷不仁的。"[2] 然而有时夫妇性情不十分融洽，双方又都有渴望共同愉快生活的意中人，就可以在互愿的情况下离异并另行婚嫁，当然需要事先经过议事会批准。破坏夫妇关系的人会被罚做最苦的

1　托马斯·莫尔著，戴镏龄译，《乌托邦》，第88—89页。
2　同上。

奴隶工作。

乌托邦国的所有法律规定、风俗习惯、社会伦理似乎都体现了"平等"这个最高价值。对他们来说，自由是包含在平等中的一种价值，他们愿意让共同体来安排和规定他们的生活方式，并不因此觉得牺牲了个人的自由，因为他们不仅自愿接受这个共同体的制度，而且还积极参与了这个制度的运作。

莫尔的《乌托邦》经常被解释为一种社会主义甚至共产主义理想社会的雏形，在这个理想社会里，私有制被废除，劳动产品归全社会所有，公民在政治上一律平等，人人参加劳动。但是，我们不应该过度强调《乌托邦》理想社会与20世纪以后的社会主义、极权政治体制的共同点。因为在莫尔的理想社会里，"平等"的价值是有实质意义的，而在现实制度中，正如奥威尔在《动物庄园》里所描绘的，"一切动物都是平等的，但有的动物比其他动物更平等"。后者虽然打碎了旧的等级，却又代之以更森严、更残酷的新等级。这样的"平等"也就成为新专制独裁的幌子和谎言。

人类在构筑理想社会图景时，"平等"是一个远比"自由"更有号召力的价值观，而体现经济平等的废除财产私有制、消灭贫富差别则曾经是最有号召力的社会主义革命口号。1904年，梁启超在《中国之社会主义》中指出，社会主义"最要之义"不过是"土地归公"和"资本归公"，而"专以劳力为百物价值之源泉"。"麦喀士（今译马克思）曰：现今之经济社会，实少数人掠夺多数人之土地而组成之者也。"所有这些思想都属于"中国固夙有之"。直到1922年，梁启超在《先秦政治思想史》里仍认为，社会主义在中国"最少亦必为率先发明者之一"，断言"孔、墨、孟、荀、商、韩以至许行、白圭之徒"等先秦哲学家的言论"殆无一不带有社会主义色彩"。

1923年，孙中山在谈到民生主义时又说："中国几千年以前，便老早有行过了这项主义的。像周朝所行的井田制度，汉朝王莽想行的井田方法，宋朝王安石所行的新法，都是民生主义的事实。就是几十年以前，洪秀全在广西起义之后，打十几年仗，无形中便行了一种制度。"（《在广州欢宴各军将领会上的演说》）1924 年 8 月，他再次指出革命党的目的就是要实现"均无贫，和无寡，安无倾"的社会，而三民主义就是"国家是人民所共有，政治是人民所共管，利益是人民所共享"，这就是"孔子所希望之大同世界"（《民生主义》）。

我们在莫尔《乌托邦》一书里看到的似乎是一个与梁启超、孙中山所构筑的相似的平等图景。然而，历史的经验告诉我们，代替私有制的公有制并不会自动带来所有国民的经济平等，更不要说政治平等了。以公有制之名不断加强的国进民退和强盗分赃，并不会带来公平的财富再分配，而且还会扼杀千千万万普通百姓的经济平等梦想，并彻底剥夺他们争取任何平等权利的政治权利。托克维尔（Alexis de Tocqueville, 1805—1859）在《论美国的民主》（下篇，第二部分，第 1 章）里说，对于大多数人来说，"他们追求平等的激情更为热烈，没有止境，更为持久，难以遏止。他们希望在自由之中享受平等，在不能如此的时候，也愿意在奴役之中享受平等"。

今天，我们对平等有了 16 世纪思想家莫尔所不具备的新的认识，尽管如此，他在《乌托邦》一书里所描绘的那种平等仍然是人类必不可少的基本价值观。用托克维尔在《论美国的民主》一书里的话来说，平等是一个曾经改变了人类其他观念，并继续在"产生人可以无限完善的观念"。平等的价值本身并未过时，虽然人类在争取平等的道路上有过无数的挫折和失败，但只要人类对比现状，对更好的未来还没有死心，还有所期待，那么，他们就一定还会做着他们的平等之梦。

二十二　马丁·路德论信仰者的自由

1. 信仰与行为

马丁·路德（Martin Luther, 1483—1546），德国教会司铎兼神学教授，于16世纪初发动了德意志宗教改革，最终使其发展为全欧洲的宗教改革，促成了基督新教的兴起。要了解路德，就需要对与他密切关联的宗教改革（Protestant Reformation）有一些了解。宗教改革是指基督教在16世纪至17世纪的教派分裂及改革运动，也是新教形成的开端，由马丁·路德、加尔文、慈运理（Huldrych Zwingli, 1484—1531）等神学家以及其他早期新教徒发起。

1517年，路德发表的《九十五条论纲》引发了德意志宗教改革。改革者们反对当时天主教会的教条、仪式、领导和教会组织结构，在他们的努力下，成立了新的国家性的改革派教会。早期的一些发生在欧洲的事件（如黑死病的蔓延和天主教会大分裂）侵蚀了人们对天主教会和教宗的信仰，但教义上的歧见才是引发宗教改革的关键。天主教不仅是一种宗教，更是一种体制化的宗教，有严密的组织机构和权威结构，从教皇到红衣主教，再到主教、教士，形成了一部权力机器。

　　要从外部改变或颠覆这个天主教体制是不可想象的，所以历史上天主教的改革都是教义而不是体制的变化。这与其他的固化制度所发生的改变是一样的，例如，十年动乱结束后，中国思想界对人道主义进行了重新解释，从阶级斗争转向人道主义，这就类似于教义上的歧见。同样，东欧一些国家里的人道主义争论也是这种性质的"教义分歧"和政治改革要求。

　　历史上任何一次重要的观念变革，就算是有伟大的思想者倡导，也不是凭他一己之力可以成就的。中国人说天时、地利、人和，指的是多种成就大事的因素。16世纪的一些重要因素促成了新教的创立，其中三个分别是：一、教会的腐败；二、印刷术的发明和广泛运用；三、人文主义的兴起。

　　第一是教会的腐败。中世纪人民的主要心灵依靠是宗教，对于外在的教会礼规非常重视。随着工商业的发展，教会也坐拥庞大的教产，这样的富裕使神职人员道德松懈，教会中的丑闻不断发生。许多高级神职人员的职位都是以金钱而不是道德换来的。有时教会为了疏解财政方面的负担，经营酒店赌场，公然贩卖赎罪券，并声称能以之赎免炼狱之刑。一些高级神职人员甚至卷入性丑闻，其中以1501年10月31日的"栗子宴会"（The Banquet of Chestnuts）为最有代表性的事件。那一天，教皇亚历山大六世（Alexander VI，1492—1503年在位）的儿子、枢机主教塞萨尔·博尔吉亚（Cardinal Cesare Borgia，1475—1507）在教皇宫举行宴会，50名妓女出席，招待客人。晚饭后，地上的灯台上放着点着的蜡烛，栗子散落一地，妓女们光着身子，手脚跪着，在灯台间爬来爬去，不得不用嘴捡起来。教皇注视着她们。神职人员和其他派对客人为了奖品和妓女发生性关系。根据约翰·伯查德（Johann Burchard，1450—1506）的说法："仆人记下每个人高潮的分数，因为教皇非常钦佩男子气概，用射精的能力来衡量一个人的男子气概。"

　　教会内部争权夺利，陷入分裂，虽然意大利本土因为文艺复兴时期的经济蓬勃发展，且由于方济会的圣伯尔纳定（Bernardino degli Albizzeschi，1380—1444）和其他教士致力于天主教信仰的重建，布道常常针对赌博、巫术、杀婴、同性性行为、高利贷等行径，但在意大利之外的地区，教会的腐败难以遏制，特别是在1418年罗马天主教会中数位教宗争夺最高权威，引起教会内部大分裂，引发了宗教改革运动者对教会权柄的质疑。教会的腐败带来许多社会矛盾，一遇上宗教改革的导火索，也就演变成社会运动和武装冲突。

　　第二是印刷术的发明和广泛应用，使得《圣经》开始进入越来越多教众的个人信仰生活。15世纪古腾堡的铅活字版印刷术发明带来了信息革命，推动了宗教改革的迅猛发展。宗教改革以前，《圣经》只能由圣职人员阅读，一般信徒无法阅读，只能完全听信各地神父对经典与教义的解释。1456年以后出现了印刷的拉丁文版《圣经》，之后更多的人能够得到比较便宜的《圣经》，自己阅读，自己思考，从而带来对教会解释的质疑。马丁·路德等宗教改革者的文章通过印刷发行迅速传递到各地，宗教改革的思想迅速传播。印刷术使政治、社会、宗教和科学的思想更快、更广地流通。大约在1500年，差不多有4万种书在欧洲14个国家中发行，而德意志和意大利则占三分之二。《圣经》被翻译成为多种欧洲民族语言，更成为普通识字民众的阅读书籍。

　　受惠于活字印刷术的发明，路德的改革声音传递得极广、极远。路德教导《圣经》是神启的唯一来源。他用短短11周的时间，夜以继日，焚膏继晷地将《新约》翻译成德文，于1522年9月出版。1534年，路德完成了整本《圣经》的德文翻译，在此之前的德文译本都是从5世纪初拉丁文的《武加大译本》（Vulgate，405）翻译而成。路德是第一位把全本《圣经》由希伯来文及希腊文（伊拉斯谟的译本）翻译成德文的人。路德精通德文，并花极大的工夫倾听一般市井小民，甚或童稚的语言，以求把《圣经》译成市井小民能读、能懂的语言。路德的德文《圣经》用语丰富、生动，甚至对后来德国语文的发展，都有深远的影响。

第三是人文主义的兴起。在 15 世纪出现的人文主义的思想，重视教育，重视思考、研究，这对宗教改革和同时期的文艺复兴运动都有很大的影响，也直接孕育了后来启蒙运动的民主、自由和平等的思想。人文主义从根本上改变了中世纪"以神为中心"的思想观念，重新回到对人的尊重和重视。艺术、文学和人文思考共同推动了一场伟大的文化运动，使文化艺术从神坛走向人间，从神性回归人性。当时的人文主义并没有怀疑神的意思，但确实带来了对教会传统、对教会权柄的质疑。

但是，人文主义者对教会的批判大多仅限于揭露和讽刺教会的腐败和虚伪，并没有触及基督教的基本理论及其赖以存在的根基。伊拉斯谟是一位虔诚的基督徒，许多人文主义者与教会保持着良好的关系，也维持着对天主教会的忠诚。他们与贵族、高级神职人员、国王、教皇来往密切，像彼特拉克和洛伦佐·瓦拉（Lorenzo Valla，1407—1457）这样著名的人文主义者甚至深受教皇的宠信。瓦拉曾担任过教宗秘书，伊拉斯谟曾多次向教宗表白自己的忠诚，托马斯·莫尔甚至为维护天主教的统一，反对英国国王亨利八世另立英国国教，而牺牲了自己的生命。人文主义者们讽刺或反对教会腐败，但这并不直接损害教会的利益和权威。他们只是反腐败，而不是反体制，教会才能够容忍他们的嬉笑怒骂，相比之下，宗教改革者们才是教会体制真正的威胁。

1524 至 1525 年间，人文学者兼神学家伊拉斯谟与宗教改革领袖马丁·路德展开激烈的论战，分歧是"人是否有自由意志"。这也区分了基督教人文主义者与宗教改革者的界限。人文主义后来发展到对神的怀疑，不过那要到启蒙主义时期才渐显端倪。

伊拉斯谟与路德的分歧是多方面的，例如，伊拉斯谟持有人文主义学者的怀疑主义态度，就像任何学者一样，他关注的是字词的传统和意义，而非宗教的终极关怀。路德不能赞同这种怀疑主义的态度，他要求对终极关怀有绝对的说明。又例如，伊拉斯谟的批判是一种理性的批判，并没有激进革命的攻击性；而路德在政治上和其他方面都是一位激进的人。伊拉斯谟则似乎愿意去适应政治环境，他与政治环境妥协不是为了他自己，而是为了使世界保持和平，他对宗教对立和战争持强烈的反对态度。再例如，伊拉斯谟相信教育的力量，强调教育意义上的个人发展，当时的和现在的一切人文主义者都有这种对教育的追求和激情。但是，路德认为，信仰才是拯救个人的唯一途径。路德与伊拉斯谟之间的讨论最后集中在意志自由的学说上：伊拉斯谟主张人的自由，路德反对人的自由。他们都不是把人看成与石头和畜生一样，他们都承认人在本质上是自由的，人之所以为人就因为他是自由的。但从这个基础他们得出了相反的结论：伊拉斯谟认为，人的自由在上帝面前也是有效的，人可以通过自我拯救来帮助上帝，与上帝合作。路德则认为这是不可能的，他认为这种观点把上帝与基督的荣耀取走了，却使人具有了他本来没有的东西。

路德的这些观念在他的《论基督徒的自由》（"On Christian Liberty"）中都有所体现。这是他为宗教改革所写的第三篇文章，发表于 1520 年。对于人文阅读来说，《论基督徒的自由》重点不在于深究基督教新教的教义，而在于另外两个方面。

第一是思考我们看似熟悉，但并不一定仔细思考过的一些概念，以明了概念对于准确思考的重要意义，尤其是"信仰"（faith）与"相信"（believe）的区分与关系。第二是联系我们自己的价值观，并对这些价值观的历史传承和文化渊源有所认识，其中最重要的就是包含在基督教中的自由观念。

　　路德在文中反复强调的是"Justification by Faith Alone"（"因信称义"），这是基督教新教的一个根本教义，也是基督教信仰的一个巨大转折，从此把"自由"确立为信仰的灵魂和核心。以前，在天主教里，一个人有没有信仰（"信"），是以事功来显现和证明的。虔诚地参与各种繁缛的宗教仪式，向教士告解悔罪，甚至出钱买"赎罪券"，所有这些对信仰的证明都是来自可以让别人看得到的表面行为。这就像"好人好事"总是联系在一起，合二为一，缺了"好事"就没有"好人"一样。由外表的行为来表现信仰，使得信徒只能生活在惶惶不可终日的痛苦之中，不知道自己的努力是否足够获取上帝的救恩。同样，那些一心用政治行动来表示政治信仰的人们，他们为组织和领导的"鉴定"和"观察"而焦虑、苦恼不已，不知道能否通过由外力设置的重重"信仰考验"关卡。

　　路德从《罗马书》说的"义人必因信得生"（1：17）这句话领悟到，信徒只要自己在心里确立了"信"，便可"称义"。这个"信"是他自由选择的，不需要依赖别人的赞许和肯定。人可以蒙骗别人，但无法蒙骗他自己，这个"信"是完全真诚的，因此它的信仰要求变得更高了。路德从《圣经》中重新发现的这条真理，不仅是他个人信仰的突破，也成为16世纪宗教改革的风暴中心，更促成了基督新教与罗马天主教的分道扬镳。

　　我们对"外表行为"，尤其是"善行"与"真实信仰"的关系会有不同的看法。路德为了强调信仰的内在自由而力图除去所有可能的外部羁绊，把"真信"放在绝对重要的首位。我们可以问，忽略了具体的、实在的善行，如何能证明真的有信仰呢？这就像西方有的政客口口声声说自己多么有高尚的信念，多么为民从政，做出来的事情却肮脏龌龊，贪污腐败，无所不为。

　　有的教徒每个星期日都上教堂，但未必有真正的信仰。我自己就有这样一位邻居，她每星期日上教堂，还把自己养的花拿到教堂去供神。但是，这位邻居老爱占别人的便宜，与周围邻居的关系都很紧张，把耶稣基督"爱邻人"的教诲完全抛到了脑后。这样的人又怎么可以说有信仰呢？同样，有的人以为"争取表现"便是最大的"事功"，但这并不能保证他就此道德纯洁，永远不会腐化堕落。

路德说，仅仅用身在天主教会来表白宗教信仰，这是"外表行为"。同样，仅仅以身为一个政治组织的成员来表示他自己的政治信仰，也是一种"外表行为"。路德说，为了真正有信仰，"每一个基督徒所应该留心的第一件事，就是要丢弃倚靠行为的心，单单多求信的坚固"，这种"信的坚固"是在信仰者自己的心里建立的。这样的"因信称义"让每一个信徒能在自己的灵魂里自由地确立真诚的信仰，"义"不在教会或教会的教士们那里，而是在每一个信仰者自己的信仰里。把上帝从教会请到了每一个信仰者自己的心里，这是多么了不起的革命性的转变。一个人信仰，不管是什么，如果它是建立在这个人的心里，而不是表现在这个人的嘴上，不是表现在他如何夸夸其谈，那么这个信仰一定是非常坚定的。当然也就不会有表面上的仁义道德、正人君子，暗地里的道德败坏和腐化堕落了。

2. 从宗教自由到政治自由

继续来谈路德的自由观念。《论基督徒的自由》区分了"内在的人"（innerman）和"外在的人"（outerman），以此作为基督教的自由的基础。"内在的人"与上帝相联系，而"外在的人"则通过激情和错误与世俗世界相联系。

上帝命令人以其肉体互相服务，但他并没有答应任何内在的人屈从于上帝以外的任何人，内在的人是自由的。所以自由仅涉及人的精神世界和来世命运，与人的肉体和现世处境无关。在现实世界中不自由的人，他在精神世界中仍然是自由的，这是一种任何政治力量都无法剥夺的，使得所有平凡之人都能成为具有神圣尊严之人的那种自由。

人只有对上帝有信仰，才能够获得这样的自由。自由将人的内在世界划归为上帝的领地，自由因此具有了神圣意义。为上帝守住这个内在世界的独立（即自由），构成基督徒人格尊严的基础。耶稣教导他们说："那杀身体不能杀灵魂的，不要怕他们；唯有能把身体和灵魂都灭在地狱里的，正要怕他。"（《马太福音》，10：28）

内在世界独立的意识使基督徒不可能再在宗教事务上接受政治社会的权威。文化历史学家韦尔南（Jean-Pierre Vernant，1914—2007）认为，正是这样的信仰（他称之为"超验性"）使人在政治权力的淫威前拒绝屈服，"极权制度是这样一种制度，它会让一个坐在卫生间中，被紧锁的门关在孤独中的人充满焦虑和恐怖，一旦头脑中出现一种不同寻常的颠覆想法，就会感受到一种强烈的负罪感。……正是在这样一种制度中，'超验性'对某些人可能变成一种拒绝的方法，拒绝任何已定范畴中的东西，已定的社会，已定的政权"。[1]

自由的意识给人抵抗强权的勇气，也给人抵抗暴政的理由，这首先是一种精神的抵抗。俄国基督教存在主义者别尔嘉耶夫（Nicolai Berdyaev，1874—1948）在《精神王国与恺撒王国》中写道："人的个性自由不能由社会赋予，就其根源和特征而言也不可能依靠于社会，它是属于作为精神性生物的人的。……人类拥有不

1　让-皮埃尔·韦尔南著，余中先译，《神话与政治之间》，生活·读书·新知三联书店，2001年，第623页。

可剥夺的权利，不是由自然界决定的，而是由精神决定的。"[1] 而基督教就发现和肯定了人的这种精神性因素，"假如没有上帝，没有高踞于世界之上的真理，那么人就整个地服从于必然性和自然界，服从于宇宙或社会、国家。人的自由在于，除恺撒王国外还存在着精神王国。上帝的存在在人身上的精神的存在中体现出来。……可以说，上帝的存在是人的自由的特许状，是在人为争取自由而与自然界和社会的斗争中对人的内在辩护"。[2] 来自这种信仰的自由使人高贵，这是一种新的良心自由原则，人的内在精神世界不受世俗国家和权力干预，因此有了普适性的意义。

路德写道，信仰使每个人都是"极其自由的王"，不单如此，"也是永远的祭司，这比为王更大更为可贵，因为我们做祭司，配在上帝面前为别人祷告，并将属上帝的事教导别人。这两种事就是祭司的责任，而为不信的人所不能有"。使人自由和使人称义、使人得救，都与人的两重性联系在一起，自由使人高贵（人性来自神性），也使人谦卑（因为人是有罪的）。

在基督教里，这就是"诫命"（commandments）与"应许"（promises）的关系。人借着诫命得知自己的软弱，路德说："诫命所教训人的的确是善事，无奈教训人的事，行起来，却不如教起来的快；因为诫命只指示我们什么是当行的，而不给与我们行的能力。"人不应该因诫命而绝望，因为上帝还给了人"应许"，应许给人力量。"上帝的应许宣扬他的荣耀说：'你若愿意成全律法，照诫命所说不起贪心，你就来信基督，在他里面有恩典，公义，平安，自由，与诸般应许给你。'"[3] 我们今天在民主理论中所强调的人的自

1　H. A. 别尔嘉耶夫著，安启念、周靖波译，《精神王国与恺撒王国》，浙江人民出版社，2000 年，第 34 页。

2　H. A. 别尔嘉耶夫著，安启念、周靖波译，《精神王国与恺撒王国》，第 22—23 页。

3　Martin Luther, *On Christian Liberty*, Minneapolis: Fortress Press, 2003, 11-14.

由和自由之身带来的限制都已经包含在这样的基督教信仰的自由观中了。

路德的"因信称义"学说从早期基督教（尤其是使徒保罗）和奥古斯丁的宗教理论中汲取权威的资源，加入了他自己有明确针对性的时代内容，不仅否定了教皇和罗马教会的至上权威，甚至否定了教会存在的必要。他的神学思想启迪了人们对人的信仰本质的思考，肯定人们的世俗生活，肯定个人的权力、地位，争取个人的解放。宗教改革与人文主义思潮是同一个时代精神在不同领域里的表现，甚至可以说，宗教改革是在人文主义的影响下发生的，是人文主义精神在宗教神学领域里的延伸。

然而，从对天主教统治的瓦解和摧毁来说，宗教改革的作用却是人文主义所无法比拟的。这一点，从罗马教廷对待宗教改革和人文主义的不同态度就可以看出。宗教改革的矛头直接指向教会，因而它从一开始就遭到以罗马教会为首的天主教势力的反对、迫害和镇压。

宗教改革的精神一旦成为文艺复兴时期世俗创新的真正支柱，文艺复兴时期的转折时刻才算真正成为一个可以与后来的启蒙运动相提并论的历史里程碑。虽然宗教改革并没有自己独立的哲学形态，但它对后世的哲学思想和社会发展所产生的影响却是难以估量的。许多史家甚至认为，虽然文艺复兴取得了傲人的艺术和文学的文化成就，但宗教改革的现代思想意义高过文艺复兴。

宗教改革改变了基督教信仰的实质，使它从一种从属和依附于教会的"相信"转变成为一种基于人的主体性觉醒的真正"信仰"。也就是说，从一种必须加入组织、得到组织认可的所谓"组织信仰"，转变成一种由于出自内心的信念的"我的信仰"，为了这个信仰，我可以不惜抛弃那个背离了真信仰、成为私利集团的组织。这就是由信仰所体现的人的最根本的自由。

今天，自由成为一种普适性价值，宗教改革后的基督教信仰贡献是主要原因之一。正如伊谢（Micheline R. Ishay）在她的《人权的历史》一书中指出的，宗教革命使得基督教伦理发生了朝"自由"方向的根本转化，在这之前，基督教伦理的基础是"对启示性宗教的驯顺依赖"，而在这之后，基督教伦理则"不仅拥抱宗教自由，而且拥抱普遍的自由"。[1] 信仰自由是一切自由的根基，如果一个人丧失了灵魂感受的自由，那么他也就不可能有任何别的自由。

苏格兰邓迪大学教授、政治历史学家安东尼·布莱克（Antony Black）在《12世纪至今欧洲政治思想中的行会与市民社会》一书里指出，"将人的自由作为某种本质的要求和有价值的东西的观念"和"作为目的的个人自主的概念"能够在西方如此流行，并在社会、法律和政治思想上取得主导地位，有多种因素起作用，包括古典的遗产、斯多葛派的观念、罗马法思想和日耳曼民族的传统等。但是，他认为，在这个问题上，"基督教也许给人们的观念带来了革命"。根据它的教义，基督既解放了人类整体，也解放了人类个体。基督的拯救使一个人从死亡走向新生，拯救被表述为从罪中得到解放，"这意味着基督徒首先的和超越一切的是自由人"，他们获得了"上帝的儿子的自由"。[2] 这个自由人不只是"西方人"，而是包括中国人在内的世界上的所有人。自由没有把中国人排斥在外，中国人没有理由推开自由这个属于全人类的价值。

《论基督徒的自由》看起来只是在讨论基督徒的自由，但对现代政治自由观念的形成和发展都有重要的贡献。宗教自由对政治自由观念的影响是通过大众文化发生作用的。《圣经》一直是最重要、

1　Micheline R. Ishay, *The History of Human Rights*, Oakland: University of California Press, 2004, 64.

2　Antony Black, *Guilds and Civil Society in European Political Thought from the Twelfth Century to the Present*, Ithaca: Cornell University Press, 1984, 42.

影响最大的大众读物。在大众文化而不是教士的正统宣教里，《论基督徒的自由》就不仅仅是单纯的宗教文本，而且也是一个政治文本。这个小册子巨大的思想解放作用，不能简单地被概括为"新思想"对普通人民被动的"影响"，因为民众也在根据自己的经验和需要积极主动地吸收新思想。

最有效的阅读是，读者在理解和接受文本时，不是被动地接受文本要告知他们的意思，而是用他们自己的现实问题意识和需要来理解和利用文本。虽然有人反对这样的阅读，但它却是在现实生活中不断发生的。在现实生活中，谁也不可能像在课堂上那样要求普通读者只进行"忠实于原文"的那种阅读。

路德于 16 世纪 20 年代初出版了许多劝说普通民众的小册子，引起激烈的辩论，有的说他是正确的，有的说他是错误的，但是，正是这些辩论把他的思想带进了千家万户。布莱克写道："德国农民对这场辩论做出的反应当然是 1525 年举行的大起义。路德从不主张农民举行起义，而且在农民起义时对他们进行了谴责。但（宗教改革的）宣传运动确实鼓动了他们对教会地主的不满。看来，他们对路德所坚持的'基督徒的自由'，与其说是解释为精神的自由，还不如说是解释为摆脱农奴制而获得的自由。"[1] 路德同时代人对他的著作所做的未必完全是他所愿意看到的那种阅读。但是，自由的要求一旦在某个生活领域中发生，便会不可避免地向其他生活领域扩展。政治的自由与精神的自由是不可分割的，今天，人们已经把政治自由，把体现政治自由的公民权利和人权看成解释自由的核心和根本保障。

在历史上，宗教信仰的自由曾经不止一次地成为民众反叛和争取政治自由的武器，阅读在其中起到了很大的作用。具有独立意识

---

1 Black, *Guilds and Civil Society in European Political Thought from the Twelfth Century to the Present*, 42.

的普通人的阅读，是在文艺复兴和宗教改革，尤其是宗教改革之后才慢慢发展起来的，起先只是与宗教自由有关，后来渐渐涉及政治自由。宗教改革把阅读《圣经》的工作交付给普通的信众，使他们不再只是驯良顺从地接受少数人所规定的《圣经》真理。从此，所有的信众都可以，也必须平等地阅读《圣经》，对他们来说，自由的阅读才是通往自己信仰的唯一必经之路。

造成最初阅读不自由的是文字的障碍。中世纪以来，文字书写使用的是拉丁语，而人们在生活中使用的则是方言（本地语言）。1516 年伊拉斯谟把希伯来文的《圣经》翻译成希腊文，路德又在伊拉斯谟这个译本第二版（1519）的基础上将《圣经》翻译成德文。

路德为《圣经》的翻译呕心沥血，"当时甚至没有一本希伯来语、希腊语、拉丁语可以与德语相互解释的词典可供查询，路德每译一页，都会遇到许多语汇问题。按照他自己的说法：'我一直努力要译成纯正且准确的德文。经常会出现这种情况，即我会为了一个词搜肠刮肚三四个星期，有时还会一无所获……现在人们可以一口气读三四页，丝毫意识不到现在一马平川之处以前曾布满了巨砾、路障。我们当时必须以流汗辛劳除掉这些巨砾、路障，使大道畅通无阻。'除了与同事经常研讨以外，路德还'不得不去问一问在家里的母亲们，问一问在胡同里的孩子们，问一问集市上的贩夫走卒，要亲眼看一看他们在谈论时是如何开口的，并按此进行翻译……'传说，为了译出《旧约·利未记》中关于动物牺牲的描写，路德甚至跑遍了当地屠宰场，请求屠夫剖开几只羊，让其介绍羊体各内脏的名称。他会先按原文字词次序一一直译，然后不厌其烦地将每一个词的同义词逐一列出，再从中选取意义最合适、对语句的平衡和韵律均有贡献的字眼，接着却又将这一切暂弃，抛开原文字句的束缚，做出最为流畅的翻译，最后才将拘泥细节的译法与流畅的译法相结合，得出最能表达语句精义的流畅译文。就这样，由路德翻译的德文《圣经》成为了'德语翻译的不朽典范'"。[1]

正是这个普通人都能够阅读的《圣经》文本成为宗教改革，甚至起义反叛的武器。

3. 自由宗教与神道设教

路德的宗教改革虽然不是一个政治诉求，但却有着深刻的政治意义。16 世纪的教会和国家政治错综复杂地结合在一起，教会这个组织不仅是宗教的，也是权力政治的。按路德自己的说法，或者当天提出宗教改革主张的时候，他的直接对象是教会的腐败现象和教会的教义，而不是教皇和他代表的教会体制。但是，他的观点对教皇的权力和教会政治统治的权威却有着不可忽视的动摇和破坏作用。这就像腐败到头来一定不会只是局限于个人的腐败，而是必然会引发对造成这种腐败的制度性原因的追究。

路德的宗教主张事实上已经在驳斥教皇不误论、教会的结构以及对教民及其信仰方式的控制。这就重新设定了基督教的性质。他将教会设想成一个共同体，这个共同体是由平等的信仰和信众组成的，信众是教会的基础，教会统治者的行动权威来自教会成员的授权。这就已经非常接近我们今天所理解的政治共同体成员与权威的关系。

权威必须来自公众的认可，这就意味着政治上的平等、宪政主义以及关于政治权威有赖于人民之同意等信念。路德的宗教观念离公民政府的观念不过是一步之遥，它可以直接用来限定权力和权威在各种机构间的分配方式。但是，路德学说对政治的影响并不全是

1　郭晔旻，"宗教改革家马丁·路德，其实还是一位畅销书作家"，https://www.thepaper.cn/newsDetail_forward_1843029。

正面的，它可以用来限制君主权力，也可以让君主有理由加强自己的权力。

如美国政治学者唐纳德·坦嫩鲍姆（Donald R. Tannenbaum）和戴维·舒尔茨（David Schultz）在《观念的发明者》一书中所指出的，路德的神学让欧洲的世俗统治者（君主）获得了比教政合一观念下更大的权威，这个权威可以善用，也可以滥用。[1]

首先，"路德表明，政治权威直接来自上帝，而不是通过教皇得到其权威"，君权神授的观念巩固了君主统治的合法性。其次，由于世俗统治是为上帝服务，也由于人类是有罪的，"国家是上帝用来惩恶护善的仆人与工匠"。在这一点上，路德的学术可以用来支持武断强梁的世俗统治。最后，虽然路德维护世俗权力，但他并不倡导建立一种绝对主义的、神圣不可侵犯的世俗政府。在 1523 年的一篇论文《世俗权威：它在多大程度上应当得到服从》（"Secular Authority: To What Extent It Should be Obeyed"）中，路德为世俗统治确定了限制。他首先讨论各种类型的统治之间的差异，然后主张有必要通过法律来限制统治。[2]

总的说来，路德的宗教学说确立了对个人良心的保护，筑起一道限制世俗统治者管制人民宗教信仰权利的围墙。但问题是，如果君主逾越其权威，人民该怎么办？路德提出，人民不应用武力反抗政府，只能用真理和正义来反抗。一个人身为基督教徒的责任首先是服从上帝；虽然人们不必服从不按基督教方式行动的暴虐君主，但人们只应该被动地抵制他。在我们今天看来，这是不能同意和接受的。

与路德显然受到他那个时代的政治意涵的影响相比，我们今天

---

1 参见唐纳德·坦嫩鲍姆、戴维·舒尔茨著，叶颖译，《观念的发明者：西方政治哲学导论》，北京大学出版社，2008 年，第 182—183 页。

2 同上。

更容易接受的是他对自由和真实宗教信仰的见解。要认识这种自由宗教信仰的意义，最便捷的方法就是将它与非自由宗教信仰做一些比较。

"信仰"是一个十分模糊的概念，可以用来指不同性质的、具有不同内容的"信念"或"确信"，可以指对神的信服、尊崇和虔诚，也可以指对鬼、妖、魔或天然气象的恐惧，还可以指对传统圣贤或现代意识形态、政党、领袖的尊崇和崇拜。只有真诚的信仰才会把它所尊奉的信条当作人生行为的准则，因此，口是心非，说一套做一套的"信仰"不在讨论信仰的范围之内。

信仰与崇拜经常联系在一起，但是信仰与崇拜有所不同。信仰主要针对"观念"，如极致的真、善、美，而崇拜主要针对某个"个体"，例如上帝、耶稣、太阳、领袖等。

信仰与认知（相信）也不同，一般说认知（相信）一种理论，而不是说信仰一种理论。信仰带有情感体验色彩，这特别体现在宗教信仰上。信仰的价值不在于它本身，而在于它能指导人们的人生行为。

有信仰的人同时也选择了一定的人生观、价值观和世界观，人生行为有了原则的指导，不至于全凭功利的考量，随波逐流、附膻逐腥、无法无天、无所不为。一个缺乏信仰的社会，不是因为缺乏某一种信仰，而是什么信仰也没有，这时候，由于普遍存在的焦虑、不安，特别容易出现对信仰饥不择食和病急乱投医的情况。

各种打扮成信仰的宣传、蛊惑、迷信、崇拜也就特别容易乘虚而入，随时有可能出现"神道设教"的伪信仰。哲学教授邓晓芒在《中国人为什么没有信仰？》一文中曾把中国的宗教分成"自然宗教"和"实用宗教"两种，神道设教是一种实用宗教。他在与黑格尔在《精神现象学》中对三种宗教的区分（自然的、艺术的和启示的）的比照中，发现宗教在中国从来没有上升到启示宗教的高度。

在三个不同的层次的宗教中，第一是"自然宗教"，就是迷信、巫术等。第二是"实用宗教"，因为有需要、有效，这才用宗教来做教化和驭民的工具，相当于柏拉图所说的"高贵的谎言"。神道设教是一种在中国千百年来行之有效的实用宗教，设教者要大家相信一个神道，自己可以不信，但是一定要大家信。第三是"启示宗教"，又称"自由宗教"。

"神道设教"的原意有两种。一是《易经》所说的，君主顺应自然之理以教化人民："观天之神道，而四时不忒，圣人以神道设教，而天下服矣。"此如孟子所说："天视自我民视，天听自我民听。"在位的君主称为天子，顺应天命而治理国家，都是神道设教之意。二是利用鬼神以统治并教育人民，这是《后汉书·隗嚣传》所说："急立高庙，称臣奉祠，所谓'神道设教'，求助人神者。"前者的神道是代表自然法则的运行；后者的神道是以特定的鬼神信仰，给予人类启示和指导。前者尚是理性的，后者即属于盲从的迷信了。

自然宗教很容易转化为神道设教，成为邪教，称其为"邪"，是因为它能够泛滥成灾、惑乱人心。邪教的神道可能假托鬼神的降临（如太平天国时的杨秀清），也可能根本就是灵媒、乩童等巫师、术士的操纵。后一种情况更为严重，他们能够翻云覆雨、颠倒黑白，也能够救世济人、益物利生，信从者越多，他们的"灵力"越强。若为野心家所用，即成为乱世的祸种。大多数现代的中国人都能认识到这是迷信，但在现代文化不发达的地区，这种迷信仍然不乏信众。

现代国家的统治技艺创造了一种全新的政治化的"神道设教"，所谓的"道"，那就是统治意识形态，而"教"则是统治的党、政国家机器。这样的神道设教具有堪与宗教媲美的体制，因此往往被人们拿来与启示宗教的教义、教会、教士阶层做比较，以凸显它的

"世俗宗教"特征，但是，这样的比较是有限度的，往往对宗教抱有偏见，因为真正的宗教信仰是黑格尔所说的"启示的宗教"，是一种自由的宗教，而政治意识形态的神道设教却充其量只不过是一种实用宗教，甚至是一种障眼法和骗术。

现代政治意识形态的神道设教中留有古代的两个原意的痕迹。它会具有某种老百姓爱听的自然之理和顺应民意的内容，因此总是会使用"人民"的名号；它同时会用某种系统的说辞，通过一整套的组织方式来统治并教育人民。因此，顺应民意与教育群众是它的两个组成因素。例如，希特勒的国家社会主义向德国人民做出美好许诺：消灭贫困、保障就业、和平、民族复兴、国家富强。很少有人会想到希特勒会给德国和世界带来战争，或是会杀害数百万犹太人。

与这样的高效率的体制化神道设教相比，前现代的神道设教的"道"简直太简单了，而"教"的力量也实在太单薄、太局限了。像"替天行道"这样的"道"只能用来造反，但不能用来统治。现代的神道设教既可以用来革命，又可以用来统治，它能够从事两种性质不同的使命，因为它创造了一个多用途的、可以称之为"信仰"的东西，那就是某种可以无限解释，随机应变，诡异莫测的"主义"或"思想"。然而，就这个信仰与自由的关系而言，不管它多么精致，它都是一个与自由宗教完全不同的实用宗教。

中国文化中有"自然宗教"和"实用宗教"，但从来没有达到"自由宗教"这个最高信仰层次，而没有能达到的根本原因之一，恰恰是"实用宗教"在中国太发达有效，也正是这种实用宗教，形成了一些中国人心目中的"信仰"，并对他们的心灵和思维方式产生了长久而顽固的不良影响。

对当今中国的"信仰"特征和一些人感知的"信仰危机"，也可以从自然宗教和实用宗教这两个层次去了解。较低级的层次是自然宗教，如拜物、敬鬼神、迷信、巫术，自然宗教源于人类对自然力量的敬畏。中国古代的《易经》最开始就是一种巫术，是用来预测、算命的，属于自然宗教。今天，自然宗教仍然影响着许多中国人的信仰方式。自然宗教中，人们所"惧怕"的可以是不同性质的"威力"或"强制力"（power）。威力可以来自某种神秘的力量（神、佛、龙王、河神、"风水"），也可以来自一个权力实体（政府、警察）。人们惧怕种种"威力"，由于不敢冒犯和违拗它们，所以在行为上会有所禁忌和限制。这种禁忌和限制完全是出于被动的、非理性的害怕。

例如，人们害怕莫名其妙的"灾祸"从天而降（生病、失业、拆迁），就会到庙里去"拜拜"，或者甚至做一些"积德"的善行。惧怕往往不涉及自由、理性的对错或荣誉羞耻的判断，例如，人们畏惧苛刑恶法，害怕惹祸上身，便会变得格外小心谨慎、循规蹈矩，这不是因为真的在心里相信某种价值，而是因为怕招致无妄之灾。马基雅维里对君主的一项建议就是，最好让人民能对统治者既热爱又害怕，但如果这二者不能兼得，那么，宁愿让他们害怕，也不要希望他们热爱。害怕是一种强大的非理性驱动力，绝大多数人服从，并不是接受了什么信仰的理性指引，而是被非理性的害怕和恐惧控制住了，便有了同样非理性的服从行为。

比"自然宗教"较高一些的是"实用宗教"。孔子的时代中国有了排斥自然宗教的实用宗教。邓晓芒指出，"从孔子排斥自然宗教开始，中国人真正宗教信仰的精神就没落了"。邓晓芒比那些幻想用儒学在中国充当启示或自由宗教替代品的学者、教授们要高明多了。他看到了儒学对中国人思想的实质性影响，那是一种功利的政治实用主义的信仰，不少人所知道的政治信仰都是这种性质的。孔子说："祭如在，祭神如神在。"（《论语·八佾》第十二章）就是说，你祭祀神灵的时候，你要好像那个神在那里一样去祭祀。至于是不是有神，你不一定要相信。你也许根本就不相信，但是你要做出好像相信的样子。对老百姓进行教化，你要做出样子来给老百姓看，让老百姓有所敬畏。这样才能管治他们。

二十三 蒙田《随笔集》

1. 自由自在与独善其身

本章要讲的是 16 世纪末的一位法国作家米歇尔·德·蒙田（Michel de Montaigne，1533—1592），他有三卷《随笔集》留名后世。今天，许多人把蒙田视为哲学家，至少是一位富有哲思的作家，但是，蒙田自己却并不那么高看哲学。

希腊人认为，有两种人是最伟大和超凡的，他们都是特别能控制自己的人：一种人是体育运动员，他们具有控制自己身体的超凡能力；另一种人是哲学家，他们大脑发达，而且有本领让大脑产生不凡的思想。

我们或许认为，哲学家们确实有资格为他们的大脑而自豪，因为他们智力超强，善于思考，也善于理性分析。但是，蒙田对哲学有着与此不同的、多有怀疑的看法，这让人耳目一新。蒙田是个很有智慧的人，可以说他一生的写作就是为了一个目的，那就是打破哲学家的傲慢和自以为是。

今天，我们所说的"哲学家"不仅是那些从事哲学研究，自认为是哲学家的人士，也泛泛地包括精英知识分子或各路理论权威。

蒙田当然有资格位列其间，他不仅头脑聪慧，而且文笔兼具幽默和理性。

但是，蒙田并不把自己当哲学家看待，在这一点上他显得特别谦虚，不像一些自命不凡的哲学家，蒙田要嘲笑的就是那种自以为是的哲学和理论。他总是在非常有趣地提醒读者：人们的所作所为经常是愚蠢的，不像他们以为的那么高明，人其实都是某种程度上的傻瓜。用蒙田的话来说，哪怕你是坐在世界上最高大的帝王宝座上，你也是坐在自己的屁股上。这样的话，坐在金銮殿龙椅宝座上的帝王肯定是不爱听的。

蒙田写作的时候，文艺复兴时期已经进入尾声。文艺复兴时期的人们大多赞同古代哲学家对人类理性的观点，那就是，理性能力能给人类带来幸福和伟大，理性是其他动物都没有的能力，是人类独有的，是一种近乎神力的力量，让人可以主宰世界。但是，蒙田很怀疑这种对理性的理解。他自己跟许多学人和哲学家打过交道，结果发现，乡下农妇过着一种比学人和哲学家更平和、宁静，更有人情味的生活。蒙田不是说理性不重要，他只是认为，倘若太独尊理性，人会变得非常傲慢，无视自己思考能力的局限。他写道，人有智慧的部分，也有疯狂的部分，人既不完美，也不全能；人定胜天根本就是一句疯话。

他认为，人总是生活在力不从心的状态之中，心气再高的人，也只是一副臭皮囊，会衰弱、会生病、会变老、最后死掉。所以，什么英明伟大、万岁万万岁，全都是胡扯。

蒙田一再强调人的智力有限。他的许多同时代人推崇智力和智慧，以为孩子头脑里知识塞得越多越好。今天，我们许多家长也是这么以为，老觉得不能让孩子输在知识的起跑线上。相比之下，蒙田对智力教育有完全不同的看法，他讨厌学究和灌输式教育，认为那不过是满足父母的虚荣而已。他主张学以致用，他说，一个聪明的人，一定会用自己生活需要的标准来衡量知识有没有用，或值不值得学习。蒙田坦承，柏拉图的书对他来说过于沉闷，所以他宁愿找一本更有趣的书来念。他说，要是书太难懂，我就把它搁到一边，而不是绞尽脑汁，把自己搞得疲惫不堪。如果我不喜欢读一本书，那我换一本就是了。

蒙田认为，人们对学者有着一种夸大了的、不切实际的敬畏，迷信学者的人宁愿把时间花在那些读起来似懂非懂的著作上，也不愿意研究一下自己的头脑。他说，其实，我们每个人都比自己以为的要更加丰富、更加有趣。如果你能过上一种追求智慧，但又离愚蠢不远的普通生活，那已经是很不错了。所以，他写的就是这样的自己，在《随笔集》开卷处他就说："我的书没有别的素材，我写的就是我自己。"

蒙田的文章清新而自在，他总是不慌不忙，不温不火，娓娓道来。他描述的生活、经验和想法都是我们熟悉，但又不好意思承认的。他是一个让你有亲切感的，非常人性化的作家。

蒙田生活的那个时代，宗教派别的敌对冲突前所未有的激烈，以致酿成宗教战争，他从 1557 至 1570 年在波尔多最高法院（Parlement de Bordeaux）任职 13 年后，于 37 岁时便出售了这一职位（出售职位在当时是很平常的事），开始过退隐的生活，他说自己是"从战争退隐"，"只要上帝希望打仗，战争就会向我袭来……我的屋子是我躲避战争的地方。我想使这个角落免受社会风暴的侵袭，就像我在自己心灵中营造另一个这样的角落那样。我们的战争可以改变形式，不断增加，产生新的党派，但我却纹丝不动"。[1]1570 年蒙田退隐的时候，天主教和新教在法国的战争已经进行了 8 年，负责调停的罗比塔勒（Michel de l'Hôpital）因为劳而无功，也于

---

1 蒙田著，潘丽珍等译，《蒙田随笔全集》中卷，译林出版社，1996 年，第 313 页。

1588 年退隐了。蒙田的退隐可以说是 16 世纪人文主义绅士版的"独善其身",因为他的退隐并不是绝对的,退隐后从 1581 至 1585 年他两度出任波尔多市长,并于 1588 年参与天主教的亨利三世和新教的纳瓦拉的亨利(后为亨利四世)的居间调停人。

文艺复兴时期的退隐是一种贵族和绅士的生活方式,退隐是离开政治生活,在当时来说就是退出与宫廷有关的"廷臣"生活。对于人文主义者来说,退隐后开始的是一种私人的闲逸、静思生活。蒙田退隐后写他的"随笔",就像罗马时代的贺拉斯(Quintus Horatius Flaccus,前 65—前 8)退隐后写他的诗作一样。蒙田把自己的退隐看作是暮年的开始,是从所谓"死得其所之艺术"的哲理中得到启示。

蒙田的退隐是一种社会逃避,但那是一种很体面的逃避,虽然有远离政治斗争、宗教战争、避祸全身的意图,但与我们所熟悉的那种因为害怕政治迫害,惶惶不可终日,如丧家之犬一般躲起来"装孙子"的逃避是不同的。蒙田的逃避是一种自由而优雅的逃避,他赞美自由、静谧与闲暇,向往优游恬适的生活,他的隐居生活是精致的,不是狼狈的,是积极的,不是消极的。他除了埋头做学问以外,还积极从事写作,自中年开始一直到逝世,在长达 20 年的岁月中,他以对人生特殊敏锐的观察,以一种标志着文艺复兴后期知识形态的思考方式写作了他的"随笔"。

在蒙田的随笔里可以看到,他对前人的想法极有兴趣,也非常熟悉,但他有自己的想法和见解,这些想法和见解是以他自己的经验和观察为基础的。他总是把自己的见解与前人的想法作比较,这样的一种思想和写作方式形成了由三个部分组成的知识形式:独立的观察者,具体的观察对象(事物、道德伦理问题)和能够与作者心领神会的读者。

蒙田与古典作品朝夕相处,仿佛那些古典作家是他的同时代人，比他的邻居或朋友更加亲密。但从他与古典作家的交流中可以看出，他是一个思考者，而不是一个"书究"。他与自己钟爱的罗马人讨论问题，是一种平等的对话，是通向自我的途径。"我们只会死记硬背别人的看法和学识，仅此而已。可是，也得把别人的东西变成我们自己的呀。"[1] 这是因为，"肚子里塞满了食物，如不进行消化，不把它们转化为养料，不能用它们来强身健体，那有什么用呢？"[2] 只要我们扶着别人的胳膊走路，我们就会丧失力气；我们可以凭借别人的学识来积累学识，但我们只能依靠我们自己的智慧才能变得聪明。他说，"我不喜欢这种仰人鼻息、乞讨得来的能力"。蒙田看重的是人自己的判断，"判断力要比学问更宝贵。学问不深，凭判断力照样可以断案，但反之则不行"。我们今天的学生积累了许多知识，但对是非、对错、善恶缺乏判断力，蒙田一定会可怜和鄙视这样的学生。这样的学生，"他们的记忆装得满满的，可判断力却是空空的"。[3] 他还说，"如果我们的思想不健康，判断力不正常，我宁可让我的学生把时间用来打网球，那样，至少可以使身体变得矫捷。你瞧他学了十五六年后从学校回来的样子，竟然什么也不会做。你从他身上看到的，仅仅是他学了拉丁文和希腊文后比上学前多了些骄矜和傲慢。他本该让思想满载而归，却只带回来浮肿的心灵，不是变得充实，而是变得虚肿"。[4] 人需要有判断力，才能用自己的头脑思考。蒙田是一个怀疑主义者，怀疑是他运用判断力的一种方式，而不是预先对事物下的否定结论，更不是一种什么都不相信的犬儒主义。英国历史学家彼得·伯克在讨论蒙田的怀疑主义时说："怀疑主义是坏时代的好哲学，怀疑主义对 16 世纪晚期宗

1　蒙田著，潘丽珍等译，《蒙田随笔全集》上卷，第 152 页。
2　同上。
3　同上，第 155 页。
4　同上，第 153 页。

教战争期间的知识分子特别有吸引力，是一点也不奇怪的"。[1] 在蒙田的随笔中可以看到一种晚期文艺复兴时期所特有的"古典怀疑主义"（Classical Skepticism）。蒙田从古典怀疑主义者那里找到了一种能够帮助他实现日常生活解放的思考方式。

在今天的犬儒主义社会中，怀疑主义经常是一种没有原则，虚无主义的怀疑心态，根本不相信人对任何事情可以获得确实的认识和知识。这种心态往往导致对周围事情漠不关心，麻木冷淡，更有极端者，甚至对人的整个生存处境都消极对待，自暴自弃，听天由命、得过且过。在文化、政治思想中，这种怀疑主义往往与极端的道德相对主义和无作为主义相伴生，认为世间根本就没有可以取得共识的道德是非，也不值得为此付出争取的努力。

蒙田的古典怀疑主义并不是这样，这种怀疑主义并没有设下任何教条，规定什么不存在，什么不可知，它只是主张两件事情必须相结合，一是人要探索学问，二是人要过一种充分具有典范意义的生活。蒙田所表现的正是这样一种生活态度。他追求的是这样一种生活方式：不断对自己（并由自己而及他人）有新的了解和认识，同时也从人的各种能力和所有能做的事中享受到乐趣。这是一种自我观照中的自我实现，它是在不断发问而不是在盲从中实现的。蒙田的怀疑主义是把人自己变成一个活人，而不是一块石头，要人学会用理智思考他自己的生与死。所以他说，首先需要教育儿童的就是"教他认识自己，教他如何死得其所，并活得有价值"。[2]

专制统治都特别害怕怀疑者，不是犬儒式的怀疑者，而是真正的怀疑者。真正的怀疑者不仅心存疑问，而且有自己的想法。因此，他们一定会因为有疑问而去一探究竟，问个明白，并把自己的想法公开地说出来。真正的怀疑者是自由、独立的思考者，是最不容易

1　Peter Burke, *Montaigne*, São Paulo: Edições Loyola, 1996, 172.
2　蒙田著，潘丽珍等译，《蒙田随笔全集》上卷，第 175—176 页。

被欺骗的，也是最懂得如何理性抵抗的智慧型公民。

2. 活人教育与怀疑精神

蒙田是一个有自己想法的怀疑主义者，他最不信任的便是教条，尤其是思想教条。他认为，凡是教条，人都可以，也应该理智地去辨析质疑。只是盲目顺从，人云亦云，那会使人成为连什么是幸福都不曾想过的可怜虫，更无真正的幸福可言。教条总是自以为是，把自己说成是绝对的真理，蒙田觉得，许多问题其实根本就不可能有绝对的、现成的清楚解答。因此，他特别强调要从小教育儿童培养自己的"判断力"，而对他当时的教育表示极大的不满。他说，"按照现行的教育方式，如果说学生和先生尽管饱学书本，却并不聪明能干，这是不足为怪的。我们的父辈花钱让我们受教育，只关心让我们的脑袋装满知识，至于判断力和品德，则很少关注"。[1] 他还说："在有学问之前，有一种大字不识的无知；在有了学问之后，还会有一种满腹经纶的无知：学问造成和产生的无知，它由学问产生，就像前一种无知由学问消除一样。"[2]

蒙田对他那个时代的教育弊病的批评大多数是针对教学法的。当时，伊拉斯谟那种知识渊博、视野宽广的人文主义教育在学校的庸才教师手里变成了毫无生气、东施效颦式的教条和机械操作。例如，当时的学校死守着西塞罗式的修辞规则，写作必须按照固定的程式来进行。当时的学生还都有一本称作为"常用语笔记"（commonplace books）的笔记本，用来随时记下警句、格言、名章摘句、精彩言论，精华观点，以备写作的不时之需。这种写作没有

1　蒙田著，潘丽珍等译，《蒙田随笔全集》上卷，第150页。
2　同上，第349—350页。

自己的想法，充满了繁缛的引文，装腔作势，冒充博闻广记，学富五车，谙熟古人智慧。

蒙田反对对学生进行"学究"教育，他认为，学习古典不是为了让学生成为未来的学究，而是成为一个有判断力的人。他说，"我深信，我们只可能靠现在的知识，而不能靠过去或将来的知识成为有学问的人。那些学究的学生和孩子们也不吸收知识，因此，那些知识口耳相传，不过用来作为炫耀、交谈和引经据典的资本，有如一枚毫无意义的钱币，除了计数或投掷外，再没有其他的用处。……'西塞罗是这样讲的；这是柏拉图的习惯；这是亚里士多德的原话。'可我们自己说什么呢？我们指责什么？我们做什么？鹦鹉都会这样学舌"。[1]

蒙田对学校向学生灌输西塞罗式的修辞规则非常反感，他挖苦道："西塞罗能言善辩，许多人对他钦佩不已，可小加图却付之一笑，他说：'不过是个可笑的执政官罢了。'一个有用的警句或妙语，不管先说还是后说，总是适宜的。即使放前放后都不合适，那警句本身也是好的。有些人认为掌握了韵律，就能做出好诗，对此我不敢苟同。如果孩子想加长一个短音节，就让他加长好了，我们有的是时间；只要有独特的思想，有高度的判断力，我认为他就是一位好的诗人，但不是好的韵文作者"。[2]他警告说，修辞可以用来说谎，因此可能成为一种公共危害，"用三段论繁琐的诡辩伎俩来折磨我们的孩子……如果那些愚蠢的诡辩，那些'晦涩难懂、难以捉摸的诡辩'，是要让孩子相信这些谎言，那是危险的"。[3]现代社会中的政治谎言都是这样利用修辞手法来进行欺骗的。

培养学生的怀疑精神，用今天的话来说就是培养他们批判思

1　蒙田著，潘丽珍等译，《蒙田随笔全集》上卷，第 151 页。
2　同上，第 191 页。
3　同上，第 192 页。

维的能力。没有批判思维能力的人是轻信易骗的，上当受骗也浑然不觉，这样的人适宜于当奴才，当奴隶，但不适宜于当现代国家的公民。

2012 年 8 月，英国《卫报》有一则报道，说上海有一个暑期班，尽管收费高昂，但吸引了大批学生家长。这个收费 10 万元的暑期班声称能够让孩子学会 20 秒钟读一本书，能够靠手触摸读扑克牌。在这个叫作"赢在右脑培训班"里，学生经过右脑训练后，不需要看字就可以阅读，每个人的接受方式不一样，有人要用眼睛，有人通过听翻书声、嗅味道，甚至用额头感知的方法，就能认出扑克牌或者识别文字。培训班的学生来自全国各地，家长大多是企业家，也有律师、工程师等。报道说，"后来家长发现，孩子受训后并没有获得特别技能，只是学会了一些作弊的手段"。这些家长是因为自己的轻信和盲从，才成为骗子极易下手的猎物。

轻信并不一定是呆笨的同义词，相反，人太有想象力而没有批判思维的能力，那才是最容易轻信的，因为对他们来说，任何事情都是可能的。大跃进中的"亩产超万斤""蚂蚁啃骨头，茶壶煮大牛，没有机器也造火车头"，会轻信这种话的人一定不是老实巴交，整天在地里和工厂埋头干活的农夫、工人，而是善于想入非非的政客和知识人士。同样，给张悟本的"茄子疗法""绿豆疗法"（《把吃出来的病吃回去》）出书的是正儿八经的人民日报出版社；重庆的"唱红打黑"更是受到不少教授名流（包括在海外当教授的）的追捧，他们自己轻信不说，还用"为什么选择重庆"一类的"学术"来诱导别人也跟着轻信。

可见，人是否轻信与文化程度高低并没有太大的关系，只要按照各类人等的不同期待和愿望，布下他们喜欢的诱饵，便都能收到请君入瓮的效果。不管是什么诱饵，起作用的内因都是人们在学校所受的无批判教育和社会生活中的缺乏理性。

法国启蒙运动哲学家、17世纪下半叶最有影响的怀疑论者皮埃尔·贝尔（Pierre Bayle，1647—1706）曾指出，缺乏理性教育使人轻信"启示"，也就是那种基于盲信而缺乏怀疑精神的知识，而启示与理性是不能相容的。贝勒的哲学怀疑对象是宗教神学，他认为，传道士宣扬的基督教教义中充满了神秘的启示和奇迹，包含着无数的矛盾，是靠盲目的信仰和对异教的迫害支撑着。奇迹之所以是奇迹，是因为它是荒唐的、不可理解的。它其实禁不住上帝播撒于人心中的理性的批判。

20世纪90年代，前苏联解体后，著名物理学家谢尔盖·卡皮扎（Sergej Kapitza，1928—2012）发表了一篇揭露前苏联非理性科学的文章。"非理性科学"听起来像是一个自相矛盾、不可能存在的事物，但却是前苏联许多人思维心态的一个缩影。

法国历史文化学家韦尔南在《神话与政治之间》指出，像李森科生物学这样的非理性科学，能够存在是有特别原因的，"那里实施的，是整个社会生活都被控制，全部智力、艺术、精神活动都被领导的一种制度"。[1] 他引用一位苏联哲学家的话说，"这种制度的真正功能就是'妨碍思想'。……因为一切都已由它预先思想好了，包括你自己。你用不着去问你到底是什么。……这样，凭着一个如此的制度，当想法出现的时候，它就在奔向实际上十分非理性的方向"。[2]

在一个社会里，如果轻信不再是个别人的偶尔上当受骗，而是成为一种普遍的集体现象，不断以不同形式反复出现，那么这个社会中就一定已经出现了某种思维方式的反常。集体的轻信需要许多人都共同拥有一些特别容易为欺骗者和蛊惑者所利用的思维方式、心理定势、道德偏差、心智弱点。这些认知和心理因素是长期无脑

1　让-皮埃尔·韦尔南著，余中先译，《神话与政治之间》，第610—611页。
2　同上。

教育的结果，这样的教育就像是耕地，而欺骗和蛊惑就像是播种，不能不耕地就播种。这种无脑教育一直在持续地悄悄进行，让人在不知不觉中成为欺骗和蛊惑所需要的那种几乎全无自我防护能力的猎物。

这样的教育总是发生在一个知识和思考被简单化和教条化的环境之中，它使得许多人丧失了应有的怀疑精神和提问能力。这样的社会环境排斥个人的思考努力、批评态度、独立判断和精神自觉性。这种环境对人们的思维方式有定型作用，被定型者会把某些十分干瘪的、与现实并无关系的教条和"假大空"原则当作"科学真理"、"先进科学"甚至"宇宙真理"，不仅自己确信无疑，而且还不准别人提出疑问。

500年前蒙田就已经在强调怀疑精神的重要，在今天的互联网时代，怀疑精神更加重要了。英国哲学家罗素说过，"人是轻信的动物，人必须相信一些什么。在没有好的理由可以相信的时候，人便满足于相信糟糕的理由"。我们不能改变人性，但我们至少可以用怀疑精神和理性来为自己辨别什么才是值得相信的好的理由。

蒙田是对人类愚蠢言行持怀疑态度、富有人道关怀的探索者，他生活在一个宗教充满危机、信仰遭到动摇、文明面临恶疾、未来昏暗不明的时代，在这样的时代，保持个人清醒的方法没有比保持怀疑精神更有效了。这种怀疑不是遁世的借口，而是一种与现实世界保持接触的特殊方式，我们可以称之为"冷眼旁观"，并在阅读思考中自由联想。蒙田与他那个时代的政治现实保持着密切联系，他的著作尽管言语谨慎，但却显示了对社会冲突、宗教纷争的深切焦虑，同时还流露出言论表达的强烈冲动。但是，对于蒙田而言，如同对于其他受过教育的人一样，他对现实的观照并不体现于对一时一事的评论，而体现在他的阅读思考里。他的人生是一种与书为伴的生活，对他来说，古人的言行也与自己身边的事物一样真实。

身为一个经验主义者、一个原则上的折中主义者，蒙田是一个古代经典著作的爱好者，他谈论经典著作的方式就是他思考现实问题的方式。

不过，当我们今天阅读蒙田的时候，难免不习惯他的言说方式。蒙田的阅读涵盖面很广、话题丰富，他在随笔里为了使故事更加生动或是为了证明一个观点，不时地引经据典，甚至摘引很长的段落，这都与今天读者的阅读习惯不符。20世纪的读者整日忙忙碌碌，习惯于读那些更简明的文章，因此可能无法适应蒙田那种经常"偏离主题，海阔天空的夹叙夹议"，以及那种巴洛克式的繁复和"信马由缰"。在不到一个世纪以后，随笔的风格也发生了很大的变化，我们接下来继续讨论。

3. 随笔是怎样一种写作

今天，我们把"随笔"这种写作形式与蒙田的名字联系在了一起。随笔（essay）这个说法就是来自蒙田的《随笔集》，原来的意思是"试着说出你的想法来"。随笔是一种体现主体意识的个人写作，它无须遵守任何宗教、政治的教义和教条，写作者可以自由地陈述自己的独立见解和看法。它平等地对待读者，是写作者在"试着"（法语 essayer）说服他人，它坦诚、平和、真实、理性，有点像我们今天所说的"自由谈"，因此成为一种交谈和谈论的方式。蒙田是第一个称自己的写作为"随笔"的，他说自己是在尝试着把真实的想法以合适和适当的语言表达出来，他的《随笔集》因此也有被翻译成《尝试集》的。

在蒙田那里，随笔是一种体现他怀疑个性的写作，在许多人看来，也许太个性化了。奥地利犹太作家斯蒂芬·茨威格（Stefan

Zweig，1881—1942），在《重温蒙田》一文中说，"唯有经过磨难和有阅历的人才会赞赏蒙田的智慧和伟大"，[1]而大多数的青年人不会有这样的感受。茨威格自己年轻时就觉得，蒙田的"绝大部分随笔不可能涉及我自己的生活。蒙田老爷在他的随笔《国王们会晤的礼仪》或者《评西塞罗》中那些偏离主题而又海阔天空的夹叙夹议，和我这个二十世纪的年轻人又有什么相干呢？即便是他的温和、中庸的至理名言也和我没有关系。他的那些至理名言对当年的我来说未免为时过早。蒙田的明智告诫：行事不要雄心勃勃，不要太热衷于卷入外部世界以及他的抚慰人的劝谕；为人要敦厚温良和宽宏大量。这些对满腔热忱的年龄层次的人来说究竟有什么意义呢？这一年龄层次的人是不愿意让幻想破灭、不愿意被人抚慰的，而是潜意识地只想在自己精力旺盛之际被人激励"。[2]对许多青年人来说，任何怀疑、任何对结论的延缓或顾虑，都会成为一种拘谨，"因为青年人为唤起自己内心的那股冲劲，需要的就是深信不疑和理想。即便是最激进、最荒诞的妄想，只要它能煽动青年人，青年人就会觉得这种妄想比那些会削弱他们意志力的最最崇高的至理名言更重要"。[3]

　　与蒙田充满怀疑精神的随笔相比，英国随笔作家培根（Francis Bacon，1561—1626）的随笔就显得观点明确而又自信，所以他的随笔又被称为"人生手册"。培根出生于 1561 年，比蒙田年轻 28 岁，蒙田去世的时候，他 31 岁。虽然年代上相隔不久，但随笔风格和目的却显然不同。培根保持文章简短紧凑，以鼓励读者一次读完。读者可以将一个主题——真理、死亡、报复、婚姻、拖拉、狡

1　斯蒂芬·茨威格著，舒昌善译，《随笔大师蒙田》，生活·读书·新知三联书店，2020 年，第一章。
2　同上。
3　同上。

猾、迷信、友谊、教育——的不同方面合作一个整体。他运用历史例子、格言警句、旁征博引，目的是为了说服读者接受他的观点，他的随笔是很好的"说理文"。然而，蒙田的"自由谈"却是邀请读者和他一起，以轻快、潇洒、有趣的方式深入自己的内心，既没有可以明确示人的结论，也没有说服或教诲他人的意图。

由于培根的随笔文章语言简洁、文笔优美、说理透彻、结构逻辑严谨，因此在美国大学里常被当作"说理文"的范本，而蒙田却不享受这种待遇。所以，有人说，蒙田让你感觉到自己的成熟，而培根则让你知道你并不像自以为的那么成熟。

今天，美国大学写作课上的"说理文"有两个不同的称呼，一个叫 essay（格式化随笔），另一个叫 paper（论文）。"格式化随笔"与"论文"在结构和语言上有一些共同的要求，但也有区别。格式化随笔侧重于表达个人的意见和看法，而论文则注重于陈述客观的事实和发现。所以有的老师会叫学生尽量在论文中避免个人化的话语方式，如在句子中避免用"我"做主语，而在格式化随笔中则不必如此。就公共说理的教学作用而言，学习写格式化随笔更为基本，其教学作用要超过论文。随笔更能让作者提出自己的主张和理由，因此随笔写作的人文传统，是一种大学人文素质教育特别注重的写作形式。

作为人文教育的一部分，随笔培养的是学生仔细阅读、思考、分析和理性、逻辑说理的能力，更重要的是，人文教育的写作不把写作只当作一种私人的文字，而是文化传播学家波兹曼（Neil Postman，1931—2003）所说的"书面形式的公共话语"。这也就是说，作文写下来的文字是给别人阅读的，作者有责任清晰而有条理地表达自己的看法，所以必须讲究一些被公共认为是有效的写作规范，这些规范同时也是说理的基本规范。经过从小学高年级到中学的八年学习，大学一年级学生的格式化随笔写作已经可以脱开格式，比较自由了。但是，清晰可循、逻辑合理的章法结构仍然是这种写作的基本要求。

蒙田本身的随笔写作是逐渐发展和成熟起来的，现在的蒙田文集分上、中、下三卷，读者们比较一下这三卷中的文章，可以看出一个大概的变化过程。早期的蒙田散文以引述语（警句、格言、箴言、名句）作为主干，他自己的话不过是用来串联这些引述语。到了中期，引述语越来越用作对他自己看法的印证和支持，而在后期的散文中，那就完全是他自己的想法了，引述语起到的是一个建立关联（contextualization）的作用，也就是让读者看到蒙田思想与其他作家思想之间的关联。

从蒙田那里，我们可以学习到运用引述语的一些技巧和原则。例如用别人的嘴来说自己不方便说的话，借用现成的权威减缩论述的过程，或者在自己的看法与前人或他人的看法之间建立一种"交叉引用"（cross-reference）或相互提示的关系。有引用语习惯的人比一般人更勤于笔记，更愿意付出背诵的辛苦。

背诵和引述警句格言是人文教育的一种手段，久而久之也成为一些人的思想谈吐习惯或话语偏好，这对于有根有据地说话是有好处的，也是一个人文化修养的一部分。蒙田记得住这么多引用语，也是重视加强记忆能力的结果，他在家里到处挂着他喜爱的古人文字，以便常读常记，温习思考。

公共人物能随口引用名句，也能增加一般人对他的信任，有助于获取他们的好感，比只是掉书袋报出一连串书名要强得多。前总理温家宝在中国文联第八次全国代表大会上，同文学艺术家谈心时说："《随想录》出版后，我读了受到极大的震撼，感到那是一部写真话的著作。"前总理温家宝喜欢读罗马帝国恺撒大帝马可·奥勒留（Marcus Aurelius Antoninus Augustus，161—180 年在位）所著的《沉思录》，还喜欢亚当·斯密（Adam Smith，1723—1790）的《道德情操论》，甚至能够引用其中的警句。背诵和引述警句格言是许多人的嗜好，尤其是年轻人。古罗马和文艺复兴时期的不少作家和读者，也都是警句迷，我们现在出版的这一类的书，大多与这两个时期有些关系。

不同的时期有不同的时髦或流行的警句格言，有语录、有日记。现在多样化了，有外国的，也有中国的；有古典的，也有现代的；有古罗马的奥勒留、爱比克泰德；文艺复兴时期的葛拉西安、蒙田、培根；当然还得有在网上流传的各种"金句"。常把警句格言挂在嘴上的人，让别人觉得他学识丰富、思想深刻、充满智慧。那么，警句格言到底是一种什么样的知识和智慧？

我在教学中发现，学生们阅读古典文化时期的一些经典作家的作品时，常会碰到警句格言，他们也喜欢去记一些警句格言，有时候甚至挂在嘴上。这种兴趣并没有什么不好。但是，这里有一个问题：如何引导学生从警句学会思考，而不是用警句代替思考。从警句学会思考是开始性的，用警句代替思考是终结性的。一个是问题，另一个是答案。人文教育是学会问问题，如果只是寻找和提供现成答案，那就变成了"思想灌输"，而不是"人文教育"了。

在人文教育中，我们如何引导学生们的阅读习惯，包括对警句格言的兴趣？不妨以蒙田为例。蒙田对人性和人的行为观察细致，很能引起人们道德寓意的联想，他的许多人生观察和评论都具有极大的可引述性，因此成为警句格言。蒙田表述的是一种具有法国特色的道德智慧，他观察人的行为和动机，目的不在于教诲或教训别人，或是确立某种刻板的原则标准，而是让读者与他分享思考的乐趣。

例如，在《随笔集》中卷第三章《塞亚岛的风俗》中，他说："最自愿的死亡是最公平的。"（"The most voluntary death is the fairest."）蒙田是在说接受命数已尽时的自然死亡，还是在说非正常死亡（自杀）？他所说的"自愿"是自己的选择，还是逼不得已？这句话是在这一章开头说的，这句警句虽然清楚有力，但却是一句充满暧昧之意的话，整章讨论的就是它的暧昧，而不是证明它的确定。蒙田 45 岁就有严重的肾结石，他父亲就是得肾结石死的，他以为这也将是自己的命运。所以一直就有对死亡的思考，他是一个禁欲主义者，写过"哲学即思考死亡"的文章。人对死亡早有准备，等到时辰来到，就会泰然面对，不会再有不当的期望，由于自愿迎接死亡，自然不会觉得死亡对他不公。所以，自愿死亡也是最公平的。

但是，自杀就不一样了，要是随意引用这句话，或许会得出十分荒谬的结论。乱引警句，可能有多么大的思想混乱。

伊拉斯谟在《论基督君主的教育》一书里很重视格言警句的教育作用，他说，如果一个青年王子"妄自尊大、性情无常；或易于追名逐利、放纵野心；或耽于声色、贪财好赌；或嗜仇好战；或头脑冲动、行事暴虐"，那就该"特别用有益的格言与切要的准则来增强年轻人的心智，努力将尚富于回应的心智的本性（带离歧途）"。[1]他接着又说，"但是，仅把这些诫恶劝善之类的格言警句派发出去是不够的。是的，这些格言必须深入君主之心智，令其印象深刻，对其反复灌输。必须千方百计地令君主对这些东西保持鲜活的记忆；时而表现为道德箴言，时而表现为寓言故事，时而借助一种类比，时而借助一例真事、一句隽语或谚语"。一句话，格言是需要用心领会的，不是现成的智慧，也不是自动解决问题的锦囊妙计。

好的警句格言都是从观察具体的对象得到点滴智慧，与具体的环境联系在一起。一旦警句格言被孤立起来，就会变成一些空洞浮泛的配方程式表述，变成了"语录"式教条。我们对教条式的"语

1　伊拉斯谟著，李康译，《论基督君主的教育》，上海人民出版社，2003 年，第 14 页。

录"都是有痛苦记忆的，有很深的体会。语录是思想快餐，是"垃圾食品"，是简化和代替人的个体思想的有害之物。但是，任何其他形式的语录，包括古代的和文艺复兴时期的警句格言，在不动脑筋、不加判断地引用时，都有可能变成陈词滥调、机械思维，甚至变得不知所云、不伦不类。语录是这样，任何别的警句格言也都不例外。

4. 从蒙田随笔到现代随笔

通过阅读蒙田的随笔，我们可以更好地知道今天可以怎样写随笔。随笔不仅是一种写作形式，更是一种知识形式。

随笔是一种出现于 16 世纪文艺复兴时期的写作形式。法国学者福柯（Michel Foucault，1926—1984）在《事物的秩序》一书里说，16 世纪的知识话语正在发生一种从"注释"向"评说"的转型，随笔的出现是这种知识话语转型的一部分。[1]注释的任务主要是搜集，然后才是添加。它对任何一种对象或话题，都是把前人写过的所有东西尽量收集起来，不管由谁写的，是直接的还是间接的，都把它们合为一个知识整体。评说的知识者则必须有他自己的主张、观点、看法。它要求写作者回到"事情"本身，以事情本身为对象，这就必须对前人对具体事情说过的话和积累的知识做评价性的甄别，在其中选择那些与写作者自己的直接观察相一致的部分。一直到今天，随笔的这种知识特征仍然被保留在格式化随笔的基本要求中——说理必须要有自己的看法，用以证明自己看法的权威或知识都必须经过写作者自己的选择和评估。

1　Michel Foucault, *The Order of Things*, New York: Pantheon Books, 1971, 80.

16 世纪的随笔大师蒙田被公认为是这一写作形式的开创者，但他并没有把随笔变成一种真正的公共说理形式。蒙田是一位非常私人化的写作者，普通民众并不是他头脑中的读者。作为一个退隐的人文主义者，他为之写作并分享写作成果的是一些与他一样的上流绅士淑女。

在蒙田写作随笔的时候，既无报纸，也无期刊，"书"是唯一的出版形式，书里每篇随笔因此也都称"章"（chapter），当时非诗歌的出版物都是这样的。那时候，书也还远不是今天意义上的大众媒介，没有大众媒介也就不可能有今天我们所说的公共说理。"随笔"在蒙田那里有着与现在不尽相同的含义，它有一种自谦或自我辩解的意味，与蒙田常用的那种自贬、自嘲的口气很符合，他用随笔（Les Essais）的复数为书名，是零零碎碎的意思。蒙田的随笔无一定格式，飘忽不定、偏离主题成为他的风格。这在今天的文字说理中被看作是应当避免的。

随笔成为相当程度的公共说理文字，对此做出贡献的是蒙田的同时代人——英国哲学家培根。蒙田认为，选择知识应该与知识者自己的观察相一致，这种知识态度与当时已经开始出现的实证科学是相一致的，而培根则正是这种实证科学的创始人之一。不过，尽管随笔与实证科学在认知上有亲缘关系，但它与实证科学在知识性质上却有根本的不同，也不属于实证知识的一部分。

蒙田对经验材料的运用比实证科学要有限得多，这从上文所谈到的，蒙田与培根对随笔的不同运用中就可以看出。培根比蒙田更直接地批判中世纪的"经院学术"（Scholastics），那些经院学者完全只是在书堆里打转，把时间花在注释和相互辩诘上，既不能产生新思想，也不进行新观察。培根所追求的新知识虽然以个人的经验观察为本，但却是一种与他人合作的、公共的、积累的知识。培根所写的随笔尽管尚不足以实现这样的知识，但却是把随笔明确地引向了这个方向，而没有公共的意识，没有公共性，则不可能有我们今天所说的公共说理。

16 世纪虽然还不是启蒙时代，但已经有了启蒙思想的因素，包括来自蒙田和培根的不同人文因素，形成了早期随笔的样式。随笔写作的特色不仅仅在于文字风格，而且更是在于思想内涵。这种思想内涵的本质是个体化的思想，不仅是自由、独立的，而且是理性、逻辑和条理分明的。

用"启蒙"一词来概括这样的思想特征，是因为启蒙的基本含义是由智慧和理解达到清晰的认识和表达。在西方哲学传统中，启蒙是思想发展史的一个阶段，是人的"信念"的转变结果，由对神启或体制化宗教的信念（信仰）转变为对人的理性的信念。说理的"理"就是由自由的人通过自己的理性，而不是别人的灌输去获得的。这个特征成为今天公共说理的话语伦理核心。

17 世纪末 18 世纪初，随笔逐渐朝专门领域和个人化写作的方向发展。有的作家把它变化成一种以诙谐幽默著称的小品（如查尔斯·兰姆），有的用随笔来谈论社会道德（如塞缪尔·约翰逊），有的用它来讨论艺术、文化旅游和人生（如亨利·詹姆斯），有的用它来谈论阅读和回忆（弗吉尼亚·伍尔夫），有的用它来谈论文学理论（T. S. 艾略特），有的用它来谈论工人生活和左派政治（乔治·奥威尔）。1689 年，英国哲学家洛克发表了《论人类的理解力》（*An Essay Concerning Human Understanding*），其"论"字用的就是"essay"这个词；伏尔泰于 1756 年发表了历史著作《论风俗》（*Essai sur les mœurs et l'esprit des nations*）；1889 年，亨利·柏格森（Henri Bergson，1859—1941）将他的哲学著作命名为《论意识的直接材料》（*Essai sur les données immédiates de la conscience*），其中的"论"字用的也都是"essai"。随笔成为一种无所不谈的写作方式。今天，随笔最常见的是四种文字：沉思、阅读、回忆、旅游。

英国大随笔家威廉·赫兹里特（William Hazlitt, 1778—1830）说，随笔"把思想的才能与资源运用于人的事务（human affairs），这种写作虽然不属于艺术、科学或职业，却属于作者的认知范围，贴近人的事务和关怀"。以人的事务为题材，这是一种人文的写作，一种非专业的，独立于科学、哲学、或宗教的写作，"在道德与方法上正如实验之于自然哲学，与教条的方法正好相反"。[1] 这样一种可以称之为"业余"的写作，它强调的是写作者个人的看法和认知，个人的独立观点。它拒绝接受任何宗教或政治教义的束缚，它让写作者自己的声音成为说理的声音，这种业余而独立的精神正是我们今天在学生说理作文中要鼓励的。

上文提到，随笔与论文之间有个人看法与事实说明的区别，除此之外，随笔与论文之间还有"说理"与"专业论述"的区别。亚里士多德说，说理的修辞，它涉及的是"那种在一定程度上是人人都能认识的事理，而且不属于任何一种科学"。这正是随笔与论文的主要不同之处。随笔探讨的是人人都能认识的事理，不是专业人士的知识。一个人写专业论文，需要在有了相当的专门研究和新的发现后才能开始。论文写作的成果是由专业内同行所评审的，他们是论文的主要读者。随笔的说理不需要从专业研究开始，它的对象不是专家、学者，说得在不在理，是由普通读者来评判的。而且，论文需要以注释的形式来提供详细的相关专门资料，随笔说理则无需如此，引用他人言论时，只要大致说明来源即可。

学生们在写作课上也会学写论文，但只是作为一种格式训练（包括正确的引述和注释方式），不是严格意义上的论文。教授论文（research paper）写作时，老师往往会布置一个以学生自己的兴趣而非专业知识为出发点的"我发现"（I-search）作文。"我发现"不

1　William Hazlitt, *An Essay on the Principles of Human Action*, New York: Scholars' Facsimiles & Reprints, 1969, 63.

同于学术论文那种在别人发现成果基础上的"再发现"（re-search），它以"我（而非"我的专业"）需要知道什么"为求知动力。例如，一个学生到号称"东方威尼斯"的苏州旅游，发现所见的河水乌黑肮脏，散发着令人恶心的臭味，有感于此，他想知道，20世纪50年代或100年以前的苏州河水是不是也是这样，于是，他开始了"我发现"的调查，收集了材料，进行分析与综合，加以条理化的组织，就能写成一篇关于苏州河道问题的说理作文。

这种与每个人的经验和周围世界有关的事情，就是"人的事务"。关心和讨论"人的事务"，对之进行说理，这是随笔写作的一个传统。这也是说理写作教学努力要保存并延续的。与此相比，说理写作的另外两个主要方面，逻辑（包括逻辑谬误识别）和章法结构（文字语言另作别论）就显得比较具有技术性。

对今天的说理写作教学来说，逻辑，尤其是逻辑谬误识别，主要是发轫于20世纪30年代美国宣传研究在学校教育中的推行，而不是古代逻辑研究。说理文的章法结构可以回溯到文艺复兴时期的一些修辞规范，但已经被大大简化，为的是适应普及的高中教育和相当普遍的大学教育，这与以前文化精英式的教育是不同的。现在美国小、中学教的说理文章法结构是非常基础的，程度只相当于写毛笔字的描红或稍高阶段，而大学写作课上的说理写作则类似于差不多刚能写正楷。学校教授的说理写作章法是经过简化的，起到的主要是基础训练的作用。这是中国学校教育可以借鉴的。

以蒙田为楷模的随笔会以一种平和、理性的方式为读者写作，并影响他们，让他们懂得如何自制、温和稳健、不走极端、顾及公众利益。人的趣味和感受不只是审美的，而且也是社会人格的。国民的性格与他们相互之间的交往方式往往结合在一起，这二者的变化都在潜移默化中发生。启蒙引导它们变化，首先是通过优化人际交流的公共话语，这是一个春雨润无声，但影响非常深远的教化方式。

　　蒙田对于今天随笔写作的意义已经不再是他的写作样式或是风格，而是一种将阅读与写作融为一体的创造思考精神。他把自己的想法建立在对古代经典的阅读和思考之上，学习中有批驳、阅读中有对话。他与古人对话，也与自己对话，而表现思考成果的方式总是别出心裁、富有想象力。他把自己的这一精神活动视为生命中最宝贵的经验，也是做人的和生活的权利。这是一种拥有自己思想的权利，并把这些思想毫无顾忌地用口头和书面形式表达出来的权利。对每一个热爱阅读和思考的人来说，这个权利是属于他自己的，就像他用嘴呼吸、他的心脏跳动一样不言而喻。这也是为什么我们至今仍然把蒙田为争取心灵自由所作的努力，把他所尝试的写作实践，当作历史上一个独一无二的个人先例来加以尊重和崇敬。

二十四　马基雅维里《君主论》

1. 政治异类的君王术

在文艺复兴时期的人文主义者当中，马基雅维里（Niccolò di Bernardo dei Machiavelli，1469—1527）是一个异类，与大多数人文主义者对人性持乐观的态度不同，他对人性的看法是悲观和阴暗的。他认为，人天生就是自私、贪婪、狡诈、残暴的动物，所以人类的政治也就必然是阴险狡诈、口是心非、背信弃义、冷酷无情的。为此，马基雅维里成为阴险毒辣、不择手段、诡计多端的代名词，被当作政治恶魔、罪恶的导师、邪恶的教唆犯、玩世不恭者、助纣为虐的无耻之徒等等。

许多人不喜欢政治，也讨厌政治人物，主要原因是见过太多恶劣、凶狠的马基雅维里式的人物。但读了马基雅维里的《君主论》后会发现，这些对政治家的看法有真实的成分，但也有许多误解和道听途说。

马基雅维里是一位 15 至 16 世纪的政治理论家，自己就有过从政的经验，有过政治的失败，也吃过政治风云变幻的许多苦头。他在《君主论》里直截了当地表明，我们不应该因为政治家惯于耍手段、搞诡计就把他们视为不道德或反道德的人物。他说，优秀的政客不等于是诚实无欺、与人为善、正大光明的好人。相反，他们经常会耍阴谋诡计、会两面三刀、会绝情绝义、还会做出各种各样其他的坏事。政治家有着与普通人不同的"美德"标准，他们的目标是让国家富强和统一，让友邦崇敬，使敌国畏惧。所以，民众应该期盼的政治家不是圣人，而是能人。治理国家需要的是实效，不是仁慈。民众最好弄清这个道理，不然一定会对现实生活里的政客感到厌恶和失望。

人们听到马基雅维里的这些政治观念有什么感觉？是觉得心里害怕，还是耳目一新？或者是二者皆有？是的，《君主论》就是这样一部令人因为矛盾的心情和认知的颠覆，而不知该如何应对的政治学作品。我们今天阅读《君主论》，必须看到的是它与专制权力或暴政的关系，专制和暴政不能简单地等同为民主国家的宪法政治和公民政治，专制政府更不能等同为自由民主政府。这是我们一定不能忘记的，我在下文中还会反复强调。

《君主论》是一部君王术（princely virtuosity），是对君王的"规劝"，几百年来一直被历代专制统治者奉为枕边秘籍的原因，就是它特别重视统治权术。马基雅维里明确主张，对君王来说，普通人的美德（virtues）是不适用的，君王有自己的美德标准，君王的目的总是证明手段正确。

马基雅维里告诫君主，只要能实现目的，任何手段都是正当的，保证事业成功才是君主的头等大事。不可否认，君主具有人们通常所说的那些美德，诸如诚实、慷慨、守信，仁慈等，当然是值得赞扬的，但人类的条件不允许这样。因此，一个好的君主如果保持自己的地位，就必须知道怎样做不良好的事情，并且必须知道视情况需要使用或不使用这一手段。他也没必要因为对这些恶行的责备而感到不安，"因为一些事情看来是恶行，但是照办了却会给他带来安全和福祉"。[1] 在文艺复兴时期，像这样持有完全世俗、完全对基督教道德除魅的世界观的看法确实是很罕见的，因此，与其说马基雅维里具有文艺复兴时期的特色，不如说他是那个时代的先知先觉者。也正因为如此，我们至少可以在《君主论》的政治学说中清楚地看到 20 世纪专制统治者的所作所为。

《君主论》中的许多建议其实都是许多暴君早已无师自通了的心得体会。例如，只要不妨碍到他们的权力利益，暴君们也会讲道德仁义，也会许下诺言，信誓旦旦保证遵守。不用马基雅维里教他们，他们也知道，建立丰功伟绩的君主们并不需要重视遵守诺言，重要的是要懂得运用阴谋诡计，并且最终征服那些盲目守信的人。在于己不利的时候，君主决不会遵守信义，但仍会装出遵守信义的样子。至于其他的品质，马基雅维里告诫道，君主必须在表面上装出慈悲、忠实、仁爱、公正、笃信的样子，他甚至主张，一个聪明的君主一定要用策略造成一些反叛自己的仇敌，然后再用强力把仇敌消灭，这样才能使自己名声大振。君主制政治上只应该考虑有效与有害，不必考虑正当与不正当，为了达到统治的目的，可以不择手段。他说："必须理解，一位君主，尤其是一位新君主，不要去实践那些认为是好人应做的事情，因为他要统治国家，常常不得不背信弃义、不讲仁慈、悖乎人道、违反神道。"[2]

在马基雅维里的那个时代，他对君主的建言是一个另类，而不是代表。更有代表性的君主建言是他的同时代人伊拉斯谟在《论基督君主的教育》里提出的，与马基雅维里的建言全然相反。与马基雅维里传授君主权谋相比，伊拉斯谟坚持的是古典政治的贤明政治道德。

伊拉斯谟认为，君主最主要的德行应是仁慈、是爱民，而"君

1 马基雅维里著，李蒙译，《君主论》，上海三联书店，2006 年，第 12—13 页。
2 同上，第 14 页。

主之导师应当保证，让对'专制'与'暴政'这样的词语的憎恨深入王储之心"，办法就是时常为他讲述关于暴君的历史教训。

伊拉斯谟规劝君主，不要以为自己是人民的"主人"，"如果你说你是所有子民的主人，那么他们就必定是你的奴隶；在这种情况下你可就得当心了，因为诚如古人所言，每一个奴隶那里你都会发现一个敌人"。基督教君主尤其不该把自己当作人民的主人，因为连异教徒的明君都不愿这样，"尽管以犯罪的行径窃取了帝王之位，屋大维仍然认为被称作'主人'是对自己的一种冒犯。……难道一位基督教君主还不能展现异教徒都有的那种谦逊吗？"伊拉斯谟说："既然大自然让所有的人都生而自由，奴役是被强加在自然之上的，就连异教的法律都承认这个事实，如果一个基督徒获得了对其他基督教友的主宰地位（却是去奴役他们）……这样的行为又何其不妥！"[1]伊拉斯谟对君主的规劝方式，与有的史家运用历史事例来进行"劝说"有异曲同工之妙：坏人都能做到的好事，好人就做不到吗？连敌人都做不出来的坏事，而我们自己却在那里明目张胆地做，"这样的行为又何其不妥"！

伊拉斯谟指出，君主厚颜无耻地自称是人民的"主人"，这种情况并不多见，大多数统治者总是会装出一副谦虚的样子。但是，他们所喜好的名号，如"伟大"、"英明"却是典型的"主子名号"，因为只有在心里把自己与上帝平起平坐的人才喜好这样的名号。他劝说道："'主人'这个名号，有那么多并不心归基督的统治者都避之不及，出于惧怕遭人憎恨，拒绝接受他们心中实际想要被人称呼的这个名号。对这个名号欣喜，又是多么不合基督教的教义！……被称为'伟大'，是合适的么？"[2]自以为"伟大"，就会为所欲为，成为暴君，实行暴政。

1　伊拉斯谟著，李康译，《论基督君主的教育》，第50页。
2　同上。

伊拉斯谟指出，暴君首先要确保的就是"其臣民既不愿也不敢起来反抗他的暴虐统治"。为了实现暴虐的统治目标，安安稳稳地永远当人民的主人，暴君一定会使出必要的手段，"他会想尽办法防止其臣民培育出任何精神或智慧，让他们永远像奴隶一样，甘居卑贱，易受诬陷，在自我放纵中逐渐衰弱"。暴君还会"挑起臣民之间的纷争与互相憎恨，好让自己在子民的纷争中变得更加强大"[1]与伊拉斯谟不同，马基雅维里对君主因受教育而变得道德仁慈并不抱希望，而且也认为没有必要。这也许正是他对君主制性质最为明智的判断，这就像在一个官场因政治制度而几乎整体腐败的社会里没有必要对贪官进行道德教育一样。

马基雅维里写《君主论》的时候，他热爱的那个佛罗伦萨正处于穷途末路、腐败不堪的状态中，而他所提出来的挽救办法未必都合乎道德。《君主论》是写给对政治道德没有兴趣的君主读的，而且，这样的君主，他们的阅读兴趣本来就很有限。用政治学家施特劳斯的话来说，《君主论》是一本供"日理万机的在位的君主"忙里偷闲一读的"短小精悍的薄书，一本简明扼要的手册，它固然囊括了马基雅维里所通晓的一切，但是却可以在很短的时间之内就读懂"。[2]

马基雅维里的另一部政治著作是《论李维》。《论李维》比《君主论》篇幅长四倍有余，是一部赞同共和的书。施特劳斯解释道，《君主论》是写给一位君主看的，而《论李维》则是写给两位作为私人公民的年轻人看的。"我们可以设想，《君主论》探讨马基雅维里从一个君主的视角所通晓的一切，而《论李维》则探讨马基雅维里从共和政体的视角所通晓的一切。换句话说，我们可以考虑，马基雅维里是一位精湛高超的政治巨匠，他不带任何偏颇，不带任何

1　伊拉斯谟著，李康译，《论基督君主的教育》，第37、50页。
2　利奥·施特劳斯著，申彤译，《关于马基雅维里的思考》，第16—17页。

成见，为君主们提供忠告，如何保存并扩大他们的君主权力，并且为共和政体提供忠告，如何创建、维系、推进一个共和政体的生活方式"[1]。

马基雅维里在《君主论》里发表了很重要的政治见解，其中也包含了对人的困境的见解。他写道，人不可能擅长所有的事情，不仅仅是因为人能力和资源都很有限，而且是因为人类道德准则的内部存在着矛盾和冲突。我们所选择的一些行为领域会要求我们偏离道德的规范，做出伦理的妥协，我们称之为"困难的决定"。马基雅维里所说的道德和伦理指的是他那个时代的基督教道德伦理，与我们今天所说的人权或公民自由和权利是不同的。马基雅维里认为，为了统治的有效性，统治者需要牺牲基督教所要求的仁慈，这是从统治者或政府的立场来看问题，因此他对专制统治权术有着我们今天不能接受的认可。

2. 专制与非道德政治

专制政体与共和政体孰优孰劣，这是一个争论了数个世纪的老问题，马基雅维里对这个问题采取了中立的立场。他在《论李维》中表达了对罗马共和的崇尚，在《君主论》中却讲述破坏共和的理由。即使在同一部著作中，也很难断定他对共和到底是敌是友。

马基雅维里认为，即使在共和相当稳固的时候，也照样有办法成功地把共和的公民变成顺从的臣民来加以奴役，例如，诱使国民把"爱国"当成"爱统治者之国"进而当成"爱政府"和"爱统治者"；或者让人们相信，共和美德的目的就是为统治权力服务。这

1　利奥·施特劳斯著，申彤译，《关于马基雅维里的思考》，第 16—17 页。

种破坏共和的办法被 20 世纪的专制和极权统治广泛运用。

被专制统治权术愚弄的民众不知道什么叫国家，什么叫政权，什么叫政府，而是把这些都混为一谈。什么是、什么叫国家？国家就是罗马人世世代代生活、繁衍后代的那片土地。政权是某些人对国家这片土地上的人们拥有的统治权力，它可能具有合法性，也可能不具有。而政府只是管理这片土地的那个组织，它根本就不是国家。一个坏政府灭亡了，但是这个国家还在。

普林斯顿政治教授莫里奇奥·维罗里（Maurizio Viroli）在《对国家的爱：论爱国主义与民族主义》一书中从历史渊源上区分了爱国主义和民族主义。他指出，"爱国主义的语言是建立在古人的遗产上的"，爱国主义自古就有，而民族主义则是 19 世纪欧洲民族国家体系形成后才有的观念。爱国主义"Patriotism"一词源自拉丁语中的"Terra Patria"，原意为"父辈的土地"（Land of the Fathers）。[1] 爱国主义的核心是个人与城邦的休戚与共，个人的生命、财产和自由都依赖于城邦的存续和免遭外敌毁灭。到了古罗马共和国时代，这种个人与城邦间的高度一致被公民与共和国之间的认同关系所取代，"Patria"也就有了"Republica"（共同体）这层共和主义的含义。爱国主义成了共和国"共同自由"（Common Liberty）的代名词，是反对寡头独裁政府的思想武器。这也就算当代德国哲学家哈贝马斯所说的"宪法爱国主义"。

宪法爱国主义不同于"爱这片土地"的自然爱国主义或者"爱这个民族"的民族爱国主义。宪法爱国主义的国家避免过多地聚焦于对土地或民族的历史认同，因为土地和民族的国家因素在历史上是多有变化的。现代民族国家是建立在普遍确立的关于平等和自由权利的宪法原则上的，宪法爱国主义指的是公民对这一宪法原则的

1　Maurizio Viroli: *For Love of the Country: An Essay on Patriotism and Nationalism*, Cambridge: Cambridge University Press, 1995. 15-16.

认同和忠诚。当然，这样的国家观念在马基雅维里的时代是没有的。

有些人头脑中的"爱国就是爱政府"本来就不是一种对爱国主义的理性认识，要么是糊涂的想法，要么就是一种骗术，一种非道德政治的驭民手段。

今天，非道德政治正在一些专制国家形成一股新的政治潮流，因此我们需要特别关注其中的马基雅维里主义，更确切地说，是新马基雅维里主义。有政治观察人士指出，今天的世界再次盛行起马基雅维里主义政治，有些大国领袖们的掌权和执政方式越来越接近传统上人们所说的赤裸裸的马基雅维里主义。如果说这真是一种在世界范围内形成的趋势，那么，我们又该如何看待或应对它？是接受它的合理性，予以消极被动的理解和顺从，还是对它有批判性地思考，拒绝把这种趋势当作我们的宿命，并予以积极的抵抗？要回答这样的问题，不妨从了解什么是马基雅维里主义开始。

以色列特拉维夫大学政治哲学教授本–艾米·沙尔夫斯坦（Ben-Ami Scharfstein）在《道德之上的政治：永不过时的马基雅维利主义》一书里把马基雅维里主义定义为一种"非道德政治"。[1]研究马基雅维里主义是为了解释政治与非道德的关系，也是为了解释专制统治和普通百姓的道德或道义关系。

政治本身包含非道德的倾向，但却又脱离不了权力关系中统治者与人民之间的道德或道义关系，这就形成了一个悖论：无论一种政治如何非道德或反道德，都不能不以某种道德的面目出现。在这个意义上说，道德政治，而不是赤裸裸的暴力或权术，才是执政合法性的基础。

执政合法性是政权的财富，没有执政合法性的政权也照样可以存在，就像没有财富的人也照样可以生存。但是，就像任何人都希

1　本–艾米·沙尔夫斯坦著，韵竹译，《道德之上的政治：永不过时的马基雅维利主义》，中信出版集团股份有限公司，2018年。

望追求财富一样，任何政权也都想拥有合法性。正因为如此，实际上不拥有或缺乏合法性的政权也会渴望拥有，而且声称自己拥有只有德政才拥有的合法性。

古代就有马基雅维里主义的表现，但没有马基雅维里主义。我们在第一册讨论亚里士多德《政治学》"为专制暴政出谋划策的人"时就已介绍过古代西方和中国的马基雅维里主义统治权术，它们之间的共同性是由专制独裁的统治逻辑决定的，并不完全取决于某些"政治天才"的个人发明。沙尔夫斯坦在《道德之上的政治：永不过时的马基雅维利主义》里介绍和比较了古代三种马基雅维里主义的表现：中国古代的法家政治家商鞅、韩非、李斯，古印度的考底利耶（Brahman Kautilya），文艺复兴时期意大利的马基雅维里和他的朋友圭恰尔迪尼（Francesco Guicciardini）。对于法家代表人物韩非大肆宣扬的阴谋权术和精通的统御之术，大家一定都不陌生；这是一种具有古代专制特色的实用主义政治。

马基雅维里主义也是一种实用主义政治，也被称为政治现实主义（Realpolitik）。它的原则是在政治活动中摒弃道德的羁绊，为了达到政治目的而施以任何形式的骗术与手段。非道德政治统治把统治手段和权术的道德性搁置起来，当作一个不予考量的因素，这是马基雅维里《君主论》的基本原则和理论。如何看待这些原则和手段与马基雅维里本人的关系，一直是一个有争议的问题。

首先，这些原则并不是马基雅维里发明的。古代专制君王早就在运用类似的手段和总结类似原则。既然如此，这些原则和手段也就并不非要用马基雅维里来命名不可，即便用他的名字来称呼，也不过是方便而已。在罗马历史学家塔西佗的历史著作里，就已经有对类似原则和手段的描述，塔西佗也因此被批评者称为"隐蔽的马基雅维里"。为什么不说马基雅维里是公开的塔西佗？这大概是出于方便的联想。同样，把中国古代的韩非、李斯或古印度的考底利耶与马基雅维里联系起来，也是出于方便的联想。

其次，马基雅维里本人不一定是马基雅维里主义者，这就像马克思否认自己是马克思主义者一样。马基雅维里是所谓的马基雅维里主义的倡导者吗？对此，研究者们有不同的看法，一直到今天都没能达成共识，关键当然在如何理解和解释《君主论》。这本小册子被视为专制君主政府（又称"暴政"）的指导手册，但马基雅维里的其他著作，如《论李维》（约 1513—1517 年）和《战争的艺术》（约 1521 年）的意旨却与《君主论》的专制君主政治建言大相径庭，甚至背道而驰。例如，在《论李维》里，他认为"人民的政府优于君主的政府"，他还说，"让人民害怕的君主对自己并没有什么好处"。而他在《君主论》里则说，"让人民害怕比让他们爱戴是更有效的统治方式"。这是自相矛盾的。正如美国政治理论家罗杰·博希（Roger Boesche，1948—2017）在《暴政的理论》一书里所说，"如果说马基雅维里也许是最伟大的暴政理论家，他也是能够打败暴政的共和政府的最伟大的理论家"。[1]

怎么来看待这种自相矛盾？马基雅维里到底拥护的是君主制还是共和制？他在政治理念上到底有没有定见？学者们因为这样的问题而伤脑筋，也提出了不同的看法。启蒙运动时期，伏尔泰和狄德罗解释说，《君主论》是讽刺（satire），是正话反说，为的是嘲笑而不是主张君主专制，所以他的共和主义是一贯的。大卫·休谟（David Hume，1711—1776）认为，马基雅维里是"伟大的天才"、有德之士、近代最好的历史学家之一。他指出，马基雅维里生活在一个残酷、腐败和玩世不恭的时代，正是这个时代使他陷入极度的悲观主义并提出一些很坏的建议。孟德斯鸠认为，马基雅维里是一个务实而讲究方法的政治理论家，不是文学家笔下那个"热衷谋杀

1　Roger Boesche, *Theories of Tyranny: From Plato to Arendt*, Pennsylvania: The Pennsylvania State University Press, 1996, 114.

的马基雅维里"。卢梭则认为，马基雅维里始终是一个共和主义者，是专制暴政的讽刺者，而不是为其辩护的理论家，"他是一个正直的人，一个善良的公民"。这些启蒙哲人似乎都把马基雅维里视为一个奇特的人、多才多艺的作家，他像罗马历史学家塔西佗一样对人性感到悲观，但又忍不住要倡导美德。

但也有学者，如德裔美国历史学家汉斯·巴隆（Hans Baron，1900—1988）认为，马基雅维里写作《君主论》在前，后来立场一下子有了戏剧性的转变，变成了一个共和论者。这就像中国一些自由主义者一下子变成了"新儒家"。还有的学者，如政治哲学家利奥·施特劳斯则认为，马基雅维里和希腊历史学家修昔底德（Thucydides，约前460—约前400）一样，并没有明确的政治主见，所以会根据情况的变化来调整自己的观点，这就像中国的"新左派"。

然而，还有一种颇为不同的观点认为，以上这些看法都是从理论到理论，从文本到文本，但忽视了作者本人以及他的写作目的和动机。英国学者斯蒂芬·密尔勒（Stephen Milner）在《发现500年前对马基雅维里的逮捕令》（"500-year-old Arrest Warrant for Machiavelli Discovered"）一文中提供了一份重要的历史文献，那就是1513年对马基雅维里的逮捕令。这份文件消失了500年，它的重新发现把研究者的目光转移到了马基雅维里本人身上，他正是在逮捕令发出几个月后写作《君主论》的。密尔勒在回顾这项发现时说，这是"令人激动不已的发现"，《君主论》是一部经典，对政治思想和文化影响深远。'马基雅维里主义'……的说法完全就是来自《君主论》，但这本书的写作环境却经常被忽视了"。密尔勒认为，如果不是因为这份逮捕令，马基雅维里是没有理由去写《君主论》这个作品的。那么马基雅维里到底为什么要写《君主论》，以及到底谁在为专制出谋划策？

3. 谁为专制出谋划策

不妨从他的政治经历和遭遇来谈这些问题。

1498 年，年仅 29 岁的马基雅维里就已经身处佛罗伦萨的政治中心，在那个真正的共和政府里，他先是从事外交工作，后来又担任了政府公职，这是一种公民服务性质的工作（civil servant）。1494 年，统治佛罗伦萨长达六十年的美第奇家族被推翻，接着由萨佛纳罗拉（Girolamo Savonarola，1452—1498）成立共和国，领导长达四年，之后由索德利尼（Piero di Tommaso Soderini，1451—1522）继续统领共和国。

这时候的佛罗伦萨是共和主义的堡垒。马基雅维里出任佛罗伦萨共和国第二国务厅的长官，兼任共和国自由和平十人委员会秘书，负责外交和国防。他是佛罗伦萨首席执政官的心腹，由于在行使职务中目睹了佛罗伦萨雇佣军的军纪松弛，而后极力主张建立本国的国民军。1505 年佛罗伦萨通过建立国民军的立法，成立国民军九人指挥委员会，马基雅维里担任委员会秘书，在 1506 年建立一支小型民兵部队，曾亲自率领部队上前线并指挥作战，对共和国忠心耿耿。

1512 年，一切发生了变化，由于战争失利，索德利尼被迫下台，美第奇家族在教皇儒略二世（Pope Julius II，1443—1513）的支持下攻陷了佛罗伦萨，共和国随之瓦解。新掌权的朱利亚诺·迪·洛伦佐·德·美第奇（Giuliano di Lorenzo de' Medici, 1479—1516）立即清洗政府，进行全面搜捕。1512 年末，马基雅维里被解除一切公职，并在 1513 年以密谋叛变为罪名被投入监狱。他受到了吊刑（Strappado）的严酷折磨，肩膀脱节，浑身剧痛，后被释放。也正是在这个时候，他于同年写成了《君主论》。

马基雅维里心力交瘁、贫困潦倒，希望把这部著作献给那个差点没把他整死的朱利亚诺，好换取命运的改变。朱利亚诺死后，又献给他的侄子洛伦佐（Lorenzo de'Medici, Duke of Urbino，1492—1519）。这部著作并没有获得这两位统治者的垂青，也许是因为这原本就是一部供君主内部参考的"秘笈"，而非供普通读者阅读的著作，马基雅维里生前从来没有将它公开发表。因此，至少是在马基雅维里活着的时候，他在《君主论》里的权术建言是一种不足为外人道的统治权术，权术要成功，就一定得是秘密武器，这样才能在臣民没有防备的状态下，收到出其不意的功效。

今天，普通人阅读《君主论》当然不是为了将其中介绍的种种统治权术运用于他们事实上并不拥有的统治权力。作为被统治者，他们反倒是更能看清，那些经常用于统治他们的是哪一些卑鄙又见不得人的权术手段。也许正是在这个意义上，他们可以同意英国哲学家培根所说的，"马基雅维里等前人致力于观察人类曾做了什么，而不是强求人们应该怎么做，使后人得益匪浅"。马基雅维里作为文艺复兴时期的思想家，他依靠经验而非抽象的，科学而非神学的政治观察，总结了大多数人至今仍然不能彻底看清的专制统治权谋。这也就是启蒙思想家卢梭（Jean-Jacques Rousseau，1712—1778）所说的，"马基雅维里自称是在给君主讲课，其实他是在给人们讲大课"。

然而，具有讽刺意味的是，《君主论》不仅是对一个专制君主政府的建言，而且还在积极证明：所有那些发生在马基雅维里自己身上的统治手段，包括惩罚和酷刑，都是正当的。这就像500年后莫斯科大审判中那些受斯大林统治迫害的政治犯一样，他们一面被判处了死刑，一面还在维护那个残害他们、要夺走他们性命的罪恶制度。马基雅维里洞察人性的脆弱和阴暗，在他所鄙视的软弱而可怜的人类中，就包括他自己。

虽然我们不能肯定《君主论》是不是马基雅维里的违心之作，

但他的遭遇却让我们怀疑，这可能不是一部他在自由状态下愿意去写的著作。这或许也可以解释为什么《君主论》与他的其他著作如此矛盾，为什么他可能远非许多人所设想的那样是一个马基雅维里主义者。《君主论》所贡献于君王的不是普通的政治权术指导，而是与专制君主统治联系特别密切的专制权术指南。

在马基雅维里的时代，还没有今天我们所理解的"专制"概念，这个概念要到 17 世纪方才出现，在 18 世纪，由于孟德斯鸠的阐述而成为一个现代意义上的负面政治概念。孟德斯鸠对专制政体的分析包括两个方面：一方面，他把专制列为政体的一种，像其他政体一样有自身的原则；另一方面，他又把专制政体与其他政体区分开来：君主政体、贵族政体和民主政体都是合法的政府形态，而专制政体总是坏的政体。专制政体是一种"可怖的"政府形态，它以"轻视生命来换取荣耀"。

专制政体的原则是恐惧，而这个原则却总是借助一个形似美好的目的而存在，那就是太平无事（秩序和稳定）。但是，太平无事经常只是假象，人民不敢流露或表示不满，不是没有不满的情绪，而是因为害怕和恐惧。孟德斯鸠说，恐惧利用人的动物本能，专制把人当动物，也把人变成动物。专制把反复无常的法律强加给人民，把他们置于像对动物一样的监管之下。在《法律的精神》中，孟德斯鸠在与专制的关系中谈到马基雅维里主义："我们开始从马基雅维里主义中恢复过来，而且是每天都有进展。在对君主的进言时需要更加有节制。以前曾经被称为政治良策的，今天即使不令人恐惧，也是最大的败笔。"

今天，我们对专制及其荼毒的认识和厌恶已经远远超过了孟德斯鸠的时代，20 世纪出现的极权统治是一种我们所熟悉的新型专制，这是一种阿伦特所说的"多变而无定形"（shapeless）的专制。曾任哈佛大学教授的历史学家梅尔文·里希特（Melvin Richter）在给大型参考书《观念史词典》(*Dictionary of the History of Ideas: Studies of Selected Pivotal Ideas*) 撰写的"专制主义"文章中指出，专制有不少同义词：暴政、独裁、绝对主义，极权等。专制是这些政治术语家属中的一员。它变得特别重要，乃是 17、18 世纪的事情。

专制是作为"自由"的对立概念而出现的，因此成为政治比较或比较政治学的一个分析工具。专制这个概念取代以前的"暴政"说法，是因为专制特指一种与自由为敌，全面主宰人的思想和行为的政治权力。专制很少单独用于无倾向性的纯粹分析，基本上都是用来否定和谴责某种与政治自由相对立或不符合政治自由的政治制度。启蒙运动时期，孟德斯鸠从贵族政治的自由观念出发，将专制提升为三种基本政府形式之一。今天，人们从民主自由的观念出发，把专制确定为"独裁"或"极权"。

在《君主论》里，马基雅维里扮演的是一个专制统治谋士的角色。其他扮演类似角色的谋士们被称为"马基雅维里那样的人"(Machiavellians)，也就是为专制统治出谋划策的人。这样的谋士们虽然活跃在政治舞台上，但自身并不是领导者，而是从属者，他们或担任智囊，或充当理论家。他们担任领导者忠实的秘书或幕僚，而非权力竞争者。这些马基雅维里主义的权谋之士可以说出主子想说但又不便直说的话。正如技术高超的骗子会装出一副诚实的面孔，马基雅维里式的主子更愿意戴着一副恒久不变的道德面具，或者更为常见的情况是，在处理对外关系时，他会尽可能少地公开运用肮脏手段。主子在需要这么做的时候，会让手下去做，弄脏的是手下的手，自己永远当爱民如子的英明领袖。

20 世纪几位最擅长马基雅维里主义之道的统治者都是这样的英明领袖，其中的佼佼者就是希特勒和斯大林。权谋之士本人可能是政治或智囊人物，但也可能是体制内外的一些头面知识分子、专家学者或是大学教授。希特勒时代的卡尔·施密特 (Carl Schmitt,

1888—1985）就是一个例子，他当然不是直接向希特勒进言如何去实行极权统治，而是用他的法学专长去为希特勒的统治提供合理性和合法性。但也有别的知识人士自诩为"帝师"，将献策作为邀宠和进阶的手段。如果他们秉承和欣赏的治国之策是《君主论》中的那些专制伎俩和手段，那么，他们所献之策便很可能是在加强 500 年前马基雅维里不可能预见到的专制统治，成为 20 世纪特有的那种卡尔·施密特式人物。

说到底，马基雅维里主义体现的是一种专制统治与人民的权力关系，它有两个万变不离其宗的特征：一个是强制，另一个是欺骗。在这个权力关系中，无处不在的专制统治影响和操控着民众的道德判断，使他们愿意容忍和接受这样的专制统治。专制统治不仅使民众成为弱智，而且让他们变得道德麻木，丧失对善恶的判断能力，或者对善恶和是非判断根本不感兴趣，认为这样的判断根本没有意义，这就是专制统治下几乎不可避免的犬儒主义。犬儒主义是一个得过且过，难得糊涂，玩世不恭，时而也会愤世嫉俗的生活态度。犬儒主义者们根本不在乎善与恶，正与邪的区别，认为反正都是一样，干脆别去管它。犬儒主义经常与政治制度和权力结构直接相关联，例如，心甘情愿地接受主子对奴才的摆布，满足于顺民的苟安心理和逆来顺受，或全不在乎谎言和欺骗。鲁迅批判阿 Q，实质上就是批判他的犬儒主义，具体表现就是鲁迅最痛恨的是奴性和做奴才。鲁迅在《灯下漫笔》中讲透了做奴才和做奴隶的不同：一个人被剥夺了一切，成为奴隶，但一个人不需要被剥夺一切就可以成为奴才。一个人做奴隶之后，有了开心的感觉，这就开始转化为奴才了。如果你吃苦你熬着，你反抗也没有用，那你还是奴隶。但如果你在这样的生活当中，还能嚼出甜头来，品出快乐来，然后，你还懂得欺负别的人，那你就是万世不竭的奴才了。

生活在专制统治下的犬儒主义者正是像阿 Q 那样的奴才，他们习惯了黑暗而为黑暗辩护，习惯了当奴才而为主子唱赞歌，见到谁勇敢就嘲笑谁。他们虽然活得卑微如尘土，却照样很快活很幸福。他们甚至认为，"生活就像强奸，既然反抗不了就要学会享受被强奸的快感"。就是这样的人生信条，让他们能够安安稳稳地做好专制主义的顺民。

4. 20 世纪之后的新马基雅维里主义

20 世纪的极权统治者，如希特勒和斯大林都能非常熟练地、富有创造性地运用马基雅维里主义的统治权术。在这些统治权术里，最关键的两条就是暴力和欺骗，具体体现为秘密警察和宣传欺骗。极权的宣传欺骗不是一般的说谎，正如索尔仁尼琴所说，"在我们国家，谎言已不仅属于道德问题，而是国家的支柱"。[1]

马基雅维里在《君主论》里说，要想在权力斗争中获胜，必须懂得如何运用诡计，"世界上有两种斗争方法：一种方法是运用法律，另一种方法是运用武力"。马基雅维里所说的"运用法律"不是民主社会里的人民立法、人民守法，而是君主立法，人民被管制。君主是不受法律制约的，他可以根据自己的统治需要，要立法就立法，要修改就修改。这样的法律本身就是一种欺骗。

马基雅维里在《君主论》里还说，运用法律的方法是人类特有的，而运用暴力的方法则是属于野兽的。但是，因为法律常常有所不足，所以必须诉诸暴力。马基雅维里建议，"君主既然必须懂得善于运用野兽的方法，他就应当同时效法狐狸与狮子。由于狮子不能够防止自己落入陷阱，而狐狸则不能够抵御豺狼。因此，君主必

1　杜君立，"老大哥的靴子——苏联帝国覆灭 20 周年祭"，aisixiang.com.

须是一头狐狸以便认识陷阱，同时又必须是一头狮子，以便使豺狼惊骇"。善于权谋者会要求别人遵守信义，但是，"当遵守信义反而对自己不利的时候，或者原来使自己作出诺言的理由现在不复存在的时候，一位英明的统治者绝不能够，也不应当遵守信义"（《君主论》，第十八章）。

对专制统治者来说，"究竟是被人爱戴比被人畏惧好一些呢？抑或是被人畏惧比被人爱戴好一些呢？"马基雅维里认为，"最好是两者兼备；但是，两者合在一起是难乎其难的。如果一个人对两者必须有所取舍，那么，被人畏惧比受人爱戴是安全得多的"（《君主论》，第十八章）。所以这样来说，恐怖和动用暴力的威胁是最有效的统治方式。

人民说自己爱戴和效忠君王，其实都只是嘴上说说而已，一旦与他们的实际利益产生冲突，这种爱戴或忠诚可能立即会消失。最后迫使他们不敢背弃或造反的，还是君王手里的暴力机器。马基雅维里劝告君主一定要看清，畏惧是比爱戴更有效的"团结人民"的手段，他说，"正如我在前面谈到的，当需要还很遥远的时候，（人民）表示愿意为你流血，奉献自己的财产、性命和自己的子女，可是到了这种需要即将来临的时候，他们就背弃你了。因此，君主如果完全信赖人们说的话而缺乏其他准备的话，他就要灭亡。因为用金钱而不是依靠伟大与崇高的精神取得的友谊，是买来的，但不是牢靠的。在需要的时刻，它是不能够倚靠的。而且人们冒犯一个自己爱戴的人比冒犯一个自己畏惧的人有较少的顾忌，因为爱戴是靠恩义（di obligo）这条纽带维系的；然而由于人性是恶劣的（tristi），在任何时候，只要对自己有利，人们便把这条纽带一刀两断了。可是畏惧，则由于害怕受到绝不会放弃的惩罚而保持着"（《君主论》，第十七章）。

一个精明的专制者虽然不惜任何代价地动用暴力，但需要善于伪装和说谎，"你要显得慈悲为怀、笃守信义、合乎人道，清廉正直，虔敬信神，并且还要这样去做，但是你同时要有精神准备做好安排：当你需要改弦易辙的时候，你要能够并且懂得怎样作一百八十度的转变。必须理解：一位君主，尤其是一位新的君主，不能够实践那些被认为是好人应作的所有事情"，你必须"常常不得不背信弃义，不讲仁慈，悖乎人道，违反神道。因此，一位君主必须有一种精神准备，随时顺应命运的风向和事物的变幻情况而转变"（《君主论》，第十八章）。

马基雅维里看到的君主本质是无可救药的嗜权和狡诈，他对民众的人性持同样阴暗的看法。他认为，暴力和欺骗的统治权术之所以有效，是因为民众天生卑劣。人的本性特征是他的自私欲望，人类天生都是自私自利、见利忘义的，人无一例外受利欲驱使，毫无道德可言。而且，人是诈伪狡猾的，人民服从君主，是出于不得已，如果君主不能有效驾驭，他们就会随其本性，唯恶是从。

一切专制都会利用民众的两种阴暗心理对他们进行统治，那就是贪婪和恐惧，贪婪使人为了利益可以无所不为，恐惧使人为了生存可以无所不能容忍，贪婪和恐惧都能消除人的羞耻心和辨别是非的能力，并且将此当作生存经验传授给下一代。因此，被专制支配和改造的一代人会亲手把自己的子孙后代送进百年、千年的黑暗。专制只要造就一代这样的"新人"就可以了，因为这样的新人一旦被造就，就会自己复制和克隆与自己同样猥琐、怯懦、奴性的物种，世代延绵。

马基雅维里毫不掩饰自己对人性的鄙视，他说，"关于人类，一般地可以这样说：他们是忘恩负义、容易变心的，是伪装者、冒牌货，是逃避危难，追逐利益的。当你对他们有好处的时候，他们是整个儿属于你的"（《君主论》，第十七章）。领袖活着并握有大权的时候，哪个不是誓死效忠捍卫，但一到时局反转，马上人人倒戈，没有一个真的是以死捍卫的。

专制统治者心里对此十分清楚，因此，他们一定会牢牢地掌控暴力（军队）和欺骗（宣传）的国家机器，以确保自己的权力安全。但是，他们也会因此而时时惊魂不定、寝食难安。无论他们怎样不断加强暴力和欺骗，都仍然会因为没有安全感而病态般地疑神疑鬼，马基雅维里式的领导者有一项非常关键的特质需要在此提及——那就是多疑。

他们在具有敌意的人际环境中生活，把自己的不可信赖感投射到了他人身上。怀疑别人对他们会施以暴力和阴谋，这成为他们自己滥用暴力和阴谋的正当理由，沙尔夫斯坦在《道德之上的政治：永不过时的马基雅维利主义》一书中指出，"这些领导者的想象力会异常丰富，以至于让他们越发变本加厉地运用计谋和权术"，他们"会建立一支擅长打探情报和对人们进行监视的密探部队，以抵挡敌对力量……领导者所采用的典型方法是让他们互相监视。于是整个集体内的监视程度会增加，人们相互监视"。

这便是乔治·奥威尔在《1984》中所描绘的那种"老大哥"极权统治，也是一种20世纪的马基雅维里主义极权统治。

在马基雅维里主义者看来，无论何种非道德或反道德的政治手段，只要是"以其人之道，还治其人之身"，都是正当和合理的。因此他们需要制造敌人，一次又一次发动运动，一方面是能够有效用动员群众来显示自己的威力，一方面也是用群众对运动的态度来测试所有人对自己的忠诚度。斯大林就是运用这种马基雅维里手段的顶级好手（当然不是唯一的顶级好手）。希特勒至少还有他可以信任的伙伴：戈培尔、戈林、希姆莱。而斯大林则是谁都不信任。沙尔夫斯坦指出，"斯大林满怀崇敬之情阅读马基雅维里的著作，他在运用武力与骗术方面，也的确堪称一名马基雅维里式的天才——他在奉行马克思主义原则时，就使用了这样的权宜之计。……

他借助过往事件，将自己的地位巩固，对于那些看上去远比他聪明的对手，他都一一扳倒。那些人的文化程度和雄辩才能，无一能比得上斯大林所运用的马基雅维里式策略"。[1]

我们无从知道，历史上到底有多少专制君王像斯大林那样对马基雅维里怀有崇敬之情并善用其政治策略，这似乎并不重要。在这个世界上，没有读过马基雅维里的照样可以通过别的阅读（如《资治通鉴》）来熟谙马基雅维里主义的统治权术甚至将其发扬光大。阅读或不阅读马基雅维里也并不能决定一个君主成为贤君还是暴君。据说，素有"贤君"和"好王"之称的法王亨利四世（Henri IV，1553—1610）1610 年在巴黎被刺身亡时，贴身带着的就是一部血染的《君主论》，而刚愎自用的绝对权力君主路易十四（Louis XIV，1638—1715）则每晚必温习《君主论》，否则不能高枕而卧。

自从《君主论》问世之后，经过了 20 世纪的极权主义，随着专制独裁形式的不断变化，马基雅维里主义也一直在不停地"与时俱进，推陈出新"。威廉·道布森（William J. Dobson）在《独裁者的进化：收编、分化、假民主》（The Dictator's Learning Curve, Inside the Global Battle for Democracy）一书中指出，今天的后极权政权领导者与 20 世纪的极权独裁者不同，不像有的国家那样完全冻结在时光里，还继续用劳改营、暴力、洗脑的手段控制人民。[2] 新兴的极权国家不再以旧式极权的那种赤裸裸暴力和血腥手段剥夺人民的一切自由，并加以恐怖的残酷统治。新的极权专制给人民许多表面与程序上的"自由"，但始终渗透并控制着那些权力赐予人民的自由。在经济上，新的独裁者更聪明，不再封闭守贫，切断与世

1　本-艾米·沙尔夫斯坦著，韵竹译，《道德之上的政治：永不过时的马基雅维利主义》，第 273 页。

2　William J. Dobson, The Dictator's Learning Curve, Inside the Global Battle for Democracy, New York: Doubleday, 2012.

界的联系。他们懂得从全球体系获得资源，却不会失去自己的统治权，其最重要的三个手段便是金钱收编、利益分化和虚假宪政民主。这可以说是后极权时代的新马基雅维里主义。

这种新发展应该促使我们更多地关注今天世界上的非道德和反道德政治。马基雅维里主义可怕的创新和伪装能力让我们更有理由相信，如果认为在未来的政治生活中，暴力和欺骗会被根除，这种想法是毫无根据的。但是，这不等于说马基雅维里主义会永远支配人类的政治道德。正如康德所预见，人类由于害怕战争会毁灭他们自己，所以会找到尽量避免战争的方法。同样，由于我们害怕马基雅维里主义正在加强专制独裁，害怕更多的人会心甘情愿地接受它的奴役，这种恐惧会变得异常尖锐，所以人类也一定会努力寻找能尽量限制马基雅维里主义的办法。我们今天从阅读《君主论》来思考专制问题就是这种努力的一部分。

二十五　莎士比亚《恺撒》

1. 弑君的故事

莎士比亚的《朱利叶斯·恺撒》（*Julius Caesar*，下称《恺撒》）一剧写作于 1599 年，这个剧取材于历史学家普鲁塔克（Plutarchus，约 46—125）的《希腊罗马名人传》，是一个历史剧。但是这不是一个单纯的历史故事，而是向我们提出了一些极为重要的政治理论和政治实践问题，那就是，在必须杀死暴君的时候，什么是弑君的正当性？杀死了暴君，是否就一定会带来一个更好的国家或社会？杀死了暴君，是否就会改变民众的命运？或是使民众发生根本的变化？

在谈这些问题之前，让我们先来看看《恺撒》到底说的是怎样的一个弑君故事。

朱利叶斯·恺撒（Gaius Julius Caesar，前 100—前 44）是罗马历史上一位很重要的人物，因为是他造成了罗马共和国的终结。罗马共和国存在了 450 年，这个共和国不是由一个人独裁统治的，而是由一群民选产生的官员组成的一个称为元老院的机构统治的。元老院中每个人都是地位平等的元老，没有一个人可以独掌大权。

　　恺撒是一位非常能干的将领，他为罗马征服了许多领土，罗马从此成为一个疆域广大的帝国。恺撒的权势越来越大，他击败了所有的政治对手，成为一位独裁者，他挑选谁，谁就可以进入元老院，他还亲自决定元老院通过什么法律，不通过什么法律。由于恺撒没有皇帝的头衔，所以罗马名义上还是一个共和国。但是，罗马的国家运作已经不是一个共和国了，而变成了一个永久性的独裁国家。

　　莎士比亚的《恺撒》其实写的不是恺撒这个人物，而是刺杀恺撒这一事件以及其后续。恺撒在公元前44年在去元老院的路上被一群谋反的元老们刺杀，他们声称自己是为了挽救共和而刺杀恺撒。在刺杀恺撒这件事情中，起主要作用的两位人物是卡西乌斯（Gaius Cassius Longinus，约前86—前42）和布鲁特斯（Marcus Junius Brutus Caepio，约前85—前42）。卡西乌斯要杀恺撒的动机比较简单，他憎恨恺撒，因为恺撒不喜欢他，他同时也认为，恺撒掌握了太大的权力。所以卡西乌斯要杀恺撒的动机是自私的。他知道，如果他不能让很多人相信杀恺撒是为了挽救共和，并得到他们的帮助，他一个人是杀不了恺撒的。所以他找来了他的妹夫布鲁特斯，说服他来参与谋杀。

　　布鲁特斯是《恺撒》一剧里最重要的人物。他出生于罗马的一个有名望的贵族家庭，一向以耿直、高尚著称。他的一位祖先在400多年前参与推翻罗马最后一位皇帝，建立了罗马共和国，是共和国的一位开国元勋。我们在讲李维（Titus Livius，前64/59—17）的《建城以来史》时曾经谈到过这位布鲁特斯为了维护共和国权威，大义灭亲的故事。布鲁特斯的这个家庭背景对卡西乌斯的计划是很有利的。更重要的是，只要布鲁特斯挑头，就更容易说服其他参与者，让他们相信，谋杀恺撒是为了挽救共和。卡西乌斯要拉布鲁特斯入伙还有一个原因，那就是恺撒很喜欢布鲁特斯，两个人是好朋友。所以，如果布鲁特斯杀恺撒，没有人会说这是出于私利和私心。

罗马是一个特别重视荣誉和公共精神的社会，所以做事必须放得上台面，拿得出让人信服的理由，怀有私心的事情会被人不齿。这当然并不意味着就没有怀有私心的事情，而是会像卡西乌斯那样思前想后，小心掩饰。

《恺撒》一剧开始的时候，街上拥满了人群，因为恺撒打败了他的政治对手庞培（Gnaeus Pompeius Magnus，前106—前48），大胜而归，大家都出来庆祝。两位民选的官员弗莱维斯（Flavius，前37—？）和马鲁勒斯（Marellas）正在驱散人群，催促他们取下挂在塑像上的旗帜和庆祝标语。他们对民众说，恺撒打败的不是外敌，他打的是内战，庞培也是罗马的一位英雄。恺撒打败庞培是为了自己独掌权力，就算打胜了，又有什么值得庆祝的！后来这两位官员都被恺撒撤了职。

恺撒和他的随从浩浩荡荡来到庆祝胜利的地方，恺撒得意扬扬，非常傲慢，一副天下无敌的样子。恺撒的妻子和马克·安东尼（Marcus Antonius，前83—前30）都在他的身边。安东尼是恺撒的忠实拥护者，恺撒很信任安东尼，因为他毫无政治野心。安东尼喜欢各种宴会和派对，讲究吃喝，很会享受生活。恺撒认为，这样的人是最安全的，不会对自己造成威胁。

卡西乌斯把布鲁特斯叫到一边，跟他说，别看恺撒风光，其实民众真正敬仰的是布鲁特斯，布鲁特斯应该登高一呼，不要让恺撒的独裁梦得逞。这当然不是真话，卡西乌斯是想挑唆和操纵布鲁特斯。后来卡西乌斯还把绑着小纸条的小石块丢进布鲁特斯家的窗户，并在布鲁特斯在元老院的座位上也留下这样的小纸条，给布鲁特斯造成许多人都支持他的假象。

布鲁特斯终于同意参加谋反，其他参与者也都于深夜聚集在他家密谋。布鲁特斯的两个性格特点开始显露出来：第一，他是个理想主义者；第二，他是个没脑子的人。

接下来，在他们动手谋杀之前，发生了一系列具有戏剧性的奇怪事情。一位算命先生警告恺撒要小心，说他会于 3 月 15 日遭遇不测，恺撒不信。后来又发生了雷暴，天上下起了像火光一样的大雨，人们在国会大厦看到一头狮子，等等。恺撒的妻子也做了一个噩梦，梦见恺撒浑身是伤，鲜血直流。她恳求恺撒不要到元老院去，恺撒也同意了。但是一位密谋者对恺撒说，你不去会显得你软弱，恺撒相信了他。后来有一个人给恺撒一张纸条，告诉他有人要谋杀他，但阴差阳错，恺撒就是没有读这张字条。

对这些奇怪的事情有两种解释：第一种解释是，虽然这些事情都可能阻止谋杀的发生，但冥冥之中有一个更高的力量在推动事情的发展和进行，那就是命运的力量；第二种解释是，恺撒本来有机会躲过一劫，但他太傲慢，太自以为是，所以他的死是性格所致，咎由自取。

就这样，恺撒在去元老院的途中被一群合谋者们刺杀了，恺撒临死前对布鲁特斯说："布鲁特斯，没想到你也参加了。"

恺撒死了，消息传开，民众狂热起来。这就是民众的特点，恺撒活着的时候，他们崇拜恺撒，恺撒死了，他们又特别兴奋。

马克·安东尼听到这个消息后逃跑了，但随后又派一个仆人去打探，看看是否可以安全地回来。参加暗杀的卡西乌斯和其他人都认为安东尼是个危险分子，所以要杀掉安东尼。但布鲁特斯是个理想主义者，他不同意，他说，杀死安东尼只会让他们的光荣事业显得太暴力，也太残忍。布鲁特斯认为，恺撒已死，安东尼再继续忠诚于恺撒已经没有意义，所以不会与他们作对。这是一个致命的错误估计。

安东尼要求在恺撒的葬礼上发表演讲，卡西乌斯和其他人都反对，唯独布鲁特斯说可以。这又是一个致命的错误。在葬礼上，先是布鲁特斯演讲，说明自己爱恺撒，但恺撒要称帝，要毁掉共和，所以不能不杀恺撒。

接下来是安东尼发言，安东尼说他不会批评那些谋杀恺撒的人，但他提醒民众，恺撒为他们做了多少好事。他还提醒民众，恺撒好几次拒绝加冕的劝进。他向民众展示了恺撒的血迹斑斑的战袍，接着又说，恺撒爱布鲁特斯，也信任所有参与杀害他的人。

安东尼还读了恺撒的遗嘱，说恺撒把大量的财产都留给了罗马的人民。这是一篇非常有煽动力和蛊惑力的动情演说，正是民众最喜欢的那种。

罗马人民被煽动起来，发生了骚乱，布鲁特斯和卡西乌斯只得逃命去了。于是，罗马的权力由安东尼、恺撒的侄子屋大维（Gaius Octavius Augustus，前63—14）和雷必达（Lepidus，约前90—约前13）三人接管。他们筹集军队，跟布鲁特斯和卡西乌斯率领的叛军打起了内战。

在战争中，又是由于布鲁特斯的失误，他的军队被打垮了。先是卡西乌斯自杀身亡，布鲁特斯继续战斗。但终于不敌强敌，就在他眼看要成为俘虏的时候，举剑自杀，他的一个士兵抱着他的尸体，说了《恺撒》一剧中最有名的一句，布鲁特斯是"最高贵的罗马人"。

这就是莎士比亚《恺撒》一剧中所说的弑君故事。

400多年来，《恺撒》一剧一直在向观众和读者提出该不该诛杀恺撒的问题。诛杀恺撒的自然联想是"弑暴君"，但是，"诛恺撒"与"弑暴君"具有同样的正当性吗？有其一必有其二吗？对这样的问题没有简单的是或不是的答案。

1649年1月30日，英国国王查理一世（Charles I，1600—1649）被处死，诗人弥尔顿是坚定的共和主义者，他在1649年发表的《论国王与官吏的职责》（*Tenure of Kings and Magistrates*）中写道，"让暴君或邪恶的国王担负罪责，在定罪后将其废黜并处死……这是合法的"。然而，尽管弥尔顿同情共和主义，但他对恺撒被杀却不是没有保留。他在《为英国人民声辩》（*Defense of the English People Against Salmasius*）中说，恺撒是被当作暴君诛杀的，诛杀恺撒的是那个时代最杰出的人们，但是，"如果可以饶任何暴君一命，我希望那就是恺撒"。

为什么弥尔顿对杀恺撒的正当性有所保留？

2. 人性是历史的重演，千年不变的群众心理

弥尔顿自己回答了这个问题，他在《笔记》（*Commonplace Book*）一书中写道，"高贵的布鲁特斯和卡西乌斯在精神上要让一个国家获得自由，但他们犯下的错误是，他们没有考虑到这个国家并不适合自由"。弥尔顿的思考让我们看到，如果说"弑暴君"是一个普遍正当的政治正义原则，那么，"不杀恺撒"便是在人民自由条件尚不成熟的情况下搁置这一原则的例外。

"不杀恺撒"成为现实政治（Realpolitik）的选择，它要求"弑君者"以国家利益作为政治行动的最高考量，排除个人感情、道德伦理观、理想，甚至是意识形态的左右。按照现实政治的原理，在例外状况下，也就是在人民还没有准备好接受和行使自由的时候，暴君有利于国家的稳定和强大，所以应该让他继续他的专制统治。恺撒虽然专制，但他是一个高效的、能干的，甚至是受爱戴的专制者。杀了恺撒对罗马没有好处，如果恺撒的死换来的是政治的动乱或另一个暴君，那么杀了恺撒并没有实际的意义（伊拉克除掉萨达姆的结果就是如此）。在这种情况下，该不该诛杀恺撒也就变成了一个在有效的专制与不确定的自由之间的两难选择。

我们该如何看待弥尔顿的这个回答？

在人民还没有准备好自由，国家不适合自由的时候，强行改变

政体只会带来更大的灾难。历史上确实可以找到许多证明这个看法正确的例子。德国魏玛时代（1918—1933），希特勒的纳粹利用德国人对魏玛政府腐败的不满，允诺民众一个美好的明天，但是，纳粹取代一个腐败的政府，带来的却是德国历史上前所未有的灾难。历史学家可以说，这是因为德国人还没有准备好运用他们的自由，所以让希特勒有了可乘之机。同样的解释也可以用于推翻沙皇的俄国革命（1917—1918），当时的俄国人还没有准备好自由，当时的俄国也并不适合自由。所以，新的暴政代替了旧的暴政，而且是比旧暴政更残酷、更血腥的暴政。

但是，有没有可能等到民众准备好自由，等到国家适合自由，再谋求改变呢？从莎士比亚的《恺撒》来看，这种希望恐怕注定是海市蜃楼，一个可望而不可及的幻觉。因为民众就是民众，民众之所以成为民众是因为他们愚昧，因为他们自己不能准备好自由，因为他们的眼前利益永远比崇高的自由理想来得现实，来得优先。这就是民众！这就是民众的宿命！

《恺撒》一剧开始的时候，愚蠢的民众涌到大街上，张灯结彩、兴高采烈，庆祝恺撒凯旋而归。两位民选的官员弗莱维斯和马鲁勒斯是头脑清醒的人，他们斥责那些又兴奋又激动的愚民："你们高兴个什么劲？"恺撒回到罗马，马鲁勒斯对他们说："为什么要庆祝呢？他带了些什么胜利回来？"他又不是抵抗外敌打了胜仗，他不过是打内战的英雄。他打败的是我们罗马的大英雄庞培，"现在你们却穿起了新衣服，放假庆祝，把鲜花散布在踏着庞培的血迹凯旋回来的那人的路上吗？快去！奔回你们的屋子里，跪在地上，祈祷神明饶恕你们的忘恩负义吧，否则上天的灾祸一定要降在你们头上了"。

马鲁勒斯对上街庆祝的民众说："冷酷无情的罗马人啊，你们忘记了庞培吗？"以前庞培回城，你们也是爬到城墙上、屋顶上，烟囱上，手里抱着婴孩，崇敬地瞻仰。曾几何时，庞培作为胜利者进城，群众欢呼雀跃过；今天，杀死庞培的另一位胜利者进城，群众也同样是欢呼雀跃，墙头变换大王旗，谁是强者，群众就对他高声欢呼，表示拥戴。成则为王，败则为寇，几千年了，群众的心理从来没有变化。

政治哲学家经常说，共和的存在依靠的就是有德性、有主见的公民。罗马共和国已经存在了 400 多年，按理说罗马公民早应该是理智和成熟的了。可是，《恺撒》一开始，我们看到的却是罗马群众的这副德行，令人失望又沮丧。这样的民众又比专制统治下的臣民好到哪里去呢？

莎士比亚真是一位了不起的群众心理学家，他对人心、人性和民众心理有着极其敏锐的洞察力，这是他戏剧的魅力所在。人性和人的心理是历史的重演，几千年来没有多大的变化。在莎士比亚活着的年代，还没有我们今天所知道的心理学或群众心理学，但普通人和民众的心理却是一直都有的，他们妒忌、愤怒、崇拜英雄、欺软怕硬、势利、胆小怕事、贪婪、"有奶便是娘"，以前如此，今天和今后仍然如此。

现代心理学和群众心理学都形成于 19 世纪，心理学既没有发现，更没有发明人性和人的心理，不过是把人类一直就有的心理特征总结成一些理论而已。但莎士比亚却是以一位杰出艺术家的直觉把握了这些。

今天，我们一提起群众心理学，就会想到 19 世纪法国社会心理学家古斯塔夫·勒庞（Gustave Le Bon，1841—1931），他的《乌合之众》被视为群众心理分析的经典。但是，莎士比亚对群众心理的洞察一点也不比勒庞逊色，他笔下的安东尼就是一位能够娴熟运用群众心理学的大师。《恺撒》第三幕第二场里安东尼在恺撒葬礼上的演讲就是一篇利用和操控群众心理的杰作，常被用作群众心理分析的范例。

安东尼首先用"明捧暗损"的方法牵住民众的鼻子，他先说布鲁特斯是一位爱国者，一位正人君子，但每恭维他一次，便立即举例说明恺撒如何慷慨、仁慈、谦逊，反证布鲁特斯并非正人君子。

安东尼提醒民众，我三次献给恺撒一项王冠，要为他加冕，每一次你们都没有反对，这说明你们自己就是想让恺撒当皇帝的。这是一种罪责分担的欺骗手法，它暗示：要是恺撒想称帝是错误的，你们人人有份。死不认错是群众心理的一个特征：群众永远是正确的，因为大家都这么想，这就证明，那就一定是对的。

政治蛊惑家总是口口声声地说，人民是真正的英雄，听了这种谎言，再"狗熊"的民众也会相信自己真的是英雄。安东尼吃定的就是这种群众心理。

煽动民众，最有效的手段是调动他们的情绪，让他们激动起来，兴奋起来，一激动，一兴奋，就昏了头脑。最能调动民众情绪的是两样东西，性和暴力。安东尼把血淋淋的谋杀展现在民众面前，用的就是暴力场面，就像让今天的观众看暴力电影一样。

安东尼走下讲坛，走进民众中间。他让市民们观看恺撒那被刀剑洞穿的斗篷，说道："卡西乌斯的刀子是从这里穿过的；瞧那狠心的卡西乌斯割开了一道多深的裂口；他所深爱的布鲁特斯就从这儿刺了一刀进去，当他拔出那万恶的武器的时候，瞧恺撒的血怎样汩汩不断地跟着它出来，好像急于涌到外面来，想要知道究竟是不是布鲁特斯下这样无情的毒手……这是最无情的一击，因为当尊贵的恺撒看见他行刺的时候，负心，这一柄比叛徒的武器更锋锐的利剑，就一直刺进了他的心脏，那时候他的伟大的心就碎裂了"。

民众一下子激动起来，愤怒代替了理智，他们大叫，"啊，伤心的景象！啊，尊贵的恺撒！啊，不幸的日子！啊，叛徒！恶贼！啊，最残忍的惨剧！我们一定要复仇"。

　　布鲁特斯要说服民众，共和比专制好，但民众对共和与专制又能懂得多少？就像搞革命运动的人们，如果他们只是对民众宣传理论，不要说民众没有兴趣，就算是有兴趣，也一定听不明白。民众是贪婪的，他们关心的是革命能给他们带来什么样的实惠，这就叫"有奶便是娘"。

　　安东尼最后打出的正是迎合民众贪婪心的王牌。他把编造好的遗嘱念给市民们听："这就是恺撒盖过印的遗嘱。他给每一个罗马市民 75 个德拉克马（Drachma）……而且，他还把台伯河这一边的他的所有的步道、他的私人园亭、他的新辟的花圃，全部赠给你们，永远成为你们世袭的产业，供你们自由散步、游息之用。这样一个恺撒！几时才会有第二个同样的人？"

　　每一个罗马民众都听得真真切切，这些都是他们可以得到的好东西，他们可以不在乎什么共和或专制，但一定会赞成能分享实惠和利益的革命行动。人的本性是自私和贪婪的，只要符合他的利益，就能很容易地说动他，这也就使得煽动、蛊惑永远有可乘的人性弱点之机。

　　安东尼的话音刚落，骚动的民众马上行动起来，他们用焚尸的火烧了叛党的房子，"布鲁特斯和卡西乌斯像疯子一样逃出了罗马的城门"。

3. 罗马专制下的精英腐败和人性堕落

　　安东尼用煽情的演说操控了罗马民众的场面让我们看到，2000多年前的群众和群众心理就已经是我们今天所熟悉的样子了。但是，这并不意味着群众只能是这个样子。在不同的政治制度下，群众可以显示出不同的，甚至是截然相反的心理特征，这些特征代表人性的不同方面。共和制度下的公民守法、讲诚信、有荣誉感，有公共美德、关心公共事务；专制制度下的臣民生活在害怕和恐惧中，他们有奴性、自私、怯懦、狡黠、虚伪，逃避公共事务，戴着假面苟活于世。这两种制度下的民众虽然表现不同，但都是一样的人类，有共同而普遍的人性，只是不同的环境让同一人性看上去不同而已。

罗马共和存在了 400 多年，被后世称颂的罗马精神也就是罗马的公民精神，这种精神只能在共和的环境里才能得到维持。一旦专制代替了共和，罗马的公民精神也就随之瓦解。

罗马帝国时代的讽刺诗人朱文纳尔（Juvenal，1—2 世纪）用"面包和马戏"来比喻专制统治对罗马民主的愚民和腐蚀作用，其主要表现是让民众满足于温饱（面包）与娱乐（马戏），疏远公共政治。

用今天的话来说，这就像安抚婴儿一般，给民众嘴里塞一个"奶嘴"。今天，我们熟悉的"奶嘴文化"有两种：一种是发泄性娱乐，比如色情、赌博、网络游戏；另一种是满足性游戏，比如偶像剧、时装剧、明星丑闻、娱乐八卦，播放真人秀、综艺节目等。"奶嘴文化"把消遣娱乐及充满感官刺激的产品堆满民众的生活，让他们沉溺于享乐和安逸中，大量占用他们的时间，让他们在不知不觉中丧失思考的能力，再也无心、无力去挑战现有的统治阶级。《恺撒》一剧里的那种民众胜利庆典就是一种"马戏"。如果这样的统治术仍然有效，那就是还活在古罗马时代，如果被人丢进斗兽场，那也怨不得别人。

不但罗马的民众，就是罗马的政治精英阶层也同样腐败，不过方式有所不同。精英的腐败表现在对皇帝的奴颜婢膝、俯首帖耳、谄媚奉承。布鲁特斯被称为"最高贵的罗马人"，他的高贵在于，在共和眼看就要被专制取代的关键时刻，他拒绝随波逐流、拒绝依附于恺撒，拒绝放弃他的罗马精神。

　　罗马历史学家塔西佗在他的《编年史》里记载了罗马从共和变成专制的初期历史，那时候，罗马人的奴性和谄媚就已经表现出来了。恺撒死后，罗马已经沦为专制，起先还维持着共和的假象，而后便是堂而皇之的皇帝专制和反复出现的暴政。

　　在《恺撒》一剧里，我们看到，公元前 44 年恺撒被杀，公元前 43 年，恺撒的侄子和养子屋大维与马克·安东尼、雷必达结成后三头同盟，第二年，他们的军队在腓力比战役（Battle of Philippi）中打败共和派的部队，共和派领袖布鲁特斯战败自杀，这一战把罗马贵族共和国送进了坟墓。

　　三头同盟的军队打败了刺杀恺撒的元老院共和派贵族。公元前 36 年，屋大维剥夺雷必达的军权，后来又在亚克兴角战役（Battle of Actium）中打败安东尼，回罗马后开始掌握一切国家大权。后来他被元老院尊称为"奥古斯都"，意思是"庄严"。他统治下的罗马保持罗马共和的表面形式，他作为一位独裁者统治罗马长达 43 年，但并没有授予自己皇帝的头衔。他结束了一个世纪的内战，使罗马帝国进入了相当长一段和平、繁荣的辉煌时期，史称罗马和平（Pax Romana）。

　　奥古斯都一手选拔的接班人是他的养子提比略（Tiberius Julius Caesar Augustus，前 42—37），14 年，他成为罗马第一位称为皇帝的皇帝，而这位皇帝的统治，用塔西佗的话来说，"是如此污浊的一个时代，当时的谄媚奉承又是如此地卑鄙可耻，以致不仅是国内那些不得不以奴性来掩饰自己的显赫声名的首要人物，就是所有那些曾经担任过执政官的元老，大部分担任过行政长官的元老以及许多普通元老，都争先恐后地提出过分谄媚的、令人作呕的建议"。他们卖友求荣，倾轧求利，在元老院里提一些琐碎的荒诞提案，提比略利用他们，但又从心底里看不起他们，"人们传说每次在提比略离开元老院的时候，他总是习惯于用希腊语说，'多么适于做奴才的人们啊！’看起来，甚至反对人民的自由的这个人，对于他的奴隶的这种摇尾乞怜、低三下四的奴才相都感到腻味了"（《编年史》3，65）。

布鲁特斯那个时代的元老院成员，不管他们有怎样的私利动机，毕竟还敢于联合起来，以维护共和的名义诛杀了恺撒。但是到了提比略的时代，元老院成员绝大部分已经成为皇帝的走狗和奴才了。发生这样剧烈的变化，不过是 50 年间的事情。

塔西佗指出，专制独裁的一个重要手段是放行腐败，当然，这需要避人耳目，以巧妙的名目来进行，不是对所有人，而是对"自己人"。这个手段可以收买死党，同时又牢牢地抓住他们的小辫子。允许腐败可以诱导他们忠心，他们可以因此越来越富有。如果怀疑他们不忠，那么可以指控他们腐败，一下子就把他们收拾了。

在奥古斯都的"盛世"时代，腐败的风气已开，到了他的接班人提比略的时代，罗马已经上上下下充斥着腐败、虚伪和奴性。塔西佗最鄙视的是那些对皇帝意愿百般顺从，低眉顺眼的元老们。他们随时愿意出卖同僚，贪婪地争夺那些能够大发横财的机会，很少具有健全的判断力或是真正的爱国心。

中国没有像罗马那样的贵族或元老传统，但中国有人们引以为傲的"士大夫"传统，它也被许多人理解为知识分子的传统。"士"或"知识分子"是那些品格高尚、思想敏锐、见解不凡、理想远大、"先天下之忧而忧，后天下之乐而乐"的优秀人士。

如今，有的人总是津津乐道民国时代的教授们是多么有骨气、多么高尚，视权势和金钱的诱惑如粪土。其实这里面有不少理想化的不实成分，赞美民国知识分子不过是一种提醒眼下知识分子的一些不良倾向的手段：势利、浅薄、没有原则、唯利是图，甚至成为毫无骨气、溜须拍马、谄媚奉承、奴性十足，互相出卖和背叛的无耻之徒。知识分子丧失正义感、使命感和应有的社会担当，这是他们最大的失败和腐败，也是整个社会腐败的冰山一角。今天，一些"知识分子"不仅是政治权力的奴隶，而且还成为金钱和情欲的奴隶，他们不仅在学问上造假，而且师德丧尽，能对自己的学生做出禽兽不如的事情。是什么让他们的人性发生了如此天翻地覆的变化？这些都是值得我们深入思考的问题。

阅读文学作品，我们的联想是由我们面临的现实问题所激发的，每个读者自己都有他被激发的现实问题需要思考。我这里提供的是一个关于人性问题的思考，当然也还可以有关于政治忠诚和权位继承的思考。

安东尼利用恺撒的威望打败了布鲁特斯，但是，他自己并没有成为恺撒的继承人，罗马的大权最后落入了并未出力的屋大维手里。在现实历史中也有类似的例子。

但是，《恺撒》并不是一部预言几百年后政治事件的政治寓言剧，如果说它能引起一些政治联想，那也是因为政治和政治行为本身包含了永恒的人性因素和更迭规律。莎士比亚与其说是按历史人物的原型把布鲁特斯临摹成一位罗马人物，还不如说是按他自己的创造意图把他塑造成一个虽有缺陷，但却完整的"人"。

莎士比亚对于罗马的共和主义所知不多，也少有同情，他并不想用《恺撒》来警示天下的暴君或鼓励后代的弑君。当然，他也无意因为布鲁特斯和他的同党谋杀了恺撒，而在政治或道义上评价或谴责他们。布鲁特斯最后失败了，但他的失败并不是因为他杀了不该杀的人，做了不该做的事，而是因为他自己的软弱。或者也可以说，他的失败是他自己不合时宜的美德和道德主义所造成的。莎士比亚关心人性的问题远胜于政治斗争，在他的戏剧里，人性是通过人物行为与心理动机的复杂关系来揭示的。这也是现代心理学研究的主要内容，在这个意义上说，莎士比亚的戏剧是一个关于人性和心理学知识的宝库。

总结　文艺复兴的人文主义者

在文艺复兴时期这一部分，我们一共阅读了十二位作家：但丁、薄伽丘、达·芬奇、卡斯蒂廖内、拉伯雷、塞万提斯、伊拉斯谟、托马斯·莫尔、马丁·路德、蒙田、马基雅维里和莎士比亚。虽然他们并不全都被看作"人文主义者"（humanists）（如路德），但我们还是可以用文艺复兴时期的"人文主义"来把他们放在一起，做一个综述。

直到15世纪上半叶，人文主义指的是"人文研究"（humanistic studies，拉丁语为 studia humanistatis），是人文学者们（或"人文主义者"）研习的一些学科知识：语法、修辞、诗、历史、道德哲学。这样的学科知识是人文学者们在语法学校（进入大学的预备学校）和大学里教授的。这些不是指一个人可以学到的全部知识，甚至也不等于传统教育所说的"七艺"——文法、修辞、逻辑学（合称三艺）算术、几何、天文和音乐（合称四艺）。

今天，许多人都会觉得奇怪，15世纪上半叶人们研习这几门人文知识课，怎么就会发展、演化为一个被称为"文艺复兴"的教育、文学、文化运动，最后成为人类文化史上一个里程碑式的转折呢？

文艺复兴的文明形式虽然第一次发现并充分显示了"人的全部

和丰富形象",显示了"人是伟大的奇迹",但却是从语言学习的变化和新潮流开始的。中世纪的知识被限制在经院之中,当时不是没有关于古代的知识,但这些古代的知识都是经过经院学者用他们的那种学究拉丁文注解的。文艺复兴时期的人文学者对古代经典的热情是通过阅读古代拉丁文和希腊文原著产生的。就学习纯正的古代拉丁语而言,意大利学者有文化传承的优势,14 世纪的意大利已经率先进入了前文艺复兴的时期,本书第一位作家但丁就是一个代表人物。

但丁精通拉丁语,尽管他的作品可以说仍然属于中世纪的传统,但他关心的是实际的、与人生有关的道德和政治问题,不是经院研究的那些抽象、思辨问题(如逻辑、形而上学、神学)。这让他的作品出现了中世纪晚期发生在佛罗伦萨的新文化和新社会的现实意识特征。

尽管如此,但丁时代的知识分子毕竟尚未形成明确的文化变革与更新的观念。要到后来,人们才通过对古代文学的吸收和重新解读,变得越来越有意识地拒绝中世纪的价值观,并在文化形态上与之切割。对此,做出最大贡献的是但丁的佛罗伦萨老乡彼特拉克(Francesco Perarca,1304—1374)。彼特拉克虽然是佛罗伦萨人,但在佛罗伦萨居住的时间并不长。他是在法国南方,而不是意大利长大的。

15 世纪的佛罗伦萨是欧洲少数的几个共和城邦之一,在自我认同上是罗马共和的延续和重建。佛罗伦萨人崇尚共和精神和公民参与,这使得佛罗伦萨文化具有不同于中世纪封建制度的精神形态。伟大的意大利人文主义者列奥那多·布鲁尼(Leonardo Bruni,1370—1444)出生在意大利中部的托斯卡纳(Tuscany,被称为意大利文艺复兴的诞生地),他是最早用"古代""中世纪"和"现代"来做历史划分的(他用来定义时期的年代并不完全是今天的现代历史学家所使用的）。布鲁尼具有过人的新时代意识，他在为但丁所写的传记中盛赞但丁是佛罗伦萨人的典范——但丁是一位理想的男人、父亲、杰出的诗人和积极参与的好公民。但丁完全不同于那些经院学者，他们"躲在孤独和闲逸的地方，不愿意与人交谈"，生怕显露出自己的孤陋寡闻。然而，但丁是一个异类，用伏尔泰的话来说，他的《地狱篇》是基督教与异教文化的奇异结合。他把罗马诗人维吉尔当作理性和哲学的化身，当作贤明勇敢的地狱向导，能够进入地狱的深层。而那个多层面、错综复杂的"地狱"不是别的，正是暧昧不明、危机四伏、密布黑暗陷阱的人性。

薄伽丘创作《十日谈》（1350—1353）的时候，但丁已经去世近 30 年了。薄伽丘是新一代的人文主义作家，这在他的创作语言、体裁和题材上都清楚地表现出来。他既用拉丁语也用意大利语进行创作，他的《十日谈》成为佛罗伦萨文学传统中的瑰宝。在他之前，意大利的拉丁语文学运用的都是古典的或中世纪的题材（神话、古代传说、英雄故事、基督教教谕），14 世纪已经几乎没有意大利语的作品创作。但是，15 世纪中期发生了变化，意大利语的文学创作重新焕发出青春，薄伽丘是其中最重要的代表，他用民众熟悉的语言写作，表达和体现的是具有本土气息的市民文化和社会伦理。

意大利是市民文化最发达的地方，那里的许多城邦都以"古代罗马的后人"为自己的身份认同。市民是城邦里的"新人"，他们不仅成为意大利人文主义作家的创作题材，而且也是作品的阅读对象。杰出的历史学家雅各·布克哈特（Jacob Christoph Burckhardt，1818—1897）说，意大利人在所有欧洲人中，特别善于准确描述人物的历史特征，特别喜爱人的内外品质，这是他们的天赋。他们不局限于"描述人和人民的道德方面，人的外表也是他们仔细观察的目标"。这种描写普通人生活百态的文学在市民读者中是最受欢迎的。

　　这样的作品有相当多是用通俗的地方语言而不是拉丁文写成，供那些文化水平和生活条件不太高的读者阅读。文艺复兴时期仍然流传着罗马时期历史学家普鲁塔克的英雄和伟人故事，还有第欧根尼·拉尔修（Diogenes Laërtius，180—240）的智者故事。那些希腊哲学的名言警句、奇闻轶事、简编故事都是用地方通俗的白话写成的，再附以插图——这种通俗小册子出版物具有鲜明的群众读物特征。伟大的艺术家达·芬奇也对这样的创作感兴趣，他搜集的民间笑话就是例子。在通俗作品中首屈一指的还要数薄伽丘的《十日谈》，意大利的本土通俗文学传统给予了他丰富的营养。而法国的本土通俗文学传统对于拉伯雷，西班牙的本土通俗文学传统对于塞万提斯，也都是同样重要的营养补充作用。

　　与市民通俗文化同时存在的是高雅的宫廷文化，卡斯蒂廖内的《廷臣论》便是其杰出代表。宫廷文化是一种贵族文化，但也孕育出一种更普遍的绅士文化，包括礼仪、言谈、举止。这与文艺复兴大众文化中的粗野、戏谑、放荡、狂欢形成了鲜明的对比，也形成了文艺复兴时期高雅文化和低俗文化并存的文化形态。但这二者之间并不完全是对立的关系，而是有更为复杂的关系，这充分表现在法国杰出的人文主义作家拉伯雷的身上。他同时从法国中世纪民间文学和古典文学中汲取智慧和幽默，营造出一种与以往不同的，包含诸多人文主义主题的通俗文学，它既是粗俗的，又是精致的；既是搞笑的，又是深邃的；在破除文学教条和成规的同时，发扬了古典文学的精神。拉伯雷作品中的怪诞和狂欢色彩受到教会的抨击和敌视，但他并不是一个反教会的宗教改革主义者，这使得他成为文艺复兴人文主义者中最难解读的作家。

　　法国的文艺复兴与意大利的有所不同。1494 至 1559 年间的一系列战争史称"意大利战争"（Italian Wars），战争涉及多数意大利城邦、教皇国，法国、神圣罗马帝国、西班牙、英格兰、苏格兰、奥斯曼帝国。战争起源于米兰公国与那不勒斯王国间的纠纷，随后迅速转变为各参与国间争夺权力与版图的军事冲突。法国军队进入意大利，让法国人大开眼界，也开启了法国的文艺复兴时期。

16世纪初，法国的整体文化还没有得到意大利那样的发展。10个法国人当中至少有9个是不能阅读的。那些算得上是受过教育的人们也只不过学到了一些数学、修辞、逻辑、天文方面的知识。这已经足以让一个人够得上有知识或聪明的水准了。文学被当作是无用的，顶多也就是可有可无的东西。受过教育的法国人知道一些拉丁作家，这些作家出现在学校的课程里，只是因为这些作家的作品可以用来支持教会认可的观点。例如，维吉尔的作品被认为宣告了耶稣的诞生，因此他被当作一位先知；奥维德的作品也被认为包含许多基督教的启示。这样阅读拉丁文学，犹如在中文课本中用阶级分析的观点阅读屈原、司马迁和李白的作品。

16世纪初，法国学校里只传授教会认可的知识，古代作家（如亚里士多德）都是被用教会的教义来解释的，也是为宣传教会教义服务的。学者们使用的是拉丁文，但却是一种在用词、惯用型、句法上被改造得面目全非的拉丁文。只要看看今天报纸、电视、网络上使用的不像中文的"中文"，就不难想象16世纪教会的那种拉丁文是多么蹩脚和令人憎恶了。不过，人都是久入鲍鱼之肆而不闻其臭的，由于从来都是使用这样的语言，所以也就不觉得它丑陋了。

在这种文化环境中长大的法国人有机会到意大利亲眼见识到意大利文艺复兴的成果，就像到了另外一个星球一样。这就像刚打开国门后到西方留学的中国学生，觉得外面的一切都是那么新鲜，那么令他们神往。

意大利的文艺复兴已经持续了有一段时间，在艺术、文学和科学上都已经取得了相当大的成就，这让初次接触到这些的法国人不仅瞠目结舌，而且十分羡慕。意大利人早已在用一种新眼光看待和阅读古典拉丁文学了，他们摒弃了中世纪教条的诠释和评注，直接阅读经典原文，探寻原著里的真实意味，欣赏美好的古典拉丁文字，对教会拉丁文那种"巴歌掩白雪，鲍肆埋兰芳"感受很深。

更重要的是，这种对古代经典的复兴形成了新的知识体系。彼特拉克发现了西塞罗的书信，薄伽丘发现了塔西佗的一些著作，波焦·布拉乔利尼发现了卢克莱修（Titus Lucretius Carus，前99—前55）的《物性论》。新的文学发现让意大利的人文学者开了眼界：原来古典的拉丁文是如此清晰有力，根本不像中世纪经院学究们使用的那种平庸乏味、千篇一律、阻碍思想的拉丁文。这种令人振奋的新鲜感恐怕只有那些还记得最初听邓丽君音乐、读金庸、读张爱玲的感受的人们才能体会。意大利人文学者们还学习希腊文，由此打开了希腊文化的美妙世界。他们惊讶地发现，原来他们所崇拜的罗马作家不过是希腊作家的传人，罗马作家模仿希腊作家，起到的是让后人可以通过他们了解希腊文明的窗口作用。所有这些发现极大地刺激了意大利人文学者们的知识渴求，推动了意大利文艺复兴的发展。

可以想象，法国人了解到他们的意大利邻居的文艺复兴之后，会受到多大的刺激，又会以怎样的热忱开始他们自己的文艺复兴。法国人对意大利文化的羡慕可以从蒙田的一句话里品味出来，他说，在意大利遇到的妓女都有"公主般的文雅"。

虽然法国的文艺复兴是受意大利的启发和影响而发展起来，但这两个国家的文艺复兴之间却有着重要的不同。1497年之前，意大利文艺复兴的人文主义在意大利以外的影响力很小。从15世纪末期开始，其思想在欧洲蔓延，形成了第二波的欧洲北方文艺复兴，包括今天的荷兰、法国、德国和英国。法国人文主义便是这一波的一部分。

意大利人文主义者们以新的眼光关注希腊和罗马的异教文化，

而北方人文主义者们的眼光则落在了基督教文化和基督教经典文本上。他们的依据是希腊语的《圣经》，因为最早的新约经典都是以希腊文写成的。通过阅读希腊文《圣经》，北方人文主义者发现，天主教会的拉丁语《圣经》教义缺乏可靠的经典证据，而且早期基督教的敬拜仪式非常简单，使徒们的传教也非常朴素，他们生活简朴，没有等级的特权，凡此种种都成为他们明里暗中抨击和嘲讽教会和教士腐败的真实依据。在尼德兰伊拉斯谟的《愚人赞》、英国莫尔的《乌托邦》、法国拉伯雷的《巨人传》里都可以看到这样的讽刺。

这样的人文主义自然会触怒教会，因为它对教会的教义权威形成了威胁。然而，从另一方面来看，它的嘲讽也可以理解为是对教会的善意批评，是在要求和帮助教会清理门户。但是，在它的影响下于后来发生的宗教改革，那才真正地动了天主教会权威的根本。教会的问题不只是教士们的贪婪、腐败和伪善，而是因为天主教会背离了耶稣传教的初衷和使徒们的努力，成为一种不再具有正当性的、靠欺骗和腐败来维持的权力统治。这是需要宗教改革首先在德国发生的根本理由，而其关键人物便是路德。

北方人文主义者们在宗教问题上并没有统一的立场，但他们并不是激进的宗教改革者。伊拉斯谟把《圣经》从希伯来文翻译成希腊文，让所有能阅读希腊文的人都可以自己阅读，而无需依靠教会的教义解释。路德又把《圣经》从希腊文翻译成德文，此后《圣经》又有了欧洲多种通俗语言的译本，成为普通人的读物。但是，伊拉斯谟和他的朋友莫尔都不同意路德激进的宗教改造主张，莫尔甚至为反对英国王室脱离罗马教廷而被英王亨利八世处死。拉伯雷虽然对教会腐败深恶痛绝，竭尽冷嘲热讽，但却明确反对新教加尔文主义的道德哲学。

文艺复兴对人的设想总体上来说是美好的，那些受过良好教育的人文学者们歌颂人，向往人无止境的优秀。而教育是人优秀起来的有效途径，教育可以让人成为宇宙万物阶梯上仅次于上帝的存在，就像天使一般。文艺复兴时期的人文学者们都是受过良好古典教育的饱学人士，唯独莎士比亚是个例外。他是个自学成才的人，他的戏剧具有文艺复兴时期那种雅俗共赏的特色。他在剧作中熟练地运用古典题材，《恺撒》一剧就是一个例子，故事取自罗马时代历史学家普鲁塔克的《希腊罗马名人传》。

文艺复兴对于人和人性的乐观主义是一个关于人的新神话，它普遍地影响着人们如何看待和要求自己。不过并不是所有的人文主义者都愿意分享这样的新神话。在本书中就有两个例外，分别是文艺复兴早期的马基雅维里和晚期的蒙田。一个强调人性的阴暗，另一个则认为凡事都难以确定，所以对什么事都抱有怀疑，当然也包括人性。

马基雅维里相信人性是阴暗的，这与大多数人文主义者抱有乐观的人性论显得格格不入。他让我们看到了人文主义高度政治化的一面。马基雅维里自己积极从政，在政治失败后仍然试图通过著作来影响政治。在公民参与政治已经不再可能的情况下，谋臣献策成为释怀政治冲动的唯一可能。在他那里，政治不是一个理性的过程，也不受控于理智的决策设计，而是有它自己的运作逻辑。1494 年意大利遭受外国的入侵，结果是意大利所有的城邦国家都丧失了自由，这不能不让马基雅维里相信，命运比人强，在暴力和偶然性的不可抗力面前，唯有政治强人的智慧和能力才是摆脱混乱、重建秩序的希望。而学习历史是获得这种能力的唯一方法，也寄托着他那匡时济世的人文主义情怀。

蒙田被后世视为一个怀疑主义哲学家，虽然他并没有提出任何系统性的哲学，而且也从不自认为是哲学家。他是一位古代知识渊博，文字和思想能力超群的人文主义者。他精通拉丁文，阅读面广博，始终在与古代经典作家，尤其是拉丁作家的互动中展开自己的思想，这尤其表现在他的旁征博引上。他勇于怀疑，勤于思索、乐于尝试，他所创作的那种写作形式，我们称之为随笔（Essai），这个词原来的意思就是尝试。他生性豁达，深谙人性、视死如归，是一位最有"绅士范儿"的人物。

蒙田还是一位思想超前的 16 世纪人文主义者，对 17 世纪的两位法国思想家笛卡尔和帕斯卡尔有深刻的影响。蒙田的随笔、笛卡尔的哲学、帕斯卡尔的信仰构成了现代性的三大源头，体现了一个人面对自我和世界时的三种态度：我怀疑，我知道，我相信。在这三者之中，蒙田又是源头的源头，因为正是他的普遍怀疑精神对后两者构成了有力的挑战。作为回应，笛卡尔试图以"我思故我在"找回确定性（只限于科学世界），并以理性主义为人类的知识大厦奠基；帕斯卡尔则在深深的战栗中皈依上帝的怀抱，面对蒙田的充满不确定性的世界，他以"我相信"从宗教层面同样找回了确定性。但事实上，帕斯卡尔对于蒙田的怀疑主义始终怀抱着既敬重又厌恶的暧昧态度，他的短暂生涯被蒙田的怀疑论思想深深笼罩。甚至有人猜测，帕斯卡尔写作《思想录》时，面前可能正摊着一本蒙田的《随笔集》。

意大利历史学家欧金尼奥·加林编的论文集《文艺复兴时期的人》分别论述了那个时期有关君主、雇佣兵队长、红衣主教、廷臣、商人和银行家、艺术家、妇女，甚至旅行家和土著人的内容，不知什么缘故却没有与人文主义者相关的讨论。或许是因为这个人群人数相对不多，或者涉及太多的艺术、文学、思想、哲学和宗教问题。不管怎么说，本书讨论的以上这些文艺复兴时期作家可以让我们有机会了解人文主义者这个群体，缺少了他们，任何文艺复兴时期的社会图景都不可能是完整的。

人文主义者们是文艺复兴时期推动社会和文化变化最富有激情

和思想能量的一个群体，他们之于 16 世纪，就如同启蒙哲人之于 18 世纪一样。用彼得·盖伊在《启蒙时代（上）》里的话来说，"人文主义者是世界主义文人；早在伏尔泰和康德之前，他们就已经在教导哲学家们，无论彼此有多大分歧，都应致力于人类团结，容忍不同意见，齐心协力来寻求真理"。[1] 我们今天迫切需要的正是这样的知识群体，任何一个社会如果不能形成这样知识群体，也就不可能有与时俱进的文化复兴和思想启蒙。

1　彼得·盖伊著，刘北成译，《启蒙时代（上）》，第 240 页。